Hafenverzeichnis

☐ Hafenplan ■ Foto

Abbekås ☐ S-V-5
Åbenrå ☐ DK-V-15
Ærøskøbing ☐ DK-III-9
Agernæs Læmole ☐ DK-IV-3
Agersø ☐ DK-II-26
Ålabodarna ☐ S-I-15
Albuen ☐ ■ DK-II-3
Allinge ☐ ■ DK-VIII-16
Ålsgårde Bootsbrücke ■ DK-I-56
Ancora-Yachthafen ☐ ■ D-I-10
Anholt ☐ ■ DK-VII-1
Århus ☐ DK-V-38
Arnager ☐ ■ DK-VIII-8
Arnis ☐ ■ D-III-5
Årø ☐ DK-V-19
Årøsund ☐ DK-V-18
Årsdale ☐ ■ DK-VIII-10
Askø ☐ ■ DK-II-18
Assens ☐ DK-IV-4
Augustenborg ☐ ■ DK-V-11
Avernakø Bro ☐ DK-III-19

Bäckviken ☐ ■ S-I-14
Bad Schwartau ☐ ■ ■ ■ ■ ■ .D-I-3
Bagenkop ☐ ■ DK-III-1
Bågø ☐ ■ DK-IV-5
Balle Havn ■ DK-I-17
Ballen ☐ DK-IV-19
Ballen Marina ☐ ■ DK-III-25
Bandholm ☐ ■ DK-II-19
Barsebäckshamn ☐ S-I-8
Barsø ☐ ■ DK-V-16
Beelitz-Werft ☐ ■ D-I-17
Birkholm ☐ DK-III-11
Bisserup ☐ ■ DK-II-24
Bjørnø Bro ☐ DK-II-17
Blans ☐ ■ DK-II-17
Bogense ☐ ■ DK-IV-12
Bøgeskov ☐ ■ DK-I-25
Bogø ☐ DK-I-11
Bohnert-Hülsen ■ D-III-10
Bøjden Bro ☐ DK-IV-1
Borgwedel ■ D-III-14
Bornholm ....DK-VIII
Borstahusen ☐ S-I-11
Brandsø Bro DK-V-22
Brantevik ☐ ■ S-V-9

Bregnør ☐ ■ DK-IV-17
Brejning Yachthafen ☐ ■ DK-V-27
Brodersby Marina ■ D-III-12
Brøndby Strand Havn ■ DK-I-31
Brønsodde Havn ☐ ■ DK-V-29
Brunsbüttel
  (Schleusengelände) ☐ D-II-13a
Burgstaaken ☐ D-I-15
Burgtiefe ☐ ■ D-I-14

Christiansö-Hafen ☐ DK-VIII-18

Dageløkke ☐ ■ DK-III-5
Damp ☐ ■ D-II-19
De hvide Svaner ☐ DK-II-22a
Domsten ☐ ■ S-I-17a
Dragør ☐ ■ DK-I-34
Drejø Bro ☐ DK-III-14
Drejø ☐ DK-III-15
Düsternbrook (Kiel) ☐ ■ D-II-10
Dyreborg ☐ ■ DK-III-21
Dyvig ☐ ☐ ■ DK-V-12

Ebeltoft ☐ DK-V-44
Eckernförde ☐ ■ D-II-18
Egå Marina ☐ ■ DK-V-39
Egernsund ■ DK-V-2
Ejby ☐ ■ DK-II-43
Elbe-Lübeck-Kanal D-I-1
Endelave ☐ ■ DK-V-32
Errindlev Havn ■ DK-I-5
Espergærde ☐ ■ DK-I-53

Fåborg ☐ DK-III-23
Fænø DK-IV-8
Fahrdorf ☐ D-III-16
Fakse ☐ DK-I-23
Falsled ☐ DK-IV-2
Falsterbo Kanal ☐ ■ S-I-2
Farensodde ☐ ■ D-IV-6
Fejø (Dybvig Havn) ☐ ■ DK-II-12
Fejø (Vesterby) ☐ ■ DK-II-13
Femø ☐ ■ DK-II-11
Fiskerihavnen
  (Kopenhagen Südhafen) ☐ ..DK-I-33
Fjællebrøen ☐ ■ DK-III-24
Flakfort (Kopenhagen) ☐ DK-I-38

Fleckeby
- Sportboothafen ☐ ■ D-III-13
- Flensburg ☐ ☐ ☐ ■ ■ ■ D-IV-7
Fredericia Yachthafen
  (Erritsø) ☐ ■ DK-V-26
Frederikssund ☐ ■ DK-II-58
Frederikssund/Marbæk ☐ ■ DK-II-57
Frederiksværk ☐ ■ DK-II-59
Fynshav ☐ DK-V-9

Gåbense Bro ☐ ■ DK-I-9
Gambøt (Thurø) ☐ ■ ■ DK-III-32
Gedser Yachthafen ☐ DK-I-1
- Gelting Mole ☐ ■ D-IV-2
- Gelting-Wackerballig ☐ ■ D-IV-1
Gershøj ☐ ■ DK-II-50
Gilleleje ☐ ■ DK-I-58
Gislövsläge ☐ S-V-3
Gisseløre Yachthafen ☐ ■ DK-II-32a
- Glücksburg ☐ ■ D-IV-5
Gråsten ☐ DK-V-4
Gråsten Sejlklub ☐ ■ DK-V-3
Grenå ☐ DK-V-45
- Grömitz ☐ ■ D-I-12
- Großenbrode ☐ ■ D-I-13
- Großenbrode-Fähre ☐ ■ D-I-16
Gudhjem ☐ ☐ ■ DK-VIII-14
Gughjem Nordhafen ■ DK-VIII-14a
Guldborg ☐ ■ DK-I-8

- **H**addeby ☐ ■ D-III-17
Haderslev ☐ ■ DK-V-20
Hammerhavn ☐ ■ DK-VIII-1
Hårbølle ☐ ■ DK-I-12
Hasle ☐ ■ DK-VIII-4
Havnsø ☐ ■ DK-II-36
- Heiligenhafen ☐ ■ ■ D-II-1
Hejlsminde ☐ DK-V-21
Hellerup (Kopenhagen) M m DK-I-45
Helsingør ☐ ■ DK-I-55
Herslev ☐ ■ DK-II-51
Hesnæs ☐ ■ DK-I-2
Hestehoved Yachthafen ☐ ■ DK-II-5
Hjarnø ■ DK-V-34
Hjortø ☐ DK-III-13
Höganäs ☐ S-I-19
Höllviken ☐ S-I-3
Hørby Havn ☐ ■ DK-II-40
Høruphav ☐ ■ DK-V-7
Holbæk ☐ ■ ■ DK-II-41
Holbæk Marina ☐ ■ DK-II-42
- Holtenau (Kiel) ☐ ■ ■ D-II-12
Hornbæk ☐ DK-I-57

Horsens ☐ ■ DK-V-35
Hov ☐ ■ DK-V-36
Hundested ☐ ■ DK-II-61
Hundige Havn ■ DK-I-28
Humlebæk ☐ ■ DK-I-52
Hvidovre-Yachthafen
  (Kopenhagen) ☐ ■ DK-I-32

Ishøj Havn ■ DK-I-29

Juelsminde ☐ DK-V-31
Jyllinge ■ DK-II-55
Jyllinge Nordhafen ☐ ■ DK-II-56
Jyllinge Yachthafen ☐ ■ DK-II-54

Kalkbrænderihavnen
  (Kopenhagen) ☐ ■ DK-I-44
Kaløvig Yachthafen ☐ ■ DK-V-40
Kalundborg ☐ ■ DK-II-32
Kalvehave ☐ ■ DK-I-16
Kalvø ☐ ■ DK-V-17
- Kappeln ☐ ■ D-III-3
- Kappeln-Grauhöft ☐ ■ D-III-3b
- Kappeln-Stadtkai D-III-3d
- Kappeln Yachthafen
  Arnisser Segelclub ☐ ■ D-III-3e
- Kappeln – Yachtbrücke
  Johs. Anker ☐ D-III-3c
- Kappeln – Yachthafen
  Piel & Partner ☐ D-III-3a
Karrebæksminde ☐ ■ DK-II-22
Kåseberga ☐ ■ S-V-7
Kastrup (Kopenhagen) ☐ ■ DK-I-35
Kastrup Strandpark Yachthafen
  (Kopenhagen) ☐ DK-I-36
- Kattegat (Sporthafen) ☐ ■ D-I-4
Kerteminde ☐ ■ DK-III-35
- Kiel-Düstrenbrook ☐ ■ D-II-10
- Kiel-Holtenau ☐ ■ ■ D-II-12
- Kiel-Holtenau
  (Schleusengelände) ☐ D-II-13a
- Kiel-Laboe ☐ ■ D-II-7
- Kiel-Möltenort ☐ ■ D-II-8
- Kiel-Mönkeberg ☐ ■ D-II-9
- Kiel-Olympiahafen
  Schilksee ☐ ■ D-II-16
- Kiel-Stickenhörn ☐ D-II-15
- Kiel-Wik ☐ ■ D-II-11
Klagshamn ☐ S-I-4
- Klappbrücke Lindaunis D-III-7
Klintebjerg ☐ ■ DK-IV-14
Klintholm ☐ DK-I-3
Knebel Vig Bro ☐ ■ DK-V-42

Køge-Yachthafen ☐ ■	DK-I-26	Løverodde Bro	DK-V-23
Kolby Kås ☐	DK-IV-21	Lohals ☐ ■	DK-III-6
Kolding ☐ ☐	DK-V-24	Lomma ☐	S-I-6
Kollund	DK-V-1	Lübeck ☐	D-I-2
Kongebro Yachthafen ☐ ■	DK-IV-9	Lundåkrahamnen	S-I-9
Kopenhagen ☐	DK-I-39	Lundeborg ☐ ■	DK-III-33
Kopenhagen-Flakfort ☐	DK-I-38	Lundehøje Havn ■	DK-I-4
Kopenhagen-Hellrup ☐ ■	DK-I-45	Lynæs ☐ ■	DK-II-60
Kopenhagen-Hvidovre-Yachthafen ☐ ■	DK-I-32	Lyø ☐	DK-III-20
Kopenhagen-Kalkbrænderihavnen ☐ ■	DK-I-44	**M**aasholm ☐ ■	D-III-1
Kopenhagen-Kastrup ☐ ■	DK-I-35	Maasholm – Modersitzki-Werft ■	D-III-2
Kopenhagen-Kastrup Strandpark-Yachthafen ☐	DK-I-36	Mærsk Møllers Havn ☐	DK-III-17
Kopenhagen-Margaretheholms Havn ☐ ■	DK-I-40	Marbæk-Frederikssund ☐ ■	DK-II-57
Kopenhagen-Skudehavn ■	DK-I-42	Margaretheholms Havn (Kopenhagen) ☐ ■	DK-I-40
Kopenhagen -Sundby-Yachthafen ☐ ■	DK-I-37	Marina Bootswerft Kühl ■	D-III-4
		Marina Brodersby ■	D-III-12
Kopenhagen-Svanemøllehavn ☐ ■	DK-I-43	Marina Minde ☐	DK-V-5
		Marselisborg Havn ☐	DK-V-38a
Kopenhagen-Südhafen (Fiskerihavnen) ☐	DK-I-33	Mårup ☐	DK-IV-22
		Marstal ☐	DK-III-7
Kopperby ☐	D-III-4b	Masnedø Marinecenter ■	DK-I-13
Korshavn ☐	DK-IV-18	Matthiesen & Paulsen	D-III-6
Korshavn (Avernakø) ☐	DK-III-18	Melsted ☐ ■	DK-VIII-13
Korsør-Yachthafen ☐ ■	DK-II-28	Middelfart ☐ ■	DK-IV-10
Kragenæs ☐ ■	DK-II-16	Middelfart Yachthafen ☐ ■	DK-IV-7
Kramnitze ☐ ■	DK-II-2	Missunde ■	D-III-11
Kühl Bootswerft/Marina ■	D-III-4	Mjels Vig ■	DK-V-13
Kulhuse ☐	DK-II-45	Modersitzki-Werft (Maasholm) ■	D-III-2
Kyrkbacken ☐ ■	S-I-12	Mölle ☐ ■	S-I-20
Laboe (Kiel) ☐ ■	D-II-7	Möltenort (Kiel) ☐ ■	D-II-8
Lachswehr (Lübeck) Sportboothafen ☐ ■	D-I-2a	Mönkeberg (Kiel) ☐ ■	D-II-9
		Mommark ☐ ■	DK-V-8
Lagunen ☐ ■	S-I-5a	Mosede ☐ ■	DK-I-27
Landskrona ☐	S-I-10	Mullerup ☐ ■	DK-II-30
Langballigau M m	D-IV-3	Musholm	DK-II-29
Langelinie Yachthafen (Kopenhagen) ☐ ■	DK-I-41		
Langø ☐	DK-II-4	**N**æstved ☐ ■ ■	DK-II-23
Langør ☐ ■	DK-IV-20	Nakskov ☐	DK-II-6
Lemkenhafen ☐ ■	D-II-3	Nappedam Yachthafen ☐ ■	DK-V-41
Lerhamn ☐ ■	S-I-19b	Neder-Dråby ■	DK-II-47
Limhamn ☐ ■	S-I-5	Nekselø ■	DK-II-35
Lindauer Noor ■	D-III-8	Neksø ☐	DK-VIII-9
Lindauhof ■	D-III-9	Neustadt ☐ ■ ■	D-I-11
Lindaunis Klappbrücke	D-III-7	Niendorf ☐ ■	D-I-9
Lindaunis Sportboothafen ☐	D-III-7a	Nivå ☐ ■	DK-I-50
Lippe ☐ ■	D-II-5	Norre Kås ☐	DK-VIII-5
Listed ☐ ■	DK-VIII-12	Nord-Ostsee-Kanal	D-II-13

Nord-Ostsee-Kanal –
Rendsburg
Rader Insel ☐ ■ D-II-14
Norreborg ☐ S-I-13
Norsminde ☐ ■ DK-V-37
Nyborg ☐ DK-III-34
Nyhamnsläge ☐ ■ S-I-19a
Nykøbing/Falster ☐ ■ DK-I-7
Nykøbing/Seeland ☐ ■ ■ DK-II-39
Nyord ☐ ■ DK-I-19
Nysted ☐ DK-I-6

Odden Havn ☐ ■ DK-II-37
Odense ☐ DK-IV-16
Øer ☐ ■ DK-V-44a
Østby Havn ☐ DK-II-49
Olympiahafen
  Schilksee (Kiel) ☐ ■ D-II-16
Ommel ☐ ■ DK-III-10
Omø ☐ ■ DK-II-25
Onsevig ☐ ■ DK-II-9
Oreby-Bro ☐ ■ DK-II-20
Orø ☐ ■ DK-II-44
Orth ☐ ■ D-II-4
Ortmühle ☐ ■ D-II-2
Otterup ☐ ■ DK-IV-13

Passathafen-Travemünde ■ D-I-8
Præstø ☐ ■ DK-I-22

Råå ☐ S-I-16
Rader Insel Rendsburg ☐ ■ D-II-14
Rantzausminde ☐ DK-III-26
Reersø ☐ ■ DK-II-31
Rendsburg
  Rader Insel (NOK) ☐ ■ D-II-14
Ristinge Havn M ■ DK-III-3
Rødby Havn ☐ ■ DK-II-1
Rødvig ☐ ☐ DK-I-24
Rönne ☐ DK-VIII-6
Rørvig ☐ ■ DK-II-38
Røsnæs ☐ DK-II-33
Rosenvold ☐ ■ DK-V-30
Roskilde ☐ ■ DK-II-52
Rudkøbing ☐ ☐ DK-III-4
Rückeberg ☐ D-III-4a
Rungsted ☐ ■ DK-I-49

Sakskøbing ☐ ■ ■ DK-II-21
Sandvig ☐ ■ DK-I-20
Sandvig (Bornholm) ☐ ■ DK-VIII-17
Schausende ☐ D-IV-4

Schilksee (Kiel)
  Olympiahafen ☐ ■ D-II-16
Schleimünde ☐ ■ D-II-20
Schleswig ☐ ■ D-III-19
Schleswig Stadthafen ☐ D-III-19a
Schlutup (Lübeck) ☐ D-I-6
Schrader Marina Schlei D-III-13a
Schwartau (Bad) ☐ ■ ■ ■ ■ ■ D-I-3
Sejerø ☐ DK-II-34
Sieseby-Brücke ☐ D-III-7b
Simrishamn ☐ ■ S-V-10
Skælskør ☐ ■ DK-II-27
Skærbæk ☐ DK-V-25
Skalø DK-II-14
Skanör ☐ S-I-1
Skåre ☐ S-V-1
Skarø ☐ DK-III-16
Skillinge ☐ ■ S-V-8
Skødshoved ☐ ■ DK-V-43
Skovshoved ☐ ■ DK-I-46
Skudehavn (Kopenhagen) ■ DK-I-42
Skuldelev ■ DK-II-48
Sletten ☐ ■ DK-I-51
Smygehamn ☐ ■ S-V-4
Snaptun ☐ DK-V-33
Snekkersten ☐ ■ DK-I-54
Snogebæk ☐ DK-VIII-7
Søby ☐ DK-III-8
Sønderborg Yachthafen ☐ ■ DK-V-6
Sonderballe Strand ☐ DK-V-17a
Sottrupskov Bro ☐ ■ DK-V-10
Spodsbjerg ☐ ■ DK-III-2
Sporthäfen am Stau ☐ ■ D-I-5
Sporthafen Kattegat ☐ ■ D-I-4
Staackwerft ☐ D-I-6a
Stauertwedt ☐ D-III-10a
Stavreby ■ DK-I-21
Stege ☐ ■ DK-I-18
Stexwig ■ ■ D-III-15
Stickenhörn (Kiel) ☐ D-II-15
Stige ☐ ■ DK-IV-15
Strande ☐ ■ D-II-17
Strib ☐ ■ DK-IV-11
Strynø ☐ ■ DK-III-12
Stubbekøbing ☐ ■ DK-I-10
Sundby Yachthafen
  (Kopenhagen) ☐ ■ DK-I-37
Svaneke ☐ ■ DK-VIII-11
Svanemøllehavnen
  (Kopenhagen) ☐ ■ DK-I-43
Svendborg ☐ DK-III-28
Svendborgsund Marina ☐ ■ ...DK-III-30
Svendborg Yachthafen ☐ ■ DK-III-27

Svinø ■	DK-IV-6	Veddelev Yachthafen ☐ ■	DK-II-53
		Vejle ☐ ■	DK-V-28
Tårbæk ☐ ■	DK-I-47	Vejrø ☐	DK-II-10
Tårs ☐	DK-II-8	Vesterby (Fejø) ☐ ■	DK-II-13
Teglkås ☐	DK-VIII-3	Viken ☐ ■	S-I-18
Tejn ☐ ■	DK-VIII-15	Vikhög ☐	S-I-7
— Travemünde ☐ ■	D-I-7	Vindeby ☐ ■	DK-III-29
Travemünde-		Vordingborg-Nordhafen ☐ ■	DK-I-15
— Passathafen ■	D-I-8	Vordingborg-Südhafen ☐ ■	DK-I-14
Trelleborg ☐ ■	S-V-2		
Troense ☐ ■	DK-III-31	— Wackerballig ☐ ■	D-IV-1
Tunø ☐	DK-IV-23	— Wassersleben ☐	D-IV-8
		— Wendtorf ☐ ■	D-II-6
Urne Fischereihafen	DK-II-15	— Wik (Kiel) ☐ ■	D-II-11
		— Wiking-Yachthafen ☐ ■	D-III-18
Vallensbæk Havn ☐	DK-I-30		
Vang ☐	DK-VIII-2		
Varnæs Vig	DK-V-14	Yachtzentrum Nord ☐	DK-V-4a
Vedbæk ☐ ■	DK-I-48	Ystad ☐ ☐ ■ ■	S-V-6

Hafenhandbuch Ostsee · Band 1 B

Deutsche und Dänische Ostseeküste
Südküste Schweden und Bornholm

Ausgabe 1994

Herausgegeben von der
Kreuzer-Abteilung des Deutschen Seglerverbandes

DSV-Verlag GmbH

Nachträge

Das Hafenhandbuch Ostsee I wurde im Jahre 1990 aufgeteilt in OIA und OIB.
Dieses Exemplar enthält neben der Grundausstattung bereits den Nachtrag 1994.
Folgende Nachträge wurden eingefügt:

Nr.	1/94						

Bei Nachtragsbestellungen wird gebeten, den letzten vorhandenen Nachtrag zur Vermeidung von Fehllieferungen unbedingt anzugeben.
Bitte benutzen Sie beiliegende Bestellkarte.

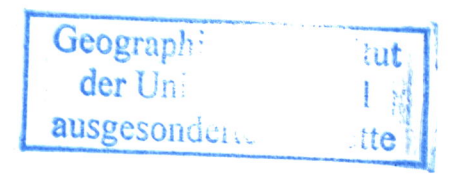

ISBN 3-88412-125-1
HAFENHANDBUCH OSTSEE – BAND 1 B
4. überarbeitete Ausgabe 1994
© Copyright by DSV-VERLAG GMBH, Hamburg
Dieses Werk einschließlich aller seiner Teile ist urheberrechtlich geschützt. Jede Verwertung außerhalb der engen Grenzen des Urheberrechtsgesetzes ist ohne Zustimmung des Verlags unzulässig und strafbar. Das gilt insbesondere für Vervielfältigungen, Übersetzungen, Mikroverfilmungen und die Einspeicherung und Verarbeitung in elektronischen Systemen.

Luftbildaufnahmen:	Kapitän Klaus-Ulrich Göllner, Ahrensburg
Titellayout:	Grafik-Werkstatt Joachim Meyer, Kranenburg
Computergrafik und Satz:	machArt, Hamburg
Druck:	Busse Druck, Herford

Printed in Germany

**Nicht vergessen –
Nachtragsbestellkarte
abschicken!**

**Nur so bleibt Ihr Hafenhandbuch
ständig aktuell!**

OSTSEE, BAND I B

Postkarten-
gebühr

An den
DSV-Verlag
Gründgensstraße 18

22309 Hamburg

Bestellung der Nachträge

Zum Hafenhandbuch Ostsee, Band I B – Deutsche und Dänische Ostseeküste, Südküste Schweden und Bornholm – erscheinen in der Regel jährlich Nachträge, mit denen neue Hafenbeschreibungen oder Berichtigungen veröffentlicht werden.
Die Absendung der anhängenden Karte mit Ihrer Angabe auf den im Buch enthaltenen letzten Nachtrag sichert den laufenden Bezug der Nachträge und anderer Informationen.

              DSV-Verlag GmbH
              Hamburg

*Geographisches Institut
der Universität Kiel*

Hiermit bestelle ich die Nachträge zum Hafenhandbuch Ostsee, Band I B – Deutsche und Dänische Ostseeküste, Südküste Schweden und Bornholm – nach Erscheinen zum jeweiligen Ladenpreis.

Der letzte im Buch enthaltene Nachtrag ist: _____
              Bitte ausfüllen

Datum _____ Unterschrift _____

Folgende Angaben in Druckschrift oder Stempel erbeten:

Name und Vorname: _____

Straße und Hausnummer: _____

Postleitzahl und Ort: _____

Der Verlag wird die Daten speichern und für o. a. Zwecke verwenden.

Betr.: Hafenhandbuch Ostsee I B
- ○ Folgende Abweichungen entgegen den Angaben im Hafenhandbuch habe ich beobachtet
- ○ Vorschlag für einen noch nicht aufgeführten neuen Hafen/Ankerplatz

Hafenname (geogr. Bezeichn.): _____

Seitenangabe im Hafenhandbuch: _____

Abweichung/Veränderung bzw. Beschreibung:

_____
_____
_____
_____
_____
_____
_____

_____
Name (bitte Blockschrift oder Stempel)   Telefon

Heimatanschrift
(damit sich die Redaktion mit Ihnen in Verbindung setzen kann)

Postkartengebühr

DSV-Verlag GmbH

Gründgensstraße 18

D-2000 Hamburg 60

✂ . . . .

Betr.: Hafenhandbuch Ostsee I B
- ○ Folgende Abweichungen entgegen den Angaben im Hafenhandbuch habe ich beobachtet
- ○ Vorschlag für einen noch nicht aufgeführten neuen Hafen/Ankerplatz

Hafenname (geogr. Bezeichn.): _____

Seitenangabe im Hafenhandbuch: _____

Abweichung/Veränderung bzw. Beschreibung:

_____
_____
_____
_____
_____
_____
_____

_____
Name (bitte Blockschrift oder Stempel)   Telefon

Heimatanschrift
(damit sich die Redaktion mit Ihnen in Verbindung setzen kann)

Postkartengebühr

DSV-Verlag GmbH

Gründgensstraße 18

D-2000 Hamburg 60

Raum für neue Skizze (möglichst maßstabgetreu – bitte Maßstab und Nordpfeil nicht vergessen).
Bitte vermerken: Navigationshilfen, Feuer, Tonnen, Tiefenangaben, Schiffahrtshindernisse, bester Liegeplatz etc. Für weitere Angaben verbinden Sie bitte den Standort der betreffenden Einrichtung mit dem entsprechenden Pictogramm durch eine Punktlinie.

Maßstab

Raum für neue Skizze (möglichst maßstabgetreu – bitte Maßstab und Nordpfeil nicht vergessen).
Bitte vermerken: Navigationshilfen, Feuer, Tonnen, Tiefenangaben, Schiffahrtshindernisse, bester Liegeplatz etc. Für weitere Angaben verbinden Sie bitte den Standort der betreffenden Einrichtung mit dem entsprechenden Pictogramm durch eine Punktlinie.

Maßstab

Inhaltsübersicht IB

Übersichtskarte
Vorwort zur 2. Auflage
Hafenverzeichnis in alphab. Reihenfolge
Wichtige Hinweise und Erläuterungen
Erläuterung der in den Hafenplänen aufgeführten Pictogramme
Windstärken/Windgeschwindigkeiten/Seegang

Einteilung der Seegebiete

Bundesrepublik Deutschland	D-A	
Von Lübeck bis Großenbrode-F.	D-I-1	bis D-I-17
Von Heiligenhafen bis Schleimünde	D-II-1	bis D-II-20
Die Schlei	D-III-1	bis D-III-19
Von Gelting bis Wasserleben	D-IV-1	bis D-IV-8
Dänemark	DK-A	bis DK-F
Von Gedser bis Gilleleje	DK-I-1	bis DK-I-58
Von Rødbyhavn bis Hundested	DK-II-1	bis DK-II-61
Von Bagenkop bis Kerteminde	DK-III-1	bis DK-III-35
Von Bøjden bis Tunø	DK-IV-1	bis DK-IV-23
Von Kollund bis Grenå	DK-V-1	bis DK-V-45
Arnholt	DK-VII-1	
Bornholm	DK-VIII	bis DK-VIII-18
Schweden	S-A	bis S-C
Von Skanör bis Mölle	S-I-1	bis S-I-20
Von Falsterborev bis Simrishamn	S-V	bis S-V-10

Telefon-Nummern dänischer Hafenmeister

Vorwahl DK 0045

Mitteljütland

Mariager Sejlklub
Hafenmeister: Tel. 98 54 19 04

Randers
Hafenmeister: Stig Dich, Sandgade 4,
2. links, 8900 Randers,
Tel. 86 41 25 24

Bønnerup
Hafenmeister: Svend Erik Hansen,
Bønnerup Havn 8585 Glesborg
Tel. 86 38 60 83

Grenå
Hafenmeister: Jörn Ovesen,
8500 Grenå, Tel. 86 32 21 97

Ebeltoft
Hafenmeister: Poul Sundwall
Geschäftszeit: 10-10.30 Uhr
Tel. 86 34 45 70

Nappedam
Hafenmeister: Jørgen Knudsen,
Engvangen 9, 8410 Rønde,
Tel. 86 37 19 95

Egå Marina
Hafenmeister: Arne Grumsen, Skæring
Havvej 51, 8250 Egå, Tel. 86 22 54 73

Århus
Hafenmeister: Arne Jakobsen,
Tel. 86 19 15 90

Hou
Hafenmeister: Ove Jensen, Lærkevej 3,
Hou, Tel. 86 55 61 19

Tunø
Hafenmeister: Ole Olesen, Tunø,
Hovedgåde 16, Tel. 86 55 30 16

Mårup
Hafenmeister: Per Ørsted, Mårup Havn,
8795 Nordby, Tel. 86 59 63 08

Langøre
Hafenmeister: Viggo Petersen, Langøre,
Tel. 86 59 63 15

Ballen
Hafenmeister: Erik Jørgensen,
Nylandsvej 13, Tel. 86 59 21 19/
86 59 12 03

Kolby Kås
Hafenmeister: Poul W. Andersen,
Østervej 10, Koldby, 8791 Tranebjerg,
Samsø, Tel. 86 59 04 17/86 59 10 11

Fünen und Inseln

Assens
Hafenmeister: Hald Andersen,
Tel. 64 71 31 65

Bagenkop
Hafenmeister: Knut Vindig,
Tel. 62 56 18 61/62 56 13 63

Birkholm
Hafenmeister: Rasmus Mortensen,
Tel. 62 54 15 01

Bogense
Hafenmeister: Knud Nielsen,
Tel. 64 81 21 15

Baagø
Hafenmeister: Gunnar E. Jørgensen,
Tel. 64 71 28 86

Dagløkke
Hafenmeister: Hans-Henrik Sander,
Tel. 62 59 17 30/62 59 13 10

Dyreborg
Hafenmeister: Heine Larsen,
Tel. 62 61 89 27

Faaborg
Hafenkontor: Tel. 62 61 16 87
Hafenmeister: Bent Hjort, 8-9 Uhr

Falsled
Hafenmeister: Niels Lagoni,
Tel. 62 68 11 51

Fjellebro
Hafenmeister: Engelbrecht Jensen,
Tel. 62 61 16 87/62 24 34 44

Hjortø
Hafenmeister: J. Greve Rasmussen,
Tel. 62 54 15 13

Kerteminde
Hafenmeister: Leif Larsen,
Tel. 65 32 28 76

Kongebro
Hafenmeister: Mogens Jensen,
Tel. 64 41 02 53

Korshavn
Anfragen: Karen Juul, Tel. 62 61 17 43

Lohals
Hafenmeister: Leiff Lund Larsen,
Tel. 62 55 13 85

Lundeborg
Hafenmeister: Erik Damsø,
Tel. 62 25 22 45

Lyø
Hafenmeister: Jens Havlykke,
Tel. 62 61 92 86

Marstal
Hafenkontor: Tel. 65 53 10 93
Hafenmeister: Chr. Holm

Middelfart
Hafenkontor: Tel. 64 41 02 53
Hafenmeister: Mogens Jensen

Middelfart Yachthafen
Hafenmeister: Poul Henning Petersen,
Tel. 64 41 29 65

Nyborg
Hafenmeister: Poul Kildelund Poulsen,
Tel. 65 31 36 02

Odense
Hafenbüro: Frem Segelklub
Tel. 66 17 87 06
Hafenmeister: Emanuel Frederiksen
Tel. 66 12 63 13

Rudkøbing
Hafenmeister: Niels Erik Simonsen,
Hafenkontor: Tel. 62 51 13 39

Skarø
Hafenmeister: Niels Ole Rasmussen,
Tel. 62 21 58 09/62 20 26 80

Spodsbjerg
Hafenmeister: Johannes Fisker,
Tel. 62 50 10 76

Stige
Hafenbüro: Odense Sejlklub,
Tel. 66 12 04 23
Hafenmeister: Marinus Nielsen,
Tel. 66 14 79 35

Strynø
Hafenmeister: Bent Rasmussen, Strynø,
Tel. 62 51 21 43

Svendborg
Hafenmeister: Kurt Hansen,
Tel. 62 20 54 77

Svendborg Jachthafen:
Hafenkontor: 62 21 14 92

Svinø
Hafenmeister: Johannes Christensen,
Tel. 64 40 33 92

Søby
Hafenmeister: Jørgen Christensen,
Tel. 62 58 14 30

Ærøskøbing
Hafenmeister: Leo Andersen,
Tel. 62 52 13 53

Wichtige Hinweise und Erläuterungen

Allgemeines

Dieses Hafenhandbuch ist ausschließlich auf die Bedürfnisse des Sportschiffers zugeschnitten. Das Schwergewicht liegt auf der Beschreibung und der graphischen/fotografischen Darstellung der Häfen, besonders der kleinen Hafenplätze.

Da sich die **Wassertiefen** in einigen kleinen dänischen und schwedischen Häfen sowie in den Zufahrtsrinnen zu diesen Häfen stark verändern, können die Tiefenangaben in diesem Hafenhandbuch dem Segler nur einen Anhalt geben. In den Hafenplänen sind *Solltiefen* angegeben, auf die Möglichkeit der Versandung ist im Text hingewiesen. Vor dem Befahren flacher Fahrwasser sollten Erkundigungen über die neuesten Tiefenverhältnisse eingeholt werden.

Haftungsausschluß

Aus gegebener Veranlassung wird darauf hingewiesen, daß die Angaben in den Hafenhandbüchern der KA unter Benutzung der amtlichen Unterlagen der verschiedenen Länder so gewissenhaft wie möglich gesammelt und zusammengestellt wurden. Da sich die Verhältnisse in den Häfen und an den Küsten häufig ändern können, und die eingetretenen Änderungen oft nur spät oder gar nicht zur Kenntnis der Bearbeiter gelangen, hat jeder Führer einer Yacht auf Grund seiner seemännischen Kenntnisse und Erfahrungen die Angaben kritisch mit den wirklichen Verhältnissen zu vergleichen und daraus seine Schlüsse zu ziehen. Wie bereits im Vorwort erwähnt, darf auf den Gebrauch der amtlichen Veröffentlichungen (Seekarten, Seehandbücher, Yachtfunkdienst und Leuchtfeuerverzeichnisse) nicht verzichtet werden. Die im Hafenhandbuch wiedergegebenen Hafenpläne, die zum Teil auf Seglerskizzen basieren, sollen über die Liegemöglichkeiten und Facilitäten der einzelnen Häfen informieren, sie sind *keine* Navigationsunterlagen.

Eine Haftung für unrichtige Angaben in den Hafenhandbüchern oder Nicht-Mitteilung von Ergänzungen können weder der Herausgeber, der Bearbeiter noch der Verlag übernehmen.

Mitarbeit von Sportschiffern

In erfreulicher Weise mehren sich die **Meldungen** von Sportschiffern, die auf ihren Urlaubsfahrten Abweichungen bzw. Ergänzungen zu den Angaben des Hafenhandbuches feststellen und diese dann in einer kurzen Meldung an den DSV-Verlag geben. Nur durch die ständige Mitarbeit aller Fahrtensegler können die Hafenhandbücher auf dem Laufenden gehalten werden, da viele uns besonders interessierende Dinge in den „Nachrichten für Seefahrer" (N.f.S.), die für die Berufsschiffahrt bestimmt sind, nicht erscheinen.

Es liegen diesem Buch Berichtigungs- und Ergänzungspostkarten bei, die für entsprechende Mitteilungen bestimmt sind.

Nachträge zum Hafenhandbuch

In jedem Jahr erscheinen künftig ein oder zwei Nachträge zum Hafenhandbuch, die alle wichtigen Ergänzungen sowie neue Häfen erfassen. Eine Bestellkarte mit der die Nachträge abonniert werden können, befindet sich am Anfang dieses Handbuches.

Amtliche Veröffentlichungen (Seekarten, Seehandbücher, Leuchtfeuerverzeichnisse, Wetter- und Warnfunk, Jachtfunkdienst).

Das Hafenhandbuch kann die Seekarte nicht ersetzen, es soll sie jedoch in den für den Segler wichtigen Angaben ergänzen. Die Benutzung der *neuesten berichtigten Seekarten* ist unbedingt erforderlich, hierzu wird auf das jeweils neueste „Verzeichnis der nautischen Karten und Bücher" des DHI sowie der nautischen Vertriebsstellen (s. Yachtpilot '84, S. 321 ff.) hingewiesen. Für die Navigation in den skandinavischen Gewässern wird der Gebrauch der jeweils neuesten Sportbootkarten-Serien empfohlen (Informationen hierüber geben die Vertriebsstellen für nautische Karten und Bücher).

Verkehrstrennungsgebiete und Zwangswege

Sportfahrzeuge dürfen die durchgehende Schiffahrt im Bereich von Verkehrstrennungsgebieten und auf den nach Minen abgesuchten Wegen nicht gefährden oder behindern.

Sie sollen nur in Richtung des Einbahnweges bzw. des Verkehrsstromes fahren und die Wege bei Nebel und unsichtigem Wetter unverzüglich verlassen. Ein Queren der Wege soll nur auf dem kürzesten Wege (im Winkel von 90°) und nur bei voller Bewegungsfreiheit erfolgen.

Sportschiffer sind in den meisten Fällen nicht auf die Benutzung der auf die Bedürfnisse tiefgehender und schwerfällig manövrierender Seeschiffe zugeschnittenen Zwangswege in den Verkehrstrennungsgebieten angewiesen und sollten letztere tunlichst meiden. Sie müssen zudem damit rechnen, daß sie für regelwidriges Verhalten in deutschen und ausländischen Verkehrstrennungsgebieten vor deutschen Gerichten zur Rechenschaft gezogen werden können.

Schießgebiete

Das Durchfahren von Schießgebieten ist während der Schießzeiten grundsätzlich verboten. Diese werden in den N.f.S. bekanntgemacht und können in der Geschäftsstelle der Kreuzerabteilung erfragt werden. Die Angabe dieser Schießzeiten ist jedoch ohne Gewähr. Maßgebend für das Befahren dieser Sperrgebiete sind grundsätzlich die Signale auf den Signalstellen und den Sicherungsfahrzeugen.

Seezeichen

Die Sportschiffer werden darauf hingewiesen, daß sie stets mit Änderungen der Seezeichen, wie Verlöschen von Leuchtfeuern, Vertreiben von Tonnen, mit Neueinrichtung von Seezeichen und dergleichen rechnen müssen, die noch nicht bekanntgegeben worden sind. Die nautischen Warnnachrichten, die von den Küstenfunkstellen verbreitet werden, sind zu beachten.

Pictogramm-Erklärung*

In den Hafenbeschreibungen verwandte Pictogramme

neu	alt		neu	alt	
		– Charakteristik			– Versorgung
		– Liegeplätze			– Ergänzende Hinweise
		– Nautik			– Touristik

In den Hafenplänen verwandte Pictogramme

neu	alt		neu	alt		neu	alt	
		– Kaufmann/Einkaufsmöglichkeit			– Mastenkran			– Arzt/Krankenhaus
		– Schiffsausrüster/Bootszubehör			– (Schiffs-) Kran			– Waschgelegenheit/Wasserzapfstelle
		– Toilette			– Trailerbahn			– Strom
		– Bank/Wechselstube			– Slip			– Gas
		– Müllbehälter			– Gastliegeplätze			– Dusche
		– (Motoren-) Werkstatt			– Diesel			– Münzwaschmaschine
		– Werft			– Benzin			– Altöl
		– Segelmacher			– Post			– Entsorgung
		– Hafenmeister			– Telefon			– Zoll
		– Ankerplatz			– Apotheke			– Leuchtfeuer

*Hinweis

Bei der Umstellung auf ein neues Fotosatz-Verfahren war leider eine Änderung der Pictogramme unvermeidlich, so daß bis zur völligen Überarbeitung aller Seiten dieses Hafenhandbuches unterschiedliche – in den meisten Fällen jedoch sehr ähnliche – Versionen verwendet werden. Wir bitten um Ihr Verständnis.

Windstärken/Windgeschwindigkeiten/Seegang

Windstärke Beaufort	Schwedische Bezeichnung	m/s	km/h	kn	Seegang Beaufort	Wellen-höhe in m
0 = still	stiltje	0– 0,2	<1	<1	0	
1 = sehr leicht	nästan stiltje	0,3– 1,5	1– 5	1– 3	1	0–0,1
2 = leicht	lätt bris	1,6– 3,3	6– 11	4– 7	2	0,2
3 = schwach	god bris	3,4– 5,4	12– 19	8–11		
4 = mäßig	frisk bris	5,5– 7,9	20– 28	12–15	3	0,6
5 = frisch	styv bris	8–10,7	29– 38	16–21	4	1
6 = stark	hård bris	10,8–13,8	39– 49	22–27	5	2
7 = steif	styv kuling	13,9–17,1	50– 61	28–33	6	3
8 = stürmisch	hård kuling	17,2–20,7	62– 74	34–40	7	4
9 = Sturm	hård kuling	20,8–24,4	75– 88	41–47		
10 = schwerer Sturm	storm	24,5–28,4	89–102	48–55	8	5,5
11 = orkanartiger Sturm	storm	28,5–32,6	103–117	56–63	9	7
12 = Orkan	orkan	>32,6	>117	>63		9

Sicht bei klarem Wetter

Generell gilt, daß die Distanz zum Horizont bei einer Augenhöhe von 2 m über dem Wasserspiegel 2,9 Seemeilen beträgt. Bei dieser Regel können Objekte mit bestimmter Höhe bei folgenden Entfernungen gesehen werden:

Objekthöhe in m	sichtbar bei Entfernung in sm	Objekthöhe in m	sichtbar bei Entfernung in sm
40 m	16,1 sm	10 m	9,5 sm
35 m	15,2 sm	7,5 m	8,6 sm
30 m	14,3 sm	5,0 m	7,6 sm
25 m	13,3 sm	2,5 m	6,2 sm
20 m	12,2 sm	1,0 m	5,0 sm
15 m	11,0 sm		

Bundesrepublik Deutschland D-A

Kollisionsverhütungsregeln (KVR) und Seeschiffahrtstraßen-Ordnung

Diese beiden Verkehrsordnungen gelten für alle Fahrzeuge auf den deutschen Seeschiffahrtstraßen und in den öffentlichen, bundeseigenen Häfen. Die Seestraßenordnung (SeeStrO) hat internationalen Charakter und gilt außer auf den Seeschiffahrtstraßen auf der Hohen See. Ihre Vorschriften reichen jedoch nicht aus, den Verkehr auf den stark befahrenen Seeschiffahrtstraßen zu regeln. Deshalb wird die Seestraßenordnung im Bereich der Bundesrepublik Deutschland durch die Seeschiffahrtstraßen-Ordnung (SeeSchStrO) ergänzt. Ihre Vorschriften haben Vorrang vor denen der Seestraßenordnung.

Seeschiffahrtstraßen sind, grob gesagt, die Wasserflächen zwischen der Küste und der 3-Seemeilen-Grenze einschließlich Förden und Buchten sowie Trave und Nord-Ostseekanal. An der Küste Mecklenburg-Vorpommerns gilt auch weiterhin die 12-Seemeilen-Grenze der ehemaligen DDR.

Rettungswesen

Trägerin des Seenotrettungsdienstes an der deutschen Nord- und Ostseeküste ist die Deutsche Gesellschaft zur Rettung Schiffbrüchiger (DGzRS) mit Hauptsitz in Bremen. Durch die sinnvolle Stationierung schneller Seenotkreuzer und Strandrettungsboote an allen wichtigen Hafenplätzen kann in Seenotfällen überall im Küstenbereich mit schneller Hilfeleistung gerechnet werden. Die Arbeit der DGzRS wird ohne staatliche Zuschüsse allein aus freiwilligen Spenden finanziert. Rettung von Menschenleben durch die DGzRS ist kostenfrei, bei der Bergung von Sachwerten werden die entstandenen Selbstkosten berechnet.

In Warnemünde und in Saßnitz befinden sich Seenotrettungsstationen mit Rettungskreuzern.

Seenotfunk in der Sportschiffahrt

Auch Sportfahrzeuge können sich am internationalen Netz des Seenotfunks beteiligen:
- In fast allen küstennahen Gewässern und z.B. in der Ostsee besteht eine lückenlose Versorgung mit UKW-Seefunk. Über den UKW-Kanal 16 können zu jeder Zeit die Küstenfunkstellen alarmiert werden.
- Eine erheblich größerer Reichweite ist mit der Sprechfunknotfrequenz 2182 kHz zu erreichen. Außer kleinen Seefunkstellen für nur einige Grenzwellenkanäle stehen für diese Grenzwellenfrequenz auch sog. "Seefunksender zur Kennzeichnung der Seenotposition" (Seenotfunkbojen) mit und ohne Sprechmöglichkeit zur Verfügung. Der große Vorteil dieser Frequenz ist, daß sie von suchenden Schiffen mit guter Genauigkeit gepeilt werden kann.

Nicht empfohlen werden können solche funktechnischen Hilfsmittel, bei denen eine dauernde Hörwache zuständiger Landorganisationen nicht gewährleistet ist. Hierzu gehören:
- Die CB-Funkgeräte im 27-MHz-Band, die nur als private Zusatzausrüstung betrachtet werden können.
- Die Luftfahrtnotfrequenzen 121,5 MHz (zivil) und 243 MHz (militärisch) bieten ebenfalls keine Gewähr für eine sichere Dauerwache. Während die Internationale Zivile Luftfahrtorganisation (ICAO) die Wache auf 121,5 MHz bei langen Überseeflügen nur für die Zeiten vorschreiben, in denen kein anderer UKW-Flugfunk durchgeführt wird, kann die militärische Luftfahrt nicht als ständiges Netz hörbereiter Beobachtungsstellen angesehen werden.

Von Lübeck bis Großenbrode-F.

Die Häfen an der Lübecker Bucht.

Elbe-Lübeck-Kanal D-I-1

Der Elbe-Lübeck-Kanal ist ein von vielen Wassersportlern genutztes „Überführungsgewässer". Wenn Sie den Elbe-Lübeck-Kanal befahren, beachten Sie bitte die Vorschriften der Binnenschiffahrtsstraßen-Ordnung:

1. Legen Sie Ihr Boot beim Warten vor der Schleuse nicht in das Fahrwasser der ein- und auslaufenden Schiffe. Fahren Sie auch nicht vor der Schleuseneinfahrt hin und her, sondern machen Sie Ihr Boot am Dalben oder im Bootshafen fest. Laufen Sie in die Schleuse erst ein, wenn Sie dazu aufgefordert werden. Aus Sicherheitsgründen werden Sportfahrzeuge in der Regel als letzte eingewiesen.

2. Bei der Fahrt durch den ELK *melden Sie sich grundsätzlich an den Endschleusen zur Eintragung ins Verkehrstagebuch.*

3. Die *Höchstgeschwindigkeit* auf dem ungefähr 60 km langen Elbe-Lübeck-Kanal beträgt für Sportfahrzeuge 10 km/h. Im Lauenburger Hafen, von der Schleuse bis zur Elbe, jedoch nur 4 km/h.

4. Falls Sie vor einer Schleuse einmal längere Zeit warten müssen, werden Sie bitte nicht ungeduldig. Auch die gewerbliche Schiffahrt muß mit Wartezeiten rechnen, wenn der vom Niederschlag abhängige Wasserhaushalt das erfordert. Für Sportboote werden keine Ausnahmen gemacht und auch keine Sonderschleusungen durchgeführt.

5. Bei Siebeneichen, Kanal-km 43,6, überquert eine Fähre den Kanal. Während der Fahrt wird diese an einem Seil, das ca. 1 m über der Wasseroberfläche gespannt ist, geführt. Fahren Sie zwischen den Fährtafeln (rechteckige blaue Tafel mit weißem Symbol eines Fährschiffes), die am rechten Ufer stehen, *langsam.*

6. Bei der Annäherung an Baustellen und an Baufahrzeuge fahren Sie so langsam wie möglich, um Beschädigungen am Ufer, an Geräten und Fahrzeugen zu vermeiden. Diese Fahrzeuge sind durch rot-weiße Flaggen oder Tafeln gekennzeichnet. Auch bei der Annäherung an Schiffsliegeplätze und an die Schleusenvorhäfen, ist langsam zu fahren.

7. Die unter- und oberhalb der Schleusen vorhandenen Liegestellen sind nur für die zur Schleusung anstehenden Fahrzeuge als Liegeplätze sowie als Übernachtungsmöglichkeit außerhalb der Betriebszeit vorgesehen. Für längere Liegezeiten ist die Erlaubnis der Schleusenaufsicht einzuholen.
Ist das außerhalb der Betriebszeit nicht möglich, ist die Anschrift des Bootseigners fest am Fahrzeug anzubringen. Eine Aufsichtspflicht seitens des Schleusenpersonals besteht nicht. Liegeplätze für Sportboote unterhalb der Schleuse Lauenburg sind nicht vorhanden.

8. Zur Vermeidung von Anzeigen überprüfen Sie die Fahrgeschwindigkeit Ihres Bootes mit Hilfe der am westlichen Kanalufer stehenden Kilometersteine. Bis zu 10 km/h dürfen Sie einen Kilometer in nicht weniger als 6 Minuten durchlaufen.

Die Höchstgeschwindigkeit gilt aber immer nur unter der Voraussetzung, daß dabei kein schädlicher Wellenschlag verursacht wird.
Die **Mindestfahrzeiten** von Schleuse zu Schleuse betragen:

	für 10 km/Std.
Büssau — Krummesse	31 Minuten
Krummesse — Berkenthin	29 Minuten
Berkenthin — Behlendorf	19 Minuten
Behlendorf — Donnerschleuse	25 Minuten
Donnerschleuse — Witzeeze	3 Stunden
Witzeeze — Lauenburg	57 Minuten.

9. *Die Betriebszeiten der Schleusen sind wie folgt festgelegt:*

   a) *an Werktagen:*
   vom 1. April bis 30. September   von 6.00 bis 21.00 Uhr
   sonnabends: von 6.00 bis 18.00 Uhr
   vom 1. Oktober bis 31. März   von 6.00 bis 20.00 Uhr
   sonnabends: von 6.00 bis 17.00 Uhr

   b) *an Sonn- und Feiertagen:*   von 7.00 bis 12.00 Uhr
   (am Neujahrstag, Karfreitag und 1. Mai sowie 1. Oster-, 1. Pfingst- und 1. Weihnachtstag ruht der Schleusenbetrieb).
   Etwa 20 Minuten vor Ende der Betriebszeit wird aus betrieblichen Gründen keine Schleusung mehr begonnen.

   c) Am 24. Dezember und 31. Dezember (wenn Werktag)
   von 6.00 bis 14.00 Uhr.

10. *Die Betriebszeiten der Hubbrücken in Lübeck sind wie folgt festgesetzt:*
    Werktags (auch sonnabends)   von 6.00 bis 20.30 Uhr
    sonn- und feiertags   von 7.00 bis 9.00 Uhr
    Am 24. Dezember und 31. Dezember
    (Wenn Werktag)   von 6.00 bis 14.00 Uhr.
    (Am Neujahrstag, Karfreitag, 1. Mai sowie an den Oster-, Pfingst- und Weihnachtstagen ruht der Brückenbetrieb).

    Die Brücken werden mit Rücksicht auf den Straßenverkehr für Sportfahrzeuge nur gehoben, wenn diese in Gruppen von 3 oder mehr Fahrzeugen eine Öffnung fordern oder wenn sie eine Stunde vergeblich gewartet haben. *Sie können solche Wartezeiten vermeiden,* wenn Sie nicht durch die Hubbrücken, sondern durch den Stadtgraben fahren.

(Auszug aus dem Merkblatt für Sportboote des Wasser- und Schiffahrtsamtes Lauenburg)

Lübeck 53°52,4′N 10°41,3′E D-I-2

Seekarte D 52

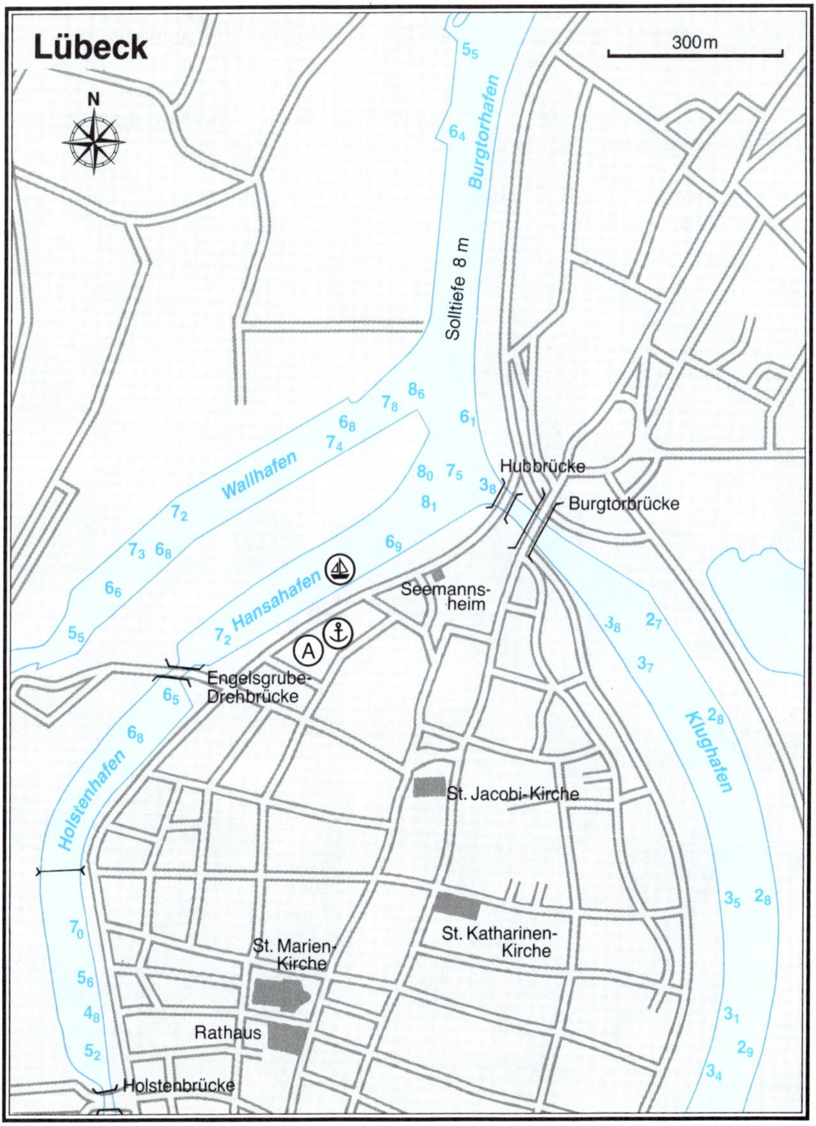

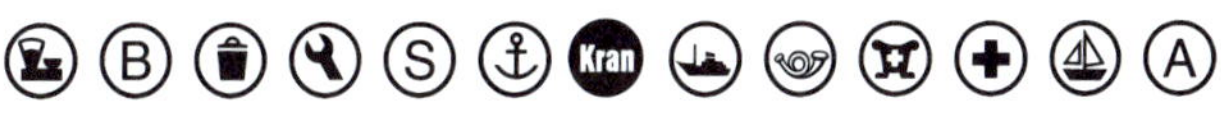

HH OIB 1993

Handelshafen

 Liegemöglichkeiten im Hansahafen (hohe Kaimauern).

 Hafen kann bei Tag und Nacht ohne Schwierigkeiten angelaufen werden.

 Mehrere Schiffsausrüster direkt in Hafennähe. Weitere Versorgungsmöglichkeiten im nahegelegenen Zentrum.

 Die Hansestadt Lübeck bietet zahlreiche Sehenswürdigkeiten (Holstentor, Altstadt, Lübecker Dom und weitere Kirchen).

Sportboothafen Lachswehr

53° 52,4' N
10° 41,0' E

D-I-2a

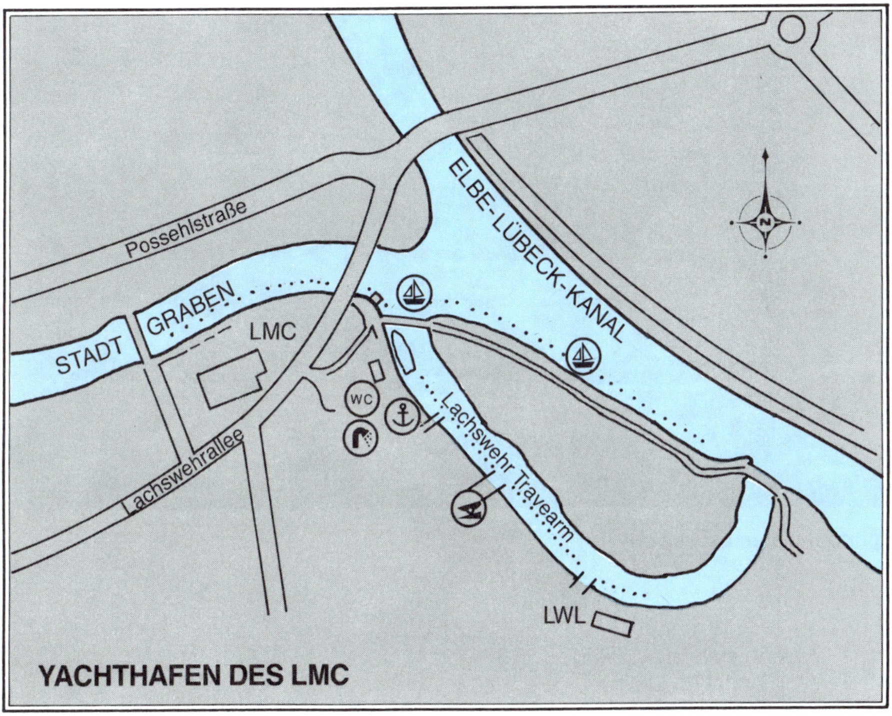

[Map: Yachthafen des LMC, showing Elbe-Lübeck-Kanal, Possehlstraße, Stadtgraben, Lachswehrallee, Lachswehrtravearm, LMC, LWL]

 Sehr ruhig gelegener Sportboothafen des Lübecker Motorbootclubs (LMC) am Elbe-Lübeck-Kanal. Stützpunkt des DMYV.

 Liegeplätze für Motorboote bis 10 m Länge im Lachswehrtravearm, für größere Boote am ELK. Rot/Grün Beschilderung.

 Es gibt zwei Möglichkeiten, den LMC-Hafen zu erreichen:
1. Burgtorhafen, Klughafen, Elbe-Lübeck-Kanal mit Brückenhöhen bis 5,5 m.
2. Burgtorhafen, Wallhafen, Stadtgraben mit Brückenhöhen bis 4,4 m. Die Bogenbrücke zum Lachswehrtravearm hat eine Durchfahrtshöhe von 3,5 m.

 Duschen, WC, Clubraum, Fahrradverleih, Tankstelle (D + S), Wasser und Strom an den Stegen. Alle weiteren Versorgungsmöglichkeiten in der nahe gelegenen Lübecker Innenstadt.

HH OIB 1993

Sportboothafen Lachswehr

 Hafenmeister Tel.: 04 51–8 55 58
(Alle Angaben LMC)

Bad Schwartau 53°54,5'N 10°42,1'E   D-I-3

Seekarte D 52

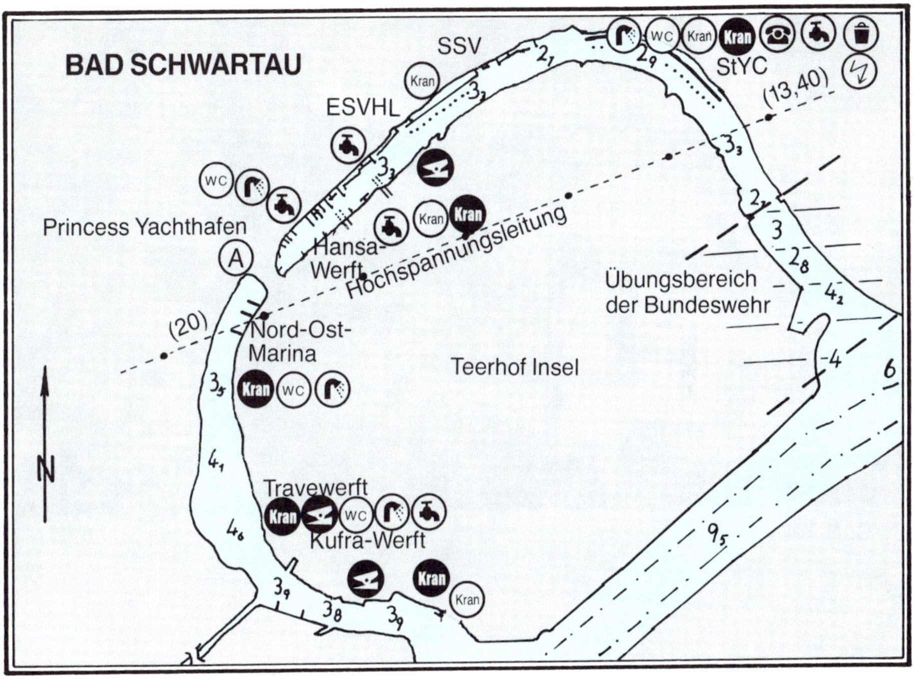

 Im Toten Travearm und auf der Teerhofinsel befinden sich mehrere vereinseigene Sportboothäfen sowie Werft- und Marina-Anlagen.

 Gastliegeplätze sind markiert oder bei den jeweiligen Hafenmeistern zu erfragen.

 Im Einmündungsbereich des nördlichen Toten Travearms finden zu bestimmten Zeiten Bundeswehrübungen statt. Vor dem Hafen des Stettiner Yacht-Clubs verläuft eine Hochspannungsleitung mit nur 14,8 m Durchfahrtshöhe. Die sichere Durchfahrt beträgt lt. Angaben der Lübecker Stadtwerke nur 13,4 m.

 Vereinshäfen: Stettiner Yacht-Club e.V. (StYC): Kran (8 t), Mastenkran, Jollenslip, Duschen, WC, Telefon, Abfallcontainer, Altölsammler, Wasser und Strom (Eurostecker) am Steg. Schwartauer Segler-Verein e.V. (SSV): Wasser und Strom an den Stegen, Kran, Mastenkran, Slip. Eisenbahner-Sportverein Hansa Lübeck e.V. (ESVHL): Wasser und Strom an den Stegen, Slip.
Marina- und Werftanlagen: Princess-Yachthafen: Wasser und Strom an den Ste-

D-I-3

StYC, N-Teil

StYC, SE-Teil

D-I-3a

Bad Schwartau. SW-Seite der Teerhofinsel von N gesehen. Im Vordergrund die Nord-Ost Marina.

Freigegeben durch Luftamt Hamburg, lfd. Nr. 52/84

gen, Duschen, WC. Hansa-Werft: Wasser und Strom an den Stegen, 2 Slipanlagen, Kran (15 t), Motorenservice, Duschen, WC. Weitere Unternehmen an der SW-Seite der Teerhofinsel: Nord-Ost Marina, Trave-Werft (Kran 12 t, Slip 40 t, Wasser, Duschen, WC, Gastliegeplätze auf Anfrage), Kufra-Werft.

Der Stettiner Yacht-Club ist Stützpunkt der Kreuzer-Abteilung des DSV.

Die im nördlichen toten Travearm gelegenen Hafenanlagen sind durch die nahe Autobahn sehr laut. Die Wassertiefen im inneren Bereich des sehr gepflegten Princess Yachthafens sind zur Spundwand hin sehr gering. Die Nord-Ost-Marina und Kufra Werft sind offenbar an Gast-Liegern nicht interessiert, Informationen über deren Hafen-Facilitäten wurden verweigert. Travewerft: Kran (12 t), Slip (40 t), Wasser, Duschen, WC. Ausführung kleinerer Yachtreparaturen, Verkauf von Bootsfarben. Gastliegeplätze auf Anfrage.

Busverbindung nach Lübeck. Einkaufsmöglichkeit in Bad Schwartau (1 km).

Bad Schwartau. NW-Seite der Teerhofinsel mit Princess-Yachthafen (unten rechts), ESVHL-Hafen (unten links) und Hansa Werft. (Blick von N). Freigegeben durch Luftamt Hamburg, lfd. Nr. 51/84

Bad Schwartau. NW-Seite der Teerhofinsel von N gesehen. Hafen des Schwartauer Segler-Vereins. Freigegeben durch Luftamt Hamburg, lfd. Nr. 50/84

Sporthafen Kattegat 53° 54,1' N 10° 46,0' E   D-I-4

Seekarten D 52

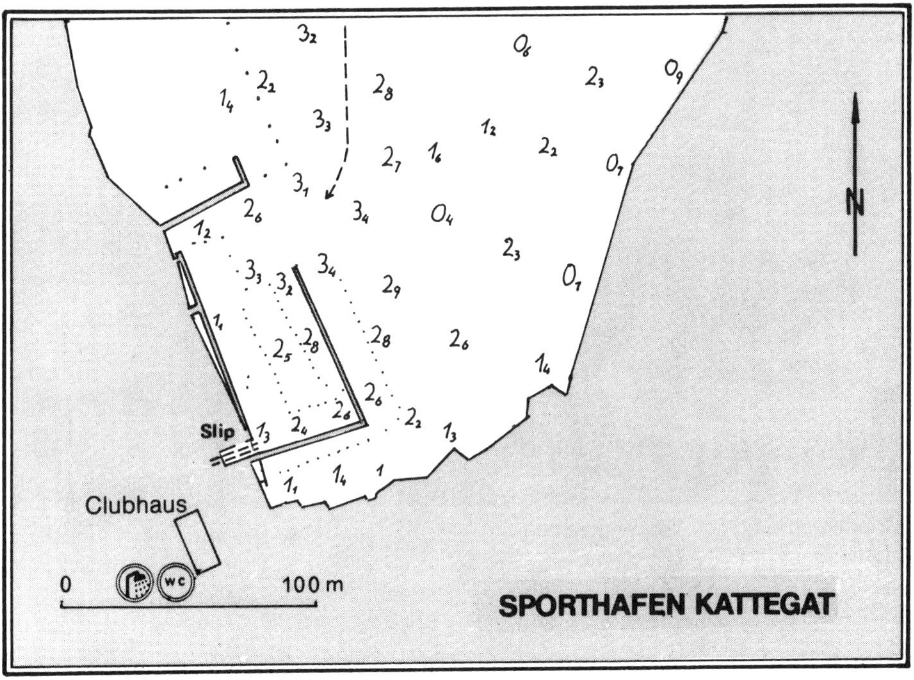

[Harbor chart of Sporthafen Kattegat showing depths, Clubhaus, Slip, and scale bar 0–100 m]

  Kleiner Sportboothafen des Seglervereins Kattegat. Der Hafen liegt geschützt in einer kleinen Bucht W-lich der Herrenbrücke. Clubhaus mit Duschen und WC (verschlossen).

  Liegemöglichkeit auf freien Plätzen nach Rückfrage.

  Bei der Ansteuerung empfiehlt es sich, das Travefahrwasser erst dann zu verlassen, wenn der Hafen genau S-lich liegt. Im E-lichen Bereich der Bucht liegt eine in NS-Richtung verlaufende Untiefe, deren N-Spitze mit einer Stange gekennzeichnet ist.

  Wasser und Strom an den Stegen, Trailerablaufbahn.

  Weitere Versorgungsmöglichkeiten in Lübeck und Travemünde.

  Busverbindung nach Lübeck und Travemünde.

Sporthafen Kattegat (von W gesehen). Freigegeben durch Luftamt Hamburg, lfd. Nr. 53/84

Sporthäfen am Stau 53° 53,8′ N 10° 46,2′ E   D-I-5

Seekarten D 52

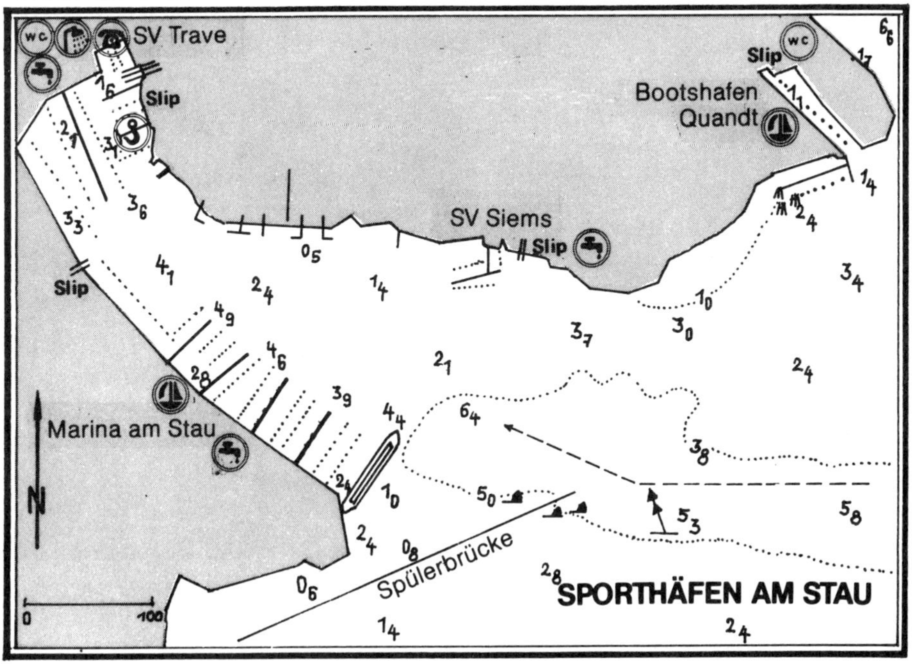

 Großer Yachthafenkomplex. Vereinseigene Anlagen des Segler-Vereins Trave (SVT) und des Seglervereins Siems. Im S-lichen Bereich befindet sich die Marina am Stau, im NE-lichen Teil der Bootshafen Quandt. Der SVT-Hafen ist Stützpunkt der Kreuzer-Abteilung des DSV. Die Anlagen des Seglervereins Siems und der Bootshafen Quandt sind für Gastlieger wenig geeignet.

 Auf freien Plätzen nach Rücksprache mit dem Hafenmeister.

 Vom Travefahrwasser W-Kurs bis zur Tonne Stau-N und dann weiter mit WNW-lichem Kurs in den Hafen-Bereich.

 SVT: Wasser und Strom an den Stegen, Clubhaus mit Duschen und WC, Telefon, Slip, Mastenkran.
Seglerverein Siems: Wasser und Strom am Steg, Slip.
Boothafen Quandt: Ungepflegter Kleinboothafen, Wasser und Strom, Slip, WC.
Marina am Stau: Wasser und Strom an den Stegen, Slip, Duschen, WC.

 Weitere Versorgungsmöglichkeiten in Lübeck oder Travemünde.

HH OIB 1993

Sporthäfen am Stau. Marina am Stau (Bildmitte), Hafen des Segler-Vereins Trave (oben links) und Brücke des Seglervereins Siems (rechts oben).

Freigegeben durch Luftamt Hamburg, lfd. Nr. 54/84

 Busverbindung nach Lübeck und Travemünde.

Schlutup   53° 53,4′ N   10° 48,2′ E   D-I-6

Seekarten D 52

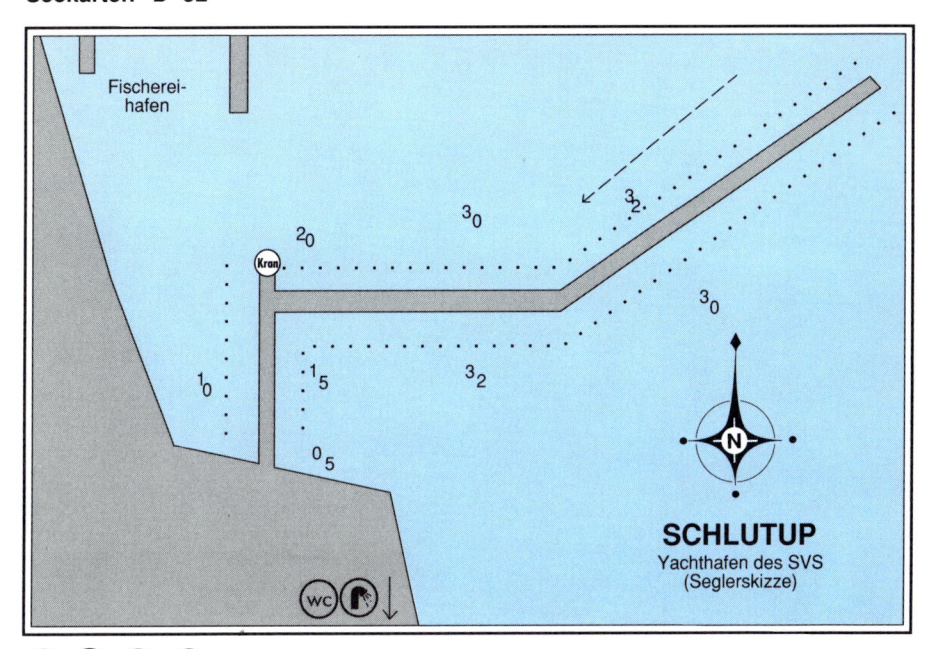

(Hafenskizze mit Fischereihafen, Kran, Tiefenangaben und Kompassrose – SCHLUTUP Yachthafen des SVS (Seglerskizze))

(WC) (🚿) (🗑) (Kran)

- Yachthafen des Segler Vereins Schlutup (SVS).

- Gastliegeplätze auf Anfrage. Schlüssel gegen Pfand beim Hafenmeister (Wirt des Vereinshauses).

- Ansteuerung der Vereinsanlage vom Travefahrwasser (Fahrwassertonne 24, dann weiter mit SW-lichem Kurs).

- Wasser und Strom am Steg, WC und Duschen im Vereinsheim. Einkaufsmöglichkeiten in Schlutup.

- Busverbindungen nach Lübeck und Travemünde.

Staackwerft 53° 58′ N 10° 48′ E D-I-6a

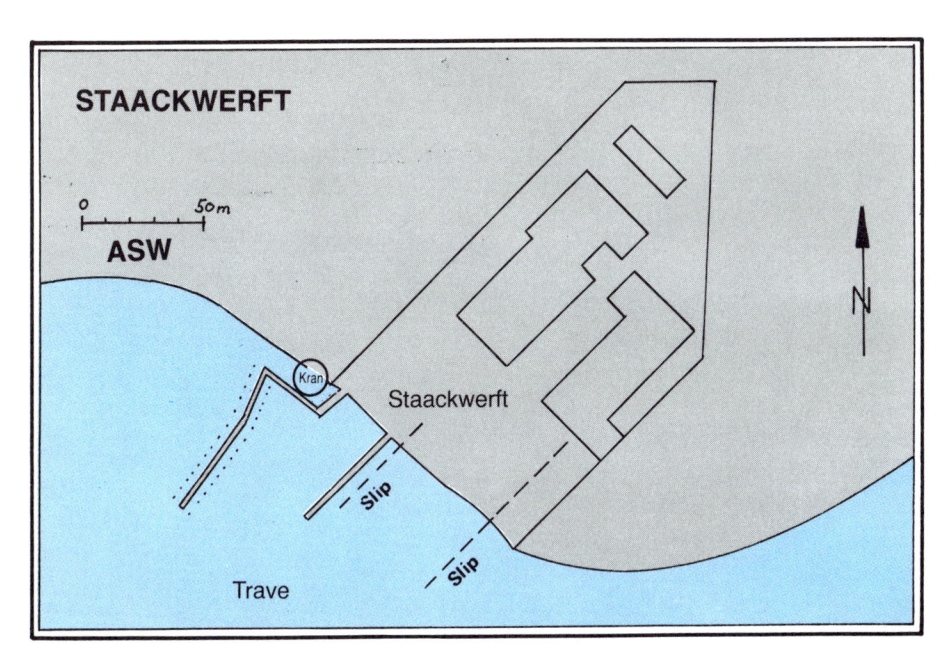

Werfthafen

Die etwa 0,4 sm E-lich der Flenderwerft gelegene Hafenanlage ist direkt vom Travefahrwasser aus zu erreichen.

Wasser und Strom an den Stegen. Slipanlage (30 und 100 t), Kran (10 t). Die Werft ist in der Lage, sämtliche Reparaturen an Metall-, Holz- und Kunststoffbooten auszuführen (Tel. 0451 – 30 60 25). Neben der Staackwerft befindet sich die Aluminium Schiffswerft, die ebenfalls einen umfassenden Werftservice bietet (Tel.: 0451 – 30 24 00).

Travemünde 53°57,5′N 10°52,2′E D-I-7

Seekarten D 51, 3004

Travemünde (von NW gesehen): Marina Baltica (rechts), Böbs-Werft (Mitte), Fischereihafen (links).

Freigegeben durch Luftamt Hamburg, lfd. Nr. 56/84

- Fährhafen, Fischereihafen, Yacht- und Werfthäfen.

- Zahlreiche Liegemöglichkeiten in den Yacht- und Werfthäfen sowie im Fischereihafen.

- Für die seewärtige Ansteuerung dient tags und nachts das neben der Einfahrt liegende Hochhaus, das bei guter Sicht schon ab Dahmeshöved auszumachen ist. Der 114 m hohe Feuerträger des Hochhaus hat die Kennung Blz. w/r. 4 s. Das Molenfeuer hat die Kennung Ubr. r/gn.
  VORSICHT: In der Lübecker Bucht muß die durch gelbe Tonnen markierte Grenze zur DDR unbedingt beachtet werden.

- Alle Versorgungsmöglichkeiten in Travemünde. Werft- und Motorenservice, 2 Wassertankstellen, zahlreiche Schiffsausrüster, Polizei, Zoll.
  Böbs-Werft: Reparaturservice, Schiffselektrik, Schwimmdock (150 t), Kran (32 t). Winterlager und Sommerliegeplätze. Marina Baltica: Liegeplätze, Motorenservice, Reparaturservice.

HH OIB 1993

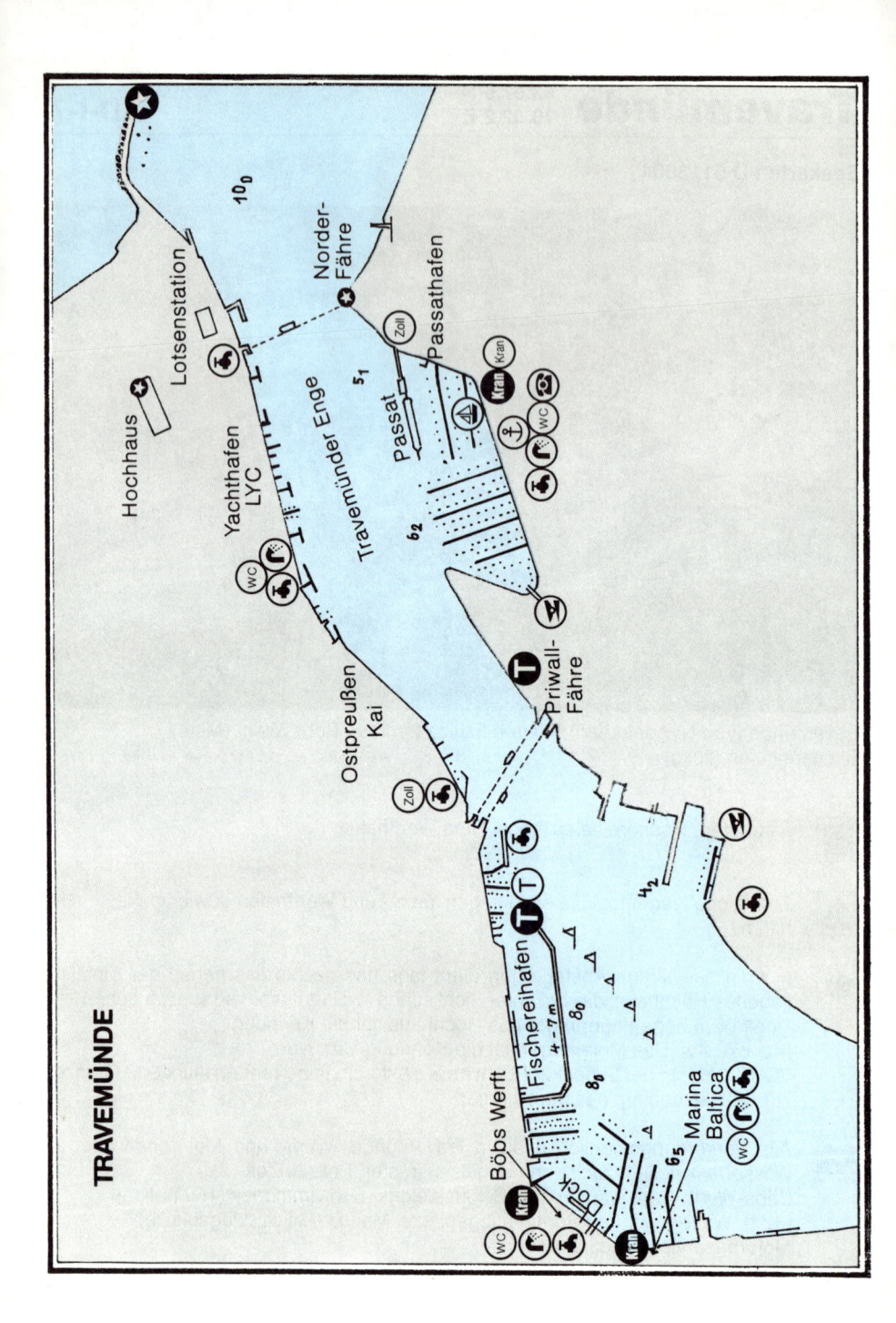

TRAVEMÜNDE

Für Kompaßkontrollen gibt es in der Siechenbucht einen Deviationsdalben. Der Yachthafen des Lübecker Yacht-Clubs e.V. (LYC) ist Stützpunkt der Kreuzer-Abteilung des DSV. An der Lotsenstation liegt der Seenotkreuzer „Paul Denker" der Deutschen Gesellschaft zur Rettung Schiffbrüchiger (DGzRS).

Fährverbindung vom Passathafen nach Travemünde via Priwall- oder Norder-Fähre. Letztere verkehrt nur tagsüber in der Saison. Badestrand, Hallenbad, Spielkasino. Zahlreiche Fährverbindungen nach Skandinavien.

Passathafen

53° 57,5′ N
10° 52,8′ E

D-I-8

Seekarten D 51, 3004

Travemünde – Passathafen (von NW gesehen) Freigegeben durch Luftamt Hamburg lfd. Nr. 57/84

Kommunaler Yachthafen im N-Teil der Priwall-Halbinsel.

Gastliegeplätze links neben der Krananlage oder auf Anfrage beim Hafenmeister. Hafengebühren sind unaufgefordert im Hafenbüro zu entrichten.

Der Hafen ist direkt vom Travefahrwasser zu erreichen.

Duschen, WC und Hafenmeisterbüro am Fuß von Steg D. Bootskran (5t), Mastenkran, Müllcontainer, Altölsammler (bei der Krananlage), Telefon. Wasser und Strom (Privatzähler) an den Stegen. Trailerbahn in der SW-Ecke des Hafens. Zoll am Fuß des Passat-Steges. Tankstellen am Kohlenhofkai neben dem Priwall-Fähranleger und im Fischereihafen.

Fährverbindung nach Travemünde mit den Priwall-Fähren und mit der Norderfähre (nur zu bestimmten Zeiten).

Wichtige Rufnummern : Vorwahl 04502

Hafenmeister	: 6396
DGzRS (Lotsenstation)	: 711 17
Feuerwehr	: 112
Polizei	: 50 33-5
Wasserschutzpolizei	: 741 41
Paßkontrolle (BGS)	: 20 16
Zoll	: 27 31
Krankentransport	: 25 98
Krankenhaus	: 861

Niendorf 53° 59,8′ N   10° 48,6′ E   D-I-9

Seekarten D 35, 36, 37, 3004

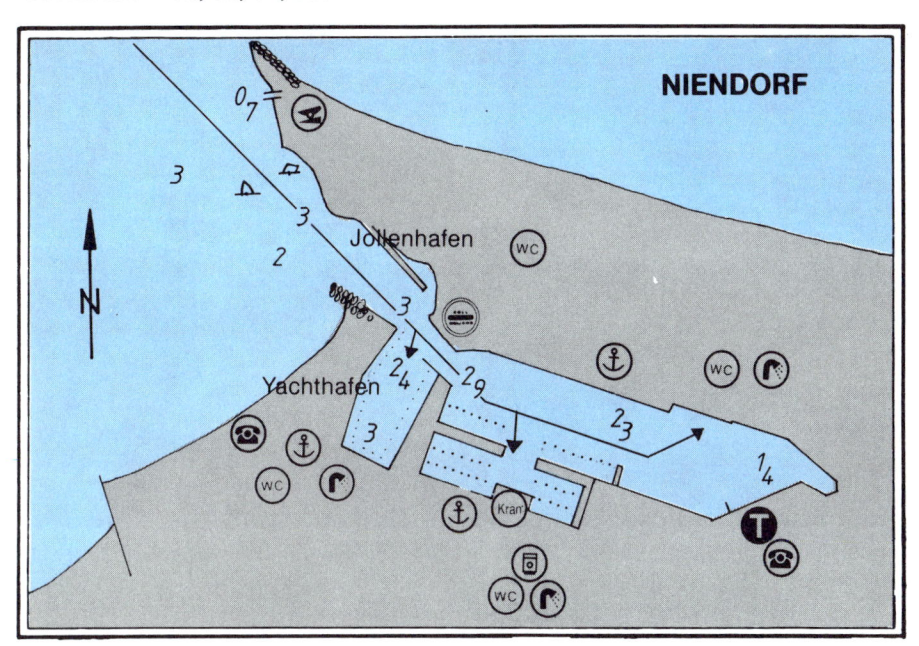

Fischereihafen, Yachthafen des Niendorfer Yacht-Clubs (Stützpunkt der Kreuzerabteilung des DSV), Yachthafen der Evers-Werft.

Liegemöglichkeiten in den beiden Yachthäfen (nach Rücksprache) oder im Fischereihafen im E-lichen Teil des N-Kais. Der W-liche Teil dieses Kais ist den in Niendorf beheimateten Ausflugsdampfern vorbehalten. Insgesamt wenig Platz für Gastlieger.

Die rote Ansteuerungstonne sollte in jedem Falle einlaufend an Bb. gehalten werden. Von dieser Tonne führt ein bezeichnetes Fahrwasser in den Hafen.

Wasser und Strom an den Stegen. Duschen und WC in den beiden Yachthäfen und an der N-Seite des Innenhafens (Schlüssel gegen Pfand bei der Hafenmeisterin). Kran (20 t), Mastenkran sowie Waschmaschine (in der Evers-Werft), Einkaufsmöglichkeit im Ort, gutes Fischrestaurant in Hafennähe. Zoll. Diesel gibt es nur für Mitglieder der Fischereigenossenschaft (Skippermeldung).

Der Yachthafen des Niendorfer Yacht-Clubs ist Stützpunkt der Kreuzer-Abteilung des DSV.

HH OIB 1993

Niendorf (von W gesehen). Freigegeben durch Luftamt Hamburg, lfd. Nr. 58/84

ⓘ Schöner Badestrand zu beiden Seiten des Hafens.

Ancora-Yachthafen 54° 5,6' N 10° 48,2' E   D-I-10

Seekarten D 35, 37, 3004

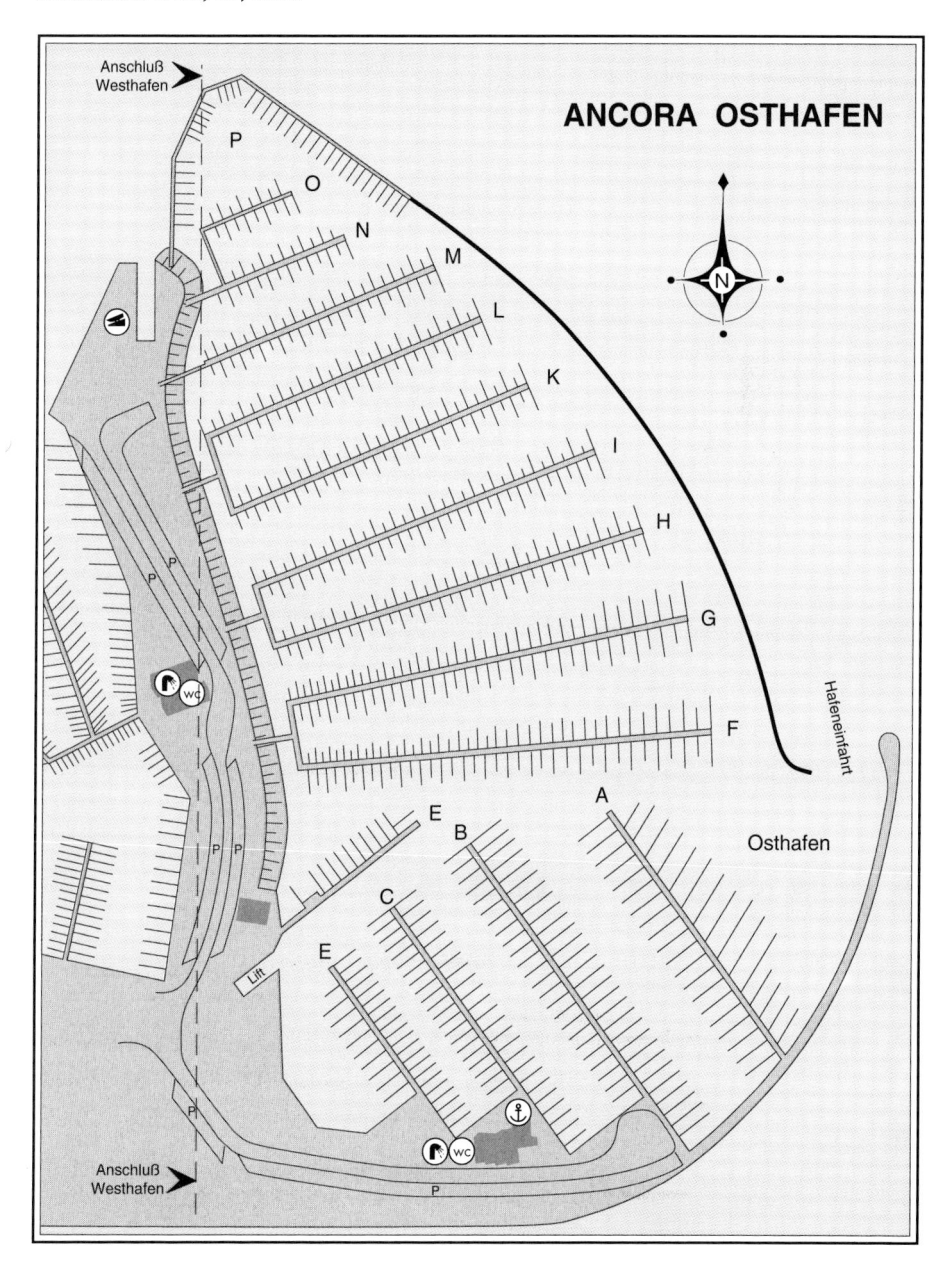

HHO IB – Nachtr. 1994

ANCORA WESTHAFEN

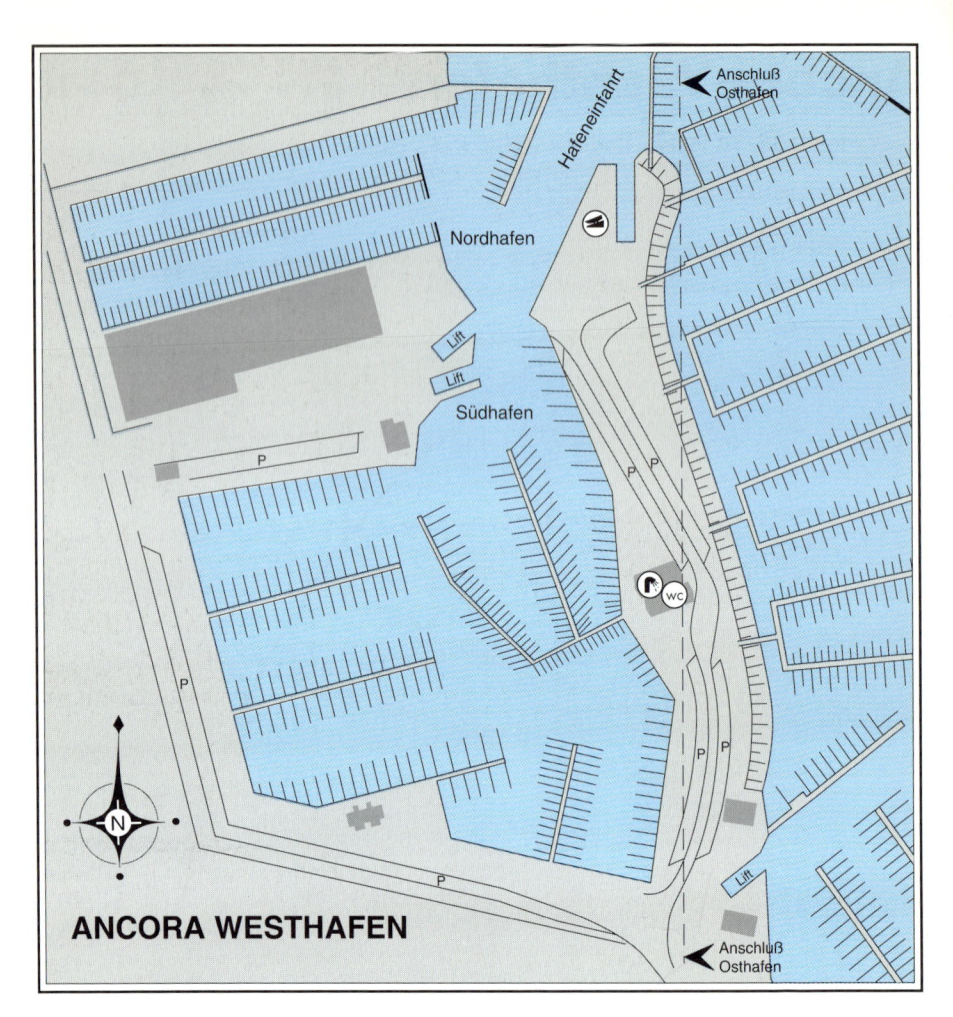

Moderner Yachthafen mit 1400 Liegeplätzen.

40 Gastliegeplätze von 6 bis 35 m (bis 4 m Wassertiefe) nach Anweisung des Hafenmeisters.

Der am NW-Ufer der Neustädter Bucht (Wiek) gelegene Hafen wird zunächst über das nach Neustadt verlaufende betonnte Fahrwasser angesteuert. Kurz vor Neustadt zweigt ein Nebenfahrwasser in NW-licher Richtung zum Bundesgrenzschutzhafen ab. Unmittelbar vor diesem Hafen, dessen Anlaufen verboten ist, dreht man nach Bb. in den Ancora-Yachthafen ab.

Ancora-Yachthafen

⌘ N-lich vom Ancora-Yachthafen liegt die Kunya-Werft mit einem kleinen Yachtsteg.

ℹ Zoll- und Einkaufsmöglichkeit in Neustadt.
In Sierksdorf: Freizeitpark „Hansaland".

🏠 Wasser und Strom an den Stegen. Sanitäranlagen mit Duschen, Waschautomaten und Trocknern (Schlüssel für die Sanitäranlagen sind beim Hafenmeister erhältlich). Telefonzellen, Kinderspielplatz, Tennishalle mit Tischtennis. Temperiertes Schwimmbad mit Liegewiese. Restaurant mit Einkaufsmöglichkeit. Appartment-Hotel direkt im Yachthafen. Tankstelle: Benzin Diesel, bleifreies Benzin. Altöl-Abnahme, Fäkalien-Entsorgung, Trailer-Slip, überdachte und verschlossene Autoeinstellplätze. Kompletter Werftbetrieb: Werft- und Motorenservice, Winterlager, Mastenkran (350 kg), Autokran (10 t), Travellift (35 t). Bei Stromentnahme Schlüssel für die Verteilerkästen beim Hafenmeister anfordern.

Neustadt
54° 06,0´ N
10° 49,0´ E

D-I-11

Seekarten D 35, 37, 3004

Mehrere Yachthafenanlagen, Marinehafen, Fischereihafen.

Gastliegeplätze an der ersten Yachtbrücke einlaufend an Stb. Gastplätze im Rundhafen des Neustädter Segler-Vereins nach Einweisung durch den Hafenmeister.

Von der Ansteuerungstonne Neustadt (54°4,2' N, 10°49,3' E, Glt.8s) Feuer in Linie 347,8° und 20,7°.

Wasser und Strom an den Stegen. Duschen und WC im Hafenmeisterbüro (Kommunalhafen) und im Vereinshaus des Neustädter Segler-Vereins. Weitere WCs in der Nähe des Fischereihafens (Ostseite) und in der Nähe des griechischen Restaurants (NW-Seite). Alle Versorgungsmöglichkeiten in der Stadt. Telefon, Post, Polizei, Zoll, Bahnhof (alles in Hafennähe).
Tankstellen, Werft- und Motorenservice im Ancora-Yachthafen.

Hafengeld ist unaufgefordert in den entsprechenden Hafenbüros zu entrichten. Der Yachthafen des Neustädter Segler-Vereins ist Stützpunkt der Kreuzer-Abteilung des DSV.

Bademöglichkeit S-lich des Rundhafens.

Neustadt. Die E-Seite des Hafens mit dem Gästesteg (rechts).
Freigegeben durch Luftamt Hamburg, lfd. Nr. 115/84

NEUSTADT

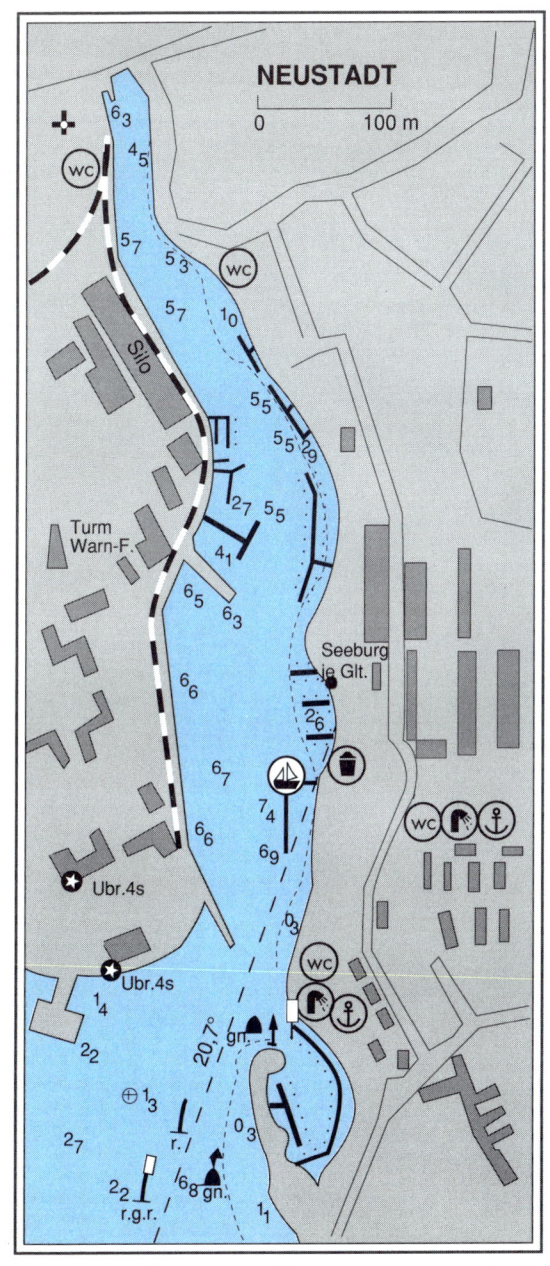

Grömitz

54° 08,2' N
010° 57' E

D-I-12

Seekarten D 35, 37, 3004

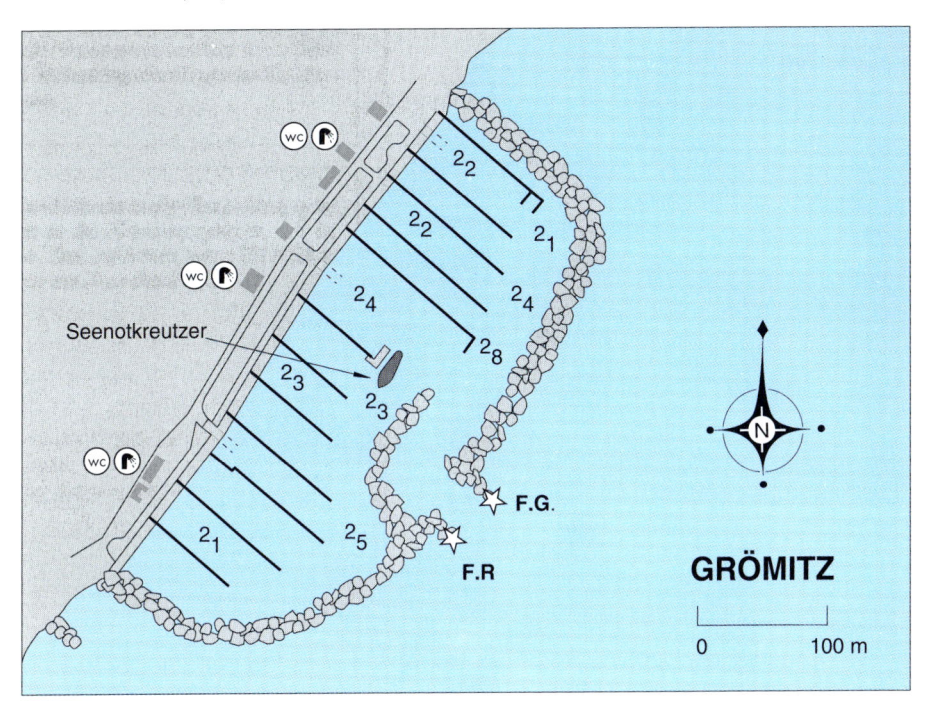

Großer moderner Yachthafen mit ca. 780 Liegeplätzen. Stützpunkt der Kreuzer-Abteilung des DSV.

18 Gastliegeplätze. Weitere Gastliegeplätze nach Anweisung durch den Hafenmeister oder in durch rot/grün beschilderten Boxen.

Ansteuerung des Hafens ist bei Tag und Nacht möglich. Bei Ansteuerung von S sind die S-lich des Hafens gelegenen Stellnetze zu beachten.

Wasser und Strom an den Stegen, zwei Sanitärgebäude mit Duschen und WC (Schlüssel beim Hafenmeister gegen Pfand). Waschmaschine, Trockner. Trailerablaufbahn, Mastenkran, Travellift (16 t, Anmeldung Tel: 04652-7 65 04), Motorreparatur, Telefon, Einkaufsmöglichkeit. Segelmacher, Bootszubehör und Restaurant direkt am Hafen. Der Zoll kommt jeden Tag von Neustadt. Segelschule. Seenotkreuzer „Bremen" der DGzRS. Benzin und Diesel nur an Straßentankstellen im Ort.

Der Yachthafen von Grömitz. Freigegeben durch Luftamt Hamburg, lfd. Nr. 59/84

Der gemeindeeigene Yachthafen darf von Sportbooten nur in der Zeit vom 15.4. bis 15.10. eines jeden Jahres genutzt werden. Gastliegeplätze 1993 = 0,55 DM/qm pro Tag inkl. Nebenkosten.

Bekannter Badeort. Schöner Badestrand und Hallenbad.

Großenbrode

54° 21,5' N
11° 03,8' E

D-I-13

Seekarten D 31, 36, 3004

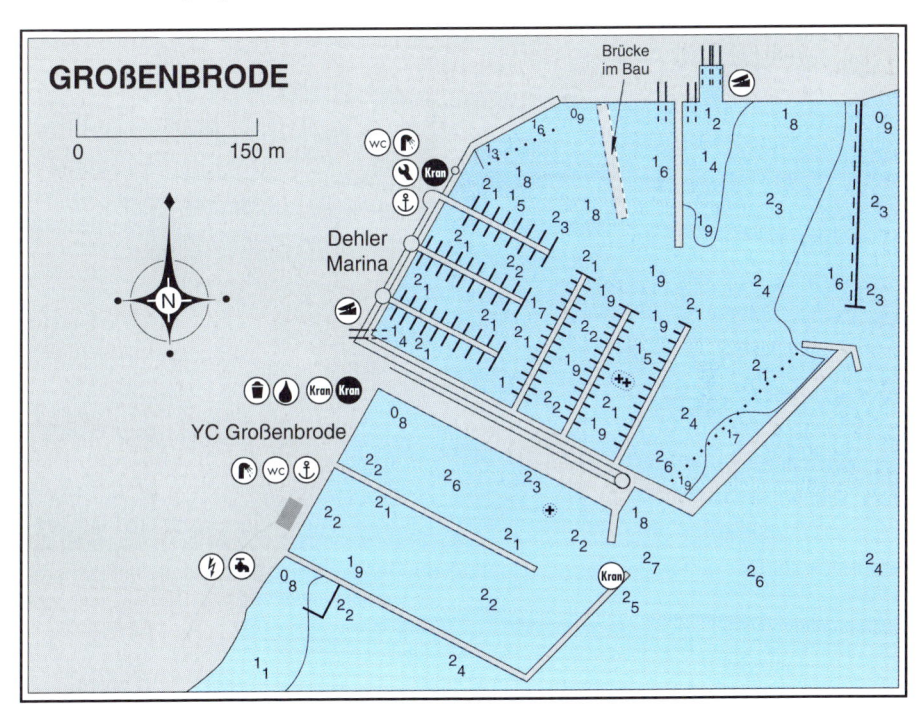

🞳 Yachthafen des YCG und Marina im NW-Teil des Großenbroder Binnensees.

⛵ Gastliegeplätze im Yachthafen des Yacht-Clubs Großenbrode (rot/grün) und in der Marina. Anmeldung beim Hafenmeister.

☸ Die Einfahrt zum Binnensee ist betonnt. Zwischen der Leuchttonne (Ubr. gn. 4 s) und der Außenmole verläuft eine zerstörte Mole eben unter Wasser. Hier bedarf es insbesondere bei Nacht exakter Navigation. Einlaufend an Bb. liegt an der Landzunge eine Untiefe. Der Binnensee ist 2,5 m tief. (Höchstgeschwindigkeit auf dem Binnensee 10 Km/h). Vom Ende der betonnten Rinne hält man mit NW-lichem Kurs auf den Yachthafen zu. Die Einfahrt zur Dehler-Marina wurde verlegt. Sie ist schmal und nachts nur mit großer Vorsicht zu passieren, da auf der Stb.-Seite eine alte Spundwand knapp unter der Wasseroberfläche liegt.

🏠 Yacht-Club Großenbrode: Wasser und Strom an den Stegen, Duschen und WC (Duschmünzen und Schlüssel beim Hafenmeister), Kran (5,2 t), Mastenkran, Müllbehälter, Altölsammler. Marina: WC, Duschen, Wasser, Strom, Kran.

HHO IB – Nachtr. 1994

Großenbrode. Der Yachthafen des YCG (unten), die Dehler Marina (Mitte) und der Fischereihafen.

Freigegeben durch Luftamt Hamburg, lfd. Nr. 48/84

Der Großenbroder Binnensee bietet gute Ankermöglichkeiten. Der Yachthafen des YCG ist Stützpunkt der Kreuzer-Abteilung des DSV.

Burgtiefe

54° 25′ N
11° 12′ E

D-I-14

Seekarten D 31, 3004

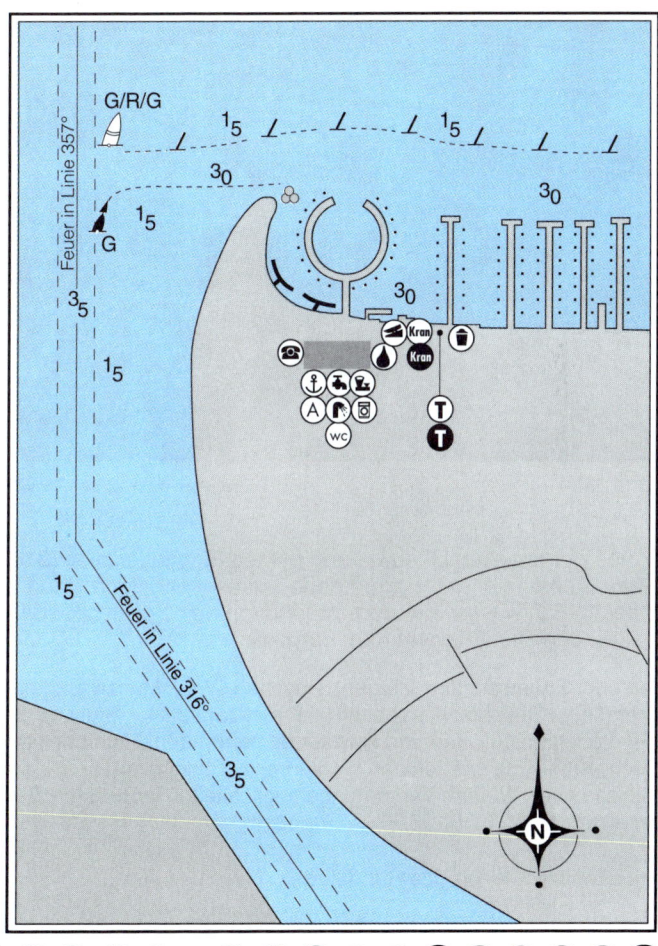

	Großer moderner Yachthafen im E-lichen Bereich des Burger Binnensees mit großem Freizeitangebot.
	Gastliegeplätze im E-teil des runden Anlegers.
	Hafen mit NW-lichen Kursen ansteuern. Boote, die durch den Fehmarnsund den Hafen ansteuern (insbesondere tiefgehende Boote), sollten erst von der Tonne Fehmarnsund E auf die Ansteuerungstonne Burg 1 zuhalten. Nachts im weißen

Burgtiefe Yachthafen

Freigegeben durch Luftamt Hamburg, lfd. Nr. 60/84

Sektor des Burgstaaken LF sowie den beiden Richtfeuerlinien (316° und 357°) einlaufen. Außerhalb der Baggerrinne ist es sehr flach. Man verläßt das Burgstaaken-Fahrwasser bei dem grün/rot/grünen Spitztonnenpaar über Stb. und steuert dann mit E-lichem Kurs Burgtiefe an.

Wasser und Strom an den Stegen, Duschen, WC, Münzwaschmaschine und Trockner (keine Duschmarken beim Hafenmeister, nur 1,– Stücke). Schiffsausrüster, SB-Lebensmittelladen und Restaurant neben dem Hafenmeisterbüro direkt am Hafen. Kran (5 t), Mastenkran, Trailerbahn, Tankstelle (D + B), Müllcontainer und Altölsammler. Weitere Versorgungsmöglichkeiten in Burg (ca. 5 km). Telefon Hafenmeister: 0 43 71 / 50 05 60

Deviationsdalben W-lich des Rundsteges.

Schöner Badestrand, Meerwasserhallenbad, Ferienzentrum.

Burgstaaken

54° 25,3' N
11° 11,4' E

9/5   D-I-15

Seekarten D 31, 3004

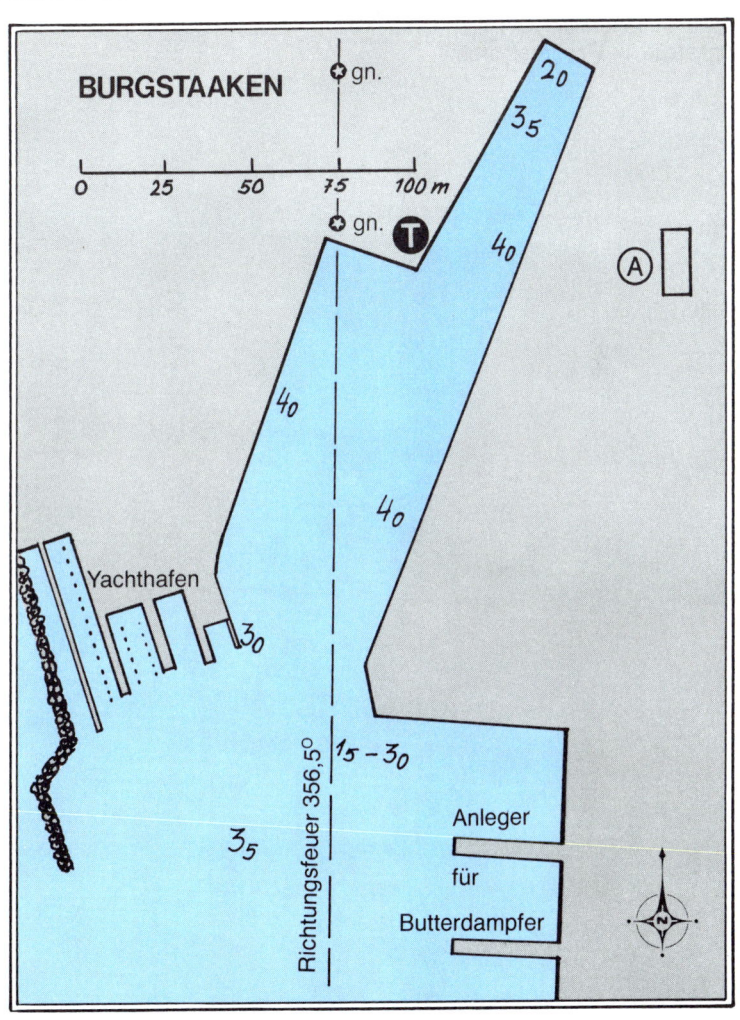

Fischerei- und Handelshafen, Anleger für „Butterdampfer", Yachthafen

HH OIB 1993

Gastliegeplätze beim Hafenmeister erfragen.

Strom, Wasser, Duschen, WC, Müllcontainer, Werft- und Motorenservice, Bootszubehör, Slip 100 to, Mastenkran und Yachtkran 20 to. Großer Schiffsausrüster sowie Lebensmittel in Hafennähe, weitere Versorgungsmöglichkeiten in Burg. Tankstelle im Fischereihafen.

Großenbrode-Fähre 54°23,8'N 11°07,2'E D-I-16

Seekarten D 31, 3004

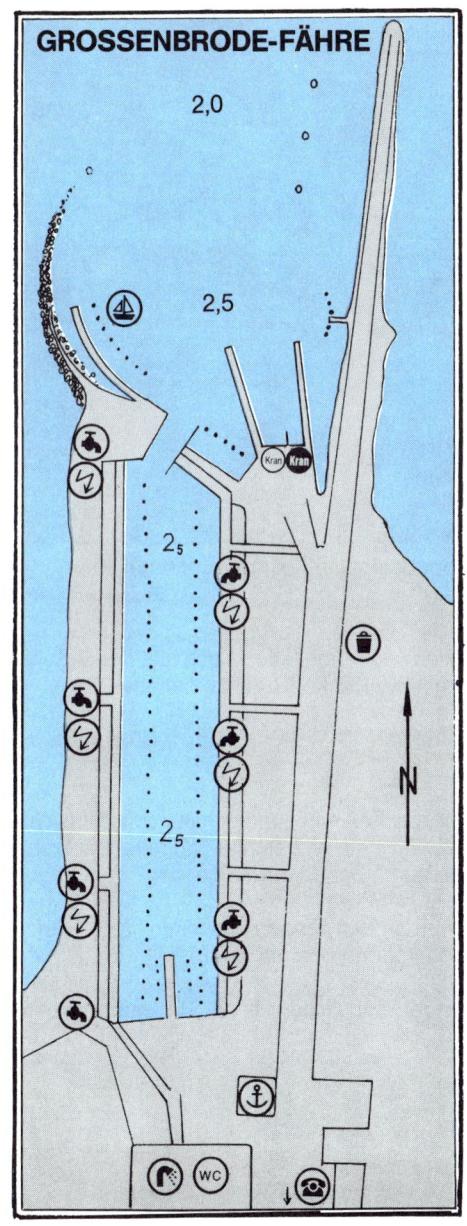

HH OIB 1993

Großenbrode-Fähre (Sportboothafen Koch) von NW gesehen.

Freigegeben durch Luftamt Hamburg, lfd. Nr. 47/84

Privater Yachthafen (Sportboothafen Koch) auf der S-Seite des Fehmarnsunds E-lich der Fehmarnsund-Brücke (Durchfahrtshöhe 23 m).

Gastliegeplätze an der W-Mole im Vorhafen oder nach Anweisung durch den Hafenmeister.

Vom Fahrwasser des Fehmarnsundes halte man möglichst nur mit S-Kurs direkt auf den Hafen zu. Es kann hier starker Querstrom setzen. In der Einfahrt können die Wassertiefen durch Sanddrift weniger als 2 m betragen.

Wasser und Strom an den Stegen, Duschen, WC, Telefon, Kran (8 t). Einkaufsmöglichkeiten in Großenbrode (ca. 5 km).

Ruhiger und kinderfreundlicher Hafen, Bademöglichkeiten an der E-Seite des Hafens.

Beelitz-Werft 54° 24,2' N 11° 7,9' E   D-I-17

Seekarten D 31, 3004

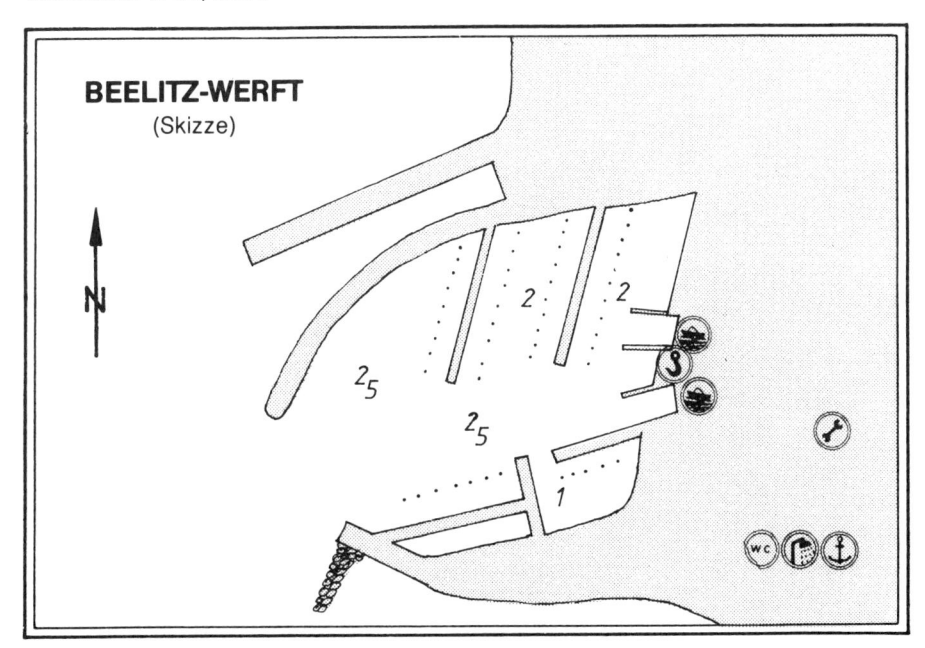

BEELITZ-WERFT
(Skizze)

❄	Kleiner privater Werfthafen.
⛵	Keine Gastliegeplätze. Nach Auskunft der Werftleitung können Gastboote nach Anfrage im Werftbüro auf leeren Plätzen festmachen.
⚓	Der direkt E-lich der Fehmarnsund-Brücke auf der Inselseite gelegene Hafen ist ohne Schwierigkeiten vom Sund-Fahrwasser her anzulaufen. Stromversatz vor der Hafeneinfahrt möglich.
🛒	WC und Duschen (den Schlüssel dazu gibt es im Werftbüro), Wasser und Strom an den Stegen, Slip, Kran, Mastenkran, Werft.
ℹ	Badestrand E-lich vom Hafen.

Yachthafen der Beelitz-Werft (von NE gesehen). Freigegeben durch Luftamt Hamburg, lfd. Nr. 62/84

Heiligenhafen

54° 22' N
10° 59' E

D-II-1

Seekarten D 31, 43, 3004

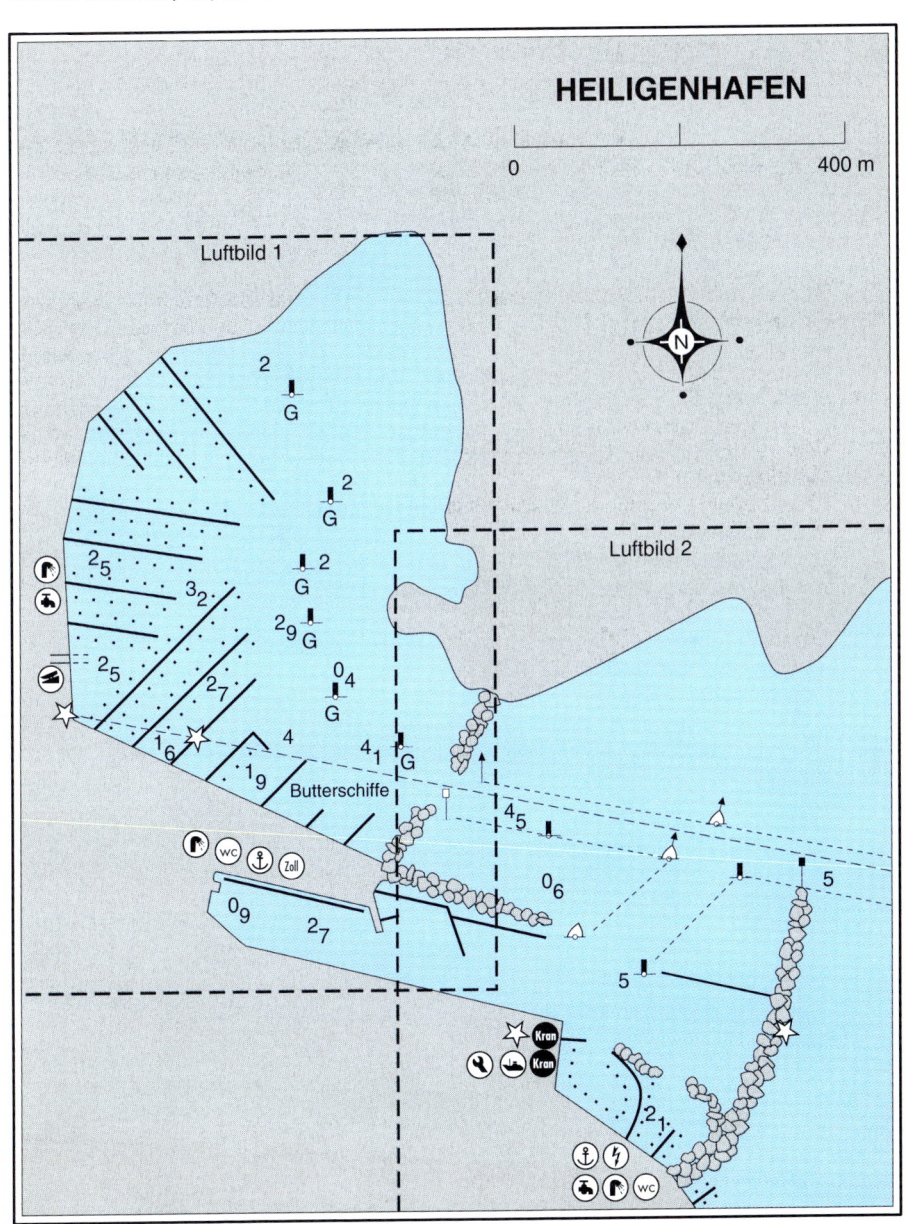

Handels-und Fischereihafen. Großer kommunaler Yachthafen N-lich des Fischereihafens und vereinseigener Yachthafen S-lich vor der Einfahrt zum Fischereihafen, mit insgesamt ca. 800 Liegeplätzen. Stützpunkt der Kreuzer-Abteilung des DSV.

Gastliegeplätze sind in der Zeit von Montag - Donnerstag in ausreichender Anzahl am Steg 12 vorhanden. In der übrigen Zeit sind die Gastliegeplätze durch grüne Schilder an den anderen Stegen gekennzeichnet.

Zum Hafen führt eine gut ausgetonnte Baggerrinne mit 5 m Wassertiefe. Bei der Ansteuerung von See her beachte man die beiden E-lich von Graswarder ausgelegten Untiefentonnen Heiligenhafen N und Heiligenhafen E. Bei Ansteuerung von der Fehmarnsund-Brücke her verlasse man das Sund-Fahrwasser erst bei der grünen Tonne Nr. 1 und halte dann direkt auf die Ansteuerungstonne Heiligenhafen 1 zu.

Wasser und Strom an den Stegen, Duschen, WC, Kran, Mastenkran, Trailerbahn, Altölsammler beim WC-Gebäude am Clubhaus. Am Steg 2 ist eine Fäkalienentsorgungsstation eingerichtet worden, die es ermöglicht, die Fäkalien direkt aus dem Fäkalientank zu entsorgen. Weiterhin sind bei der Altölsammelstelle zwei Container für ölhaltige Abfälle aufgestellt worden. Zoll, Schiffsausrüster, Bootszubehör und zahlreiche Einkaufsmöglichkeiten in Hafennähe. Polizei. Werft mit Slip E-lich des großen Silos im Handelshafen. Seenotrettungsboot „Eduard Nebelthau" der DGzRS. Lt.
Seglermeldung wird: an der Tankstelle im Fischereihafen kein Kraftstoff an Sportboote abgegeben.
Seglerverein Heiligenhafen: Wasser und Strom an den Stegen, Dusche, WC. Liegeplätze beim Hafenmeister im Clubhaus erfragen.

Die UKW-Funkstelle „Heiligenhafen-Port-Radio" ist auf dem Kanal 14 eingerichtet".
Telefon Hafenverwaltung: 04362/500-44 oder 74
Telefon Hafenmeister: 04362/500-72

Strand in Hafennähe, Ferienzentrum mit Hallenbad ca. 2 km W-lich vom Yachthafen.

D-II-1a

Heiligenhafen. Die neue Ostmole und die neue Zufahrt zum Fischereihafen. Der Fischerei- und Handelshafen liegt links im Bild bei dem weißen Silo. Rechts unten der Yachthafen des Seglervereins Heiligenhafen.

Freigegeben durch Luftamt Hamburg, lfd. Nr. 79/84

Ortmühle

54° 22′ N
11° 0,4′ E

D-II-2

Seekarten D 31, 43, 3004

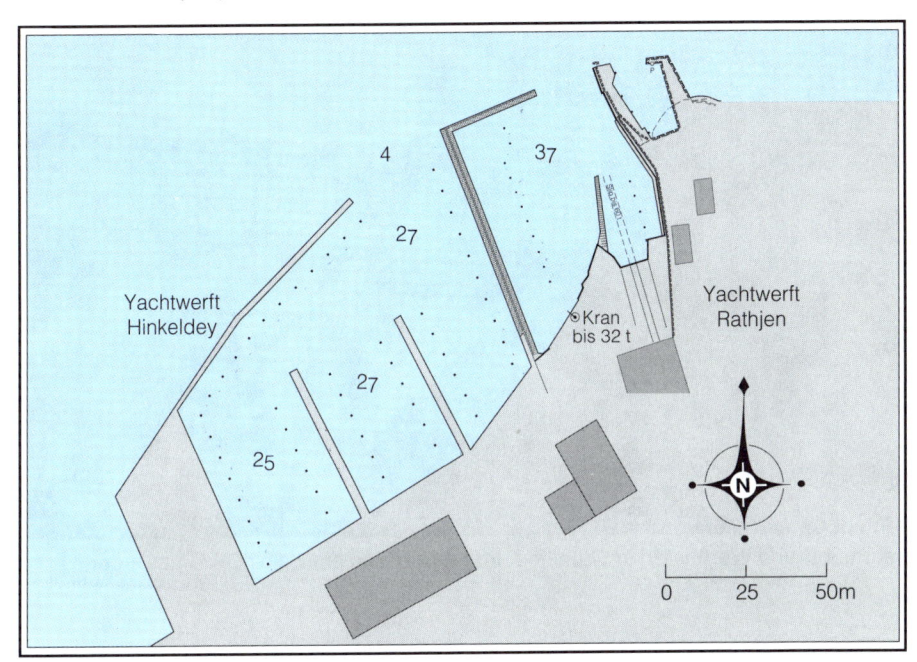

Werft- und Sportboothafen.

Gastplätze auf Anfrage.

Der Hafen liegt direkt am Fahrwasser nach Heiligenhafen und kann ohne Schwierigkeiten bei Tag und Nacht angelaufen werden (siehe auch Heiligenhafen-Ansteuerung).

Yachtwerft Hinkeldey: Wasser und Strom an den Stegen, Duschen, WC, Müllcontainer, Kran (35 t) und Slip (100 t), Werft- und Motorenservice Rathjen Yachtservice. Liegeplätze bis 20 m Länge und 5 m Breite.
Einkaufsmöglichkeiten in zwei ca. 2 km entfernten Supermärkten.

Telefon: Hinkeldey 0 43 62/78 93, Barther Trading 0 43 62/50 10, Rathjen-Yachtservice 0 43 62/64 22.

Sportboot- und Werfthafen in Ortmühle. Im Hintergrund die Halbinsel Graswarder.
Freigegeben durch Luftamt Hamburg, lfd. Nr. 75/84

Lemkenhafen

54° 26,7' N
11° 05,5' E

D-II-3

Seekarten D 31, 3004

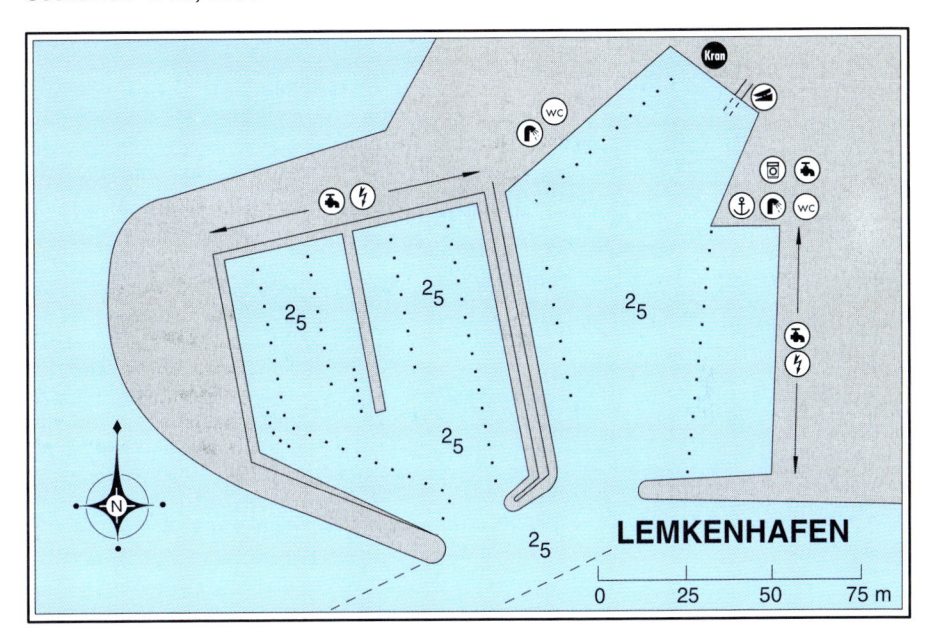

	Sportboothafen des Segler-Verein-Lemkenhafen-Fehmarn e.V.
	Von der Tonne „Breiter Barg-S" zunächst bis zum ersten Tonnenpaar des Orther Fahrwassers versegeln. Von dort über Stb. mit Kurs 82° auf die Ansteuerungstonne Lemkenhafen zuhalten. Danach ist das Fahrwasser zum Hafen bezeichnet.
	Wasser und Strom an den Stegen, neues Sanitärgebäude mit Duschen und WC. Waschmaschine, Trockner. Schlüssel für Tor und Sanitärgebäude gegen Pfand beim Hafenmeister. Mobilkran, Trailerablaufbahn, Einkaufsmöglichkeit, Telefon. Mehrere Restaurants in Hafennähe.
i	Sehenswert ist die Lemkenhafener Windmühle mit Mühlenmuseum.

Lemkenhafen

Freigegeben durch Luftamt Hamburg, lfd. Nr. 63/85

Orth 54°26,8′N 11°03,1′E

221

D-II-4

Seekarten D 31, 3004

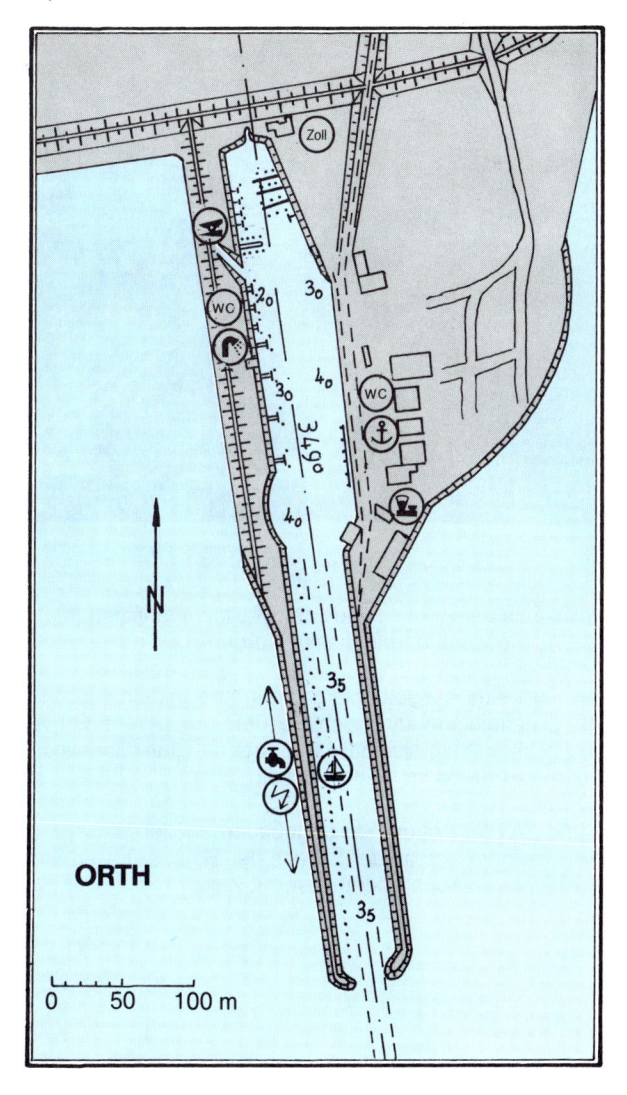

ORTH

0   50   100 m

Fischerei- und Sportboothafen.

HH OIB 1993

Orth

Freigegeben durch Luftamt Hamburg, lfd. Nr. 62/85

Gastliegeplätze an der W-Mole und am E-Kai im Innenhafen (hier muß jedoch der Platz für die Ausflugsboote freigehalten werden).

Zum Hafen führt eine ausgetonnte Baggerrinne mit einer Solltiefe von 3 m. Im Bereich der Hafeneinfahrt kann sich die Tiefe durch Sanddrift verringern. Richtfeuer 348,5°. Der weithin sichtbare Silo, der als gute Tagesansteuerung diente, existiert nicht mehr (bitte im Luftfoto ausstreichen).

Duschen und WC im neuen Sanitärgebäude an der W-Seite des Hafens, ein weiteres WC befindet sich an der E-Seite des Hafens. Trailerbahn, Telefon, Kaufmann (bei den neuen Appartmenthäusern). Zoll.

Schieß- und Warngebiete in der Kieler Bucht. D-II-4a

OSTSEE

1. Übungsschießgebiete der Hohwachter Bucht

In den auf der Karte umrandeten Seegebieten vor Hohwacht werden von den Schießplätzen Todendorf und Putlos aus Schießübungen durchgeführt. Während des Schießens besteht in diesem Gebiet Lebensgefahr.

Der Aufenthalt in den zu Warngebieten erklärten Teilen des Gefahrenbereichs (in den Seekarten ausgewiesen) ist während der Schießzeiten verboten.

Schießübungen werden an allen Werktagen durchgeführt, und zwar in der Regel während folgender Tageszeiten:

- 1. April bis 30. September:
Montag–Freitag	09.00–20.00 Uhr
Sonnabend	09.00–14.00 Uhr
zusätzlich Dienstag und Donnerstag	22.00–01.00 Uhr

- 1. Oktober bis 31. März:
Montag–Freitag	10.00–10 Min. vor Sonnenuntergang
Sonnabend	10.00–14.00 Uhr
zusätzlich Dienstag und Donnerstag	19.00–24.00 Uhr

Die Schießzeiten werden in den wöchentlichen „Nachrichten für Seefahrer (NfS)" veröffentlicht.

Neue Signalstellen für die Schießgebiete in der Hohwachter Bucht

Es wurden folgende Signalstellen neu eingerichtet:

a)	Heidkate	auf 54° 26' 05" N	10° 19' 05" E
b)	Hubertsberg	auf 54° 22' 46" N	10° 32' 39" E
c)	Wessek	auf 54° 19' 00" N	10° 48' 07" E
d)	Blankeck	auf 54° 21' 15" N	10° 52' 02" E
e)	Heiligenhafen	auf 54° 22' 56" N	10° 56' 12" E

An den neueingerichteten Signalstellen werden ab 1. Juni 1984 während der Schießzeiten in den Warngebieten Todendorf und Putlos am Tage und in der Nacht Blz. g 5 s gezeigt. Werden nur im Warngebiet Todendorf Schießübungen durchgeführt, so wird an den Signalstellen zu 2 c) bis 2 e) zusätzlich Blz. gn 5 s gezeigt.

Die bisherigen Singalstellen in:

a)	Fiedrichsort	auf ungf. 54° 23,6' N	10° 11,3' E
b)	Haffkamp	auf ungf. 54° 22,5' N	10° 33,0' E
c)	Neuland	auf ungf. 54° 21,7' N	10° 36,1' E
d)	Putlos	auf ungf. 54° 21,3' N	10° 52,0' E
e)	Flügge	auf ungf. 54° 26,5' N	11° 01,1' E
f)	Heiligenhafen	auf ungf. 54° 22,4' N	11° 00,4' E

existieren nicht mehr.

Das Zielgebiet der Übungen von beiden Schießplätzen aus reicht über die Warngebiete hinaus. Auch dieser Teil des Schießgebietes ist als **Gefahrenbereich** anzusehen und sollte während der Schießzeiten möglichst gemieden werden.

Die Grenze des Schießgebietes wird durch gelbe Leuchttonnen bezeichnet, die ein gelbes Feuer und ein gelbes liegendes Kreuz als Topzeichen tragen.

Es wird empfohlen, den Gefahrenbereich in die Seekarten einzutragen!

2. Artillerie- und Torpedoschießgebiet

Das Schießgebiet wird durch die Verbindungslinien folgender Punkte begrenzt:

a) 54° 46,0' N, 10° 05,0' E
b) 54° 46,0' N, 10° 23,5' E
c) 54° 42,0' N, 10° 35,0' E
d) 54° 30,0' N, 10° 35,0' E
e) 54° 30,0' N, 10° 10,0' E
f) 54° 28,8' N, 10° 05,0' E
g) 54° 28,8' N, 10° 03,0' E
h) 54° 39,0' N, 10° 05,0' E

Angaben:

In dem durch obige Positionen begrenzten Gebiet wird bei Tag und Nacht auf See- und Luftziele geschossen, soweit das Schußfeld frei ist. Die durch das Schießgebiet führenden Wege (Kiel–Flensburg–Weg und Kiel–Ostsee–Weg) werden nicht beschossen. Eine Absperrung findet nicht statt. Bei Schießübungen zeigen die beteiligten Fahrzeuge der Bundesmarine das Signal NE 4 des ISB. Falls sich ein Fahrzeug bei Dunkelheit der Schießscheibe in gefahrdrohender Weise nähert, schießt der Scheibenschlepper „Leuchtkugeln mit weißen Sternen" und leuchtet die Schießscheibe an. Kriegsschiffe und Hilfsschiffe der Bundeswehr, die an Schießübungen beteiligt sind, führen nur die in der SeeStrO bzw. in der SeeSchStrO vorgeschriebenen Lichter und Signalkörper.

D-II-4b

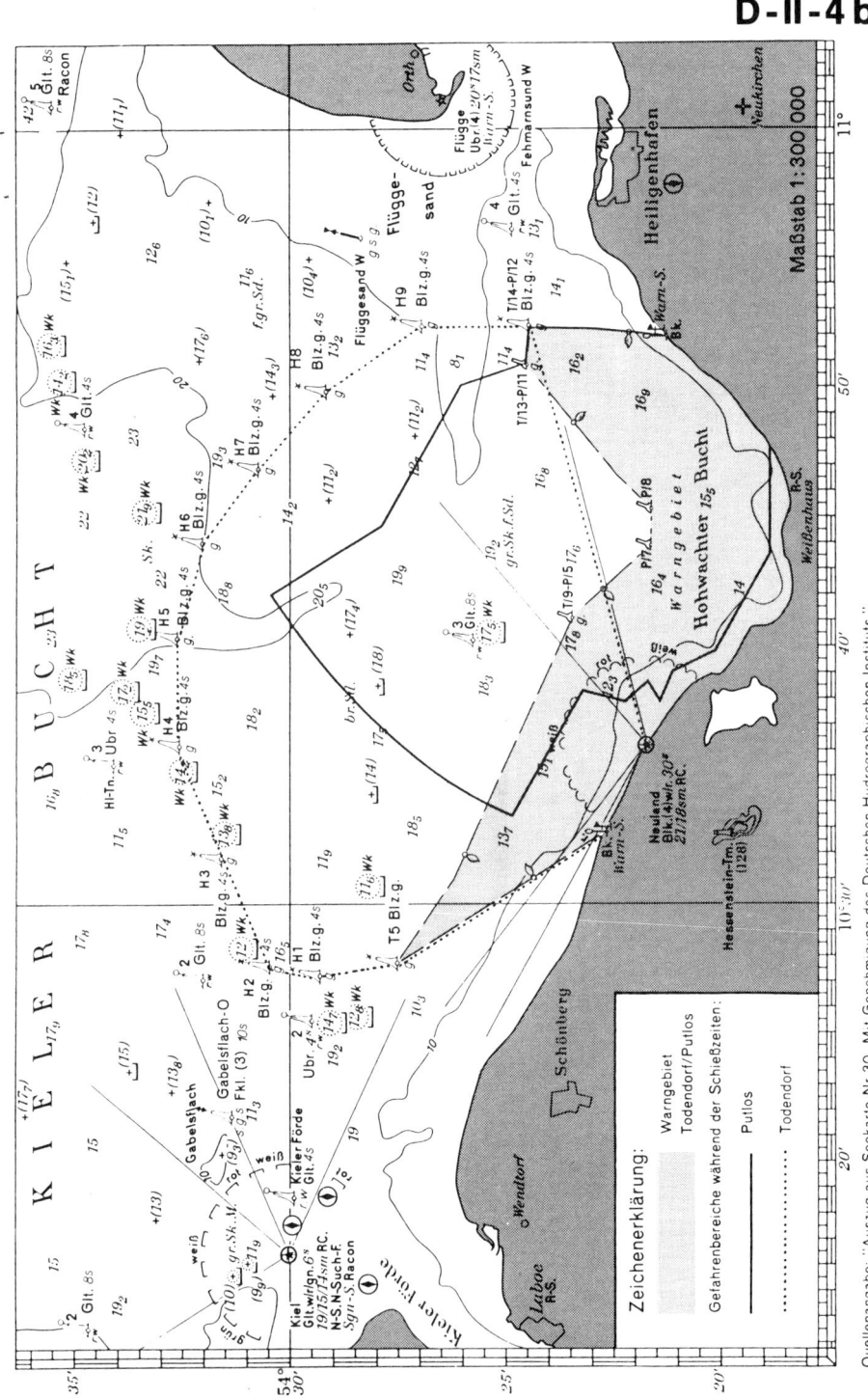

3. Torpedoschießbahn Eckernförde-Süd

In der Eckernförder Bucht werden zu bestimmten Zeiten Schießübungen durchgeführt.

Fahrzeuge, die sich bei Beginn der Schießübungen in einem Warngebiet befinden, haben es umgehend zu verlassen. Zuwiderhandlungen können als Ordnungswidrigkeit geahndet werden.

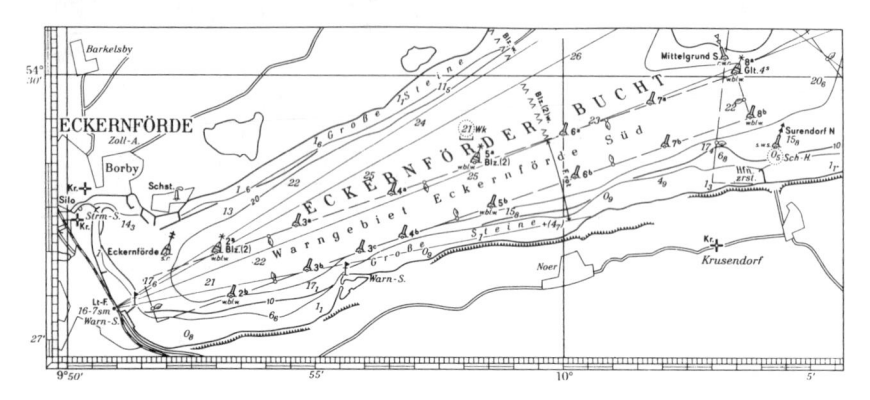

Während des Schießbetriebs werden an dem Signalmast auf dem Torpedoschießstand und auf den Sicherungsfahrzeugen folgende Signale gezeigt:

— Am Tage drei schwarze Signalkörper übereinander, oben zwei Kegel, Spitzen unten, darunter ein Ball,

— bei Nacht drei Lichter übereinander, die beiden oberen weiß, das untere grün.

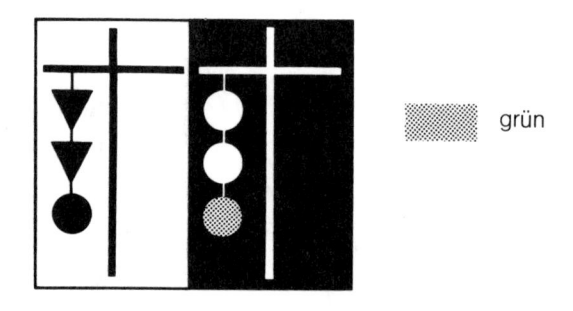

grün

Lippe

54° 20,6' N
10° 38,9' E

D-II-5

Seekarten D 43, 3004

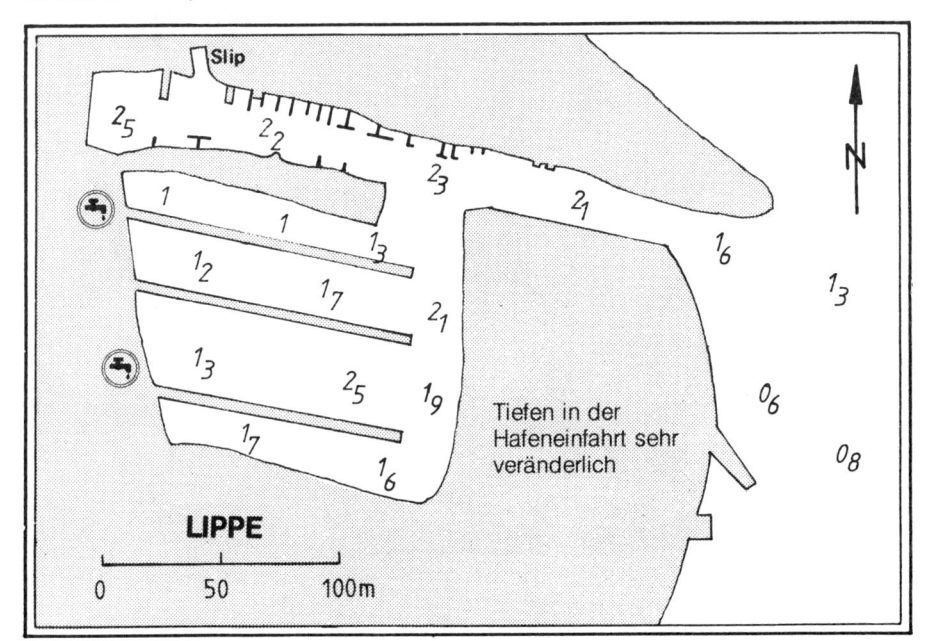

Tiefen in der Hafeneinfahrt sehr veränderlich

LIPPE

0   50   100m

Privater Yachthafen w-lich von Hohwacht.

Liegeplätze nach Anweisung durch den Hafenmeister.

Anlaufen des Hafens ist nur Booten mit geringem Tiefgang möglich. Die Wassertiefen in der Einfahrt unterliegen ständigen Veränderungen. Es empfiehlt sich, dicht an den Priggen entlangzufahren.

Wasser und Strom an den Stegen, Duschen, WC, Münzwaschautomat, Slip, Einkaufsmöglichkeit, Zoll. Seenotrettungsboot der DGzRS.

Beim Anlaufen des Hafens müssen die Schießzeiten für die Schießgebiete Putlos und Todendorf beachtet werden.

Schöner Badestrand in Hafennähe.

HH OIB 1993

Lippe (von NW gesehen)   Freigegeben durch Luftamt Hamburg, lfd. Nr. 76/84

Wendtorf

54°25,5′N
10°17,5′E

D-II-6

Seekarten D 30, 32, 33, 3003, 3004

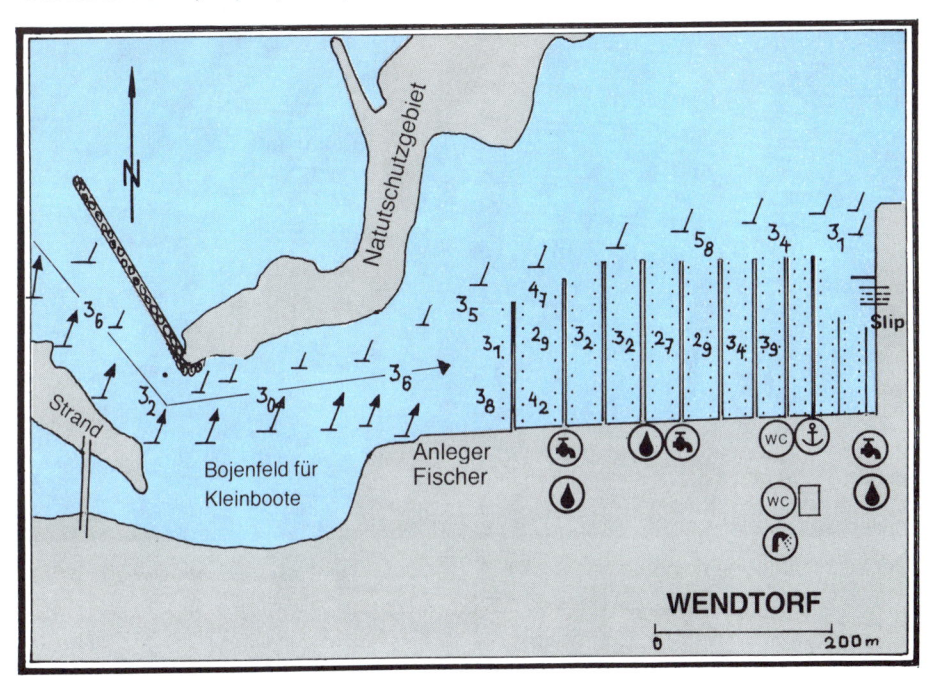

	Großer moderner Yachthafen mit ca. 980 Liegeplätzen am E-Ausgang der Kieler Förde. Stützpunkt der Kreuzer-Abteilung des DSV.
	Gastliegeplätze sind durch grüne Schilder gekennzeichnet. Nach dem Festmachen bitte beim Hafenmeister melden.
	Die Einfahrt nach Wendtorf unterliegt häufigen Sandeintreibungen. Dadurch kann sich die Fahrrinne und Betonnung verändern. Bei der Einsteuerung muß deshalb vorsichtig und exakt navigiert werden.
	Wasser und Strom an den Stegen, Duschen, WC, Travellift (27 t), Kran (7,5 t). Anmeldung für Kran und Travellift unter Tel: 04343/95 88. Slip, Trailerbahn, Telefon, Werft, Motorenservice. Einkaufsmöglichkeit, Post, Polizei, Bootszubehör, Restaurant.
i	Badestrand in Hafennähe.

Der Yachthafen von Wendtorf

Freigegeben durch Luftamt Hamburg, lfd. Nr. 72/84

Mönkeberg 54° 21,2′ N 10° 10,7′ E D-II-9

Seekarten D 30, 32, 34, 3003, 3004

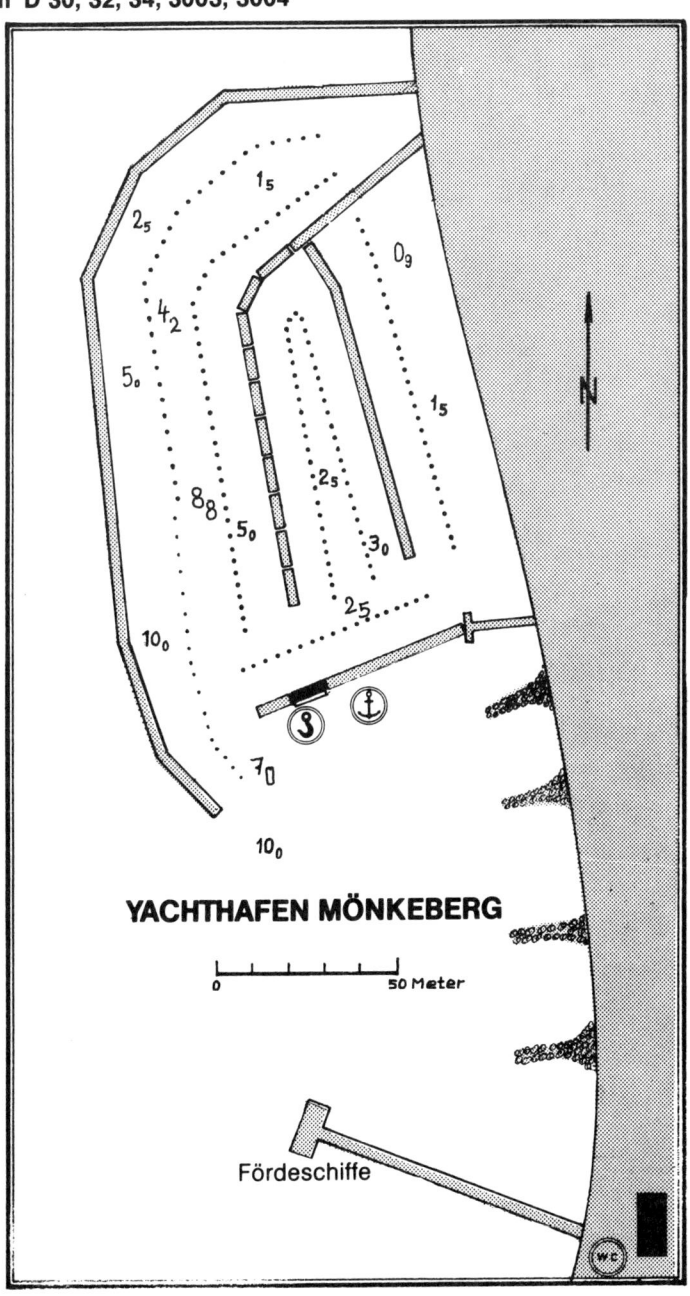

YACHTHAFEN MÖNKEBERG

Fördeschiffe

Mönkeberg

Freigegeben durch Luftamt Hamburg, lfd. Nr. 69/84

Yachthafen an der E-Seite der Kieler Innenförde. Stützpunkt der Kreuzerabteilung des DSV.

Liegeplätze nach Anweisung durch den Hafenmeister.

Wasser und Strom an den Stegen, Waschgelegenheit, WC, Altölsammler, Telefon, Kran, Tankstelle, Einkaufsmöglichkeit, Post und Polizei im Ort.

Schiffsverbindung nach Kiel.

Laboe 54° 24′ N 10° 13′ E D-II-7

Seekarten D 30, 32, 33, 3003, 3004

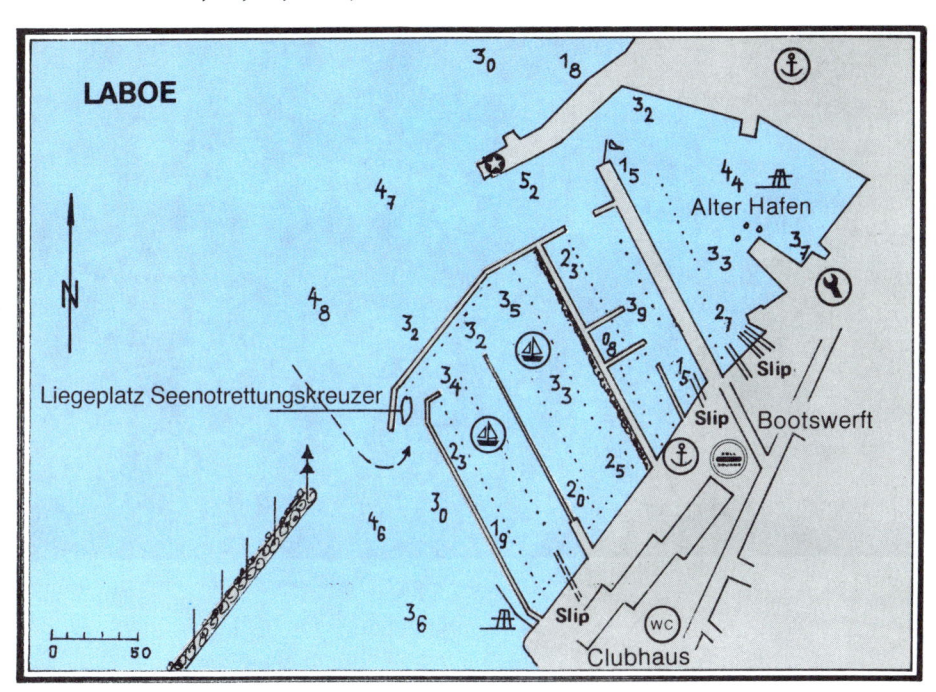

	Fischerei- und Yachthafen. Stützpunkt der Kreuzerabteilung des DSV.
	Liegemöglichkeiten für Gastboote beim Hafenmeister erfragen, der alte Hafen ist für Sportboote gesperrt. Anleger für Zollabfertigung am Kopf der Pier zwischen Altem Hafen und Sportboothafen (Skippermeldung).
	Wasser und Strom an den Stegen, Duschen, WC, Werft, Slip, Ablaufbahn, Kran, Telefon, Post, Einkaufsmöglichkeit, Polizei, Zoll, Seenotrettungskreuzer „Berlin" und Seenotrettungsboot der DGzRS. Treibstoffe bei den Tankstellen im Ort. Diesel im Gewerbehafen zwischen 7.00 und 15.30 Uhr. Segelmacher (Laboer Segelmacherei, Hafenstr. 5, Tel. 043 43/12 25). Hafenmeister: Ingo Roning, Tel. priv.: 043 82/678, Hafenmeisterbüro: 043 43/73.
i	Marineehrenmal. Schöner Badestrand in Hafennähe.

HH OIB 1993

Laboe

Freigegeben durch Luftamt Hamburg, lfd. Nr. 71/84

Möltenort

54° 22,5′ N
10° 11,8′ E

D-II-8

Seekarten D 30, 32, 34, 3003, 3004

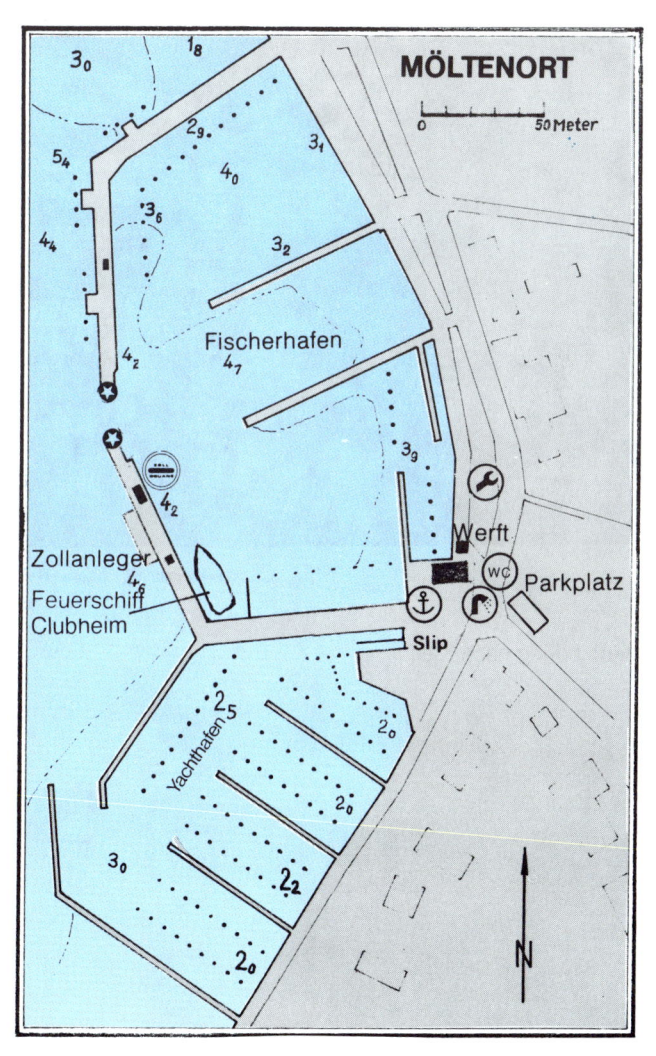

Fischerei- und Yachthafen. Stützpunkt der Kreuzerabteilung des DSV.

Wasser und Strom an den Stegen, Waschgelegenheit, WC, Slip, Telefon, Einkaufsmöglichkeit, Polizei. Kein Zoll, keine Werft, nur ein Mastenkran (Skippermeldung).

Möltenort

Freigegeben durch Luftamt Hamburg, lfd. Nr. 70/83

ℹ️ Schiffsverbindung nach Kiel.

Düsternbrook 54° 20,4' N   10° 9,6' E   922   D-II-10

Seekarten D 30, 32, 34, 3003, 3004

Die Düsternbrooker Häfen

Freigegeben durch Luftamt Hamburg, lfd. Nr. 68/84

- Städtischer Yachthafen vor dem Gebäude des Kieler Yacht Clubs. Stützpunkt der Kreuzerabteilung des DSV.

- Liegeplätze nach Anweisung durch den Hafenmeister.

- Wasser an den Steegen, Mastenkran, Jollenslip, WC, Telefon. Alle Versorgungsmöglichkeiten in Kiel.

- Die Düsterbrooker Häfen sind die dem Zentrum Kiels am nächsten gelegen Sportboothäfen. Von hier kann man (notfalls) über die Uferpromenade am Oslokai vorbei zu Fuß die Stadtmitte erreichen. Dies ist ein empfehlenswerter Spaziergang.

- Sehenswert: In der Nähe des Oslokais befindet sich das Kieler Schiffahrtsmuseum.
  Fährverbindungen nach Oslo, Göteborg, Korsör und Bagenkop.

HH OIB 1993

DÜSTERNBROOK

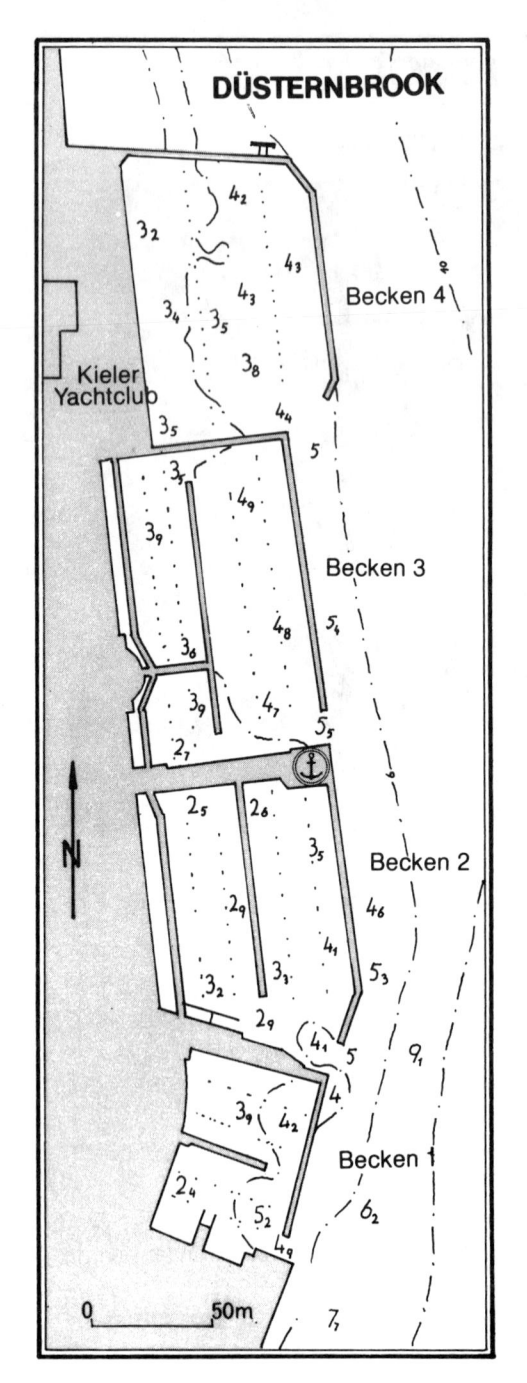

Becken 4

Kieler Yachtclub

Becken 3

Becken 2

Becken 1

N

0 50m

Wik 54°21,1'N 10°08,7'E   D-II-11

Seekarten D 30, 32, 34, 3003, 3004

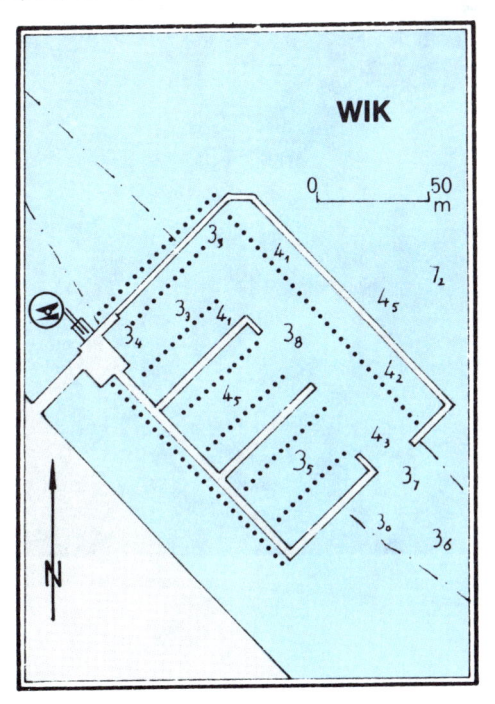

Yachthafen am W-Ufer der Kieler Innenförde. Stützpunkt der Kreuzer-Abteilung des DSV.

Wasser an den Stegen, Mastenkran, Jollenslip, Seglerheim mit Duschen und WC. Alle weiteren Versorgungsmöglichkeiten in Kiel.

Busverbindung zur Stadtmitte.

HH OIB 1993

Sportboothafen Wik

Freigegeben durch Luftamt Hamburg, lfd. Nr. 67/84

Holtenau

54° 34,0´ N
10° 08,9´ E

929

D-II-12

Seekarten D 30, 32, 34, 3003, 3004

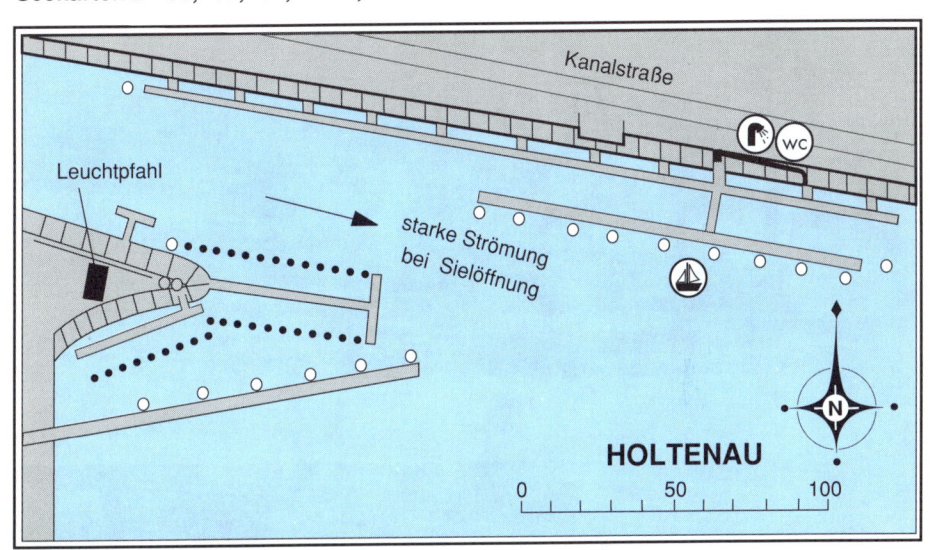

	Gastbrücke N-lich der Einfahrt zu den alten Schleusen des NOK. Stützpunkt der Kreuzer-Abteilung des DSV.
	Einkaufsmöglichkeiten. Wasser, Duschen, WC, Tankstelle (B+D, Bunkerboot), Schiffsausrüster und Bootszubehör, Gas, Telefon, Post, Polizei, Zoll.
	Gastbrücke ist für Yachten im Kanaldurchgangsverkehr bestimmt. Starke Strömung bei Öffnung des Siels (Entwässerungskanal). Ein ca. 15m hoher Leuchtpfahl mit zwei weißen senkrechten Leuchtstäben, die bei Sielöffnung eingeschaltet werden.

Die NOK-Schleusen in Holtenau. Im Bild links unten der Yachtanleger für Kanalbenutzer (Blick von N). Freigegeben durch Luftamt Hamburg, lfd. Nr. 114/83

Nord-Ostsee-Kanal (NOK) D-II-13

(Auszug aus dem Merkblatt für die Sportschiffahrt auf dem NOK der Wasser- und Schiffahrtsämter Brunsbüttel und Kiel-Holtenau)

Allgemeines

Auf dem NOK gelten die Bestimmungen der Seeschiffahrtstraßen-Ordnung mit der dazugehörigen Bekanntmachung der Wasser- und Schiffahrtsdirektion Nord. Sportfahrzeuge dürfen den NOK und dessen Zufahrten im Bereich der Elbe und der Kieler Förde lediglich zur Durchfahrt und ohne Lotsen nur während der Tagfahrzeiten und nur bei sichtigem Wetter benutzen. Dies gilt nicht für das Aufsuchen der zugelassenen Liegestellen im Yachthafen Kiel-Holtenau sowie im Binnenhafen und Alten Hafen Brunsbüttel.

Kanalgebühren

Alle Sportfahrzeuge, welche **den NOK in westlicher oder östlicher Richtung durchfahren,** entrichten die Kanalgebühren beim Zeitungskiosk im Schleusenbereich Kiel-Holtenau.

Alle Sportfahrzeuge, welche **den NOK nur auf einer Teilstrecke befahren,** entrichten die Kanalgebühren in der Eingangs- oder Ausgangsschleuse. In Brunsbüttel soll hierfür am Gebühren-Anleger oder im Yachthafen festgemacht werden.

Der als Quittung ausgehändigte Berechtigungsschein wird in der Ausgangsschleuse kontrolliert.

Sportfahrzeuge, welche ihren ständigen Liegeplatz im NOK zwischen den Schleusen haben und dort fahren wollen, benötigen einen vom zuständigen Wasser- und Schiffahrtsamt (gegen Entrichtung einer Gebührenpauschale) ausgestellten Jahres-Fahrtausweis.

Höchstgeschwindigkeit

Die Höchstgeschwindigkeit, welche nicht überschritten werden darf, beträgt auf dem NOK 15 km/h.

Rechtsfahrgebot

Im NOK muß soweit wie möglich rechts gefahren werden. In bestimmten Strecken ist der Mindestabstand vom Ufer durch Sichtzeichen angegeben.

Segeln auf dem NOK

Das Segeln ist auf dem NOK verboten. Dies gilt nicht

1. im Schleusenvorhafen Kiel-Holtenau vor den Alten Schleusen,
2. außerhalb des Fahrwassers auf dem Borgstedter See, dem Audorfer See, dem Obereidersee und dem Flemhuder See.

Sportfahrzeuge mit Maschinenantrieb dürfen zusätzlich Segel setzen. Sie müssen dann im Vorschiff einen schwarzen Kegel — Spitze unten — führen.

Verhalten bei Nebel

Bei plötzlich auftretender verminderter Sicht dürfen Sportfahrzeuge an geeigneter Stelle auf der Kanalstrecke festmachen, wenn die Sicherheit des Verkehrs durch die Weiterfahrt bis zum nächsten Weichengebiet gefährdet wird. In den Weichen darf bei Nebel hinter den Dalben festgemacht werden. Hierfür sind Festmachringe an den fünf östlichen und westlichen Dalben angebracht.

Fährstellen

Die Fährstellen sind mit besonderer Aufmerksamkeit zu passieren.

Gefahren durch Sog und Wellenschlag

Beim Vorbeifahren von Schiffen ist wegen der dabei auftretenden Sogwirkung besondere Vorsicht geboten.

Liegestellen für Sportfahrzeuge

Als Liegestelle für Sportfahrzeuge gelten

1. der Yachthafen Brunsbüttel (km 1,8)
2. Die Ausweichstellen Brunsbüttel Nordseite (km 2,7)
3. Liegestellen an der Brücke der Weichenstation Dückerswisch (km 21,5) — Benutzung nur für eine Übernachtung —
4. Liegestellen vor der Gieselau-Schleuse (Einfahrt bei km 40,5) — Benutzung nur für eine Übernachtung —
   Ausländische und solche inländischen Sportfahrzeuge, die zollfreien Mund- und Schiffsvorrat unter zollamtlicher Überwachung mit sich führen, dürfen den Liegeplatz vor der Gieselau-Schleuse nur aufsuchen, wenn sie vorher zollamtlich abgefertigt worden sind.
5. Liegestellen im Obereidersee mit Enge (Einfahrt bei km 66)
6. Liegestellen im Borgstedter See (Einfahrt bei km 70)
7. Reede im Flemhuder See (Einfahrt bei km 85,4) — Benutzung nur für eine Übernachtung —
8. der Yachthafen Kiel-Holtenau (km 98,5)

Sportfahrzeuge sollen Ihre Kanalfahrt so einrichten, daß sie vor Ablauf der Tagfahrzeit eine Liegestelle für Sportfahrzeuge erreichen.

D-II-13a

Lichtsignale für die Sportschiffahrt

Einlaufen in die Zufahrten

Sportfahrzeuge dürfen in die Zufahrten zum NOK nur einlaufen, wenn an den auf den Schleuseninseln befindlichen Signalmasten für die jeweilige Schleuse (Alte oder Neue Schleuse) folgendes Signal gezeigt wird:

◉ Einfahrt frei für Sportfahrzeuge
(Ein unterbrochenes weißes Licht)

Warteraum:

Brünsbüttel östlich der Zufahrtsgrenze,
Kiel-Holtenau nördlich der Zufahrtsgrenze.

Einlaufen in die Schleusenvorhäfen und Schleusen

Sportfahrzeuge dürfen in die Schleusenvorhäfen und Schleusen nur einlaufen, wenn an den Signalmasten auf der Mittelmauer der jeweiligen Schleuse folgendes Signal gezeigt wird:

◉ Einfahrt frei für Sportfahrzeuge
(ein unterbrochenes weißes Licht)

Auf Lautsprecherdurchsagen des Schleusenmeisters muß geachtet werden.

Durchfahren der Weichengebiete

Im allgemeinen haben die Signale in den Weichen keine Bedeutung für die Sportschiffahrt. Sportfahrzeuge müssen die Fahrt unterbrechen und hinter den Dalben an den Festmachringen warten, wenn an den Weichensignalmasten folgendes Signal gezeigt wird:

◉
◉ Ausfahren verboten für alle Fahrzeuge
◉ (drei unterbrochene rote Lichter übereinander

Verkehr beim Ölhafen Brunsbüttel

Im Binnenhafen Brunsbüttel ist die Weiterfahrt für alle Fahrzeuge verboten, wenn an dem Signalmast des an der Nordseite liegenden Ölhafens folgendes Signal gezeigt wird:

○ ○ Weiterfahren verboten
(zwei feste rote Lichter nebeneinander)

D-II-13a Kiel

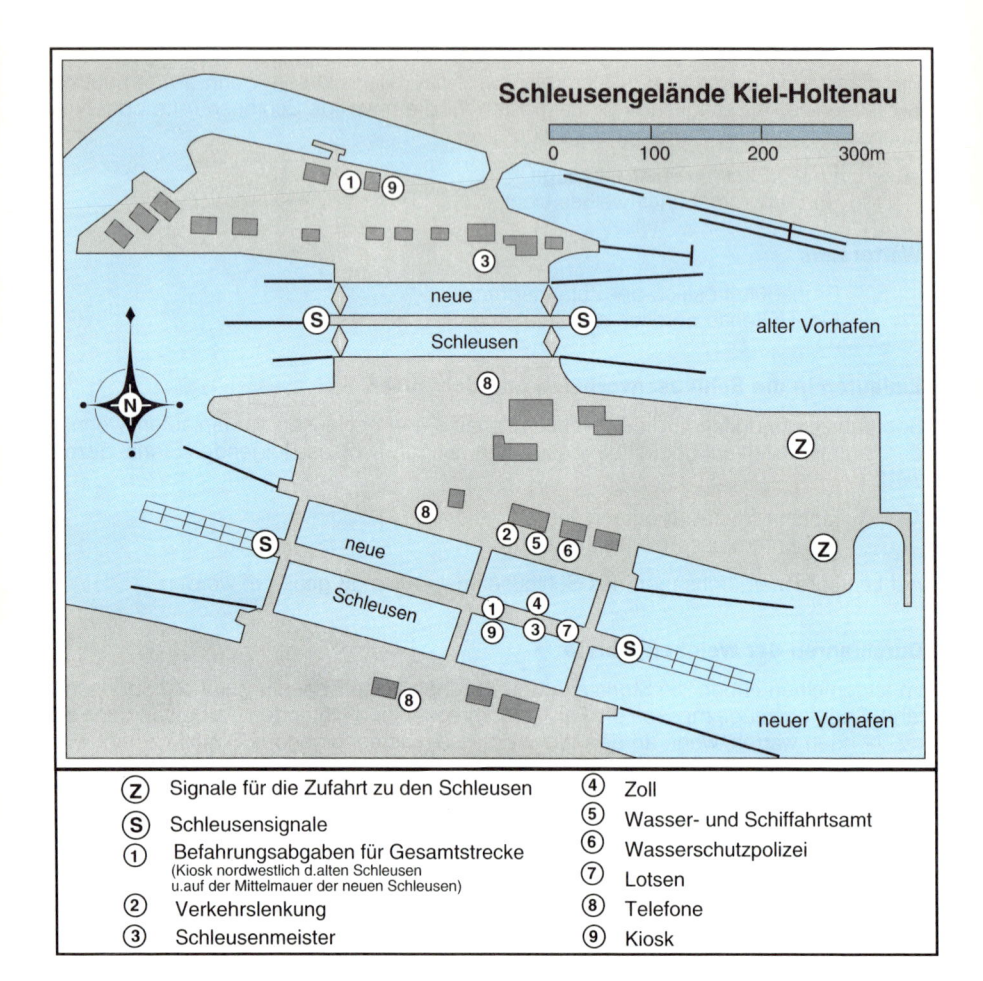

Schleusengelände Kiel-Holtenau

0   100   200   300m

neue Schleusen

alter Vorhafen

neue Schleusen

neuer Vorhafen

- Ⓩ Signale für die Zufahrt zu den Schleusen
- Ⓢ Schleusensignale
- ① Befahrungsabgaben für Gesamtstrecke
  (Kiosk nordwestlich d.alten Schleusen
  u.auf der Mittelmauer der neuen Schleusen)
- ② Verkehrslenkung
- ③ Schleusenmeister
- ④ Zoll
- ⑤ Wasser- und Schiffahrtsamt
- ⑥ Wasserschutzpolizei
- ⑦ Lotsen
- ⑧ Telefone
- ⑨ Kiosk

D-II-13a Brunsbüttel

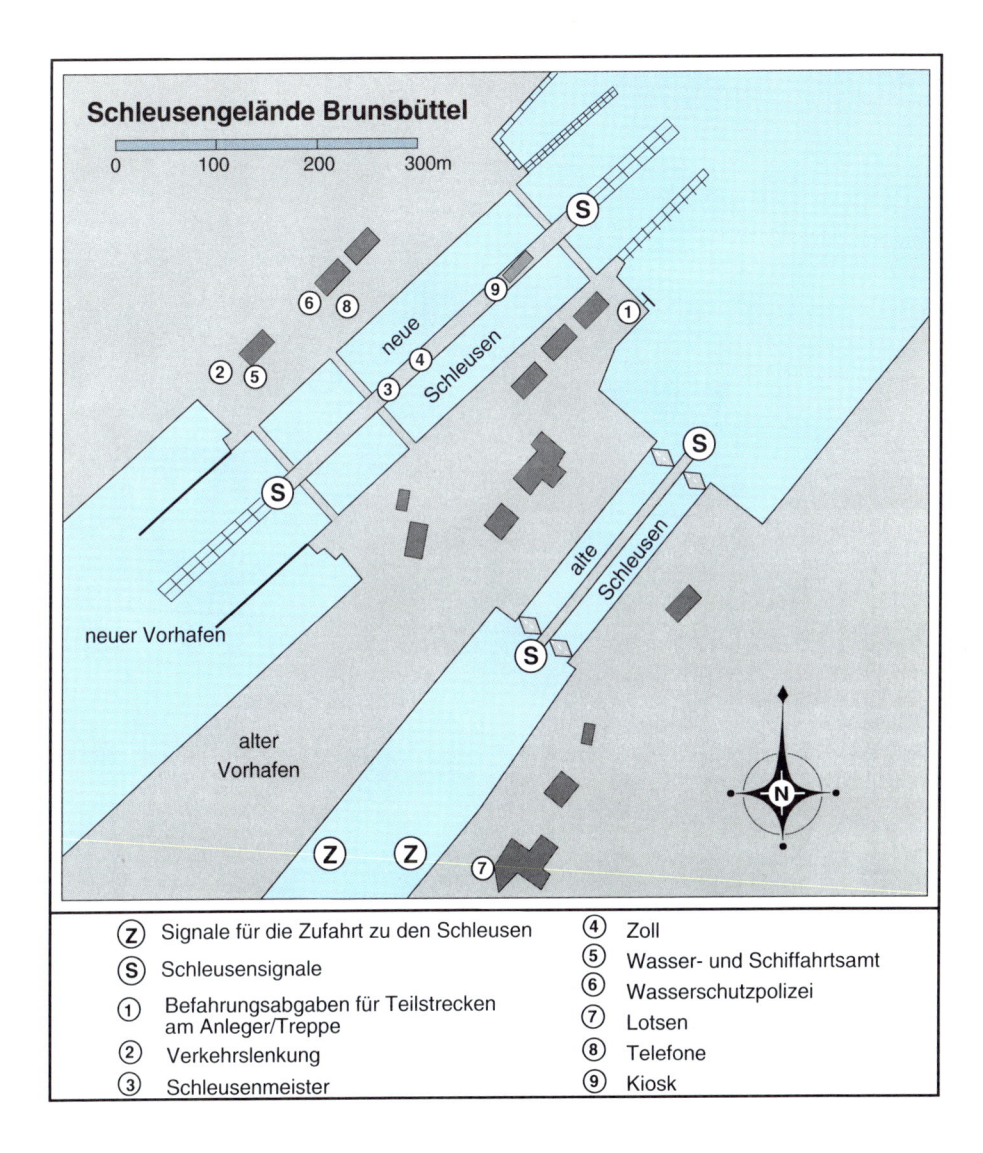

Schleusengelände Brunsbüttel

0 100 200 300m

neue Schleusen

alte Schleusen

neuer Vorhafen

alter Vorhafen

N

Ⓩ Signale für die Zufahrt zu den Schleusen	④ Zoll
Ⓢ Schleusensignale	⑤ Wasser- und Schiffahrtsamt
① Befahrungsabgaben für Teilstrecken am Anleger/Treppe	⑥ Wasserschutzpolizei
	⑦ Lotsen
② Verkehrslenkung	⑧ Telefone
③ Schleusenmeister	⑨ Kiosk

HH OIB 1993

Rader Insel (Rendsburg) D-II-14

Seekarten D 42

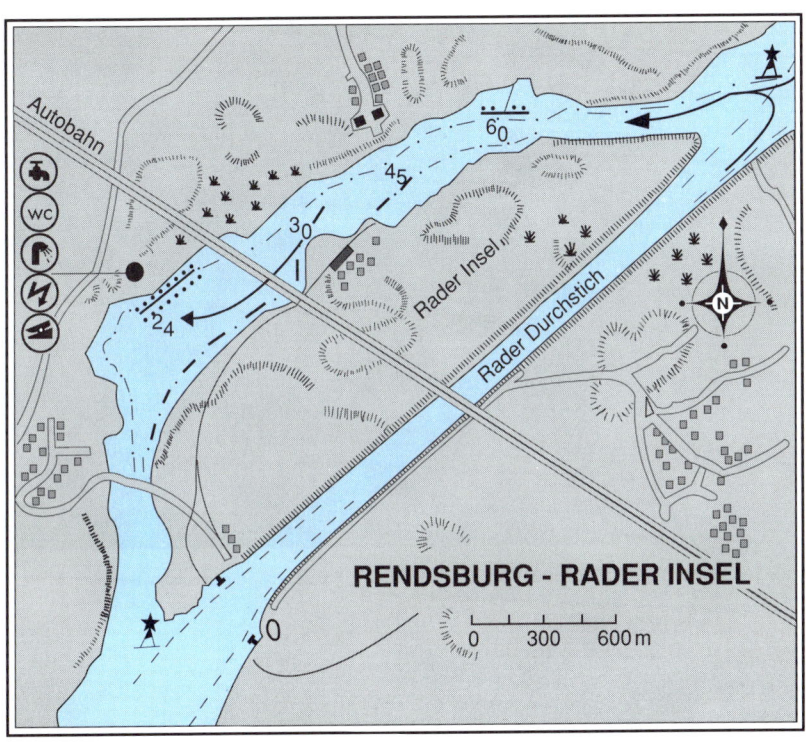

RENDSBURG - RADER INSEL

	Bootsbrücke im Borgstedter See. Stützpunkt der Kreuzer-Abteilung des DSV.
	Ansteuerung von E bei Kanalkilometer 70. Die W-Einfahrt zum Borgstedter See wird durch eine feste Straßenbrücke mit nur 2,20 m Durchfahrtshöhe versperrt. Höhe Autobahnbrücke: 28 m. Höhe Überlandleitung 23 m (Skippermeldung).
	Wasser, Duschen, WC, Strom, Ablaufbahn. Weitere Versorgungsmöglichkeiten in Borgstedt.
	Ein weiterer Stützpunkt der Kreuzer-Abteilung des DSV ist im Rendsburger Obereiderhafen, Liegeplätze beim Regatta Verein Rendsburg. Sonstige Liegemöglichkeiten im Kanal siehe Abschnitt NOK. Im Rendsburger Obereiderhafen ist eine Tankstelle (D) installiert worden.

HH OIB 1993

Der Anleger im Borgstedter See von E gesehen.   Freigegeben durch Luftamt Hamburg, lfd. Nr. 66/84

Stickenhörn 54°23'N 10°10'E D-II-15

Seekarten D 30, 32, 33, 3003, 3004

Großer Yachthafen am W-Ufer der Kieler Innenförde.

Wassertiefe im Hafen zwischen 3 m und 10 m. ACHTUNG: W-lich des Hafens befinden sich militärische Anlagen. Diese dürfen nicht befahren werden.

Hafenbetriebsgebäude mit Hafenmeisterbüro, Duschen und WC. Die Schlüssel für des Sanitärgebäude sind beim Hafenmeister gegen Pfand erhältlich. Wasser und Strom an den Stegen. Müllcontainer und Altölsammler.

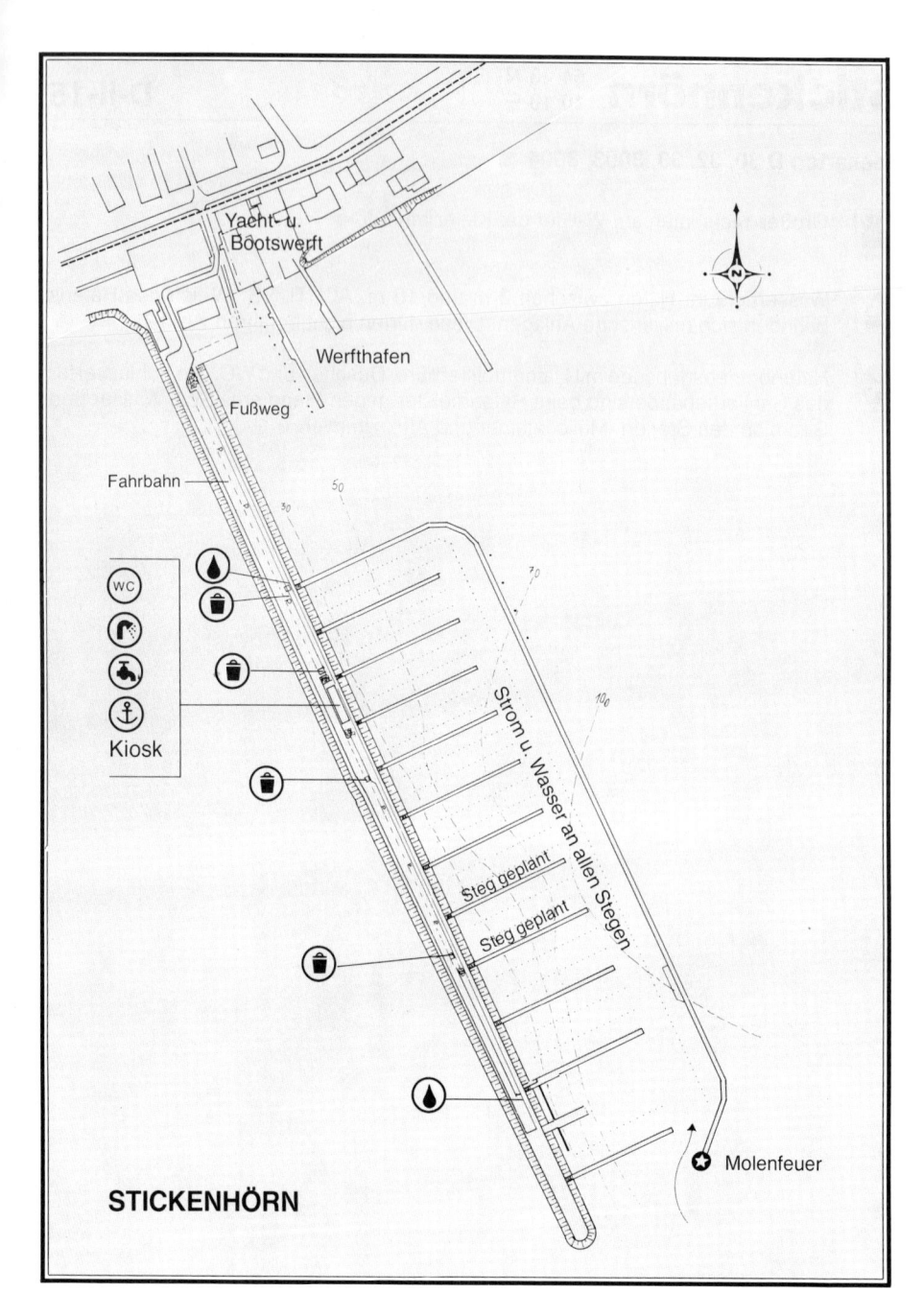

STICKENHÖRN

Yacht- u. Bootswerft
Werfthafen
Fußweg
Fahrbahn
Kiosk
Strom u. Wasser an allen Stegen
Steg geplant
Steg geplant
Molenfeuer

Olympiahafen Schilksee   D-II-16
54° 25,9′ N   10° 10,4′ E

Seekarten D 30, 32, 33, 3003, 3004

Olympiahafen Schilksee   Freigegeben durch Luftamt Hamburg, lfd. Nr. 64/84

Größter Yachthafen an der Kieler Förde mit allen wichtigen Versorgungseinrichtungen. Stützpunkt der Kreuzer-Abteilung des DSV.

Liegeplätze nach Anweisung durch den Hafenmeister.

Eine gute Ansteuerungsmarke bei Tag sind die Hochhäuser am Hafen.

Wasser an den Stegen, Duschen, WC, Hallenbad, Trailerlaufbahn, mehrere Kräne, Einkaufsmöglichkeit, Segelmacher, Motorreparatur, Gas, Telefon, Post, Zoll. Zwei Seenotrettungsboote der DGzRS.

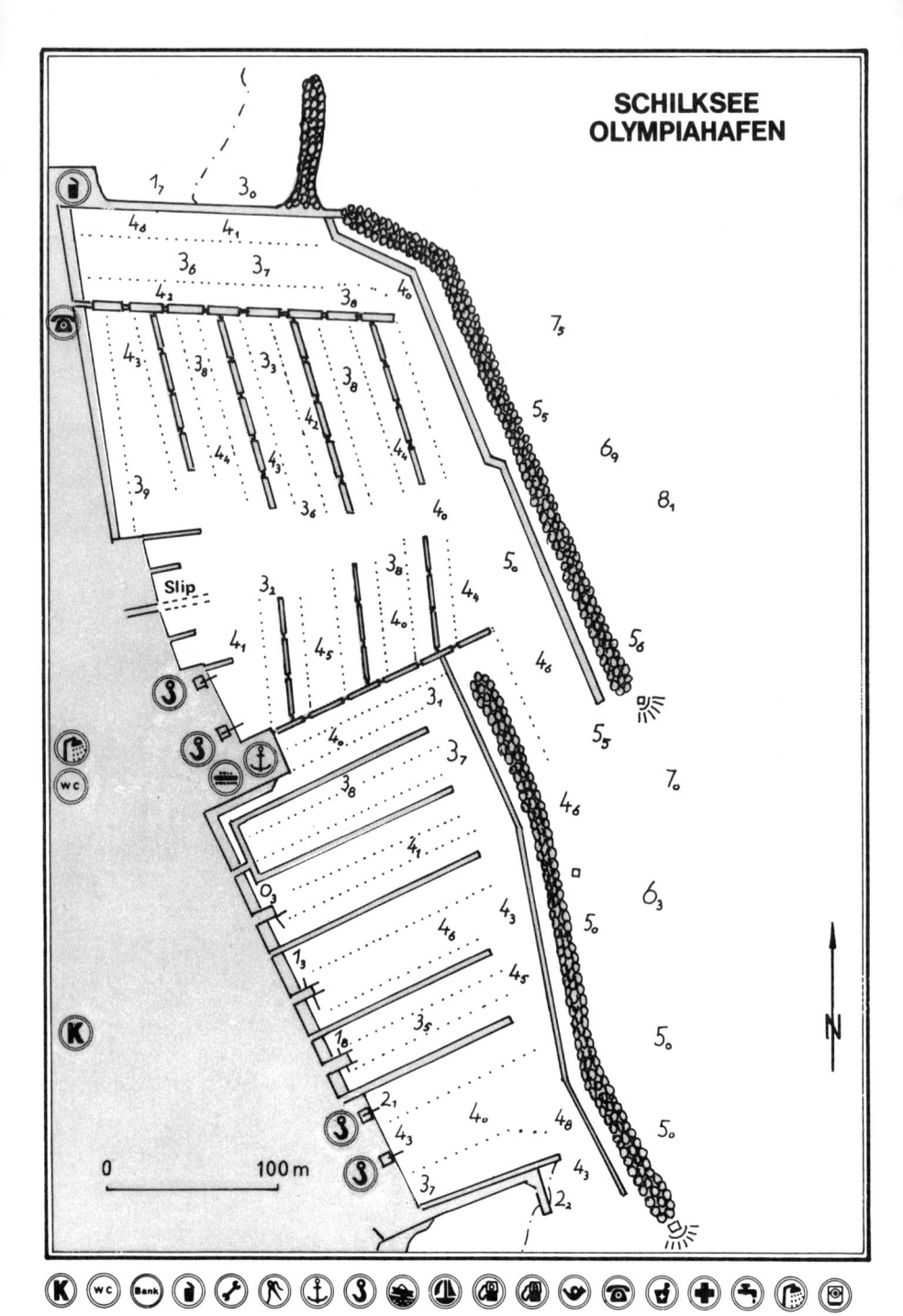

SCHILKSEE OLYMPIAHAFEN

Schöner Badestrand in Hafennähe.
Bus nach Kiel.

Strande

54° 26,6′ N
10° 10,4′ E

D-II-17

Seekarten D 30, 32, 33, 3003, 3004

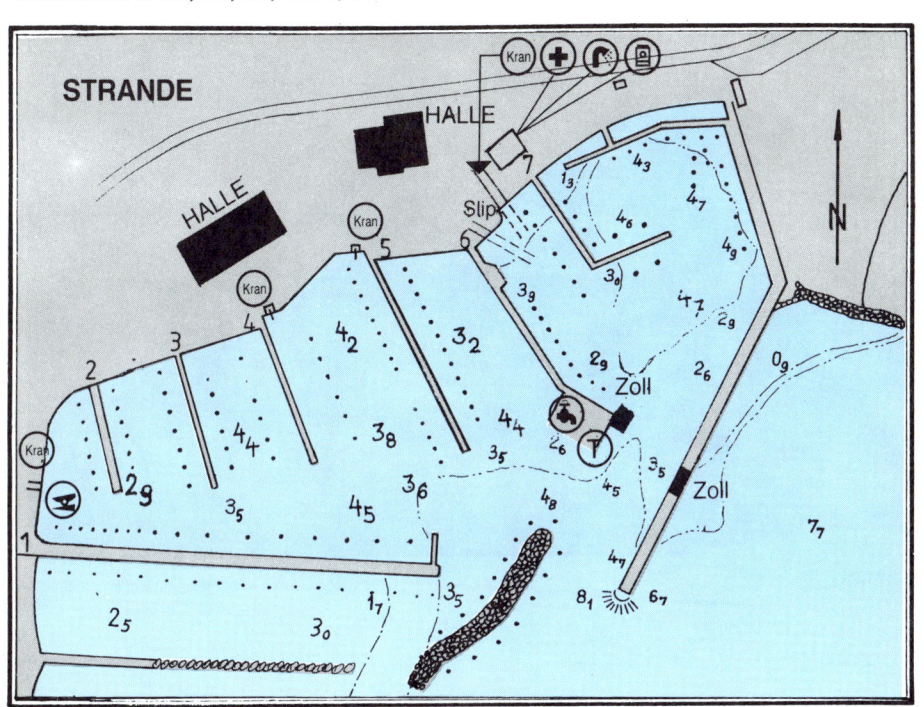

	Yachthafen N-lich des Olympiahafens Schilksee. Stützpunkt der Kreuzer-Abteilung des DSV.
	Gastliegeplätze sind durch grüne Schilder gekennzeichnet, jeder Gastlieger muß sich beim Hafenmeister melden.
	Tankstelle (B + D), Entleerungsmöglichkeiten für Chemietoiletten, Kran, Slip, Ablaufbahn, Telefon, Werft, Segelmacher, Motorreparatur, Bootszubehör, Einkaufsmöglichkeit, Post und Polizei im Ort. Zoll von 8.00–10.00 und 16.00–18.00 Uhr. Hafenmeister, Fremdenverkehrsbüro, Duschen, WC und Waschmaschine im neuen Hafenbetriebsbüro (Fuß-Steg 7). Wasser und Strom an den Stegen.
i	Schöner Badestrand. Schiffsverbindung nach Kiel (nur im Sommer). Bus nach Kiel.

HH OIB 1993

Strande

Freigegeben durch Luftamt Hamburg, lfd. Nr. 63/84

Eckernförde 54° 28,5' N 9° 52' E   D-II-18

Seekarten D 30, 32, 3003

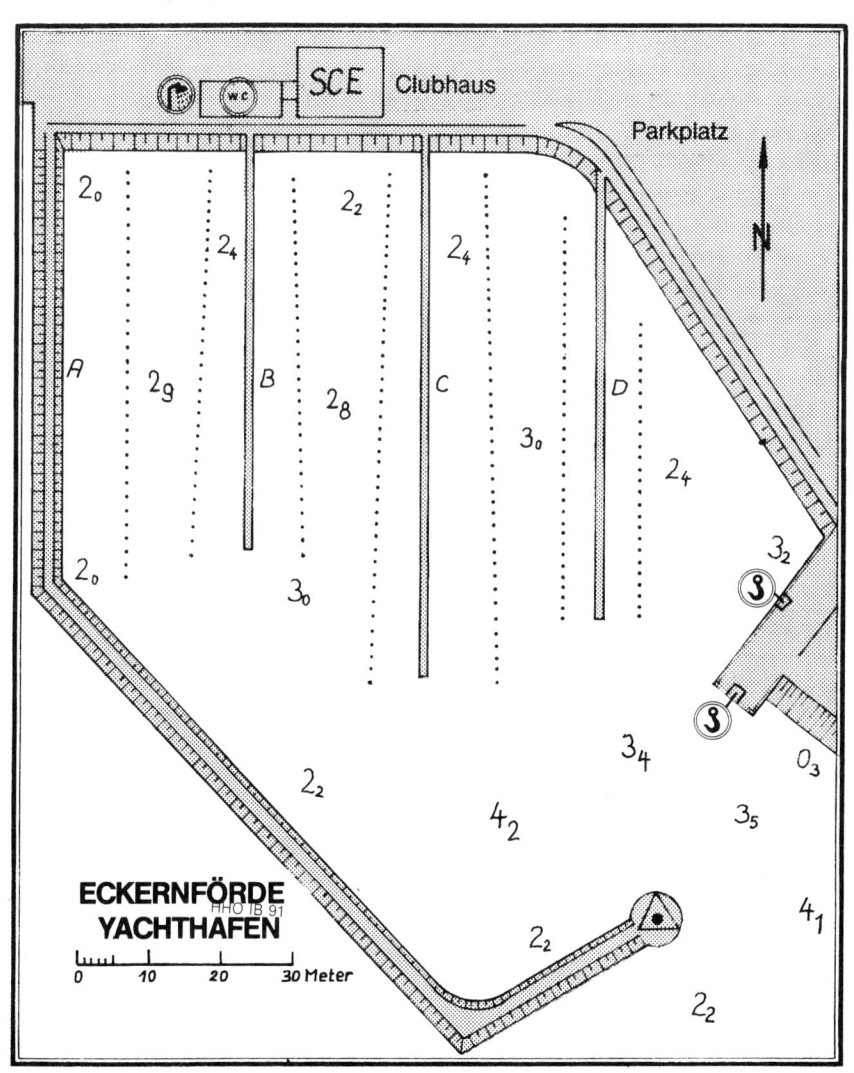

Yachthafen des Segelclubs Eckernförde. Stützpunkt der Kreuzer-Abteilung des DSV.

Eckernförde   Freigegeben durch Luftamt Hamburg, lfd. Nr. 116/84

Wasser und Strom auf den Stegen, Duschen, WC, Ablaufbahn, Kran, Werft, Segelmacher, Motorreparatur, Bootszubehör, Gas, Einkaufsmöglichkeit, Post, Polizei, Zoll im Ort.
Seenotrettungsboot der DGzRS.

Siehe auch Warngebiet Eckernförde Süd.

Damp

54° 35' N
10° 02' E

D-II-19

Seekarten D 30, 32, 3003

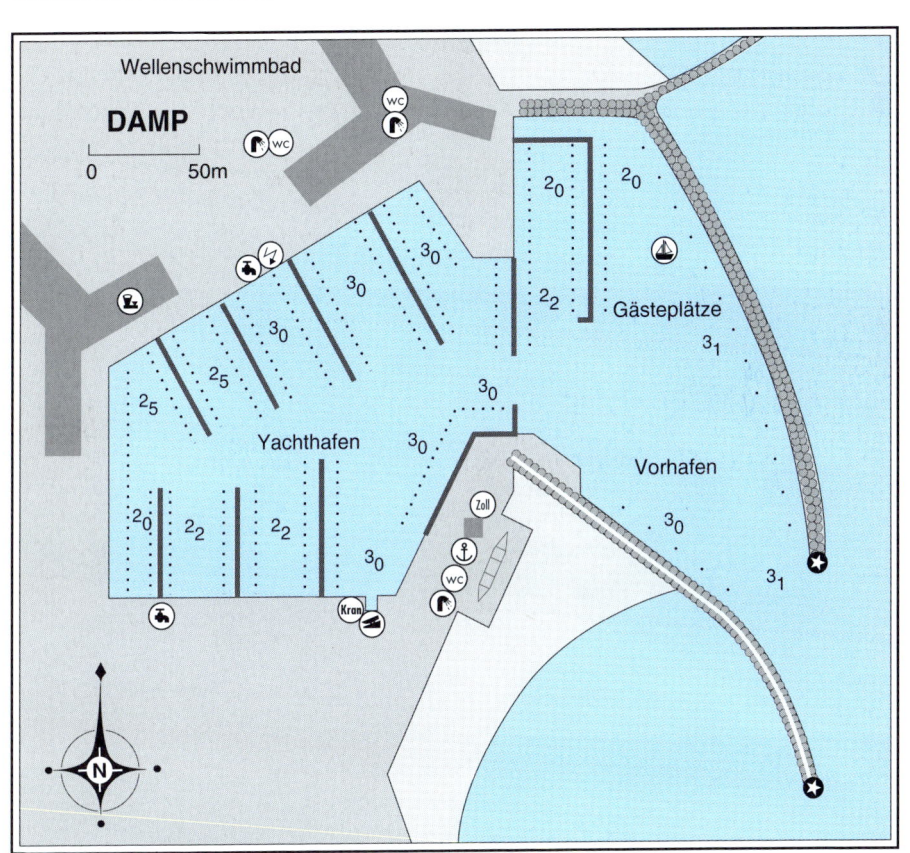

Großer Yachthafen am N-Ausgang der Eckernförder Bucht. Stützpunkt der Kreuzer-Abteilung des DSV.

Gastplätze im gesamten Hafenbereich nach Anfrage beim Hafenmeister.

Eine gute Ansteuerungshilfe bei Tag sind die am Hafen stehenden, weithin sichtbaren Hochhäuser des Ferienzentrums. Die Molenköpfe sind mit einem Blz.r.gn. gekennzeichnet. Auf dem Kopf des Wellenbrechers N-lich der Einfahrt ist ein weißes Blinklicht (nicht im Plan).

HHO IB – Nachtr. 1994

Wasser und Strom (Eurostecker) an den Stegen, Duschen, WC, Tankstelle (B+D), Trailerbahn, Slip, Mastenkran, Kran (3.2 t), Einkaufsmöglichkeit, Bootszubehör, Post, Zoll. Seenotrettungsboot der DGzRS.

Im Vorhafenbereich liegt man bei E-bis SE-lichen Winden unruhig. Dort legt auch eine Fähre an.

Schöner Badestrand direkt am Hafen, Meerwasserwellenbad, großes Ferienzentrum, subtropisches Badeparadies „Aqua Tropicana" und zahlreiche gastronomische Einrichtungen.

Damp

Schleimünde

54° 40' N
10° 2,2' E

D-II-20

Seekarten D 30, 32, 41, 3003

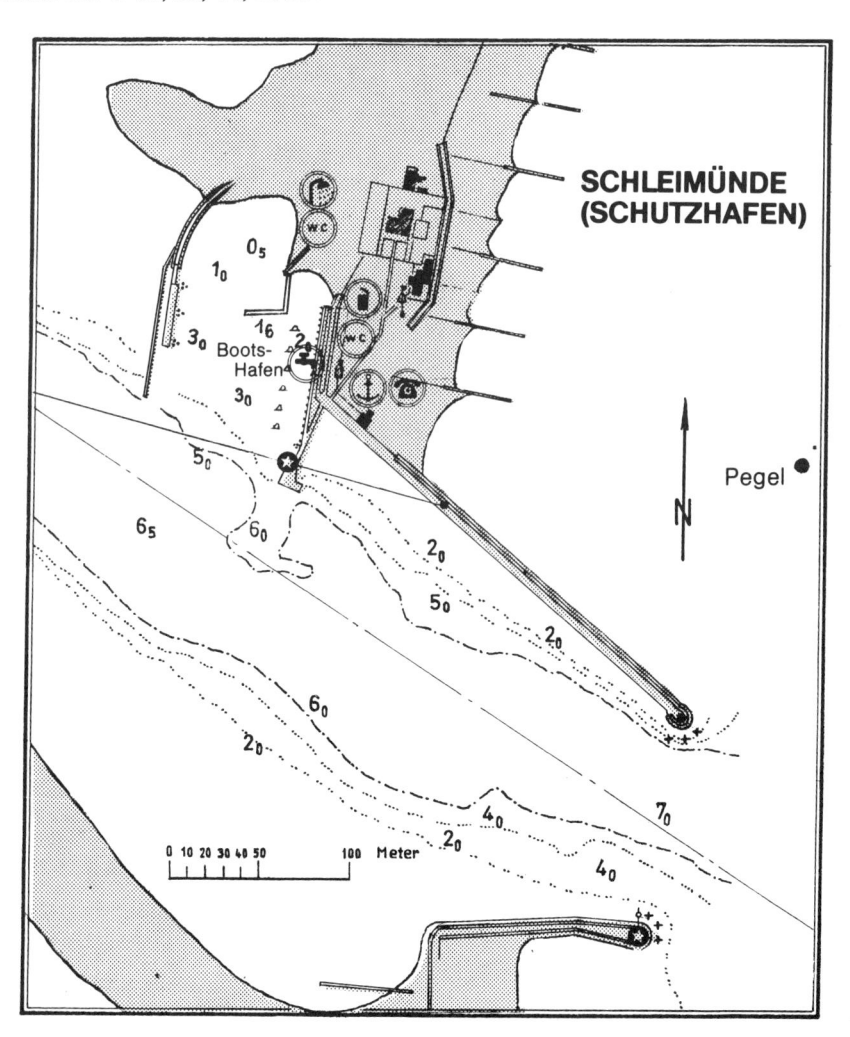

SCHLEIMÜNDE (SCHUTZHAFEN)

Pegel

Schutz- und Sicherheitshafen der Wasser- und Schiffahrtsverwaltung. Stützpunkt der Kreuzerabteilung des DSV.

Liegemöglichkeiten für Gastboote am E-Steg. Hecktonnen.

Schutzhafen Schleimünde mit Leuchtturm Freigegeben durch Luftamt Hamburg, lfd. Nr. 73/84

Im Schleimünder Fahrwasser muß mit starkem Strom gerechnet werden. Aufkreuzen ist dann sehr schwierig oder gänzlich unmöglich. Die Höchstgeschwindigkeit zwischen Schleimünde und Kappeln (Brücke) beträgt 6,5 kn.

Wasser, WC, Sanitärgebäude mit Duschen und WC (verschlossen — privat), Telefon, Zoll, begrenzte Einkaufsmöglichkeit.

Unruhiges Liegen bei starkem E-Wind und durch den Schwell der passierenden Schiffahrt.
Der S-lich von Schleimünde gelegene Marinehafen Olpenitz ist für Sportboote gesperrt.

Bademöglichkeit. N-lich vom Hafen befindet sich ein großes Vogelschutzgebiet, das nicht betreten werden darf.

Die Schlei
Von Maasholm bis Schleswig

Maasholm
54° 41' N
9° 59,6' E

936

D-III-1

Seekarten D 41, 3003

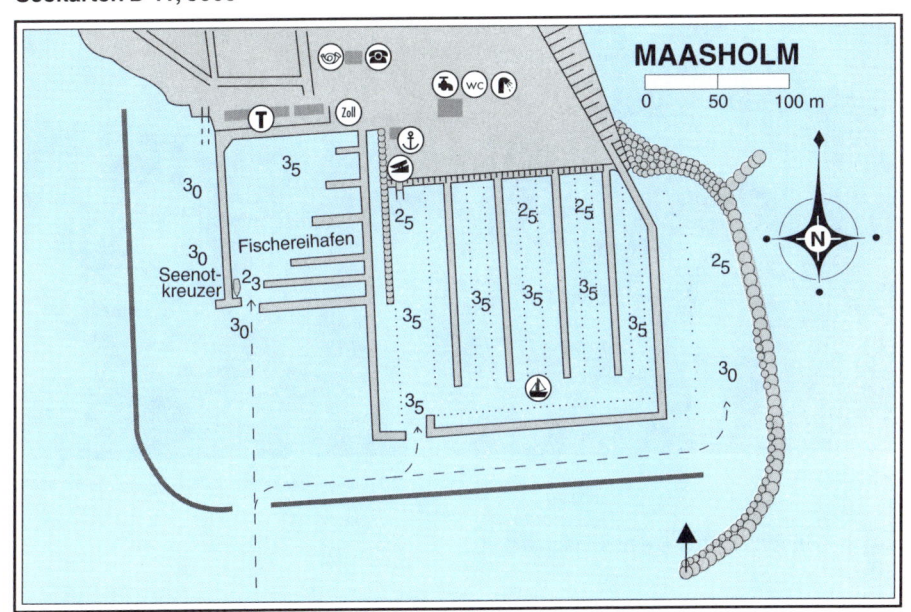

Fischereihafen. Yachthafen. Stützpunkt der Kreuzer-Abteilung des DSV.

Liegemöglichkeiten für Gäste auf freien Plätzen im Yachthafen und im Fischereihafen im S-lichen Teil an den beiden Sportbootbrücken.

Die Ansteuerung des Hafens ist bei Tag und Nacht möglich. Von der grünen Fahrwassertonne 17 Maasholm 1 hält man mit N-lichem Kurs direkt auf den Fischerei- bzw. Yachthafen zu. Auf dem Kopf der W-lichen Einfahrtsmole ist eine weiße beleuchtete Tafel aufgestellt, der Kopf der E-lichen Mole wie auch der Kopf der Steinmole E-lich des Hafens ist mit je einer weiß beleuchteten dreieckigen Tafel bezeichnet worden. Vor dem Yacht- und Fischereihafen ist eine Spundwand (siehe Plan) errichtet worden.

Wasser und Strom an den Stegen, Duschen und WC im Sanitärgebäude, Tankstelle (D) nur erhältlich von Mo.-Fr. bei der Fischereigenossenschaft. Slip, Mastenkran, Kran, Post, Telefon, Schiffsausrüster, Zoll. Seenotkreuzer „NIS RANDERS" und Seenotrettungsboot der DGzRS.

Maasholm

Freigegeben durch Luftamt Hamburg, lfd. Nr. 85/84

i Sehenswertes kleines Fischerdorf.

Modersitzki-Werft (Maasholm)
54° 41,2′ N   9° 59,3′ E   D - III - 2

Seekarten D 41, 3003

Sportboothafen der Modersitzki-Werft in Maasholm. Freigegeben durch Luftamt Hamburg, lfd. Nr. 86/84

Werfteigener Sportboothafen im NW von Maasholm.

Liegeplätze auf Anfrage.

Die Zufahrt zu diesem im Wormshöfter Noor gelegenen Hafen ist nicht bezeichnet. Wassertiefe im Hafen 1,5 bis 3 m.

Wasser und Strom an den Stegen, Duschen und WC (Schlüssel im Werftbüro), Müllcontainer, Altölsammler, Slip, Kran, Mastenkran, Werft- und Motorenservice.

HH OIB 1993

Kappeln 54° 39,5′ N 9° 56,2′ E D-III-3

Seekarten D 41, 3003

Kappeln-Grauhöft (von E gesehen). Freigegeben durch Luftamt Hamburg, lfd. Nr. 99/84

Privater Yachthafen der Bootswerft Henningsen & Steckmest in Grauhöft (von See kommend etwa 0,5 sm vor der Drehbrücke Kappeln) und Yachthafen des Arnisser Segelclubs (etwa 300 m S-lich der Drehbrücke). Beide Häfen sind Stützpunkte der Kreuzer-Abteilung des DSV.

Liegeplätze auf Anfrage.

Beide Häfen sind direkt vom Schlei-Fahrwasser zu erreichen.

Wasser und Strom auf den Stegen, Duschen, WC. In Grauhöft Werft, Slip, Kran, Motorreparatur. In Kappeln Tankstelle direkt am Wasser unmittelbar hinter (S-lich) der Brücke. Eine (Straßen-) Tankstelle gibt es auch wenige Meter N-lich der Brücke. Schiffsausrüster, Post, Telefon, Zoll, Einkaufsmöglichkeit.

HH OIB 1993

Grauhöft

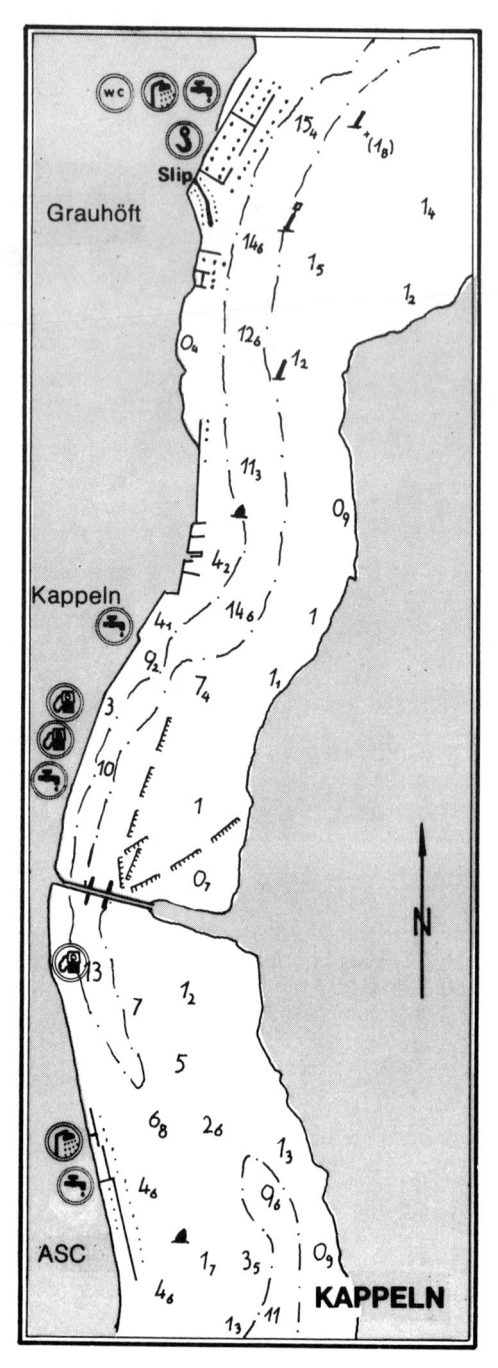

Kappeln

ASC

KAPPELN

Kappeln 54° 40,3′ N / 9° 56,4′ E
Yachthafen Piel & Partner

D-III-3a

Seekarten D 41, 3003

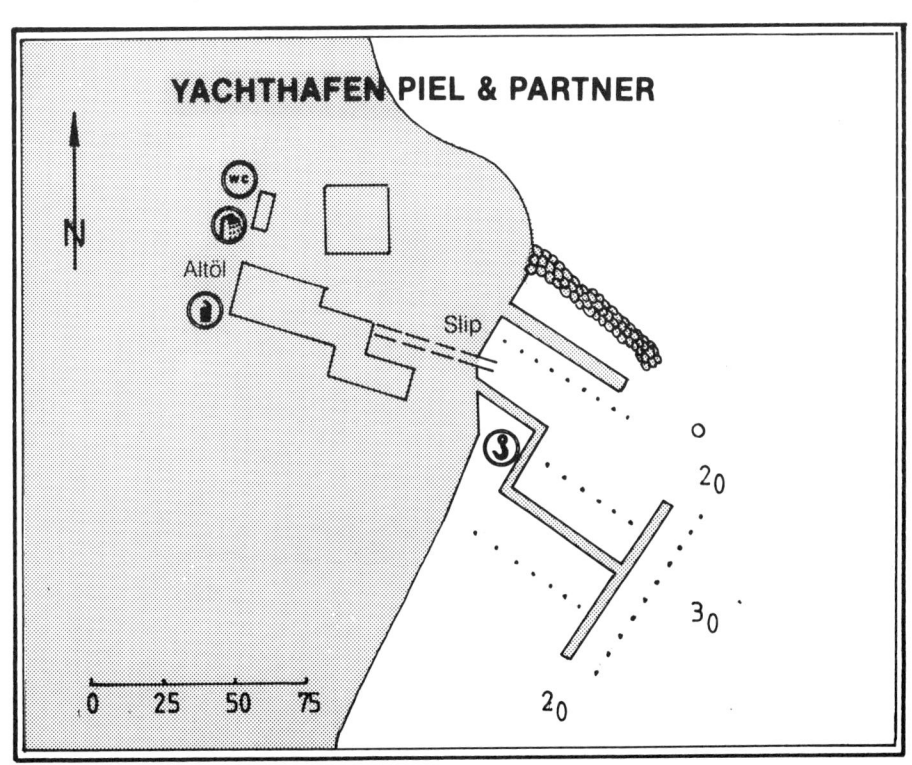

(wc) (🛢) (🔧) (Ⓢ) (🚤) (⛵) (🚰) (🚿) Altöl

Privater Yachthafen mit ca. 30 Plätzen der Yachtwerft Piel & Partner, nördlich vom Yachthafen Grauhöft; von See kommend etwa 0,5 sm vor der Drehbrücke Kappeln.

Auf Anfrage.

Der Hafen ist direkt vom Schlei-Fahrwasser zu erreichen. Ca. 3 m Wassertiefe am Außensteg, zum Ufer hin abnehmend. Der N-Steg ist nur für kleinere Boote geeignet.

Wasser und Strom am Steg, Slip, Mastkran, Reparaturarbeiten. Alle übrigen Versorgungsmöglichkeiten in Kappeln (siehe auch Yachthafen Grauhöft).

Kappeln
Yachthafen Grauhöft
54° 40,2' N
9° 56,4' E

D - III - 3 - b

Seekarten D 41, 3003

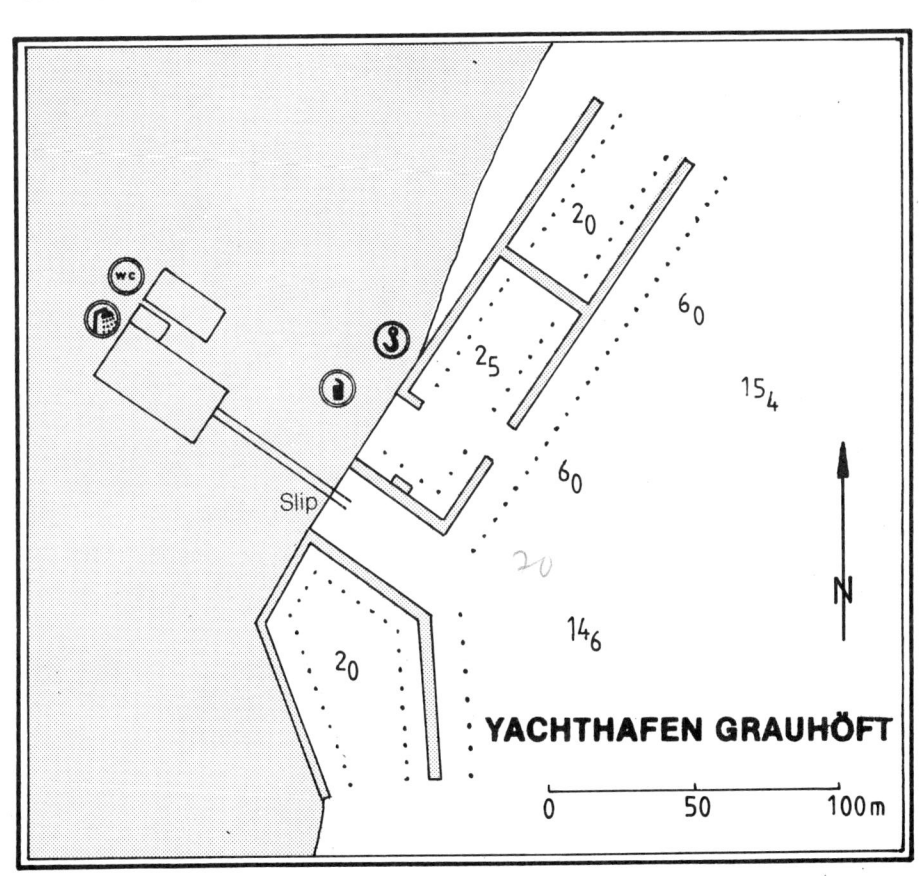

	Privater Yachthafen mit 150 Plätzen der Bootswerft Henningsen & Steckmest, von See kommend etwa 0,5 sm vor der Drehbrücke Kappeln. Der Hafen ist Stützpunkt der Kreuzer-Abteilung des DSV.
	Auf Anfrage.
	Der Hafen ist direkt vom Schlei-Fahrwasser zu erreichen.

HH OIB 1993

Kappeln-Grauhöft (von E gesehen). Freigegeben durch Luftamt Hamburg, lfd. Nr. 99/84

Wasser und Strom an den Stegen, Gepäckkarren, Werft (Reparaturarbeiten aller Art), Slip, Lift, Mastkran, Motorreparatur; Telefon (200 m).
In Kappeln Tankstelle der Firma Prätorius direkt am Wasser, unmittelbar S-lich der Brücke.

Öffnungszeiten: Mo.–Do. 8.00–18.00 Uhr
Fr. 8.00–19.00 Uhr
Sa. 8.00–13.00 Uhr
So./Feiertag 9.30–11.30 Uhr

Das Tanken ist hier teurer als an der normalen Tankstelle. Eine Straßentankstelle gibt es auch wenige Meter nördlich der Brücke.
Die Firma Prätorius ist gleichzeitig auch Schiffsausrüster.

Bank, Post, Arzt, Apotheke, Zoll, Einkaufsmöglichkeit in Kappeln.

Motoren-Service: Kraack Schiffsmotoren Service-Center
Kappelholz 8, 2340 Kappeln, Tel. 04642/4590
(Volvo Penta, Yanmar, Bukh, Farymann, OMC, Johnson, Evinrude) umfangreiches Ersatzteillager.

Kappeln
54° 40,0' N
9° 56,3' E

D-III-3c

Yachtbrücke Johs. Anker

Seekarten D 41, 3003

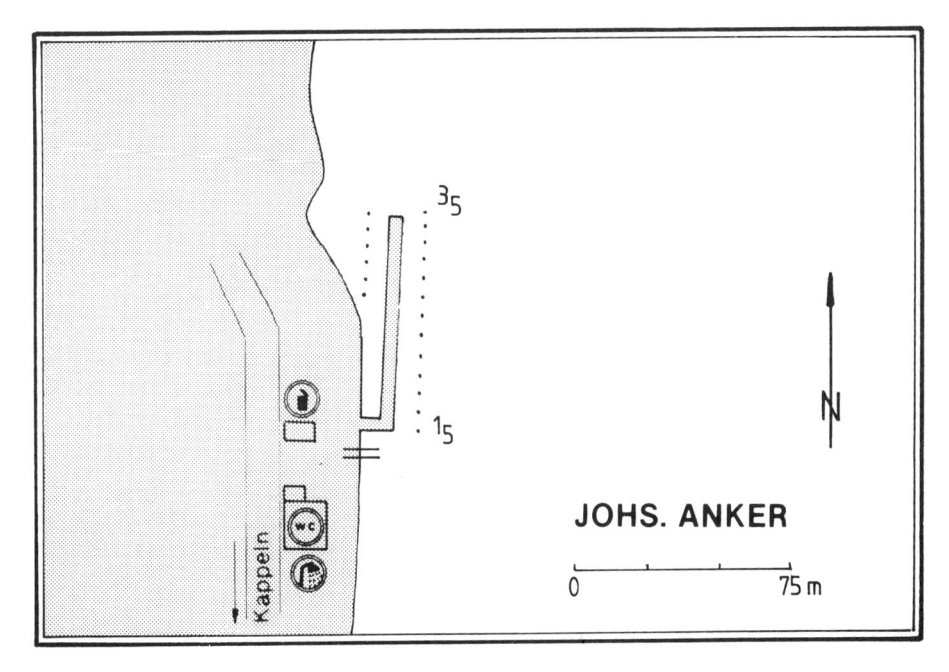

Steganlage mit 32 Plätzen, von See kommend ca. 700 m vor der Drehbrücke Kappeln (kurz vor dem Tonnenhof).

Gastliegemöglichkeiten werden durch grüne Schilder an den Liegeplätzen angezeigt.

Die Anlage ist direkt vom Schleifahrwasser zu erreichen. Die Wassertiefe beträgt am nördlichen Stegende ca. 3,50 m, am südlichen ca. 1,50 m.

Wasser und Strom am Steg. Dusche arbeitet mit 2-DM-Münzen. Alle übrigen Versorgungsmöglichkeiten in Kappeln.

Kappeln-Stadtkai   54° 39,5' N   09° 56,1' E   D-III-3d

Seekarten D 41, 3003

Pieranlage nördlich und südlich der Drehbrücke.

Das Festmachen an den beiden Piers ist möglich, soweit der Platz nicht durch Fischkutter, Kümos oder Butterdampfer belegt ist. Es wird eine Sportbootgebühr erhoben, allerdings nicht beim vorübergehenden Festmachen vor Brückenöffnungen.

Der Stadtkai ist direkt vom Schleifahrwasser zu erreichen.

Öffentliche Toiletten befinden sich in der Nähe der Drehbrücke bzw. beim Clubhaus des Arnisser Segelclubs. Kappeln verfügt über alle Versorgungseinrichtungen, viele Einkaufsmöglichkeiten in unmittelbarer Nähe des Stadtkais.

Die Drehbrücke hat im geschlossenen Zustand eine Durchfahrtshöhe von 3 m. Ihre Durchfahrtsbreite beträgt 22,5 m. Öffnung der Brücke jede volle Stunde von einer Stunde vor Sonnenaufgang bis eine Stunde nach Sonnenuntergang. Signale zum Öffnen der Brücke: Zwei Flaggen übereinander im Want und das Schallsignal (bei Nacht gleiches Schallsignal und zwei weiße Lichter am Bug).

Hafenmeister Tel. 0 46 42-8 16 96.
Hafenmeister für den Handelshafen (auch für Sportboote) Tel. 0 46 42-31 56, privat 44 24.

Yachthafen
Arnisser Segelclub

54° 39,5' N
09° 56,2' E

D-III-3e

Seekarten D 41, 3003

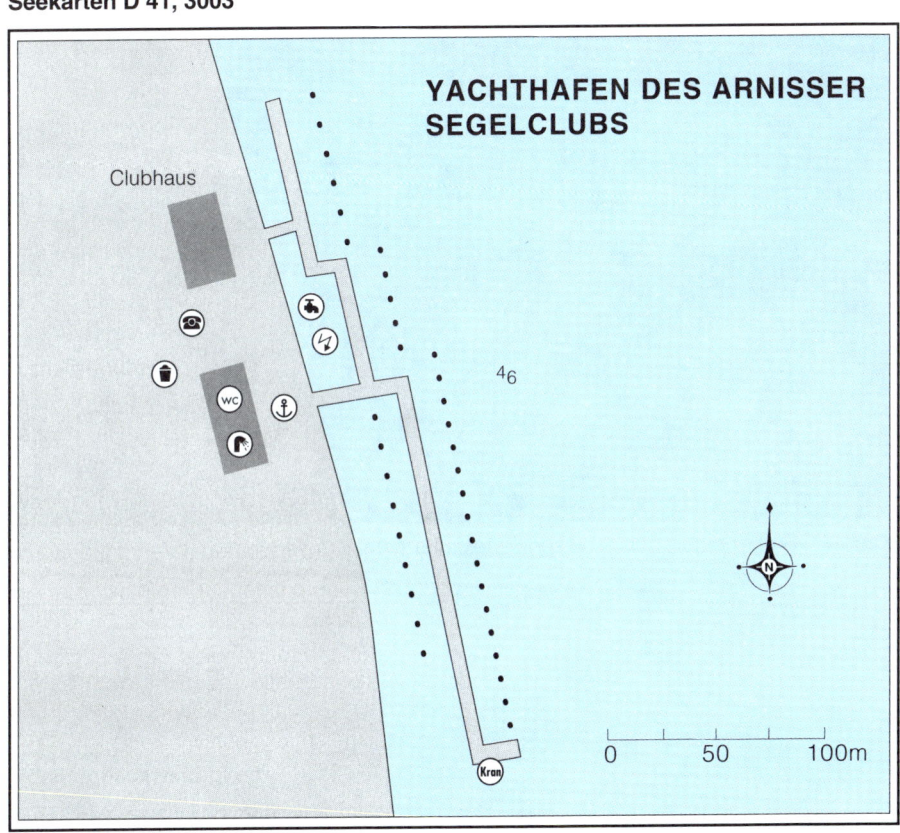

YACHTHAFEN DES ARNISSER SEGELCLUBS

Clubhaus

Kran

0   50   100m

- Der Yachthafen des Arnisser Segelclub e.V. liegt etwa 300 m S-lich der Drehbrücke Kappeln. Er ist Stützpunkt der Kreuzer-Abteilung des DSV.

- Liegeplätze auf Anfrage. Hafenmeister Karl Löwe, Wiker Strasse 1, 2340 Kappeln, Tel. (privat) 0 46 42/8 16 96.

- Der Yachthafen liegt direkt am Schleifahrwasser.

- Wasser und Strom an den Stegen. Telefon in Clubhausnähe. Alle weiteren Versorgungsmöglichkeiten in Kappeln. Tankstellen in der Nähe der Drehbrücke.

Kappeln. Steganlagen des Arnisser Segelclubs (von E gesehen).
Freigegeben durch Luftamt Hamburg, lfd. Nr. 98/84

Marina Bootswerft Kühl   D-III-4
54° 39,2' N   9° 56,1' E

Seekarten D 41, 3003

Steganlagen der Bootswerft Kühl S-lich von Kappeln.

Freigegeben durch Luftamt Hamburg, lfd. Nr. 97/84

Kleiner werfteigner Sportboothafen mit zwei Bootsstegen.

Liegeplätze auf Anfrage.

Hafen kann direkt vom Schleifahrwasser aus erreicht werden. Dem Hafen gegenüber liegt die rote Fahrwassertonne 46. Wassertiefe bis 2 m.

Wasser und Strom an den Stegen, Duschen, WC, Bootshebeanlage mit Travellift (18 t), Mastenkran, Müllbehälter.

HH OIB 1993

Rückeberg 54° 38,8′ N 9° 56,3′ E 41   D-III-4a

Seekarten D 41, 3003

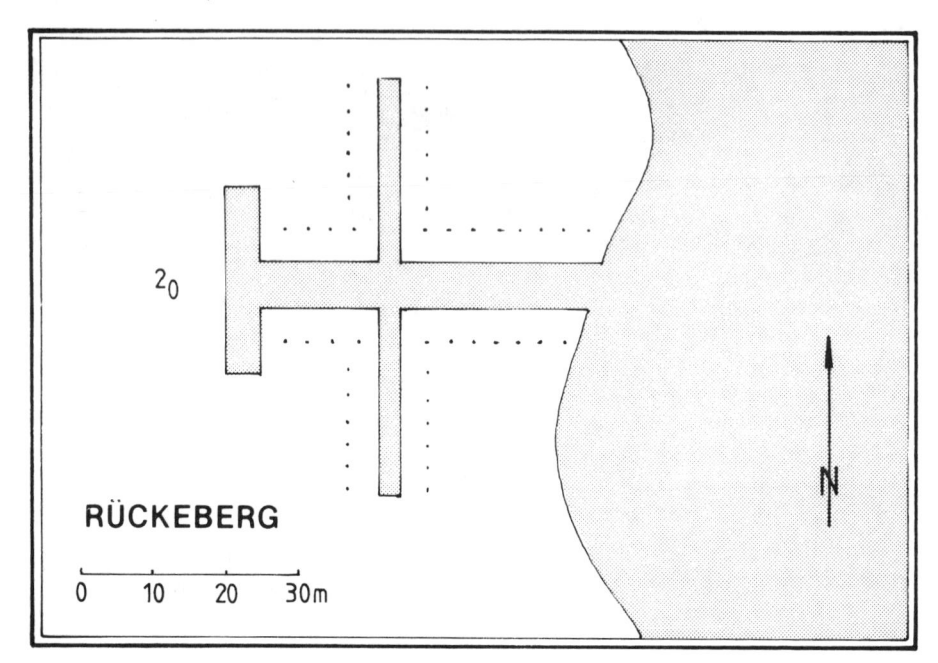

RÜCKEBERG

0   10   20   30 m

- Kleiner, privater Sportboothafen mit ca. 40–50 Plätzen bei einem Ferienhausgebiet.

- Auf Anfrage beim Hafenmeister, Herrn Wenske, Lüttfelder Ring 9 (ca. 500 m).

- Zufahrt von der Fahrrinne der Schlei Tonnen 37 und 48 direkt auf den Molenkopf zu. Boote bis maximal 1,70 m Tiefgang können an den Außenplätzen festmachen. Die Innenplätze sind nur für Boote mit geringem Tiefgang geeignet.

- Die Steganlage ist abgeschlossen. Den Schlüssel dafür erhält man beim Hafenmeister.
  Wasser und Strom am Steg; z. Zt. kein WC/Dusche. Eine Erweiterung des Yachthafens ist für 1985 geplant.

Kopperby

54° 38,3´ N
09° 56,7´ E

D-III-4b

Seekarten D 41, 3003

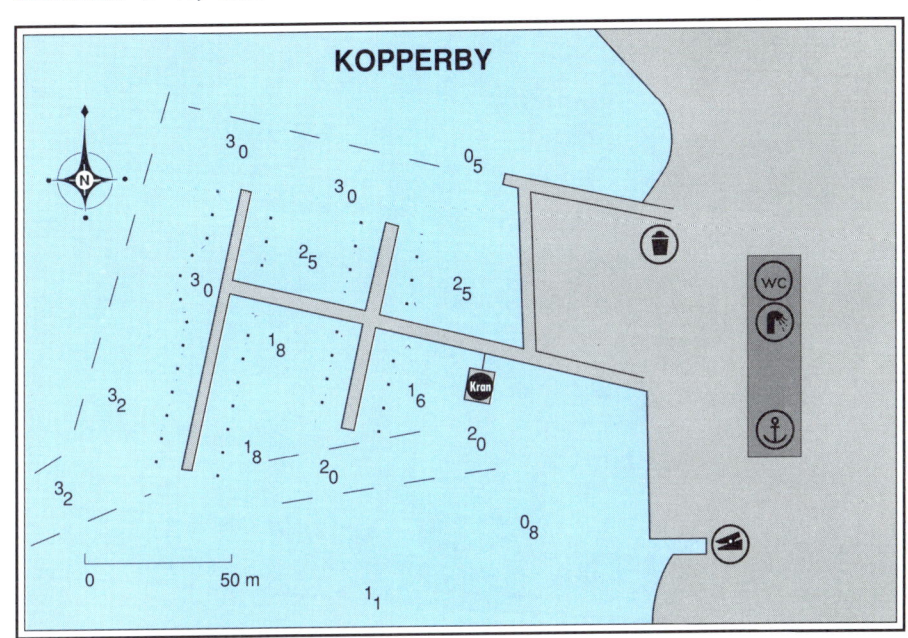

	Yachthafen mit 100 Plätzen.
	Gastplätze an der Außenmole oder nach Einweisung durch den Hafenmeister.
	Von der Tonne 52 Kopperby führt eine mit Priggen gekennzeichnete 3,2m tiefe Fahrrinne zum Hafen.
	Wasser und Strom an den Stegen. Duschen, WC (Schlüssel beim Hafenmeister), Trailerbahn, Kran (15t), Restaurant oberhalb des Hafens, Telefon und Bäckerei in Kopperby.

HH OIB 1993

Yachthafen Arnis
54°38′N
9°55,8′E

D-III-5

Seekarten D 41, 3003

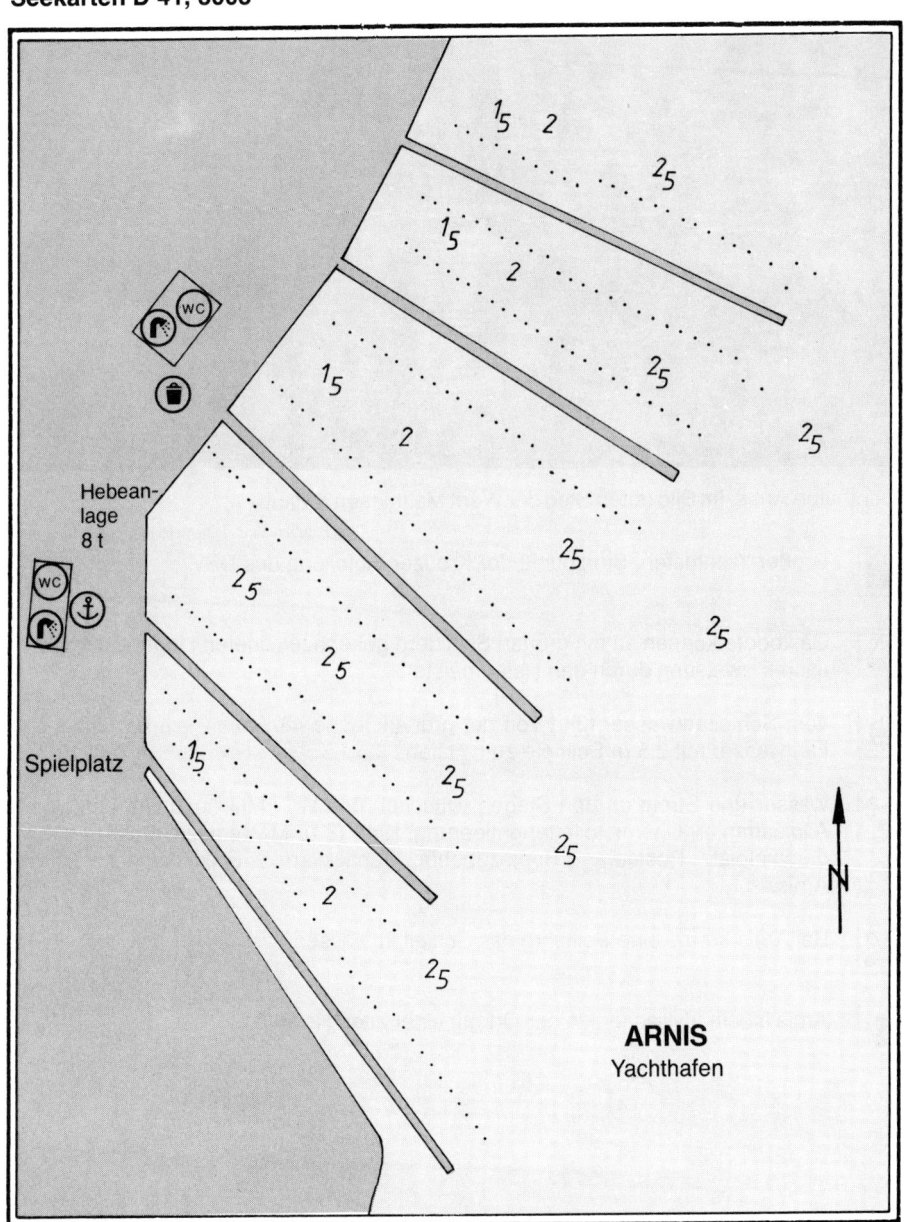

Hebeanlage 8 t

Spielplatz

ARNIS
Yachthafen

HH OIB 1993

Yachthafen Arnis. Im Bild unten Steg der Werft Matthiesen & Paulsen.

Freigegeben durch Luftamt Hamburg, lfd. Nr. 95/84

Großer Yachthafen. Stützpunkt der Kreuzer-Abteilung des DSV.

Gastboote können an mit grünen Schildern gekennzeichneten Liegeplätzen oder nach Einweisung durch den Hafenmeister.

Vom Schleifahrwasser führt von der grünen Tonne 43/Arnis 2 ein bezeichnetes Fahrwasser mit 2,5 m Solltiefe zum Hafen.

Wasser und Strom an den Stegen, Duschen und WC. Müll- und Glascontainer, Altölsammler, Chemietoilettenentleerung, Kran (8 t), Mastenkran, Grill- und Kinderspielplatz, Restaurant, Bootszubehör, Gepäckkarren. Einkaufsmöglichkeit in Arnis.

Bei Arnis kreuzt eine Seilfähre das Schleifahrwasser.

Arnis ist ein idyllischer kleiner Ort mit einer alten Holzkirche.

Matthiesen & Paulsen 54°38′N 9°56′E   D-III-6

Seekarten D 41, 3003

(WC) (🗑) (🔧) (Kran) (**Kran**) (⛴) (🚿) (📞) (⛵)

※ Yacht- und Bootswerft mit zwei Steganlagen für Sportboote. Ein Steg befindet sich auf der NW-Seite von Arnis gegenüber dem Yachthafen (2,5 m Wassertiefe), ein weiterer Steg befindet sich an der SE-Seite von Arnis, direkt am Schleifahrwasser (3 m Wassertiefe, nach Land abnehmend).

⛵ Liegeplätze für Gastboote auf Anfrage.

☸ Ansteuerung des NW-Steges wie Yachthafen Arnis, der SE-Steg wird direkt vom Schleifahrwasser angelaufen. Er liegt, von See kommend, etwa 100 m vor der Seilfähre.

🏠 Wasser und Strom an den Stegen, Dusche, WC, 2 Slipanlagen 20/100 t, Mastenkran, alle Werftreparaturen außer GfK.

Klappbrücke Lindaunis   54°35′N   9°49,3′E   D-III-7

Seekarten D 41, 3003

Die Signale für die Straßen- und Eisenbahnbrücke:

a) Durchfahren ohne Einschränkung verboten:
Zwei feste rote Lichter nebeneinander.

b) Durchfahren verboten, die Freigabe wird vorbereitet:
Ein festes rotes Licht.

c) Die Brücke kann unter Beachtung der Vorfahrt des Gegenverkehrs von Fahrzeugen durchfahren werden, für die die Durchfahrtshöhe mit Sicherheit ausreicht:
Zwei feste rote Lichter nebeneinander, zusätzlich ein festes weißes Licht über dem linken roten Licht.

d) Durchfahren, Brücke geöffnet, Gegenverkehr gesperrt:
Zwei feste grüne Lichter nebeneinander.

e) Durchfahren, Brücke geöffnet, Vorfahrt des Gegenverkehrs beachten:
Zwei feste grüne Lichter nebeneinander, ein festes weißes Licht über dem linken grünen Licht.

f) Die Anlage ist für die Schiffahrt gesperrt:
Zwei feste rote Lichter übereinander.

Die Durchfahrtshöhe des geschlossenen Brücke beträgt 3,85 m über Mittelwasser, die Durchfahrtsweite 22,3 m zwischen den Leitwerken. Die Brücke wird auf Anforderung in der Zeit von einer Stunde vor Sonnenaufgang, frühestens ab 05.30 Uhr, bis eine Stunde nach Sonnenuntergang geöffnet, für Sportboote jedoch nur um h + 45.

Die Dalbenköpfe werden mit Natriumdampflicht angeleuchtet. An beiden Seiten der Klappbrücke sind zwei Festmachetonnen ausgelegt.

Lindaunis 54°35,2′N 09°49,4′E D-III-7a

Seekarten D 41, 3003

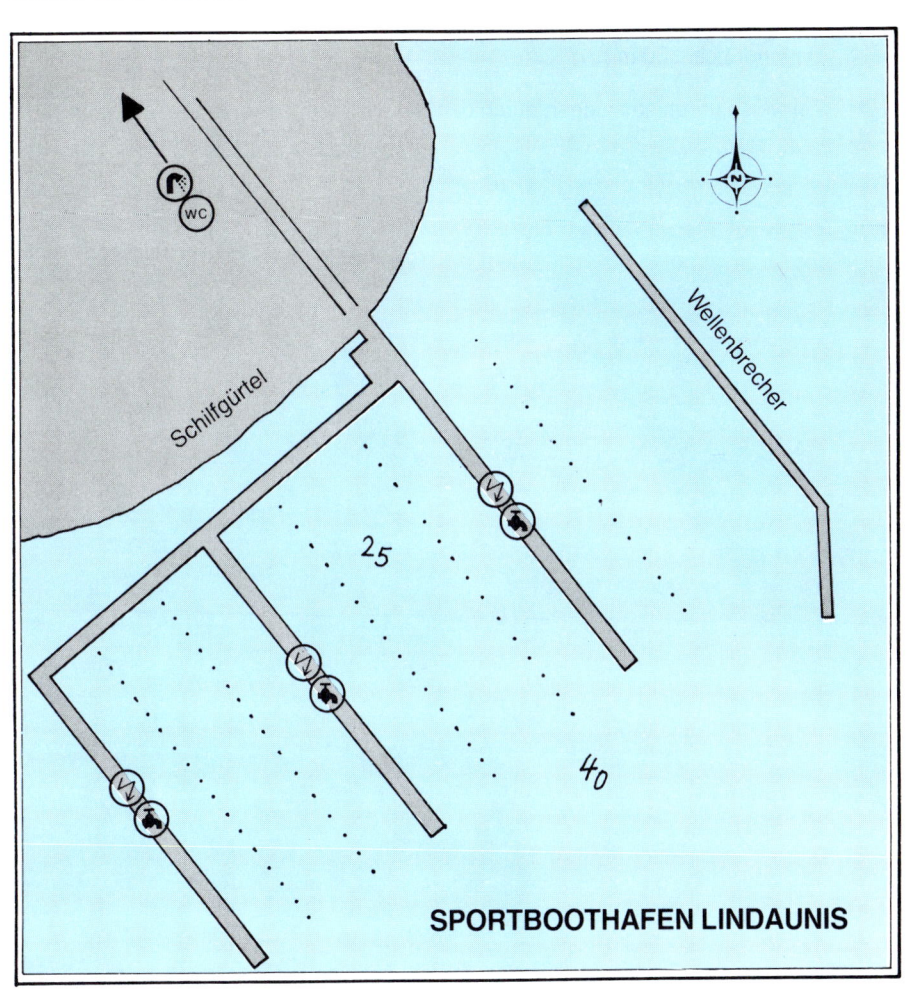

Kleiner Sportboothafen etwa 0,5 sm N-lich der Lindaunis-Eisenbahnklappbrücke.

Gastliegeplätze auf Anfrage.

⛵ Der Hafen ist direkt vom Schleifahrwasser ohne Schwierigkeiten zu erreichen.

🏠 Wasser und Strom an den Stegen, Duschen und WC in neuem Gebäude in Richtung Hafenparkplatz. Einkaufsmöglichkeiten beim Campingplatz Lindaunis, dort gibt es ebenfalls eine Münzwaschmaschine und ein Restaurant. Telefon am Bahnhof (ca. 300 m).

✺ Teilweise unruhiges Liegen durch den Schwell der passierenden Schiffahrt.

Sieseby-Brücke

54° 35,8' N
09° 51,7' E

D-III-7b

Seekarten D 41, 3003

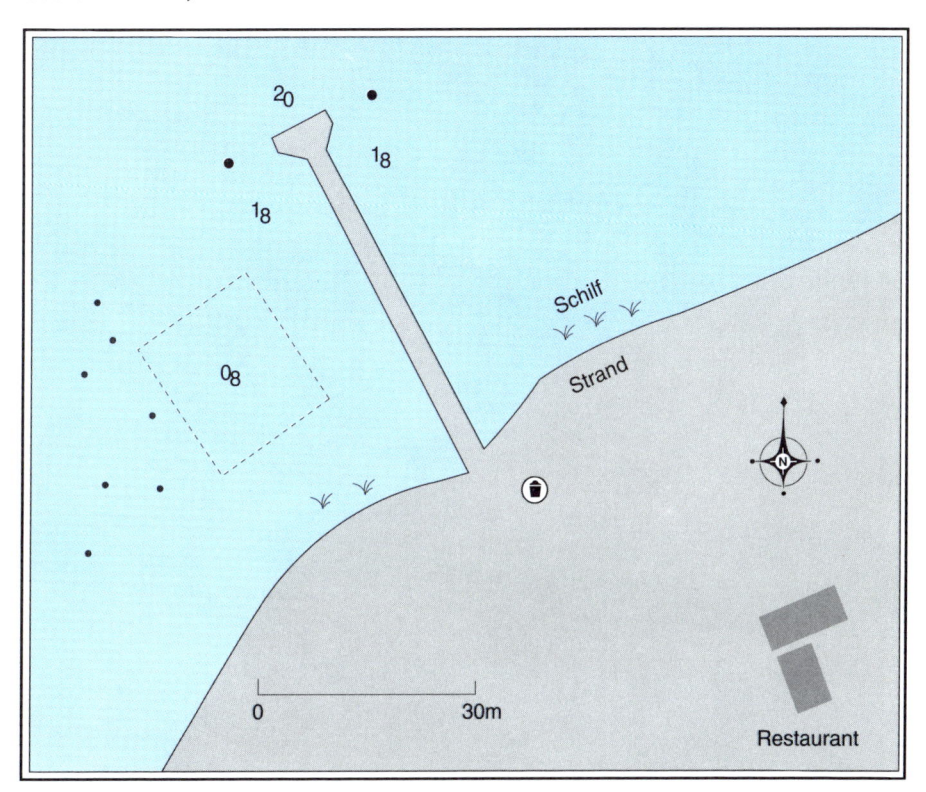

- Kleiner, landschaftlich schön gelegener Steg.
- Begrenzte Liegemöglichkeiten. Heckanker klarhalten. Der Brückenkopf dient als Anleger für die Schleischiffahrt und darf nicht benutzt werden.
- Der Steg ist von See kommend direkt von der grünen Spitztonne 71 mit Kurs 203° zu erreichen.
- Kein öffentliches WC sowie öffentliche Waschräume beim Restaurant Schlei Krog (100 m), Kaufmann und Telefon am Dorfplatz (200 m).
- Vorsicht: W-lich des Anlegers liegen alte Fundamente in 0,8 m Wassertiefe (Seglermeldung).
- Sieseby ist ein sehenswertes kleines Dorf mit vielen gut restaurierten Strohdachhäusern. Kleine Badestelle.

HH OIB 1993

Lindauer Noor 54° 35,2' N 9° 49' E   D-III-8

Seekarten D 41, 3003

Steganlage im Lindauer Noor.

Freigegeben durch Luftamt Hamburg, lfd. Nr. 94/84

L-förmiger Steg mit ca. 1 m bis 1,5 m Wassertiefe für ca. 70 bis 80 Boote. Er gehört zum Campingplatz Lindaunis.

Gastliegemöglichkeit auf Anfrage beim Platzwart des Campingplatzes.

Dieser Steg liegt unmittelbar NW-lich der Klappbrücke Lindaunis und ist nur von Booten mit geringem Tiefgang (bis max. 1,20 m) erreichbar. (Wassertiefen siehe Plan G, D 41).
Achtung: Barre in der Einfahrt zum Lindauer Noor mit 0,9–1,3 m Wassertiefe.

Wasser, Strom am Steg; Kleiner Slip bis ca. 1,5 t.
WC, Dusche, Waschmaschine (preisgünstig), Einkaufsmöglichkeit und Restaurant auf dem Campingplatz.

HH OIB 1993

Schlei-Marina Lindauhof 54° 35,25' N 09° 48,37' E D-III-9

Seekarten D 41, 3003

Lindauhof

Freigegeben durch Luftamt Hamburg, lfd. Nr. 93/84

Steganlage für ca. 40 Boote

Die normale Wassertiefe des Hafens liegt bei nur 1,1m. Bei SW-Winden steht auf der Barre zu wenig Wasser.

Der Hafen verfügt über gute Wasch-, Dusch- und Toilettenanlagen. Eine Trailerbahn für Jollen und Jollenkreuzer ist vorhanden. Wasser und Licht am Steg. Weitere Versorgung im Dorf (Post, Bäckerei, Laden und Gasthaus, ca. 15 Min. zu Fuß).

Das Gutshaus (1550 erbaut), die Holländer-Windmühle sowie die Klappbrücke laden zu einem Bummel ein.

Bohnert-Hülsen

54° 32,9' N
9° 45,3' E

D-III-10

Seekarten D 41, 3003

Bohnert-Hülsen

Freigegeben durch Luftamt Hamburg, lfd. Nr. 92/84

(WC) (⚓) (🚰) (⛽)

Kleiner Privathafen für ca. 70–80 Yachten.

Bei der roten Tonne 86 wird das Fahrwasser in Richtung Hülsen (etwa 180°) verlassen.
Wassertiefe an den Stegköpfen 2 bis 1,3 m, nach Land hin abnehmend. Slipmöglichkeit für Boote bis 200 kg und 0,5 m Tiefgang.

Wasser, Strom. Duschen und Sanitäranlagen auf dem Campingplatz. Restaurant. Einkaufsmöglichkeit in Bohnert (2 km).

HH OIB 1993

Stauertwedt 54° 34,5' N 9° 46,0' E   50   D-III-10a

Seekarten D 41, 3003

[Karte: Hafenplan Stauertwedt mit Clubhaus, Strand, Stegkopf, Bojen für Gastlieger, Wassertiefen 2,0 m und 1,5 m, Maßstab 0–30 m]

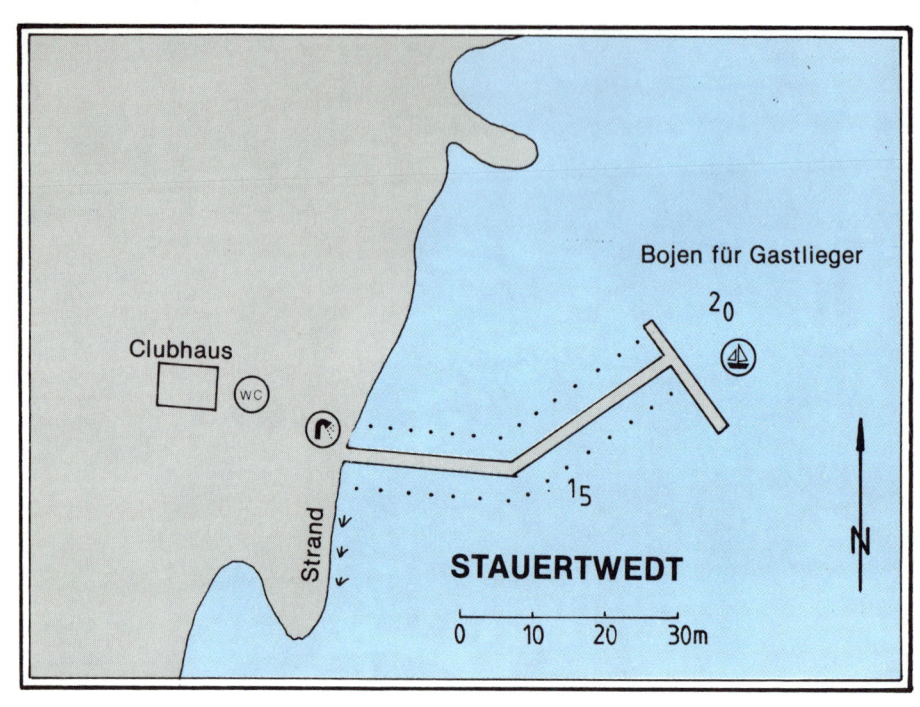

Kleiner Yachthafen des Wassersportvereins Stauertwedt e.V. in landschaftlich schöner Lage im Gunnebyer Noor (26 Plätze).

Gastliegeplätze am Stegkopf (mit Heckanker).

Ab Tonne 83 Kurs 300°.
Wassertiefe am Molenkopf 2 m, zum Ufer hin abnehmend.

Wasser, Strom und Dusche am Steg.
Kaufmann und Restaurant in Ulsnis-Kirchholz (ca. 2 km).

Kinderfreundlich (Kinderspielplatz), Bademöglichkeit.

Missunde 54° 31,5' N 9° 43' E

D-III-11

Seekarten D 41, 3003

Missunde

Freigegeben durch Luftamt Hamburg, lfd. Nr. 91/84

Idyllischer Sportboothafen in der Missunder Enge.

Liegeplätze auf Anfrage beim Hafenmeister. Dieser ist meistens in seinem Wohnwagen in der Nähe des Fährhauses anzutreffen.

Beim Einlaufen in die Boxen auf Querstrom achten. Beim Missunder Fährhaus kreuzt eine Seilfähre das Schleifahrwasser. Wassertiefen an den Liegeplätzen 2–3 m.

Wasser, Duschen, WC, Restaurant. Strom am Verteilerkasten. Einkaufsmöglichkeiten und Bank in Brodersby (2 km).

Marina Brodersby 54° 31,3' N 9° 42,9' E D-III-12

Seekarten D 41, 3003

Marina Brodersby   Freigegeben durch Luftamt Hamburg, lfd. Nr. 90/84

Moderner kleiner Yachthafen in der Missunder Enge ca. 300 m S-lich der Fähre. Stützpunkt der Kreuzer-Abteilung des DSV.

Liegeplätze für Gastboote auf Anfrage.

Der Hafen ist direkt vom Schleifahrwasser zu erreichen.
Wassertiefen 2,5 bis 3 m, diese verringern sich bei langanhaltenden Westwinden erheblich.

Wasser, Strom, Duschen, WC, Telefon, Entleerungsmöglichkeit für Chemikalientoiletten, Bootshebeanlage, Travellift, Mastenkran, Werft- und Motorenservice, Bootszubehör, Kostenloser Fahrradverleih, Bank und Einkaufsmöglichkeit in Brodersby (2 km).
Dieseltankstelle. Öffnungszeiten Mo.–Fr. 8–17 Uhr, Sa. 9–12 Uhr, So. 11–12 Uhr (Skippermeldung).

Sportboothafen Fleckeby D-III-13

54° 29,5' N 9° 42' E

Seekarten D 41, 3003

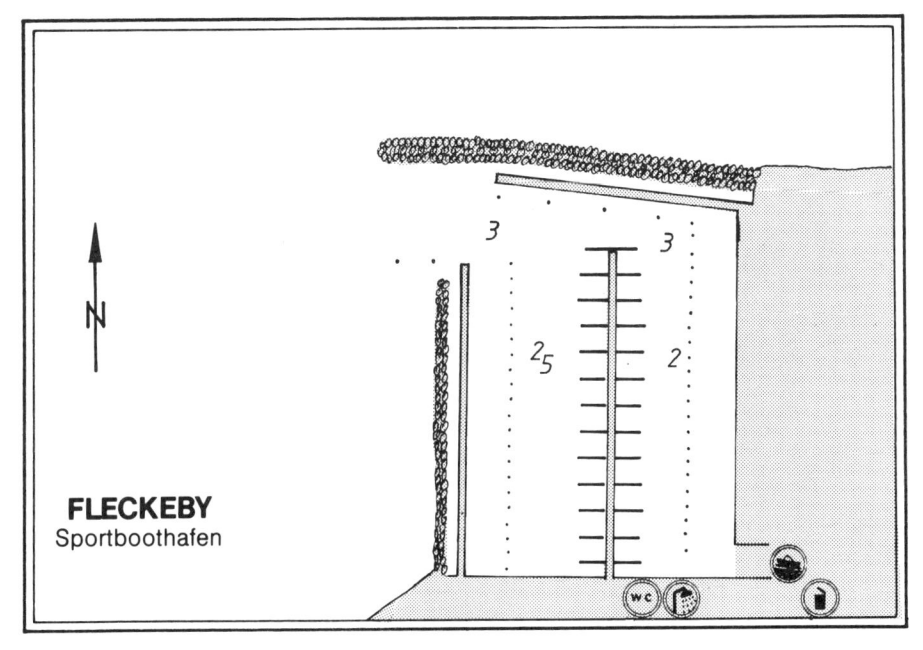

FLECKEBY
Sportboothafen

Neuer kleiner Sportboothafen im S der Großen Breite.

Liegeplätze für Gastboote auf Anfrage.

Von der roten Fahrwassertonne 106 hält man mit Kurs 167° direkt auf den Hafen zu. Die Zufahrt zu dem Sportboothafen Fleckeby ist bezeichnet. Der Kopf der N-Mole an der Bb-Seite der Hafeneinfahrt ist mit einem beleuchteten weißen Zylinder auf einem Dalben markiert worden. Am Kopf der W-lichen Steinmole an der Stb.-Seite der Hafeneinfahrt befindet sich ein weißer beleuchteter Kegel. Das Fahrwasser zum Hafen ist mit einer grünen Spitztonne FL 1 und einem Besen abwärts als Toppzeichen und einer roten Spierentonne FL 2 mit Besen aufwärts gekennzeichnet worden.

Wasser und Strom an den Stegen, Duschen und WC (verschlossen), Müllcontainer, Ablaufbahn. Schlüssel für die Sanitäranlagen beim Hafenmeister. Mastenkran.

Fleckeby — Der Mittelsteg ist jetzt genau so lang wie die W-Mole!

Freigegeben durch Luftamt Hamburg, lfd. Nr. 89/84

Schrader Marina Schlei D-III-13a
54° 29,8' N   9° 40,0' E

Seekarten D 41, 3003

Marina mit 8 Plätzen (Hafenausbau geplant) an der Westseite der großen Breite, etwas südöstlich von Borgwedel.

Auf Anfrage.
Sehr gepflegte, großzügige Anlage, bewacht.

Nach Passieren der Missunder Enge ab Tonne 106/Fellhorst 2 rechtweisend 195°. Direkt vor dem Hafen liegen die beiden Tonnen F 1 und F 4.
Die Wassertiefe beträgt 3 m (große Boxen).

Wasser und Strom; Duschen, WC, einzige Bootstankstelle für Diesel und Benzin im Raume Schleswig (täglich geöffnet); umfangreiche Reparaturwerkstätten für GFK, Holz und Motoren, Service-Betrieb für Nautor und Dehler. Tavellift bis 21,5 t. (Das Aus-dem-Wasser-heben ist auch mit stehendem Mast möglich), Mobilkran 7 t; Bootszubehör, Segelschule.
Telefon in Borgwedel, Einkaufsmöglichkeiten in Fleckeby oder Fahrdorf (jeweils 5 km).

Gute Wandermöglichkeiten, Badegelegenheit.

Borgwedel 54° 30' N 9° 40,3' E D-III-14

Seekarten D 41, 3003

Borgwedel   Freigegeben durch Luftamt Hamburg, lfd. Nr. 88/84

Strom

Kleiner Sportboothafen im SW der Großen Breite mit Wassertiefen von 1,7 bis 2,5 m.

Gastliegen ist möglich, beim Hafenmeister Ernst Rebenstorff, Ulmenkoppel 18, 2386 Borgwedel (ca. 500 m Fußweg) bitte anmelden.

Hafen kann von der roten Fahrwassertonne 106 mit 202° erreicht werden.
Die Einfahrt ist beleuchtet.

Wasser und Strom am Steg.
Toiletten/Waschräume im Vemenhof (200 m).
Altöl kann beim Hafenmeister abgegeben werden oder in der Schrader Marina Schlei.
Einkaufsmöglichkeiten in Fleckeby oder Fahrdorf (jeweils 5 km entfernt).

Badestelle.

Stexwig 54° 30,5' N   D-III-15
9° 38,3' E

Seekarten D 41, 3003

Stexwig (E)   Freigegeben durch Luftamt Hamburg, lfd. Nr. 87/84

Zwei idyllische kleine Sportboothäfen S-lich der Stexwiger Enge. Der W-lich gelegene Hafen verfügt über 1,3 m, der E-lich gelegene über 0,6 m bis 1,6 m Wassertiefe.

Beide Häfen können nur von Booten mit geringem Tiefgang angelaufen werden. Beide Häfen etwa von der Tonne 116 in SW-licher Richtung ansteuern.

Slip, WC, Restaurant (im E-lich gelegenen Hafen).
Strom am Steg, Müllbehälter, Telefon.

Gastlieger werden gebeten, sich bei den Hafenwarten K. Höck (Koppelweg 10, Tel. 3 53 49) oder F. Schmidt (Dorfstr. 39) anzumelden.

HH OIB 1993

Stexwig (W)

Freigegeben durch Luftamt Hamburg, lfd. Nr. 100/84

Fahrdorf

54° 30, 2´ N
09° 35, 1´ E

D-III-16

Seekarten D 41, 3003

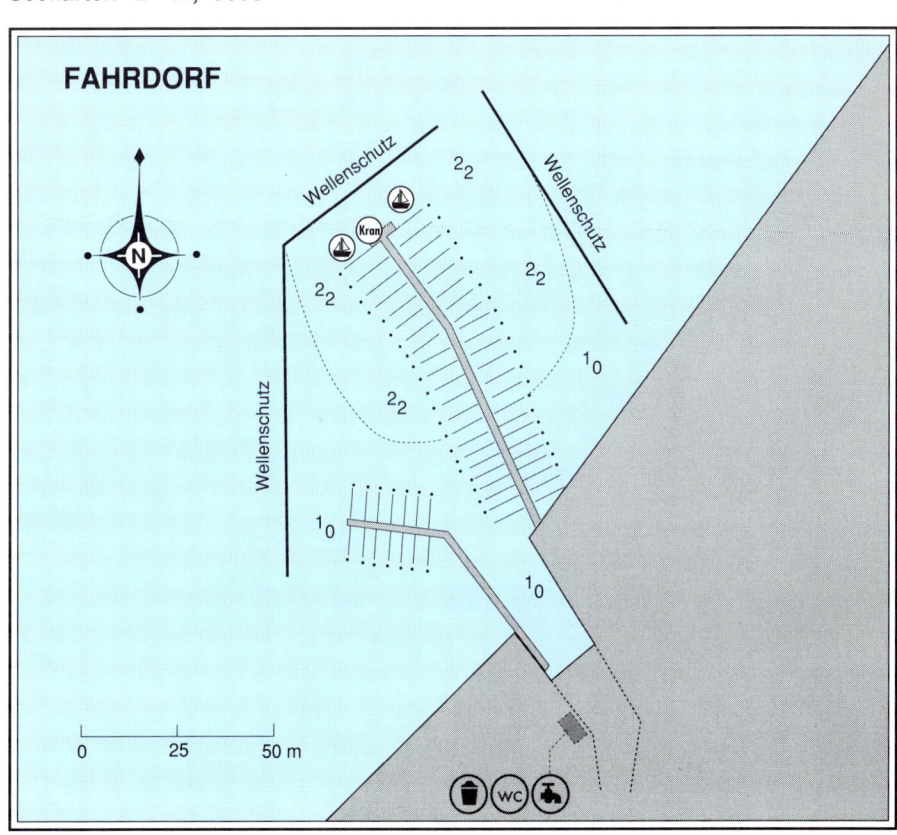

- Steganlage für ca. 50 Liegeplätze des Fahrdorfer Segler-Vereins.
- Wassertiefen siehe Plan. Gastplätze am Stegkopf und durch grüne Schilder bezeichnete Liegeplätze am Hauptsteg.
- Zwischen den beiden grünen Tonnen 139 und 141 wird das Fahrwasser in Richtung Hafen verlassen. Wellenbrecherkopf nachts beleuchtet.
- Wasser und Strom an den Stegen, WC und Waschgelegenheit im Clubhaus. Mastenkran, Trailerbahn, Müllbehälter. Einkaufsmöglichkeiten.

HH OIB 1993

❀ Starke W-SW Winde senken den Wasserstand bis zu 0,4m, SW-Sturm auf 1m.

ℹ Wikinger-Museum Haithabu in Hafennähe.

Haddeby

54° 30,2'
009° 34,2' E

D-III-17

Seekarten D 41, 3003

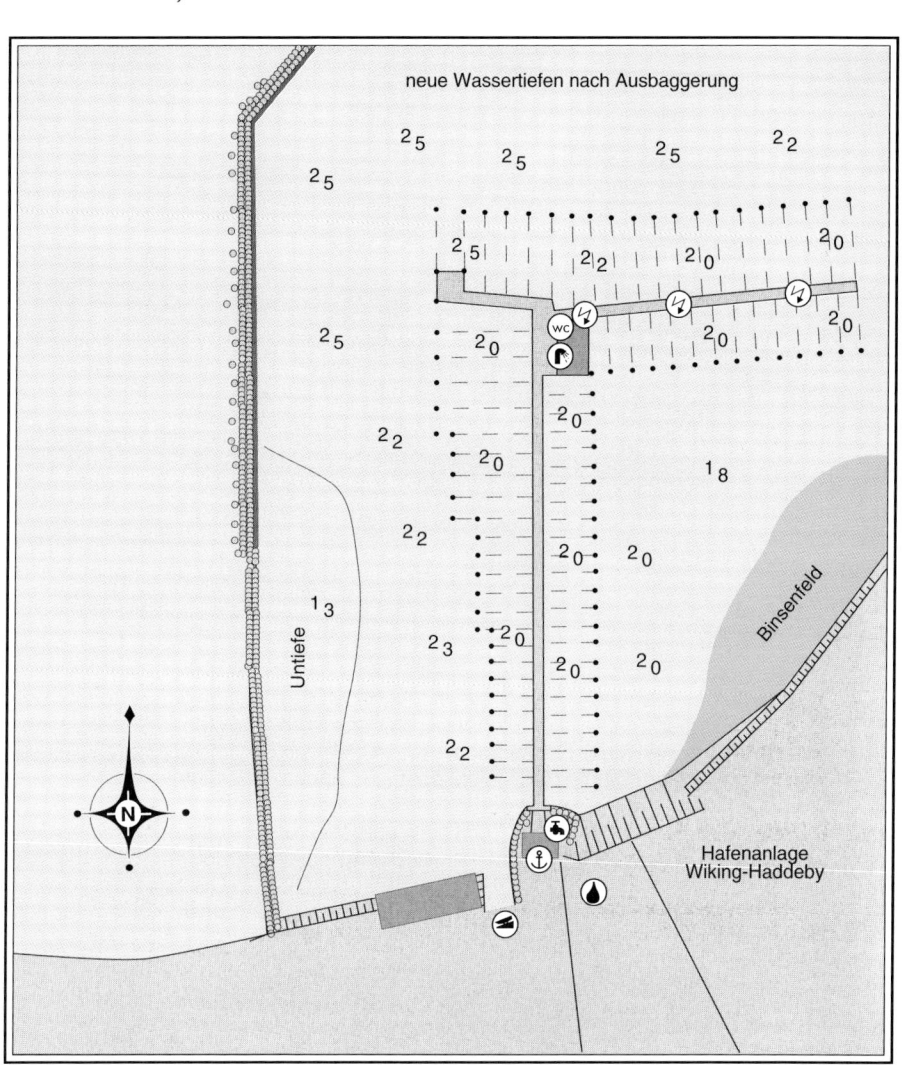

neue Wassertiefen nach Ausbaggerung

Hafenanlage Wiking-Haddeby

Yachthafen des TuS Busdorf, Sparte Segeln, mit ca 65 Liegeplätzen.

Liegemöglichkeiten für Gastboote auf Anfrage.

Haddeby   Freigegeben durch Luftamt Hamburg, lfd. Nr. 83/84

Wassertiefen zwischen 2,5 und 1,8 m. Von der r. gr. r. Fahrwassertonne 138/ Haddeby steuert man einkommend mit 248° zur schwarz/gelben Untiefentonne Haddeby-N (zwei Kegel, Spitze oben) , diese bleibt an Bb. und von dort weiter mit 232° in den Hafen. Die beiden Molenköpfe sind nachts beleuchtet

Wasser und Strom am Steg, Duschen und WC am Clubhaus. Müllbehälter, Altölsammler, Trailerbahn, Telefon (bei der Bushaltestelle ca. 2oo m). Hafenmeister.

Museum Haddeby mit Ausgrabungen aus der Wikingerzeit. Gute Wandermöglichkeiten (Wanderweg nach Schleswig 2,5 km).

Wiking-Yachthafen 54° 30,5' N / 009° 33' E   D-III-18

Seekarten D 41, 3003

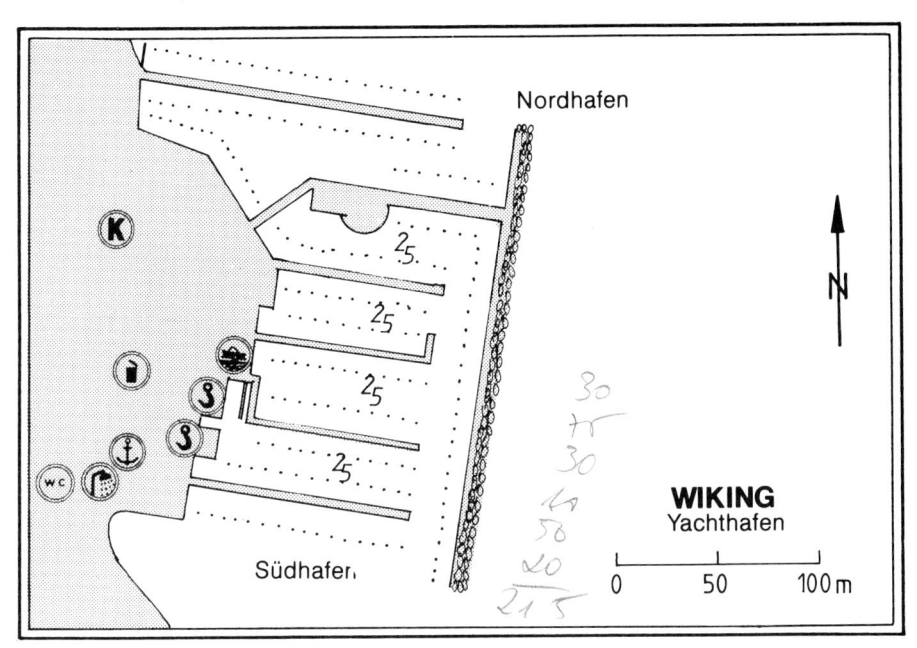

![Hafenplan: Nordhafen, Südhafen, Wiking Yachthafen, Maßstab 0–100 m]

✴	Großer, modern ausgestatteter Yachthafen am W-Ende der Schlei.
⛵	Gastliegeplätze an der E-Mole im S-Hafen. Da der Hafen nur zu einem Drittel mit Festliegern belegt zu sein scheint, dürfte es in diesem Hafen bis auf weiteres -im Gegensatz zu anderen Häfen - keine Schwierigkeiten bei der Liegeplatzsuche geben. Trailer-Abstellplatz in der Nähe des Yachthafens auf einer Wiese.
⛵	Markanter Ansteuerungspunkt ist der Wiking-Turm (Hochhaus). Zum Hafen führt ein bezeichnetes Fahrwasser. Der Kopf der N-Mole ist mit einem weißen Zylinder, der Kopf der S-Mole mit einem weißen Kegel bezeichnet. Beide sind nachts beleuchtet.
🏠	Wasser und Strom an den Stegen, Duschen, WC, Kran (8 t), Mastenkran, Slip, Telefon, Einkaufsmöglichkeit direkt am Hafen oder in Schleswig.
✿	Telefon Hafenmeister: 04621/35666
i	Siehe Schleswig.

HHO IB – Nachtr. 1994

Wiking-Yachthafen   Freigegeben durch Luftamt Hamburg, lfd. Nr. 82/84

Schleswig 54° 30,7′ N 9° 33,5′ E   60   D-III-19

Seekarten D 41, 3003

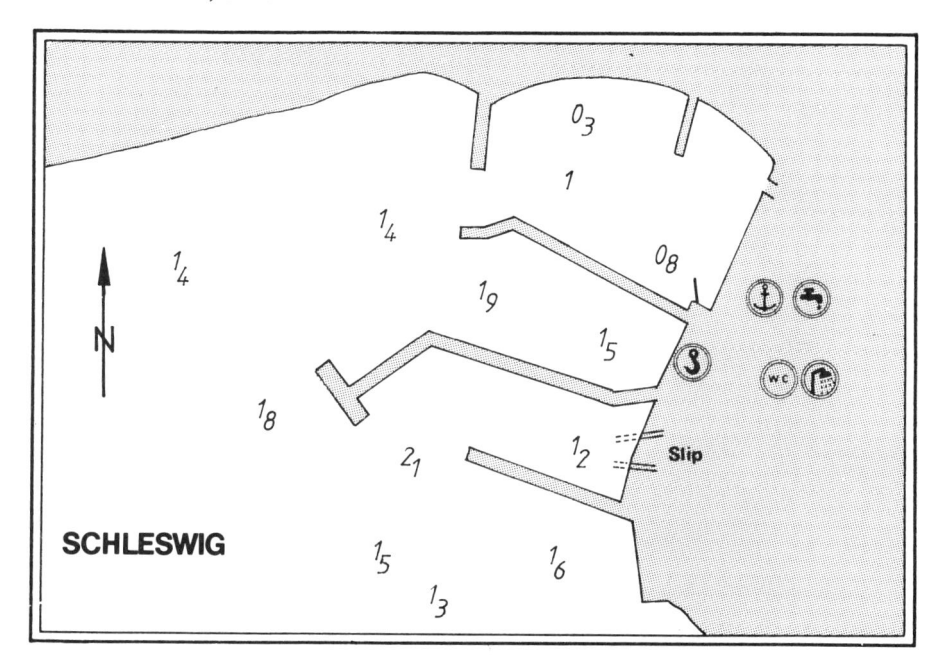

SCHLESWIG

Vereinseigener Yachthafen.

Gastliegeplätze auf Anfrage.

Zum Hafen führt ein bezeichnetes Fahrwasser.

Wasser, Strom, Duschen, WC, Mastenkran, Slip.
Alle Versorgungsmöglichkeiten in Schleswig.

Sehenswert: Schloß Gottorp, Dom, Wikingersiedlung Haithabu.

HH OIB 1993

Schleswig (von SW gesehen — Einlaufrichtung). Freigegeben durch Luftamt Hamburg, lfd. Nr. 81/84

Stadthafen Schleswig D-III-19a
54° 30,7′ N   9° 34,3′ E

Seekarten D 41, 3003

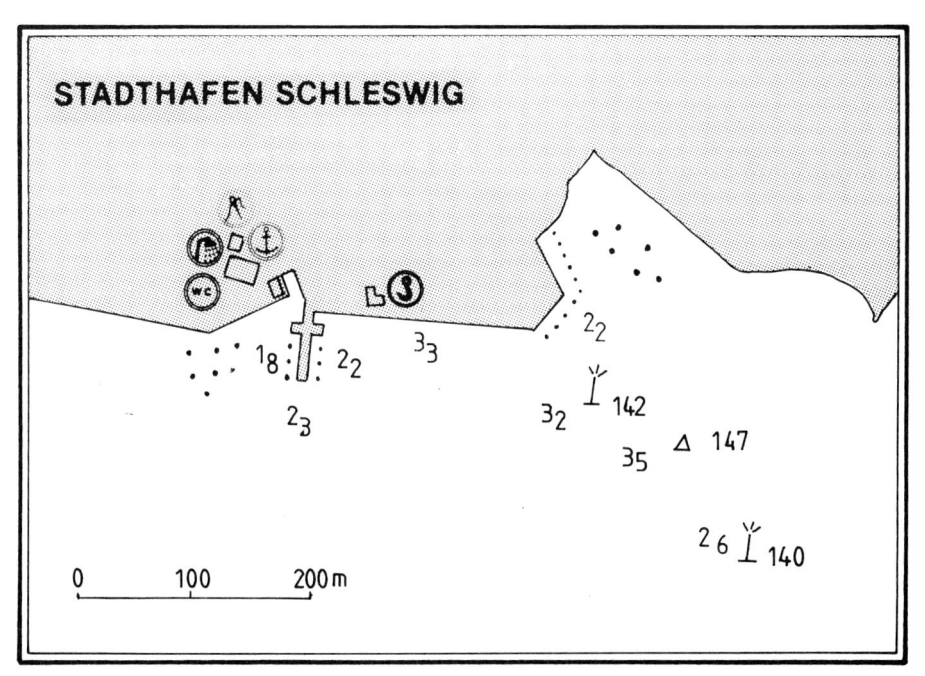

STADTHAFEN SCHLESWIG

Hafen der Stadt Schleswig. Zentral, aber trotzdem ruhig gelegen. An der Ostseite befinden sich 19 Plätze, am neuen Weststeg 20 (große Boxen 4 × 15 m).

Vom Hafenmeister anweisen lassen. Kurzfristiges Liegen ist auch an der Pier möglich, wenn dort kein Kümo festgemacht hat. Geringe Liegegebühr.

Zum Hafen führt eine ausgetonnte Rinne, als gute Orientierungshilfe dient der Turm des Schleswiger Doms.

Wasser am Steg, Kran für Boote bis max. 4,5 t, Segelmacher und Restaurant am Hafen.
Alle Einkaufs- und Versorgungsmöglichkeiten in Schleswig (5 Min. Fußweg) — siehe auch Schleswig.

Siehe Schleswig.

Von Gelting bis Flensburg

Die deutschen Häfen an der Flensburger Förde.

Gelting-Wackerballig 54° 45,5′ N 9° 52,6′ E   D-IV-1

Seekarten D 26, 3003

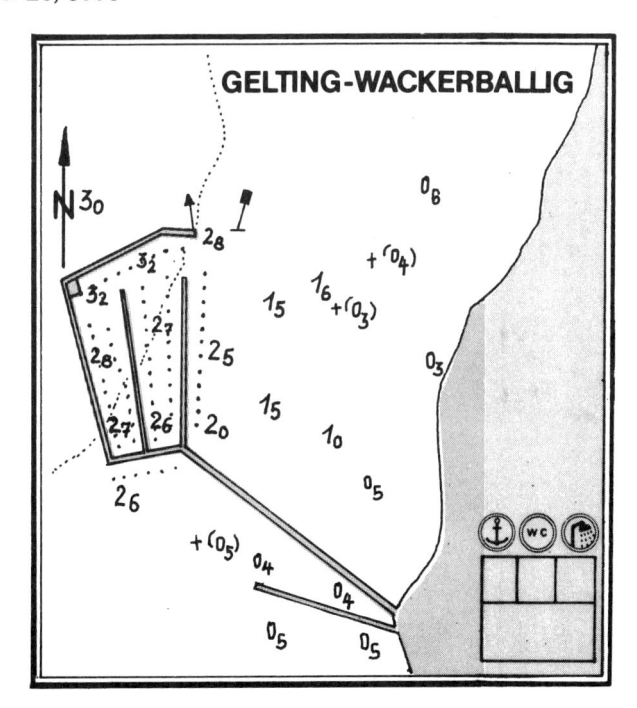

Yachthafen (Inselhafen) in der Geltinger Bucht. Vom Hafen führt ein ca. 200 m langer Laufsteg an Land. Stützpunkt der Kreuzer-Abteilung des DSV. Yachthafen des Geltinger Yacht-Clubs e.V. mit 200 Liegeplätzen.

Gastliegeplätze beim Hafenmeister erfragen.

Die Zufahrt zum Hafen ist mit zwei roten Stangen gekennzeichnet. Die Hafeneinfahrt ist mit einem weißen Zylinder am Kopf der N-Mole sowie einem weißen Dalben mit rotem Band und einem weißen Zylinder bezeichnet. Beide Zeichen werden nachts beleuchtet.

Gelting-Wackerballig Freigegeben durch Luftamt Hamburg, lfd. Nr. 105/84

Wasser und Strom an den Stegen, Duschen und WC sowie Hafenmeisterbüro und Clubrestaurant am Fuß des Laufsteges, Telefon, Jollenslip, Mastenkran. Einkaufsmöglichkeiten in Gelting. Gepäckkarren. Duschmarken und Schlüssel für die Sanitäranlage beim Hafenmeister oder Wirt des Yachthafenrestaurants.

Bademöglichkeit. Gute Wandermöglichkeiten zum Naturschutzgebiet „Geltinger Birk" (auch mit Führung: Tel. 04643/777).

Gelting-Mole

54° 45,3' N
009° 51,8' E

D-IV-2

Seekarten D 26, 3003

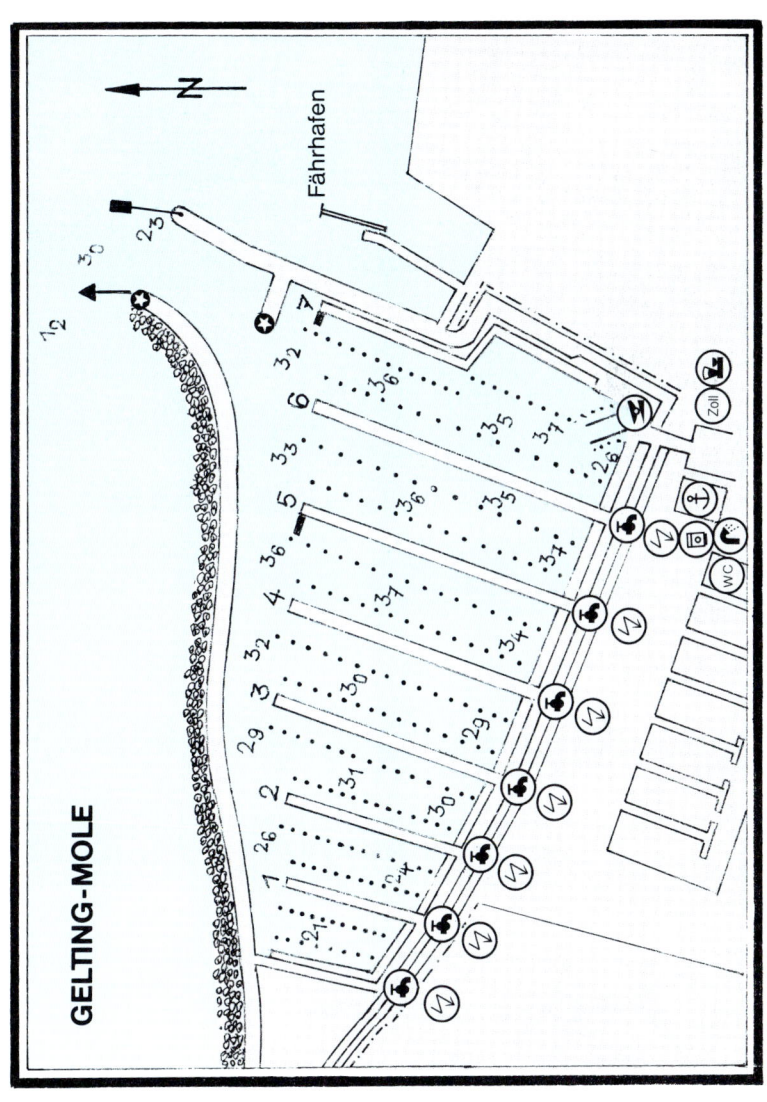

Großer Yachthafen im S-Teil der Geltinger Bucht. Fährterminal E-lich vom Yachthafen. Stützpunkt der Kreuzer-Abteilung des DSV.

Gelting-Mole (von E gesehen). Freigegeben durch Luftamt Hamburg, lfd. Nr. 104/84

Liegeplätze auf Anweisung des Hafenmeisters.

Zum Hafen führt eine ca. 400 m lange, 20 m breite und 3,5 m tiefe betonnte Fahrrinne. E-lich des Yachthafen-Fahrwassers ist die Zufahrt zum Fährterminal. Ein Überwechseln vom einen in das andere Fahrwasser ist nicht möglich. Die Ansteuerung zum Gelting-Yachthafen ist mit einem Richtfeuer bezeichnet. Die Feuer sind 178,7° in Linie und haben die Kennung Glt.G 4 s 6 sm. Das Gelting-Richtfeuer hat die Kennung Ubr. 6 s 6 sm 185° in Linie. Ab Tonne G 3 Richtfeuer 208° in Linie mit der Kennung Glt. 4 s ztws.

Wasser und Strom an den Stegen, Duschen, WC und Waschmaschine. Trailerbahn, Travellift (16 t), Telefon, Müllcontainer und Entleerungsmöglichkeit für Chemietoiletten. Zoll. Weitere Versorgungsmöglichkeiten in Gelting (2,5 km).

Fährverbindung nach Fåborg.

Langballigau

54° 49,3' N
09° 39,2' E

D-IV-3

Seekarten D 26, 3003.

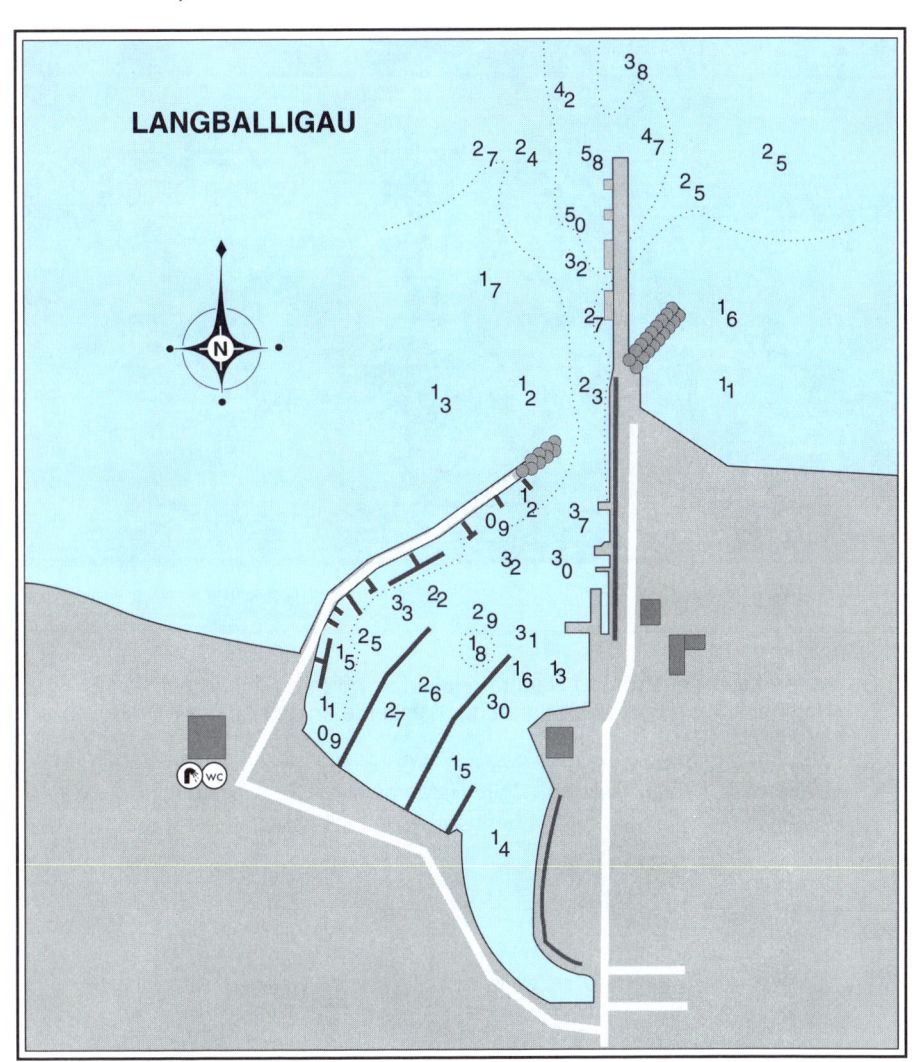

LANGBALLIGAU

Fischerei- und Sportboothafen. Stützpunkt der Kreuzer-Abteilung des DSV.

Liegeplätze nach Anweisung durch den Hafenmeister.

Langballigau
Freigegeben durch Luftamt Hamburg, lfd. Nr. 108/84

⊕ Hafen kann bei Tag und Nacht angelaufen werden. Richtfeuerlinie 177°. Die Hafeneinfahrt neigt zur Versandung. Wassertiefen unter 2 m sind möglich.

🏠 Wasser und Strom an den Stegen, WC und Duschen, Müllbehälter, Kran, Trailerbahn, Post, Telefon, Zoll, Hafenmeister, Gastliegeplätze. Einkaufsmöglichkeiten im Ort. Seenotrettungsboot der DGzRS.

Schausende

54° 51,5' N
09° 34,3' E

D-IV-4

Seekarten D 26, 3003

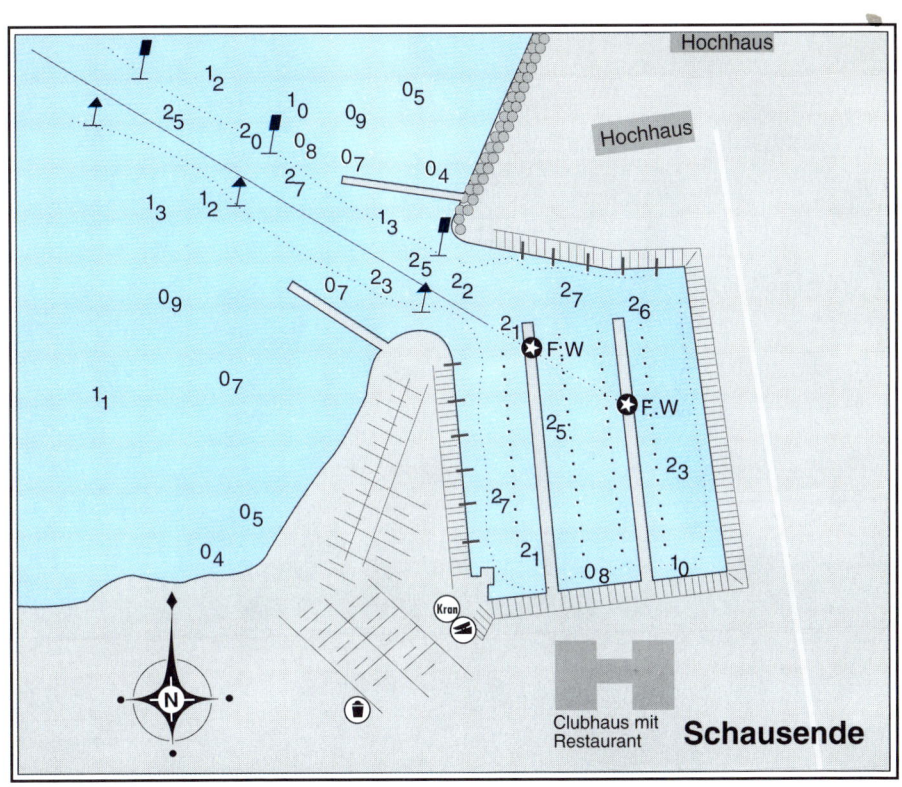

Schausende

Sehr geschützter kleiner Hafen an der W-Seite der Halbinsel Holnis in landschaftlich schöner Lage.

Gastliegeplätze beim Hafenmeister (W.Behnke, Tel:04634/113), oder Tel. 04631 / 2710 erfragen.

Der Hafen ist durch eine 300 m lange und 2,5 m tiefe betonnte Baggerrinne zu erreichen. Richtfeuer 121°. Als gute Orientierungshilfe bei Tag dienen zwei weithin sichtbare Hochhäuser N-lich des Hafens.

Wasser und Strom an den Stegen, Clubhaus mit Restaurant und Dusche, WC und Telefon. Slipanlage (2,5 t), Mastenkran, Gepäckkarren, Entleerungsmöglichkeit für Chemie-WC. Behindertengerechte Sanitäranlage.

Bei starken W-lichen Winden kann der Wasserstand bis zu 1 m sinken.

HH OIB 1993

Glücksburg

54° 50,4' N
009° 31,5' E

D-IV-5

Seekarten D 26, 3003

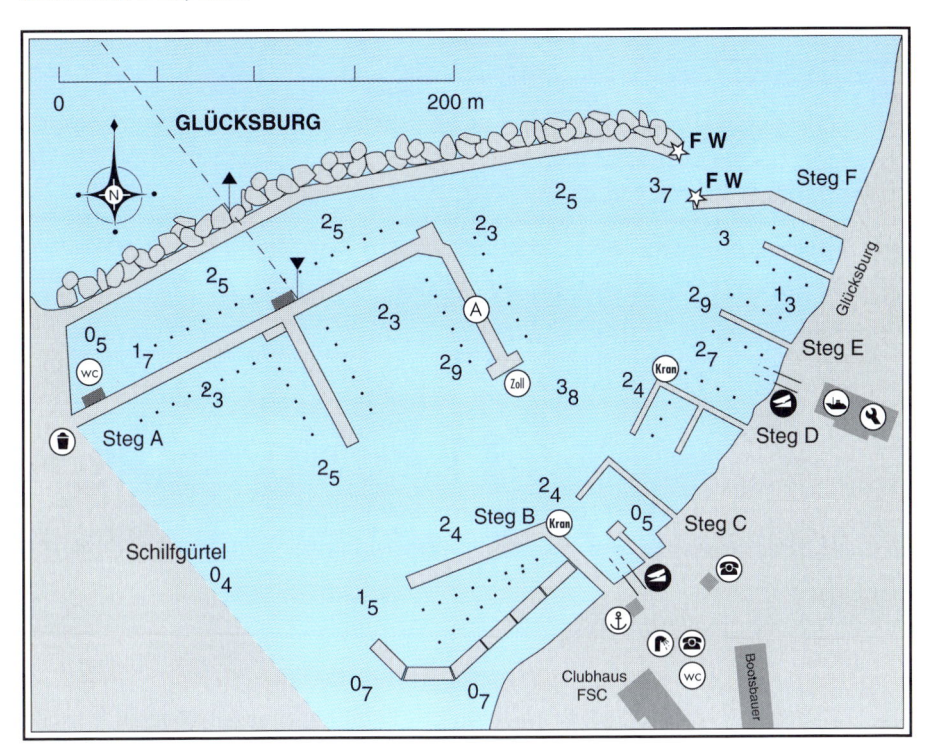

- Yachthafen des Flensburger Segelclubs (Steg A+B) und der Hanseatischen Yachtschule (Steg C-E). Steg F ist ein Privatsteg. Stützpunkt der Kreuzer-Abteilung des DSV.

- Gastliegeplätze an den Brücken des FSC sind durch grüne Schilder gekennzeichnet. An den Stegen der Hanseatischen Yachtschule Gastplätze nur nach Rücksprache mit dem Hafenmeister. Yachten mit Transitwaren an Bord machen zunächst am Kopf des Steges A fest und melden sich beim Zoll. Die Stege sind abgeschlossen, Schlüssel gegen Pfand beim Hafenmeister.

- Von der grünen Spitztonne Glücksburg 1 hält man mit S-lichem Kurs direkt auf die Einfahrt zu.

- Wasser und Strom an den Stegen, Duschen, WC und Telefon im Clubhaus. Slip, Trailerbahn, Mastenkran, Bootswerft. WC und Waschgelegenheit auch am Fuß des Stegs A. Kaufmann, Post und Bank ca. 15 min Fußweg, Ortsmitte Glücksburg ca. 25 min. Weitere Versorgungsmöglichkeiten in Flensburg.

Glücksburg

Freigegeben durch Luftamt Hamburg, lfd. Nr. 106/84

i Sehenswürdigkeit: Schloß Glücksburg (ca. 1,5 km). Meerwasserhallenbad, Bus- und Fährverkehr nach Flensburg. Fähre nach Gråsten. Gute Wandermöglichkeiten.

Farensodde 54° 49,6′ N   D-IV-6
9° 28,1′ E

Seekarten D 26, 3003

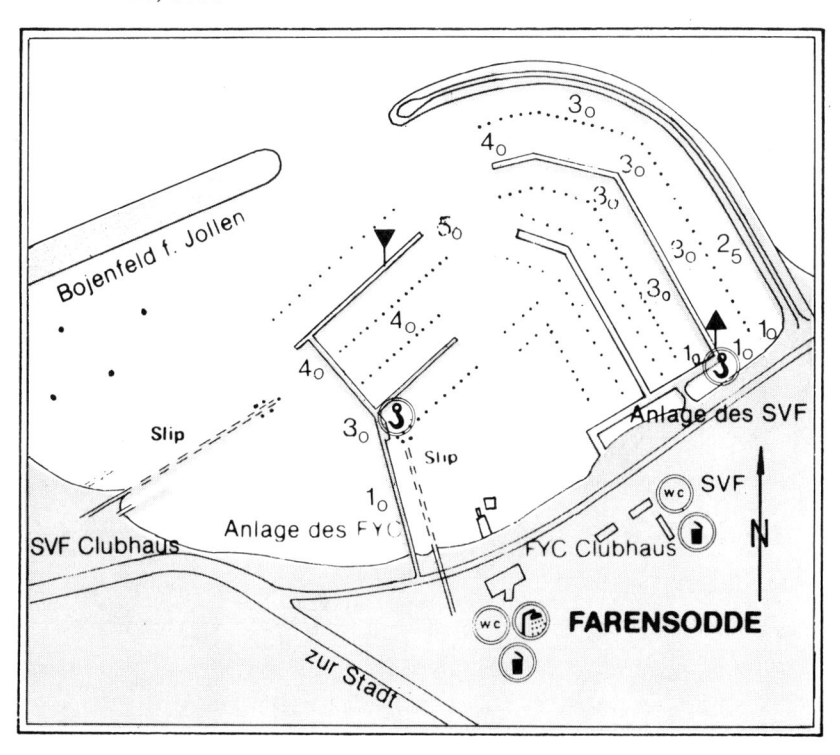

Im Grünen gelegener Yachthafen am Stadtrand von Flensburg.
In Farensodde sind die Segler-Vereinigung Flensburg e.V. (SVF) (Stützpunkt der Kreuzer-Abteilung des DSV) und der Flensburger Yacht-Club (FYC) beheimatet. Die östliche Steganlage gehört zum SVF, die westliche zum FYC.

SVF: freie Plätze sind durch grüne Schilder gekennzeichnet. Gastlieger melden sich im Clubhaus.
FYC: Liegeplätze sind vorhanden. Gastlieger melden sich beim Kantinenwirt im Clubhaus.

Das Einlaufen wird durch Richtbaken erleichtert. Die Wassertiefe im östlichen Hafenteil beträgt zwischen 5,00 m und 2,50 m, im westlichen ca. 1,00 m.

HH OIB 1993

Farensodde (von W gesehen). Freigegeben durch Luftamt Hamburg, lfd. Nr. 102/84

SVF: Die Steganlage ist abgeschlossen.
Wasser und Strom am Steg, Sanitäreinrichtungen im Clubhaus (ca. 150 m) bzw. Trocken-WC und Müllbehälter direkt beim 1. Steg.
Werft, Motorreparatur, Slip, Mastenkran.
FYC: Wasser und Strom am Steg, Slip, Mastenkran; WC und Dusche im Clubhaus.
Sehr gute Einkaufsmöglichkeiten und Bank am Twedter Plack (10 min Fußweg). Alle übrigen Versorgungsmöglichkeiten in Flensburg. Das Stadtzentrum ist mit den Buslinien 7, 3 und 2 ab Twedter Plack erreichbar.

Siehe Flensburg.
Wandermöglichkeiten, Badegelegenheit.

Flensburg   54° 47,5' N   9° 26' E   D-IV-7

Seekarten D 26, 3003, NV 1, DK 154

Industriehafen Flensburg. Flensburger Yachtservice, Wassersportclub Flensburg.

Freigegeben durch Luftamt Hamburg, lfd. Nr. 103/84

Hafen am W-Ende der Flensburger Förde. Zwei vereinseigene und drei kommerzielle Yachthäfen.

An der W-Seite der Innenförde: Offizielle Gastbrücke des Flensburger Hafens, im N anschließend die Anlagen der Firma Niro-Petersen und des Wassersportvereins Galwik. Im Industriehafen (NE-Seite): Flensburger Yachtservice und Wassersportclub Flensburg. Im S-Teil des Hafens (E-Seite): Gästehafen.

Alle hier angeführten Häfen sind ohne Schwierigkeiten erreichbar.

Wassersportclub Flensburg (WSF) im Industriehafen: Wasser und Strom an den Stegen, Duschen, WC. Wassertiefen siehe Plan. Wassersportverein Galwik (WSV): Wasser und Strom an den Stegen. Telefon, Duschen und WC im Clubhaus. Trailerbahn, Mastenkran. Gastbrücke der Stadt Flensburg: Wasser am Steg. Die Sanitäranlagen der Firma Niro-Petersen können benutzt werden. Anmeldung bei der Firma Niro-Petersen. Unruhiges Liegen bei N- bis NE-Wind. Wassertiefen an beiden Anlagen siehe Plan.

HH OIB 1993

Niro-Petersen: Steganlage N-lich der Gastbrücke der Stadt Flensburg. Wassertiefen an den Stegen siehe Plan. Wasser und Strom an den Stegen. Duschen, WC (Schlüssel im Büro), Kran (5+20t), Mastenkran,Reparatur von Bootsbeschlägen, Motorservice auf Bestellung, Hallenplätze für Trailer und Pkw, Dieseltankstelle zu den Ladenzeiten, Telefon im Laden (nach Geschäftsschluß im Brauereiweg), Schiffsausrüster (Transit auf Bestellung), Propangas im Tausch, Supermarkt ca. 400m, Restaurant 50m.

Bootsausrüstung/Zubehör/Propangas und Geräte Niro-Petersen, Brauereiweg 16, 0461/42500. Schlachthof-Restaurant, Brauereiweg 17, 0461/41745.

Flensburger Yachtservice: Duschen, WC, Kran (10 t), Mastenkran, Werft- und Motorreparatur, Müllbehälter. Neuer Gästehafen (im S-Teil des Hafens an der E-Seite): Wasser und Strom an den Stegen, Duschen, WC, Waschmaschine und Trockner, Gas, Kabelfernsehanschluß an der Brücke. Bestellung von Transit-Waren. Motorreparatur. Wassertiefen 2 bis 5 m.

i Touristinformation in der Großen Straße.

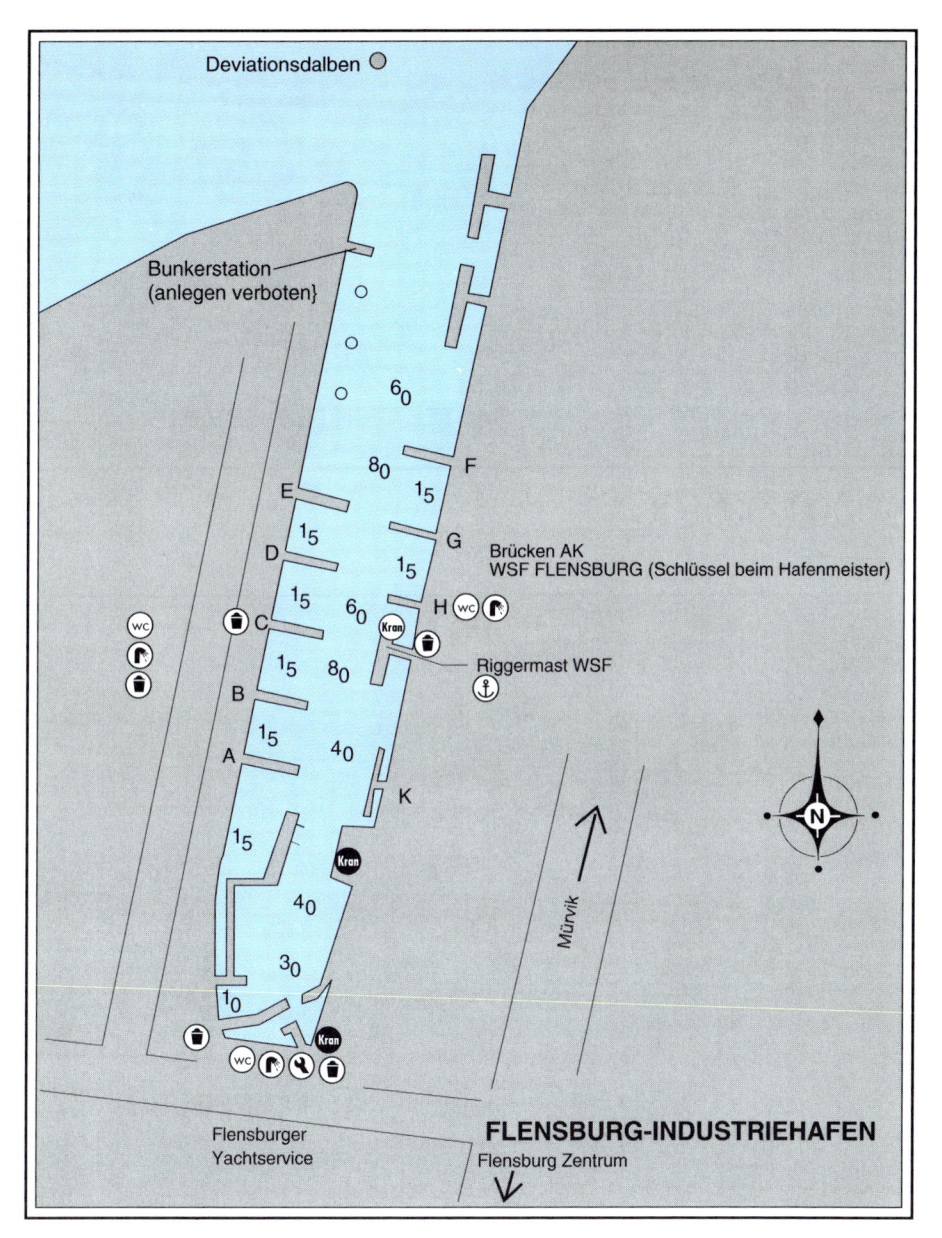

FLENSBURG-INDUSTRIEHAFEN

Deviationsdalben

Bunkerstation (anlegen verboten)

Brücken AK
WSF FLENSBURG (Schlüssel beim Hafenmeister)

Riggermast WSF

Münvik

Flensburger Yachtservice

Flensburg Zentrum

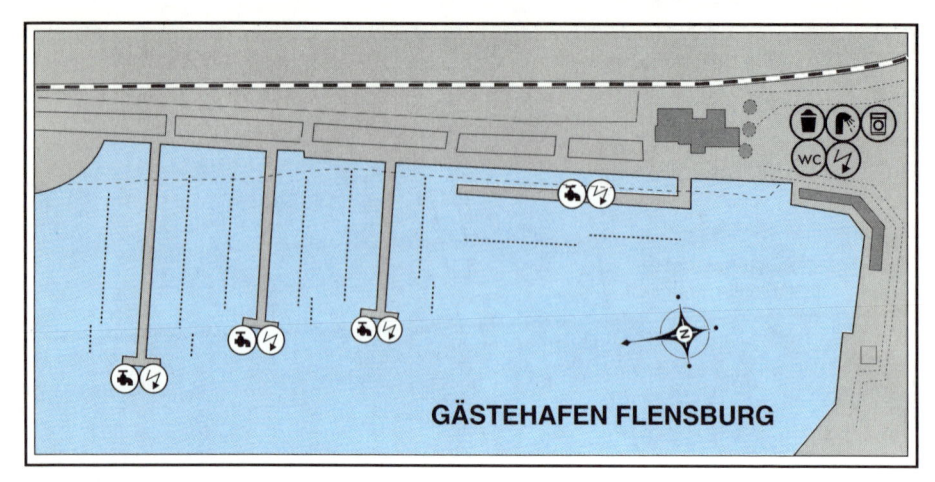

GÄSTEHAFEN FLENSBURG

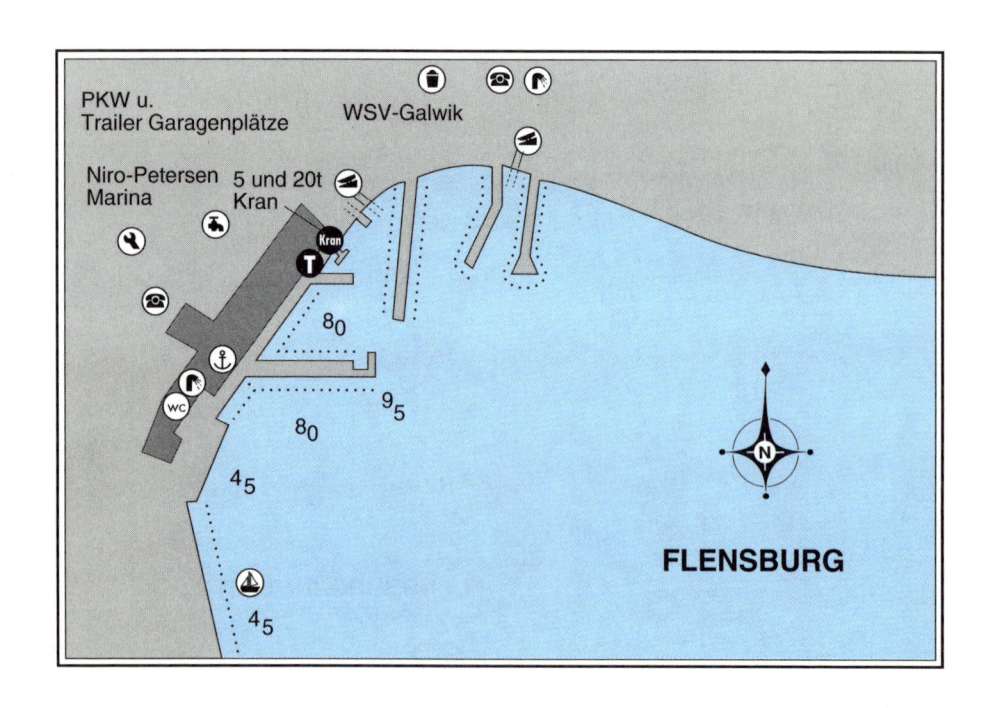

PKW u. Trailer Garagenplätze
WSV-Galwik
Niro-Petersen Marina
5 und 20t Kran

FLENSBURG

D-IV-7a

Flensburg. Links unten im Bild die offizielle Gastbrücke der Stadt Flensburg, in der Bildmitte die Steganlage der Firma Niro-Petersen und oben rechts im Bild die Steganlagen des Wassersportvereins Galwik.

Freigegeben durch Luftamt Hamburg, lfd. Nr. 101/84

Wassersportclub Flensburg (WSC) im Industriehafen:

Vereinseigene Steganlage mit 140 Plätzen.

Gastlieger melden sich beim Hafenmeister am Steg E (M/Y. „AVISO").
Die Brücken sind normalerweise abgeschlossen.

Zum Club gehören die Brücken A–K und die Brücken der Jugendabteilung (siehe Hafenplan). Die Wassertiefe beträgt an den Brückenköpfen ca. 8,00 m und nimmt zum Ufer hin bis auf 1,50 m ab.

Verboten ist das Anlegen bei der Bunkerstation und den Dalben (1. Brücke an der W-Seite des Industriehafens) sowie an der städtischen Brücke. Schwell im Hafen bei stärkerem N-Wind.

Wasser und Strom an den Stegen. Die Sanitäranlagen des Flensburger Yachtservices können mitbenutzt werden. Eigene Sanitäranlagen sind geplant (zwischen Steg C und D). Versorgung siehe Flensburger Yachtservice.

Wassersportverein Galwik:

Steganlage des Wassersportvereins Galwik mit 60 Plätzen an der NW-Seite des Handelshafens von Flensburg.

Die Anlage ist direkt vom Fahrwasser aus erreichbar. Wassertiefe an den Stegen 7,00–4,00 m.

Wasser am Steg, Strom (langes Kabel nötig), Telefon, WC und Duschen im Clubhaus, Grillmöglichkeit. Die Clubanlage ist abgeschlossen.
Telefon, Slip, Mastenkran.
SK-Supermarkt in 300 m Entfernung. Fußweg Stadtzentrum ca. 25 min.

Niro-Petersen:

Steganalage der Firma Niro-Petersen an der W-Seite des Handelshafens von Flensburg.

Die Anlage ist direkt vom Fahrwasser aus erreichbar. Wassertiefe an den Stegen 9,50 m – 8,00 m.

Wasser und Strom an den Stegen. Dusche, WC (Schlüssel im Büro), Kran (5t), Mastenkran, Schiffsbeschläge und Beschlagreparatur, Bootszubehör (auch Transit). Bootstankstelle (D) auf dem Firmengelände. Öffnungszeiten Montags-Freitags 08.00 — 18.00 Uhr, Samstags 09.00 — 13.00 Uhr. Telefon (ca. 100m), SK-Supermarkt (ca. 400m), Fußweg bis ins Stadt-Zentrum ca. 20 min.

D-IV-7b

Gastbrücke der Stadt Flensburg:

Die Stadt Flensburg verfügt über eine offizielle Gastliegebrücke, die allerdings in einer etwas unwirtlichen Umgebung liegt.

Die Anlage besteht ausschließlich aus Gastliegeplätzen und liegt S-lich der Anlage der Fa. Niro-Petersen, bei der man sich anmelden muß. Unruhiges Liegen bei N bis NO-Wind (Schwell).

Wasserhahn am Steg (langer Schlauch notwendig), kein Strom. Die Sanitäranlagen der Firma Niro-Petersen können mitbenutzt werden.

Telefon (100 m), Supermarkt (400 m).

Das Liegen in den clubeigenen Anlagen ist preislich günstiger als in den kommerziellen und der kommunalen Anlage.
Flensburg verfügt über alle Versorgungseinrichtungen.
Die wichtigsten Adressen werden nachfolgend genannt.
Diesel/Benzin erhält man allerdings nur an den normalen Tankstellen bzw. u.a. auf Bestellung bei Niro-Petersen. Die nächste, direkt am Wasser gelegene Tankstelle befindet sich in der Marina Minde.
An der kommunalen wie an den beiden kommerziellen Anlagen ist das Liegegeld höher als in den beiden Vereinshäfen.

Wassersleben

54° 49,8' N
09° 25,3' E

D-IV-8

Seekarten D 26, 3003

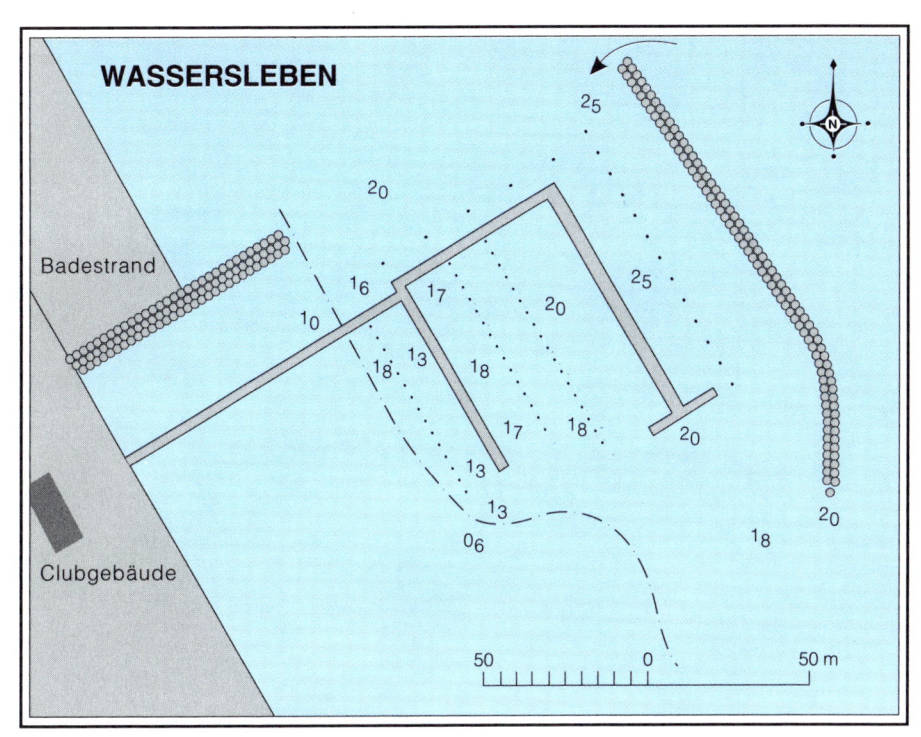

![Yachthafen Wasserleben Karte]

| ![Symbol] | Yachthafen des Segel Sport Flensburg-Harrislee e.V. in der Flensburger Innenförde (Wasserslebener Bucht). |

| ![Symbol] | Gastliegeplätze auf Anfrage. |

| ![Symbol] | Wasser, Strom, Duschen, WC, Telefon. Post und weitere Versorgungsmöglichkeiten in Wassersleben (ca. 10 min. zu Fuß). Bus nach Flensburg (ca. 20 min.). Bushaltestelle direkt am Hafen. Mehrere Restaurants in Hafennähe. Badestrand, Minigolf, Spazierwege. |

| ![Symbol] | Bei stürmischen Westwinden fällt der Wasserstand um ca. 0,20 m. |

Dänemark   DK-A

Auf einem Gebiet von 43000 km^2 leben etwa 5 Millionen Einwohner, was einer Bevölkerungsdichte von 113 Personen pro km^2 entspricht. Vier Fünftel der Bevölkerung leben in Städten und Ortschaften, ein Viertel davon allein in Kopenhagen und Umgebung. Dänemark besteht aus der Halbinsel Jütland und etwa 500 Inseln, von denen rund 100 bewohnt sind. Die Küstenstrecke ist 7500 km lang. Dänemarks geographische Lage läßt es zur Brücke zwischen dem Kontinent und Skandinavien werden.

Ursprünglich war das Land zum größten Teil von Wäldern bedeckt. Größere Waldgebiete sind heute Rold Skov in Nordjütland, Grib Skov in Nordseeland und Almindingen auf Bornholm. Zu den großen Herrensitzen in Ostjütland, auf Fünen und auf Seeland gehören Parks und gepflegte Wälder, oft mit Wildbestand.

Dänemark ist überwiegend ein hügeliges Land, abgesehen von den flachen Marschgebieten im südwestlichen Jütland. Die höchsten Erhebungen liegen in Ostjütland; Yding Skovhøj und Ejer Bavnehøj, beide etwa 170 m hoch. Der längste Wasserlauf ist Gudenåen (160 km), der in Mitteljütland entspringt und in den Randers Fjord mündet.

Landschaftliche Schönheiten, vorzügliche Badestrände und attraktive Einkaufsmöglichkeiten kommen jedem Wunsch entgegen — nicht zu vergessen die wunderschönen, idealen Segelreviere.

Dänemark ist eine konstitutionelle Monarchie und das älteste Königreich Europas. Die jetzige Königin Margarethe II. ist seit 1972 auf dem Thron. Die Demokratie wurde mit dem Grundgesetz am 5. Juni 1849 eingeführt. Alle Männer und Frauen sind ab 18 Jahren wahl- und stimmberechtigt. Das Parlament hat nur eine Kammer, das Folketing, mit 179 Mitgliedern, jeweils 2 davon aus Grönland und von den Färöern. Der überwiegende Teil der dänischen Bevölkerung gehört der evangelisch-lutherischen Kirche an. Daneben gibt es aber eine Reihe anderer Glaubensgemeinschaften.

Paßbestimmungen

Für die Einreise nach Dänemark gelten für Bürger aus EG-Ländern sowie Liechtenstein, Österreich und der Schweiz folgende Bestimmungen:

Erwachsene: Bei einem Aufenthalt bis zu maximal drei Monaten genügt ein gültiger Personalausweis oder Paß.

Kinder bis 16 Jahre: Wenn sie nicht im Paß der Eltern eingetragen sind, müssen sie einen eigenen Kinderausweis haben, der ab 10 Jahre mit einem Lichtbild versehen sein muß.

Bei einem längeren Aufenthalt als drei Monate ist für EG-Bürger eine Verlängerung vor Ablauf der Dreimonatsfrist bei der örtlichen Polizei zu beantragen.

Neue Zollbestimmungen in Dänemark ab 1993

Für Personen ab 17 Jahren	Zollfreier Einkauf z.B. im nicht-EU-Land oder Duty-free-shop	Einkauf im EU-Land z.B. Ladengeschäft
Spirituosen mit mehr als 22% Alk.	1 l	oder 1,5 l
oder Süßwein/Sekt unter 22%	2 l	
Tischwein	2 l	90 l
Zigaretten oder	200 Stck	300 Stck
Zigarillos (max. 3 g/Stck) oder	100 Stck	150 Stck
Zigarren oder	50 Stck	75 Stck
Tabak	250 g	400 g

Auch für Personen ab 15 Jahren

Kaffee oder	500 g	keine Beschränkungen
Kaffee Extrakt	200 g	
Tee oder	100 g	
Tee Extrakt	40 g	
Parfum	50 g	
Eau de Toilette	1/4 l	
Andere Waren	350,- Dkr.	
Bier keine Beschränkungen		

Eine Kombination aus zollfrei eingekauften Waren und aus Waren, die im EU-Land gekauft, auf die also die üblichen Abgaben entrichtet worden sind ist möglich. Die Gesamtmenge der eingeführten Waren darf jedoch die Höchstgrenze nicht überschreiten, die für die Einfuhr aus einem EU-Land gilt. Andernfalls ist Zoll zu entrichten.

Nicht eingeführt werden dürfen Frischfleisch und Kartoffeln, ausgenommen in Konserven.

Bei Fahrten in innerdänischen Gewässern dürfen diese Freimengen nicht überschritten werden. Mehreinfuhren werden verzollt und versteuert. Man kann sie auch beim Zollamt hinterlegen und dort versiegeln lassen. Die Wiederausfuhr kann aber nicht mit demselben Boot erfolgen. Entweder beauftragt man einen Spediteur mit dem Rücktransport oder man fährt noch einmal zu einem späteren Zeitpunkt per PKW/Bahn/Flugzeug nach Dänemark, um die hinterlegten und versiegelten Waren wieder abzuholen.

Bei *Transitreisen* werden die Mengen, die über die erlaubte Höchstgrenze hinausgehen, beim 1. Anlauf in dänische Gewässer (Zollhafen) in festeingebauten Schränken/Backskisten vom Zoll versiegelt und darüber ein Zollbegleitschein ausgestellt. Dieser muß den ausländischen Zollbehörden bei der Einklarierung oder bei Stichproben unterwegs vorgelegt werden. Die Plombe darf erst nach Verlassen der dänischen Hoheitsgewässer aufgebrochen werden.

Wichtiger Hinweis: Sehr gründliche Stichproben werden von dänischen Zollfahrzeugen auf See und/oder in innerdänischen Gewässern auch bei Transitreisenden vorgenommen. Zuwiderhandlungen und Verstöße werden sofort und nach Landesgesetzen geahndet. So kostet z. B. eine Flasche Spirituosen an Zoll und Strafe bis zu Dkr. 400,–. In solchen Fällen wird eine sofortige Barzahlung (keine Schecks) verlangt, oder das Boot wird aufgebracht und beschlagnahmt.

Treibstoff: Die Zoll- und Abgabenfreiheit in tragbaren Behältern ist auf 10 Liter pro Fahrzeug begrenzt. Mitgeführter Treibstoff in festeingebauten Tanks bleibt hiervon unberührt.

Überschreiten die eingeführten Mengen nicht die genannten Höchstgrenzen, ist der Anlauf eines Zollhafens nicht vorgeschrieben. Es ist jedoch im eigenen Interesse unbedingt zu empfehlen, um eventuelle Schwierigkeiten zu vermeiden.

Dänemark
Kostenlose Übernachtung

Entlang der Ostseeküste Jütlands, im Limfjord und vor den Küsten Nord- und Südfünens und Südseelands hat der Dänische Seglerverband 28 gelbe Festmachertonnen ausgelegt. Die Tonnen sind mit schwarzen Großbuchstaben „D.S." (Dansk Sejlunion) gekennzeichnet und stehen ausländischen Seglern kostenlos zur Verfügung. Einzige Bedingung für die Benutzung ist, daß ein Lieger die Tonne nach max. 24 Stunden Liegezeit wieder verläßt. Die Höchstbelastung pro Festmachertonne beträgt 15 Gewichtstonnen, die sich selbstverständlich auch auf mehrere Boote verteilen können. Die Benutzung geschieht auf eigene Gefahr. Nähere Auskünfte erteilt auch die Dansk Sejlunion, Idraettens Hus, DK-2605 Brøndby, wo auch die jährlich herausgegebene Broschüre „Havnetakster i danske havne" erhältlich ist.

DK-B

Einreise über See

Bei der Einreise in dänische Gewässer ist als erster Hafen ein Zollhafen anzulaufen (siehe Zollhäfen). Der Skipper sollte sich unverzüglich nach dem Anlegen mit dem Hafenmeister und der Zollbehörde zwecks Einklarierung und Entrichtung der Hafengebühren in Verbindung setzen. Wenn in Not- oder Dringlichkeitsfällen ein Nicht-Zollhafen angelaufen wird, muß die nächste Zollbehörde unverzüglich darüber informiert werden.

Einreise über Land

Trailerbare Boote können problemlos ein- und ausgeführt werden, sofern sie nicht als separates Frachtgut aufgegeben werden. Kontrollen über Eigentumsnachweis, Pässe etc. erfolgen bei Grenzübertritt.

Die Gespanne dürfen folgende Abmessungen nicht überschreiten:

Gesamtlänge: 18 m

Gesamtbreite: 2,50 m

Gesamthöhe: 4 m

Gesamtgewicht: auf 2 Achsen höchstens 18 Tonnen.

Höchstgeschwindigkeit, auch auf Autobahnen, 70 km/h. Bitte, halten Sie die Höchstgeschwindigkeit unbedingt ein. Überschreitungen werden von der dänischen Polizei drastisch und unnachgiebig bestraft, und man verlangt an Ort und Stelle Barzahlung (keine Schecks).

Die Grüne Versicherungskarte ist für Dänemark nicht erforderlich, da die gesetzliche Haftpflichtversicherung auch hier gilt. Sie erspart ggf. aber zeitraubende Rückfragen.

Bootsdokumente und Führerscheine

Bei der Einreise werden die üblichen nationalen Bootspapiere über den Eigentumsnachweis verlangt, z.B. Kopie des Kaufvertrages. Bei Charterbooten oder geliehenen Yachten ist der Nachweis über die Berechtigung zum Führen des Bootes zu erbringen (Miet-/Chartervertrag oder eine Einverständniserklärung des Eigentümers).

Papiere für die Crewmitglieder – Sportbootführer-/Segelscheine – sind in Dänemark nicht obligatorisch; die Mitnahme ist jedoch unbedingt zu empfehlen.

Seefunkstellen auf deutschen Yachten unterliegen den deutschen postalischen Bestimmungen.

Es besteht keine Verpflichtung, bei Touren in dänischen Gewässern eine Haftpflichtversicherung für Sportboote abzuschließen. Hat man jedoch eine entsprechende Versicherung, ist die Mitnahme der Police empfehlenswert.

Achtung: Brückenbauarbeiten im Großen Belt

Bis voraussichtlich 1996 werden im Großen Belt, zwischen **Sprogö** und **Halsskov** Brückenbauarbeiten durchgeführt. Für alle Fahrzeuge, die den Baustellenbereich passieren wollen, besteht Meldepflicht beim GREAT BELT INFORMATION SERVICE auf UKW-Kanal 11 (ausführliche Hinweise im YACHTPILOT).

Zollhäfen

Folgende Häfen in Dänemark sind Zollhäfen für Sportboote (Bereich HHO I):

Jütland:	Anschrift	Telefon
Frederikshavn	Havnepladsen, Postboks 709 DK — 9900 Frederikshavn	(08) 42 09 33
Fredericia	Oldenborggade 1 DK — 7000 Fredericia	(05) 92 30 33
Haderslev	Sct Severingade 2, Postboks 133 DK — 6100 Haderslev	(04) 52 46 24
Holstebro	Brostræde 2 DK — 7500 Holstebro	(07) 42 37 00
Horsens	Havnen 41, Postboks 150 DK — 8700 Horsens	(05) 62 33 77
Kolding	Domhusgade 22, Postboks 258 DK — 6000 Kolding	(05) 52 45 00
Randers	Toldbodgade 3, Postboks 912 DK — 8900 Randers	(06) 42 63 00
Skive	Nordbanevej 6, Postboks 70 DK — 7800 Skive	(07) 52 32 11
Sønderborg	Hilmar Finsens Gade 18, Postboks 130 DK — 6400 Sønderborg	(04) 42 31 43
Thisted	Asylgade 40 DK — 7700 Thisted	(07) 92 26 66
Vejle	Havnepladsen DK — 7100 Vejle	(05) 82 44 00
Ålborg	Østergade 29, Postboks 662 DK — 9100 Ålborg	(08) 12 43 88
Århus	Havnen DK — 8000 Århus C	(06) 12 48 11

Fünen

Odense	Lerchesgade 35, Postboks 364 DK — 5100 Odense C	(09) 11 93 00
Svendborg	Jessens Mole 23, Postboks 170 DK — 5700 Svendborg	(09) 21 32 54

Seeland

Helsingør	Sundtoldvej 8A, Postboks 150 DK — 3000 Helsingør	(02) 21 33 55
Kalundborg	Vestre Havnevej 2, Postboks 120 DK — 4400 Kalundborg	(03) 51 25 00

DK-C

Kopenhagen	Distriktstoldkammer 1 (Amager) Snorresgade 15, Postboks 4013 DK – 2300 Kopenhagen S	(01) 54 73 73
	Distriktstoldkammer 3 (Sydvest) Vasbygade 10, Postboks 749 DK – 2450 Kopenhagen SV	(01) 21 58 01
Korsør	Havnen DK – 4220 Korsør	(03) 57 23 11
Køge	Gymnasievej DK – 4600 Køge	(03) 65 67 00
Naestved	Vordingborgvej 68 DK – 4700 Naestved	(03) 72 63 63

Lolland/Falster

Nykøbing (F)	Havnepladsen 8, DK – 4800 Nykøbing F	(03) 85 39 44
Rødbyhavn	Rødbyhavn, Postboks 25 DK – 4970 Rødby	(03) 90 51 77

Beim Anlauf von Nichtzollhäfen in Notfällen ist unverzüglich der Kontakt zur nächsten Zollbehörde aufzunehmen. Die dänischen Zollbehörden haben von 07.00 Uhr bis 17.00 Uhr geöffnet.

Funkgeräte

Für die Seesprechfunkanlage (UKW oder Grenzwelle) an Bord ist keine Genehmigung bei der Einreise erforderlich. Für Handgeräte und mobile Geräte mit einem begrenzten Bereich, z. B. CB-Geräte, muß vor der Einreise eine Genehmigung beantragt werden bei:

P & T, Radioteknisk Tjeneste, Islands Brygge 83C, DK – 2300 Kopenhagen S.

Diese Genehmigung ist gebührenfrei, erfordert aber eine Bearbeitungsdauer von ca. 6–8 Wochen. Nichtgenehmigte Anlagen müssen vor der Einreise ausgebaut werden. Dies gilt auch bei der Einreise über Land mit PKW.

Notrufe und Sicherheitsfrequenzen

Die dänischen Gewässer werden ständig von Küstenfunkstellen überwacht.

Für UKW-Anlagen ist der Notruf- und Abhörkanal der Kanal 16, für Grenzwellenanlagen 2182 kHz.

Im CB-Funk sind die Kanäle 11 A, 16, 21 und 22 für maritime Zwecke vorbehalten, wobei der Quarz für den Kanal 11 A in Deutschland für den CB-Funk nicht käuflich erworben werden kann.

Viele Privat-Radiobesitzer hören Kanal 9 ab und sind in Notfällen behilflich, Hilferufe an die entsprechenden Stellen weiterzuleiten.

Im CB-Funk wird Kanal 11 A auf See als Abhörkanal empfohlen. Notraketen und andere internationale Notsignale bewirken den sofortigen Einsatz des dänischen Seenotrettungsdienstes, sowohl auf dem See- als auch auf dem Luftweg per Hubschrauber.

MARITIME UKW
Reichweiten

Bitte beachten Sie, dass die Berechnung der Reichweiten bei den Seefunkstellen von einer Antennenhöhe von 10 Metern über der Wasserlinie ausgeht.

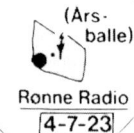

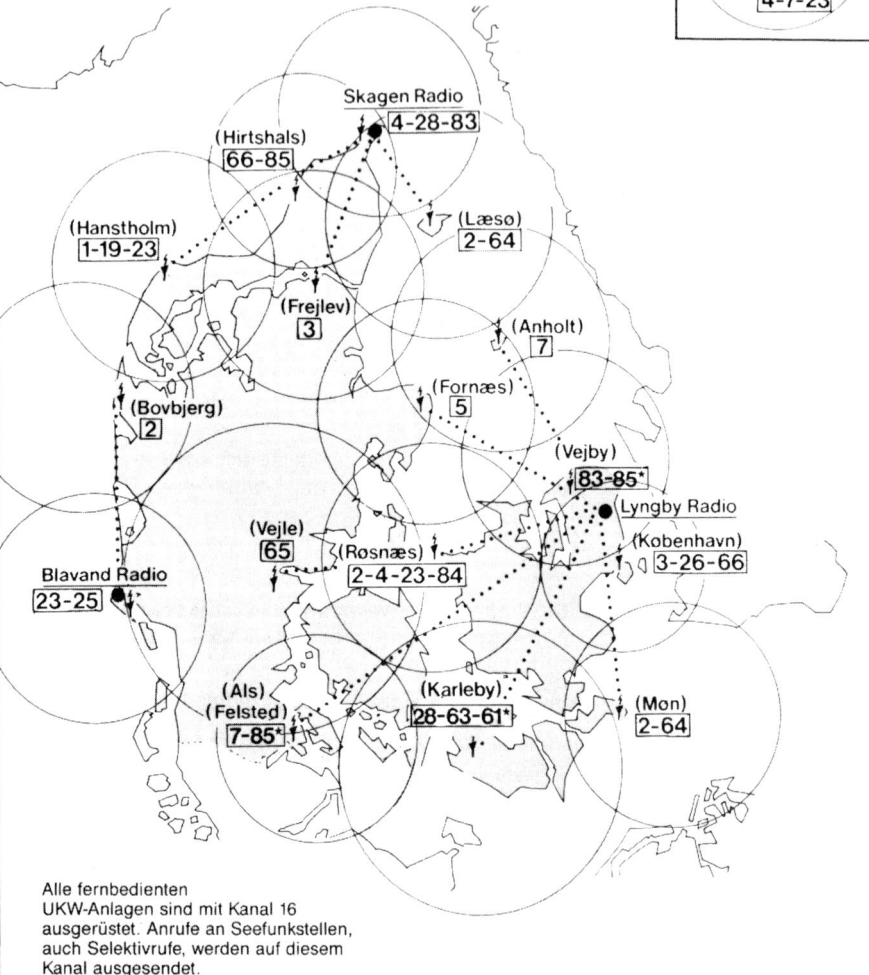

(Arsballe)
Ronne Radio
4-7-23

Skagen Radio
4-28-83

(Hirtshals)
66-85

(Hanstholm)
1-19-23

(Læso)
2-64

(Frejlev)
3

(Anholt)
7

(Bovbjerg)
2

(Fornæs)
5

(Vejby)
83-85*

Lyngby Radio

(Vejle)
65

(Rosnæs)
2-4-23-84

(Kobenhavn)
3-26-66

Blavand Radio
23-25

(Als)
(Felsted)
7-85*

(Karleby)
28-63-61*

(Mon)
2-64

Alle fernbedienten UKW-Anlagen sind mit Kanal 16 ausgerüstet. Anrufe an Seefunkstellen, auch Selektivrufe, werden auf diesem Kanal ausgesendet.
Dazu kommen die Sammelanrufe. Umstehend finden Sie ein Verzeichnis darüber.

Bitte Rufen Sie die dänischen Küstenfunkstellen auf den Arbeitskanälen an

DK-Ca

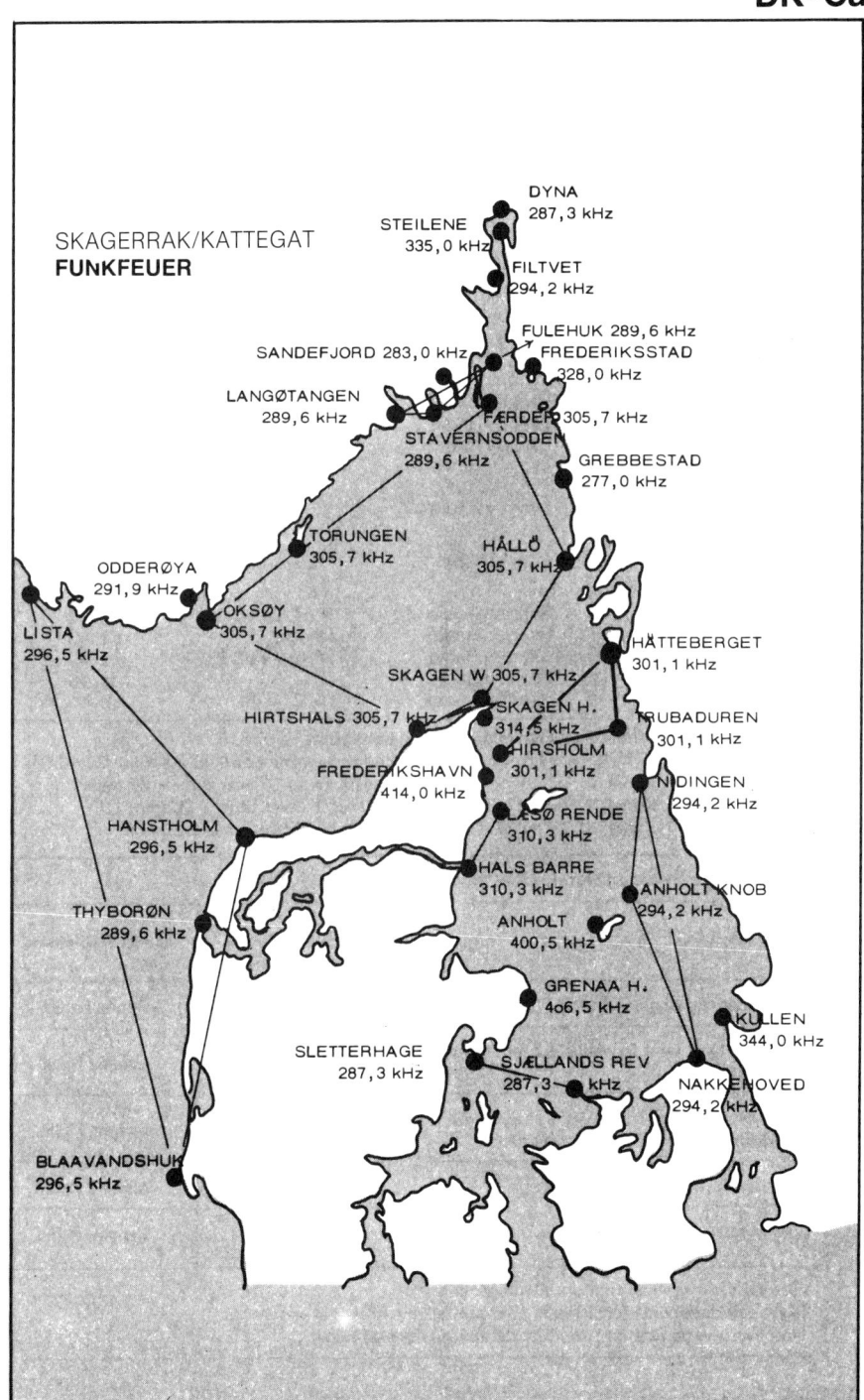

SKAGERRAK/KATTEGAT
FUNKFEUER

- DYNA 287,3 kHz
- STEILENE 335,0 kHz
- FILTVET 294,2 kHz
- FULEHUK 289,6 kHz
- SANDEFJORD 283,0 kHz
- FREDERIKSSTAD 328,0 kHz
- LANGØTANGEN 289,6 kHz
- FÆRDER 305,7 kHz
- STAVERNSODDEN 289,6 kHz
- GREBBESTAD 277,0 kHz
- TORUNGEN 305,7 kHz
- HÅLLÖ 305,7 kHz
- ODDERØYA 291,9 kHz
- OKSØY 305,7 kHz
- LISTA 296,5 kHz
- HÄTTEBERGET 301,1 kHz
- SKAGEN W 305,7 kHz
- HIRTSHALS 305,7 kHz
- SKAGEN H. 314,5 kHz
- TRUBADUREN 301,1 kHz
- HIRSHOLM 301,1 kHz
- FREDERIKSHAVN 414,0 kHz
- NIDINGEN 294,2 kHz
- HANSTHOLM 296,5 kHz
- LÆSØ RENDE 310,3 kHz
- HALS BARRE 310,3 kHz
- ANHOLT KNOB 294,2 kHz
- THYBORØN 289,6 kHz
- ANHOLT 400,5 kHz
- GRENAA H. 406,5 kHz
- KULLEN 344,0 kHz
- SLETTERHAGE 287,3 kHz
- SJÆLLANDS REV 287,3 kHz
- NAKKEHOVED 294,2 kHz
- BLAAVANDSHUK 296,5 kHz

HH OIB 1993

DK-D

Der UKW-Dienst der Küstenfunkstellen

Die fünf Küstenfunkstellen Blåvand Radio, Lyngby Radio, Rønne Radio, Skagen Radio und Tórshavn Radio verfügen alle über UKW-Anlagen.
Wegen der begrenzten Reichweite der Ultrakurzwellen ist es notwendig gewesen, mehrere abgesetzte Anlagen einzurichten, die von den Küstenfunkstellen fernbedient werden.
So sind heute praktisch sämtliche dänische Küstengewässer durch UKW abgedeckt.

Sammelanrufe (Traffic lists)

Die Küstenfunkstellen senden Sammelanrufe auf folgenden Arbeitskanälen:

	Kanäle	Zeit (MGZ UTC)
Blåvand Radio	2, 23	
Lyngby Radio	1, 2, 3, 5, 7, 63, 65, 83	0105, 0305, 0505
Rønne Radio	4	usw.
Skagen Radio	1, 3, 4, 64, 66	
Tórshavn Radio	23, 24, 25, 26	0035, 0235, 0435
		u.s.w.

Bitte rufen Sie die dänischen Küstenfukstellen auf den Arbeitskanälen an

DSC - Digitales Selektives Rufsystem

DSC ist ein internationales Rufsystem für Anrufe Schiff-Küstenfunkstelle, Küstenfunkstelle-Schiff und Schiff-Schiff.

DSC ist an den dänischen Küstenfunkstellen eingeführt worden, deren Rufnummern wie folgt sind:

Lynby Radio und Rønne Radio	002191000
Blåvand Radio	002192000
Skagen Radio	002193000

Kanal 70

(156,525 Mhz) ist verboten zugunsten der DSC-Anrufe.

Gebühren ab 1.2.1992

UKW-Gespräche über die dänischen Küstenfunkstellen werden pro angefangene Minute ohne Minimum taxiert.
Gebühr pro Minute:
Von ausländischen (deutschen) Schiffen
Nach Dänemark: 1,50 SDR
Nach Deutschland: 1,90 SDR

DK-D

Wetterberichte

Nur auf Dänisch. Kalundborg Langwelle und Mittelwelle: 243 kHz und 1062 kHz
Zeit: 0550, 0850, 1150, 1750 und 2250 Ortszeit.

Verwendung von Abrechnungskennungen (AAIC)

Internationale Abrechnungskennungen (abgekürzt: AAIC = Accounting Authority Identification Code) sind zur Kennzeichnung der Stelle, welche für die Abrechnung des gebührenpflichtigen Funkverkehrs einer Seefunkstelle zuständig ist, eingeführt worden.

Die AAIC bestehen aus zwei Buchstaben, welche das Land bezeichnen und mindestens zwei Ziffern für die Abrechnungsgesellschaft, sie lauten für die von der DBP genehmigten Seefunkstellen:

Deutsche Bundespost Telekom,

Fernmeldetechnisches Zentralamt	DP01
DEBEG GmbH	DP02
HAGENUK	DP03
EB Nachrichtentechnik GmbH	DP04

(Die AAIC sind zu lesen als: DP Null1; DP Null 2 u.s.w.)

Die Seefunkstellen müssen im Funkverkehr See-Land der Küstenfunkstelle in jedem Falle unaufgefordert ihre AAIC nennen.

Dänemark..

..bietet wegen seiner vielen Inseln ideale Verhältnisse für Sportsegler.

Gleichzeitig bedeutet es aber, daß es auch viele Fährschiffe gibt, die die verschiedenen Landesteile verbinden sollen.

Alle haben sie Bedarf an Kommunikation auf UKW, und es ist leider nicht möglich so viele UKW-Anlagen zu errichten, daß in der Sommerperiode alle ohne Wartezeiten bedient werden können.

Wir machen keinen Unterschied zwischen großen und kleinen Schiffen – die Kunden werden alle in der Reihenfolge ihrer Anrufe bedient.

Manchmal ist es notwendig ein wenig Geduld zu haben. Wir schaffen es aber, wenn alle darauf eingestellt sind.

Wir freuen uns sehr auf die Zusammenarbeit mit Ihnen.

Navigatorische Hinweise

Betonnung: In dänischen Gewässern ist die Kennzeichnung der Fahrwasser seit 1980 auf das Betonnungssystem „A" (rot an Backbord) umgestellt. Zu beachten ist der Wechsel der Fahrwasserrichtungen im Limfjord, im Svendborgsund und im Alsensund.

Warngebiete: Informieren Sie sich bitte über die Warngebiete. Die wichtigsten Einzelheiten werden von der Kreuzer-Abteilung des DSV herausgegeben. Sie sind aber auch in den Seekarten verzeichnet und mit der üblichen internationalen Betonnung kenntlich gemacht. Die Sperrzeiten können den „Nachrichten für Seefahrer" (NfS) entnommen werden.

# DK-D

Verkehrstrennungsgebiete existieren im nördlichen Øresund, im Großen Belt nördlich von Sprogø (bei Korsør), vor Gedser und bei Falsterbo (Schweden). In diesen Revieren darf weder gekreuzt noch geankert werden.

Die Berufsschiffahrt, insbesondere Fähren, frequentiert diese Fahrwasser sehr stark. Deshalb ist hier erhöhte Aufmerksamkeit geboten.

Tiefwasserwege sind der Berufsschiffahrt vorbehalten. Sie gibt es bei Hatter Rev (zwischen Samsø und Sejerø), entlang der ganzen Ostküste Langelands und südöstlich von Gedser. Genaue Einzelheiten sind den Seekarten zu entnehmen.

Rettungsdienste

Vor einigen Jahren haben Danmarks Motorbaads Union (DMU) und Dansk Sejlunion (DS) mit dem Falck-Rettungsdienst eine Zusammenarbeit begonnen, um die bestehenden Systeme zu koordinieren, sie auszubauen und ein maritimes Überwachungssystem einzurichten. Das Ergebnis ist das heute arbeitende „Søsportens Maritime Alarmsystem" (SMA), das mit insgesamt 67 Stationen im CB-Funkbereich (siehe Ziffer 11) arbeitet. Für Rettungs- und/oder Bergungseinsätze auf See können Gebühren in Rechnung gestellt werden. Diese richten sich nach der Dringlichkeit, Art und Dauer des Einsatzes; wobei vom Falck-Rettungsdienst immer die entstandenen Kosten berechnet werden.

An Land kann man über den Notruf 000 (dreimal die Null wählen) die Alarmeringscentralen erreichen. Der Anruf ist von jeder Telefonzelle aus kostenlos. Der Notruf wird sofort an die entsprechenden Dienststellen (Polizei, Feuerwehr, Krankenwagen) weitergeleitet.

Jeder Mißbrauch wird bestraft, denn der Anrufer muß seinen Namen und die jeweilige Telefonnummer nennen. Der Alarm wird sofort ausgelöst, allerdings wird der Anrufer gebeten, bis zum Kontroll-Rückruf in der Telefonzelle oder am Telefon zu warten.

Signalpistolen

Für die Mitnahme von Signalpistolen an Bord gelten keine besonderen Vorschriften, vorausgesetzt, sie werden nur für den vorgesehenen Zweck benutzt und nicht von Bord gebracht. Auch bei Einreise über Land gibt es keine Einschränkungen. Die Waffenbesitzkarte ist jedoch mitzuführen, um etwaige Verzögerungen beim Grenzübertritt zu vermeiden.

Umtausch von Gasflaschen

Es wird empfohlen, den für den Urlaub benötigten Eigenbedarf an Gasflaschen mitzunehmen. Sonst ist mit Schwierigkeiten beim Umtausch oder bei der Füllung von leeren Gasflaschen zu rechnen.

Es gibt unterschiedliche Fabrikate und Anschlüsse, die nicht überall erhältlich sind.

Haustiere an Bord

Hunde und Katzen: Es wird das Intern. Green-Cross-Formular (Gelber Impfpaß) verlangt. Die Impfung muß mindestens noch einen Monat gültig sein und frühestens 12 Monate vor Einreise vorgenommen worden sein.

Wellensittiche, Papageien, Kaninchen und Hasen: Eine Sondererlaubnis muß vor der Einreise angefordert werden beim Veterinærdirektoratet, Frederiksgade 21, DK — 1265 Kopenhagen K.

Ohne Formalitäten können Kanarienvögel, Meerschweinchen, Hamster und Schildkröten mitgenommen werden.

Wichtig: Für Schweden und Norwegen gelten für Hunde und Katzen sehr strenge Vorschriften. Sie dürfen erst nach einer Quarantänezeit von 3 Monaten an Land. Zuwiderhandlungen werden unnachgiebig und scharf geahndet.

DK-E

Nautische Unterlagen
Leuchtfeuer-Verzeichnis II, Ostsee südlicher Teil, DHI 2101
Seehandbücher:
Ostsee IV (mit Ringordner) DHI 2003
Belte und Sund (mit Ringordner) DHI 2004
Skagerrak/Kattegat I DHI 2005 A
Yachtfunkdienst Nord-/Ostsee DHI 2155
div. Seekarten und dänische Bootssportkarten (19 Søsportkort)
Erhältlich bei allen DHI-Auslieferungsstellen.
Hafenhandbuch Ostsee Bd. II der KA – DSV-Verlag.
Traumkurs Dänemark, DSV-Verlag
Charterhandbuch Ostsee, DSV-Verlag
Takster of Faliciteter i Danske havne for gæstende både (in dänischer Sprache)
Erhältlich über den Buch-(Fach)handel
Merkdblatt Ostsee der KA – KA-Geschäftsstelle

Touristische Auskünfte

In fast allen dänischen Orten gibt es ein Touristbüro. Hier werden kostenlos Auskünfte über Sehenswürdigkeiten und Ausflugmöglichkeiten in die Umgebung erteilt.

Im Vorwege erhält man auch ausführliches Informationsmaterial beim Dänischen Fremdenverkehrsamt,

    Glockengießerwall 2,
    Postfach 10 13 29,
    2000 Hamburg 1,
    Telefon (040) 32 78 03 oder 04;

Öffnungszeiten durchgehend Montag bis Freitag 9.00 bis 17.00 Uhr.

Sonderprospekte für Wassersportler:

Zur See auf dem Limfjord

42 dänische Segelsporthäfen heißen Sie... willkommen

Zur See in Lillebælt

Dänemark zur See...
Kurs FÜNEN und Inseln

Kostenlos erhältlich beim Dänischen Fremdenverkehrsamt Hamburg.

Telefonische Wetterberichte

Unter der Rufnummer 00 53 kann man den lokalen und unter der Nummer 00 54 den regionalen Wetterbericht abfragen. Unter 00 56 erhält man eine 5-Tage-Vorschau.

Sperrsignale

Wenn wegen Überfüllung des Hafens das Ein- bzw. Auslaufen der dort beheimateten Fischereifahrzeuge nicht mehr sichergestellt ist, werden folgende Sperrsignale gezeigt:
    Tagsignal: 1 schwarzer Ball
    Nachtsignal: 3 rote Lichter übereinander

Werden diese Signale gezeigt (etwa in Klintholm oder Häfen auf Bornholm), dann ist das Einlaufen verboten. Das Tagsignal ist nicht mit dem früher gebräuchlichen Windwarnsignal zu verwechseln.

Zollbestimmungen für Dauerlieger in Dänemark

1. Die Sportboote von Ausländern dürfen ohne besondere Zollformalitäten 6 Monate in Dänemark liegen.
2. Nach 6 Monaten muß das beiliegende Formular ausgefüllt und dem Zoll vorgelegt werden. Dann verlängert sich die Liegezeit um 2 Jahre. (Das Winterlager in Dänemark gilt auch als Liegezeit.)
3. Nach Ablauf der 2 Jahre muß das Boot kurzfristig ausgeführt werden. Ein entsprechender Nachweis muß bei erneuertem Liegen in Dänemark erbracht werden.

PS: Liegt das Boot in der Marina Minde erledigt die Zollformalitäten, wenn der Vordruck ausgefüllt ist, der Hafenmeister.

Mit den Zollpapieren muß der Personalausweis und der Standerschein vorgelegt werden.

DK-F

Umweltschutz

Die flache, leicht hügelige Landschaft setzt sich aus einer Vielzahl von Inseln und beinahe endlosen Stränden zusammen. Sie alle sind leicht zu erreichen und ohne besondere Einschränkungen oder Extrakosten für jedermann zugänglich. Bitte, beachten Sie die folgenden Hinweise:

> Schützen Sie den Strandhafer, vor allem den neuangepflanzten, und benutzen Sie in den Dünen nur die angelegten Pfade und Wege.

> An Häusern und umzäunten Grundstücken darf man sich nicht näher als 50 m entfernt aufhalten; es sei denn, man erhält eine entsprechende Erlaubnis vom Besitzer. Das gilt auch für das Baden.

In der dänischen Landschaft und den Sumpfgebieten brüten unzählige Vogelarten, die durch viele Umwelteinflüsse bedroht sind. Wenn Sie die folgenden Tips beherzigen, helfen Sie, die Vogelwelt nicht noch mehr zu gefährden. Das gilt besonders für die Brutzeit von April bis Juli.

> Beim Spaziergang am Strand darauf achten, daß nicht auf Eier oder Jungvögel getreten wird.

> Brütende Vögel nicht erschrecken, damit die Eier oder Jungtiere nicht durch andere Tiere oder Witterungseinflüsse gefährdet werden, wenn die Eltern das Nest für längere Zeit verlassen.

> Wenn Sie ein Nest entdeckt haben, entfernen Sie sich zum Schutz der Tiere möglichst schnell.

> Nähern Sie sich nicht näher als 300–400 m einer Vogelkolonie und gehen Sie keinesfalls hinein.

> Wenn Sie eine Vogelkolonie auf einer Kleininsel ausmachen, betreten Sie die Insel nicht. Sie sind auch häufig der Lebensraum der ohnehin schon sehr bedrohten Robben.

> Achten Sie auch auf entsprechende Hinweisschilder und/oder Eintragungen in den Seekarten.

Es gibt kaum etwas Schöneres, als nach einem Törn einen mehr oder weniger ausgedehnten Landgang zu machen. Wenn ein öffentlicher Weg zu unbebautem Land führt, darf man dort auch spazieren gehen. Die Wälder Dänemarks sind für jedermann zugänglich, selbst wenn sie sich in Privatbesitz befinden. Wenn Sie einen Hund an Bord haben, denken Sie daran, daß er am Strand in der Zeit vom 1. April bis 1. September und in den Wäldern und im Brachland generell an der Leine zu führen ist.

Boote mit Motorantrieb sind auf allen Binnengewässern, ausgenommen Limfjord und Ringkøbingfjord, verboten. Für die Silkeborger Seen gelten Sonderbestimmungen. Die erlaubte Höchstgeschwindigkeit beträgt zwischen 3 und 8 kn. Nähere Auskünfte durch die örtlichen Touristbüros. Wassersportler, die ihr Booot auf einem Trailer nach Dänemark einführen, sollten dies besonders beachten.

Die dänischen Naturschutzbestimmungen können örtlich unterschiedlich sein, und es wird darum gebeten, die regionalen Sondervorschriften zu befolgen. Auch hierüber erteilen die örtlichen Touristbüros entsprechende Auskunft.

Abfälle gehören in die Müllcontainer der Häfen und nicht ins Wasser; weder im Hafen noch auf See!

Falck-Rettungsdienste (Bereich HHO I)

Kopenhagen (Hauptbüro)
Falck-Huset Polititorvet
DK-1593 Kopenhagen V
(01) 14 22 22

Assens
Thorwald Niss Gade 12
DK-5610 Assens
(09) 71 12 66

Ebeltoft
Falckvej 1
DK-8400 Ebeltoft
(06) 34 22 22

Fredericia
Sjællandsgade 2
DK-7000 Fredericia
(05) 93 22 22

Frederikshavn
Hjørringvej 134
DK-9900 Frederikshavn
(08) 42 22 22

Fåborg
Lagonis Minde 8
DK-5600 Fåborg
(09) 61 03 92

Gilleleje
Stæremosen 2
DK-3260 Gilleleje
(02) 29 46 00

Helsingør
Klostermosevej 106
DK-3000 Helsingør
(02) 22 31 31

Hurup
Bredgade 58
DK-7760 Hurup Thy
(07) 95 22 22

Kerteminde
Borgmester Hansens Vej 14
DK-5300 Kerteminde
(09) 32 10 10

Korsør
Casper Brands Plads 4
DK-4220 Korsør
(03) 57 03 16

Middelfart
Langelandsvej 9
DK-5500 Middelfahrt
(09) 41 03 90

Nykøbing (F)
Grønsundsvej 130
DK-4800 Nykøbing (F)
(03) 85 17 44

Nykøbing (Mors)
Nørrebro 140
DK-7900 Nykøbing (Mors)
(07) 72 12 22

Næstved
Holsted Erhvervsområde 1
DK-4700 Næstved
(03) 72 12 06

Rudkøbing
Reberbanen 41
DK-5900 Rudkøbing
(09) 51 22 22

Skagen
Frederikshavnsvej 10
DK-9990 Skagen
(08) 44 12 22

Stege
Falcksvej 1
DK-4780 Stege
(03) 81 13 22

Svendborg
Odensevej 48
DK-5700 Svendborg
(09) 21 22 22

Ærøskøbing
Dunkærgade 18
DK-5970 Ærøskøbing
(09) 52 22 22

Ålborg
Håndværkervej 27
DK-9000 Ålborg
(08) 12 22 22

Århus
Trindsøvej 4–6
DK-8100 Århus C
(06) 12 22 22

Die hier genannten Anschriften sind nur die wichtigsten Stationen. Sie können sich entweder direkt an den nächstgelegenen Retttungsdienst oder an die Alarmierungscentralen wenden (dreimal die Null wählen, 000).

Von Gedser bis Gilleleje

Die dänischen Häfen an der E-Seite von Falster und Møn, in der Fakse- und Køge-Bucht und im Sund.

Gedser Yachthafen   54° 35' N   11° 55' E   DK-I-1

Seekarten D 36, 3002, DK 187, 191

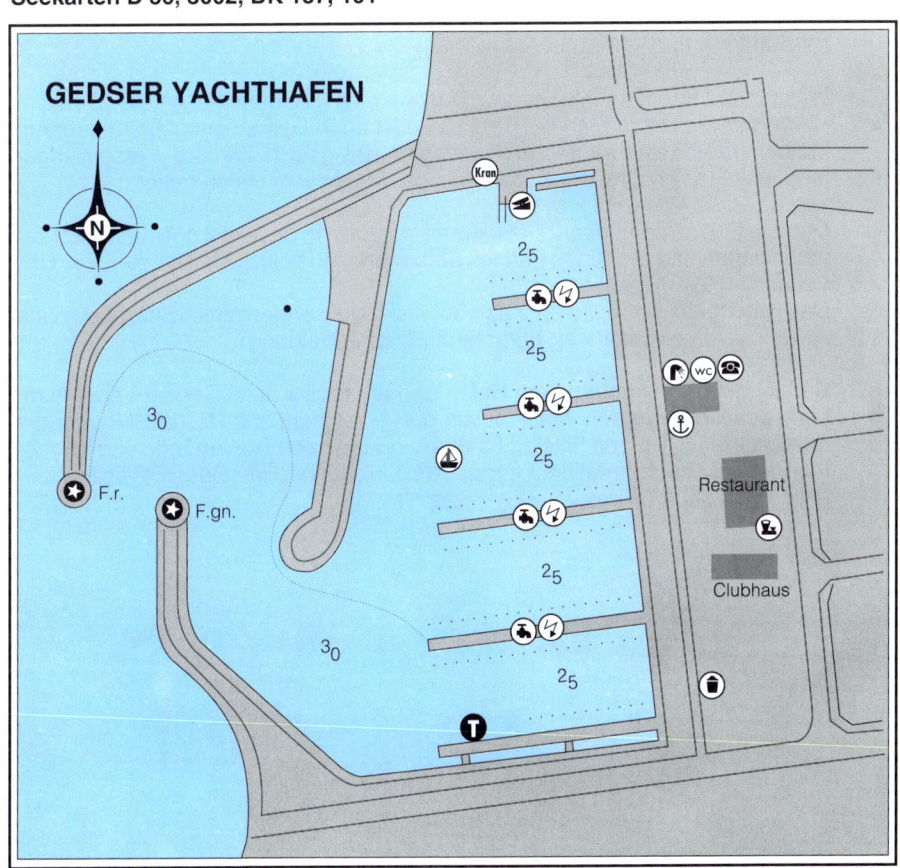

Moderner und sehr gepflegter Yachthafen mit sauberen Sanitäreinrichtungen. Empfehlenswerter Ausgangshafen für Boote aus dem Bereich der Lübecker Bucht auf dem Weg N-wärts.

Liegemöglichkeiten in freien Boxen oder nach Anweisung des Hafenmeisters. Achtung: Die Heckpfähle stehen zum Teil sehr eng. Größere und breite Boote sollten am S-Steg festmachen. Bei W-lichem Starkwind haben viele Segler erhebliche Schwierigkeiten beim Einsteuern in die quer zur Windrichtung liegenden Boxen. Der Fischereihafen darf nur bei starkem W-Wind oder im Notfall angelaufen werden.

Ansteuerung von N aus dem Guldborgsund, von S durch Rødsand Rende oder von SE durch das Kroghage Dyb (Fährverkehr beachten). Bei der Ansteuerung von S dreht man unmittelbar vor dem Fähr- und Fischereihafen nach Bb. und folgt dem ausgetonnten Fahrwasser zum Yachthafen. Der Kopf der N-Mole ist durch ein rotes, der Kopf der S-Mole durch ein grünes Festfeuer bezeichnet.Die Hafeneinfahrt hat stellenweise nicht mehr die entsprechende Tiefe. Sie sinkt durch Versandung ab. Am Kopf der Außenmole (F.r.) und an der Innenmole ist die Tiefe nur ca. 1,60 m.

Wasser und Strom an den Stegen, Duschen, WC, Telefon, Tankstelle (D - beim Hafenmeister melden, an der Tankstelle ist auch Gas erhältlich). Trailerbahn, Mastenkran, Restaurant und Kaufmann (Brugsen). Weitere Versorgungsmöglichkeiten im Ort. Münzwäscherei ca. 500 m vom Hafen entfernt.

Der Vertrauensmann der Kreuzer-Abteilung, Ing. F. Beyer, ist sehr behilflich bei technischen und sonstigen Pannen (Informationen beim Hafenmeister, Tel: DK-Vorwahl +(03 87 92 45).
Das Hafengeld wird nicht nur nach Schiffslänge, sondern zusätzlich auch nach Anzahl der Crewmitglieder berechnet (Skippermeldung).

Badestrand direkt neben dem Hafen und an der E-Küste. Gedser-Leuchtturm kann bestiegen werden. Man hat von dort einen herrlichen Rundblick über die See und den S-Teil von Falster. Fährverbindung nach Travemünde und Warnemünde. Tourist-Information: Langgade 61. Hallenbad im neuen Ferienzentrum N-lich des Yachthafens.

Hesnæs   54° 49,4' N   12° 08,3' E   DK-I-2

Seekarten D 40, 479, 3002, DK 162

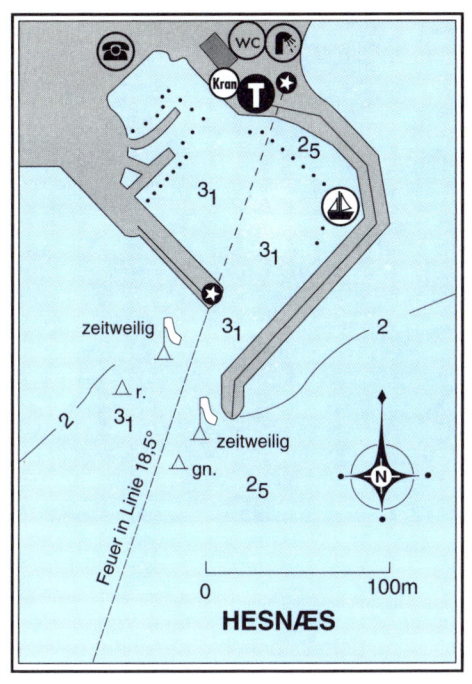

HESNÆS

Idyllischer kleiner Fischerei- und Sportboothafen in landschaftlich schöner Umgebung.

Gastplätze an der Innenseite der NE-Mole. Lange Achterleinen klarhalten. An der SE-Mole keine Heckpfähle und kein E-Anschluß.

Wegen der bis zu 1,6 sm nach See reichenden Stellnetzreihen (Bundgarne) ist das nächtliche Ansteuern des Hafens nur Ortskundigen zu empfehlen. Als Ansteuerungstonne dient die schwarz-gelb-schwarze Untiefentonne E-lich des Hafens, von der aus man direkt Hesnæs ansteuern kann. Die S-lich verlaufende Stellnetzreihe reicht weiter nach See als die Untiefentonne und ist am Ende mit einer Tonne mit schwarzem Ball gekennzeichnet. Richtfeuer 18,5° in Linie (Unterfeuer auf dem Kopf der W-Mole F.R., Oberfeuer an der N-Seite des Hafens F.R.).

Wasser, Duschen, WC, Strom, Einkaufsmöglichkeit, Diesel im Westteil des Hafens, wird beim Kaufmann bezahlt. Motorreparatur.

Die Solltiefe in der Einfahrt und im Vorhafen (3,1m) unterliegt ständiger Versandung, deshalb muß u. U. mit geringeren Tiefen gerechnet werden. Vor dem Hafen ist ein

Hesnæs

rot/grünes Tonnenpaar ausgelegt, der genaue Verlauf der Einfahrtsrinne wird zeitweilig durch rot/grüne Behelfstonnen (Fähnchen) gekennzeichnet.

i Badestrand, kinderfreundlicher Hafen. Gutes Frischfischangebot.

Klintholm

54° 57,1' N
12° 28,1' E

DK - I - 3

Seekarten D 40, 3003, DK 187

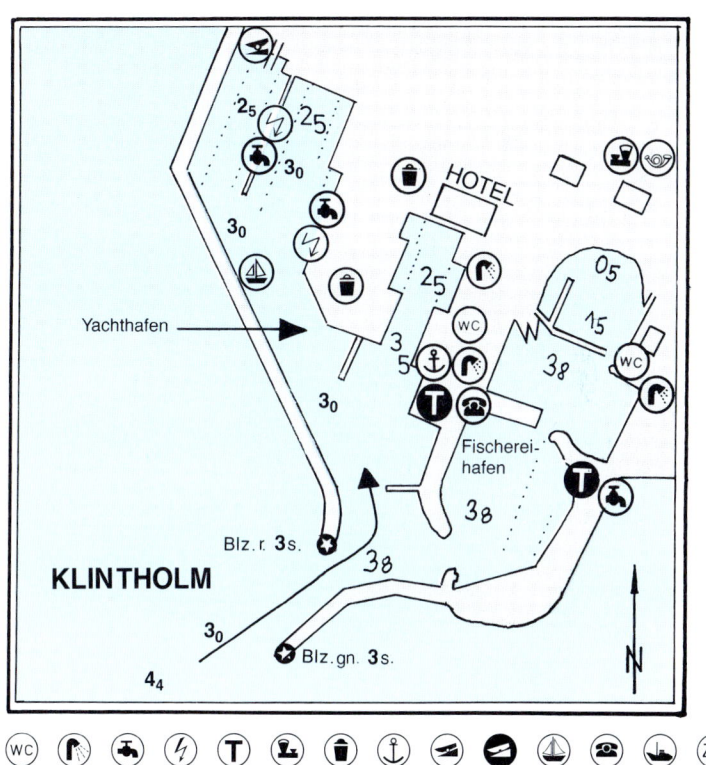

Fischerei- (E-Teil) und Yachthafen (W - Teil). Im Yachthafen ca 300 Liegeplätze. Beliebter Ausgangshafen für Reisen nach Bornholm oder Süd- bzw. Ostschweden. Die neue Marina hebt sich durch die aufgelockerte Bauweise von der „Sterilität" moderner Marinas ab. Im Westteil des Hafens zum Teil Versandungen möglich.

Einlaufenden Booten wird vom Hafenmeister per Zuruf der Liegeplatz angewiesen. Entrichten des Hafengeldes im Hafenkontor. Ab dritten Tag erhält man mit einer Vorzugskarte 20 Dkr. Ermäßigung auf das normale Hafengeld. Das Festmachen im Fischereihafen ist verboten.

Nördlich einer Peilung von 240° von der Bb-Mole und östlich einer Peilung von 210° von der Stb-Mole reichen Stellnetzreihen bis 1,5 sm nach See. Als gute Ansteuerungsmarke dient der N-lich des Yachthafens stehende Funkmast (Decca Station). In der Nähe dieser Station wird der AP-Navigator gestört. Die beiden Molenköpfe sind befeuert. Im Bereich Klintholm/Møns Klint muß mit durch Eisgang unter der Wasseroberfläche abgeschorenen Bundgarnpfählen bis ca. 1,5 sm von der Küste gerechnet werden.

HHO IB – Nachtr. 1994

Zwei Sanitärgebäude (Duschen, WC. Duschmarken gibt es im Hafenkontor), Trailerbahn, Slip. Tankstelle beim Hafenmeisterbüro mit Geldscheinautomaten (Benzin per Kanister von der ca. 500 m vom Hafen entfernten Tankstelle im Ort). Wasser und Strom an den Stegen, Kaufmann, Telefon, Münzwäscherei, Zoll, Rettungsstation.

Hafengeld wird jeweils von 12.00 - 12.00 Uhr des nächsten Tages berechnet. Wer vor 12.00 Uhr einläuft, zahlt für den Tag zweimal.

Sehenswürdigkeiten: Klintholm Gods (5 km) , Møns Klint (6 km), Liselund (10 km).Bademöglichkeiten unmittelbar neben dem Hafen. Busverkehr nach Møns Klint und Stege.

Lundehøje Havn 54° 38,2′ N 11° 30,5′ E DK-I-4

Seekarten D 36, 3002,

Lundehøje Havn

(WC)

Kleiner Bootshafen

Eine Baggerrinne mit einer Solltiefe von 2 m führt zum Hafen. Die Wassertiefe im Hafen beträgt ebenfalls 2 m.

Der Hafen bietet keinerlei Versorgungsmöglichkeiten.
WC.

Das Anlaufen des Hafens wird nur Ortskundigen empfohlen.

Errindlev Havn 54° 38,8' N 11° 33,1' E   DK-I-5

Seekarten D 36, 3002,

Errindlev Havn

Kleiner Fischereihafen ca. 6 sm W-lich von Nysted

Zum Hafen führt eine ca. 200 m lange und 6 m breite Baggerrinne. Solltiefe in der Rinne und im Hafen 1,8 m NE-liche Winde +1,2 m, NW-liche Winde −0,9 m. Ortsunkundigen wird vom Anlaufen des Hafens abgeraten.

Keine Versorgungsmöglichkeiten. Ablaufbahn.
WC.

Nysted

54° 39,7' N
11° 43.9' E

DK-I-6

Seekarten D 36, 477, 3002, DK 191

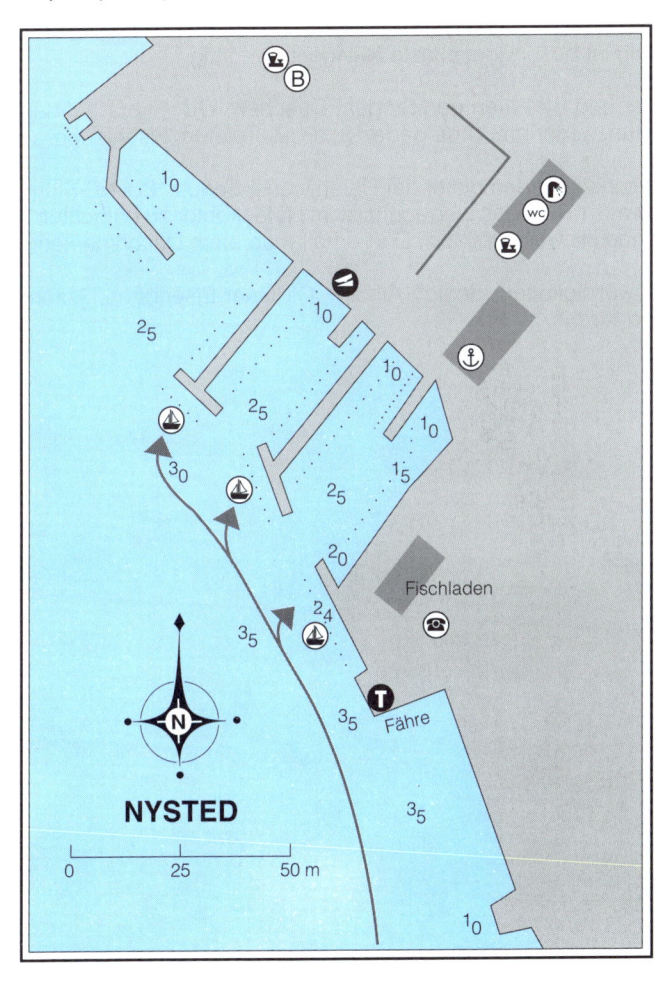

Yachthafen in landschaftlich schöner Umgebung. Fähranleger.

Gastplätze sind durch grüne Schilder ausgewiesen.

Ansteuerung durch Østre Mærker, durch Rødsand Rende und Kroghage Dyb oder durch den Guldborg Sund. Die Ansteuerung von Østre Mærker von See her

kann bei schlechter Sicht wegen Stromversetzung und schlecht auszumachender Tonnen schwierig sein. Die Rinne Østre Mærker wurde nach E verlegt. Ansteuerungstonne rot/weiß mit Ball liegt auf der Position 54° 34,17' N und 11° 46,10' E. In Richtung 350° ist die Rinne mit einer grünen und zwei roten Tonnen sowie einer W-Untiefentonne 54° 35,61' N und 11° 45,87' E gekennzeichnet.
Die Ansteuerung von Nysted ist nur bei Tage möglich. Es gibt viele Untiefen, deshalb ist besonders exakte Navigation wichtig.

Wasser und Strom an den Stegen, Duschen, WC, Slip, Kaufmann, Tankstelle (D), Münzwäscherei (Adelgade 13), Post, Telefon, Fischladen.

Bei S-lichen Winden bietet der Hafen wenig Schutz. Bei NE-Sturm + 1,5 m, bei W-Sturm - 1,5 m. Das Liegegeld ist im Hafenkontor zu entrichten (Öffnungszeiten siehe Hinweisschilder). Dort erhält man auch Duschmarken.

Sehenwürdigkeiten: Schloß Ålholm, Oldtimer-Eisenbahn, Automobilmuseum, Nysted Kirche.

Nykøbing/Falster 54° 46' N 11° 51,8' E   DK-I-7

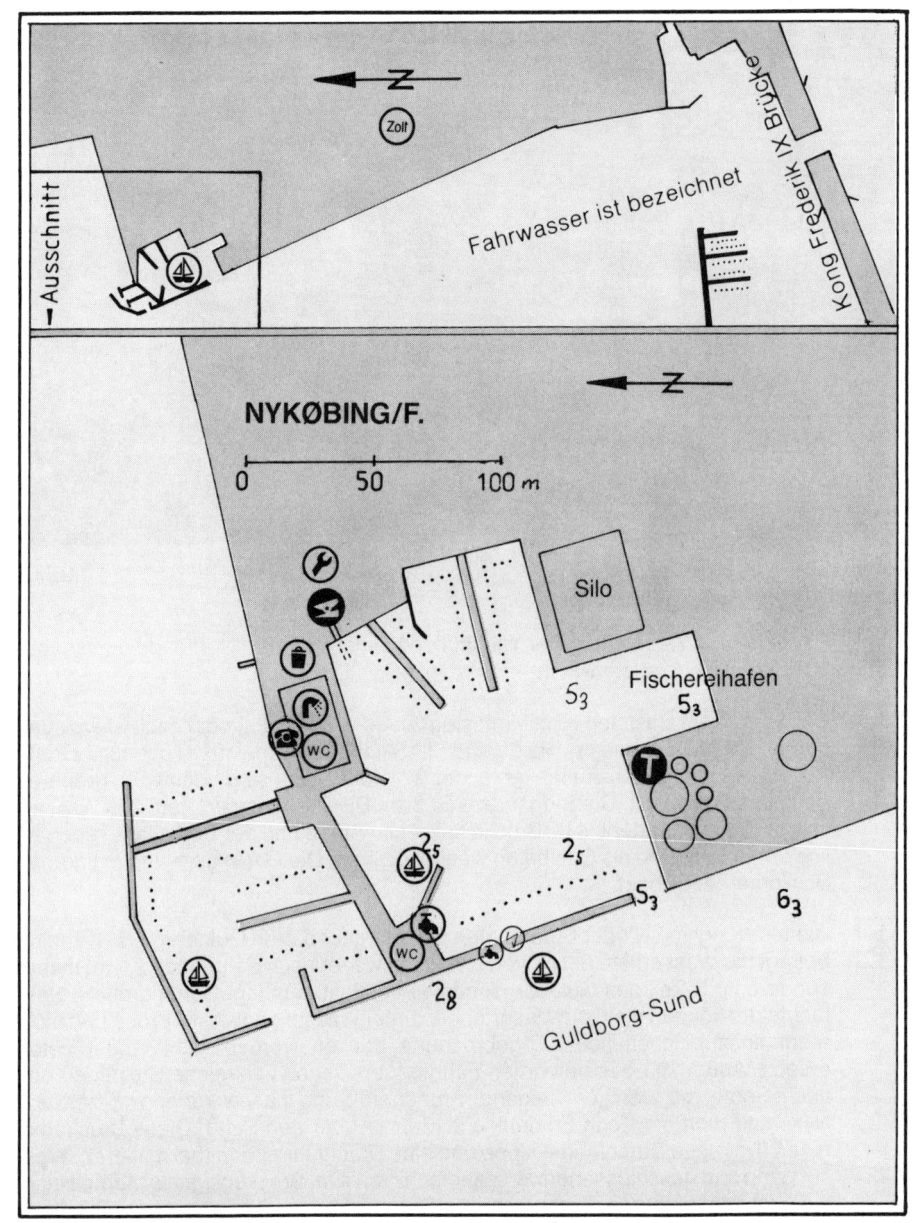

Seekarten D 477, 3002, Dä 163

NYKØBING/F.

Zoll

Kong Frederik IX Brücke

Fahrwasser ist bezeichnet

← Ausschnitt

Silo

Fischereihafen

Guldborg-Sund

HH OIB 1993

Nykøbing Yachthafen

✺ Handels- und Yachthafen. Der Yachthafen befindet sich am Nordende der langgestreckten Handelshafen-Pier.

⛵ Liegeplätze am Gaststeg (Schwimmsteg vor dem Clubhaus) oder nach Anweisung durch den Hafenmeister, Hafenbüro lt. Skippermeldung im Clubhaus. Große Boote liegen an der Außenkante der W-Mole. Hier sind Pfähle in größeren Abständen gerammt. Die Steganlagen 0,2 sm SE-lich (Lergravbroen, 2 m Wassertiefe) der Kong Frederik's IX-Brücke sowie die Stege und der Bootshafen eben N-lich der Brücke sind als Gasthäfen wenig geeignet. Die Gastplätze sind mit grünen Schildern bezeichnet.

⛵ Ansteuerung von N oder S durch den Guldborgsund. Von Guldborg bis Nykøbing beträgt die Wassertiefe 6,2 m, von Nykøbing weiter nach S nur noch 2,1 m. Insbesondere im S-Teil des Guldborgsunds ist Vorsicht geboten. Durch größere Seetangfelder können die Fahrwassertonnen unter Wasser gedrückt werden und nicht mehr auszumachen sein. Abgebrochene Pricken werden nicht immer sofort ersetzt. Außerhalb des betonnten Fahrwassers liegen zahlreiche Steine, so daß auch Boote mit weniger Tiefgang Grundberührung haben können. S-lich von Nykøbing führt die Kong Frederik's IX-Brücke über den Sund. Diese Brücke hat eine 20 m breite Durchfahrtsklappe und eine Durchfahrtshöhe (bei mittlerem Wasserstand und geschlossenem Brückenfach) von 4 m. Brückensignale: 1 rotes Licht = Durchfahrt verboten, 2 rote Lichter = Durchfahrt für von N kommende Schiffe, 3 rote Lichter = Durchfahrt für von S kommende Schiffe. Signale von Schiffen, die eine Öffnung wünschen: bei Tag: Flagge N oder Nationalflagge in Vormast halb vorgeheißt, bei Nacht: ein weißes Licht im Vormast halb vorgeheißt. Schallsignal bei Tag und Nacht: Morsezeichen N (lang, kurz).

DK-I-7a

WC im Clubhaus, Duschen im Ruderclub, Wasser, Strom, Slip, Werft, Kran, Motorreparatur, alle weiteren Versorgungsmöglichkeiten in der Stadt, Münzwäscherei, Telefon, Post, Zoll. Tankstelle (B + D) ca. 500 m vom Hafen.

Wassertiefe im Yachthafen 2,5 m. Bei Stürmen von NW über N bis NE kann das Wasser bis zu 1,5 m steigen, bei Stürmen von SE über S bis SW kann es um 0,8 m fallen.
Die Öffnungszeiten der Kong Frederik IX-Brücke sind neu festgelegt worden. Nach 18.00 Uhr wird die Brücke nur gegen telefonische Vorbestellung und eine Gebühr von Dkr. 100,- geöffnet. Die genauen Brückenöffnungszeiten (und weitere Informationen) sind in den Hafenbüros bzw. den Clubhäusern in Guldborg, Nykøbing, Nysted und Gedser ausgehängt.

Sehenswürdigkeiten: Museum im Zarenhaus, Bärenbrunnen, Nykøbing Kirke mit Heilkräutergarten.

Guldborg

54° 52,2′ N
11° 45,0′ E

DK-I-8

Seekarten D 477, 480, 3002, DK 160, 161

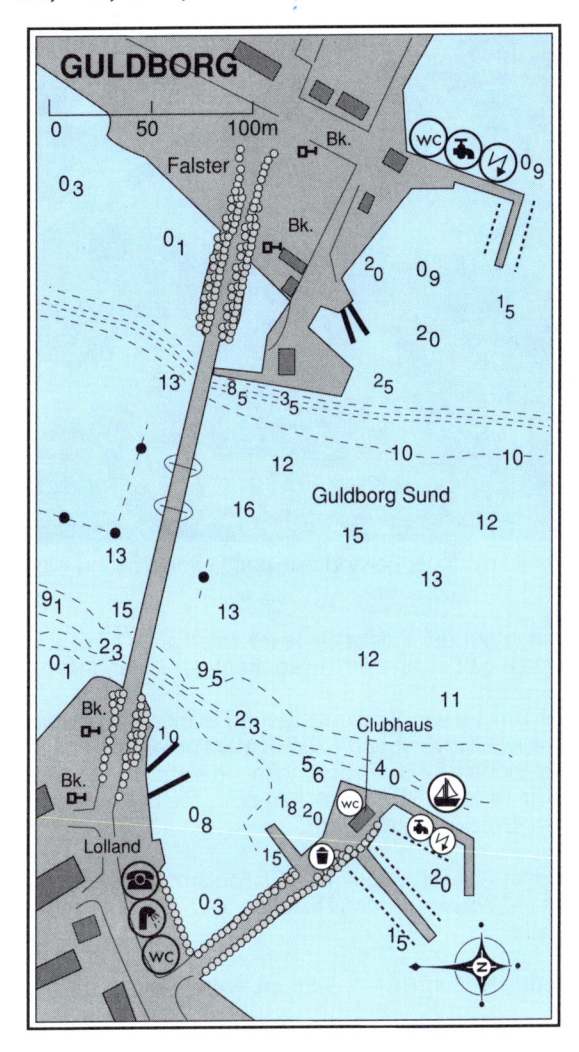

Zwei Steganlagen, davon auf der Falster-Seite die Guldborg-Falster Badelaug und an der Lolland-Seite die Guldborg-Lolland Anlaegsbro.

HH OIB 1993

Guldborg. Anlegebrücke auf der Lollandseite und Guldborgsund-Klappbrücke

Die Steganlage auf der Falster-Seite (Wassertiefen 1,5-2m) ist im Privatbesitz, Gastliegeplätze gibt es an dem Anleger auf der Lolland-Seite.

Öffnung der Brücke von Sonnenaufgang bis eine halbe Stunde nach Sonnenuntergang, vom 1. November bis zum 1. März bereits eine halbe Stunde vor Sonnenaufgang. Signale für die Brückenöffnung siehe Kong Frederik's IX-Brücke in Nykøbing. Die Brückenöffnung ist 30m breit, die Duchfahrtshöhe unter der geschlossenen Brücke beträgt 4m.

Falster-Seite : Wasser, Strom, WC, Einkaufsmöglichkeit, Tankstelle (D).
Lolland-Seite : Wasser, Strom, Duschen, WC, Einkaufsmöglichkeit, Telefon, Motorreparatur.

Wasserstände : N-Sturm + 1m, S-Sturm -0,5m.

Gåbense Bro   54° 56,6' N   DK-I-9
11° 52,9' E

Seekarten D 479, 480, 3002, DK 162

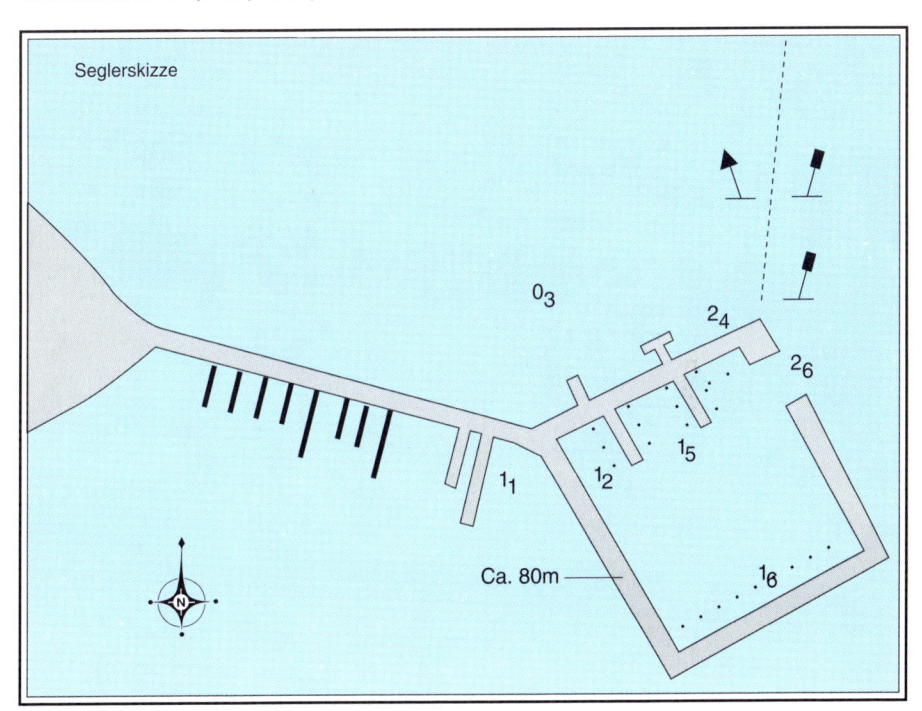

Seglerskizze

Ca. 80m

- Ruhig gelegene, ca. 140 m lange Betonbrücke mit etwa 25 Liegeplätzen in einem kleinen Bootshafen. Für Fahrzeuge bis 1,6 m Tiefgang geeignet.
- Liegemöglichkeiten an den Bootsstegen und der südlichen Brücke an Heckpfählen.
- Ansteuerung des Hafens von N über eine ca. 400 m lange und 2,4 m tiefe ausgetonnte Baggerrinne, die zur Versandung neigt.
- Wasser, Strom, WC. Keine Versorgungsmöglichkeiten in Hafennähe.
- Wasserstände: NW- bis NE-Sturm +1 m, SE- bis SW-Sturm –1,3 m.

HH OIB 1993

Stubbekøbing

54° 53,6' N
12° 2,8' E

DK-1-10

Seekarten D 479, 3002, Dä 162

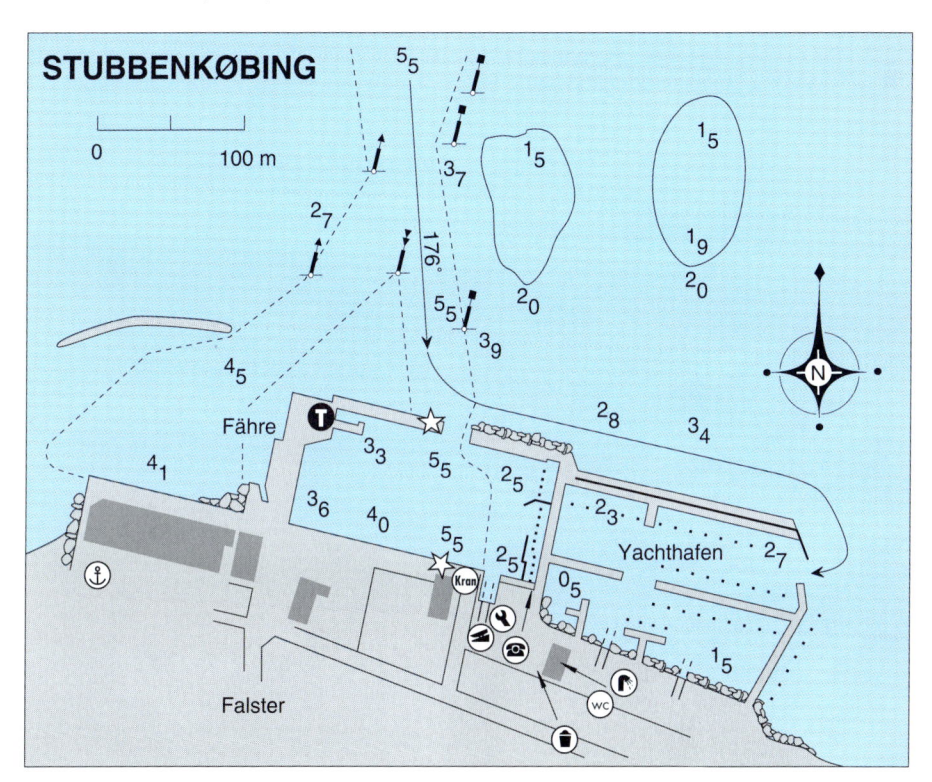

Vorzugsweise im Yachthafen. Im Handelshafen ist es bei Kiesverladung laut und staubig. Bei starken N- bis W-Starkwinden liegt man im Handelshafen sehr unruhig.

Als gute Ansteuerungsmarke dient der große Silo. Zum Hafen verläuft in NS-Richtung eine 5,5 m tiefe betonnte Baggerrinne. Nach Seglermeldung ist die Untiefentonne „Ost", nord-westlich der Einfahrt eingezogen. In den E-lich vom Handelshafen liegenden Yachthafen gelangt man, indem man kurz vor der Einfahrt in den Handelshafen nach Bb. abschwenkt und parallel zur Außenmole in E-licher Richtung weiterläuft, um dann über Stb. in den Yachthafen einzudrehen. Höchstgeschwindigkeit dort 3 kn.

Seglerheim mit Aufenthaltsraum. Duschen und WC im neuen Sanitärgebäude gegenüber dem Seglerheim (Gebäude ist von 22.00 07.00 Uhr geschlossen) Wasser und Strom an den Stegen. Slip, Kran, Werft, Post, Bank, Tankstelle (D) in der

NW-Ecke des Handelshafens. Den Schlüssel für die Tankstelle gibt es in der Havnegade 4 (BP). Gute Einkaufsmöglichkeiten im nahen Ort.

⌘ Wasserstände: N- bis NE-Sturm + 1,1 m, SW-Sturm -1,1 m

ℹ️ Sehenswürdigkeiten: Romanische Kirche aus dem 12. Jahrhundert, Motorradmuseum. Touristinformation (Havnegade 9, Fahrradverleih). Fähre nach Bogø.

Stubbekøbing

Bogø 54° 54,8′ N
12° 3,2′ E

DK-I-11

Seekarten D 479, 3002, Dä 162

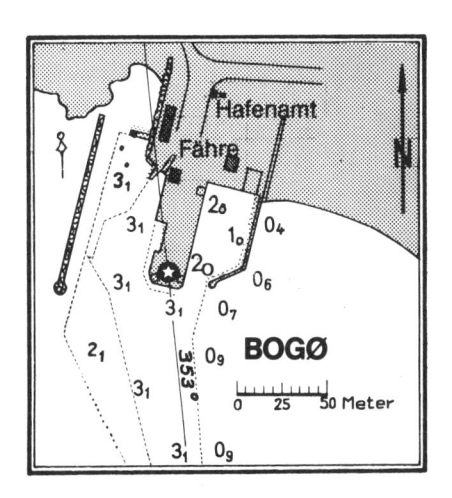

Kleiner Fischerei- und Fährhafen mit begrenzten Liegemöglichkeiten für Sportboote.

Liegeplätze nur im E-lichen Hafenbecken.

Die Ansteuerung des Hafen erfolgt in N-licher Richtung durch die 20 m breite und 3,1 m tiefe Baggerrinne. Versandungsgefahr bei Sturm.

Wasser, Strom, WC, Slip, Kran, Telefon, Einkaufsmöglichkeit, Münzwäscherei im Dorf, Post.

Wasserstände: NNE-Sturm + 1 m, SSW-Sturm − 1 m.

Sehenswürdigkeit: Bogø Mühle
Fähre nach Stubbekøbing.

Hårbølle 54° 53,4' N 12° 8' E   DK-I-12

Seekarten D 479, 3002, Dä 162

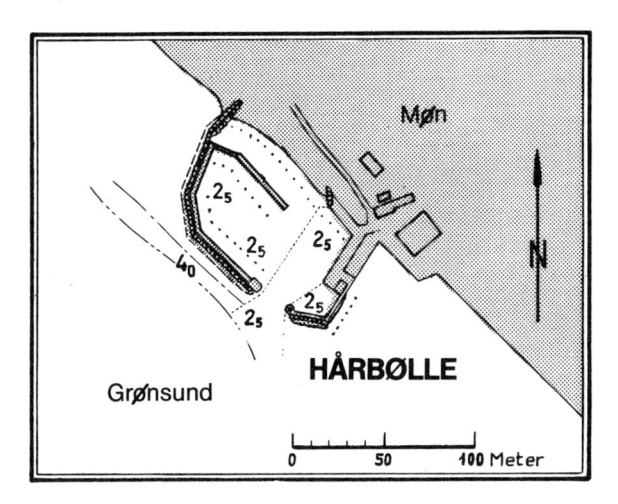

	Kleiner Fischerei- und Sportboothafen.
	Auf freien Plätzen.
	Eine 2,5 m tiefe Baggerrinne führt in den Hafen. Der Kopf der E-Mole trägt ein grünes Festfeuer.
	Wasser und Strom an den Stegen, Duschen, WC, Kran, Tankstelle (D), Motoren- und Elektrowerkstatt, Einkaufsmöglichkeit, Post.
	Wasserstände: NE-Sturm +0,7 m, S- bis W-Sturm −0,5 m. Vor dem Hafen kann starker Strom auftreten.
	Sehenswürdigkeit: Fanefjord Kirke (3 km).

Hårbølle

Masnedø Marinecenter DK-I-13
54° 59,8′ N   11° 53,6′ E

Seekarten D 479, 3002,   Dä 161

Kleines ca. 22 × 15 m messendes Hafenbecken mit ca. 2 m Wassertiefe etwa 150 m E-lich der Masnedsund-Brücke.

Im Hafenbecken.

Die Ansteuerung des Hafens erfolgt von W durch die Masnedsund-Brücke oder von E durch den Masnedsund. Von S aus dem Storstrøm kommende Boote gelangen über das Masnedø E-Flak (2,4–3,4 m) durch eine ausgetonnte Rinne (2,2 m) und eine Richtfeuerlinie (2F 4°) in den Masnedsund.

Die **Masnedsund-Brücke** ist eine von der Eisenbahn stark benutzte Brücke, gegebenenfalls sollte man Öffnungszeiten mit dem Brückenwärter vereinbaren. Diese Eisenbahn- und Straßenbrücke zwischen Seeland und Masnedø ruht auf fünf Strompfeilern und hat ein 25 m breites Klappstück zwischen dem dritten und vierten Pfeiler von Seeland gerechnet. Die lichte Höhe der Brücke über Mittelwasser beträgt am N-Ende 4,8 m, am S-Ende 5,4 m. Fahrzeuge von 2 t und darunter sowie solche, die unter der geschlossenen Brücke passieren können, dürfen das Öffnen nicht verlangen. Andere Fahrzeuge können von Sonnenaufgang bis $1/2$ Stunde nach Sonnenuntergang abgabenfreie Durchfahrt beanspruchen, soweit der Brückenbetrieb es zuläßt. Signal zum Öffnen der Brücke bei Tage: Flagge „N" des Internationalen Signalbuchs oder Nationalflagge im Mast halb vorgeheißt und Abgabe des Schallsignals lang – kurz. Nachts muß das Fahrzeug ein weißes Licht am Bug zeigen und das obengenannte Schallsignal geben. Siehe auch Lfv.-Anhang. Ankern im Fahrwasser in weniger als 250 m Abstand von der Brücke ist verboten. Es darf jeweils nur ein Fahrzeug die Durchfahrt passieren. Brückenöffnung kann auch über UKW Kanal 16 vereinbart werden.

Wasser, WC, Mobilkran, Motorreparatur, Bootszubehör.

Wasserstände: Siehe Vordingborg S-Hafen.

Siehe Vordingborg N-Hafen.

Masnedsund-Brücke und Masnedø Marinecenter (Bildmitte)

Vordingborg-Südhafen   DK-I-14
54° 59,7′ N   11° 54′ E

Seekarten D 479, 3002,   Dä 161

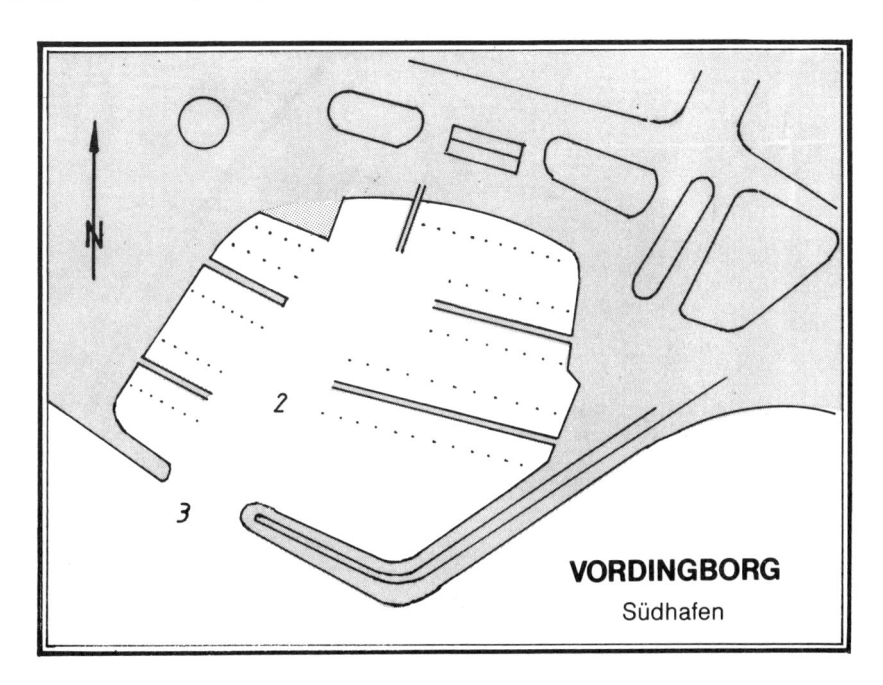

VORDINGBORG
Südhafen

	Wenig empfehlenswerter Fischerei- und Sportboothafen mitten im Industriegebiet, für Gastlieger wenig geeignet.
	An der S-Mole.
	Siehe Masnedø Marinecenter.
	Wasser, WC (ungepflegt), alle weiteren Versorgungsmöglichkeiten in Vordingborg.
	Wasserstände: W- bis NE-Sturm +1,4 m, E- bis SW-Sturm −1 m.
	Siehe Vordingborg N-Hafen.

Vordingborg S-Hafen

Vordingborg-Nordhafen 55°0,3'N 11°55'E DK-I-15

Seekarten D 479, 3002, DK 161

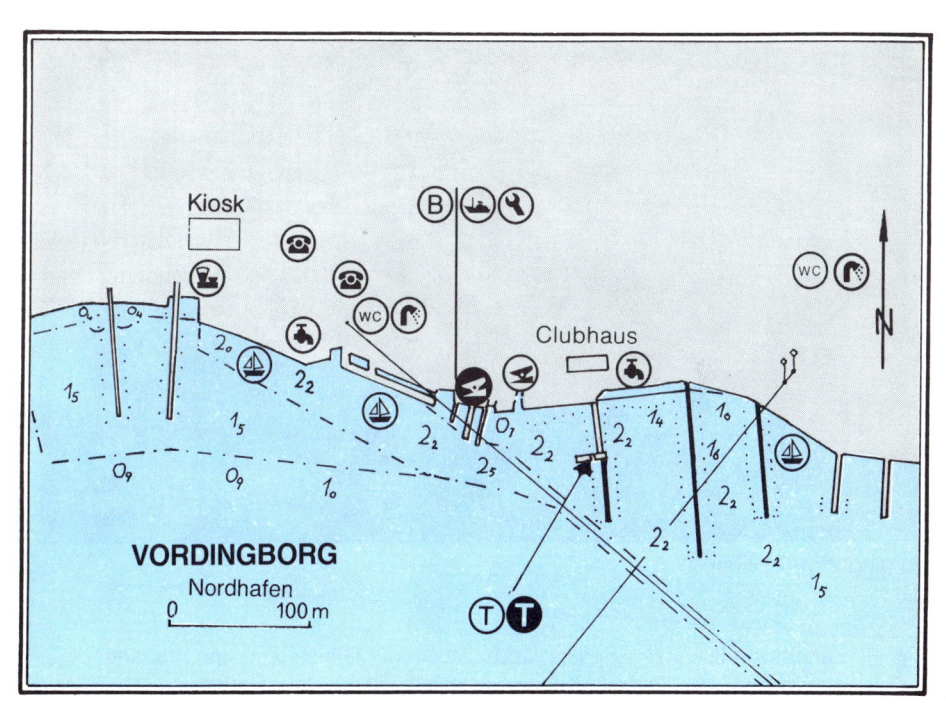

※	Langgestreckter Hafen mit zahlreichen Liegemöglichkeiten.
⛵	Liegeplätze im Vereinshafen des Sejlklub „Snekken" oder weiter nach W an den Bollwerken.
☸	Zum Hafen führt vom Kirkegrund ein ausgetonntes Fahrwasser mit einer Richtfeuerlinie (2F.r. 308°).
▲▲	Wasser und Strom an den Stegen, Duschen, WC, Tankstelle (B+D), Mastenkran, Trailerbahn, Werft mit Slip, Telefon, Post, Bank, Apotheke. Münzwäscherei in der Algade 83. Umfangreiche Versorgungsmöglichkeiten in der Stadt. Frische Brötchen und Gebäck gibt es morgens ab 7.00 Uhr beim Hafenkiosk. Von Mitte Oktober bis Mitte Mai sind die Sanitäranlagen geschlossen. Es stehen dann nur zwei WCs zur Verfügung.
✿	Wasserstände siehe Vordingborg-Südhafen.

Vordingborg N-Hafen

ℹ Sehenswürdigkeiten: Sydsjællands Museum, Gänseturm und Vordingborger Schloßruine, Vordingborg-Kirche, Historisch-Botanischer Garten.
Touristinformation: Algade 37 (Fahrradverleih).
Gute Zugverbindungen nach Deutschland.

Kalvehave   54°59,6'N   12°10,1'E   DK-I-16

Seekarten D 479, 3002, DK 161

![Kalvehave harbor map]

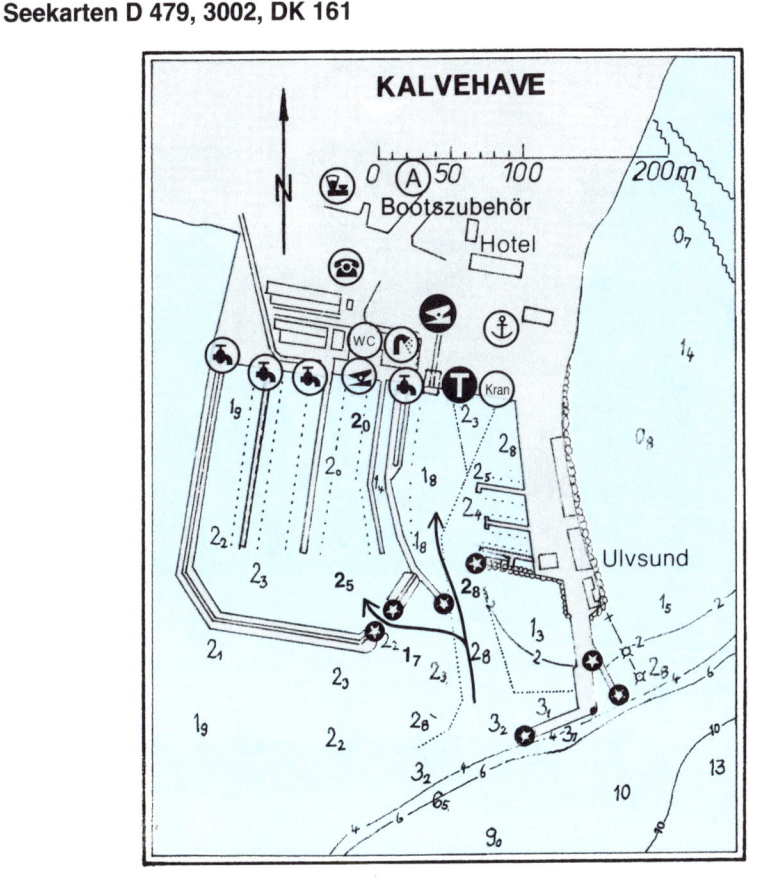

🜨 Fischerei- Fähr- und Sportboothafen.

⛵ Gastplätze sind durch grüne Schilder gekennzeichnet.

☸ Der unmittelbar E-lich der Ulvsund-Hochbrücke (26 m Durchfahrtshöhe) gelegene Hafen kann tags und nachts ohne Schwierigkeiten angelaufen werden. Befeuerte Molenköpfe.

🏠 Wasser nur an den Stegfüßen, Strom. Duschen und WC (Schlüssel gibt es im Hafenkontor bei Liegegeldentrichtung). Tankstelle (D), Mastenkran, Slip, Trailer-

Kalvehave

ablaufbahn, kleiner Supermarkt (ca. 200 m), Telefon, Münzwäscherei, Motorreparatur, Bootszubehör.

✂ Das Anlaufen des Hafens der Insel Lindholm ist verboten.

Balle Havn 55° 2,1′ N 12° 8,6′ E DK-I-17

Seekarten D 479, 3002, Dä 161 (Hafen in Karten nicht verzeichnet)

Balle Havn von N

Kleinboothafen.

Im Hafen.

Hafen kann nur von Ortskundigen angelaufen werden. Die Wassertiefen im Balle Havn betragen nur 0,5 bis 1 m.

Keine Versorgungsmöglichkeiten.

Stege

54° 59' N
12 16,9' E

DK-I-18

Seekarten D 479, 3002, Dä161

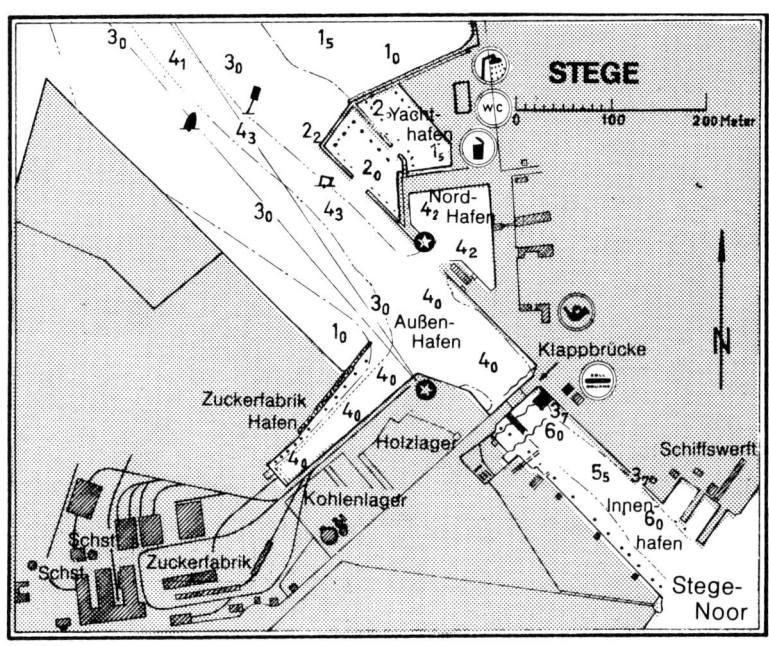

	Sportboothafen mit viel Platz
	Im Yachthafen, im Nord- und im Zuckerhafen
	Ansteuerung des Hafens durch die gut 4 sm lange Koster Rende oder durch das Nørdre Løb. Zahlreiche Stellnetzreihen erschweren bei W-lichen Winden ein Freikreuzen aus der Stegebucht.
	Wasser und Strom an den Stegen des Sportboothafens und im Nordhafen. Im Zuckerhafen nur eine Wasserstelle und nur ein Stromanschluß. Duschen, WC. Cafeteria. Tankstelle und Marineservice im Zuckerhafen. Werft im Innenhafen. weitere Versorgungsmöglichkeiten in der nahegelegenen Stadt. Post.
	Wasserstände: NE-Sturm + 1 m, SW-Sturm - 1 m. Die Liegeplätze an der E-Pier im Nordhafen sind laut, da dort eine befahrene Straße entlangführt. Der Zuckerhafen ist sehr ruhig. Lindholm siehe Kalvehave.

HHO IB – Nachtr. 1994

Stege von NW (Einlaufrichtung)

i Sehenswürdigkeiten: Møns Museum, Sankt Hans Kirke. Busverbindung nach Møns Klint.
Touristinformation (Storegade 5), Fahrradverleih (Storegade 11).

Nyord 55° 2,4′ N   12° 11,7′ E   DK-I-19

Seekarten D 478, 3002, Dä 161

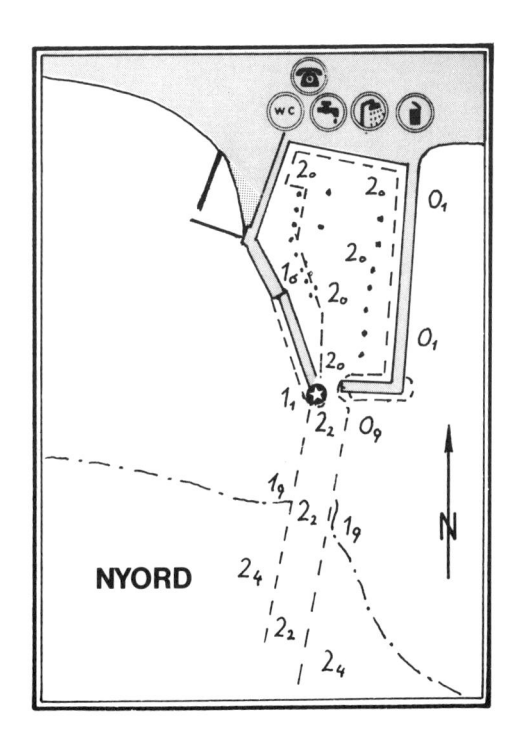

	Kleiner idyllischer Fischereihafen mit Liegemöglichkeiten für Sportboote.
	Auf freien Plätzen im Hafen, im Sommer ist der Hafen oft überfüllt, dann ist nur Liegen im „Päckchen" möglich.
	Von der Stengrund-Tonne solange in etwa NE-licher Richtung halten, bis die Hafeneinfahrt 11° peilt und dann auf diesem Kurs weiter in den Hafen. Stellnetzreihen zu beiden Seiten der Hafenansteuerung beachten. Vor der Hafeneinfahrt kann Querstrom auftreten.
	Wasser und Strom nur am WC-Gebäude, Dusche, WC (beides nicht sehr gepflegt), Ablaufbahn, kleiner Handkran, Einkaufsmöglichkeit, Post.
	Wasserstände: NE-Sturm +0,6 m, W-Sturm −0,3 m.

Nyord

i Busverbindung nach Stege.

Sandvig 55° 3,6' N 12° 7,5' E DK-I-20

Seekarten D 478, 3002, Dä 161

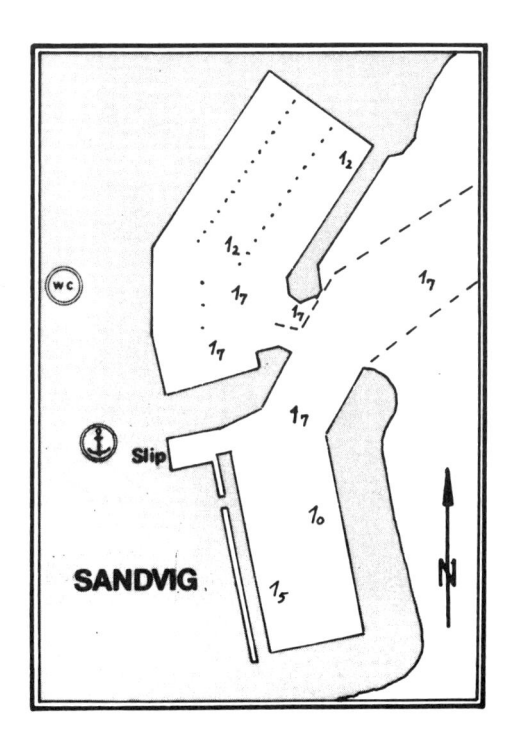

Kleiner Fischereihafen und kleiner, neuerrichteter Sportboothafen.

Im N-lich gelegenen Sportboothafen.

Zum Hafen führt eine ausgetonnte Baggerrinne, der Hafen ist von See kommend schlecht auszumachen. Vorsichtig manövrieren.
Die Wassertiefe in der Einfahrtsrinne beträgt 1,7 m.

Wasser, Strom, WC, Slip (Ablaufbahn).

Wasserstände: E-Sturm + 1,7 m, W-Sturm − 1 m.

Sandvig

Stavreby 55° 4,8' N 12° 8,8' E DK-I-21

Seekarten D 478, 3002, Dä 161

Stavreby

(wc) 🛢 💲 🛥 ⚓ 🚰

❄ Kleiner Bootshafen.

⛵ Im Bootshafen.

⚓ Zum Hafen führt eine 1,4 m tiefe Baggerrinne. Diese ca. 900 m lange Rinne unterliegt in ihrem mittleren Bereich der Versandung. Es muß deshalb mit geringeren Tiefen gerechnet werden. Ein Richtfeuer (2 rote Festfeuer in der Peilung 356°) wird zu bestimmten Zeiten angezündet. Wassertiefe im Hafen 1,4 m.

🍾 Wasser, Strom, WC, Slip (Ablaufbahn), Kran.
Einkaufsmöglichkeit in Jungshoved (3 km).

⌘ Kostenloser Fahrradverleih.

ℹ Sehenswürdigkeit: Slotsbakke, S-lich von Jungshoved-Kirche befinden sich die Reste eines mittelalterlichen Schlosses.

Præstø 55° 7,5' N 12° 2,5' E DK-I-22

Seekarten D 478, 3002, DK 161, 187

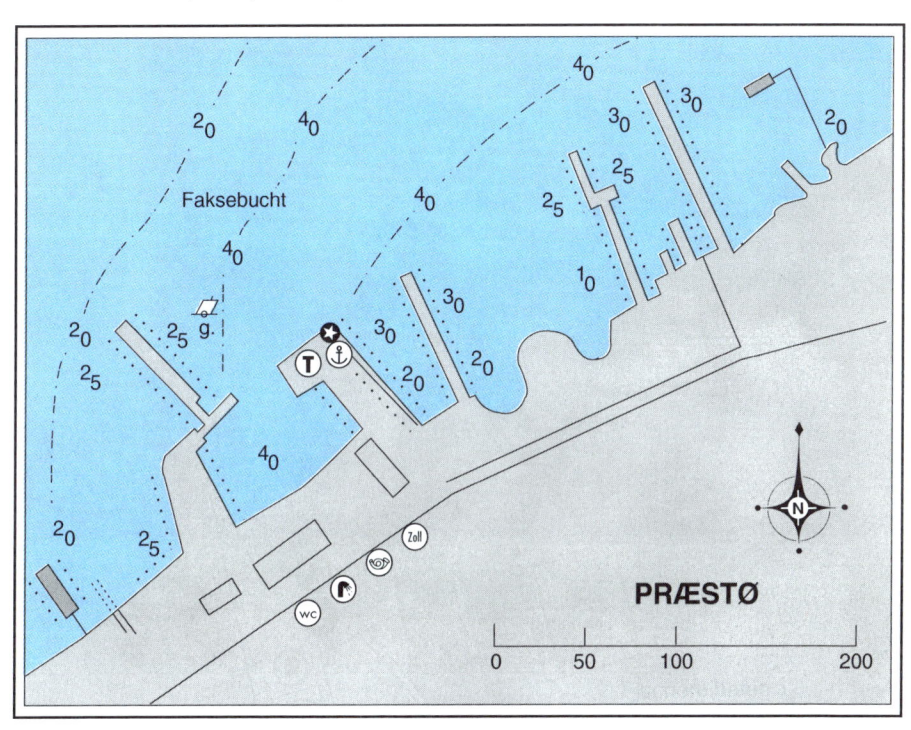

- Yachthafen mit zahlreichen Sportbootbrücken.

- Die Liegeplätze sind rot/grün ausgeschildert.

- Die Ansteuerung von Præstø erfolgt von der Untiefentonne Nordmannshage in S-licher Richtung (Richtfeuerlinie 182°). Ab Stenrøsen führt ein 4m tiefes betonntes Fahrwasser in den Hafen. Die nächtliche Ansteuerung von Præstø wird nur Ortskundigen empfohlen.

- Wasser und Strom an den Stegen, WC und Dusche. Tankstelle (D) beim Hafenmeisterbüro. Einkaufsmöglichkeiten, Kran, Slip, Werft, Motorenwerkstatt, Post, Zoll, Münzwäscherei.

HH OIB 1993

Præstø

⌘ Wassertiefen an den verschiedenen Brücken von 1 bis 3m. Wasserstände bei N- bis E-Sturm +1,5m, W-Sturm -1m. Ankermöglichkeiten im Præstø Fjord.

ℹ Sehenswürdigkeiten: Brandhistorisches Museum (Havnevej 4), Præstø Kirche

Fakse   55°12,8′N 12°10′E   DK-I-23

Seekarten D 478, 3002, DK 187, 190

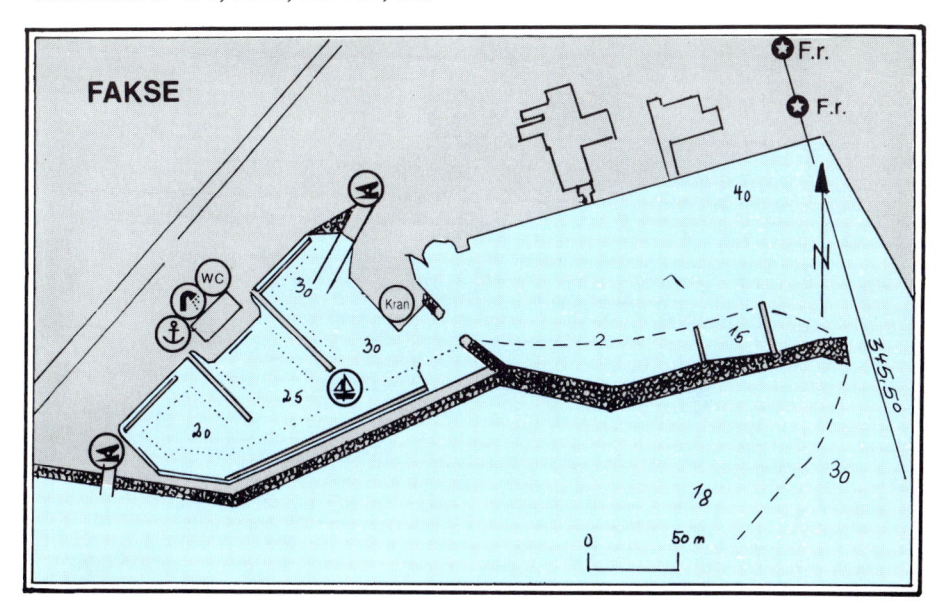

	Kleiner Industrie- und Handelshafen und neuer Yachthafen.
	Gastliegeplätze einlaufend an Bb.
	Zum Hafen führt eine ausgetonnte 3,6 m tiefe Baggerrinne. Der durch ein Richtfeuer gekennzeichnete Einlaufkurs ist 345,5°. Wegen zahlreicher Bundgarne sollte man so lange in der Richtfeuerlinie (251°) von Præstø bleiben, bis man in die Richtfeuerlinie von Fakse gelangt.
	Wasser und Strom an den Stegen, Duschen, WC, Münzwaschmaschine und kleines Restaurant am Yachthafen. Supermarkt mit Bootszubehör in Hafennähe. Weitere Versorgungsmöglichkeiten in Hylleholt. Badestrand W-lich vom Hafen mit Trailerbahn zum offenen Wasser für Motorboote. Kran im Fischereihafen.
	Baggerrinne und Hafen unterliegen ständiger Versandung. Wasserstände: E-Sturm + 1,5 m, W-Sturm – 1,5 m.
	Sehenswürdigkeit: Hylleholt Kirche.

Rødvig

55° 15,2' N
12° 22,6' E

DK-I-24

Seekarten D 478, 3002, DK 187, 190

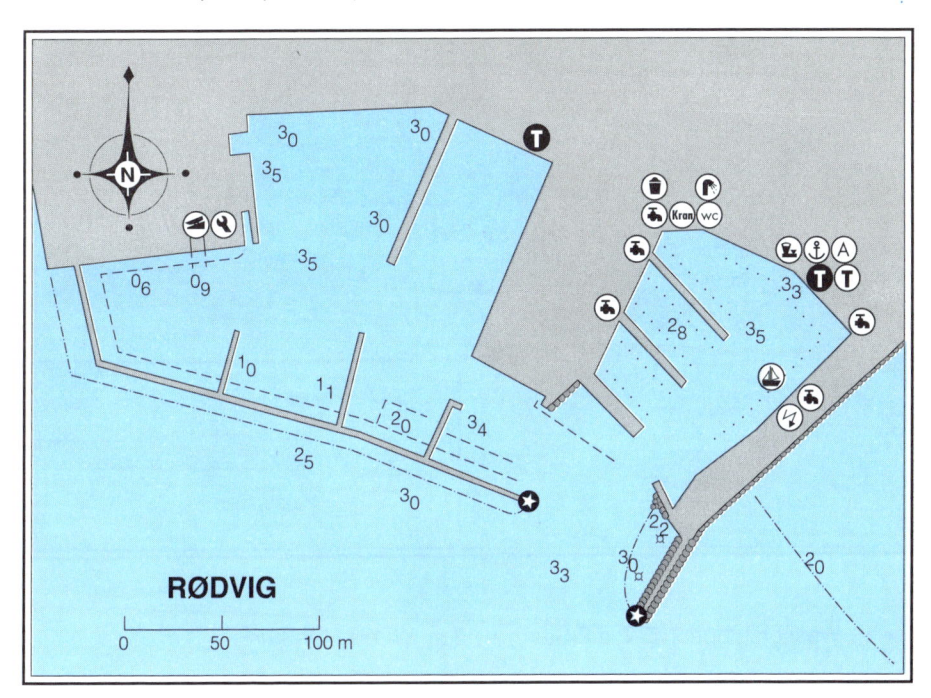

Fischereihafen und privater Yachthafen.

Gastplätze nach Einweisung durch den Hafenmeister. (Leif Normann Nielsen, Hærvejen 55, 4660 St.-Heddinge).

Bei der Ansteuerung des Hafens sind die zahlreichen Grundstellnetze beiderseits der Einfahrt zu beachten (siehe Skizze). Die Solltiefe der Hafeneinfahrt beträgt 3,3 m. Durch ständige Versandung muß jedoch mit wesentlich geringeren Tiefen gerechnet werden. Vorsichtig manövrieren. Bei auflandigem Starkwind stehen vor der E-Mole grobe Grundseen. Das Aus- und Einlaufen ist dann gefährlich.
Achtung: Im Bereich von Rødvig/Stevns Klint muß mit durch Eisgang unter der Wasseroberfläche abgeschorenen Bundgarnpfählen bis 1,5 sm von der Küste gerechnet werden!

Wasser und Strom an den Stegen, Duschen, WC, Tankstelle (B+D), Werft, Slip, Motorreparatur, Kran. Kaufmann mit Bootszubehör direkt am Hafen. Telefon. Weitere Einkaufsmöglichkeiten im Ort. Gas.

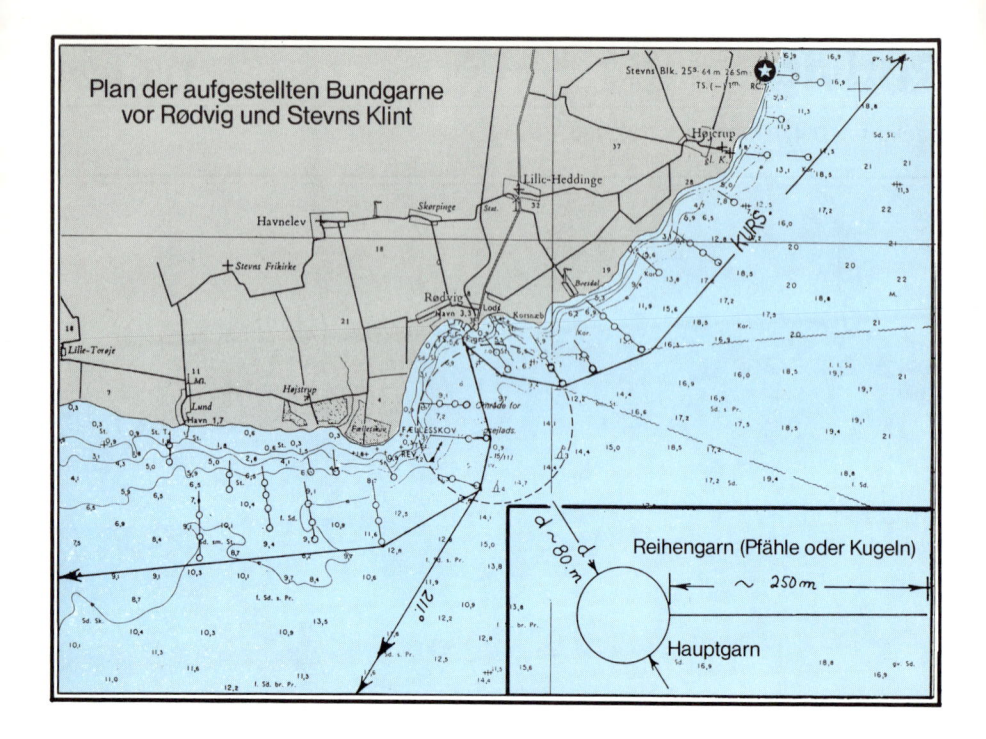

Plan der aufgestellten Bundgarne vor Rødvig und Stevns Klint

✼ Wasserstände: NE- bis E-Sturm +1,3 m, W- bis NW-Sturm -1,3 m.

ⓘ Sehenswürdigkeiten: Lille Heddinge Kirche (3 km), Stevns Museum (4 km), Højrup Kirche (4 km). Schiffsmotorenmuseum im Ort. Täglich zweimalige Fährverbindung nach Stralsund.

Bøgeskov 55° 22,3' N 12° 25' E DK-I-25

Seekarten D 329, Dä 187, 132

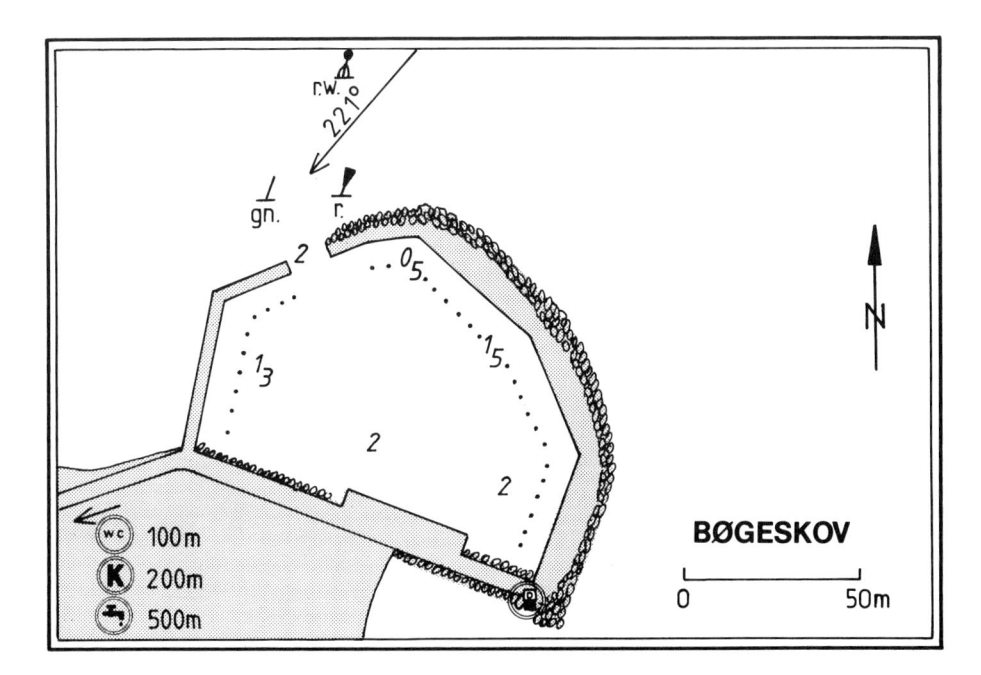

Kleiner Fischereihafen mit Liegemöglichkeiten für Sportboote.
Idyllischer kleiner Hafen in landschaftlich schöner Umgebung (Wald und Steilküste).

Auf freien Plätzen an den Molen. Es bestehen auch Festmachemöglichkeiten an Grundgeschirren in der Hafenmitte.

Die Ansteuerung des Hafens erfolgt auf SW-lichem Kurs (Richtfeuer ca. 221°), sie ist gekennzeichnet durch eine rot/weiße Tonne mit Kugeltopzeichen und einem grün/roten Tonnenpaar vor der Hafeneinfahrt.

WC, Waschräume (mit Warmwaser), Wasser (ca. 500 m), Tankstelle (D), Kiosk und Kro. An den Hafenleuchten gibt es Stromanschlüsse (Skippermeldung).

Wasserstände: E- bis NE-Sturm +0,8 m, W- bis SW-Sturm −0,6 m.

Schöner Badestrand (dieser kann allerdings zu bestimmten Zeiten durch angetriebenen Seetang verschmutzt sein. Geruchsbelästigung!)

Bøgeskov

Køge Yachthafen 55°28,2′N 12°12′E   DK-I-26

Seekarten D 329, DK 132

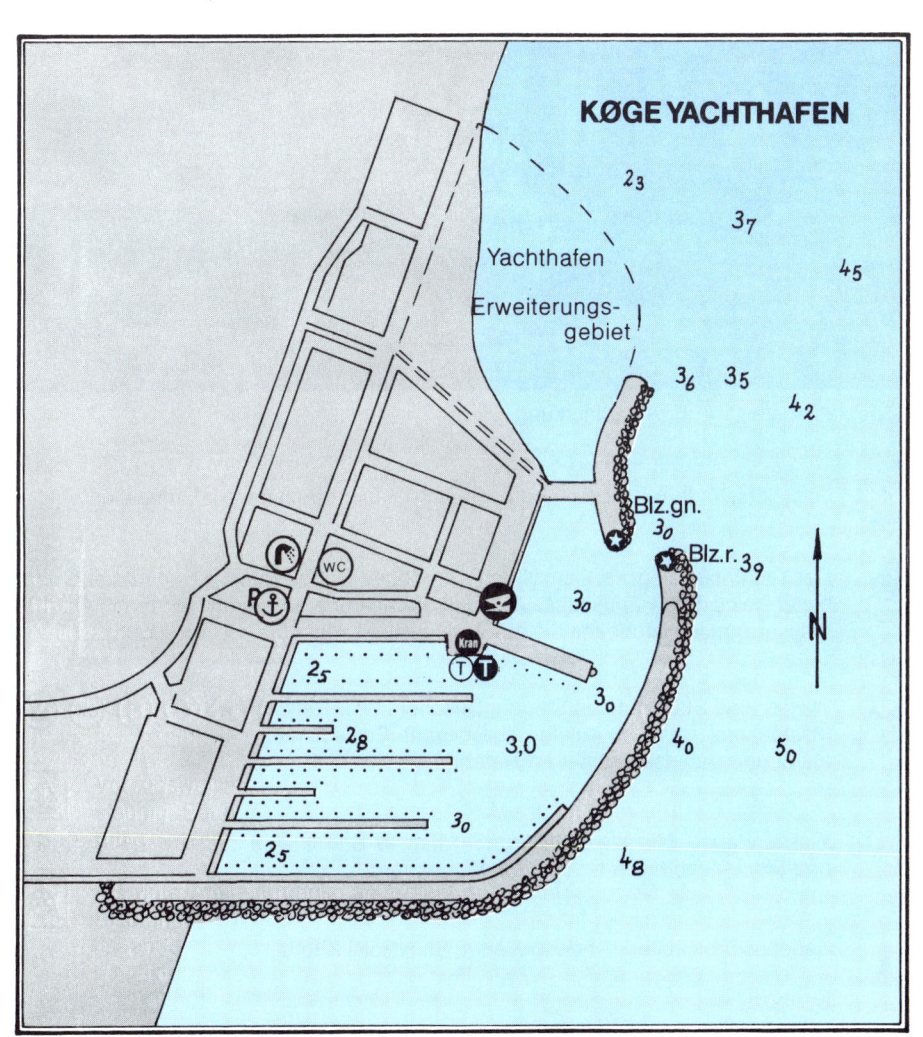

Moderner und gut ausgestatteter Yachthafen.

Køge Yachthafen von E (Anlaufrichtung)

⛵ Gastplätze in freien Boxen und nach Einweisung durch den Hafenmeister.

☸ Der Yachthafen liegt ca. 2 sm N-lich vom Køge-Handelshafen. Seine Ansteuerung bietet keine Schwierigkeiten. Als Groborientierung kann bei Tag der Y-förmige Wasserturm in Hafennähe dienen. Befeuerte Molenköpfe (Blz.gn./Blz.r.).

🏠 Wasser und Strom an den Stegen, Duschen, WC, Tankstelle (B + D), Trailerbahn, Mastenkran, Travellift, Telefon, Restaurant. Einkaufsmöglichkeiten im Ort. Kaufmann und Schiffsausrüster im Hafen.

✂ Wasserstände: NE- bis SE-Sturm + 1,6 m, W-Sturm – 0,9 m. Der Køge Handels- und Industriehafen ist für Sportboote gesperrt.

ℹ Sehenswürdigkeiten: Køge Museum, St. Nikolaj Kirche.

Mosede 55°34′N 12°17,1′E DK-I-27

Seekarten D 329, DK 132

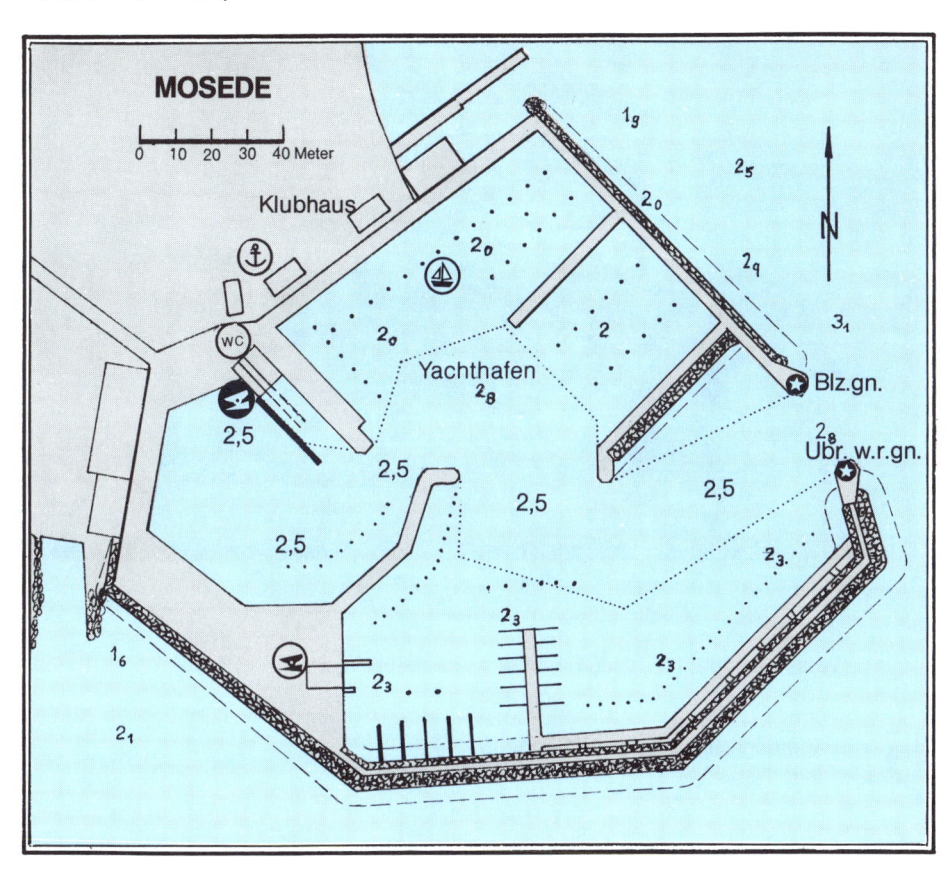

	Fischerei- und Yachthafen.
	Gastplätze in freien Boxen im NE-lichen und S-lichen Hafenbereich. Wenige Gastliegeplätze.
	Die Ansteuerung des Hafens bietet keine besonderen Schwierigkeiten, sie ist tags und nachts möglich. Molenköpfe befeuert (Blz.gn. und Ubr.w./r./gn.).
	Wasser und Strom an den Stegen, Duschen, WC, Tankstelle (B+D), Werft, Slip (5 t), Trailerbahn, Kran, Restaurant und Einkaufsmöglichkeiten, Motorreparatur.

Mosede von SE

⌘ Wasserstände: NE-bis E-Sturm + 1,6 m, S-bis W-Sturm − 1,5 m.

ℹ Bademöglichkeit in Greve Strand (3 km).

Hundige Havn 55° 35,3′ N 12° 21,4′ E   DK-I-28

Seekarten D 329, Dä 132

Hundige Havn von SE (Einlaufrichtung)

Neuer moderner Yachthafen mit ca. 600 Liegeplätzen.

In freien Boxen.

Die Ansteuerung des durch zwei große Molen geschützten Hafens bietet keine besonderen Schwierigkeiten.
Wassertiefen in der Einfahrt 5 m, im Hafen zwischen 2 und 3 m.
Laut Seglermeldung beträgt die Wassertiefe im Vorhafenbereich weniger als 1,7 m (grüner Tonnenstrich). Auch an den Außenboxen soll die Wassertiefe unter 1,7 m sein und bei starkem S-Wind weiter abnehmen.

Wasser, Strom, Duschen, WC, Ablaufbahn, Kran, Tankstelle (D).

HH OIB 1993

Ishøj Havn 55° 36,2' N 12° 23,1' E   DK-I-29

Seekarten D 329, Dä 132

Ishøj Havn von SE

Neuer moderner Yachthafen mit ca. 600 Liegeplätzen.

In freien Boxen.

Die Ansteuerung erfolgt aus E-licher Richtung durch ein den Binnensee abschließendes Molenpaar.
Wassertiefen in der Einfahrt 5 m, an den Stegen 2 bis 3 m.

Wasser, Strom, Duschen, WC, Kran, Slip, Motorreparatur.

Vallensbæk Havn   55° 36,3' N   12° 23,3' E   DK-I-30

Seekarten D 329, DK 132

(WC) (Dusche) (Müll) (Anker) (Kran) (Slip) (T) (Strom) (Telefon) (S)

Yachthafen mit ca. 300 Liegeplätzen.

Gastliegeplätze mit rot/grün Beschilderung.

Die Ansteuerung erfolgt aus E-licher Richtung durch ein den Binnensee abschließendes Molenpaar. Die Ansteuerung von Ishøj und Vallensbæk erfolgt durch die gleiche Moleneinfahrt. Die Wassertiefen liegen zwischen 1 bis 6 m (siehe Plan).

WC, Duschen, Wasser, Strom, 2 Mastenkräne, Trailerbahn, Motorrepareparatur, Tankstelle (D), Einkaufsmöglichkeiten.

Vallensbæk Havn, Havnevej, 2665 Vallensbæk Strand, Tel: 02-543675. Hafenmeister: Jeden Tag 08.00-08.30 Uhr. Hafenkontor: Montag, Dienstag, Donnerstag und Freitag 09.00-13.00 Uhr. April bis September Mittwoch 18.00 bis 19.30 Uhr.

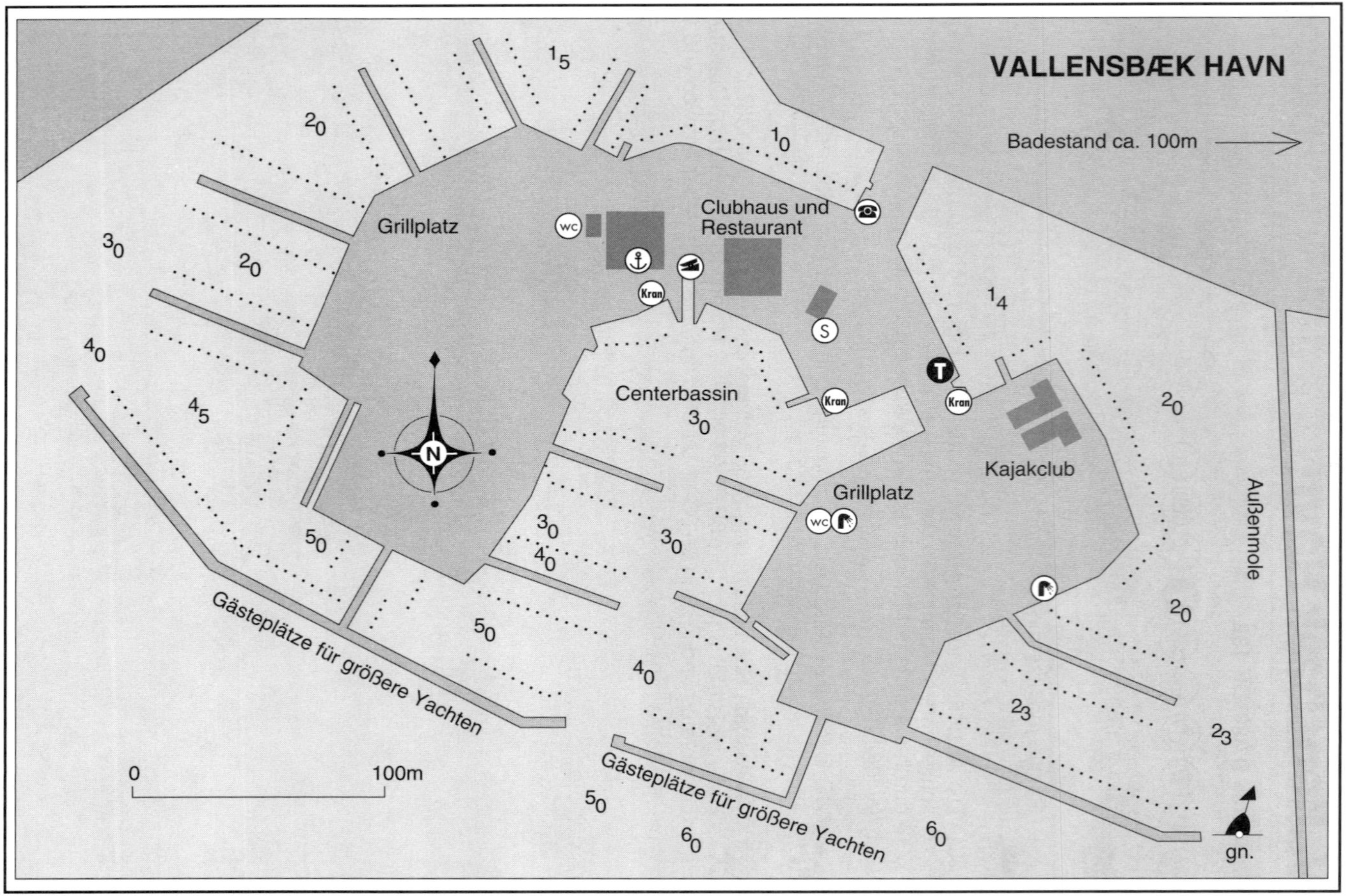

VALLENSBÆK HAVN
Badestand ca. 100m
Clubhaus und Restaurant
Grillplatz
Centerbassin
Kajakclub
Grillplatz
Außenmole
Gästeplätze für größere Yachten
Gästeplätze für größere Yachten
Kran
Kran
Kran
WC
WC
S
N
0
100m
gn.
15
10
20
20
30
40
45
14
30
30
30
40
50
50
40
50
60
60
20
20
23
23

WC
Kran
S

Brøndby Strand Havn 55° 36,5′ N   12° 26,8′ E   DK-I-31

Seekarten D 329,   Dä 132

Brøndby Strand Havn von S

Neuer moderner Yachthafen mit ca. 400 Liegeplätzen an gleicher Stelle wie der früher hier befindliche Hafen gleichen Namens.

In freien Boxen.

Die Ansteuerung des Hafens bietet keine besonderen Schwierigkeiten. Sie erfolgt aus W-licher Richtung durch die Moleneinfahrt. Wassertiefen im Hafen 2–3 m.

Wasser, Strom, Duschen, WC, Slip, Kran, Motoren- und Elektrowerkstatt, Tankstelle (D).

HH OIB 1993

Hvidovre Yachthafen

55° 37,6´ N
12° 30,2´ E

DK-I-32

Seekarten D 329, DK 132

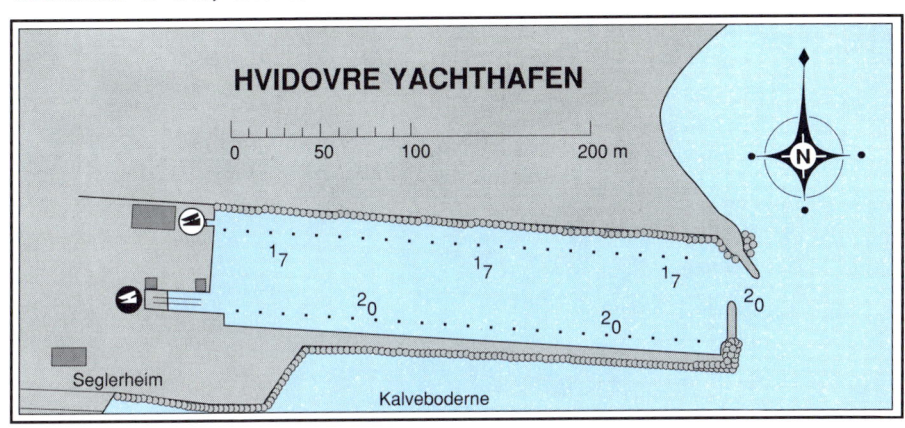

HVIDOVRE YACHTHAFEN

0 50 100 200 m

Seglerheim

Kalveboderne

- Langgestreckter Yachthafen.

- Gastplätze in freien Boxen oder nach Einweisung durch den Hafenmeister.

- Ansteuerung von S durch das ausgetonnte Kalvebodløbet. Die Kalvebodbro hat eine Durchfahrtshöhe von 16m und je 35m Breite. Der W-Teil der Brücke hat eine Durchfahrtshöhe von nur 6m (Sorterende).

- Wasser und Strom an den Stegen, WC, Dusche, Tankstelle (B+D), Kran, Mastenkran, Trailerbahn, Slip (7t), Motorenwerkstatt, Einkaufsmöglichkeiten.

- Das Wildschutzgebiet Hvidovre Strand wird im Norden durch die Sjaellandsbro und im Süden durch eine 500m S-lich parallel zur Kalvebodbro verlaufende Linie begrenzt. Außerhalb des Kalvebodløb darf die Geschwindigkeit von Motorfahrzeugen 5 kn nicht überschreiten.

- Busverbindung nach Kopenhagen.

Hvidovre Yachthafen von SE

Kopenhagen Südhafen
(Fiskerihavnen) 55° 38,7´ N 12° 32,8´ E   DK-I-33

Seekarten D 289, 329, DK 133

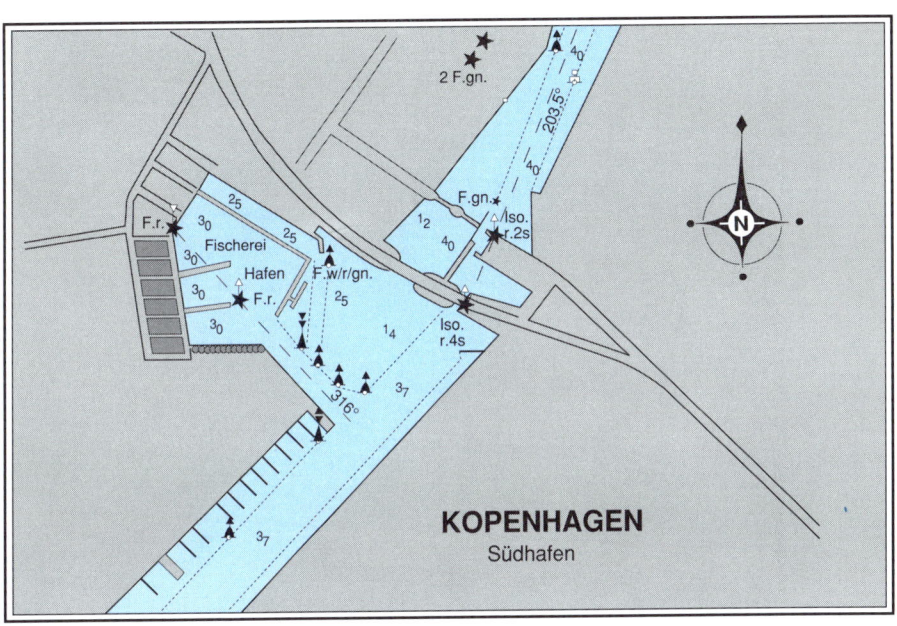

- Großer, überwiegend von Motorbooten genutzter Hafen mit ca. 1000 Liegeplätzen
- Gastliegeplätze nach Einweisung durch den Hafenmeister.
- Der Hafen ist von SW erreichbar durch das Kalvebodløbet und von NE durch das Sluseløbet.
- Wasser und Strom an den Stegen, Duschen, WC, Tankstelle (B + D), Kran, Motorwerkstatt. Einkaufsmöglichkeiten.

HH OIB 1993

⌘ Die Durchfahrt durch den Hafen von Kopenhagen zur Køge Bucht und umgekehrt ist für Schiffe, die nicht für Kopenhagen bestimmt sind, bei Strafe untersagt. Ausgenommen sind solche Fahrzeuge, die für die Langebro und die Knippelsbro nicht geöffnet werden müssen.

i Busverbindung nach Kopenhagen.

Dragør
55° 35,7' N
12° 40,9' E

DK-I-34

Seekarten D 329, DK 132, 133

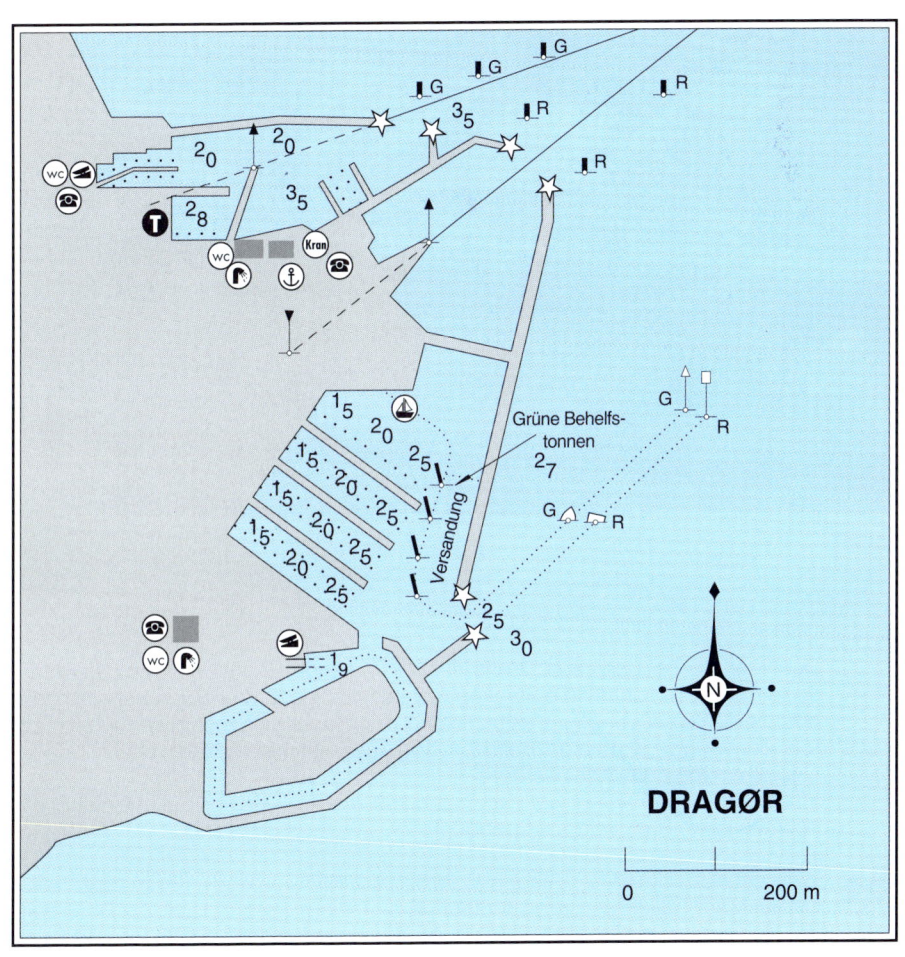

Fähr-, Fischerei- und großer Yachthafen.

Im Yachthafen und im weiter N-lich gelegenen Alten Hafen rot/grün Beschilderung.

Beide Häfen sind ohne Schwierigkeiten durch bezeichnete Einlaufrinnen anzusteuern. Das Fahrwasser zum Alten Hafen ist ca. 300m lang und 50m breit bei einer Wassertiefe von 3,5m. Das Fahrwasser zum Yachthafen ist 2,5m tief.

HHO IB – Nachtr. 1994

Dragør

Der N- und E-Teil des Yachthafens ist stark versandet. Beim Befahren des Hafens sollte man sich dicht an die Stegköpfe halten. Es liegen drei grüne Behelfstonnen aus, die die Versandungsgrenze markieren. Es befinden sich zusätzliche unbefeuerte rote Tonnen vor dem Hafen. Beim Ein- und Auslaufen beider Häfen muß mit starker Querströmung gerechnet werden.
VORSICHT: Die Fähren wenden manchmal nachts vor der Hafeneinfahrt und nehmen keine Rücksicht auf Sportboote.

Wasser und Strom an den Stegen, Duschen und WC. Tankstelle (D) im Alten Hafen. Mastenkran, Trailerbahn, Kran, Motorreparatur, Werft, Post und Zoll. Zur Benutzung der Sanitärräume wird nach Entrichtung des Hafengeldes vom Hafenmeister die Schlüsselkarte ausgehändigt. Der Code wird wöchentlich geändert. Hafenkontor geöffnet: 08.00-09.00/11.00-12.00/17.00-18.00 Uhr.

Wasserstände NE-Sturm +1,4m, SE-Sturm -1m.

Sehenswürdigkeiten: Dragør Museum, Mølsteds Museum, sehenswertes altes Fischerdorf.
Fähre nach Limhamn, Busverbindungen nach Kopenhagen (Linie 30 vom Alten Hafen und Linie 33 ab Ortsmitte.

Kastrup

55° 38,1′ N
12° 39,4′ E

DK-I-35

Seekarten D 329, Dä 132, 133, 134

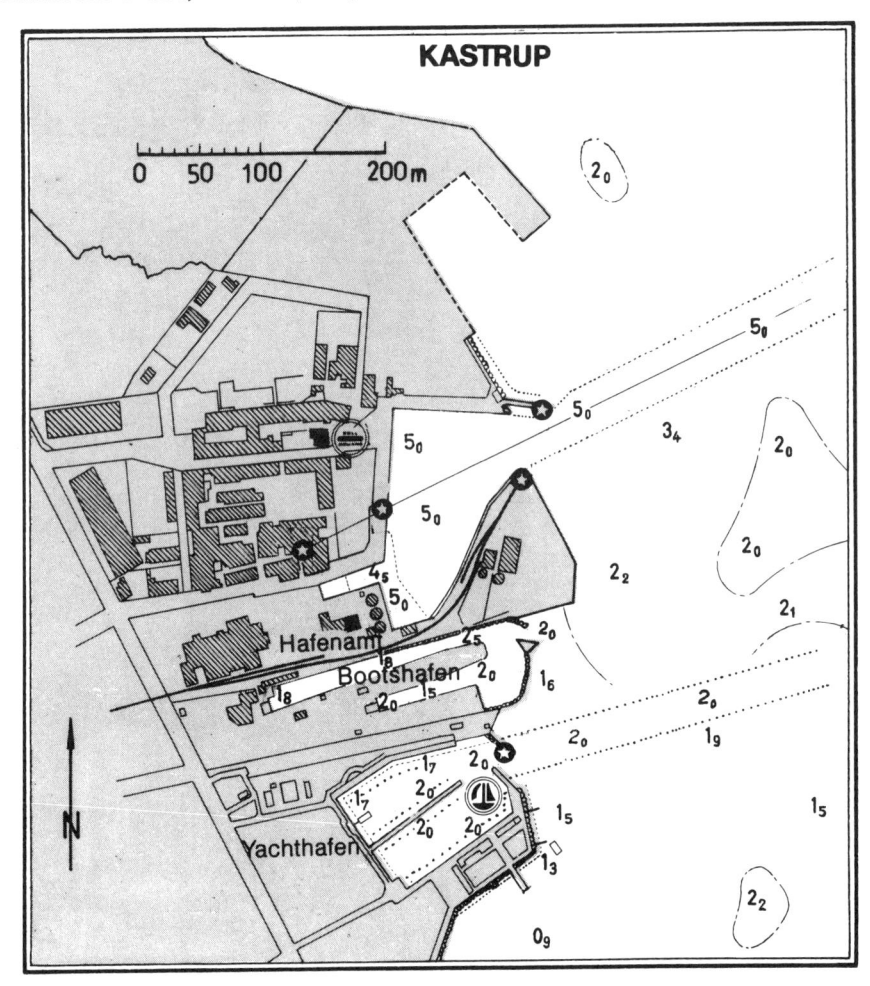

Handelshafen, Boots- und Yachthafen.

Im Yachthafen.

N-lich des Leuchtfeuers Nordre Røse verläuft ein ausgetonntes Fahrwasser zum Hafen.

HH OIB 1993

Kastrup von E (Einlaufrichtung)

- Wasser, Strom, Duschen, WC, Motorreparatur, Ablaufbahn, Kran. Einkaufsmöglichkeiten.
- Das Anlaufen des Handelshafens ist für Sportboote verboten. Wasserstände: NE-Sturm +1 m, SE-Sturm −1 m.
- Busverbindung nach Kopenhagen.

Kastrup
Strandpark Yachthafen
55°38,6′N
12°39,2′E
DK-I-36

Seekarten D 289, 329, DK 132,133

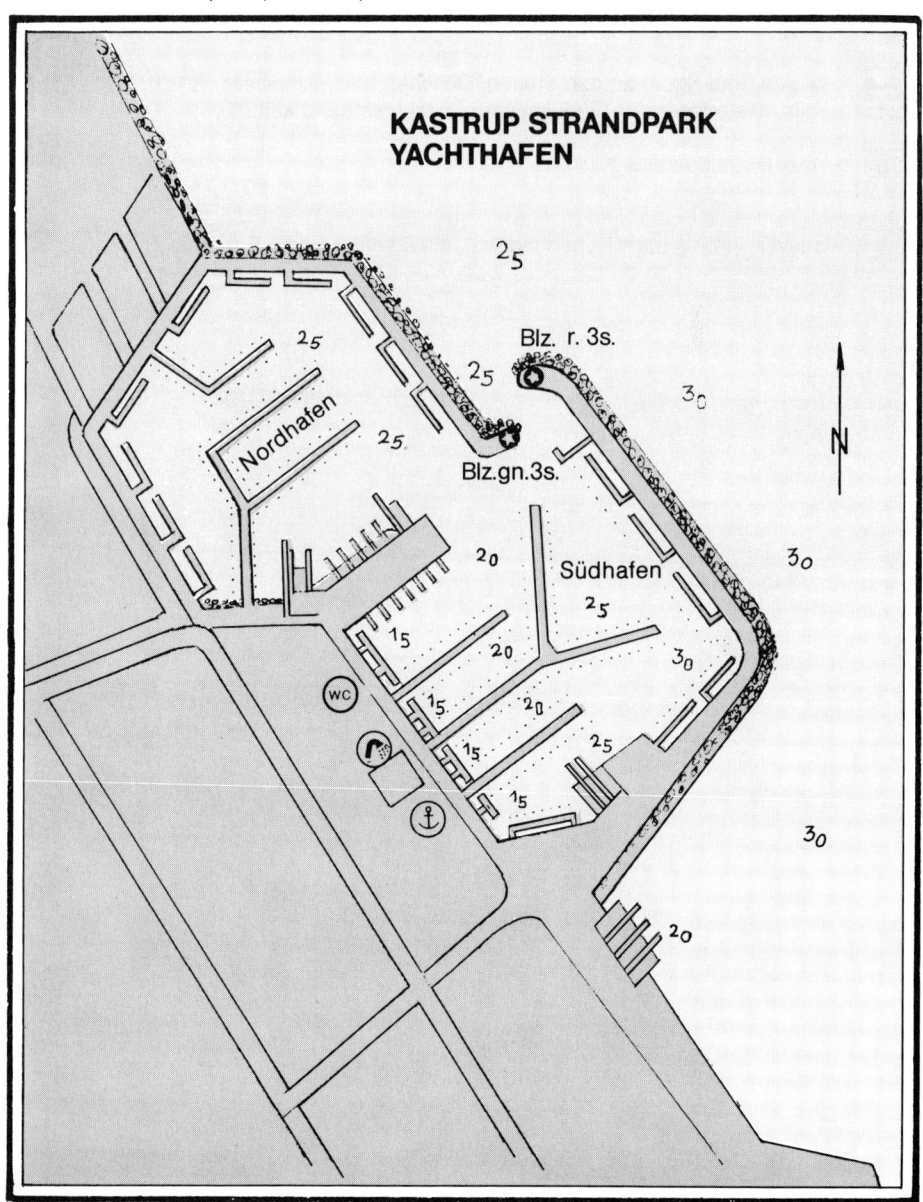

KASTRUP STRANDPARK YACHTHAFEN

Nordhafen

Südhafen

Blz. r. 3s.
Blz. gn. 3s.

HH OIB 1993

- Moderner Yachthafen etwa 0,5 sm N-lich von Kastrup.
- Gastplätze in freien Boxen oder nach Anweisung durch den Hafenmeister.
- Die Ansteuerung erfolgt in einer 0,7 sm langen betonnten Baggerrinne mit Kurs rw. 248°.
- Wasser und Strom an den Stegen, Duschen, WC, Tankstelle (B+D), Trailerbahn, Kran, Motorreparatur, Segelmacher. Einkaufsmöglichkeit.
- Wasserstände siehe Kastrup.
- Busverbindung nach Kopenhagen (Linie 8 vom Amager Strandvej).

Sundby Yachthafen 55° 39,9′ N 12° 38,1′ E   DK-I-37

Seekarten D 239, 329, Dä 132, 133, 134

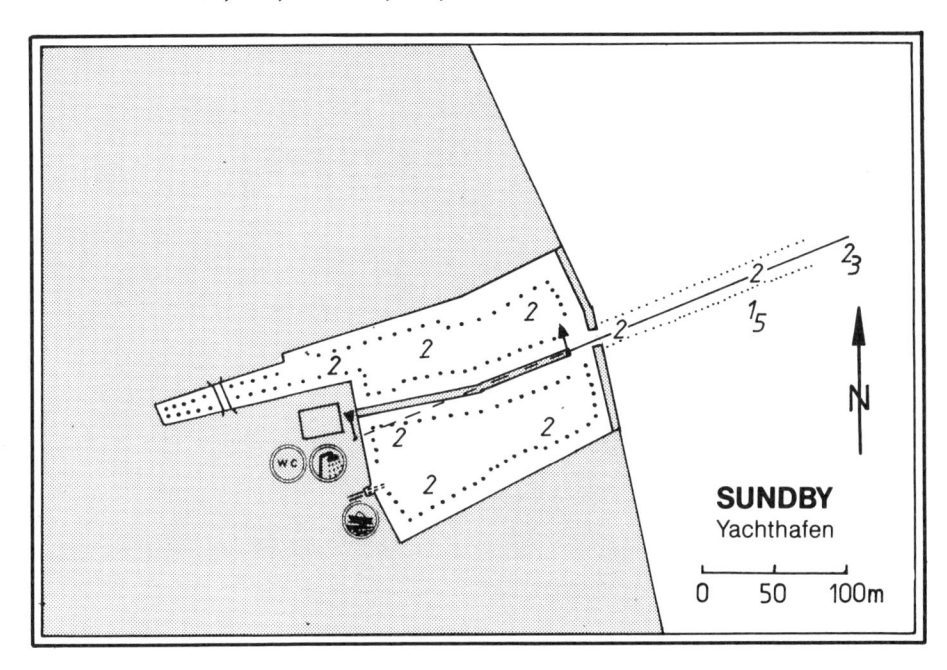

SUNDBY Yachthafen

0 50 100m

Yachthafen der Sundby Sejlforening.

Auf freien Plätzen im Hafen. Die Boxen sind nur für Schiffe bis 2,8 m Breite geeignet (Seglermeldung).

Zum Hafen führt eine ausgetonnte Baggerrinne mit 2 m Wassertiefe. Die Betonnung liegt nur zwischen dem 1. 4. und 15. 11. aus.

Wasser, Strom, Duschen, WC, Tankstelle (B + D), Motorreparatur, Slip, Kran, Münzwäscherei (Østrigsgade 45), Einkaufsmöglichkeit.

Wasserstände wie Kastrup.

Busverbindung nach Kopenhagen (Linie 37 vom Øresund Vej).

Sundby Yachthafen von E (Einlaufrichtung)

Flakfort 55°42,2′N 12°44′E DK-I-38

Seekarten D 289, DK 133, 134

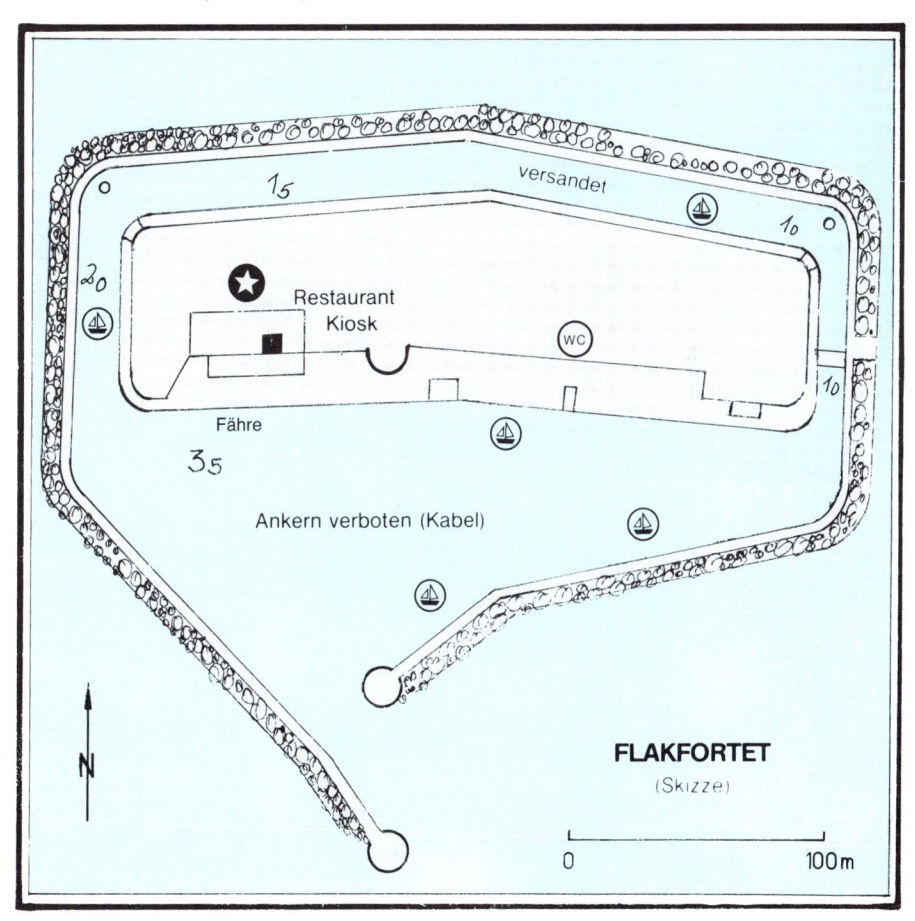

(Sketch map of Flakfortet harbour showing depths, restaurant/kiosk, WC, ferry, anchoring prohibited area (cable), mole heads, with scale 0–100 m and north arrow.)

FLAKFORTET
(Skizze)

(WC) (🗑) (⛵)

※ Sportboothafen in ehemaliger Befestigungsanlage im Sund. Beliebter Ausflugshafen.

⛵ Liegeplätze nach freier Wahl.

☸ Den N-lich der Insel Saltholmen gelegenen Hafen erreicht man vom Holländerdybet direkt mit E-Kurs. Dabei sollte man sich gut freihalten von den Untiefen N-lich von Saltholmen. Das Flakfort-Feuer hat die Kennung Blz.(2) 10 s. Die Molenköpfe sind unbefeuert, deshalb Vorsicht bei nächtlicher Ansteuerung.

HH OIB 1993

WC, Restaurant. Kein Wasser oder sonstige Versorgungsmöglichkeiten.

Lt. Skippermeldung verkehrt eine Fähre mehrmals täglich zwischen Flakfort und Kopenhagen-Nyhavn.

Kopenhagen 55° 41′ N 12° 36′ E DK-I-39

Seekarten D 289, Dä 134

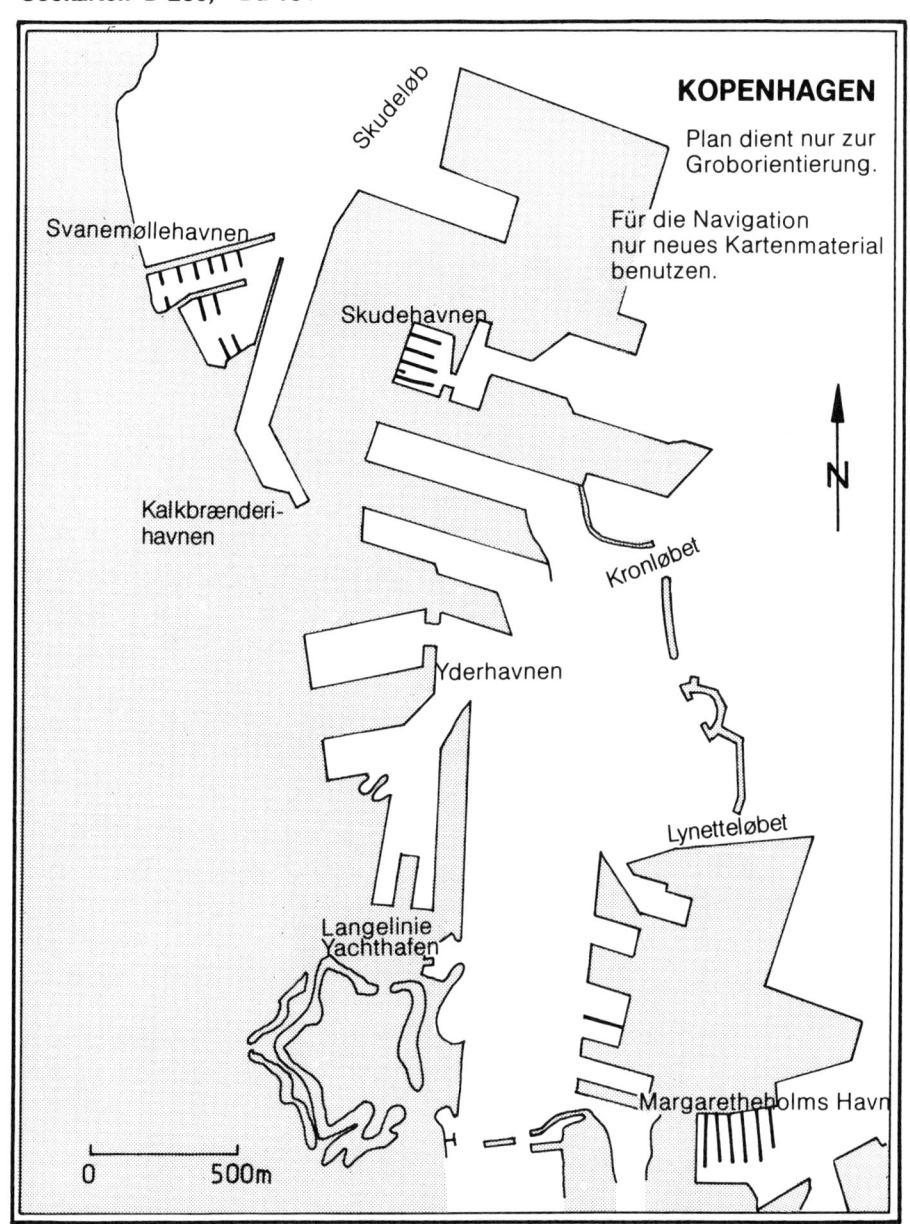

KOPENHAGEN

Plan dient nur zur Groborientierung.

Für die Navigation nur neues Kartenmaterial benutzen.

Svanemøllehavnen

Skudeløb

Skudehavnen

Kalkbrænderihavnen

Kronløbet

Yderhavnen

Lynetteløbet

Langelinie Yachthafen

Margaretheholms Havn

0 500m

HH OIB 1993

Kopenhagen ist die Hauptstadt Dänemarks. Sie verfügt über den größten Handelshafen des Landes. Im Hafenbereich sind zahlreiche Yachthäfen angesiedelt.

Gastliegemöglichkeiten in allen Kopenhagener Yachthäfen. Lage der Yachthäfen siehe Übersichtsplan.

Siehe Einzelbeschreibungen.

Alle Versorgungsmöglichkeiten.

Hafenordnung:

Verkehrsbestimmungen in Kopenhagen

Die Durchfahrt durch den Hafen von Kopenhagen zur Køge Bugt ist für Schiffe, die nicht nach Kopenhagen bestimmt sind, bei Strafe untersagt. Ausgenommen sind solche Fahrzeuge, für die die Langebro und Knippelsbro nicht geöffnet werden müssen.

Brücken und Schleuse. Für die Brücken im Hafen und die Schleuse in Kalveboderne sind bestimmte Durchfahrtszeiten festgesetzt. Auf Ersuchen bei den betreffenden Brückenmeistern können die Brücken, sofern die Verhältnisse es gestatten, außerhalb der festgesetzten Zeiten geöffnet werden. Hierfür wird jedoch eine Sondergebühr erhoben.

Jedes Fahrzeug, das eine der Brücken oder die Schleuse passieren will, muß sich diesen Anlagen mit angemessener Geschwindigkeit nähern, wobei auf die *Verkehrssignale* zu achten ist.

Wenn Verkehrssignale gezeigt werden, haben alle in der Nähe befindlichen Fahrzeuge so zu manövrieren, daß sie die in die Brücken oder Schleuse ein- oder auslaufenden Schiffe nicht behindern.

Verkehrsvorschriften für die Passage der Brücken und Schleusen.

1. Knippelsbro, Langebro und Själlandsbro
   Fahrzeuge ohne eigene Maschinenkraft sowie alle Fahrzeuge über 1500 BRT dürfen die genannten Brücken nur mit ausreichender Schlepperunterstützung passieren.

   Schiffe, die durch Knippelsbro oder Langebro fahren wollen, müssen ihre Absicht durch folgende Signale zu erkennen geben:

   Am Tage: Die internationale Flagge „N" oder — wo eine solche nicht vorhanden ist — die Nationalflagge in halber Höhe im Vortopp sowie das Schallsignal „lang, kurz".

   Bei Nacht: Ein weißes Licht am Bug sowie das Schallsignal „lang, kurz".

   Beim Durchfahren der Själlandsbroen gelten die gleichen Signale, doch haben südwärts gehende Schiffe den Vorrang.

2. Nyhavnsbro und Bryghusbro
   werden nur nach Rücksprache mit dem Hafenkapitän geöffnet.

DK-I-39a

Schleuse in Kalveboderne:
Schiffe, die einschleusen wollen, zeigen folgende Signale:
Am Tage die internationale Flagge "N" oder die Nationalflagge in halber Höhe im Vortopp sowie das Schallsignal "lang, kurz".
Bei Nacht ein weißes Licht am Bug, sowie das Schallsignal "lang, kurz".

Abmessungen der Brückendurchfahrten und der Schleuse

Name	Breite	Durchfahrtshöhe
Knippelsbro	35,0 m	5,4 m
Langebro	35,0 m	7,0 m
Langebro Eisenbahnbrücke	35,0 m	1,5 m
Nyhavnsbro	9,4 m	1,8 m
Bryghusbro	9,4 m	2,1 m
Sjaellandsbro	16,0 m	3,0 m
Kalvebodbro	35,0 m	16,0 m

Die Schleuse in Kalveboderne ist 10,8 m breit und 53 m lang

Hafenordnung von Kopenhagen.
Für die Schiffahrt innerhalb der Hafengrenzen gelten die Seestraßenordnung und u.a. einige in der Hafenordnung besonders aufgeführte Punkte.
Jedes Schiff, das durch Bomløbet fährt, muß dem dort postierten Hafenbeamten Namen und Heimathafen des Schiffes sowie den Abgangs- und Bestimmungshafen aufgeben.
Während der Fahrt im Hafen muß die Geschwindigkeit so weit herabgesetzt werden, daß keine Beschädigungen an anderen Fahrzeugen und deren Vertäuungen eintreten können.
Beim Einlaufen in die Kanäle und Hafenbecken sowie beim Verlassen derselben ist von den Schiffen rechtzeitig ein langer Ton zu geben. Alle Schiffe, deren Tiefgang es zuläßt, müssen die rechte Seite im Fahrwasser einhalten. Beim Queren des Fahrwassers dürfen in Längsrichtung des Fahrwassers fahrende Schiffe nicht behindert werden.
An den Bollwerken vor den Bootshäusern in den Yachthäfen dürfen nur Boote der Rudervereine liegen. Es ist verboten, in den Einfahrten oder an den Molenköpfen der Yachthäfen festzumachen oder dort Segel zu setzen. Keine Yacht darf ohne hafenpolizeiliche Erlaubnis im Hafen ankern. Sportboote müssen in allen Hafengebieten vorsichtig manövrieren und die Berufsschiffahrt nicht behindern. Segeln ist in den Hafengebieten nicht erlaubt.
Das Befahren des Kronløbet ist für Sportboote verboten. Fahrzeuge, die zum Langelinie Yachthafen wollen, müssen den Hafen durch das Lynetteløbet anlaufen. Im Yderhavnen dürfen Sportboote nur E-lich des Hauptfahrwassers navigieren und dieses zum Erreichen von Langelinie auf dem kürzesten Wege kreuzen.

i	Über die zahlreichen Sehenswürdigkeiten informiert das Fremdenverkehrsbüro (Banegardsplads 2, Tel: 11 14 15). Botschaft der Bundesrepublik Deutschland (Stockholmsgade 57). Fährverbindungen nach Rœnne, Malmö, Landskrona, Oslo, Travemünde, Swinemünde, Helsinki und Slite.

Margaretheholms Havn DK-I-40
55° 41,5′ N   12° 36,8′ E

Seekarten D 289, Dä 133, 134

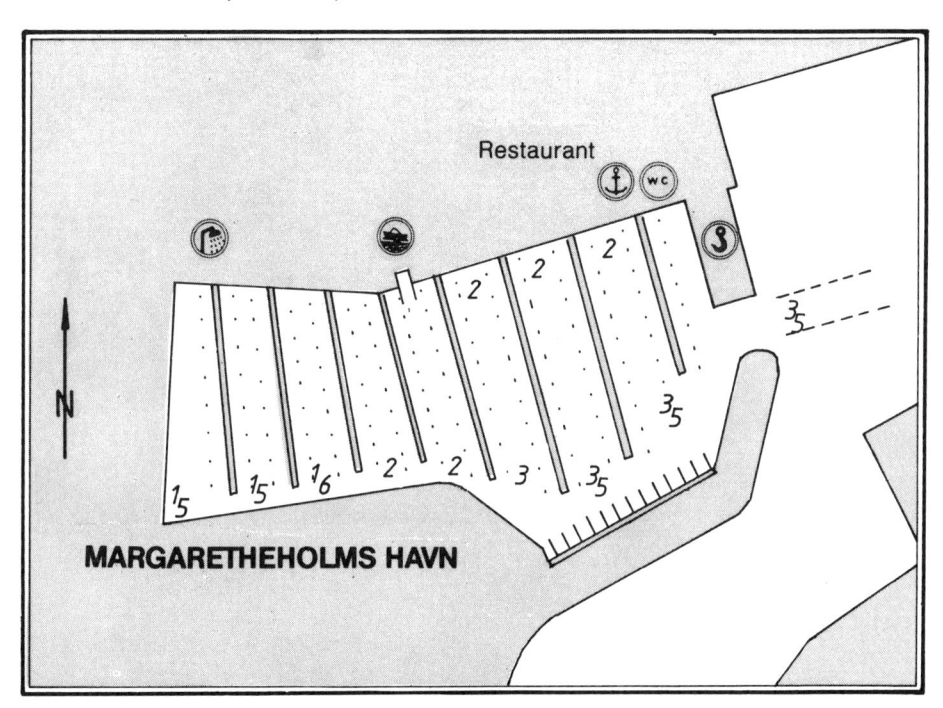

Großer moderner Yachthafen mit ca. 600 Liegeplätzen.
Yachthafen liegt S-lich der B & W-Großwerft.
Jüngster Yachthafen im Bereich des Kopenhagener N-Hafens.

Auf freien Plätzen oder nach Einweisung durch den Hafenmeister.

Die Einfahrt zu diesem Hafen liegt N-lich der Tankerpier und kann nur aus E-licher Richtung vom Konge Dybet kommend angesteuert werden. Von N oder S kommend bleibt man so lange im Hauptfahrwasser, bis man die Rundkuppel der Frederiks-Kirche in der Mitte zwischen dem N-lichsten Tank der Raffinerie und der großen Montagehalle der B & W-Werft peilt. Dann kann man unter Beachtung der Nebenfahrwassertonnen und des Stromes direkt auf die Kirchenkuppel zuhalten und erreicht so den Hafen.

Wasser, Strom, Duschen, WC, Tankstelle (B + D), Motorreparatur, Slip, Ablaufbahn, Kran, Telefon, Münzwäscherei (Amagerbrogade 13).

Margaretheholms Havn

✠ Der Hafen wird auch Lynetten genannt.

ℹ️ Die Busverbindung kann nur morgens bis 8.30 Uhr und abends ab 16.45 Uhr von Kopenhagen genutzt werden. Buslinie 8 und 48 zwischen 10.00 und 21.00 Uhr vom und zum Rathausplatz. Es soll aber von der B & W-Werft alle halbe Stunde eine Barkasse zur Langelinie verkehren, die auch von Gastliegern genutzt werden darf.

Langelinie Yachthafen 55° 41,7' N 12° 36,1' E DK-I-41

Seekarten D 289, DK 133, 134

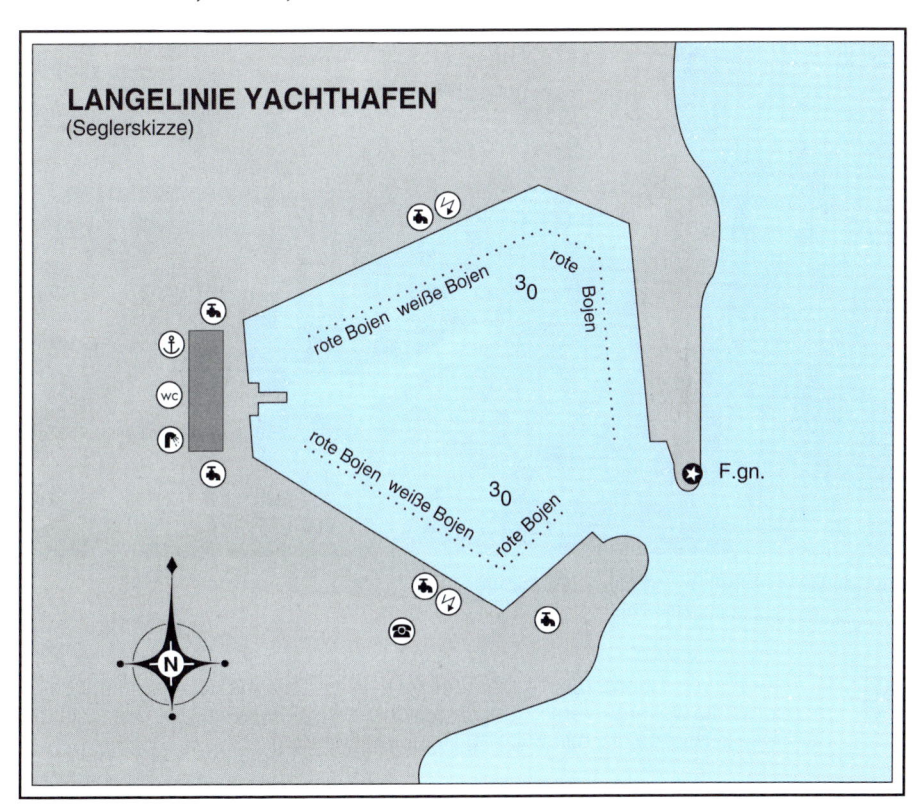

LANGELINIE YACHTHAFEN
(Seglerskizze)

rote Bojen   weiße Bojen   30   rote Bojen

rote Bojen   weiße Bojen   30   rote Bojen

F.gn.

N

※ Ältester Yachthafen Kopenhagens. Dieser nur wenige Schritte von Kopenhagens bekanntester Sehenswürdigkeit, der Kleinen Meerjungfrau, entfernte Hafen, ist der zentralste Sportboothafen der dänischen Metropole.

⛵ Einweisung zu den Liegeplätzen durch den Hafenmeister.

⚓ Anlaufen des Hafens durch das Lynetteløbet. Das Fahrwasser zwischen Lynetteløbet und Langelinie Yachthafen wird von ein- und auslaufenden Fähr- und Ausflugsschiffen stark frequentiert (Tragflächenboote!). Deshalb sollte das Fahrwasser auf dem kürzesten Wege gequert werden (Siehe auch Hafenordnung Kopenhagen, letzter Absatz).

Langelinie Yachthafen von NE (Anlaufrichtung)

▲▲ Duschen, WC, Strom (Dänische Stecker), Wasserhähne (Schlauchanschluß möglich). Alle weiteren Versorgungsmöglichkeiten in Kopenhagen. Gut sortierter Schiffsausrüster ca. 15 min Fußweg Richtung Centrum.

✂ Für das Festmachen (weiße Bojen) im Hafen sind lange Achterleinen erforderlich. Rote Bojen sind nur für Dauermieter bestimmt, können jedoch nach Rücksprache mit dem Hafenmeister genutzt werden, wenn sie frei sind. Der Hafen ist in der Saison meist überfüllt. Vorbeifahrende Tragflächenboote verursachen Schwell im Hafen.

ℹ Zahlreiche Sehenswürdigkeiten, so z.B. in Hafennähe die Kleine Meerjungfrau, der Gefion-Brunnen und das Schloß. Stadt- und Kanalrundfahrten. Busverbindung zum Centrum.

Skudehavn
55°42,9'N
12°36,1'E

DK-I-42

Seekarten D 289, DK 134

Skudehavn von E (Einlaufrichtung)

❋	Fischerei- und Sportboothafen in der Nähe des Containerterminals und des Industriegebietes.
⛵	Gastplätze in freien Boxen oder durch Anweisung des Hafenmeisters.
⛵	Vom Kronløbet führt ein bezeichnetes Fahrwasser nach W in den Hafen.
🏠	Wasser, Strom. Duschen und WCs in den Clubhäusern, Werft, Slip, Kran, Mastenkran, Motorreparatur. Keine Einkaufsmöglichkeiten.
✻	Wassertiefe im Hafen 3,5 m.
i	S-Bahn zum Centrum (Nordhavn-Station).

HH OIB 1993

Svanemøllehavn 55° 43,1' N 12° 35,5' E DK-I-43

Seekarten D 289, DK 133, 134

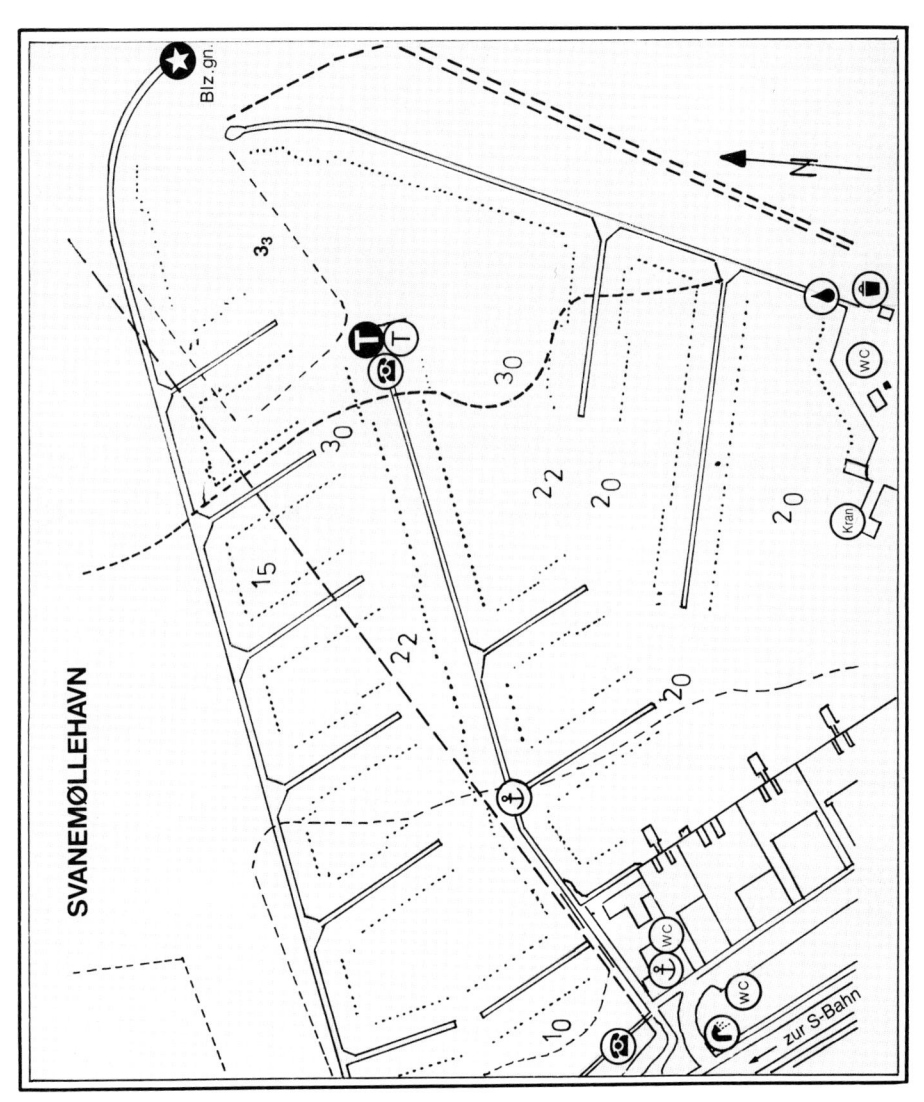

Svanemøllehavn von E

- Größter Yachthafen Kopenhagens. 2 Segelvereine. Ca. 1300 Liegeplätze.

- Liegeplätze nach Einweisung durch den Hafenmeister.

- Ansteuerung aus N-licher Richtung durch ein bezeichnetes Fahrwasser.

- Wasser und Strom an den Stegen, Duschen, WC, Wassertankstelle (B + D), Slip, Trailerbahn, Mastenkran, Motorreparatur, Einkaufsmöglichkeiten, Münzwäscherei (Østerbrogade 154).

- Die Öffentlichen Duschen sind kostenlos. Der weiter N-lich gelegene Tuborg-Hafen ist für Sportboote gesperrt.

- S-Bahn nach Kopenhagen.

Kalkbrænderihavn 55°42,7'N 12°35,5'E DK-I-44

Seekarten D 289, DK 133, 134

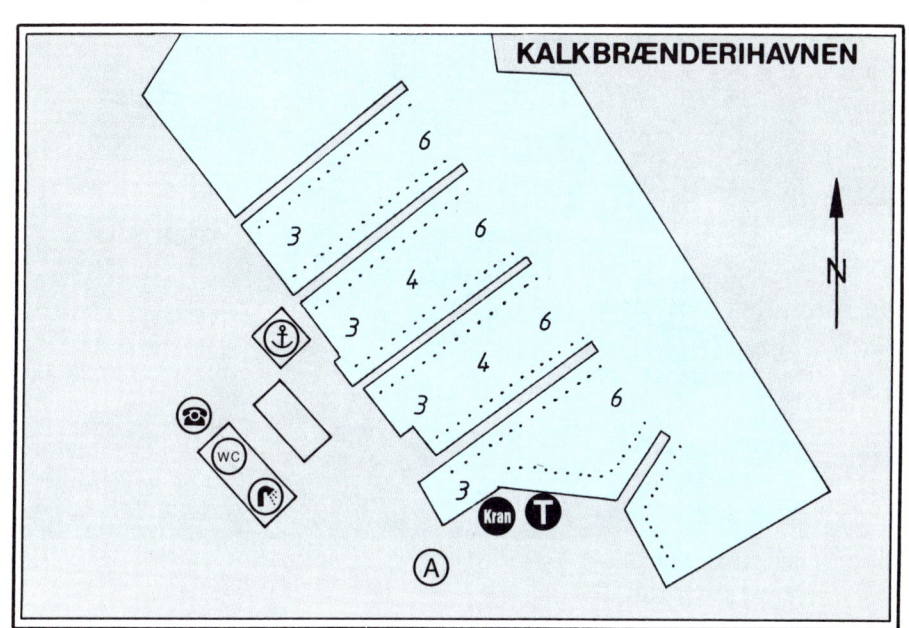

	Yachthafen, eingerahmt von Industriebauten.
	Liegeplätze auf Anfrage.
	Am Svanemøllehavn vorbei bis zum Ende des Hafenbeckens.
	Wasser und Strom an den Stegen, Duschen und WC beim Segelclub. Elektro- und Motorenwerkstatt, Schiffsausrüster, Tankstelle (D).
	Festmachen an Heckbojen.
i	S-Bahn nach Kopenhagen.

Kalkbrænderihavnen von SE

Hellerup 55°43,9′N 12°35′E DK-I-45

Seekarten D 289, 328, DK 131, 132, 133, 134

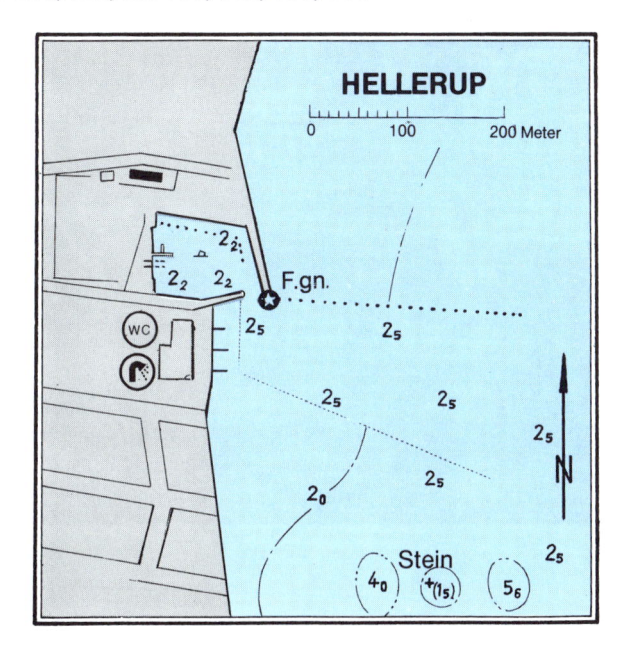

	Kleiner gepflegter Sportboothafen.

	Gastliegeplätze an der E-Mole.

	Zum Hafen führt eine 2,5 m tiefe ausgetonnte Fahrrinne. Der Hafen ist jährlich vom 1.4. bis 15.11. geöffnet. Nur in dieser Zeit liegen die Fahrwassertonnen aus. In der Mitte des Hafens ist eine Verholtonne verankert.

	Wasser und Strom an den Stegen, Duschen, WC, Clubhaus mit Sauna, Slip, Trailerbahn, Einkaufsmöglichkeit. Münzwäscherei im Strandvejen 94.

	Der 0,5 sm weiter S-lich liegende Tuborg-Hafen ist für Sportboote gesperrt. Einlaufen und Festmachen ist nur mit vorheriger Erlaubnis möglich. Wasserstände: NW- bis N-Sturm + 1,3 m, SE- bis E-Sturm – 0,9 m.

	Sehenswürdigkeiten: Øregård Museum, Tuborg Brauerei, Danmarks Akvarium, Charlottenlund Slot (2 km). Busverbindung nach Kopenhagen.

Hellerup von NE

Skovshoved 55°45,7'N 12°36,1'E DK-I-46

Seekarten D 328, DK 131, 133

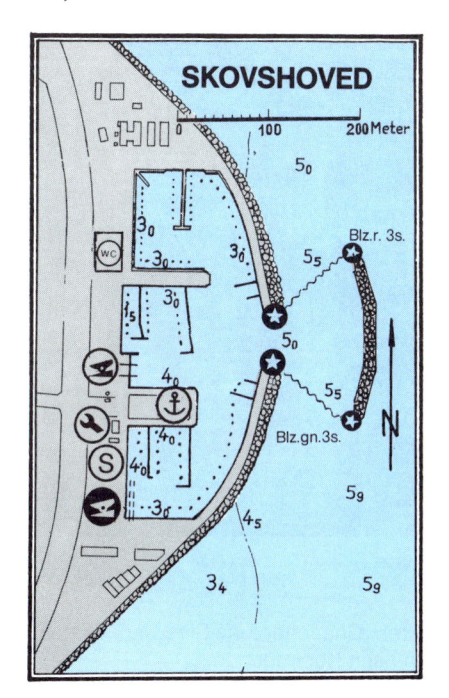

※ Großer Yachthafen 3 sm N-lich von Kopenhagen.

⛵ Liegeplätze nach Anweisung durch den Hafenmeister.

☸ Vor der Hafeneinfahrt liegt in NS-Richtung ein Wellenbrecher. Man kann von N und S an dem Wellenbrecher vorbei einlaufen. Zwischen Hafeneinfahrt und Wellenbrecher kann ein kräftiger N- bzw. S-Strom setzen. Wassertiefe in der Einfahrt 5 m. Die beiden Enden des Wellenbrechers wie auch die Molenköpfe sind befeuert.

🏠 Wasser und Strom an den Stegen, Duschen (auf Anfrage in den Clubhäusern), WC, Slip, Trailerbahn, Werft, Kran, Motorreparatur, Schiffsausrüster, Elektrowerkstatt, Gas, Einkaufsmöglichkeit, Post, Telefon, Zoll.

✺ Wasserstände siehe Hellerup.

Skovshoved Yachthafen von E

> Sehenswürdigkeiten: Charlottenlund Slot, Danmarks Akvarium (beide 2 km). Gute Busverbindungen nach Kopenhagen.

Tårbæk 55° 47,3′ N 12° 35,8′ E DK-I-47

Seekarten D 328, Dä 131

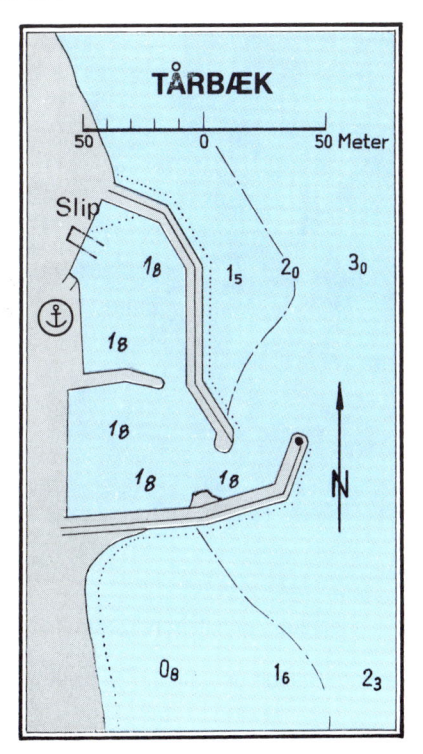

![Kleiner idyllischer Sportboothafen] Kleiner idyllischer Sportboothafen.

![Segel] Nach Anweisung durch den Hafenmeister.

![Steuerrad] Ansteuerung des Hafens ist bei Tag und Nacht möglich. Der Kopf der S-Mole ist mit einem roten Festfeuer markiert. Vor dem Hafen kann starker N-Strom setzen. Beim Einlaufen Heckanker klarhalten.

![Haus] Wasser, Strom, WC, Slip, Kran, Einkaufsmöglichkeit, Münzwäscherei (Tårbæk Strandvej 54).

![Propeller] Wasserstände: NW- bis W-Sturm + 0,5 m, E- bis SE-Sturm − 0,5 m. Hafen neigt zur Versandung.

Tårbæk von E

ℹ Sehenswürdigkeit: Jagdschloß „Erimitagen" (2 km) mit Tiergehege bei Klampenborg.
Bis 160 bis Klampenborg Station und mit der S-Bahn weiter nach Kopenhagen.

Vedbæk

55° 51' N
12° 34,4' E

DK-I-48

Seekarten D 328, DK 131

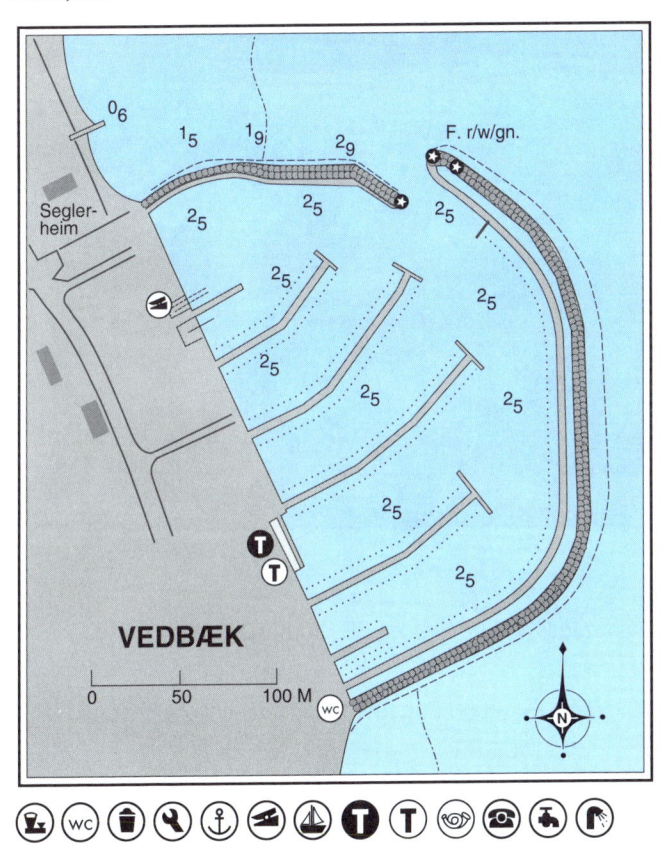

VEDBÆK

F. r/w/gn.

- Großer moderner Yachthafen. Gastliegeplätze.

- Liegeplätze in freien Boxen oder rot/grün nach Anweisung durch den Hafenmeister.

- Ansteuerung bei Tag und Nacht möglich. Von der rot/weißen Tonne mit Kugeltopzeichen führt ein bezeichnetes Fahrwasser zum Hafen. Nachts im weißen Sektor des Feuers einlaufen. Befeuerte Molenköpfe. Höchstgeschwindigkeit im Hafen 3 kn. Stellnetze beachten.

- Einkaufsmöglichkeit, WC, Wasser, Strom, Duschen, Müllbehälter, Diesel, Benzin, Trailerbahn, Slip, Mastenkran, Kran, Motorenwerkstatt, Segelmacher, Post, Telefon.

Vedbæk von E

Wasserstände NW-Sturm +1 m, SE-Sturm –0,7 m.

Fahrradverleih. Bus- und Zugverbindung nach Kopenhagen.

Rungsted 55° 53,2' N 12° 33' E   DK-I-49

Seekarten D 328, Dä 131

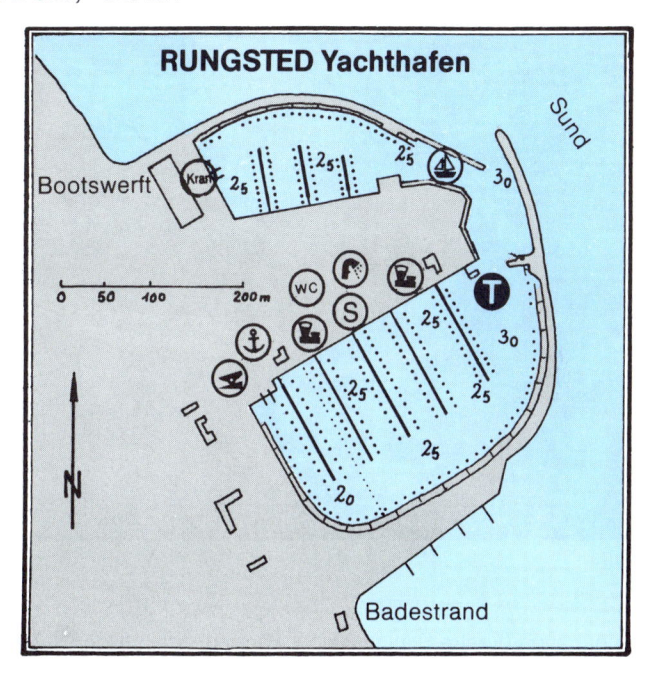

☀	Großer und modern ausgestatteter Yachthafen mit ca. 800 Liegeplätzen. Der Hafen zählt zu den größten Sportboothäfen Dänemarks.
⛵	Freie Liegeplätze sind grün beschildert.
⎈	Ansteuerung des Hafens bei Tag und Nacht ohne Schwierigkeiten möglich. Nächtliche Ansteuerung im weißen Bereich des Sektorenfeuers. Der Kopf der N-Mole ist befeuert.
🏠	Wasser, Strom, Duschen, WC, Tankstelle (B + D), Werft, Ablaufbahn, Kran, Travellift (bis 18 t), Post, Telefon, Segelmacher, E-Werkstatt und Motorenreparatur, Schiffsausrüster, Kaufmann, Restaurant.
✺	Wasserstände: NW-Sturm + 1,3 m, SW-Sturm − 0,8 m.

Rungsted von NE

i Touristinformation (Vestre Stationsvej 1), Fahrradverleih (Rungsted Station).
Bus- und Zugverbindung nach Kopenhagen.
Badestrand.

Nivå 55° 56,5′ 12° 31,8′   DK-I-50

Seekarten D 328   Dä 131 S

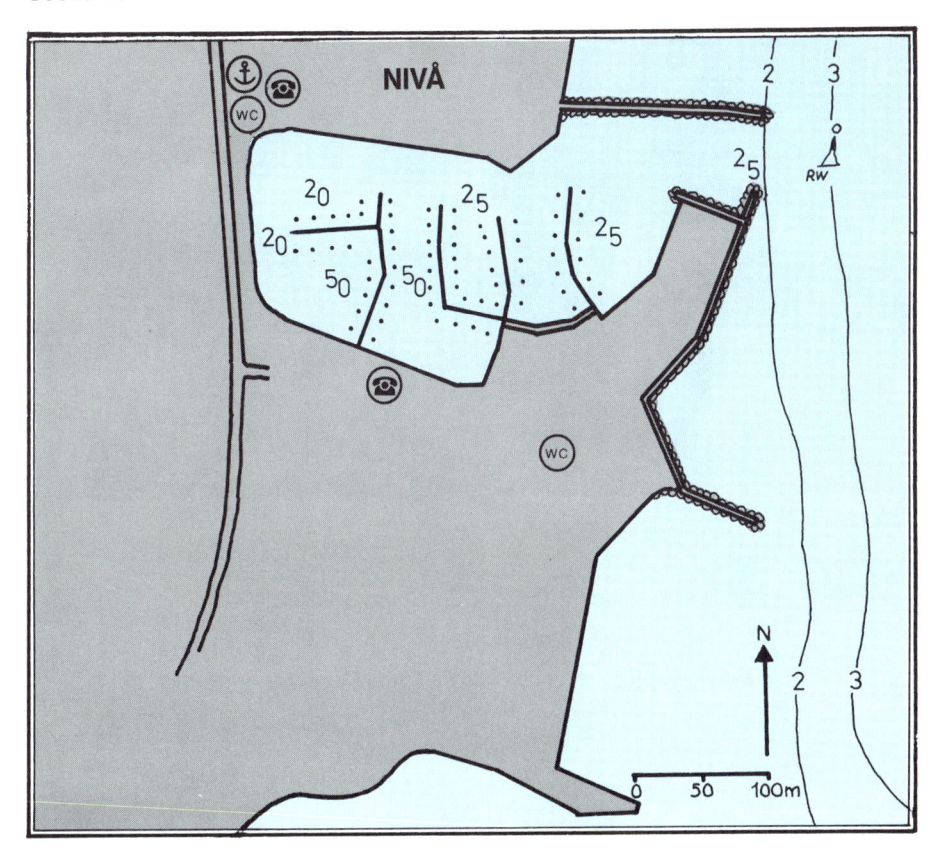

	Sportboothafen (im Ausbau)
	Auf freien Plätzen. Hafenbüro Tel.: (02) 24 48 76
	Vor dem Hafen liegt in ca. 50 m Entfernung eine rot/weiße Leuchttonne aus, die Einfahrt ist betonnt.
	Im Nivå Center (ca. 3 km).

Nivå von E

⌘ Wasserstände: NW-Sturm + 0,6 m, SSE-Sturm − 0,5 m.

i Nivå Landsby, Nivå Kirche, Nivågårds Park (mit Gemäldesammlung).

Sletten 55° 57,2′ N 12° 32,3′ E DK-I-51

Seekarten D 328, Dä 131

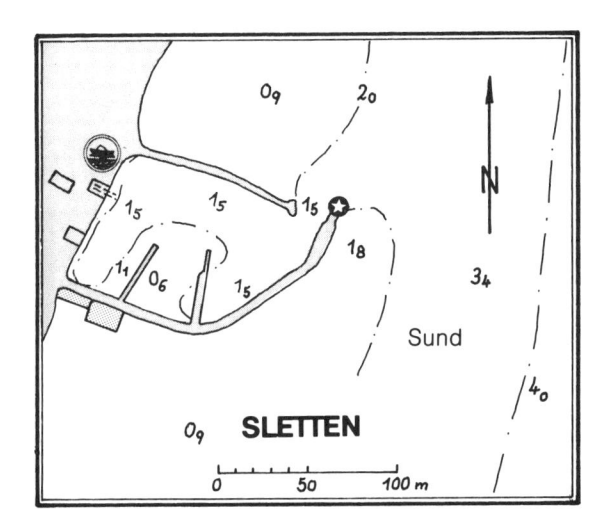

Kleiner Fischerei- und Sporthafen.

An den Molen.

Ansteuerung bei Tag und Nacht ohne Schwierigkeiten möglich. Der Kopf der Außenmole ist mit einem roten Festfeuer markiert.

Wasser, Strom, Werft, Slip, Kran, Ablaufbahn, WC, Einkaufsmöglichkeit.

Wasserstände NW-Sturm +0,6 m, SE-Sturm −0,6 m.
Hafen unterliegt der Versandung. Im Hafen liegen feste Heckleinen, die an der Pier mit Sorgleinen belegt sind. Diese Leinen dürfen von Gastliegern auf freien Plätzen benutzt werden.

HH OIB 1993

Sletten von E

Humlebæk

55° 58,3' N
12° 32,8' E

DK-I-52

Seekarten D 328, DK 131

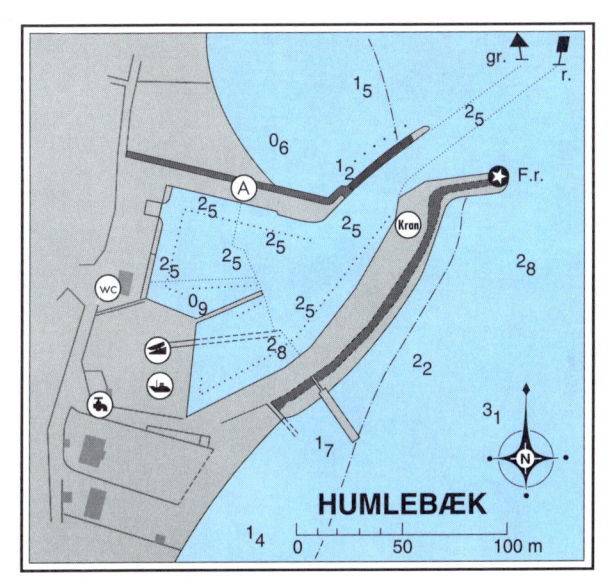

HUMLEBÆK

	Kleiner idyllischer Sportboothafen in landschaftlich reizvoller Umgebung.
	Liegeplätze nach Anweisung des Hafenmeisters. Hafen ist sehr eng und meistens überfüllt.
	Das Anlaufen des Hafens bietet keine Schwierigkeiten. Vor dem Hafen liegt ein rot/grünes Tonnenpaar aus, von dem man direkt auf die Einfahrt zuhält. Der Kopf der Außenmole ist mit einem roten Festfeuer bezeichnet.
	Außer einem kleinen Laden mit Bootszubehör gibt es in Hafennähe keine Versorgungsmöglichkeiten. Der nächste Bäcker ist erst nach ca. 30 Minuten Fußweg erreichbar. Einkaufsmöglichkeit, Schiffsausrüster, Toilette, Wasser, Strom, Werft, Slip, Segelmacher, Müllbehälter, Mastenkran, Hafenmeister, Gastliegeplätze. Ole Balle Marine (Service und Equipment, Telefon: 42 103909 oder Mobiltelefon: 30 45 40 89).
	Wasserstände: NW-Sturm +1,5 m, SW-Sturm -1 m. Hafen und Zufahrtsrinne unterliegen der Versandung.
	Sehenswürdigkeit: Museum für moderne Kunst „Louisiana".

Humlebæk von E

Espergærde 55° 59,5' N 12° 33,8' E   DK-I-53

Seekarten D 328, Dä 131

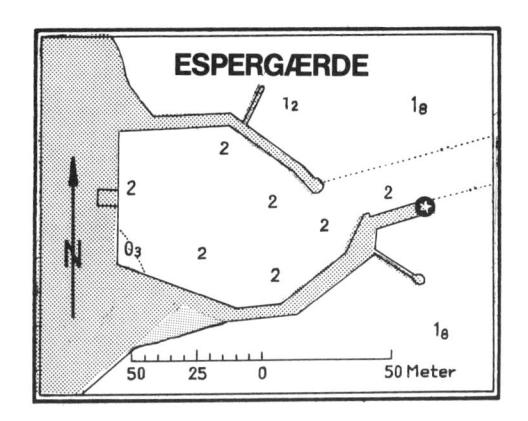

	Kleiner Fischerei- und Sportboothafen mit wenig Liegemöglichkeiten für Gastboote.
	Nach Anweisung durch den Hafenmeister.
	Ansteuerung des Hafens durch betonnte Rinne, bei Tag und Nacht möglich. Der Molenkopf der Außenmole ist mit einem roten Festfeuer gekennzeichnet.
	Wasser, Strom, Duschen, WC, Slip, Kran, Einkaufsmöglichkeit, Münzwäscherei (Strandvejen 167), Telefon. Bootswerft.
	Wasserstände: SW- bis NW-Sturm +1 m, S- bis SE-liche Stürme −1 m. Hafen und Rinne unterliegen der Versandung. Bei starkem E-Wind ist der Hafen im Bereich der SE-Mole sehr unruhig.
	Badestrand in Hafennähe.

HH OIB 1993

Espergærde von E

Snekkersten 56° 0,5′ N 12° 35,4′ E   DK-I-54

Seekarten D 328,   Dä 131

Kleiner Fischerei- und Sportboothafen.

Nach Anweisung durch den Hafenmeister.

Die Hafenansteuerung bietet keine besonderen Schwierigkeiten. Rotes Festfeuer auf dem Kopf der S-Mole.

Wasser, WC (primitiv), Slip, Kran, Reparaturmöglichkeiten, Post, Einkaufsmöglichkeit.

Wasserstände N-Sturm +1 m, SE- bis S-Sturm −1 m.

Bademöglichkeit.

Snekkersten von E

Helsingør

56° 02,6′ N
12° 37,0′ E

DK-I-55

Seekarten D 328, DK 131

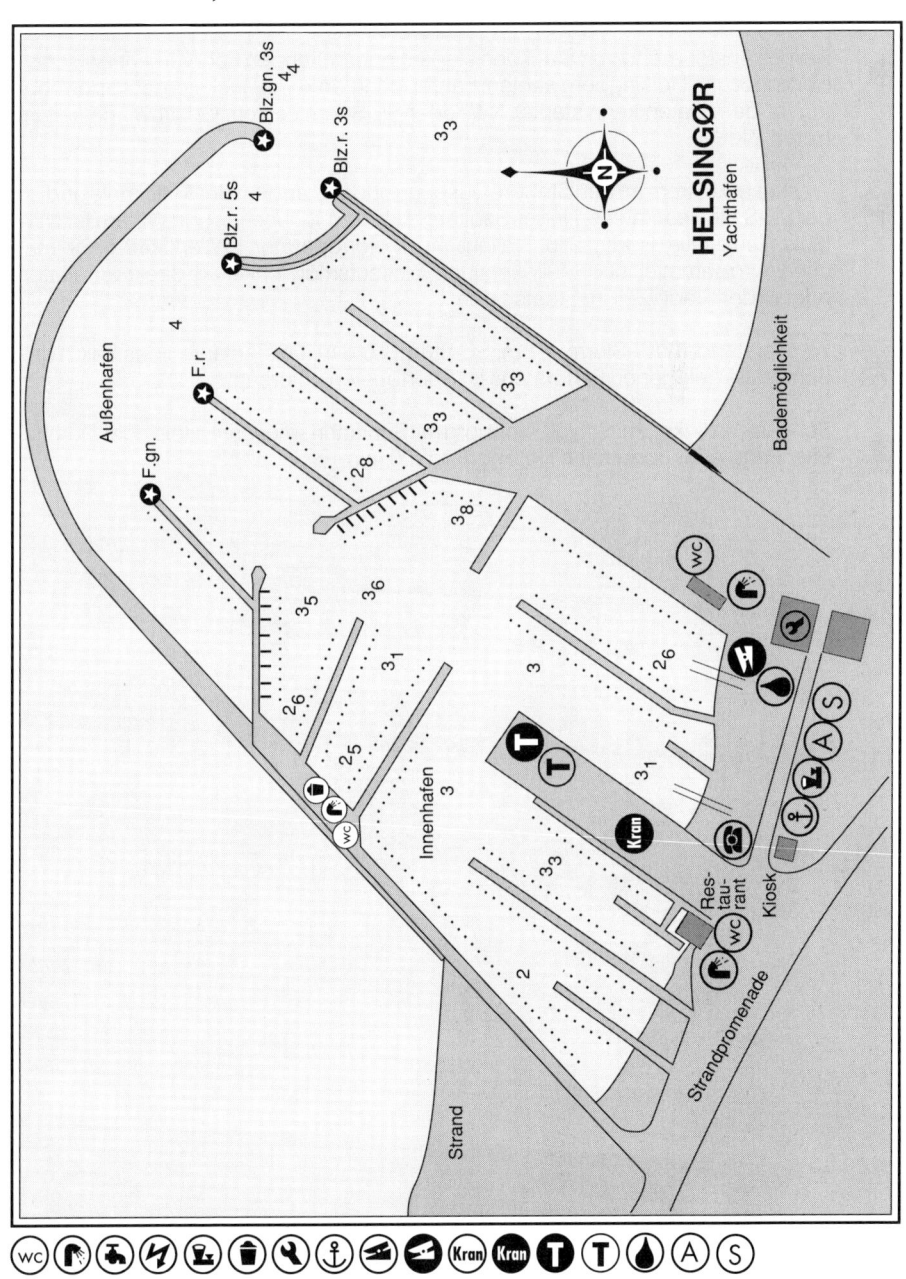

HH OIB 1993

Großer Yachthafen N-lich des Schlosses Kronborg direkt am Sund-Fahrwasser.

Gastliegeplätze sind mit grünen Schildern gekennzeichnet. Nach Ankunft beim Hafenmeister melden.

Bei der Ansteuerung von S auf den starken querlaufenden Fährverkehr zwischen Helsingør und Helsingborg achten. Fähren nehmen keine Rücksicht auf Sportboote. Vor dem Hafen kann starker NW- oder SE-Strom setzen. Geschwindigkeit im Hafen 2 kn.

Wasser und Strom an den Stegen. Duschen und WC am Fuß der Mittelmole und an der SE-Seite des Hafens. Neues Sanitärgebäude mit Duschen und WC an der NW-Mole. Tankstelle (B + D). Slip, Trailerbahn, Motorreparatur, E-Werkstatt, Segelmacher. Altölsammler und Müllcontainer. Einkaufsmöglichkeiten direkt am Hafen oder in der Stadt. Zoll im Staatshafen.

Wasserstände: NW-Sturm + 1 m, SE-Sturm - 0,6 m. Das Anlaufen des S-lich des Schlosses gelegenen Fährhafens ist Sportbooten untersagt.

Sehenswürdigkeiten: Schloß Kronborg mit Schiffahrtsmuseum, Helsingør Domkirche. Fährverbindung nach Helsingborg (20 min.).

Ålsgårde Bootsbrücke DK-I-56
56° 4,7' N   12° 33' E

Seekarten D 328,   Dä 131

Ålsgårde von NE

Ⓚ ⓦⓒ 🛢 🚰

123 m lange und 2,5 m breite Brücke mit 25 m langem und 20 m breitem winkelförmig angelegten Brückenkopf mit 1,5 m Wassertiefe. SE-lich der Anlegebrücke befindet sich eine 40 m lange und 2 m breite Bootsbrücke.

An den Brücken.

Etwa 20 m vor der Brücke liegt eine Sandbank mit nur 0,5 m Wassertiefe und etwa 1,5 m Wassertiefe S-lich der Brücke. Ansteuerung der Brücke vorzugsweise mit W-lichem Kurs. Anlaufen wird nur Ortskundigen empfohlen.

Wasser, Strom, Einkaufsmöglichkeit.

Bademöglichkeit.

Hornbæk 56° 05,7' N 12° 27,5' E DK-I-57

Seekarten D 328, DK 131

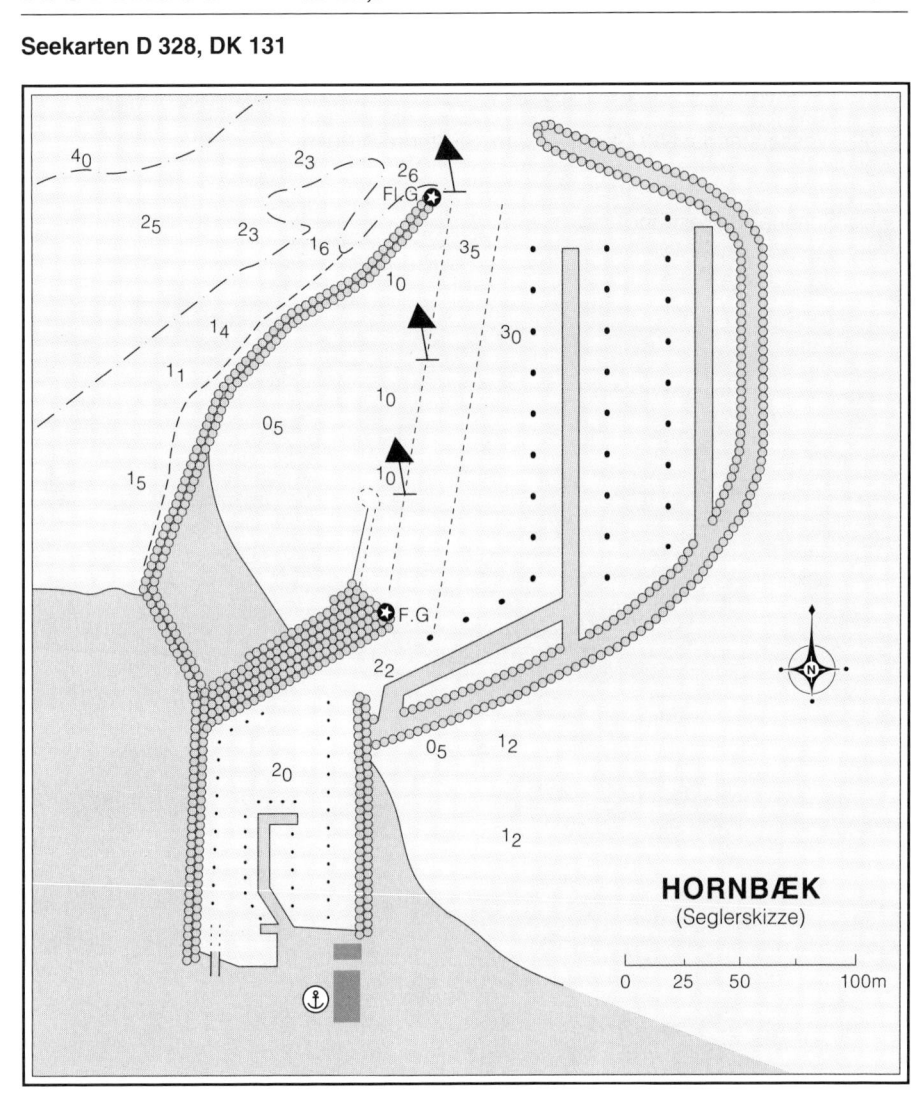

HORNBÆK
(Seglerskizze)

0 25 50 100m

Fischerei- und Sportboothafen mit Ca. 200. Liegeplätzen. Platz für Gastlieger in Boxen mit rot/grün Schildern oder Heckbojen/Pfählen.

Nach Anweisung des Hafenmeisters. Hafengeld nach Bootsbreite; (1992: unter 2,50 m 60 Dkr, 2,50 - 3,50 m 85 Dkr, 3,50 - 4,50 m 110 Dkr).

HH OIB 1993

- Wegen ständiger Versandung muß bei der Ansteuerung des Hafens mit geringeren Wassertiefen gerechnet werden. Im Vorhafen liegen drei grüne Tonnen aus. Der Hafen kann auch bei Nacht angelaufen werden.

- Wasser, Strom, Duschen, WC, Werft, Slip, Post, Einkaufsmöglichkeit, Münzwäscherei (Nordre Strandvej 333).

- Wasserstände: NW-Sturm +1,2 m, SESturm −1,20 m.

- Schöner Badestrand.

Gilleleje

56° 07,7' N
12° 18,7' E

DK-I-58

Seekarten D 24, 328, DK 102, 132

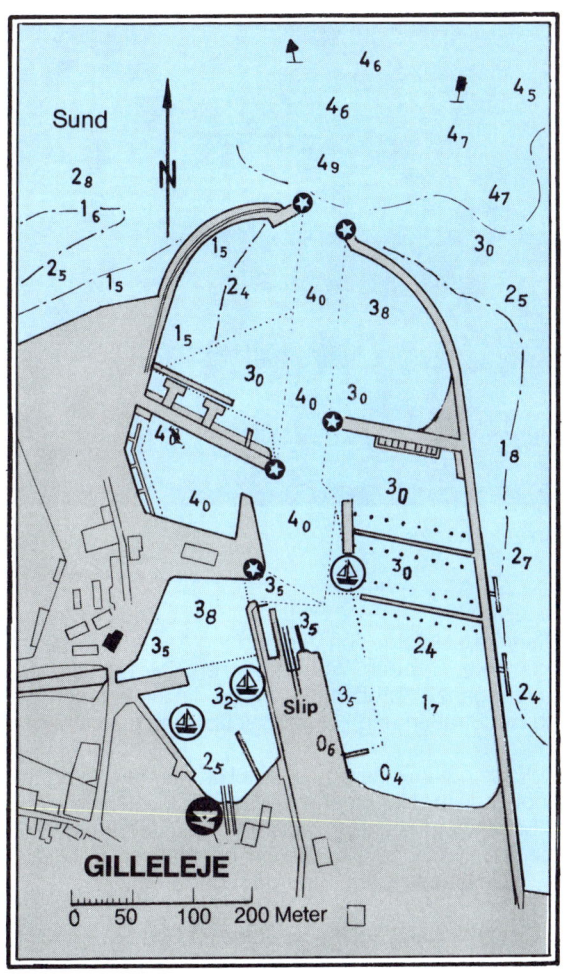

Großer Fischereihafen mit Liegemöglichkeiten für Sportboote.

Zwei Sportbootstege an der E-Mole. Gastplätze nach Anweisung durch den Hafenmeister. An den orange gekennzeichneten Piers im Fischereihafen dürfen Sportboote nicht festmachen. Im S-Hafen Heckanker klarhalten.

Gilleleje von N (Einlaufrichtung)

⊕ Die Einfahrtsrinne ist infolge von Versandung Änderungen unterworfen. Vor dem Hafen kann starker E- oder W-Strom setzen. Die nächtliche Ansteuerung des Hafens ist nicht ganz unproblematisch, da die Hafenfeuer nur schwer vor dem Hintergrund der Straßen-und Häuserbeleuchtung auszumachen sind.

▲▲ Stromanschlüsse nur im inneren Teil des Hafens. Kein Landanschluß im Bereich der Sportbootstege mit Heckpfählen. Wasser, Dusche, WC, Tankstelle (D), Werft, Slip, Kran, Schiffsausrüster, Einkaufsmöglichkeiten, Post, Münzwäscherei (Vesterbrogade 11). WC und Dusche im ehemaligen Zollgebäude neben dem Fischladen, WC-Häuschen am Strand an der E-Mole.

✿ Wasserstände: NW-Sturm +2 m, SE-Sturm −1,5 m.

i Sehenswürdigkeit: Gilleleje Museum. Schöner Badestrand.

Von Rødbyhavn bis Hundested

Die dänischen Häfen auf Lolland, Smålands-Fahrwasser — Westteil, Großer Belt Ostteil, die Häfen der seeländischen Süd-, West- und Nordküste einschließlich Ise- und Roskildefjord.

Rødby Havn 54°39,1′N 11°20,8′E

DK-II-1

Seekarten D 30, 3002, DK 126, 185

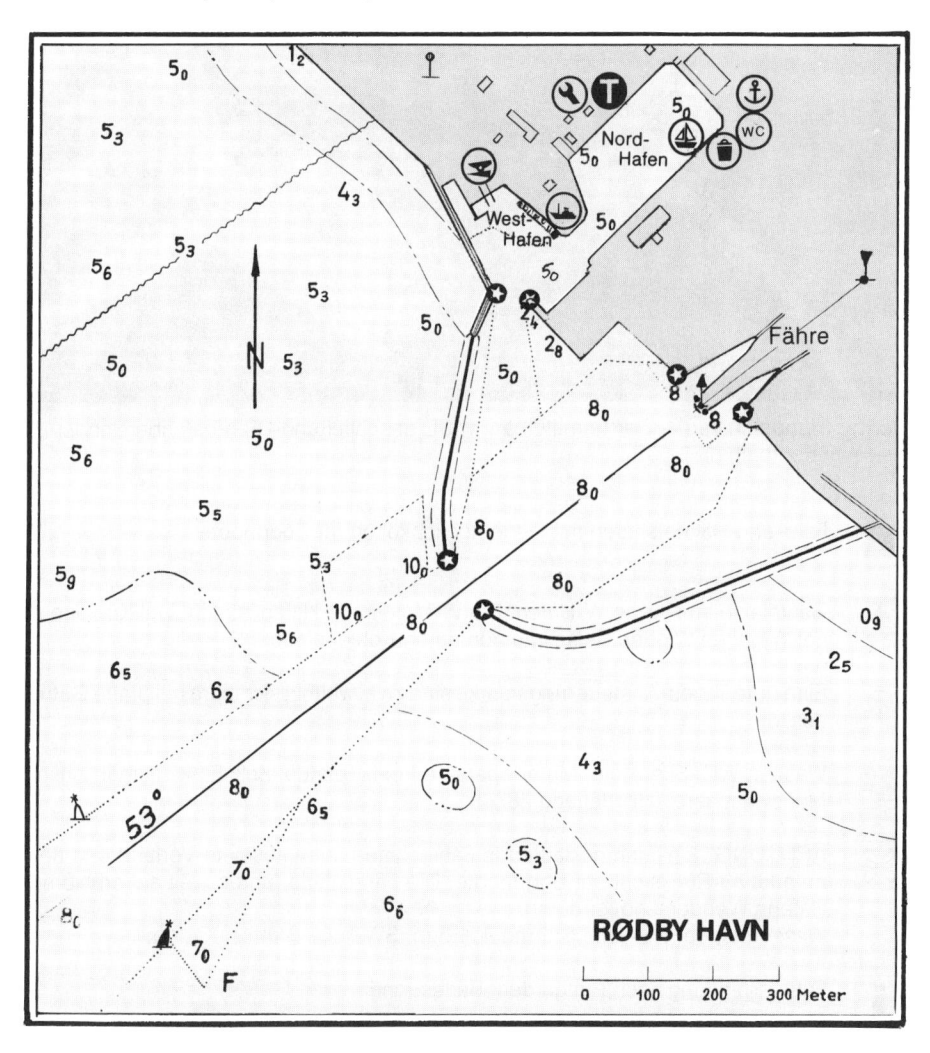

Rødby (Handelshafen – Der unmittelbar im SE anschließende Fährhafenbereich ist im Bild nicht enthalten).

Fähr-und Handelshafen mit Liegemöglichkeiten für Sportboote.

Gastplätze im N- und W-Hafen. Die W-Mole im N-Hafen ist zum Teil Kohlenpier, bei W-lichen Winden Belästigungen durch Kohlenstaub.

Eine gute Tages-Ansteuerungsmarke sind zwei weithin sichtbare hellgraue Getreidesilos.

Wasser, WC, Slip, Kran, Motorreparatur, Post, Telefon, Zoll, Einkaufsmöglichkeit, Münzwäscherei (Havnegade 28).

ACHTUNG: Ein- und auslaufende Fährschiffe haben absolute Vorfahrt und nehmen keine Rücksicht auf Sportboote. Die Fährschiffe führen weit außerhalb des Hafens Wendemanöver durch.
Wasserstände: NE-liche Stürme + 1,5 m, SW-liche Stürme – 1,2 m.

Fährverbindung nach Puttgarden. Badestrand.

Kramnitze 54°42,4′N 11°15′E DK-II-2

Seekarten D 30, 3002, DK 142, 185

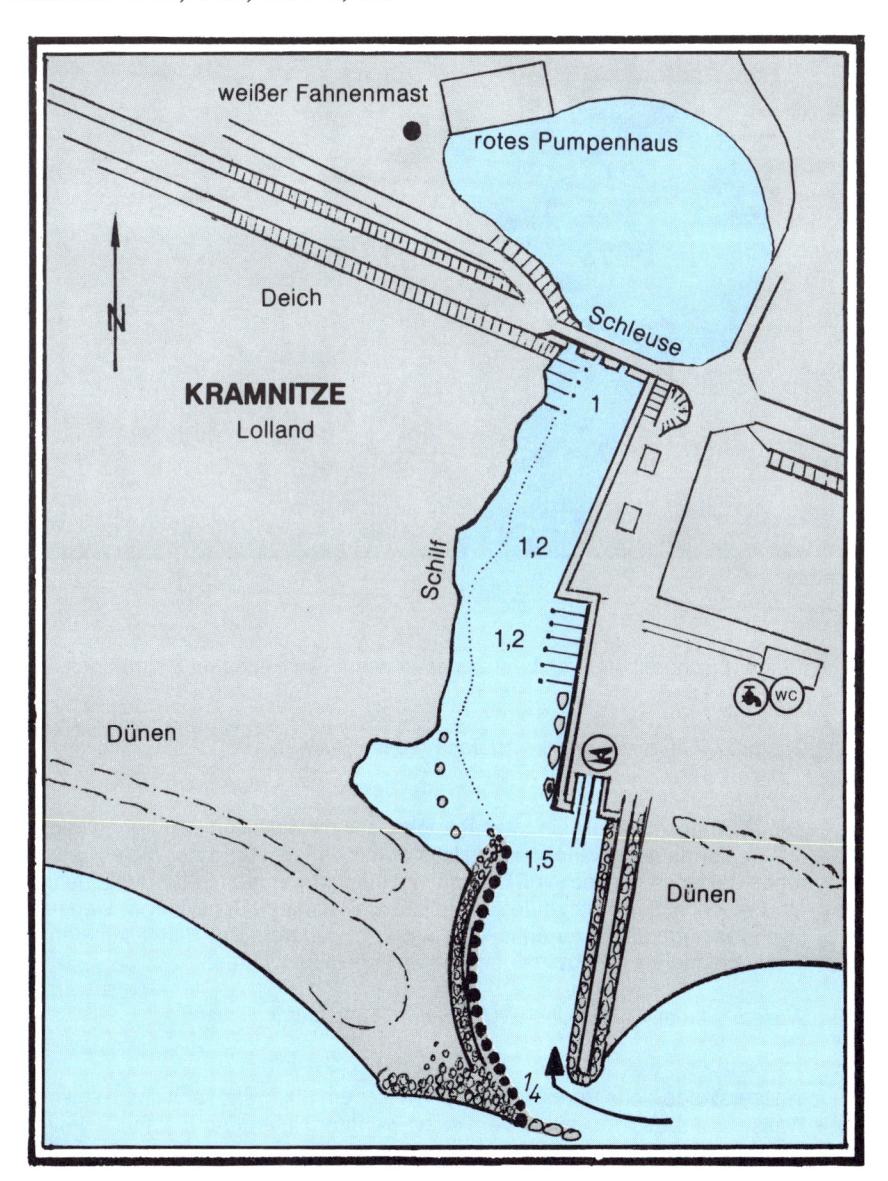

Kramnitze

Kleiner Fischereihafen mit begrenzten Liegemöglichkeiten für Sportboote.

Gastplätze im mittleren Bereich des E-lichen Bollwerks.

Ansteuerungsmarke ist ein rotes Pumpenhaus mit 8 gleichmäßig hohen Fenstern (Lt. Seglermeldung kann dieses Haus durch Verlängerung der Mole durch drei runde Caissons nur noch von E kommend erkannt werden). E-lich der Einfahrt gibt es weit nach See reichende Stellnetze. Bei starkem SW-Wind ist wegen des Flachwassergebietes vor dem Hafen Vorsicht geboten. Der Hafen sollte nur von Ortskundigen mit flachgehenden Booten angelaufen werden.

Wasser, Strom, Trailerbahn, WC, Telefon, Einkaufsmöglichkeit.

Wasserstände siehe Rødby Havn. Bei SW-lichem Starkwind kann durch sinkenden Wasserstand das Auslaufen verhindert werden. Hafen und Einfahrt unterliegen überdies ständiger Versandung.

Badestrand zu beiden Seiten des Hafens.

Albuen 54°50,2′N 10°58′E DK-II-3

Seekarten D 12, 30, 3002, DK 142, 144

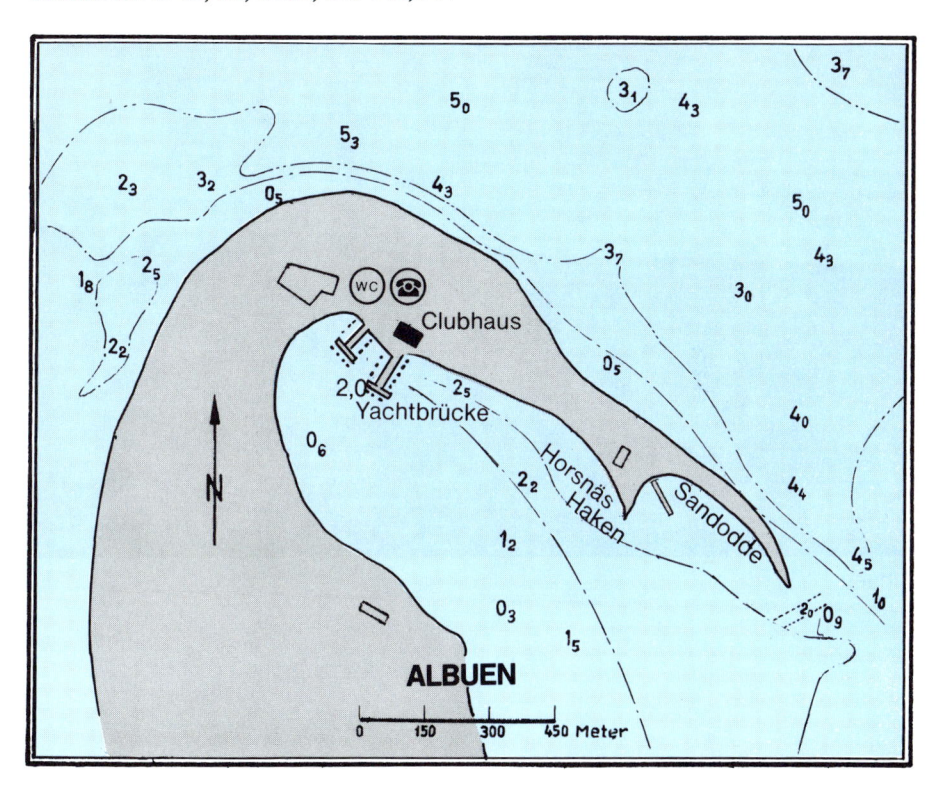

Naturhafen mit zwei Stegen für Sportboote. Guter Ankerplatz.

Liegemöglichkeiten an beiden Stegen. Sie gehören dem Nakskover Seglerverein und sind an den Wochenenden dessen Mitgliedern vorbehalten.

Die Ansteuerung Albuens sollte mit Vorsicht erfolgen. Die Huk Sandeodde ist im Abstand von 50 bis höchstens 100 m zu runden. Lt. Seglermeldung liegt hier eine kleine gelbe Boje aus, die von N kommend an Stb. gelassen werden soll. Die Zufahrt bei Sandeodde soll weniger als 2 m betragen (Skippermeldung).

Keine Versorgungsmöglichkeiten. Seglerheim ist wochentags geschlossen.

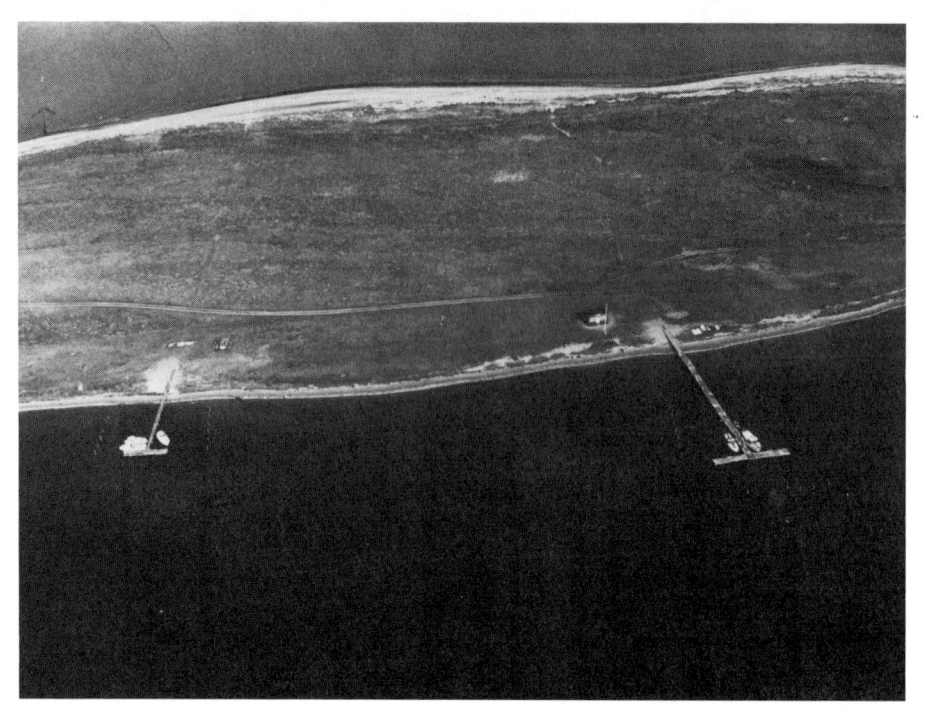

Albuen

Langø

54° 49,1′ N
11° 01,3′ E

DK-II-4

Seekarten D 12, 30, 3002, DK 144

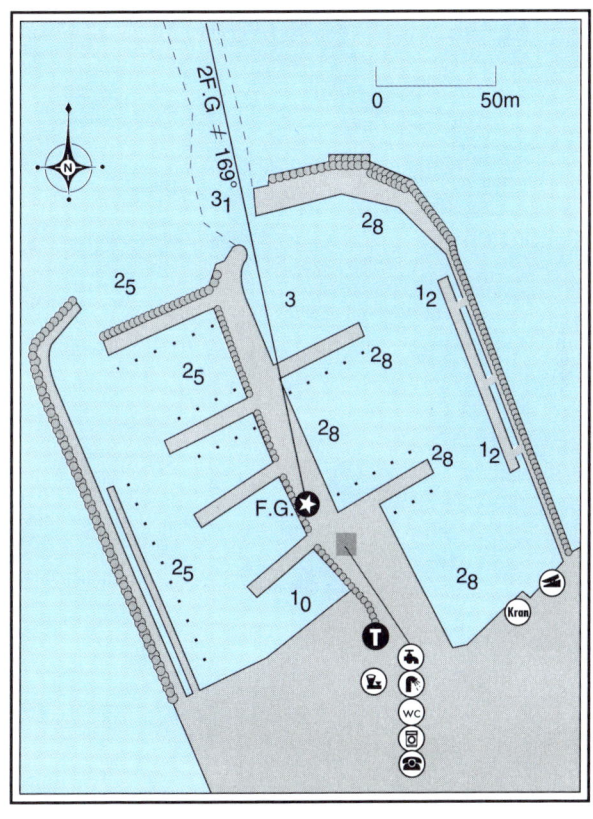

※ Fischerei- und Yachthafen an der S-Seite des Nakskov-Fjords.

⛵ Im neuen Yachthafen an der westlich vom Fischereihafen auf 2,5 m Wassertiefe an der Gästebrücke (20 Liegeplätze mit E- und Wasseranschluß) nach Anweisung durch den Hafenmeister.

☸ Zum Hafen führt eine betonnte Rinne mit 2,5 m Wassertiefe. Eine Richtfeuerlinie in 169° führt in den Hafen. Bei starken W-lichen Winden fällt der Wasserstand ca. 0,5 m.

🏘 Diesel und Proviant auch sonntags erhältlich. Waschräume mit Waschmaschine, Duschen und Toiletten auf der mittleren Mole. Kran, Slip und Bootswerft am alten Hafen. Fischräucherei direkt am Hafen. Kleiner Kinderspielplatz und Grillplatz am neuen Hafen.

HH OIB 1993

ℹ️ Gute Anker- und Bademöglichkeiten ganz in der Nähe der Inseln Enehøje und Albuen.
Hafengeld 1992: unter 8 m Dkr. 50,-; 8 – 11 m Dkr 60,-; 11 – 14 m Dkr 80,-.
Hafenmeister: Jesper Jespersen, Vester Oddevej 6b, Langø, 4900 Nakskov, Tel.: 53 94 81 18.

Hestehoved Yachthafen

54° 50' N
11° 5,7' E

DK-II-5

Seekarten D 12, 30, 3002, Dä 142

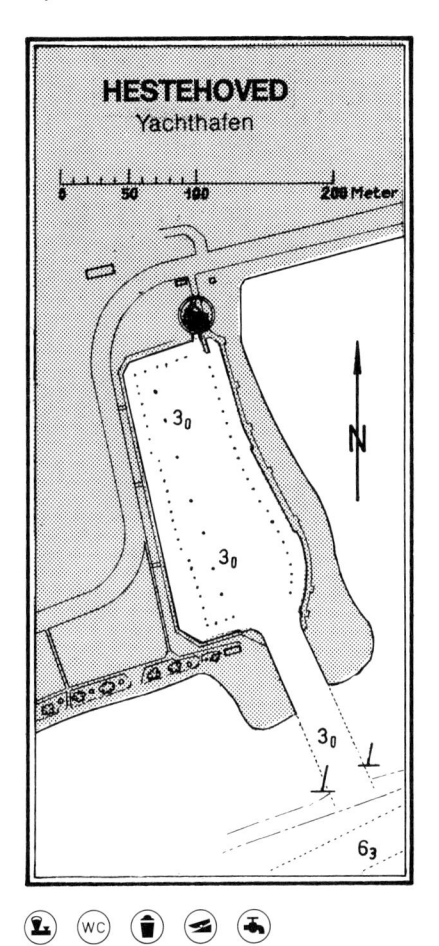

Mittelgroßer Yachthafen am Nakskov Fjord etwa 1,5 sm vor (W-lich) Nakskov.

In freien Boxen oder nach Anweisung des Hafenmeisters.
Hafen verfügt über keine regulären Gastliegeplätze.

Ansteuerung durch den ausgetonnten Nakskov Fjord bei Tag und Nacht möglich. Die vom Nakskov-Fahrwasser abzweigende Fahrrinne ist nur während der Saison gekennzeichnet. Laut Seglermeldung beträgt die Wassertiefe kurz vor der Einfahrt nur 1,8 m und im Hafen 2,8 m (6/86).

HHO IB – Nachtr. 1994

Hestehoved Yachthafen

Wasser, WC (wird selbst in dänischen Unterlagen als primitiv bezeichnet!). Nach Seglermeldung dürfen aber die modernen Sanitäranlagen des nahegelegenen Campingplatzes genutzt werden. Duschen ohne zusätzliche Kosten. Badestrand, Schwimmbad, Kiosk, Spielplätze.

Nakskov

254° 49,9´ N
11° 07,8´ E

DK-II-6

Seekarten D 12, 30, 3004, DK 142_

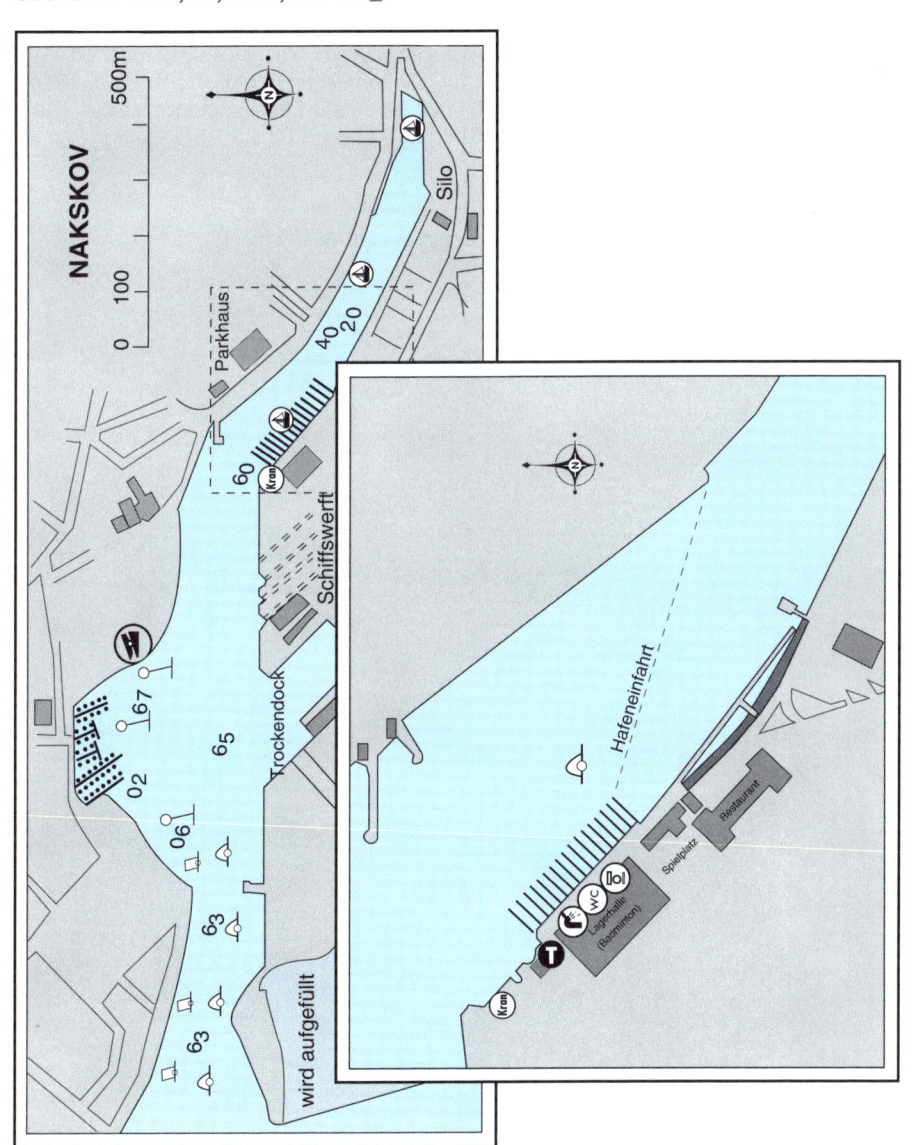

Yachthafen, Handelshafen und Nakskov Yacht Center A/S.

HH OIB 1993

Liegemöglichkeiten für Sportboote an den Hafenkais und im neuen Nakskov Yacht Center A/S (Tel: 00 45 53 92 41 42).

In den Hafen von Nakskov führt ein 6,3 m tiefes betonntes Fahrwasser. Anlaufen bei Tag und Nacht möglich.

Wasser und Strom an den Hafenkais und im Nakskov Yacht Center. Duschen, WC und Waschmaschine. Tankstelle (nur Diesel), Werft, Slip, Trailerbahn, Kran, Schiffsausrüster, Post, Telefon, Münzwäscherei, Einkaufsmöglichkeiten. Zoll kommt aus Nyköbing (Tel: 03 92 20 84, 15.00 bis 16.00 Uhr).

Wasserstand: NE- bis E-Sturm +1,5 m, SW- bis W-Sturm −1,1 m.

Touristeninformation (Rathaus, Axeltorv).

Tårs 54° 52,7′ N 11° 05,0′ E   DK-II-8

Seekarten D 12, 30, 3002, DK 142

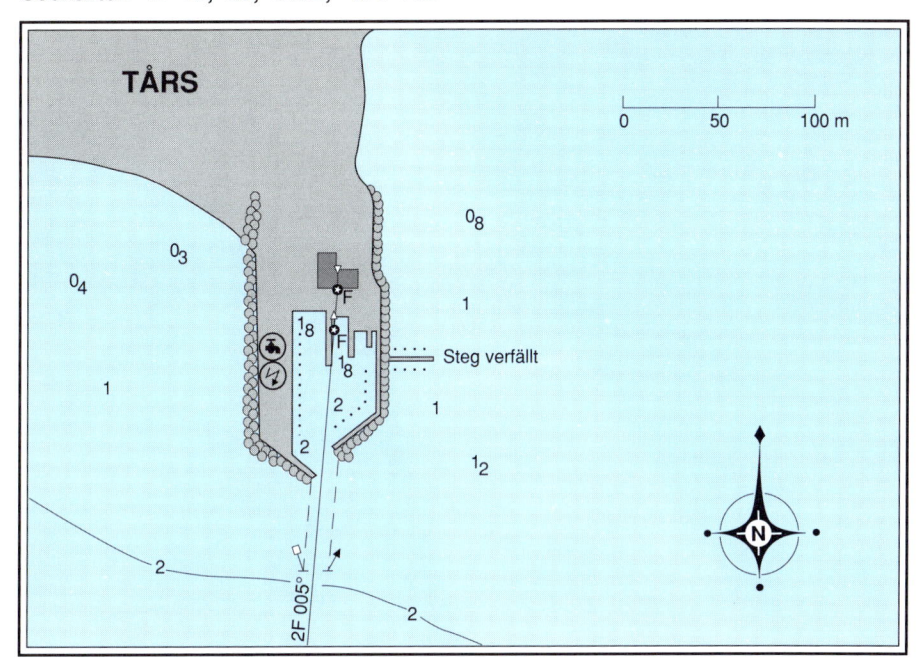

✳	Kleiner Fischerei- und Sportboothafen. Inselhafen mit ca. 100 m langem Damm zum Festland.
⛵	Gastplätze nach Anweisung durch den Hafenmeister.
⚓	Ansteuerung erfolgt zunächst in der Fahrrinne zum Tårs Fährhafen. Wenn der Hafen N peilt, nach Bb. abdrehen und auf den Hafen zuhalten. Hafen und Zufahrt unterliegen ständiger Versandung. Richtbaken 2 F.w. in 360°.
🏠	Wasser und Strom an den Stegen, Duschen, WC, Einkaufsmöglichkeit, Trailerbahn. Kostenloser Fahrradverleih beim Hafenmeister.
✿	Der E-lich des Hafens liegende Steg verfällt. Wasserstände: N-Sturm + 0,5m, SW-Sturm -0,6 m.
i	Der Tårs Fährhafen ist für Sportboote gesperrt.

HH OIB 1993

Onsevig 54°56,9'N 11°06,5'E   DK-II-9

Seekarten D 12, 3002, DK 142, 144

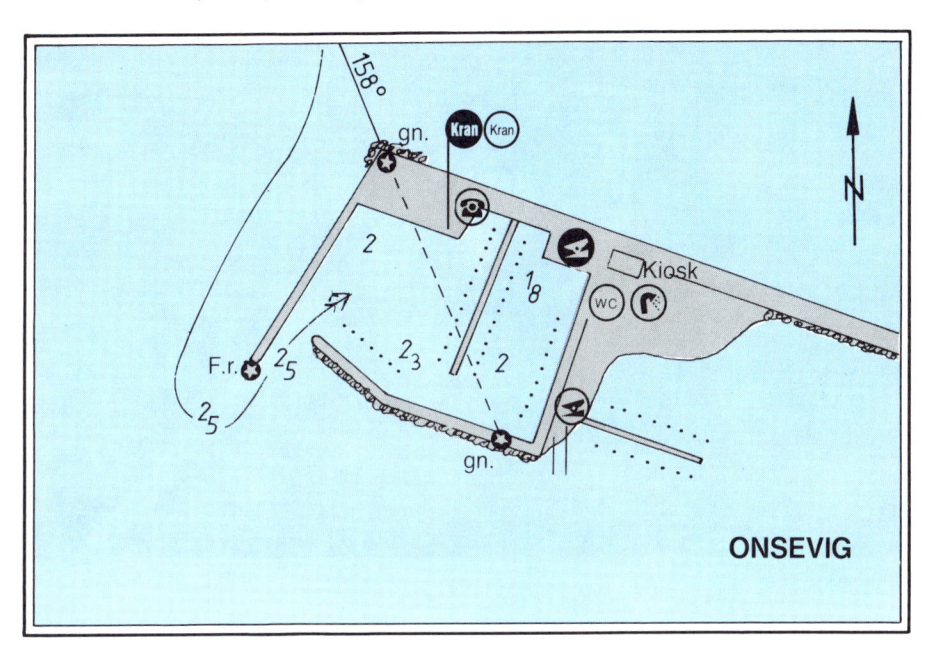

	Fischerei- und Sportboothafen. Mit dem Festland durch einen Damm verbundener Inselhafen.
	Gastplätze nach Anweisung durch den Hafenmeister.
	Ansteuerung bei Tag und Nacht möglich. Zum Hafen führt eine ausgetonnte Rinne. Bei Nacht Richtfeuer mit zwei F. gn. 158° in Linie.
	Wasser, Duschen, WC, Slip, Kran, Trailerbahn, Telefon. Einkaufsmöglichkeiten beim Campingplatz oder in Naskov (20km). Frische Brötchen, Benzin und Diesel können beim Hafenmeister bestellt werden.
	Wasserstände: N- bis NE-Sturm + 1 m, SW-Sturm − 0,7 m.
	Bademöglichkeit.

HH OIB 1993

Onsevig

Vejrø

55° 02,1 N
11° 22,5' E

DK-II-10

Seekarten D 480, DK 160

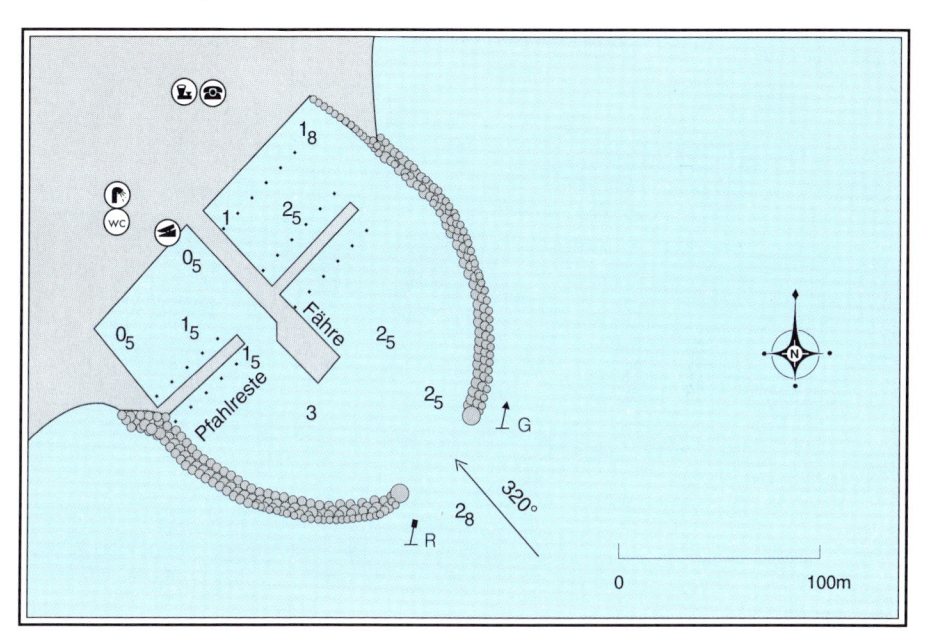

※	Yachthafen mit 140 Liegeplätzen.
⛵	Gastliegeplätze an beiden Stegen.
⚓	Der Hafen kann ohne Schwierigkeiten angelaufen werden. Anlaufen des Hafens mit 320° Die Hafeneinfahrt an der Stb-Seite versandet. Tiefe ca. 1,6 m, deshalb gut von der Stb.-Seite freihalten.
🏠	Wasser und Strom an den Stegen, neues Sanitärgebäude, Duschen und WC, Einkaufsmöglichkeit, Fahrradverleih. Trailerbahn, Spiel- und Grillplatz.
✿	Die Insel ist nur von zwei Familien bewohnt, wovon die eine Landwirtschaft betreibt und die andere sich um den Hafen kümmert. Der Hafenmeister F. Hansen spricht Deutsch und ist unter Tel: 0045 391 3250 zu erreichen.
i	Naturschöne Insel mit schönen Stränden.

HH OIB 1993

Femø

54° 58,3' N
11° 30,9' E

DK-II-11

Seekarten D 480, 3002, DK 160

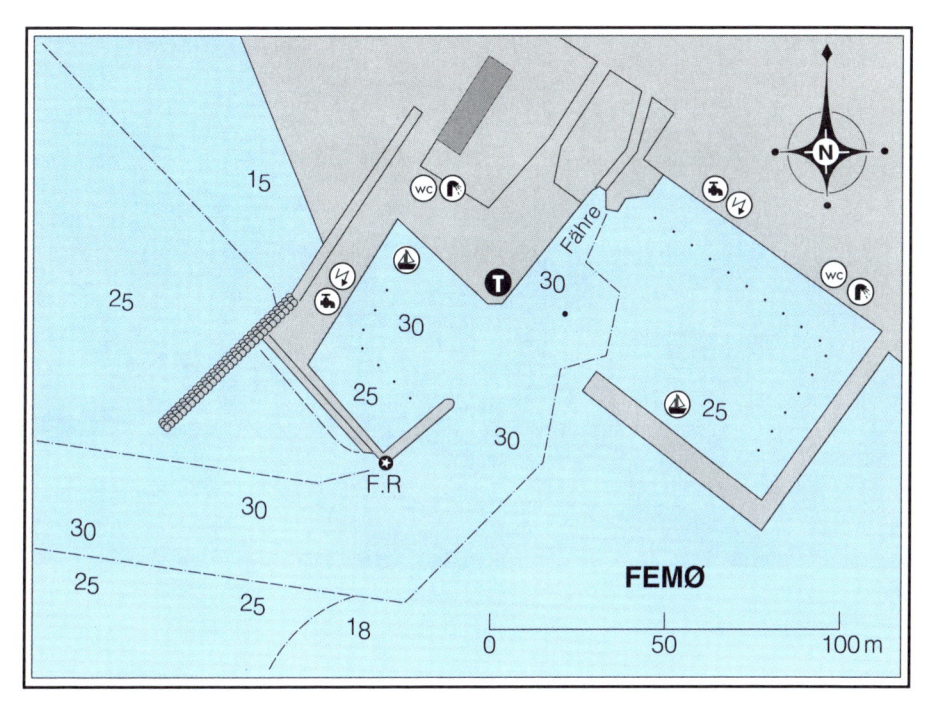

	Kleiner idyllischer Fischerei-und Sportboothafen. Im Sommer oft überfüllt. Kinderfreundlicher Hafen.
	Gastplätze in beiden Hafenteilen.
	Das Anlaufen des Hafens bietet keine besonderen Schwierigkeiten. Die Baggerrinne ist nur an der Stb.-Seite betonnt, diese Tonnen müssen einlaufend an Stb. bleiben. F.R. im S-lichen Knick der W-Hafenmole.
	Wasser, Strom, Duschen, WC, Trailerbahn, Kran, Tankstelle, nur Diesel. (Benzin im Ort ca. 3 km). Einkaufsmöglichkeit, Telefon, Post.
	Bei Benutzung des Heckankers im W-Becken reichlich Kette stecken, der Ankergrund ist hier sehr schlecht und die Fähre drückt bei ihrem Wendemanöver reichlich Schraubenwasser in das Hafenbecken. Zu kurz ausgebrachte Anker halten dann nicht. Wasserstände: N- bis NE-Sturm +1,5 m, S-Sturm –1,5 m. Im E-Hafen Schwell bei auflandigem Wind.
i	Fähre nach Kragenæs. Bademöglichkeit.

Femø

Fejø (Dybvig Havn) 54° 56,7ø N 11° 26,2ø E DK-II-12

Seekarten D 480, 3002. DK 160

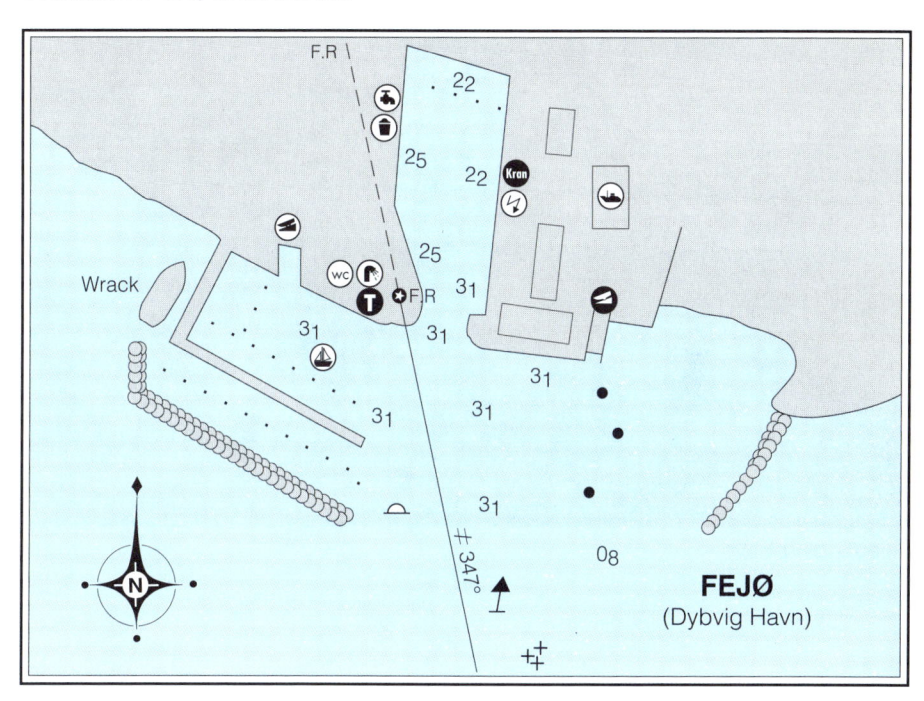

	Kleiner Fischerei- und Sportboothafen, im Sommer oft überfüllt.
	Gastplätze nach Anweisung durch den Hafenmeister.
	Zum Hafen führt eine ausgetonnte Baggerrinne und ein Richtfeuer (2 F.r. 347°). Die Wassertiefe in der Einfahrtsrinne beträgt 3,1 m.
	Wasser, Strom, Duschen, WC, Tankstelle (D), Trailerbahn, Slip, Werft, Motorreparatur, Kran. Einkaufsmöglichkeit, Post, Telefon, Fahrradverleih (Leif Olsen, Dybvigvej). Münzwäscherei am W-lichen Dorfausgang (ca. 1,5 km, geöffnet täglich von 08.00-20.00 Uhr).
	Wasserstände: NE-Sturm +1,2 m, SW-Sturm −1,2m.

HH OIB 1993

Fejø (Dybvig Havn)

Fejø (Vesterby) 54°56,2'N 11°22,4'E DK-II-13

Seekarten D 480, 3002, DK 160

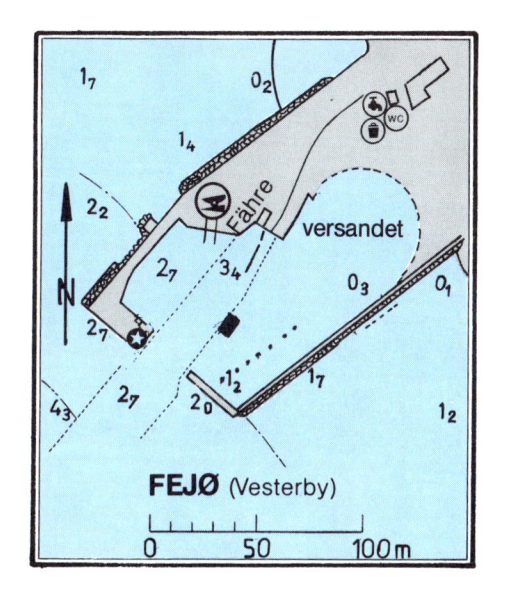

Fährhafen, sehr eng, mit wenig Platz für Gastboote.

Liegemöglichkeiten an der N-Mole.

Der direkt am Ståldyb gelegene Hafen kann tags und nachts ohne Schwierigkeiten angelaufen werden. Eine rote (Ansteuerungs-) Tonne liegt NW-lich des Hafens. Der Kopf der W-Mole ist mit einem roten Festfeuer bezeichnet.

Wasser, Strom, WC. Tankstelle (B+D) beim Kaufmann im Ort. Telefon, Einkaufsmöglichkeit, Fahrradverleih (Herredsvej 197, Østerby).

Wasserstände: NW- bis NE-Sturm + 0,5 m, SE- bis SW-Sturm − 0,5 m. Ein Kabelfeld liegt an beiden Seiten der Einfahrt (Ankerverbot).

Fähre nach Kragenæs.

Vesterby (Fejø)

Skalø 54° 57,4′ N 11° 21,4′ E DK-II-14

Seekarten D 480, 3002, Dä 160

Kleiner Fischereihafen mit nur 1,2 m Wassertiefe. Hafen neigt zur Versandung.

Keine Versorgungsmöglichkeiten.

Urne Fischereihafen 54° 57,1′ N 11° 17,1′ E DK-II-15

Seekarten D 480, 3002, Dä 160

Kleiner Fischereihafen. Der Inselhafen ist mit dem Festland durch einen ca. 300 m langen Damm verbunden.

Wassertiefe im Hafen und in der Einfahrt nur 1 m. Hafen sollte nur von Ortskundigen angelaufen werden.

Wasser, Telefon.

Wasserstände: N-Sturm +1 m, SW-Sturm −0,8 m.

Kragenæs
54° 55' N
11° 21,6' E

DK-II-16

Seekarten D 480, 3002, DK 160

Kragenæs

Fähr- und Sportboothafen.

Gastplätze an der N-Mole und in freien Boxen.

Vom Ståldyb führt ein ausgetonntes Fahrwasser in WSW-licher Richtung zum Hafen. Richtfeuer (2 F.G. 260°).

Wasser, Strom, Duschen, WC, Tankstelle (D), Trailerbahn, Slip, Telefon, Einkaufsmöglichkeit.

Wasserstände: NW- bis NE-Sturm + 0,5 m, SE- bis SW-Sturm - 0,5 m. Durch N-Sturm und Hochwasser wird häufig Tang in die Fahrrinne geschwemmt. Die Pfahlabstände an den Stegen sind max. 3 m breit.

Fähren nach Fejø (Vesterby) und Femø.

HHO IB – Nachtr. 1994

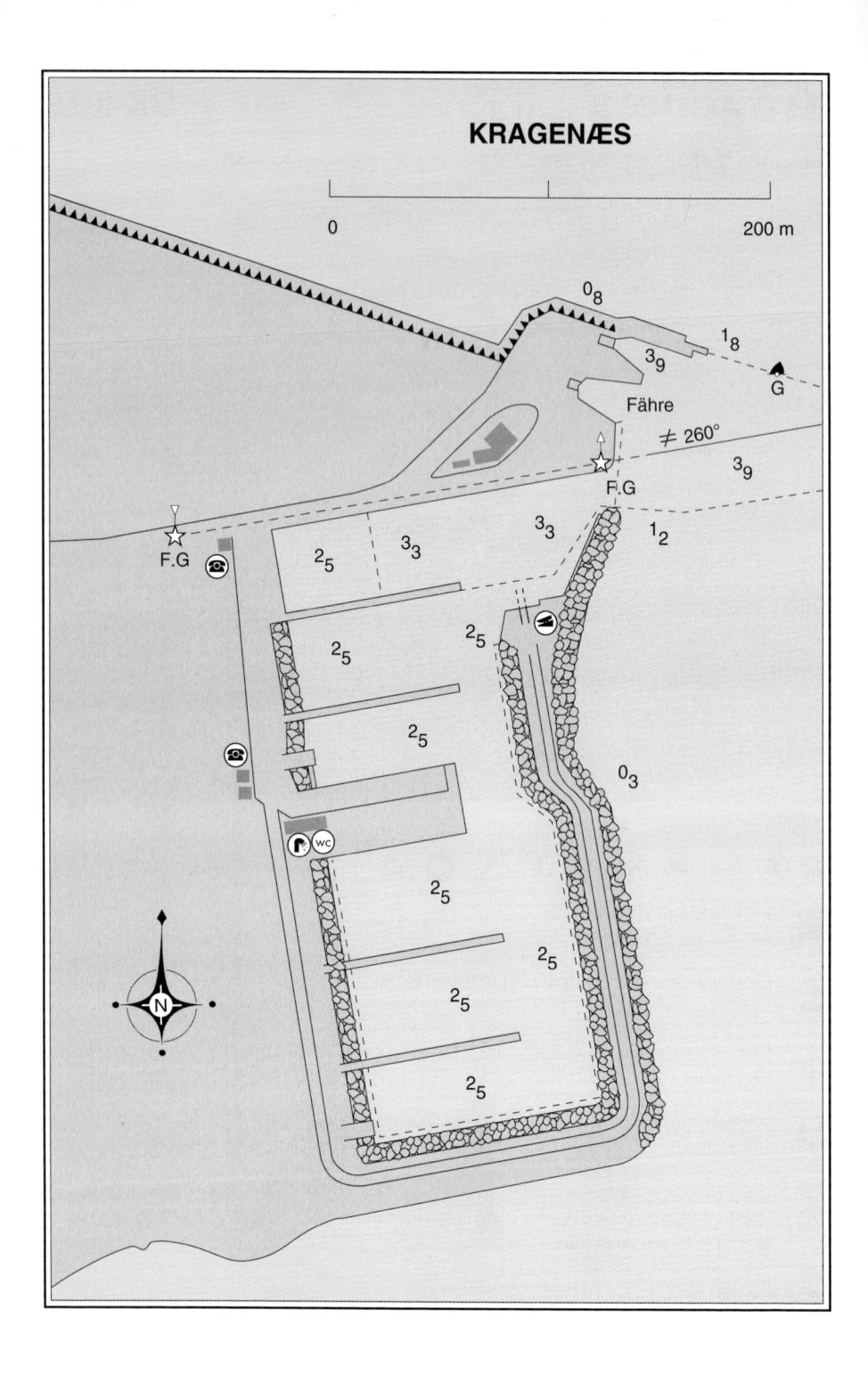

KRAGENÆS

Blans 54° 52,2' N 11° 26' E   DK-II-17

Seekarten D 480, 3002, Dä 160

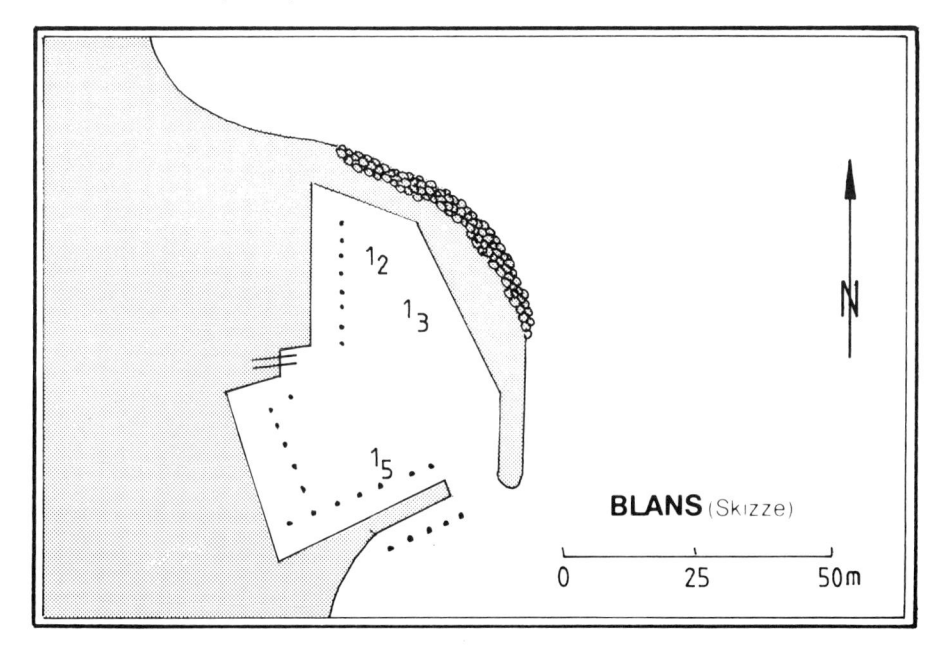

BLANS (Skizze)

0   25   50 m

Kleiner Fischerei- und Sportboothafen.

Auf freien Plätzen.
Kein Hafengeld.

Die Einfahrtsrinne ist ausgetonnt. Die Wassertiefe in der Ansteuerung beträgt 2 bis 2,5 m.

Keine Sanitäreinrichtungen, keine Versorgungsmöglichkeiten.

HH OIB 1993

Blans

Askø 54° 53,1′ N 11° 29′ E

DK-II-18

Seekarten D 480, 3002, Dä 160

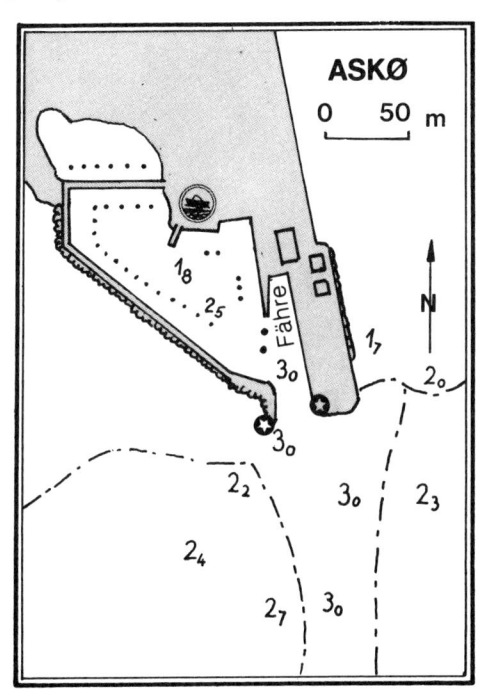

	Kleiner Fähr- und Sportboothafen. Idyllischer ruhiger Hafen.
	An der W-Mole.
	Hafen kann vom Lindholm Dyb in NE-licher Richtung ohne Schwierigkeiten angesteuert werden. Die Köpfe der beiden Molen sind befeuert (r/gn.).
	Wasser, WC, Telefon, Ablaufbahn, Einkaufsmöglichkeit.
	Wasserstände: NE- und NW-Sturm +1,2 m, SE- und SW-Sturm −1 m.
	Fähre nach Bandholm.

Askø

Bandholm 54°50,3'N 11°29,6'E DK-II-19

Seekarten D 480, DK 160

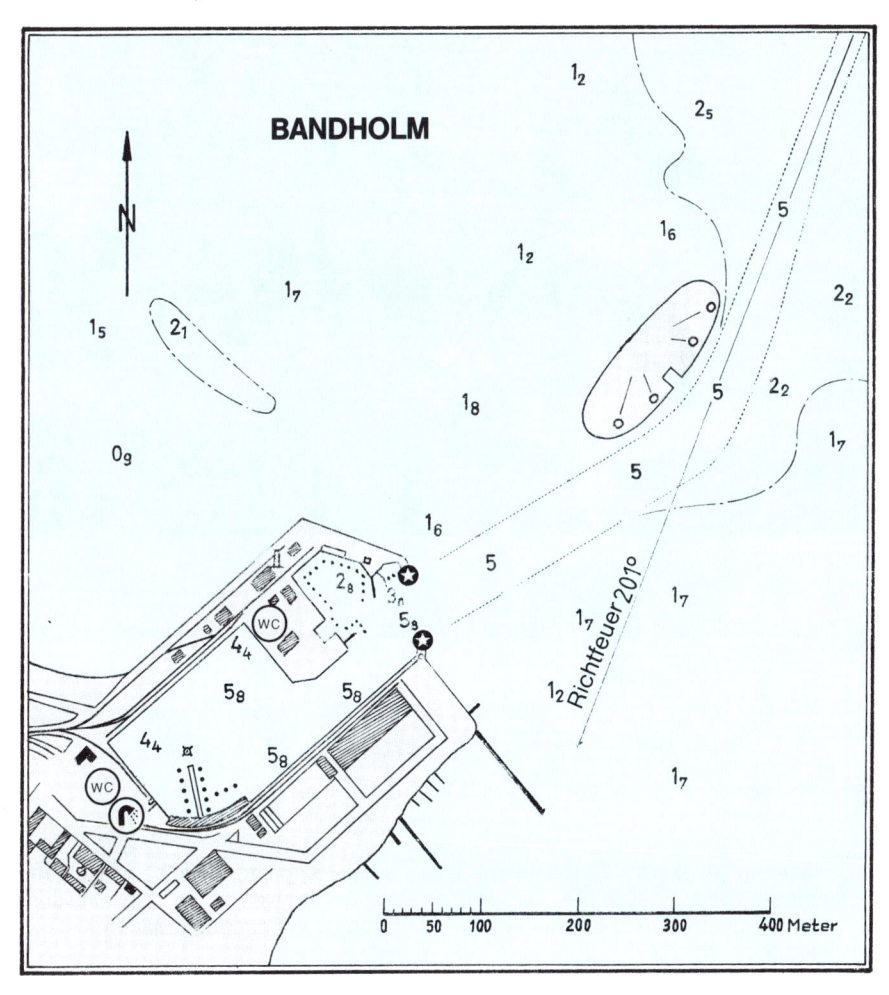

![Map of Bandholm harbour]

Handelshafen mit Liegemöglichkeiten für Sportboote. Kleiner Sportboothafen im NE-lichen Hafenbereich.

Liegemöglichkeiten an den Bollwerken oder an freien Plätzen (grün).

HH OIB 1993

Bandholm

⚓ Zum Hafen führt eine 5 m tiefe ausgetonnte Rinne und ein Richtfeuer mit 201°.

🏠 Wasser, Strom, Duschen, WC. Einkaufsmöglichkeit. Kran, Trailerbahn, Tankstelle (B + D).

✇ Wasserstände: NW-Sturm + 1 m, SW-Sturm − 1 m.

ℹ️ Sehenswürdigkeiten: Knuthenborg Safari Park (Hafengeldzahlung beinhaltet Preisnachlaß beim Besuch des Tierparks, zweimal wöchentlich donnerstags und sonntags Busrundfahrt in der Hochsaison), Oldtimerbahn Bandholm-Maribo. Fähre nach Askø.

Oreby-Bro 54° 49,7′ N 11° 35,7′ E   DK-II-20

Seekarten D 480, 3002, Dä 160

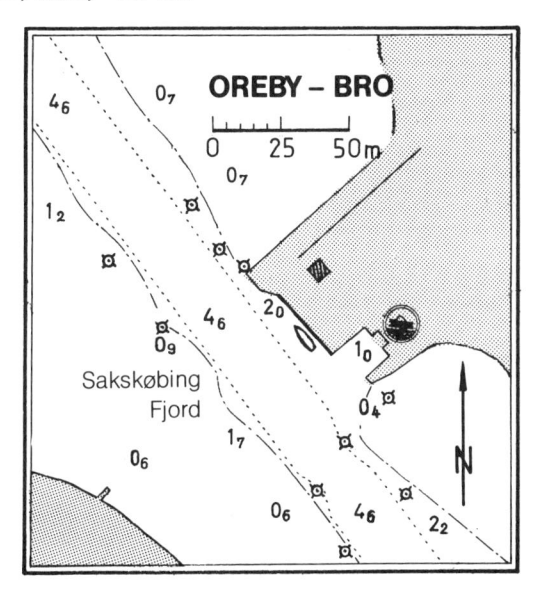

Kleines Bollwerk mit Liegemöglichkeit für Sportboote in landschaftlich schöner Umgebung.

Am Bollwerk.

Das ausgetonnte Fahrwasser nach Sakskøbing führt direkt am Bollwerk vorbei.

Wasser, Telefon, WC, Ablaufbahn.

Am Bollwerk kann starker Strom setzen.

Sehenswürdigkeit: Schloß und Park Orebygård.

HH OIB 1993

Oreby

Sakskøbing 54° 48,1' N 11° 38,2' E

DK-II-21

Seekarten D 480, 3002, Dä 160

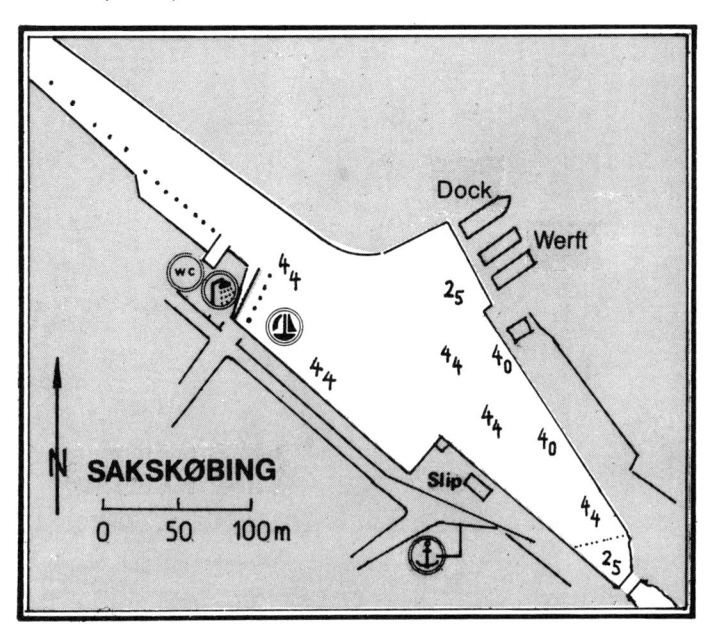

✳	Handelshafen mit Liegemöglichkeiten für Yachten.
⛵	An den Seglerbrücken oder an freien Kaiplätzen. Unmittelbar vor dem Hafen befindet sich einlaufend an Stb. ein Sportbootsteg.
⚓	Ansteuerung ohne Schwierigkeiten durch den ausgetonnten engen Sakskøbing Fjord. Wassertiefen in der Rinne 4,4 m.
🛒	Wasser, Strom, Duschen, WC, Tankstelle (B + D), Werft, Slip, Kran, Einkaufsmöglichkeit, Münzwäscherei (Gåsetorvet), Fahrradverleih (Rådhusgade 13).
⌘	Wasserstände: NW- bis NE-Sturm +1,5 m, SE- bis S-Sturm −1,5 m. Der in den Hafen mündende Fluß verursacht zuweilen auslaufende Strömung.
𝑖	Sehenswürdigkeit: Sakskøbing Kirche.

Sakskøbing

Sakskøbing

Karrebæksminde 55° 11′ N 11° 39,1′ E   DK-II-22

Seekarten D 477, 480   Dä 160

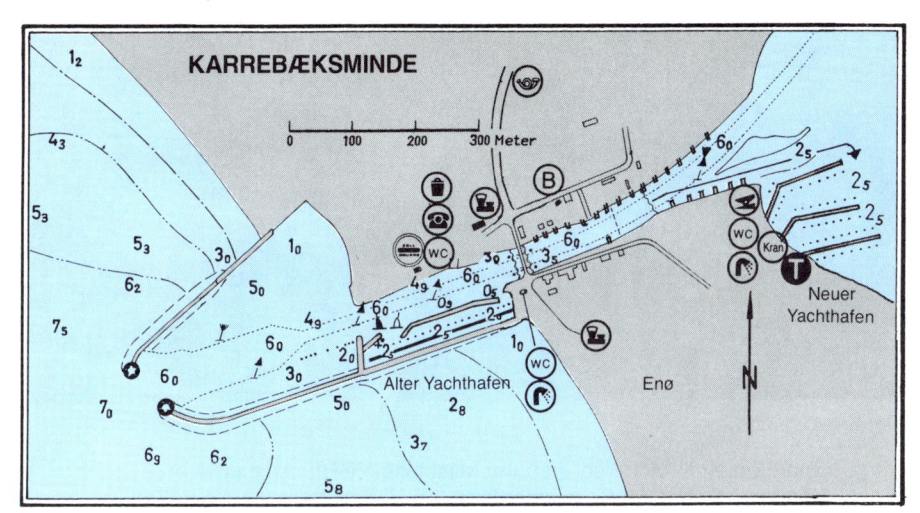

![Karte von Karrebæksminde]

- Handelshafen mit zwei Yachthafenkomplexen. Der alte Yachthafen liegt am Fuß der S-Mole vor (W-lich) der Karrebæksminde-Brücke, der neue Yachthafen hinter (E-lich) der Brücke (ca. 0,3 sm Entfernung).

- Auf freien Plätzen in beiden Yachthäfen. Auch an der Nordpier gegenüber dem alten Yachthafen kann festgemacht werden (Anlegen gegen Strom!).

- Beim Passieren der Brücke von Karrebæksminde ist folgendes zu beachten: Der Brückenwärter kann innerhalb der normalen Öffnungszeiten über UKW Kanal 12 + 13 angerufen werden.
Die Karrebæksminde-Brücke hat eine Durchfahrtsbreite von 22 m und eine Höhe von 2,5 m. Brückenöffnung in der Regel von einer halben Stunden vor Sonnenaufgang bis einer halben Stunde nach Sonnenuntergang (jedoch nicht vor 05.00 Uhr oder nach 21.00 Uhr).
In der Zeit vom 01. Mai bis 30. September können Sportschiffer nur damit rechnen, daß die Brücke jede volle Stunde zur Durchfahrt geöffnet wird, ausgenommen sie wird für andere Fahrzeuge zum Passieren geöffnet. Der Brückenwärter ist berechtigt, Sportboote bis zu 30 Minuten warten zu lassen, wenn es im Hinblick auf den Transitverkehr erforderlich ist.
Beim Passieren größerer Schiffe haben Sportboote genügend Abstand zu halten: Ein gelbes Blinklicht bedeutet, daß sich die Sportboote aus der Brückennähe fernhalten müssen, da größere Fahrzeuge passieren.
Sportboote, die mit dem Strom laufen und auf Durchfahrt warten, müssen mindestens einen Abstand von 150 m von der Brücke einhalten. Bei Gegenstrom beträgt der Mindestabstand zur Brücke 20 m.

Karrebæksminde

Sportboote mit Motor sollen unter Maschine die Brücke passieren.
Sportboote ohne Motor müssen sich bei Gegenstrom um einen Schlepp bemühen, wenn sie die Brücke passieren wollen.
Fahrzeuge, die die Öffnung der Brücke verlangen, setzen am Tage die Signalflagge N auf halbe Höhe oder in Ermangelung einer solchen die Nationalflagge. Ferner ist das akustische Signal − · zu geben. Bei Nacht ist ein weißes Licht zu setzen und außerdem das akustische Signal zu geben.
Brückensignale: ein rotes Licht − Passieren der Brücke verboten.
Zwei rote Blinklichter: die Brücke wird geöffnet für Fahrzeuge aus Richtung Osten.
Zwei rote feste Lichter: die von Osten kommenden Fahrzeuge können passieren.
Auf der anderen Brückenseite werden die gleichen Lichter gezeigt, wenn Fahrzeuge aus Westen passieren können. Die Berufsschiffahrt hat grundsätzlich Vorrang. Nächtliches Einlaufen nicht ratsam.
ACHTUNG: Der Vorhafen außerhalb der Fahrrinne ist unrein, deshalb im Fahrwasser halten.
Nach Passieren der Brücke läßt man die Untiefentonne mit W-Topzeichen vor der kleinen Insel an Bb. und gelangt so in den neuen Yachthafen. Der Hafen ist wieder auf Solltiefe ausgebaggert.

Wasser, Strom, Duschen, WC, Slip, Einkaufsmöglichkeit. Münzwäscherei (bei der Brücke auf Enø und auf dem Campingplatz). Fahrradverleih. Die Schlüssel für die WCs gibt es beim Næstved Yachtclub gegen Gebühr (Seglermeldung).

Im Hafen und in der Fahrrinne muß mit Strom gerechnet werden. Dieser Strom kentert normalerweise alle sechseinviertel Stunden. Bei Starkwindlagen kann der Strom bis zu 4 kn erreichen.
Wasserstände: NW-liche Winde + 1,2 m, SE-liche Winde − 0,6 m.

Sehenswürdigkeit: Karrebæksminde Kirche.

Marina „De hvide Svaner"

55° 11,8′ N
11° 40,5′ E

DK-II-22a

Seekarten D 477, 480,　Dä 160, 164

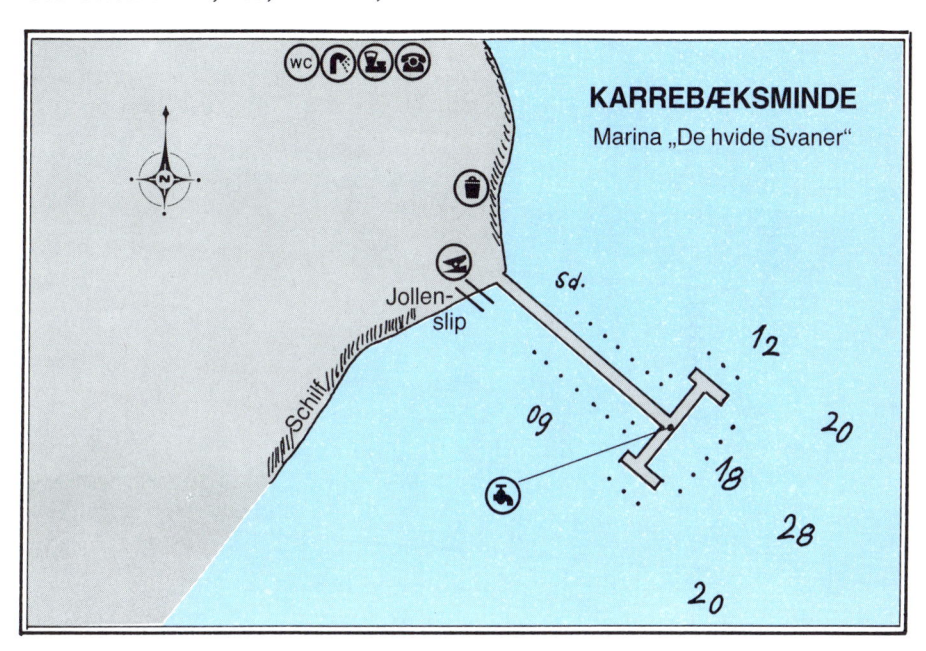

	Steganlage beim Campingplatz „De hvide Svaner" im Karrebæk Fjord, ca. 1 sm NE-lich des neuen Yachthafens von Karrebæksminde.
	Am Brückenkopf auf ca. 1,80 bis 2,00 m Wassertiefe.
	Vom Fahrwasser nach Naestved hält man nach Passieren der 1. W-Untiefentonne kurz vor dem 4. rot/grünen Tonnenpaar direkt auf den Anleger zu.
	Wasser und Strom am Steg. Müllcontainer, WC und Dusche, Kaufmann (geöffnet tägl. von 7.00–21.00 Uhr). Großer Kinderspielplatz, beheiztes Freibad, Restaurant.
	Vom Campingplatz aus werden Führungen zum Vogelbrutgebiet Saltø Å organisiert.

HH OIB 1993

Næstved 55° 13,6' N / 11° 45,5' E DK-II-23

Seekarten D 477, 480, 3002, Dä 160, 164

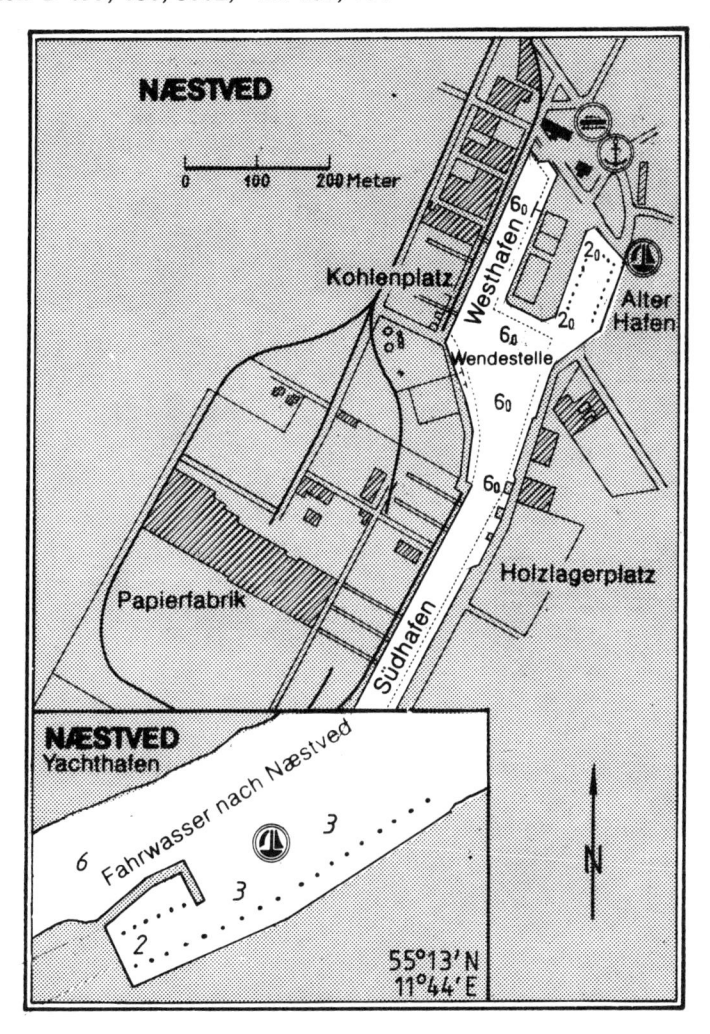

Industrie- und Handelshafen. Anlaufen für Sportboote wenig empfehlenswert.

Næstved, alter Hafen.

Yachthafen des Næstved Sejlklub ca. 1 sm vor dem Haupthafen (Kanalhavn).

DK-II-23a

Im Alten Hafen (Heckpfähle) oder (für tiefergehende Schiffe) im Westhafen an den Kais. Ungefähr 1 sm vor dem Industriehafen unterhält der Næstved Sejlklub einen Yachthafen mit ungefähr 75 Liegeplätzen. Mit freien Liegeplätzen kann nur während der dänischen Ferienzeit gerechnet werden.
Hafengeld 1984: 40,– DKr.

Anlaufen von Næstved durch das gut betonnte Fahrwasser des Karrebæk Fjord und den anschließenden Kanal. Wassertiefe 6 m.

Im Alten Hafen befindet sich nur ein öffentliches WC und ca. 500 m in NW-licher Richtung eine Tankstelle (B + D). Weitere Versorgungsmöglichkeiten in der Stadt. Im Yachthafen Wasser und Strom an den Stegen, Duschen, WC, Motorenwerkstatt, Slip. In Næstved Post, Telefon, Zoll, Münzwäscherei.

Auszug aus den Verkehrsvorschriften für den Hafen Næstved:
Im Hafengebiet haben maschinengetriebene Fahrzeuge ihre Fahrt soweit herabzusetzen, wie es für die Manövrierfähigkeit ihres Fahrzeuges erforderlich ist. Mit dem Strom laufende Fahrzeuge haben Wegerecht. Baden, Wasserski laufen und Segelsurfen sind im Hafengebiet verboten.

Sehenswürdigkeiten: Næstved Museum, St. Mortens Kirche, St. Peders Kirche.

Bisserup 55° 12′ N 11° 29,5′ E DK-II-24

Seekarten D 480, 3002, Dä 160

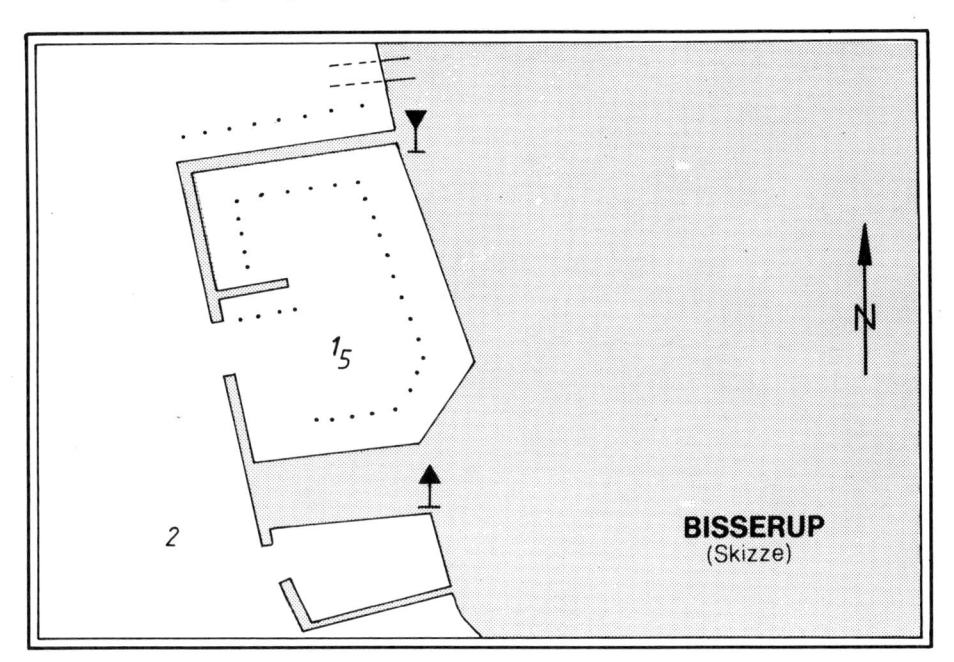

BISSERUP
(Skizze)

Ⓚ ⓦc Ⓢ 🚰 🚿

- Kleiner Fischerei- und Sportboothafen am E-Ausgang des Holsteinborg Nor.

- Liegemöglichkeiten für Gastboote an den Außenseiten der Bollwerke. Hafengeld 1984: 40,– DKr.

- Zum Hafen führt eine 2 m tiefe Baggerrinne. Ansteuerung nur bei Tage möglich. Laut Seglermeldung beträgt die Wassertiefe in der Baggerrinne nur ca. 1 m (7/86).

- Wasser, Strom, Duschen, WC, Kran, Einkaufsmöglichkeit (auf dem nahen Zeltplatz oder im Ort (ca. 2 km). Restaurant am Hafen.

- Ca. 3 km entfernt vom Hafen liegt der Gutshof Holsteinborg aus dem 17. Jahrhundert. Der im klassischen englischen Stil angelegte Holsteinborg Park ist für das Publikum geöffnet.

Bisserup

Omø

55° 10,3' N
11° 09,7' E

DK-II-25

Seekarten D 12, D 13, 3002, DK 142, 143

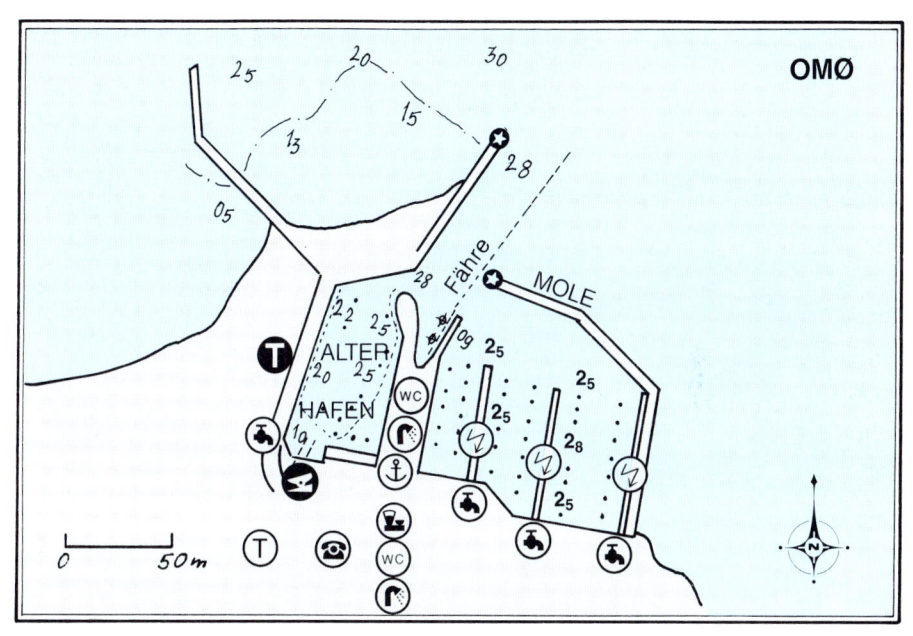

Fischereihafen und E-lich davon kleiner Sportboothafen.

Gastplätze in freien Boxen. Es gibt nur wenige Heckpfähle, und diese liegen so dicht zu den Stegen, daß Boote ab ca. 9 m Länge keine vernünftigen Heckleinen ausbringen können. An der W-Seite des W-Steges gibt es keine Heckpfähle.

Anlaufen des Hafens von N mit Kursen zwischen 145° bis 180°. Zum Hafen führt eine 100 m lange und 25 m breite Baggerrinne, die der Versandung unterliegt. Nach Seglermeldung soll man sich beim Einlaufen dicht an der Mole an Stb. halten, da an Bb.-Seite zum Land hin eine starke Versandung erfolgt ist. Stellnetzreihen beachten. Molenfeuer F.W./R./G.

Duschen, WC, Waschmaschine, Kaufmann (Brugsen im Sanitärgebäude), Tankstelle (B + D), Slip, Wasser an den Stegköpfen, Strom an den Stegen.
Hafenmeister: Erik Jørgensen, Langeklinten 3, Tel: (03) 59 90 90.

Omø Sportboothafen

⚜ Wasserstände: NE-lich Sturm + 1,2 m, SW-Sturm - 1,2 m. Achtung: An der N-Mole des alten Hafens nicht anlegen, diesen Platz benötigt die Fähre für ihre Wendemanöver.

i Naturschöne Insel, Bademöglichkeiten. Fähre nach Stignæs.

Agersø

55° 12,7' N
11° 12,2' E

DK-II-26

Seekarten D 12, 13, 3002, DK 142

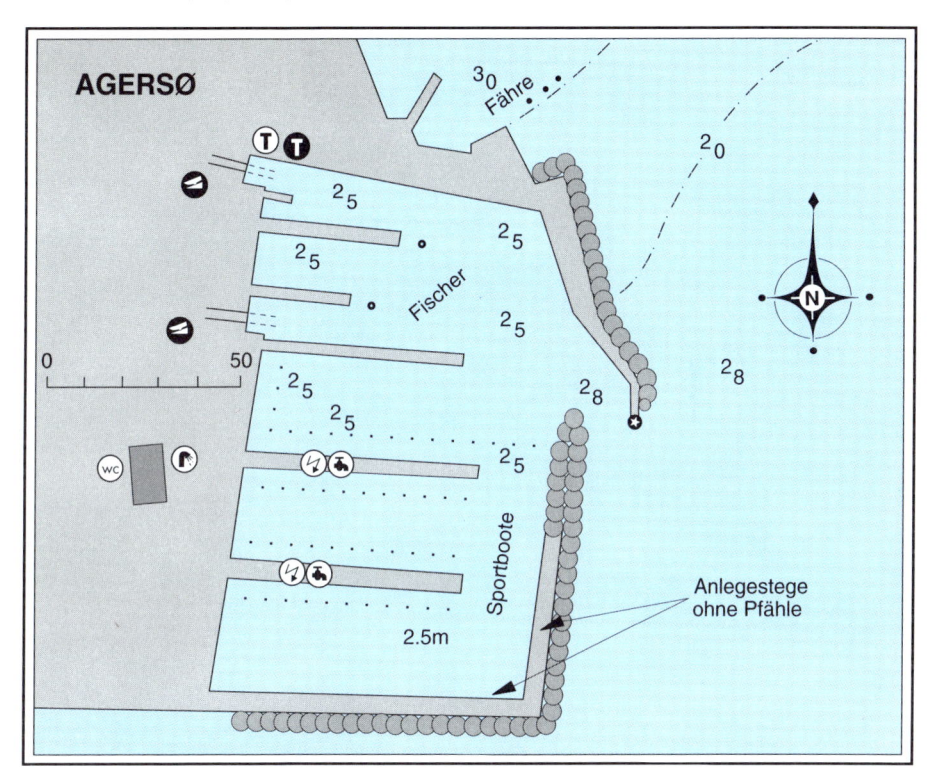

![Hafenplan Agersø mit Fischer- und Sportboothafen, Anlegestegen ohne Pfähle, Wassertiefen 2,5 m und Fähranleger]

※	Fischerei- und Sportboothafen.
⛵	Sportboothafen im neuen Südhafen.
⚓	Die Ansteuerung des Hafens ist bei Tag und Nacht ohne Schwierigkeiten vom Agersø Sund zu erreichen.
🏘	Wasser, Strom, Duschen, WC, Tankstelle (B+D), Werft, Slip, Kran. Einkaufsmöglichkeit, Telefon.
✿	Wasserstände NE-Sturm +1,2m, SW-Sturm -1,2m.
i	Fähre nach Stignæs.

HH OIB 1993

Skælskør 55° 15,2' N 11° 17,4' E DK-II-27

Seekarten D 13, 3002, DK 142

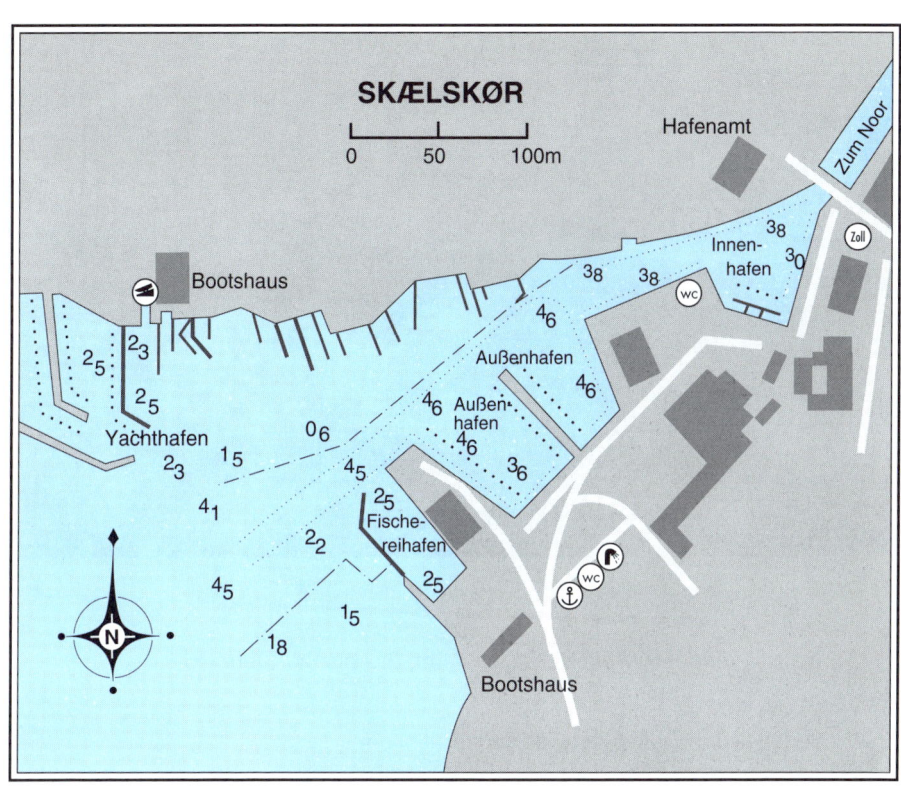

Handels-, Fischerei- und Yachthafen am Ende des Skælskør Fjords in landschaftlich schöner Umgebung gelegen.

Im Yachthafen sowie im Außen- und Innenhafen rot/grün Beschilderung.

Ansteuerung: Von der rotweißen Tonne Skælskør Red mit rw. 156° (Richtfeuer) in den Skælskør Fjord und weiter in der betonnten Rinne bleiben. Auf den recht starken Strom im Innenhafen, der alle sechs Stunden kentert, muß hingewiesen werden. Der Tiedenhub beträgt im gesamten Hafenbereich 0,30 m.

Wasser, Strom, Duschen, WC, Müllbehälter, Motorenwerkstatt, Trailerbahn, Slip, Mastenkran, Kran, Werft, Tankstelle (D+B), Segelmacher, Post, Telefon, Münzwaschmaschine, Einkaufsmöglichkeit. Schlüssel für das Sanitärgebäude und Duschmarken beim Hafenmeister holen.

Skælskør

⌘ Wasserstände: NW- bis NE-Sturm +1 m, SE- bis SW-Sturm –0,6 m.

ⓘ Sehenswürdigkeit: Skælskør Kirche.

Korsør Yachthafen 55° 19,7′ N   DK-II-28
                     11° 07,8′ E

Seekarten D 11, 12, 13, NV 1, DK 141, 142, 143

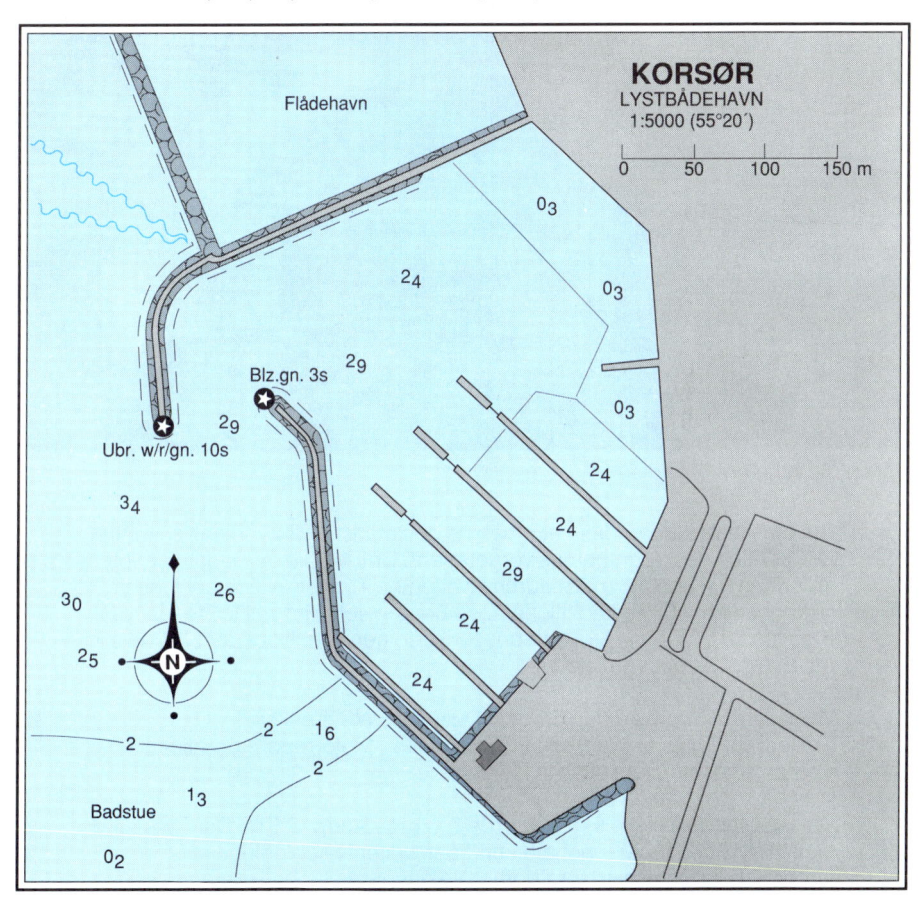

- Yachthafen unmittelbar S-lich des Marinehafens.

- Gastplätze nach Einweisung durch den Hafenmeister. Die Pfahlabstände sind teilweise weniger als 3 m breit. Lange Heckleinen klarhalten.

HH OIB 1993

Korsør Yachthafen

⚓ Bei der Ansteuerung des Yachthafens den starken Fährverkehr beachten. Die SW-lich des Yachthafens vorgelagerte Untiefe Blinde Badstue (Tiefen zwischen 0,2 und 1,6 m) ist durch zwei grüne Tonnen W-lich der Untiefe gekennzeichnet. Die nächtliche Ansteuerung sollte im weißen Sektor des Molenfeuers (W-Mole Ubr. w/r/gn. 10s) erfolgen. Der Kopf der SW-Mole ist mit Blz. gn. 3s gekennzeichnet.

🏠 Wasser und Strom an den Stegen, Duschen, WC, Tankstelle (D), Trailerbahn, Mastenkran, Kran, Müllbehälter, Motorreparatur. Alle Versorgungsmöglichkeiten in Hafennähe.

✽ Wasserstände: NW- bis NE-Sturm + 1,2 m, S-Sturm -0,8 m. Der Fähr- und Handelshafen, der Marinehafen und der weiter N-lich gelegene Halskov-Fährhafen sind für Sportboote gesperrt.

ℹ️ Sehenswürdigkeiten: Korsør Seebatterie (mittelalterlicher Festungsturm), St. Povis-Kirche. Fähren nach Lohals und Nyborg.

Musholm 55° 28,7′ N 11° 4,8′ E DK-II-29

Seekarten D 11, Dä 141

Idyllische kleine Insel im Großen Belt, Naturhafen an der Ostseite der Insel mit einem kleinen Bootssteg.
Wassertiefe am Stegkopf 2 m. Gute Ankermöglichkeiten E-lich der Insel auf 5 m Wassertiefe.

Am Steg.

Ansteuerung von E aus der Musholm Bugt. Vorsicht Steine!

Keine Versorgungsmöglichkeiten.

Im Bereich der Insel muß mit Kontrollen durch dänische Zollboote gerechnet werden.

Mullerup
55° 29,6' N
11° 10,4' E

DK-II-30

Seekarten D 11   Dä 141

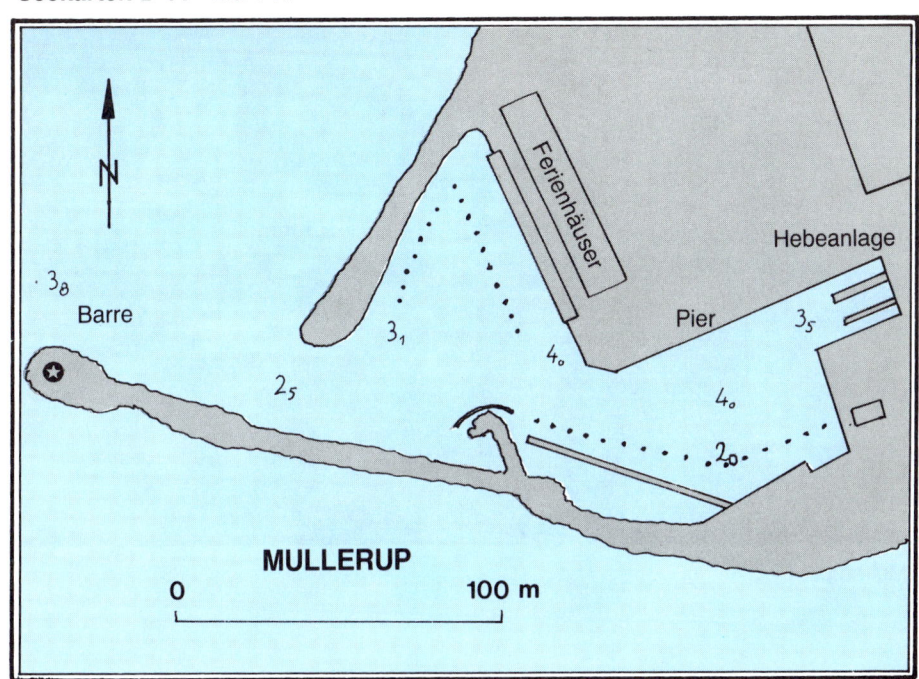

![Karte von Mullerup mit Hafenlayout, Tiefenangaben und Beschriftungen: Ferienhäuser, Hebeanlage, Pier, Barre, MULLERUP, Maßstab 0–100 m]

Symbole: 🦐 WC B 🗑 🔧 S ⚓ (Kran) 🍽 ⛵ T T 🛞 ☎ 🏨 ✚ ⛽ 🛢 🧴

✳	Kleine Marina, überwiegend von Motorbooten genutzt. Ungeeignet für größere Yachten.
⛵	Wenig Liegemöglichkeit für Gastboote.
🛞	Ansteuerung bei Tag und Nacht möglich. Nachts nur in den beiden weißen Sektoren des Mullerup-Feuers den Hafen anlaufen. Es muß mit Querstrom vor der Hafeneinfahrt gerechnet werden. Bei Starkwinden von SW bis NW ist das Ein- und Auslaufen sehr risikoreich. Bei NW-Starkwinden läuft Schwell in den Hafen, die See bricht sich in der Hafeneinfahrt (Seglermeldung).
🏨	Wasser, Strom, Duschen, WC, Tankstelle (B + D), Werft, Bootshebeanlage mit Travellift, Motorreparatur, Telefon, Einkaufsmöglichkeit. Hafen und Serviceeinrichtungen machen lt. Seglermeldung einen „halbverfallenen Eindruck".
✂	Wasserstände: NW- bis N-Sturm + 1,3 m, SE- bis S-Sturm − 0,8 m.
i	Bademöglichkeit.

HH OIB 1993

Mullerup

Reersø 55° 31′ N 11° 7,3′ E DK-II-31

Seekarten D 11, Dä 141

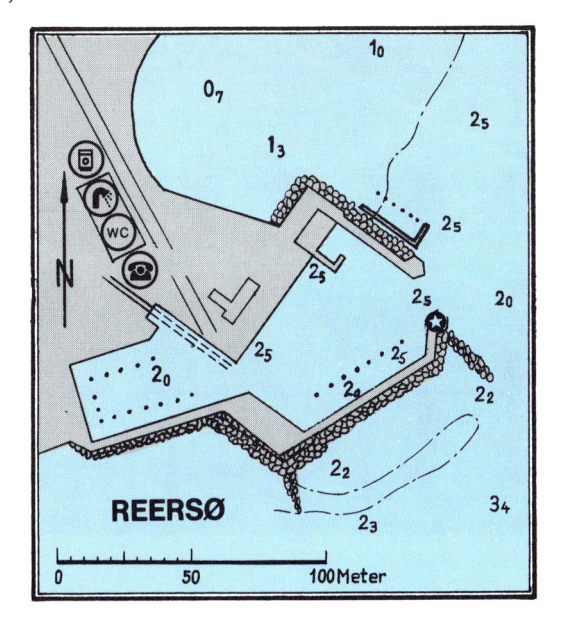

✺	Kleiner Fischereihafen mit Liegemöglichkeiten für Sportboote.
⛵	An der S-Mole. Außen an der NE-Mole wurde ein neuer Steg mit ca. 8 Liegeplätzen gebaut, davon die Hälfte für Gastlieger.
☸	Hafen kann bei Tage ohne Schwierigkeiten angelaufen werden, die nächtliche Ansteuerung sollte nur von Ortskundigen durchgeführt werden.
🏘	Wasser, WC, Werft, Slip, Motorreparatur, Tankstelle (D), Einkaufsmöglichkeit. Neues Sanitärgebäude mit WC, Duschen, Waschmaschine und Trockner, Telefon.
✿	Wasserstände: N-Sturm + 1,5 m, SE-Sturm − 0,9 m.
i	Sehenswürdigkeit: Reersø Museum (Skansevej).

Reersø

Kalundborg

55° 40,6' N
11° 5,5' E

DK-II-32

Seekarten D 11, DK 141˜

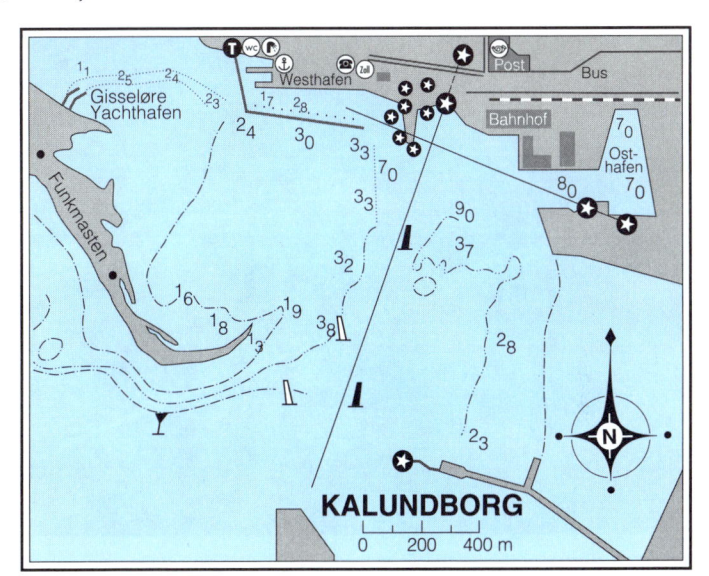

	Handels- Fähr- und Fischereihafen. Yachthafen (AP-Störung)
	An der Mole des W- und S-Hafens.
	Die von N-kommenden Yachten müssen sich wegen starken Stromes gut freihalten vom Røsnaes Rev und dem Leuchtturm Røsnæs Puller. Gute Ansteuerungsmarken für Kalundborg sind die weit von See erkennbaren vier Schornsteine des Kraftwerkes, die Funkmasten und die Kalundborg Kirche. Bei nächtlicher Ansteuerung die Richt- und Leitfeuer beachten.
	Wasser, Strom (am Knick der W-zur S-Mole), Duschen, WC, Tankstelle (D), Werft, Slip, Kran, Motorenwerkstatt, Post, Telefon, Zoll, Einkaufsmöglichkeit, Fahrradverleih (Skipsbogade 17) und Münzwäscherei (Waschsalon geöffnet von 05-22 Uhr).
	Wasserstände: NW-Sturm + 1,3 m, SE-Sturm - 0,9 m. Achtung: Es empfielt sich, den sehr rücksichtslosen Fähren rechtzeitig und weit auszuweichen!
	Fähren nach Juelsminde, Århus und Samsø. Sehenswürdigkeiten: Kalundborg Kirche und Museum.

Kalundborg (Westhafen)

Gisseløre Yachthafen DK-II-32a
55° 40,7′ N   11° 04,4′ E

Seekarten D 11,   Dä 141

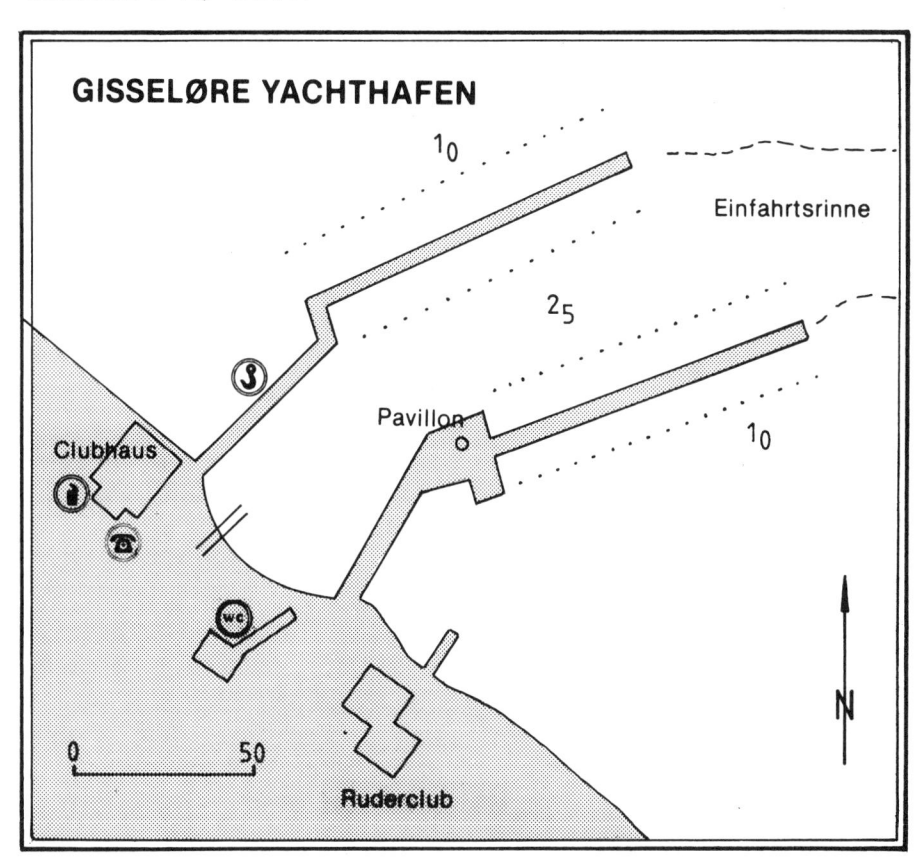

GISSELØRE YACHTHAFEN

Einfahrtsrinne

Pavillon

Clubhaus

Ruderclub

Yachthafen des Kalundborg Sejlklub mit ca. 100 Liegeplätzen. Ruhiges Liegen.

Gastlieger können auf freien Plätzen festmachen.
Hafengeld 1984: 35,— bis 45,— DKr.

Zunächst die Hinweise für Kalundborg beachten. Das Fahrwasser zum Gisseløre Yachthafen ist beidseitig betonnt, es läuft dicht an der W-Hafenmole vorbei in Richtung W. Außerhalb der schmalen Fahrrinne ist es sehr flach.

HH OIB 1993

Kalundborg (Gisseløre)

🍾 Wasser an den Stegen, Strom nur beim Mastenkran, WC (einfach), Mastenkran, Slip, Telefon im Clubhaus. Restaurant auf der Halbinsel.

⌘ Nur der Innenhafen hat eine Wassertiefe von 2,50 m, so daß nur flachgehende Boote an den Außenseiten der beiden Brücken festmachen können. Fußweg zur Stadt ca. 20 min.

ℹ️ Siehe Kalundborg.

Røsnaes

55° 45,1' N
10° 56,8' E

DK-II-33

Seekarten D 11, DK 141

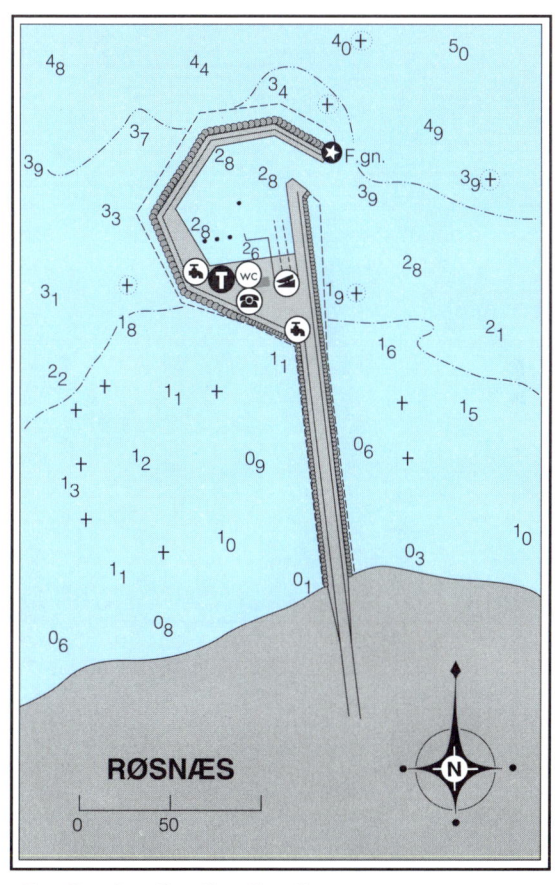

RØSNÆS

	Fischereihafen mit wenig Platz für Sportboote. Landschaftlich schöne Umgebung.
	Liegemöglichkeiten für Gastboote an der N-Mole.
	Ansteuerung bei Tag und Nacht möglich. Der Kopf der N-Mole ist mit einem grünen Festfeuer gekennzeichnet.
	WC, Wasser, Strom (langes Kabel notwendig), Dusche, Müllbehälter, Tankstelle (D), Slip, Gastliegeplätze.

✿ Wasserstände: N- bis E-Sturm +0,7 m, SE- bis S-Sturm −0,7 m. E-lich des Hafens reichen lange Stellnetzreihen in die See.

ℹ Bademöglichkeit.

Sejerø

55° 52,8′ N
11° 08,1′ E

DK-II-34

Seekarten D 20, DK 128, 141

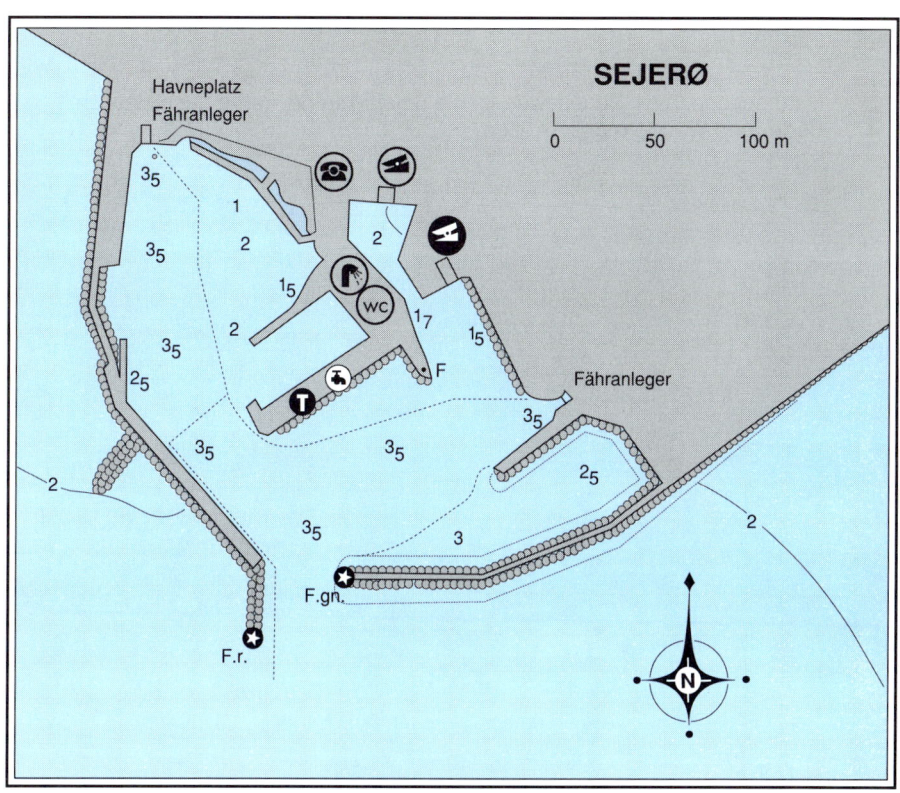

Fischerei- und Sportboothafen. Fähranleger.

Liegemöglichkeiten für Gastboote an freien Plätzen oder nach Einweisung durch den Hafenmeister.

Die Ansteuerung des Hafens bietet keine Schwierigkeiten. Die Molenköpfe sind entsprechend der Einlaufrichtung mit F.gn. und F.r. befeuert. Die Tiefenangaben im Plan können sich durch Versandung im Hafen ändern, deshalb sollte man vorsichtig in den Hafen einlaufen.

Wasser und Strom an den Stegen (nicht an der Außenmole), Duschen (Automat Dkr.5,-), WC, Telefon, Post, Bank, Apothekendienst und Einkaufsmöglichkeiten im nahegelegenen Ort (ca. 20 min Fußweg). Kiosk direkt am Hafen. Tankstelle (D). Benzin gibt es bei Brugsen im Ort.

Wasserstände: N-Sturm + 0,8 m, S-Sturm - 0,8 m.

Naturschöne Insel. Sehenswert ist die Sejerø Kirche. Fähre nach Havnsø. Bade- und Wandermöglichkeiten.

Nekselø 55° 47' N 11° 17,9' N   DK-II-35

Seekarten D 20, Dä 103, 128

Nekselø

- ✴ Ca. 200 m langer Damm an der E-Seite der Insel Nekselø. Am Brückenkopf Anleger für die Fähre nach Havnsø.

- ⛵ Keine Liegemöglichkeiten für Sportboote.

- 🍾 Keine Versorgungsmöglichkeiten.

- ⌘ Die Insel steht unter Naturschutz, das Anlaufen der Nekselø-Brücke und Betreten der Insel ist nicht erwünscht. Ausweichhafen ist Havnsø.

HH OIB 1993

Havnsø

55° 45,2' N
11° 194' E

DK - II - 36

Seekarten: D 20, Dä 103, 128

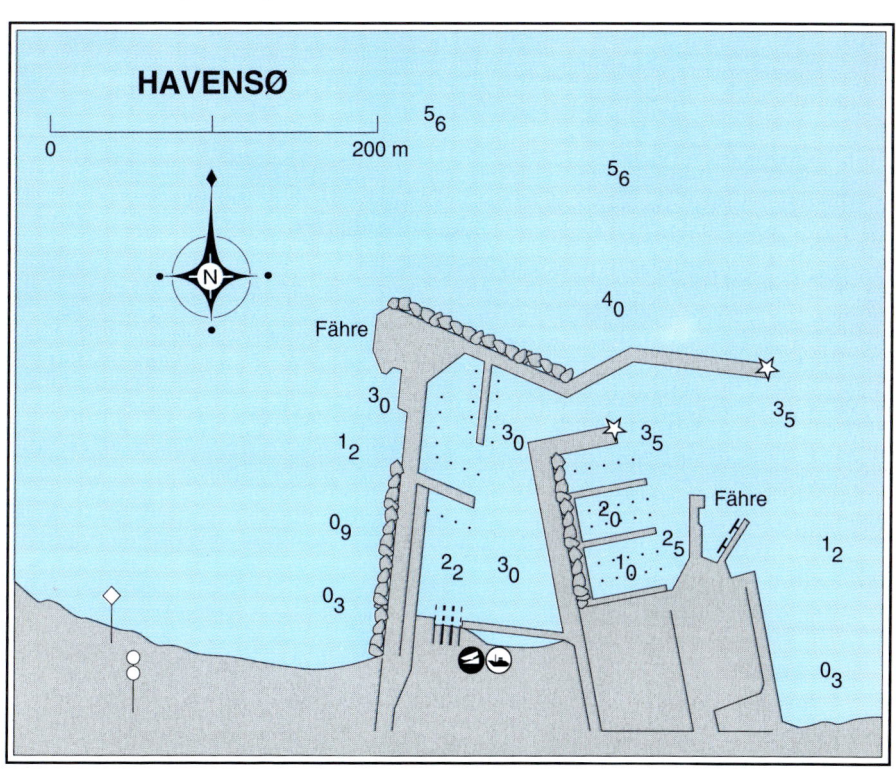

Handels-, Fähr- und Fischereihafen mit Liegemöglichkeiten für Sportboote.

Liegeplätze beim Hafenmeister erfragen.

Ansteuerung bei Tag und Nacht möglich. Von W kommend N-lich an Nekselø vorbei bis der Hafen S peilt und dann mit diesem Kurs weiter bis zum Hafen. Bei der Ansteuerung von N beachte man die Untiefen zwischen Sejerø und Ordrup Næs. Bei nächtlicher Ansteuerung werden die Untiefen mit Hilfe des Richtfeuers auf Nekselø (175°) durchlaufen, danach geht es weiter im weißen Sektor des Havnsø-Feuers zum Hafen.

Wasser, Strom, WC, Duschen. Tankstelle (B + D), Werft, Slip, Ablaufbahn, Motorreparatur, Einkaufsmöglichkeit, Telefon.

HHO IB – Nachtr. 1994

Havnsø (von Norden gesehen)

⌘ Wasserstände: W- über N- bis NE-Sturm +0,8 m, S-Sturm--0,8 m.

ⓘ Fähren nach Sejero und Nekselo.

Odden Havn 55° 58,4′ N 11° 22,4′ E   DK-II-37

Seekarten

![Hafenplan Odden Havn]

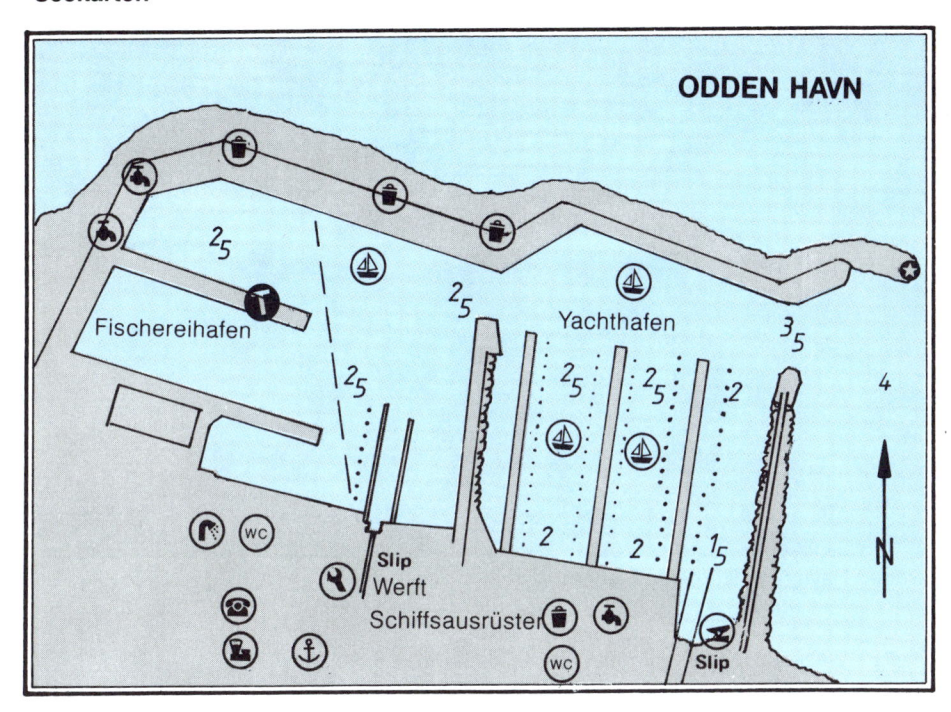

- Großer Fischereihafen und Yachthafen.
  Guter Schutzhafen an der N-Küste Seelands.

- Liegeplätze an den Schwimmstegen des Yachthafens oder an der N-Mole. Im Fischereihafen (W-lich der gestrichelten Linie im Plan) dürfen Sportboote nicht festmachen.

- Anlaufen des Hafens bei Tag und Nacht ohne Schwierigkeiten möglich. Nachts im weißen Sektor des Odden Havn-Feuers den Hafen ansteuern. Vom nächtlichen Durchlaufen des Snekkeløb (Sjællands Rev) wird Ortsunkundigen dringend abgeraten.

- Wasser, Strom, Duschen, WC, Tankstelle (Dieseltankstelle auf der Mittelbrücke im Fischereihafen. Abgabezeiten 09.00–09.30 Uhr), Slip, Ablaufbahn, Schiffausrüster, Werft, Motorenwerkstatt, Telefon, Einkaufsmöglichkeiten direkt am Hafen (u. a. guter Fischladen), weitere Versorgungsmöglichkeiten im Ort. Zoll.

Odden Havn (von Norden gesehen)

✂ Wasserstände: N-Sturm + 08, m, S-Sturm − 0,8 m.
Von Gniben aus finden zu bestimmten Zeiten Schießübungen auf Seeziele statt. Schießzeiten hängen im Hafen (und in Nachbarhäfen) aus.
Der Fährhafen von Sjælands Odde an der S-Seite der langgestreckten Halbinsel ist für Sportboote gesperrt.

i Etwa 3 km vom Hafen entfernt liegt der Odden Kirkegård mit den Gräbern des dänischen Seehelden Willemœs und seiner in der Seeschlacht vor Sjællands Odde (22. 3. 1808) gefallenen Besatzungsmitglieder.
Busverbindung nach Nykøbing S.

Rörvik

55° 56,7′ N
11° 46,1′ E

DK-II-38

Seekarten D 22, DK 116

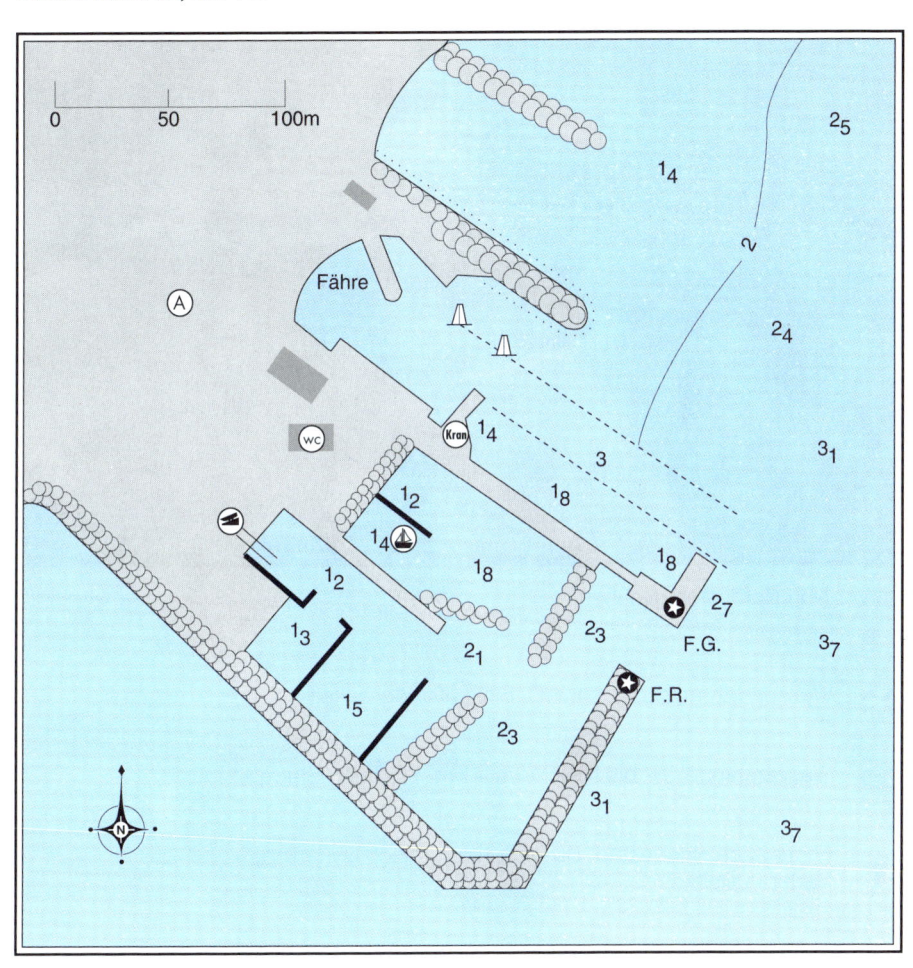

![Hafenplan Rörvik]

☸ Fähr- und Sportboothafen.

⛵ Liegeplätze: Im S-Becken größere Boote, im N-lichen Becken neben der Fähre. Hafenkontor nur Freitag – Sonntag besetzt.

☸ Das Anlaufen bei Tag bietet keine besonderen Schwierigkeiten. Hafen kann von N oder S durch das Vesterløb erreicht werden. Vom NE-lichen Anlaufen des Hafens wird ortsunkundigen abgeraten.

HH OIB 1993

Rørvig (von Nordosten gesehen)

Wasser, Strom, Duschen, WC, Einkaufsmöglichkeit.

Wasserstände: W- bis NW-Sturm +1 m, SE- bis S-Sturm −1 m.

Fähre nach Hundested, Busverbindung nach Nykøbing. Bademöglichkeit.

Nykøbing S. 55° 54,9' N 11° 40,6' E

DK-II-39

Seekarten D 22, Dä 116

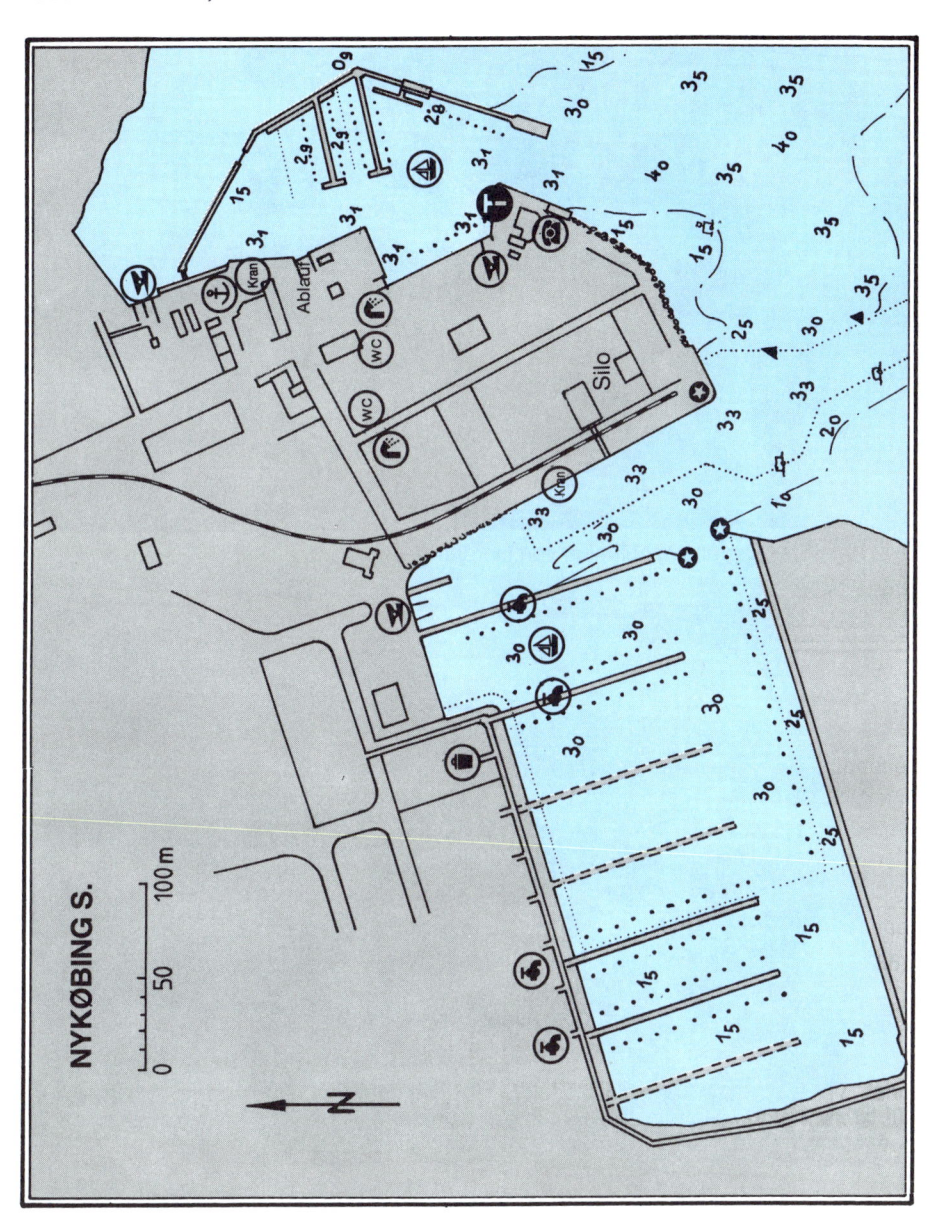

Nykøbing S. — Der alte Yachthafen von Norden gesehen.

Nykøbing S. — Der neue Yachthafen von Nordwesten gesehen.
Links im Bild der alte Yachthafen.

DK-II-39a

Handelshafen mit einem alten und einem neuen Yachthafen.
Der neue Yachthafen ist noch nicht vollständig ausgebaut, kann aber bereits von Booten benutzt werden (wenig „Atmosphäre"), der alte Yachthafen wirkt teilweise ungepflegt.

In beiden Yachthäfen.

Anlaufen des Hafens bei Tag und Nacht möglich. Ansteuerung in NNW-licher Richtung. Beide Yachthäfen erreicht man durch ein gemeinsames Fahrwasser, welches sich erst unmittelbar vor dem Hafen gabelt. Eine gute Ansteuerungsmarke bei Tag ist der hohe weiße Silo.

Wasser, Strom, Duschen, WC, Tankstelle (B + D), Werft, Slip, Ablaufbahn, Kran (8 t am W-Kai des Handelshafens), Motorreparatur, Post, Telefon. Alle Versorgungsmöglichkeiten in der nahegelegenen Stadt. Fahrradverleih, Münzwäscherei.

Wasserstände: NW-Sturm + 1,8 m, SE-Sturm − 1,2 m.

Sehenswürdigkeiten: Nykøbing Museum und Nykøbing Kirche.

Hørby Havn 55° 44,1' N 11° 42,3' E   DK-II-40

Seekarten D 22, Dä 116

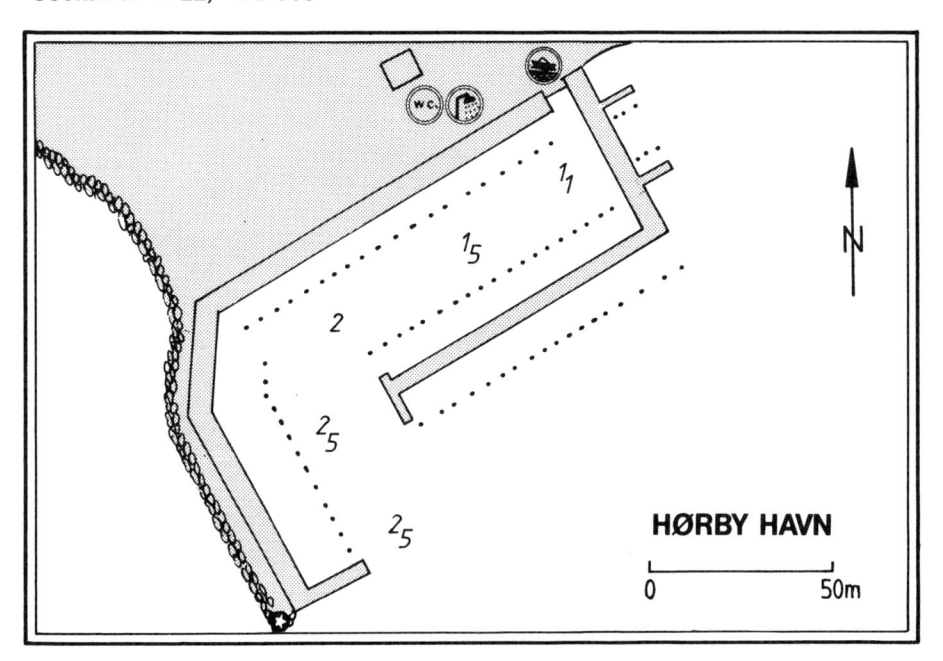

Kleiner idyllischer und gut gepflegter Yachthafen im N-lichen Teil des Holbæk Fjord.

An der SW-Mole.

Ansteuerung bei Tag und Nacht möglich. Von der Untiefen Tonne mit S-Topzeichen wird der Hafen mit ca. 321° angesteuert. Bei Nacht im weißen Sektor des Hørby-Feuers bleiben. Sektorenfeuer auf dem Kopf der SW-Mole (Ubr. w/r/gn.).

Wasser, Strom, Duschen, WC, Telefon, Ablaufbahn, Einkaufsmöglichkeit.

Gute Ankermöglichkeiten S- und W-lich des Hafens.

HH OIB 1993

Hørby Havn von Nordwesten gesehen.

Holbæk 55° 43,4' N 11° 43' E

DK-II-41

Seekarten D 22, Dä 116

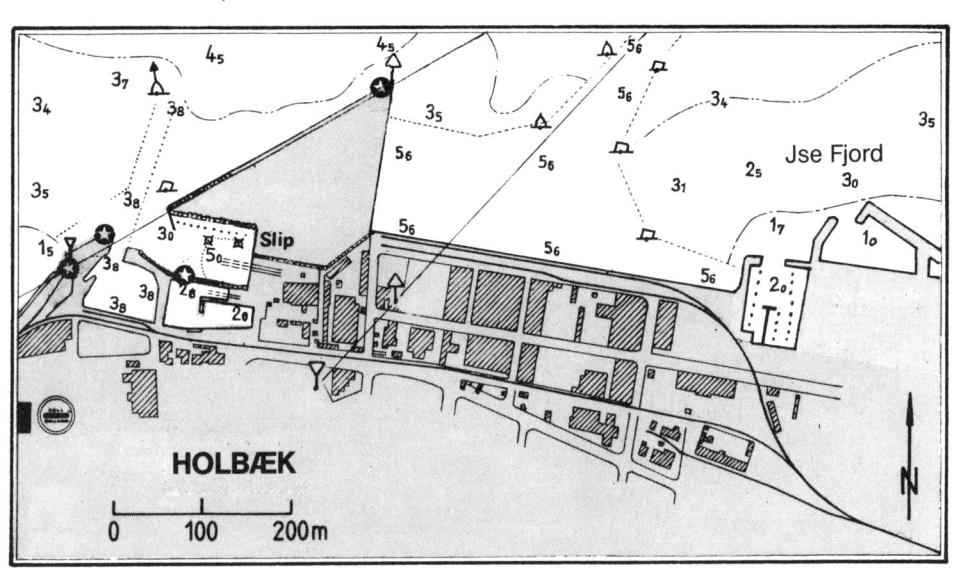

	Handels- und Industriehafen mit zwei kleinen Bootshäfen im E-lichen Hafenbereich sowie weiteren Liegemöglichkeiten für Sportboote im W-Hafen.
	Im W-Hafen. Die beiden im E-Bereich des Hafens liegenden Bootshäfen werden ausschließlich von Motorbooten genutzt.
	Ansteuerung über ein ausgetonntes Fahrwasser bei Tag und Nacht möglich.
	Wasser, Strom, Duschen (nur im W-Hafen, Schlüssel beim Hafenmeister), WC, Slip, Kran, Motorreparatur, Einkaufsmöglichkeiten, Fahrradverleih (Touristinformation).
	Sehenswürdigkeiten: Holbæk Museum. Fähre nach Orø.

HH OIB 1993

Holbæk — Westhafen

Holbæk — Osthafen

Holbæk Marina

55° 43,4' N
11° 45,7' E

DK-II-42

Seekarten D 22, DK 116

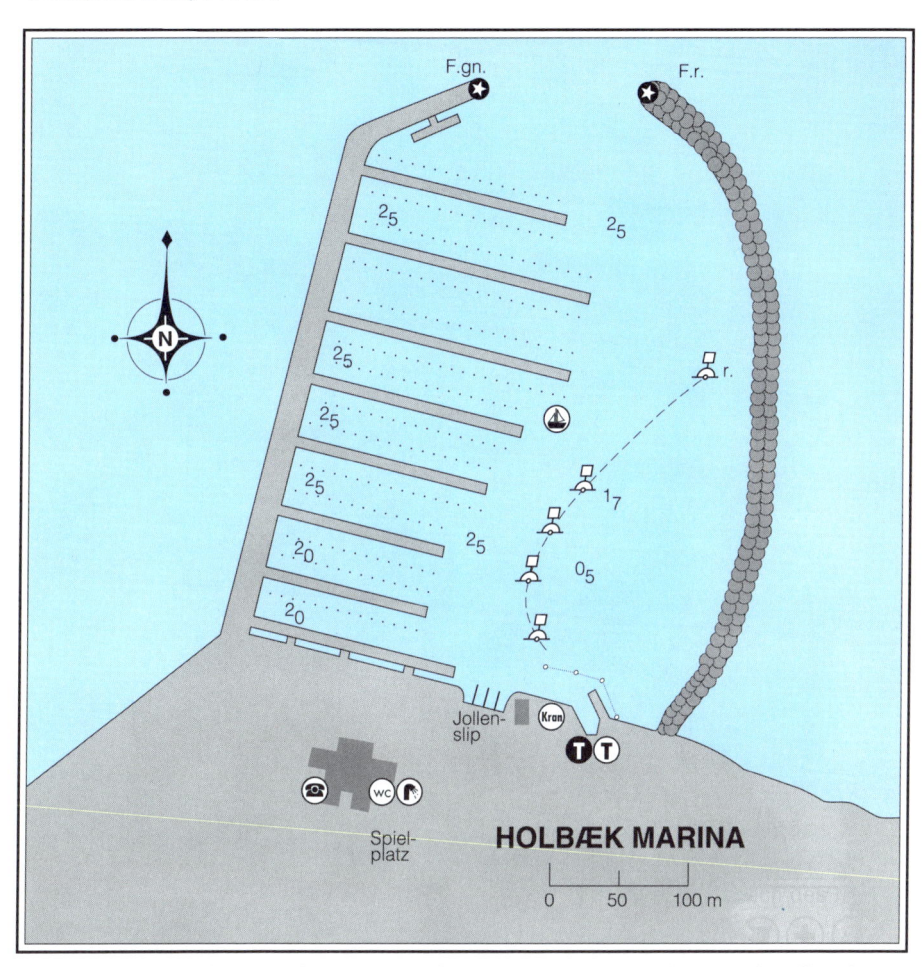

	Großer moderner und gut gepflegter Yachthafen mit gutem Serviceangebot. Ca. 500 Liegeplätze.
	In freien Boxen oder nach Anweisung durch den Hafenmeister. Rot/grün Beschilderung.
	Ansteuerung des Hafens bei Tag und Nacht möglich. Empfohlener Anlaufkurs 115°. Bei Nacht im weißen Bereich des auf dem Kopf der Mole befindlichen Sektorenfeuers ansteuern.

Wasser und Strom an den Stegen, sehr gepflegte Dusch- und WC-Anlagen, Tankstelle (B+D), Segelmacher, Motorenwerkstatt, Trailerbahn, Bootshebeanlage mit Travellift (12 to), Mastenkran, Einkaufsmöglichkeit, Restaurant, Kiosk und Fahrradverleih direkt am Hafen.

Weitere Versorgungsmöglichkeiten in Holbæk.

Ejby 55° 41,8′ N 11° 50,2′ E DK-II-43

Seekarten D 22, Dä 116

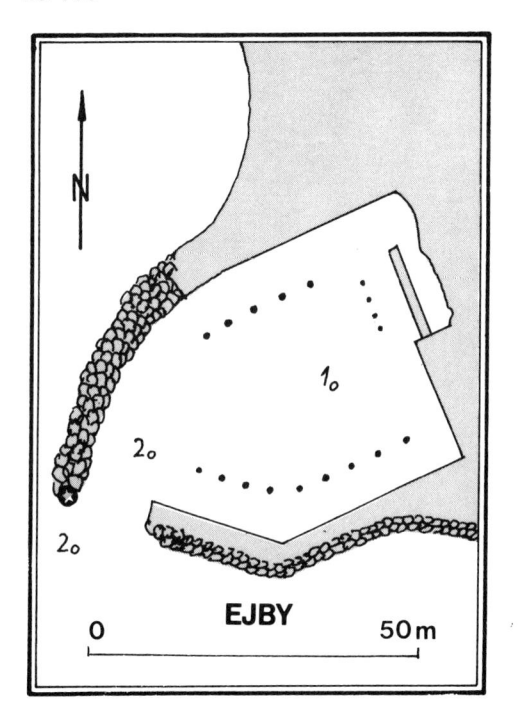

Kleiner Fischereihafen mit Liegemöglichkeiten für Sportboote.
Hafen während der Ferienzeit oft überfüllt.

Auf freien Plätzen.

Anlaufen des Hafens ohne Schwierigkeiten bei Tag und Nacht möglich. Der Kopf der N-Mole ist mit einem roten Festfeuer bezeichnet.

Wasser, WC, Einkaufsmöglichkeit.

Wasserstände: NW-Sturm +1 m, SE-Sturm −0,6 m.
In der S-lich des Hafens gelegenen Bramnæs Vig gibt es gute Ankermöglichkeiten außer bei N-Wind.

Ejby

Orø 55°45,4′N 11°48,1′E DK-II-44

Seekarten D 20, 22, DK 116

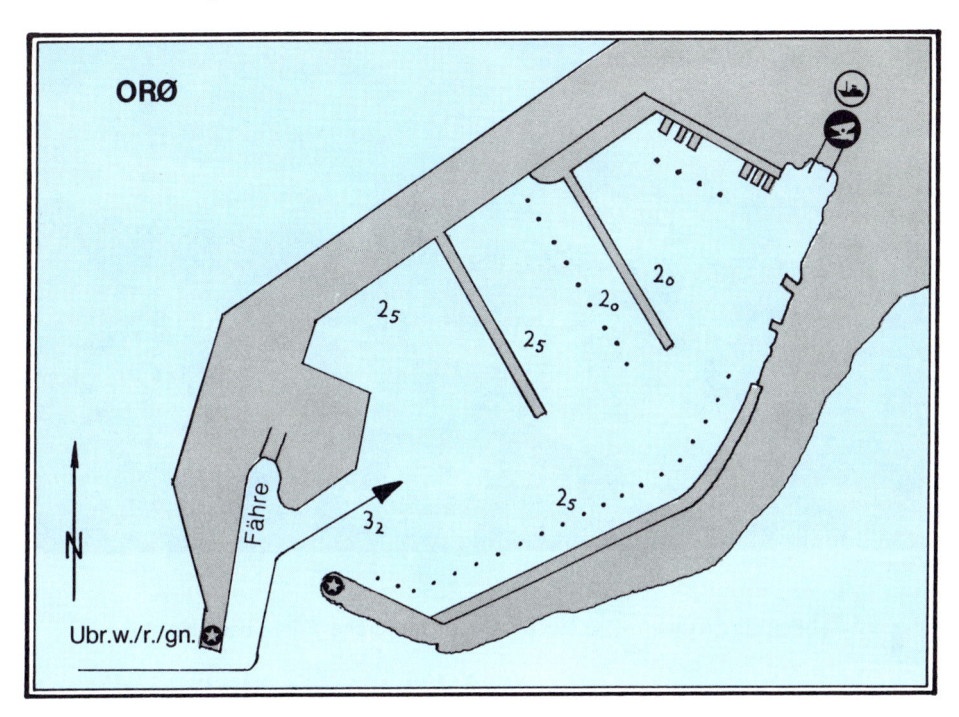

![Hafenplan Orø mit Wassertiefen und Ansteuerung]

- Fischereihafen mit Liegemöglichkeiten für Sportboote.
- Auf freien Plätzen. Der Hafen ist oft durch Fischereifahrzeuge stark belegt und bietet wenig Platz für größere Yachten.
- Ansteuerung bei Tag und Nacht ohne Schwierigkeiten möglich. Von N kommend verläßt man das Vestre Løb bei der grünen Fahrwassertonne, die ca. 1 sm W-lich des Hafens liegt und hält mit E-Kurs direkt auf den Hafen zu. Nachts im weißen Sektor des Hafenfeuers einlaufen.
- Wasser, WC, Werft, Slip, Telefon, Einkaufsmöglichkeit.
- Wasserstände: NW-Sturm + 1,2 m, SE-Sturm − 1 m.

HH OIB 1993

Orø

i Sehenswürdigkeiten: Orø Museum und Orø Kirche. Fähre nach Holbæk.

Kulhuse

55° 56,3' N
11° 54,3' E

DK-II-45

Seekarten D 22, DK 116, 117

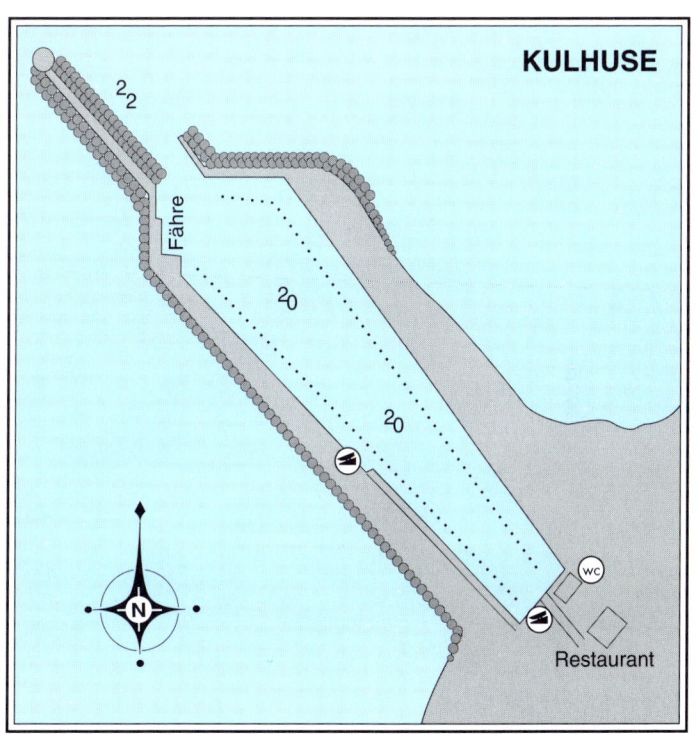

![Hafenplan Kulhuse mit Fähranleger, Restaurant und WC]

※ Sportboothafen und Fähranleger an der Nordspitze von Horn Herred mit ca. 150 Liegeplätzen.

⛵ In freien Plätzen im Hafen, aber wenig Platz für Gastboote. Schlüssel für WC und Duschen beim Hafenmeister an der Fähre.

⊛ Bei der Ansteuerung von der Kulhus Rende die Sandbänke zu beiden Seiten der Einlaufrinne beachten. Fahrrinne und Hafen neigen zur Versandung. Ein rot/grünes Behelfstonnenpaar liegt vor der Einfahrt aus.

🏠 Wasser, Strom, Duschen, WC, Trailerbahn, Tankstelle (B nur ca. 1 km vom Hafen entfernt). Weitere Versorgungsmöglichkeiten in Hornsved.

⌘ Wasserstände: NW-Sturm +1,2 m, SE- bis S-Sturm -0,7 m.

ⓘ Fähre nach Sølager. Bademöglichkeit.

Dyrnæs Bro 55° 54,1' N 12° 2' E DK-II-46

Seekarten D 23, Dä 117

Ca. 450 m langer Damm mit anschließendem ca. 70 m langem Brückensteg. Wassertiefe am Brückenkopf ca. 1,2 bis 1,5 m. Der Brückenkopf ist verfallen. Die Anlage ist zum Anlegen nicht mehr geeignet.

Brücke liegt direkt an der Fahrwasserenge bei Østed Hage.

Keine Versorgungsmöglichkeiten.

Brücke ist im Besitz des Frederiksværk Sejlklub.

Neder-Dråby 55° 51,4' N 12° 0,5' E   DK-II-47

Seekarten D 23, DK 117

	Sportboothafen mit ca. 120 Liegeplätzen in landschaftlich schöner Umgebung.
	Nach Anweisung durch den Hafenmeister. Rot/grün Beschilderung.
	Zum Hafen führt eine neue Baggerrinne, Wassertiefe im Hafen und in der Rinne 1,7 m. Ansteuerung bei Nacht nur für Ortskundige.
	Wasser, Strom, WC, 1 Dusche im Freien, Trailerbahn, Einkaufsmöglichkeit im Ort (10 Minuten vom Hafen).
i	Der Hafen sollte mit großer Vorsicht angelaufen werden.

Skuldelev 55° 47,8' N 12° 3,4' E

DK-II-48

Seekarten D 23, Dä 118

Skuldelev

(WC) 🚤 🚰

⚓ Kleiner Fischereihafen mit geringer Wassertiefe.

⛵ Kaum Platz für Gastboote.

🛞 Der Hafen liegt an der W-Seite des Roskilde Fjords unmittelbar N-lich der den Fjord überspannenden Überlandleitung zwischen Hyldeholm und Hammerhage. Hafen ist durch das nicht bezeichnete Fahrwasser um Hyldeholm herum erreichbar. Wassertiefe im Hafen nur ca. 1 m.

🛠 Wasser, WC (primitiv), Ablaufbahn.

✴ Bei der ca. 400 m weiter S-lich gelegenen Skuldelev S-Mole soll ein kleiner Sportboothafen gebaut werden.
Die eine knappe Seemeile S-lich von Skuldelev gelegene Torpe Bro ist im Privatbesitz, Anlaufen verboten.
Die Durchfahrtshöhe unter der Hochspannungsleitung beträgt 22 m.

Østby Havn 55° 45,1' N 12° 3,8' E   DK-II-49

Seekarten D 23, Dä 118

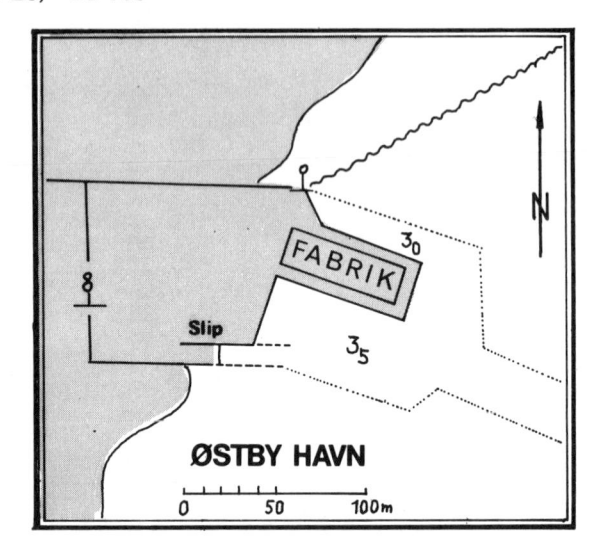

Kleiner privater Fabrikhafen.

Keine Liegeplätze für Sport- bzw. Gastboote.

Zum Hafen führt eine ca. 75 m lange und 3,5 m tiefe Baggerrinne.

Wasser, WC, Tankstelle, Einkaufsmöglichkeit.

Ca. 100 m weiter im N liegt der kleine Hafen der Østby Bylaug. Dieser Kleinboothafen weist eine Wassertiefe von nur 1 m aus.
Die ca. 1 sm weiter S-lich gelegene Østskov Bro dient als Anleger für die Fähre nach Eskilø.

Gershøj
55° 43′ N
11° 58,9′ E

DK-II-50

Seekarten D 23,   Dä 118

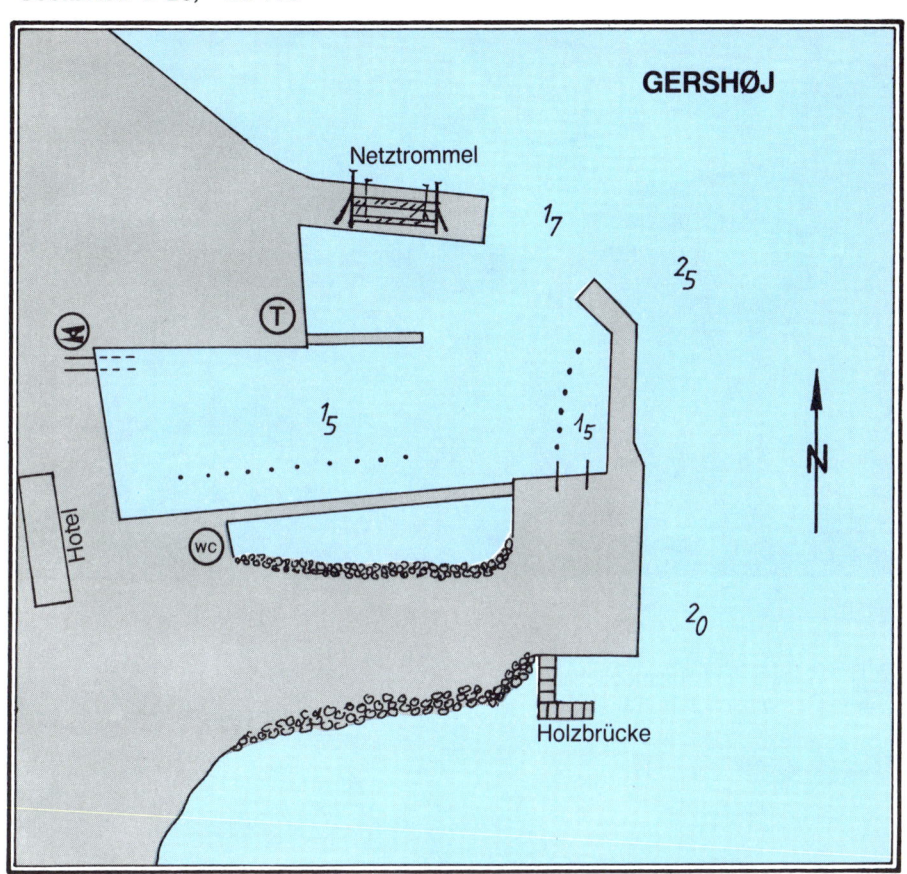

Kleiner Fischereihafen mit Liegemöglichkeiten für Sportboote.

Wenig Platz für Gastboote. Liegemöglichkeiten an der Außenkante der E-Mole.

Ansteuerung des Hafens von E. Es empfiehlt sich, das Ægholm Flak im S zu passieren (Untiefentonne mit S-Top und rote Spierentonne) und die Enge zwischen Nørrerev und Færgebrorev zu durchlaufen. Die S-Huk des Nørrerev ist mit einer grünen Blitztonne (Blz gn.3s) bezeichnet, die vom 1. 4. bis 15. 11. ausliegt. Das N-Ende des Færgebrorev ist mit einer roten Spiere markiert. Von dieser Enge den Hafen mit rw. 320° anlaufen. Ansteuerung bei Nacht nur durch Ortskundige!

HH OIB 1993

Gershøj

Wasser, Einkaufsmöglichkeit.
Gastwirtschaft in Hafennähe.

Herslev 55° 40,7' N 11° 59,3' E DK-II-51

Seekarten D 23, Dä 118

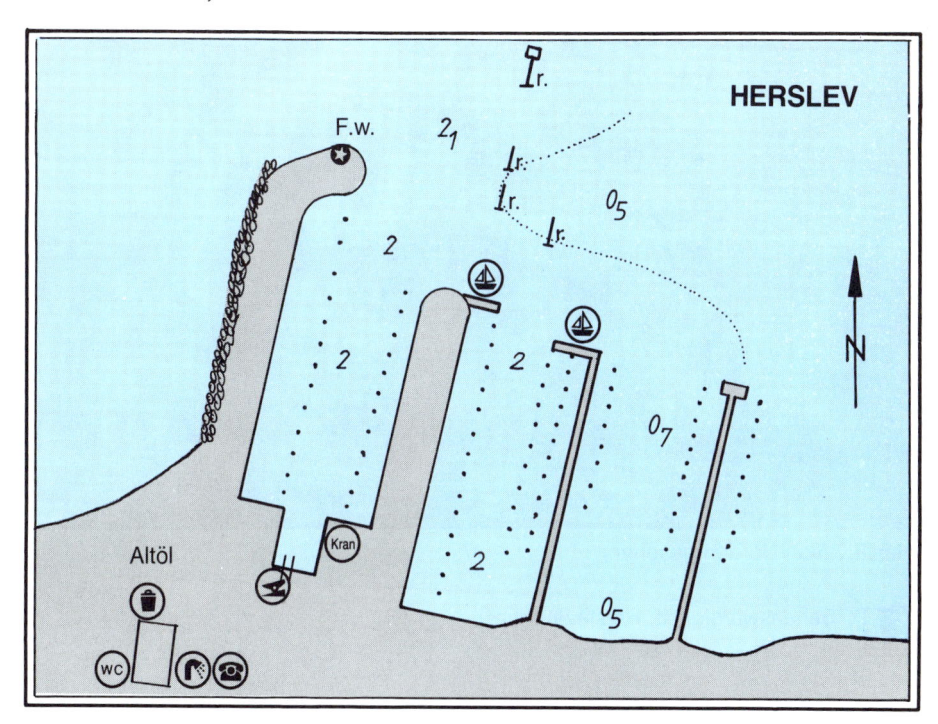

Kleiner Yachthafen mit ca. 80 Liegeplätzen.

Wenig Platz für Gastboote. Liegemöglichkeit erfragen.
Die beiden E-lich gelegenen Stege sind nur für flachgehende Boote geeignet.

Ansteuerung bis zum Nørrerev siehe Gershøj. Von dort ca. 1 sm mit Kurs rw. 210° und weiter mit rw. 170°. Wenn die erste der drei roten Spieren an Bb. quer ist, den Tonnen folgend den Hafen anlaufen. Die rote Blitztonne NW-lich des Hafens liegt nur vom 1. 4. bis 15. 11. aus. Nächtliche Ansteuerung wird nur Ortskundigen empfohlen.

Wasser, Strom, Duschen, WC, Ablaufbahn, Einkaufsmöglichkeit.

Wasserstände: NW-Sturm +1,5 m, SE-Sturm −0,6 m.

Herslev (von Norden gesehen)

Sehenswürdigkeit: Herslev Kirche.

Roskilde 55° 39,1' N 12° 4,7' E DK-II-52

Seekarten D 23   Dä 118

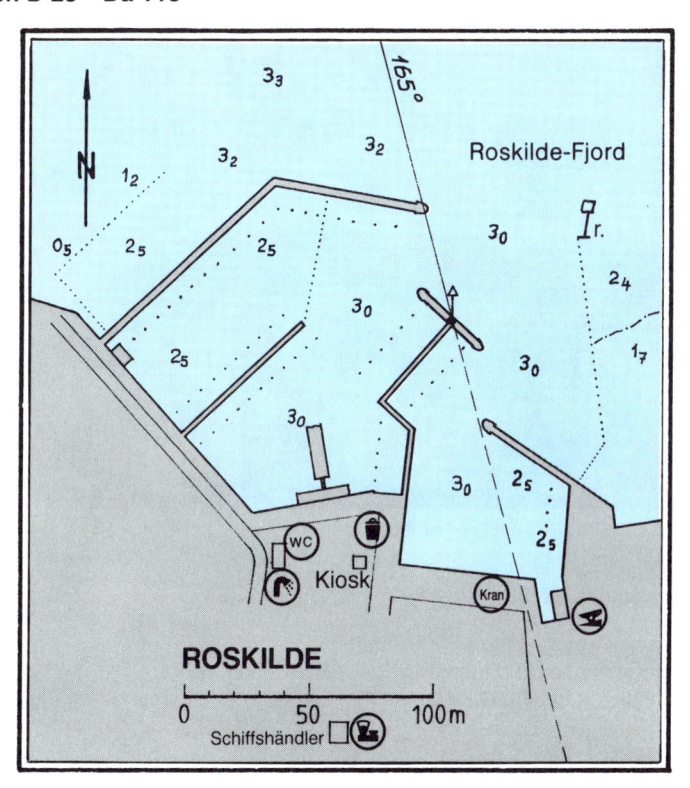

![Hafenkarte Roskilde]

ⓨ ⓦⓒ Ⓑ 👤 🔧 Ⓢ ⚓ Ⓚⓡⓐⓝ ⛵ ⚠ 🎡 📷 🚻 ✚ 🛟 🎯 🗑

※ Gepflegter Yachthafen am S-Ende des Roskilde Fjords. Ca. 800 m W-lich des Hafens befindet sich außerdem eine ca. 90 m lange Bootsbrücke mit einem Seglerheim. Gute Ankermöglichkeiten außerhalb der Hafenanlagen.

⛵ Auf freien Plätzen im Hafen oder an der Bootsbrücke und an den Außenseiten der Hafenmolen. Größere Boote liegen besser im E-Hafen.

✵ Von der roten Spierentonne S-lich der Insel Elleøre kann der Hafen bei Tag und Nacht mit rw. 165° (Richtfeuerlinie) angelaufen werden. Einlaufende Schiffe haben Vorfahrt gegenüber auslaufenden.

🏠 Wasser, Strom, Dusche, WC, Werft, Slip, Kran, Ablaufbahn, Motoren- und Elektrowerkstatt, Post, Zoll.
Zahlreiche Einkaufsmöglichkeiten in der Stadt, Münzwäscherei Jernebanegade 48.

Roskilde (von Norden gesehen — Einlaufrichtung)

⌘ Wasserstände: NW-Sturm +1,2 m, SE-Sturm −0,9 m.

𝑖 Touristinformation (Fondens Bro bei der Domkirche).
Sehenswürdigkeiten: Wikingerschiffsmuseum (nahe beim Hafen) und Domkirche.

Veddelev Yachthafen 55° 40,8′ N 12° 4,3′ E DK-II-53

Seekarten D 23, Dä 118

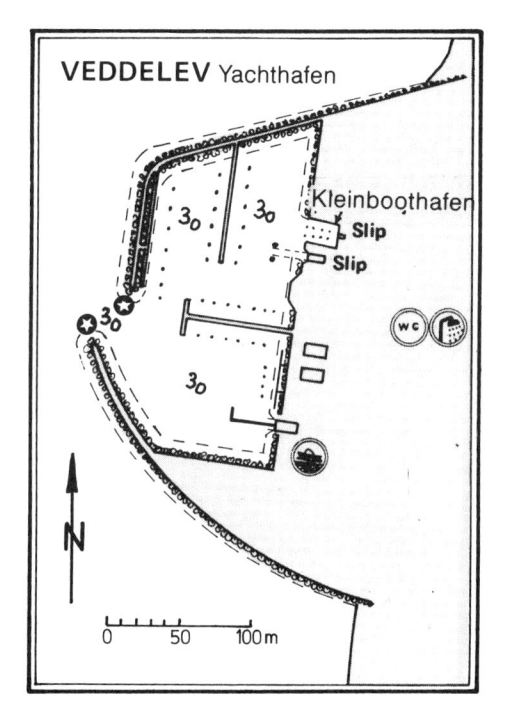

Neuer moderner Yachthafen mit derzeit ca. 100 Liegeplätzen.

In freien Boxen.

Die Ansteuerung des Hafens ist bei Tag und Nacht möglich. Die Molenköpfe des Hafens sind befeuert (Blz. r. bzw. gn. 3s).

Wasser, Strom, Duschen, WC, Einkaufsmöglichkeit.

Wasserstände: NW-Sturm +1,5 m, SE-Sturm −1,2 m.
Die ca. 0,5 sm SE-lich gelegene Vigen Bro hat ca. 1,8 m Wassertiefe am Brückenkopf.

Veddelev

Jyllinge Yachthafen 55° 44,8′ N 12° 5,8′ E DK-II-54

Seekarten D 23, Dä 118

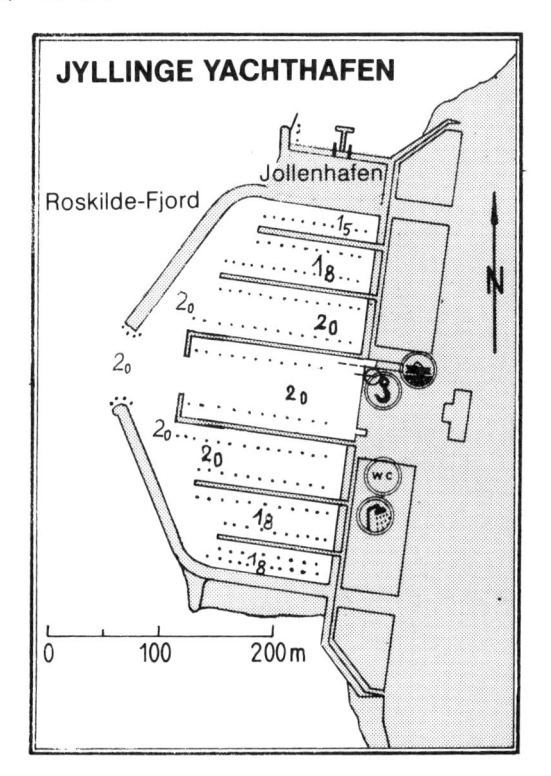

```
JYLLINGE YACHTHAFEN
                    Jollenhafen
Roskilde-Fjord
                      ·····1,5·
                     ·····1,8·
                  2,0
                     ·····2,0·
             2,0
                      ····2,0·
          2,0
             2,0
                  ·····1,8·
                   ·····1,8·

0      100     200m
```

Großer moderner Yachthafen mit gutem Serviceangebot.
Ca. 400 Liegeplätze.

In freien Boxen oder am Kai zwischen den Slipanlagen.

Zum Yachthafen führt ein ausgetonntes Fahrwasser, das bei der Mittelgrundtonne (rw) bei Horsehage vom Hauptfahrwasser in SE-licher Richtung abzweigt. Nächtliche Ansteuerung nur bei Ortskenntnis ratsam.

Wasser, Strom, Duschen, WC, Tankstelle (B + D), Mastenkran, Ablaufbahn, Bootshebeanlage mit Travellift (10 to), Telefon, Einkaufsmöglichkeit.

Wasserstände: NW-Sturm + 1 m, SE- und S-Sturm − 0,5 m.
Die Betonnung zwischen Jyllinge und dem Yachthafen liegt nur zwischen dem 1. 4. und 15. 11. aus.

Jyllinge Yachthafen (von Westen gesehen)

Jyllinge 55° 45,2′ N 12° 6,1′ E DK-II-55

Seekarten D 23, Dä 118

Jyllinge (von Westen gesehen)

- Kleiner Fischereihafen.

- Keine Liegemöglichkeiten für Sportboote, diese werden zum Yacht- oder N-Hafen verwiesen.

- Ansteuerung durch das bei Horsehage abzweigende Nebenfahrwasser. Nächtliche Ansteuerung nur bei Ortskenntnis ratsam.

- Ablaufbahn.
  Keine Versorgungsmöglichkeiten.

- Wasserstände siehe Yachthafen.

HH OIB 1993

Jyllinge Nordhafen 55° 45,7′ N 12° 5,7′ E   DK-II-56

Seekarten D 23,   Dä 118

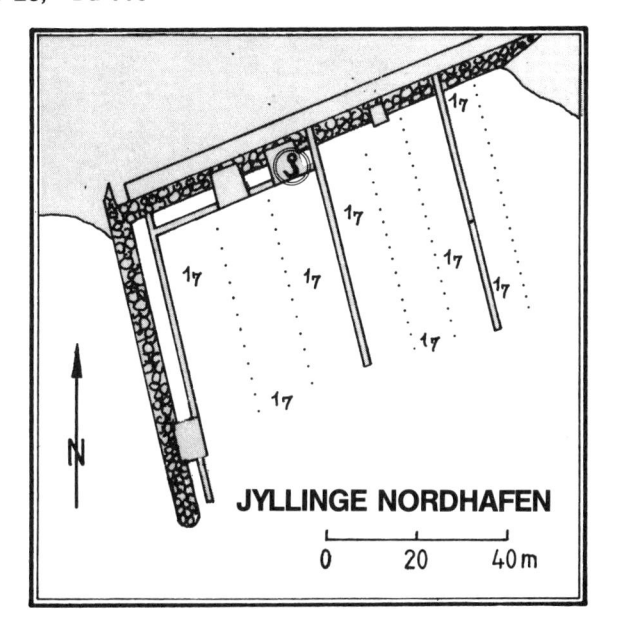

JYLLINGE NORDHAFEN

0   20   40 m

Ⓚ ⓦⓒ 🚰

Privater Yachthafen mit ca. 80 Liegeplätzen.

Auf Anweisung durch den Hafenmeister.

Ansteuerung von WSW oder NW möglich. Nächtliches Anlaufen nicht ratsam.

Wasser, WC, Einkaufsmöglichkeit.

Wasserstände: N-Sturm +0,3 m, S-Sturm −0,3 m.
Jyllinge Nordhafen trägt auch den Namen Danmarine Hafen.

Jyllinge Nordhafen (von Westen gesehen)

Frederikssund/Marbæk DK-II-57
55° 49,7' N   12° 3,8' E

Seekarten D 23,   Dä 118

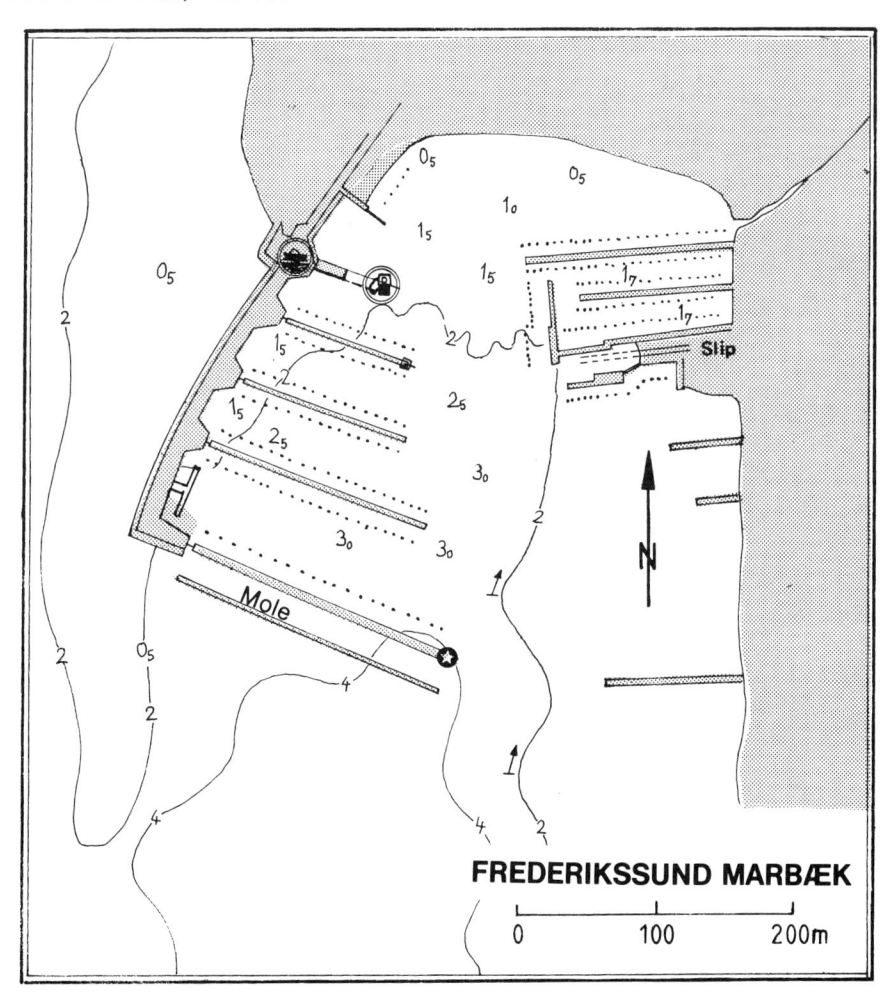

FREDERIKSSUND MARBÆK

Großer Yachthafenkomplex südlich von Frederikssund mit insgesamt ca. 550 Liegeplätzen. Frederikssund liegt im W-Teil, Marbæk im E-Teil des Hafens.

Liegemöglichkeiten für Gastboote in freien Boxen oder nach Einweisung durch den Hafenmeister.

Frederikssund/Marbæk Yachthäfen (von Südwesten gesehen)

Bei Ansteuerung gut freihalten vom Kalvø Rev und dem Kildegrund.

Frederikssund: Wasser, Strom, primitive Dusch- und WC-Anlagen, Tankstelle (B + D), Slip, Kran, Einkaufsmöglichkeit.
Marbæk: Wasser, Strom, gute Dusch- und WC-Anlagen, Tankstelle (B + D), 2 Mobilkräne mit 6 bzw 20 to Hebevermögen, Slip, Ablaufbahn, Motorreparatur, Einkaufsmöglichkeit, Fahrradverleih.

Wasserstände: NW-Sturm +1,5 m, S-Sturm −0,5 m.
Frederikssund Brücke siehe Frederikssund.
Der ca. 0,6 sm weiter S-lich gelegene Handelshafen von Marbæk sowie der etwa auf gleicher Höhe am W-Ufer des Roskilde Fjords gelegene Bavnehøje Havn sind für Sportboote gesperrt.

Sehenswürdigkeiten: Frederikssund Kirche. Im Sommer finden auf der Halbinsel Kalvø die berühmten Wikingerspiele statt.

Frederikssund 55° 50,1' N 12° 3,4' E   DK-II-58

Seekarten D 23   Dä 117, 118

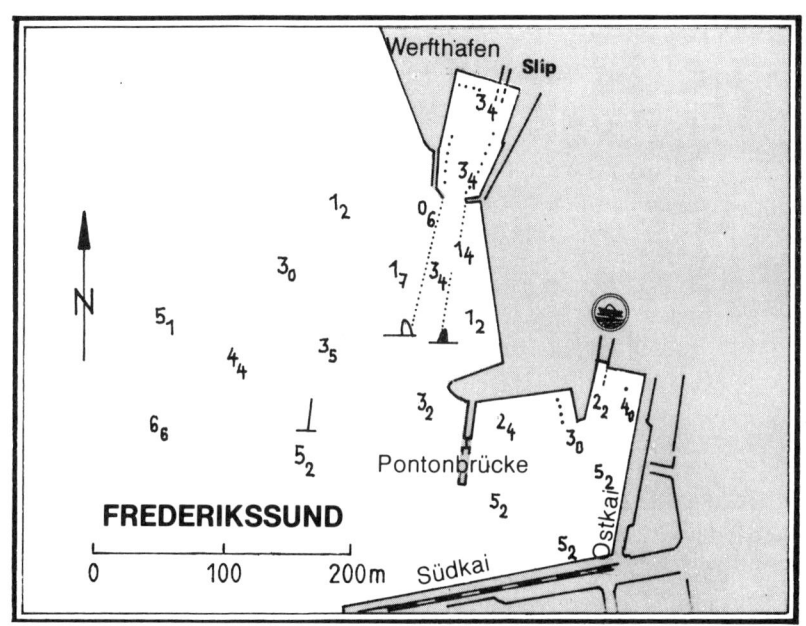

Industrie- und Handelshafen, für Sportboote wenig geeignet.

An den Kaianlagen (E-Kai).

Ansteuerung des Hafens bei Tag und Nacht möglich. SW-lich des Hafens stehen Pfeiler der früheren Eisenbahnbrücke im Wasser. S-wärts gehende Schiffe benutzen die Durchfahrt zwischen Pfeiler 2 und 3 (von Westen gerechnet), N-wärts fahrende Schiffe benutzen die Durchfahrt zwischen Pfeiler 3 und 4. Die Durchfahrten sind befeuert. Etwa ½ sm N-lich von Frederikssund führt die Kronprins-Frederiks-Brücke über den Fjord. Ihre Durchfahrt ist 30 m breit und hat eine Durchfahrtshöhe von 3,5 m. Die Brücke wird von 05.00 Uhr (vom 1. Oktober bis 1. April ½ Stunde vor Sonnenaufgang) bis ½ Stunde nach Sonnenuntergang unentgeltlich für den Schiffsverkehr geöffnet, sofern nach Ansicht der Brückenwache die Sicherheit der Brücke nicht gefährdet ist. Zu folgenden Zeiten wird nur einmal stündlich geöffnet: Mo–Do 16.00–18.00, Fr 16.00–20.00, Sa 09.00–18.00, So 10.00–21.00 Uhr. Der Brückenwart ist erreichbar über UKW 16 oder die beiden Arbeitskanäle 12 + 13 bzw. über Tel.: (03) 31 01 47. N-lich der Brücke gibt es an Stb. Warteplätze, an denen man vorübergehend festmachen kann. Ausnahmsweise wird die Brücke, bei rechtzeitiger Absprache mit der Brückenwache, auch nachts gegen eine Gebühr geöffnet. Fahrzeuge, die Masten und Schornsteine umlegen können oder deren Masten und Schornsteine die Durchfahrt unter der Brücke gestatten, dürfen das Öffnen der Brücke nicht verlangen.

Frederikssund (von Westen gesehen)

Signale zum Öffnen (sie sollen in mindestens $1/2$ sm Abstand von der Brücke gegeben werden): Bei Tage die Flagge N des Internationalen Signalbuches (oder als Ersatz die Nationalflagge) in halber Höhe des Vortopps und dazu als Schallsignal ein langer und ein kurzer Ton; bei Nacht ein weißes Licht am Bug und als Schallsignal ein langer und ein kurzer Ton.

Wasser, WC, Ablaufbahn.
Im N-Bereich des Hafens liegt eine Holzschiffswerft mit Slip, eigenem Hafenbassin, Slip und Kran (8 to).

Sportboote und Gastyachten liegen besser im S-lich vom Frederikssund Handelshafen gelegenen Yachthafen.

Siehe Yachthhafen.

Frederiksværk 55° 58′ N 12° 0,5′ E   DK-II-59

Seekarten D 22, Dä 117

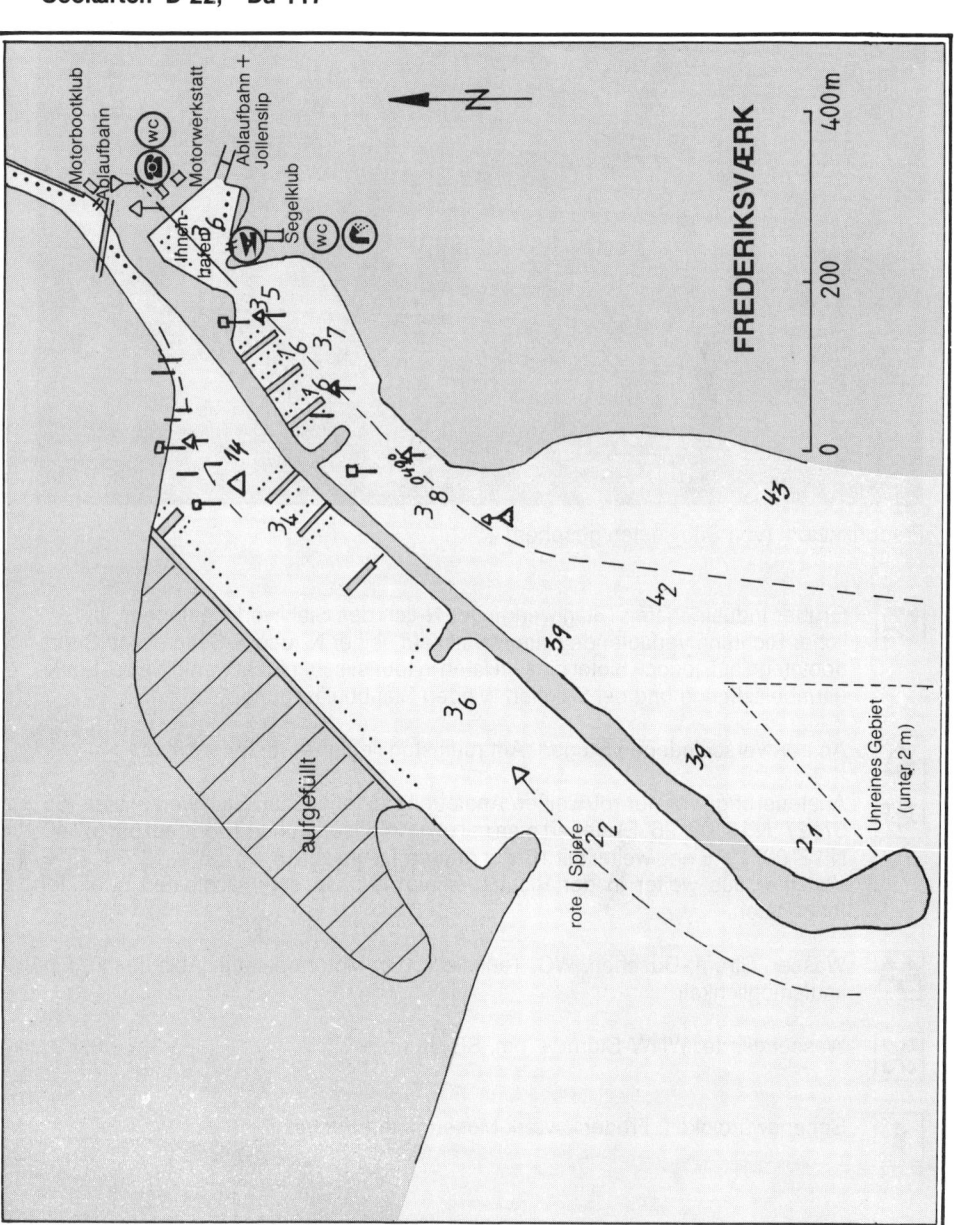

Frederiksværk (von Südwesten gesehen)

Großer Industriehafen (Stahlwerk). Der N-lich des Stahlwerks gelegene, in SW-licher Richtung verlaufende Damm weist auf seiner N- und S-Seite einige Sportbootstege auf, jedoch bietet dieser Hafen in touristischer Sicht wenig Reize. Starke Lärmbelästigung und bei S-lichen Winden Staubbelästigung.

An den verschiedenen Stegen. Am ruhigsten liegt man im Innenhafen.

Ansteuerung: Vor der rot/weißen Ansteuerungstonne zum Stahlwerkshafen (55° 57′ 27″ N 12° 00′ 26″ E) steuert man mit etwa 345° zur grünen Tonne auf 55° 57′ 40″ N 12° 00′ 19″ E und weiter mit 10° zur grünen Tonne auf 55° 57′ 56″ N 12° 00′ 23″ E. Von hier aus weiter in der Richtfeuerlinie 49,3° in den Yachthafen oder den Innenhafen.

Wasser, Strom, Duschen, WC, Tankstelle (D), Motorreparatur, Ablaufbahn, Einkaufsmöglichkeit.

Wasserstände: WNW-Sturm + 1 m, SE-Sturm − 1,6 m.

Sehenswürdigkeit: Frederiksværk Museum und Kirche.

Lynæs 55°56,5′N 11°52,1′E   DK-II-60

Seekarten D 22, DK 116, 117

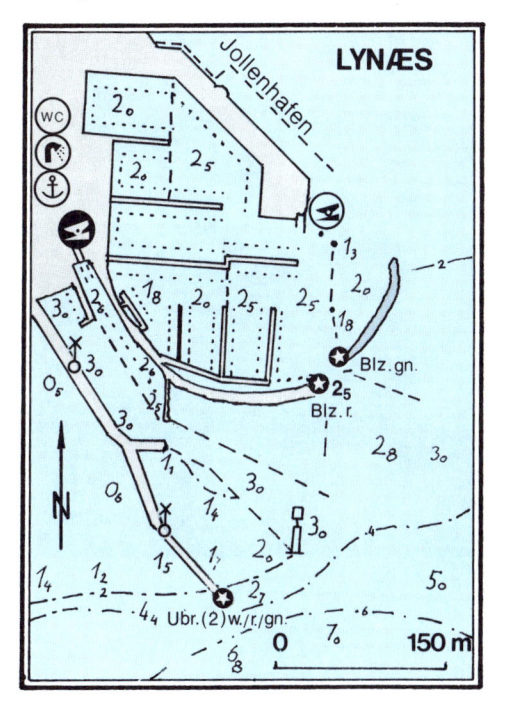

	Großer Yachthafen mit ca. 500 Liegeplätzen.
	Liegemöglichkeiten für Gastboote an der W-Mole des W-Hafens und in grün beschilderten Boxen des Yachthafens.
	Der Hafen wird nach W durch einen weit nach S reichenden Sandfänger abgeschirmt. Auf dieser Mole sind zwei Windmühlen errichtet worden. Eine weitere Windmühle ist in NW-licher Richtung in Hafennähe installiert. Ansteuerung des Hafens bei Tag und Nacht möglich. Nachts im weißen Sektor des Lynæs-Feuers (Ubr.2 w/r/gn) am S-Ende des Sandfängers einlaufen. Die Einfahrt zum Yachthafen ist mit je einem roten und grünen Feuer (Blz.).
	Wasser und Strom an den Stegen, Duschen, WC, Tankstelle (B + D), Werft, Slip, Trailerbahn, Motorreparatur, Kran, Telefon, Einkaufsmöglichkeit.

Lynæs

⌘ Wasserstände: siehe Hundested. Der etwa 1,2 sm weiter E-lich gelegene Sølager-Fähranleger ist für Sportboote gesperrt.

ℹ Schöner Badestrand an der W-Seite des Hafens.

Hundested

55° 57,9´ N
11° 50,8´ E

DK-II-61

Seekarten D 22, DK 116, 117

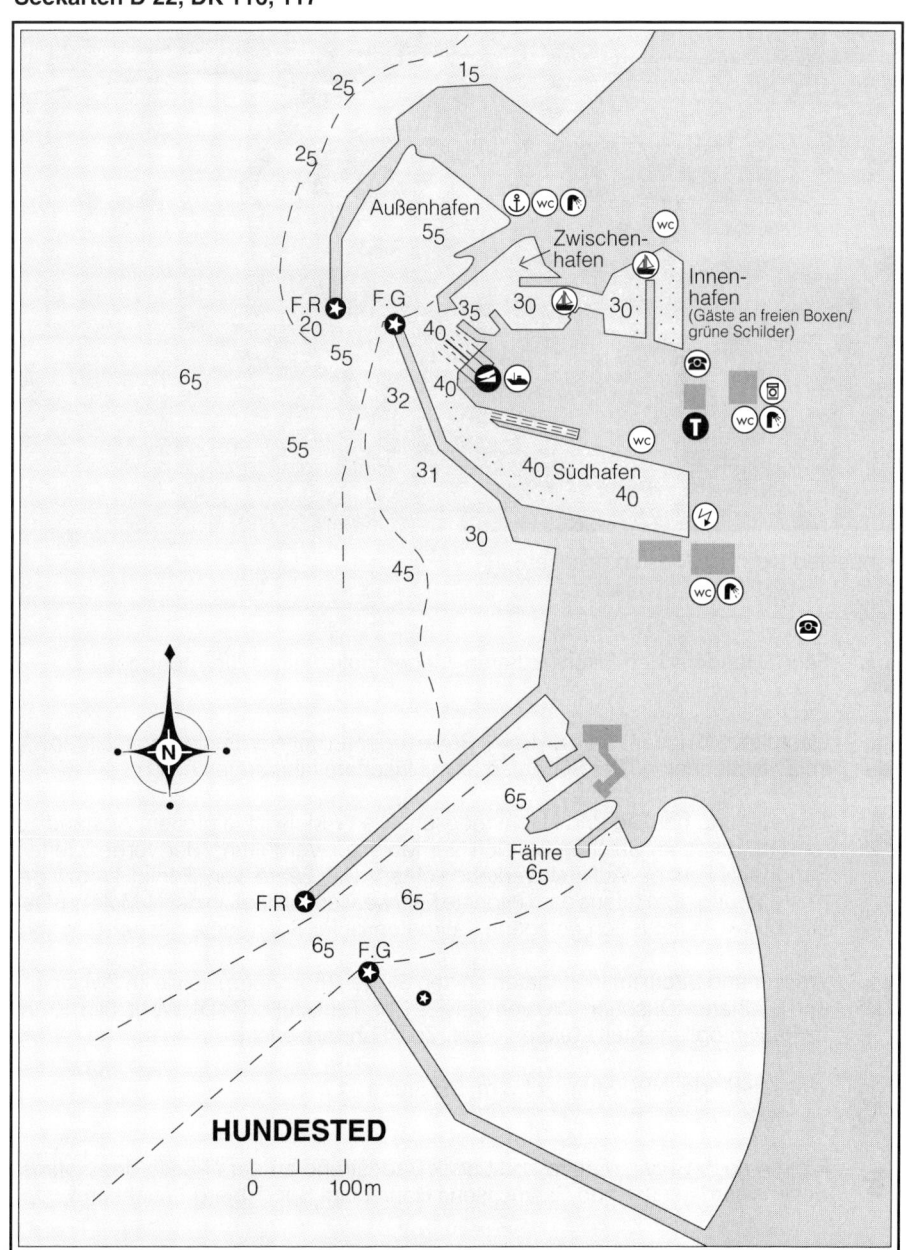

Außenhafen
Zwischenhafen
Innenhafen
(Gäste an freien Boxen/ grüne Schilder)
Südhafen
Fähre

F.R
F.G
F.R
F.G

HUNDESTED

0   100m

HH OIB 1993

Hundested (von Nordwesten gesehen)

※ Fähr-, Handels- und Fischereihafen. Liegemöglichkeiten für Sportboote.

⛵ Gastplätze im Innenhafen an freien Boxen oder an der Nordmole längsseits sowie im Zwischenhafen. Der Südhafen ist mit Fischereifahrzeugen belegt.

⛵ Ansteuerung bei Tag und Nacht möglich. Die W-Mole ist in großem Abstand zu runden, da es im S-lichen Bereich der Mole zur Verdriftung der vorgelagerten Sandbank kommt. Auf Fährverkehr achten. Die Fähre von Rørvig kreuzt bei Ansteuerung des Hafens das betonnte Fahrwasser und legt an der N-Mole an. Der ca. 0,5 sm weiter S-lich gelegene Fährhafen ist für Sportboote gesperrt.

🏠 Wasser und Strom im Innenhafen an den Stegen (Euronorm) sowie im Zwischen- und Südhafen, Duschen, WC von 6 bis 22 Uhr. Tankstelle (B+D), Werft, Slip, Kran. Einkaufsmöglichkeiten, Telefon, Post, Zoll, Fahrradverleih.

✿ Wasserstände: NW- Sturm +1,3 m, SE-Sturm –1 m .

ℹ️ Fähren nach Rørvig, Grenø und Larvik Badestrand an der N-Seite des Hafens. Sehenswürdigkeit: Knud Rasmussens Haus beim Spodsbjerg-Leuchtturm.

Von Bagenkop bis Kerteminde
Die Häfen der Inseln Langeland und Fünen (S- und E-Küste) sowie der "dänischen Südsee".

Bagenkop 54° 45,2´ N   10° 40,3´ E   DK-III-1

Seekarten D 12, 14, 3002, DK 142, 185

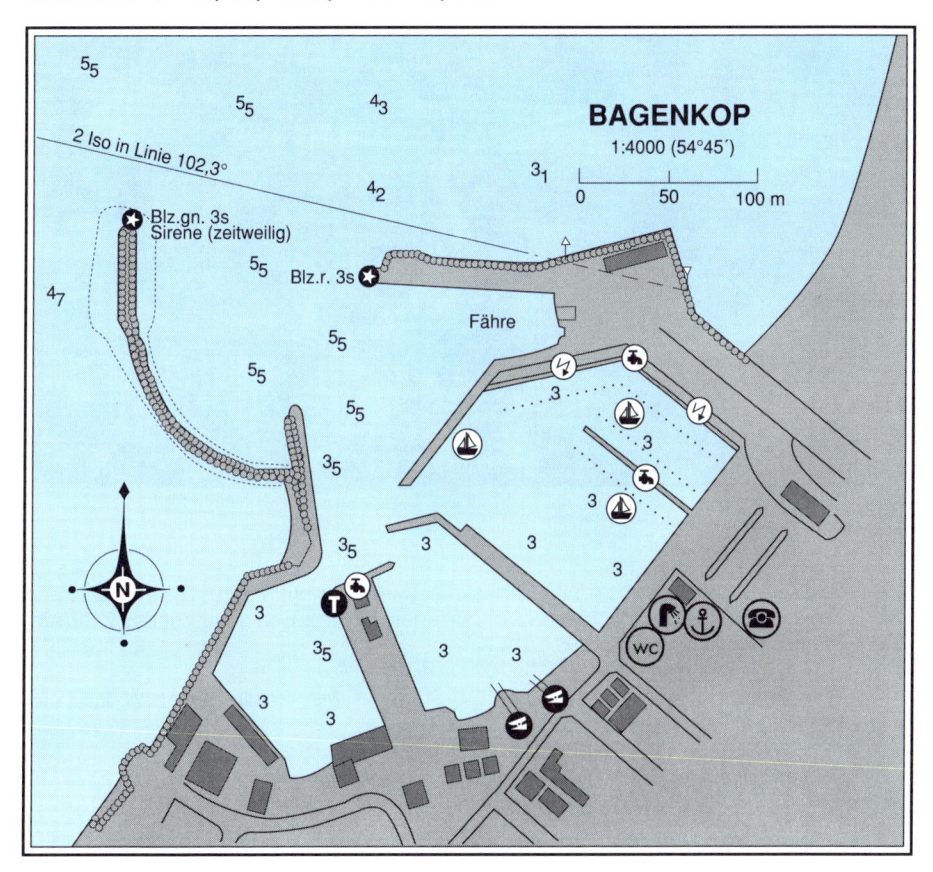

BAGENKOP
1:4000 (54°45´)
0   50   100 m

2 Iso in Linie 102,3°

Blz.gn. 3s
Sirene (zeitweilig)

Blz.r. 3s

Fähre

T

WC

	Fischerei-, Fähr- und Sportboothafen an der SW-Spitze von Langeland. Beliebter "Ausgangshafen" für Segeltörns in die dänische Inselwelt.
	Gastplätze am Mittelsteg und der N-Mole des NE-Beckens (Innenhafen).
	Die Ansteuerung des Hafens ist bei Tag und Nacht ohne Schwierigkeiten möglich. Richtfeuer 2 Iso 102,3°, Iso w/r/gn. 4 s, Iso 4 s. Molenköpfe Blz. gn. 3 s (Sirene zeitweilig) und Blz.r. 3 s. Stellnetze beachten!

Bagenkop

▲▲ Wasser, Strom, Duschen, WC, Tankstelle (D im Fischereihafen), Werft, Slip, Kran, Telefon, Einkaufsmöglichkeiten. Motorreparatur und Schiffsausrüster. Zoll (am Fährabfertigungsgebäude).

✿ Wasserstände: NE-Sturm + 1,2 m, SW-Sturm - 1,2 m. Ca. 0,5 sm NNW-lich vom Hafen liegt eine rote Festmachetonne.

ℹ Bademöglichkeit N-lich des Hafens. Fähre nach Kiel.

Spodsbjerg 54° 56,1′ N 10° 50,1′ E   DK-III-2

Seekarten D 12, 3002, Dä 142

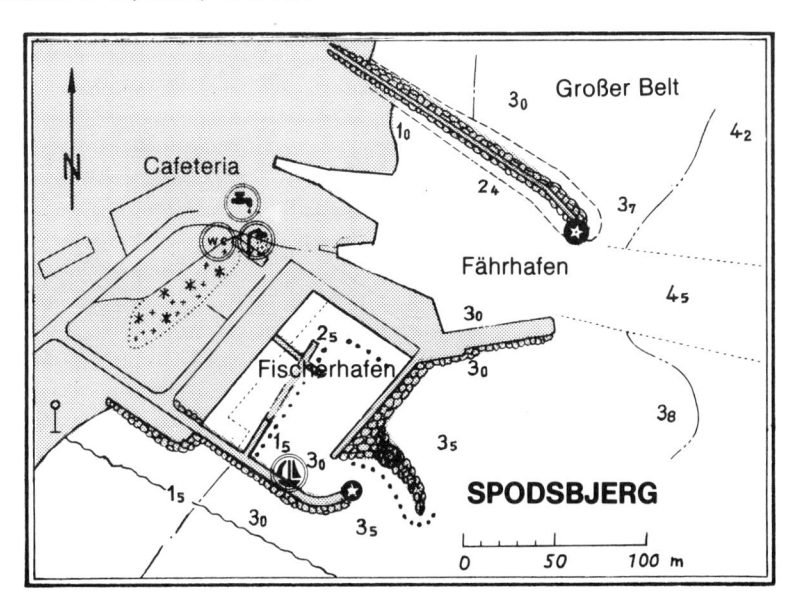

Kleiner Fischerei- und Fährhafen mit Liegemöglichkeiten für Sportboote.

An der SW-Mole des Fischereihafens.

Hafen ist ohne Schwierigkeiten bei Tag anzusteuern. Ansteuerung bei Nacht nur durch Ortskundige. ESE-lich vor der Einfahrt zum Fährhafen ist ein Gebiet mit großen Steinen.

Wasser, Duschen, Einkaufsmöglichkeit.

Wasserstände: NE-Sturm +1 m, SW-Sturm −1 m.
Der Fährhafen ist für Sportboote gesperrt. Es läuft Schwell der im Großen Belt passierenden Großschiffahrt in den Hafen.
Sehr unruhiges Liegen bei Starkwind aus E.

Fähre nach Tårs.

HH OIB 1993

Spodsbjerg

Ristinge Havn

54° 50,1' N
10° 38,3' E

DK-III-3

Seekarten D 14, Dä 170

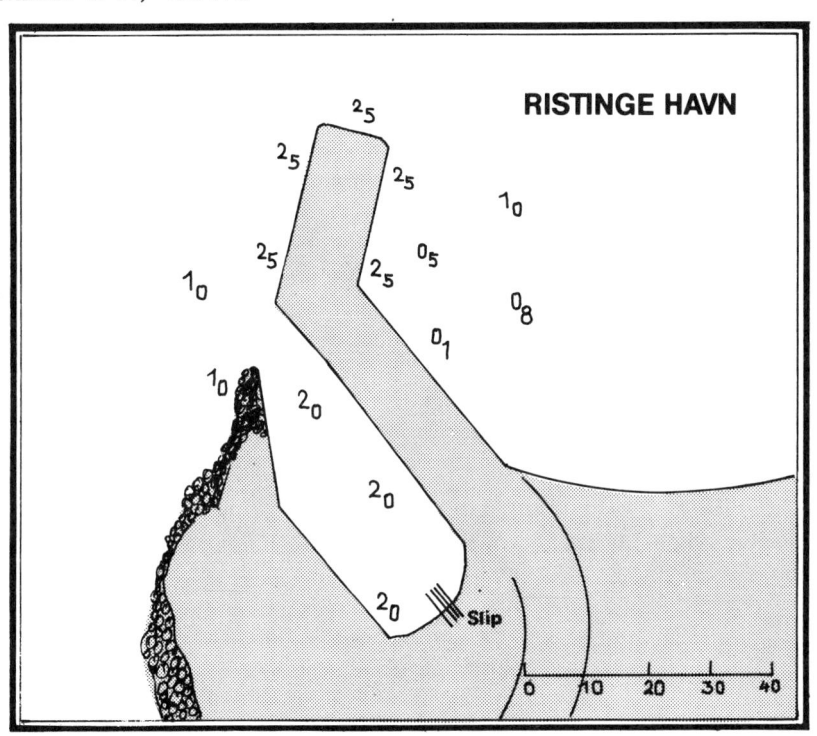

RISTINGE HAVN

Sehr kleiner und enger Fischereihafen. Wenig Platz für Gastboote.

Am Brückenkopf.

Ansteuerung nur bei Tage möglich. Zum Hafen führt ein 2,5 m tiefes ausgetonntes Fahrwasser.

Wasser, WC, Tankstelle (D), Einkaufsmöglichkeit.

Wasserstände: NE-Sturm + 1,5 m, SW-Sturm − 1,2 m.

Bademöglichkeit.
Schöne Steilküste (Ristinge Klint).

Ristinge Havn

Rudkøbing
54° 56,4' N
10 42,5' E

DK-III-4

Seekarten D 14, 15, 3002, DK 170, 172, 185

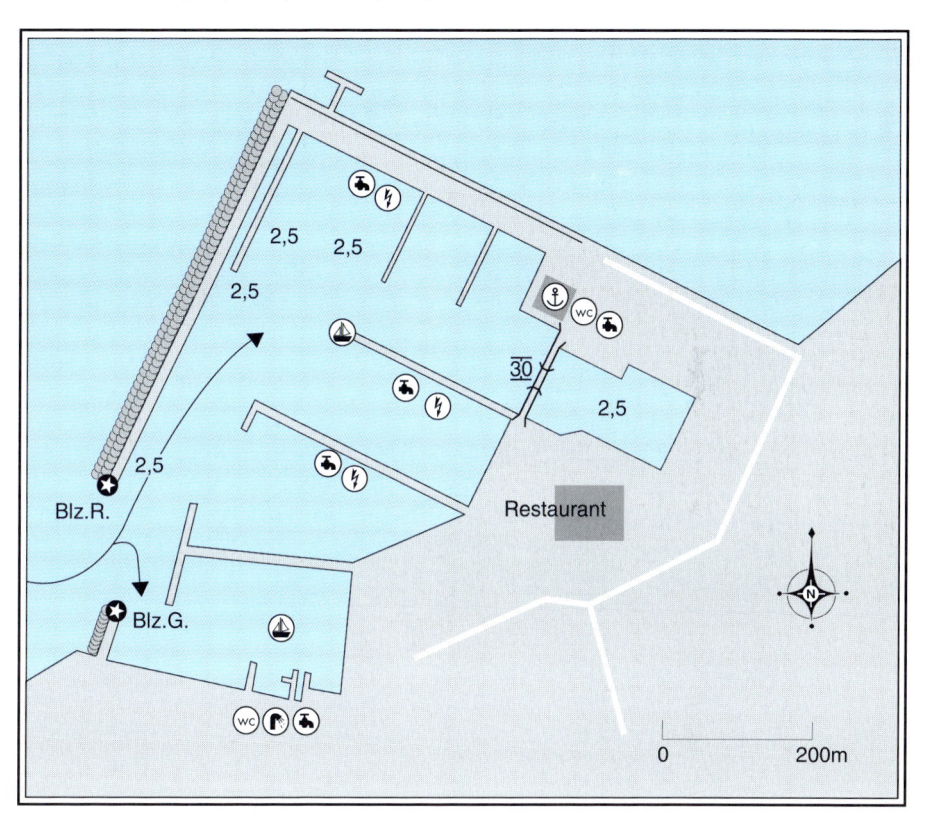

![Handels-, Fischerei- und Yachthafen]
Handels-, Fischerei- und Yachthafen.

Gastplätze im Yachthafen oder im Handelshafen. Der bisherige Yachthafen ist nach N erweitert worden und bietet zusätzlich 260 Liegeplätze. Der Innenhafen ist durch eine Klappbrücke und für Yachten bis 10 m erreichbar. Die Klappbrücke ist von 9 bis 17 Uhr geöffnet und wird vom Hafenmeister bedient.

Ansteuerung bei Tag und Nacht möglich. Gut ausgetonntes Fahrwasser und Richtfeuerlinien (54°, 189°, 199°) führen zum Hafen. Vor den verschiedenen Hafeneinfahrten, insbesondere vor dem Yachthafen, muß mit starker Querströmung gerechnet werden. Vom Fahrwasser aus führt eine ausgetonnte Rinne in den Yachthafen (Tiefe ca. 2,50 m).

HHO IB – Nachtr. 1994

Wasser und Strom an den Stegen, neues Sanitärgebäude mit Duschen und WC, Hafenmeisterbüro, Tankstelle (B + D), Werft (auch Yachtwerft), Motorreparatur, Slip, Kran, Trailerbahn. Einkaufsmöglichkeiten (Minimarkt) direkt am Hafen, Hallenbad, Restaurant, Post, Münzwäscherei.

Wasserstände: N-Sturm + 0,6 m, SW-Sturm - 1,2 m. Hafenmeister: Niels Erik Simonsen, Tel: 45 62 51 13 39.

Sehenswürdigkeiten: Langeland Museum, Rudkøbing Kirche. Fähren nach Marstal und Strynø.

Dageløkke

55° 03,8' N
10° 51,8' E

DK-III-5

Seekarten D 12, 3002, DK 142

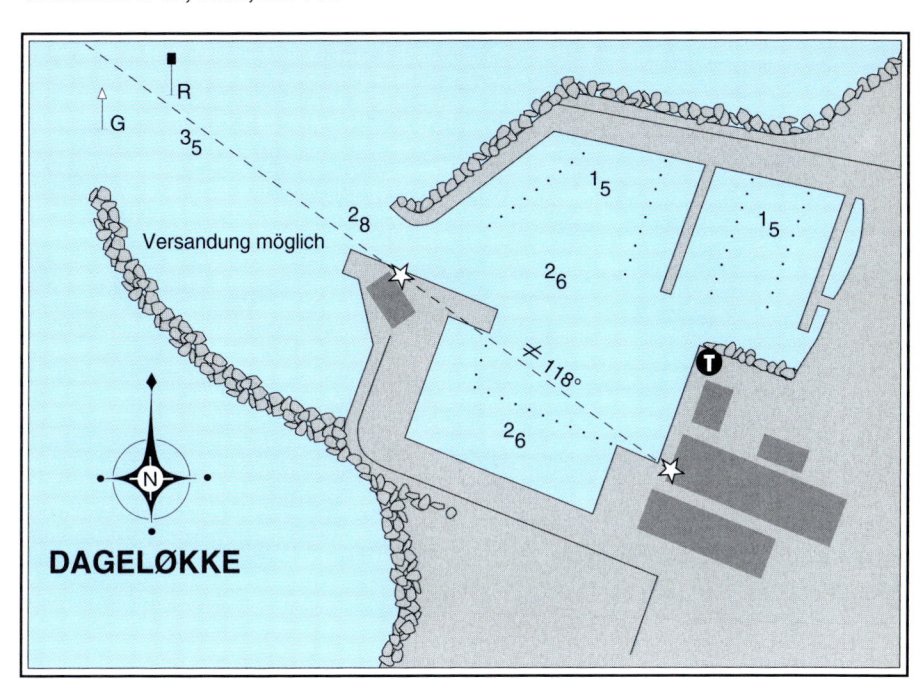

✹	Kleiner Sportboothafen.
⛵	Gastplätze nach Anweisung des Hafenmeisters.
☸	Etwa 0,5 sm vor der Hafeneinfahrt liegt ein rot/grünes Tonnenpaar aus. Einlaufkurs 118°. Durch Sanddrift können in der Hafeneinfahrt die Tiefen von der Solltiefe abweichen.
▲▲	Wasser, Strom, Duschen, WC, Tankstelle (D), Telefon, Münzwäscherei, Fahrradverleih, Einkaufsmöglichkeit.
✿	Wasserstände: N-Sturm + 1,2 m, S- bis SE-Sturm - 0,9 m.
i	Ferienzentrum mit großem Freizeitangebot (beheiztes Schwimmbad, Sauna, Minigolf, Fernsehräume etc.). Badestrand.

Dageløkke

Lohals

55° 08,1' N
10° 54,1' E

DK-III-6

4 Seekarten D 12, 13, 3002, DK 142

Fähr- und Fischereihafen (N-Teil). Yachthafen (S-Teil).

Gastplätze im Yachthafen.

Anlaufen des Hafens bei Tag und Nacht möglich. Vom Langeland-Belt ist der Hafen durch das Smörstakke Löb oder durch das Kobber Dyb erreichbar. Etwa 1 sm vor dem Hafen erstreckt sich in NS-Richtung eine ca. 1 sm breite und 10 sm lange Barre, die nur durch das Smörstakke Löb oder das Kobber Dyb durchfahren werden kann. Von N kommende Yachten erreichen den Hafen in dem Gewässer zwischen Barre und Festland.

Wasser, Strom, Duschen, WC (Segler dürfen die Sanitäranlagen auf dem nahegelegenen Campingplatz nutzen). Slip, Kran, Werft, Motorreparatur, Münzwäscherei (Campingplatz), Post, Telefon. Fahrradverleih und Kaufmann ca. 100 m vom Hafen.

Wasserstände: SW-Sturm +1,2 m, NE-Sturm –1,5 m.

Beliebter Touristik- und Badeort. Schöne Badestrände. Fähre nach Korsör.

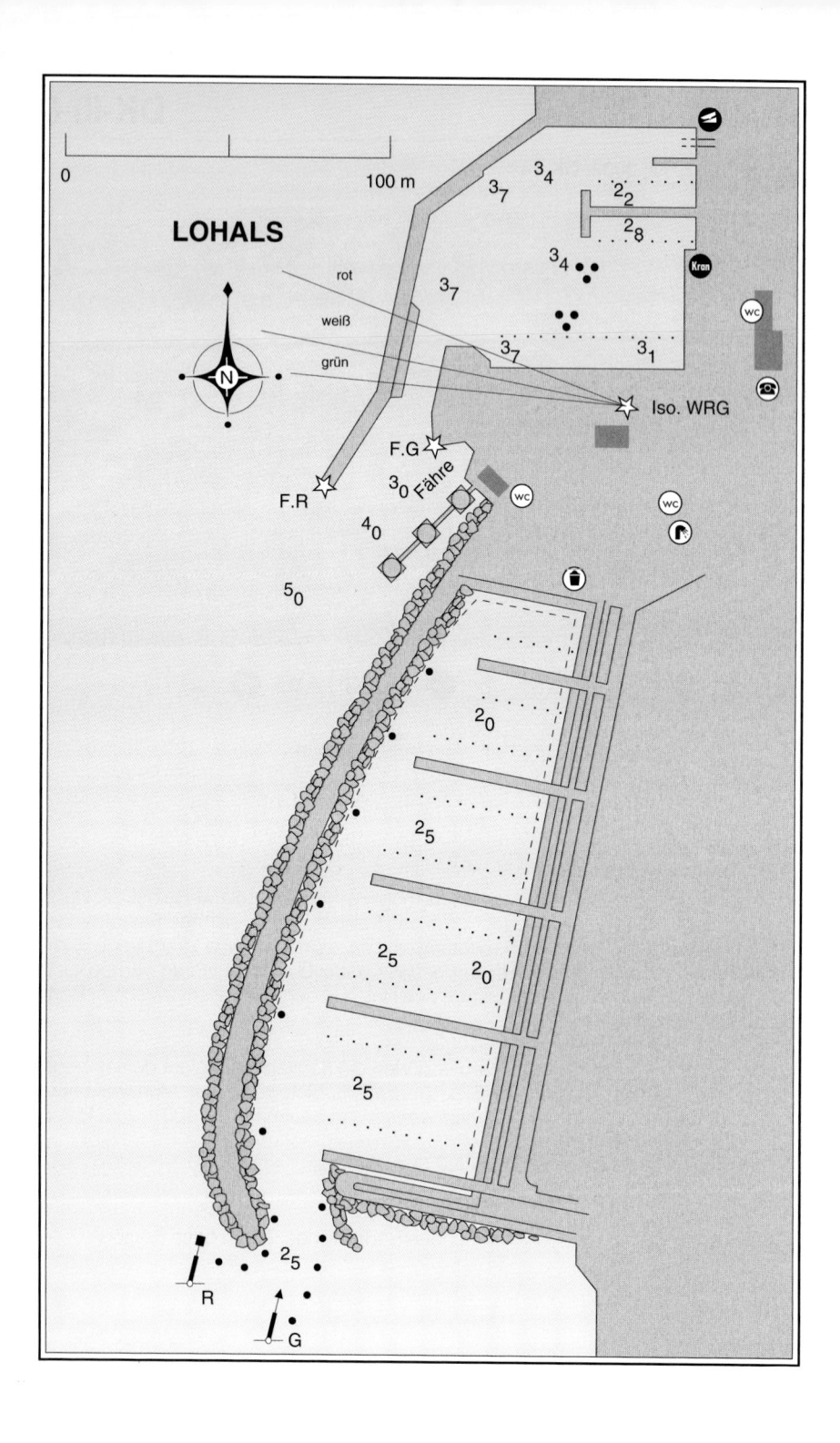

LOHALS

Marstal
54° 51,3' N
10° 31,4' E

DK-III-7

Seekarten D 14, 3004, DK 170

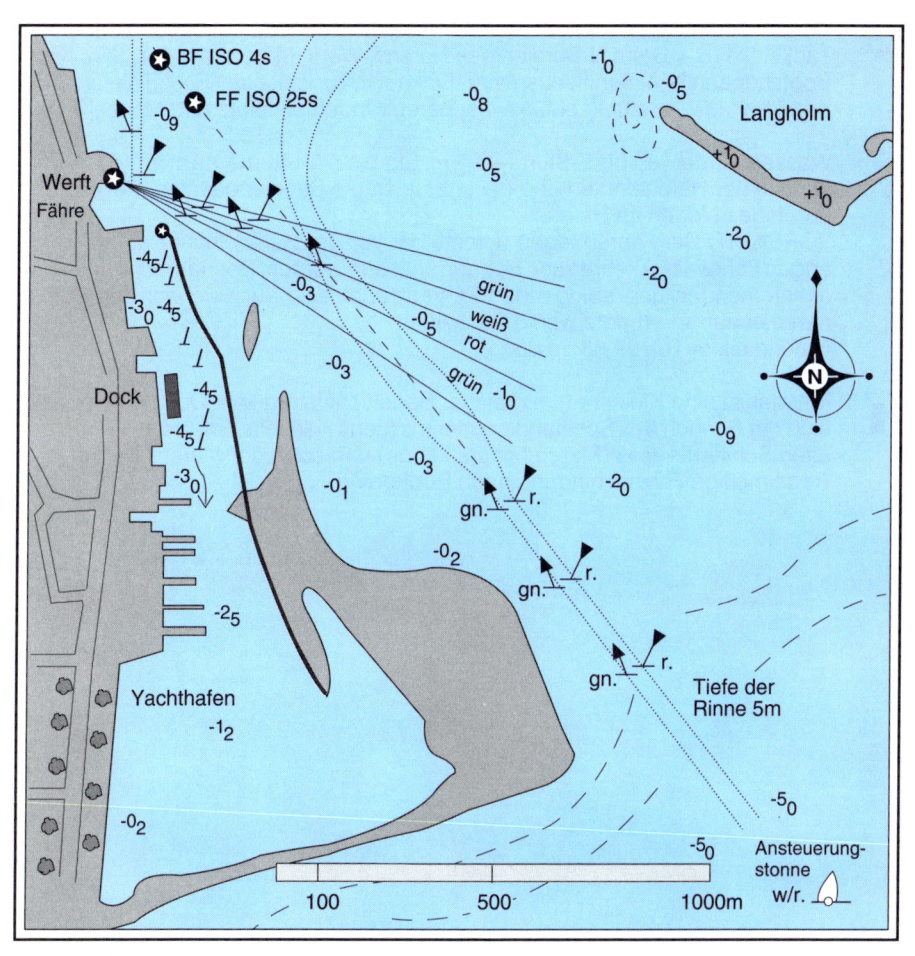

![Handels-, Fähr- und Yachthafen symbol] Handels-, Fähr- und Yachthafen.

![Gastplätze symbol] Gastplätze im N-lichen Hafenbereich und an den Stegen II, III, V und VIII.

![Rinne symbol] Die von S kommende Rinne wurde nach W verlegt. Von der Ansteuerungstonne führt eine gerade Rinne mit 5 m Wassertiefe aus SSE-licher Richtung bis kurz vor den Hafen. Von dort dreht man nach Bb ab. Von NW kommend erreicht man das

Mørkedyb und von NE die Rinne zwischen Venegrund und Mandens Grund. Insbesondere in dem engen und gewundenen Mørkedyb muß exakt navigiert werden. Nächtliches Durchlaufen der verschiedenen Rinnen nur für Ortskundige ratsam.

Wasser und Strom an den Stegen, zwei Sanitärgebäude mit Duschen und WC, Tankstelle (B + D) im N-Bereich des Hafens, Werft, Motorreparatur, Slip, Kran, Bootshebeanlage, Schiffsausrüster. Einkaufsmöglichkeiten, Post, Telefon, Arzt/Krankenhaus, Apotheke, Münzwäscherei, Kinderspielplatz und Minigolf.

Wasserstände: NE- bis E-Sturm + 1,2 m, SE- bis SW-Sturm - 1,2 m. Bei Starkwind kann in der Hafeneinfahrt und davor eine starke Strömung laufen. Bei E-Sturm unruhiges Liegen im Hafen.
VORSICHT: Die Fähren legen unmittelbar vor der Hafeneinfahrt an. In dieser engen Fahrwasserkehre kann es dann sehr eng werden. Deshalb sollte man den ankommenden und ablegenden Fähren rechtzeitig ausweichen, denn diese nehmen auf Sportboote wenig Rücksicht.
Hafenmeister Tel: 09 53 10 93.

Marstal ist eine Kleinstadt mit reicher Segelschiffstradition. Deshalb empfiehlt sich der Besuch des Schiffahrtsmuseums (Jens Hansens Søfartsmuseum), des alten Schifferhauses (Maren Minors Minde) und auch der Marstal Kirche. Regelmäßige Fährverbindung nach Rudkøbing.

Søby

54° 56,6' N
10° 15,6' E

DK-III-8

Seekarten D 14, 3004, DK 170

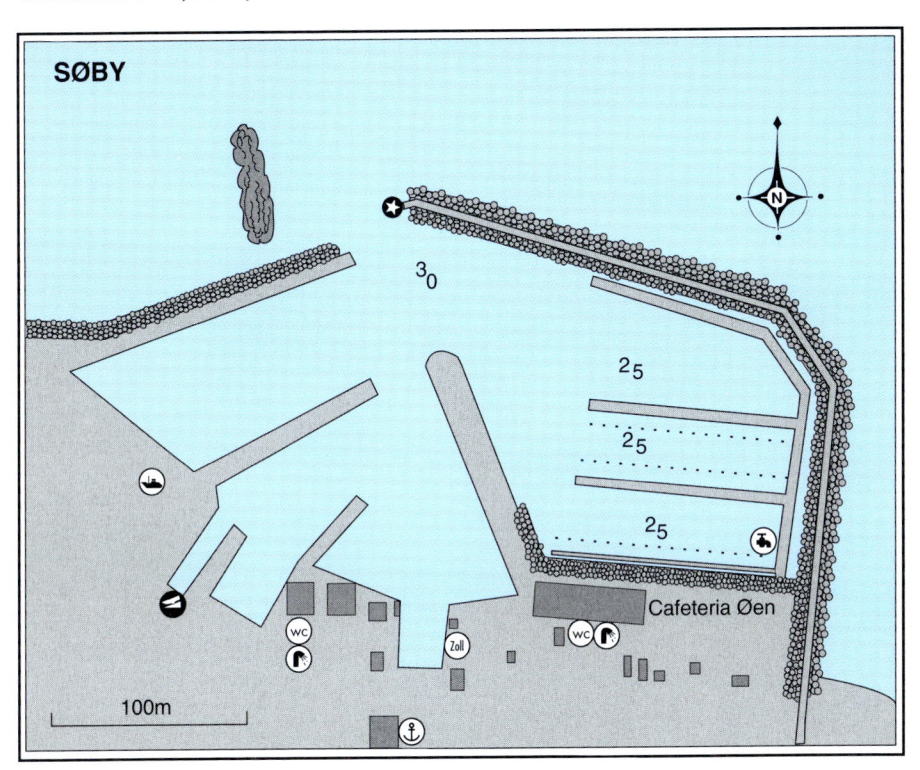

![Werft- Fischerei und Fährhafen. Yachthafen.] Werft- Fischerei und Fährhafen. Yachthafen.

![Gastliegeplätze im Yachthafen.] Gastliegeplätze im Yachthafen.

Hafen kann bei Tag und Nacht angelaufen werden. Dabei ist auf die ein- und auslaufenden Fähren zu achten. N-lich der W-Mole gibt es eine in N-S-Richtung verlaufende Steinmole (Sandfänger). Die Steinmole ist mit drei grünen Pfählen gekennzeichnet, wobei der erste Pfahl von einem Strahler beleuchtet wird. 2/3 der Steinmole sind unter Wasser. Die Hafeneinfahrt hat an Stb. ein Festfeuer G.

Wasser, Duschen, WC, Tankstelle(B + D), Werft, Slip, Kran, Telefon, Post, Einkaufsmöglichkeit, Fahrradverleih.

⌘ Wasserstände: NE-Sturm + 1,5 m, SW-Sturm - 1,5 m.

ℹ Fähren nach Fåborg, und Mommark.   Badestrand neben dem Yachthafen.

Ærøskøbing 54° 53,5' N 10° 24,9' E DK-III-9

Seekarten D 14, 3002, DK 152, 170

- Liegemöglichkeiten im alten Hafen (auch für größere Yachten) und für den neuen Yachthafen N-lich davon.

- Gastplätze in beiden Häfen.

- Ansteuerung durch das ausgetonnte Mølledyb bei Tag und Nacht möglich (Richtfeuer 198,5°). Zum Yachthafen zweigt ein ausgetonntes Fahrwasser ab. Der Kopf der N-Mole des Yachthafens ist mit einem Blz.gn. und Blz.r. gekennzeichnet. (1.4. bis 15.11.)

- Wasser, Strom, Duschen, WC, Tankstelle (B+D), Werft, Slip, Kran, Motorenservice, Einkaufsmöglichkeiten, Telefon, Post, Bank, Zoll.

- Wasserstände: E- bis SE-Sturm +2m, SW- bis W-Sturm -1,5 m.

- Reizvolles idyllisches Städtchen mit vielen Sehenswürdigkeiten (Ærø Museum, Buddelschiffmuseum, Ærøskøbing Kirche). Fähre nach Svendborg, Passagierverbindung nach Deutschland.

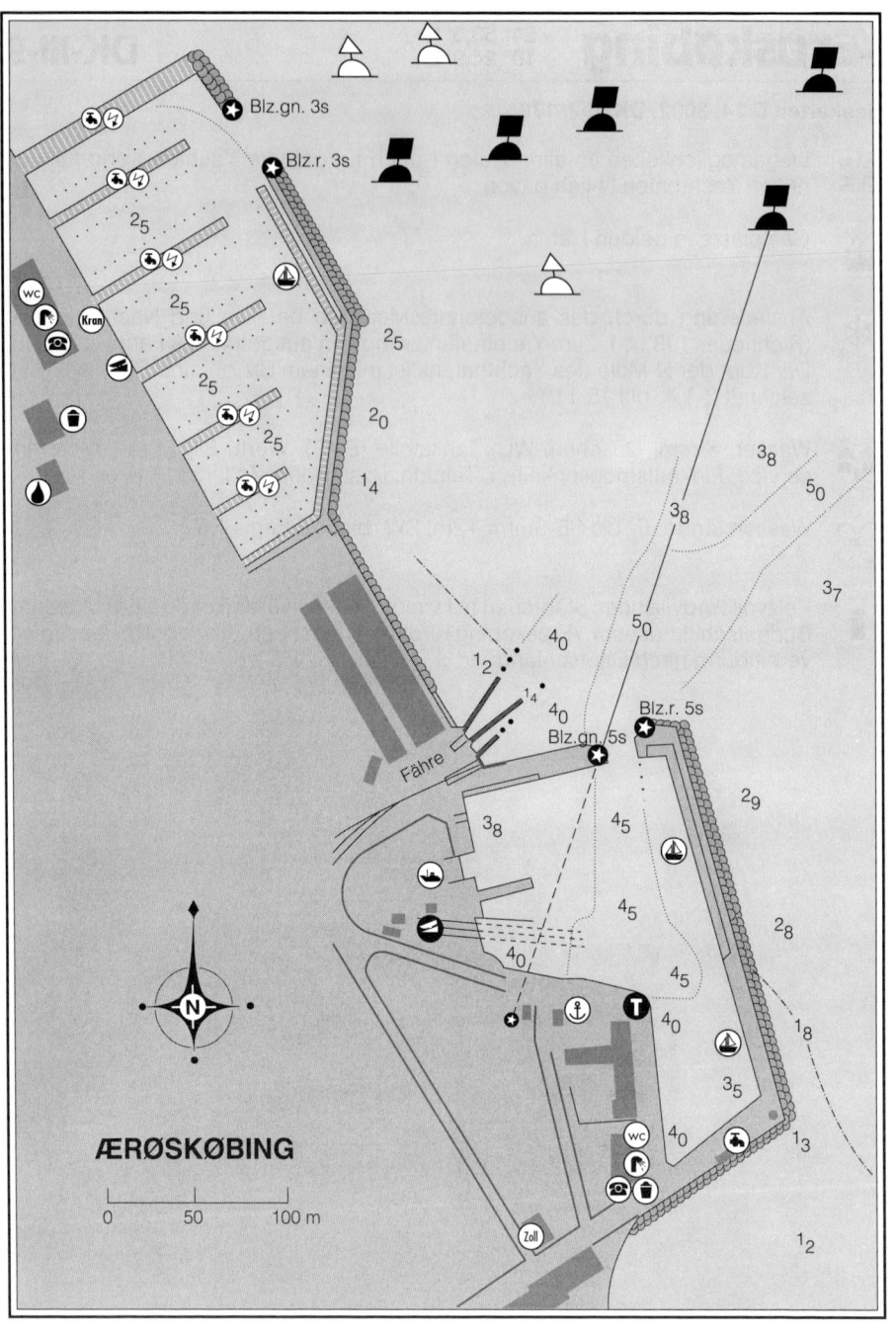

ÆRØSKØBING

Ommel 54° 52,6′ N
10° 29,6′ E

DK-III-10

Seekarten D 14, 3002, Dä 170

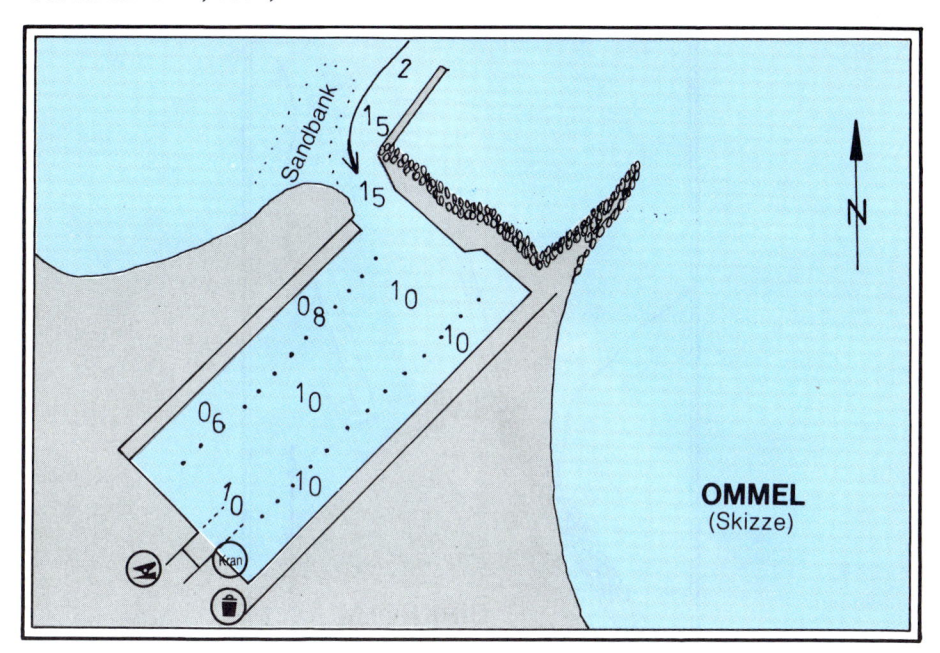

OMMEL
(Skizze)

(WC) (📞) (🚰)

※ Kleinboothafen NW-lich von Marstal. Der Hafen ist wie der Ommel-Westhafen auf 54° 52,2′ N   10° 28,8′ E für Sportboote wenig geeignet.

⛵ In freien Boxen, wenig Platz für Gastboote. Nur für flachgehende Boote geeignet. Ansteuerung nur durch Ortskundige.

🏠 Wasser, WC, Telefon.
Kleiner Kran, Müllbox, Ablaufbahn.

HH OIB 1993

Birkholm
54° 55,7′ N
10° 30,1′ E

DK-III-11

Seekarten D 14, 3002,   Dä 170

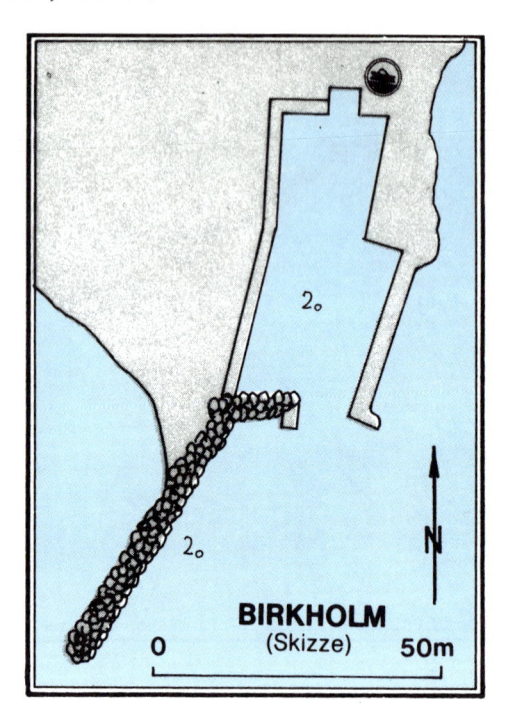

BIRKHOLM
(Skizze)
0   50m

Kleiner Fischereihafen mit wenig Platz für Gastboote.

Auf freien Plätzen im Hafen.

Direkt am Hafen vorbei führt das gut ausgetonnte Mørkedyb, von dem aus der Hafen in NE-Richtung angelaufen werden sollte. Nächtliches Anlaufen nur bei Ortskenntnis ratsam.

Strom, WC (primitiv), Ablaufbahn.
Keine weiteren Versorgungsmöglichkeiten.

Wasserstände: NE-Sturm + 1 m, SW-Sturm − 1 m.
Die Fahrrinne in der Einfahrt neigt zur Versandung.

Strynø 54°54,2′N 10°37,7′E   DK-III-12

Seekarten D 14, 3004, DK 170

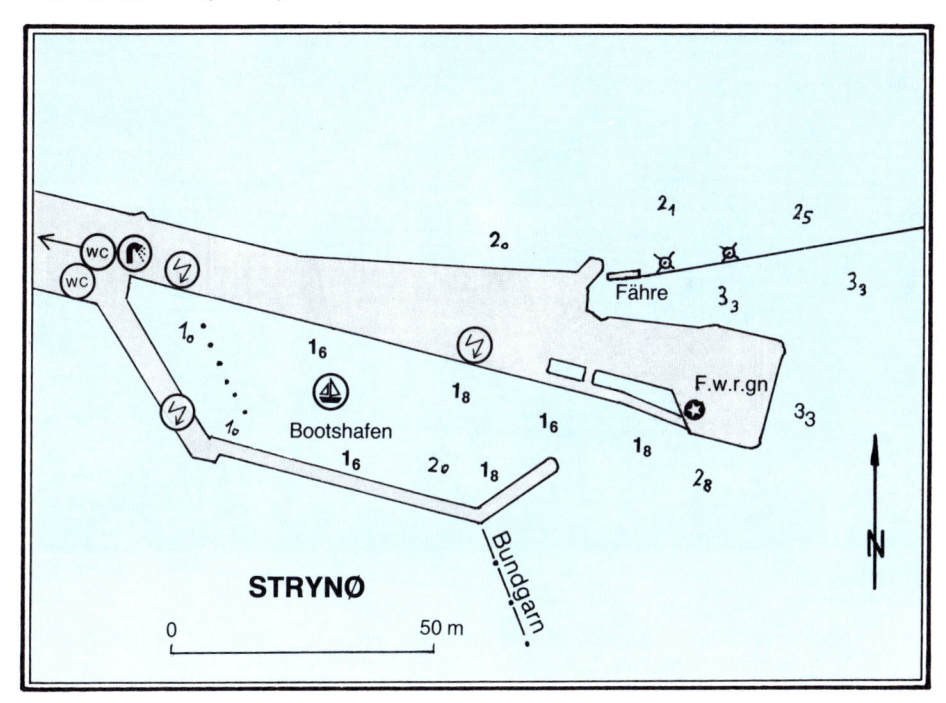

STRYNØ

Kleiner Boots- und Fährhafen an der E-Seite der Insel Strynø. Inselhafen am Ende eines ca. 315 m langen Dammes.

Liegemöglichkeiten im Bootshafen und an der S-Seite des Molenkopfes.

Ansteuerung bei Tag und Nacht möglich. Nacht im weißen Sektor des Hafenfeuers (F.w./r./gn.) einlaufen. Achtung: Das von der S-Mole in SE-licher Richtung verlaufende Bundgarn beachten.

Wasser, Strom und WC am Hafen. Duschen, Waschgelegenheit und WC, etwa 1 km entfernt im Ort (bis Brugsen, dann links bis zur alten Feuerwehrspritze. Das dortige Wasser ist kein Trinkwasser!). Trinkwasser gibt es beim ersten Bauernhof links (Brovejen).

Wasserstände: NE-Sturm + 1,2 m, SW-Sturm − 0,9 m.
Durch Sandeintreibung geringere Wassertiefen. Bei SW-lichem Starkwind fällt das

Strynø

Wasser im Hafen, so daß Boote mit mehr als 1,5 m Tiefgang bereits in der Hafeneinfahrt aufsitzen.

> Fähre nach Rudkøbing.

Hjortø 54° 58′ N 10° 29,6′ E　　　　DK-III-13

Seekarten D 14, 3002, Dä 170

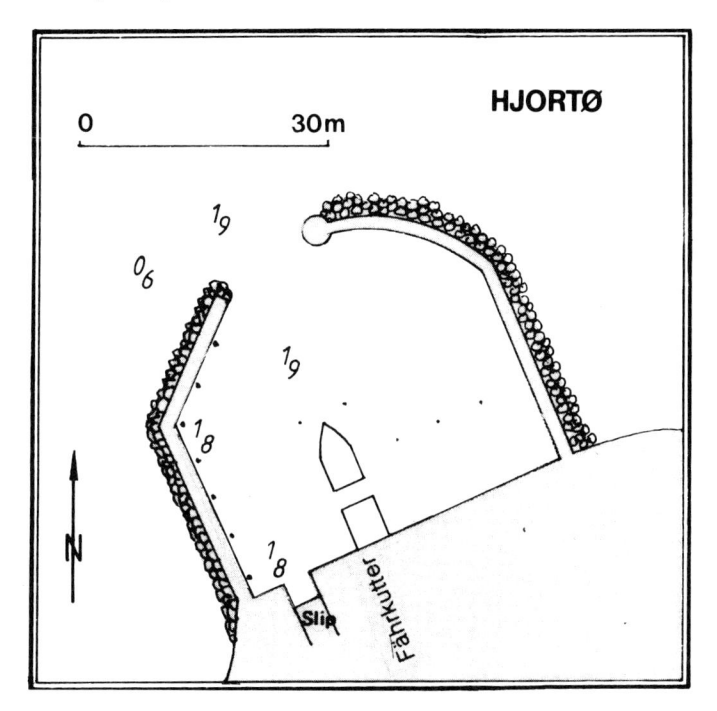

- Sehr kleiner Fischereihafen mit begrenzten Liegemöglichkeiten für Sportboote.
- An den beiden Molen.
- Zum Hafen führt eine ausgebaggerte Rinne. Anlaufen nur bei Tag möglich.
- Kleiner Kaufmannsladen auf der Insel. Kleiner WC-Wagen mit Waschbecken (Salzwasser). Ablaufbahn.
- Wasserstände: NE- bis E-Sturm +1,1 m, W-Sturm −1,1 m.
  In der Baggerrinne und im Hafen muß wegen Versandung mit bis zu einem halben Meter geringeren Wassertiefen gerechnet werden.
- Fähre nach Svendborg.

HH OIB 1993

Drejø Bro
54° 57,9′ N
10° 26,3′ E

DK-III-14

Seekarten D 14, 3002, Dä 170

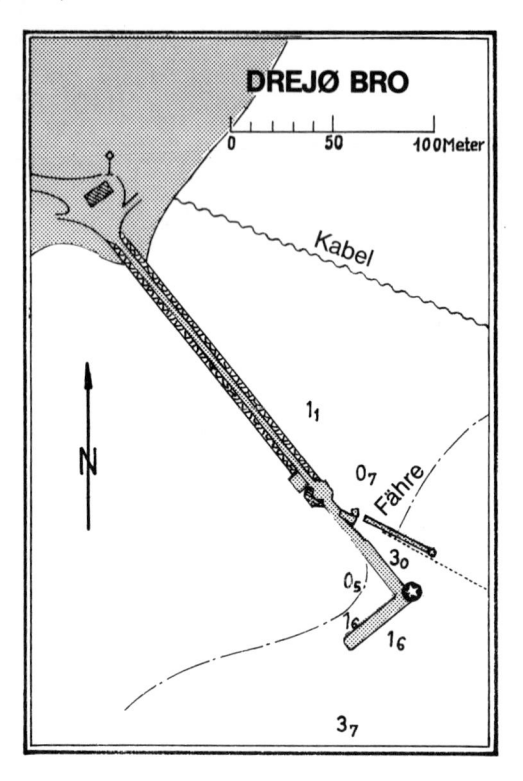

- Fähranleger an einem ca. 220 m langen Damm an der SE-Seite von Drejø.
- Begrenzte Liegemöglichkeiten an beiden Seiten des Brückenkopfes.
- Ansteuerung nur bei Tag durch das Højestene Løb möglich.
- Keine Versorgungsmöglichkeiten an der Brücke.
- Wasserstände: N- bis NE-Sturm +1 m, SW- bis W-Sturm −1 m. Ungeschützt bei Winden von NE über E bis SW.
- Fähre nach Skarø und Svendborg.

Drejø 54° 58,5´N 10° 25,3´E DK-III-15

Seekarten D 14, 3002, DK 170

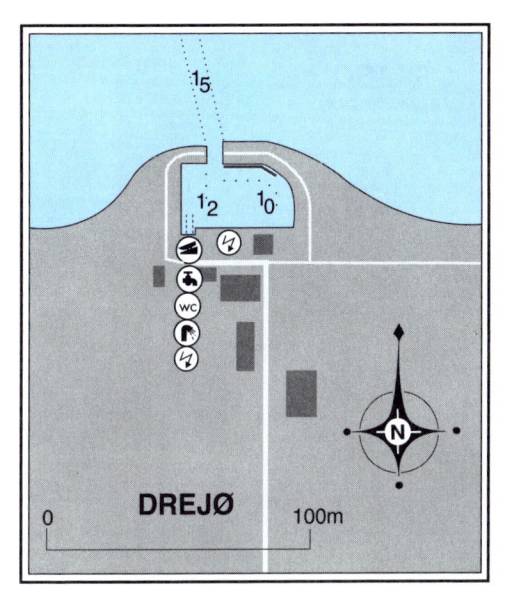

✳	Sehr kleiner Hafen an der N-Seite der Insel.
⛵	Hafen kann nur von kleinen flachgehenden Booten angelaufen werden. Wenig Platz für Gastboote.
⛵	Zum Hafen führt eine ca. 880 m lange und nur 3 bis 6 m breite auf Sb. ausgetonnte Fahrrinne. Die Wassertiefe in der Fahrrinne beträgt 1,5 m, es muß wegen Versandung jedoch mit geringeren Tiefen gerechnet werden. Anlaufen bei Nacht nicht möglich.
🏠	Dusche, WC, Wasser, Strom, Trailerbahn, Einkaufsmöglichkeit.
✿	Wasserstände: N- bis NE-Sturm +1 m, SW-Sturm −1 m.
i	Fähre nach Svendborg.

HH OIB 1993

Skarø

55° 0,7' N
10° 28,5' E

DK-III-16

Seekarten D 14, 3002, DK 170

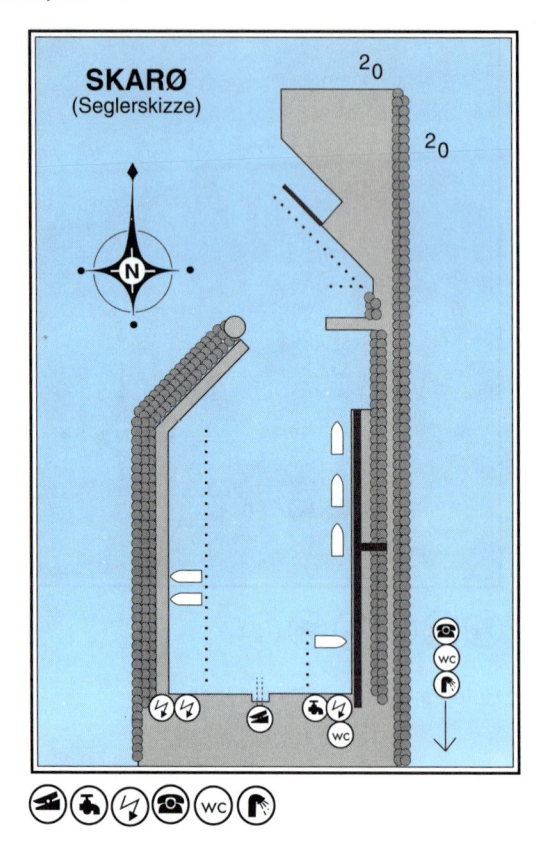

Fischerei- und Sportboothafen.

Gastliegeplätze in freien Boxen.

Von der ca. 0,5 sm NE-lich des Hafens gelegenen Ansteuerungstonne (r/w mit Balltopzeichen) mit SW-lichem Kurs auf den Hafen zuhalten. Ansteuerung nur bei Tage möglich.

Im Hafen Strom- und Wasseranschlüsse und eine Trailerbahn. Ca. 200 m vom Hafen entfernt gibt es Duschen, WC und Telefon. Einfaches WC direkt am Hafen.

Fähre nach Svendborg und Drejø.

Mærsk Møllers Havn 55° 0,7' N 10° 20,4' E DK-III-17

Seekarten D 14, 3002, Dä 170

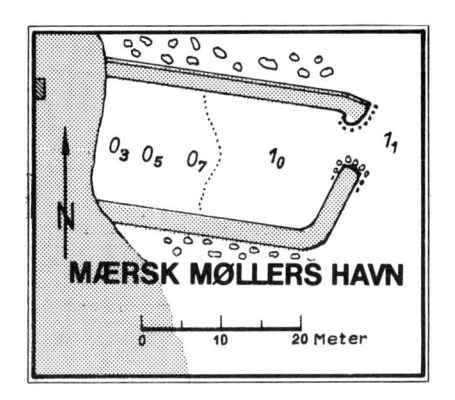

Kleiner privater Bootshafen an der E-Küste Avernakøs.

Liegeerlaubnis in dem kleinen Wohnhaus am Hafen erfragen.

Der Hafen ist nur für flachgehende Boote erreichbar.

Wasser beim Wohnhaus.

Ankermöglichkeit in der Bucht S-lich des Hafens.
Bei E-Wind unruhig.

Bademöglichkeit.

Korshavn (Avernakø)   55° 0,8′ N   10° 19′ E   DK-III-18

Seekarten D 14, 3002, Dä 170

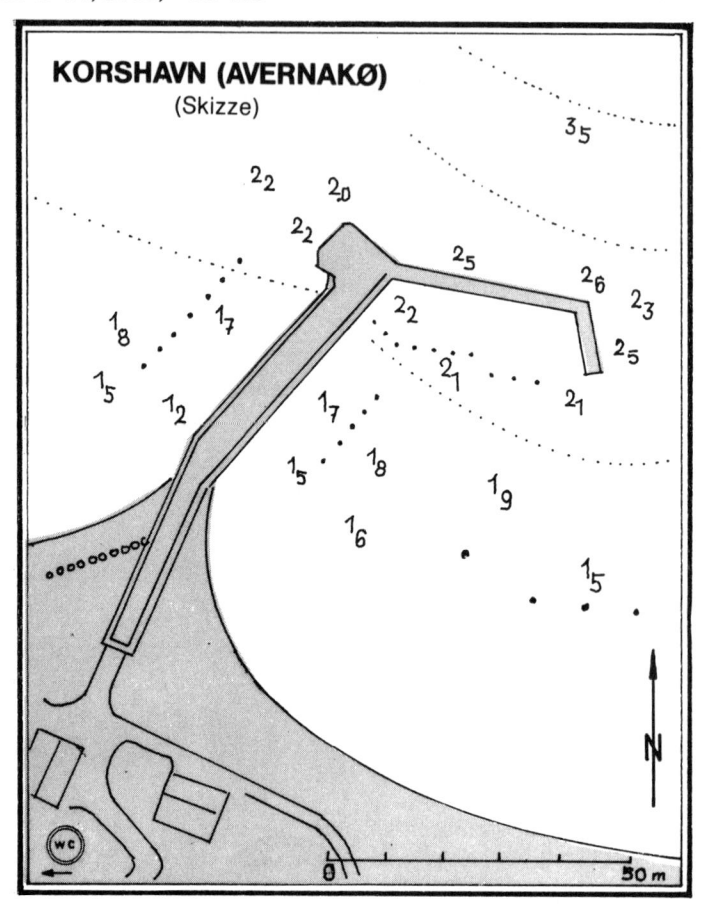

Ca. 44 m lange Brücke mit 12 m langem Brückenkopf.

An der Außenseite des Brückenkopfes oder in freien Boxen nach Rückfrage.

Hafen kann bei Tage ohne besondere Schwierigkeiten angelaufen werden. Anlaufkurs vorzugsweise 180°.

Wasser, WC. Keine weiteren Versorgungsmöglichkeiten.

Wasserstände: NE-Sturm +1,2 m, W-Sturm −1,7 m.
Ungeschützt bei Winden von NW über N bis NE.

Avernakø Bro 55° 2,4' N 10° 15,1' E DK-III-19

Seekarten D 14, 3002, Dä 170

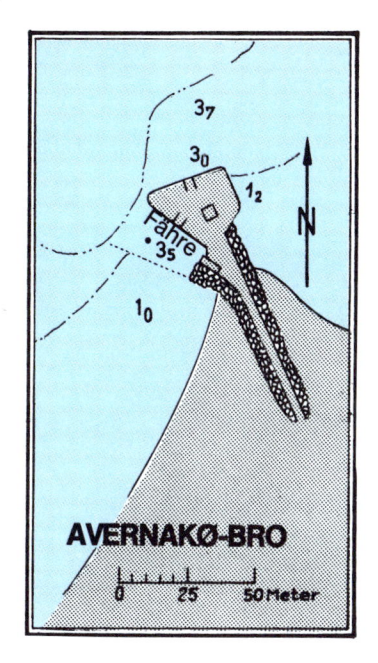

※	Fähranleger, wenig Platz für Sportboote.
⛵	Am Molenkopf außerhalb des Fähranlegers.
⛵	Die Brücke kann bei Tage ohne Schwierigkeiten angelaufen werden.
🏠	Wasser, WC, Einkaufsmöglichkeit.
✽	E-Sturm + 0,6 m bis 1,30 m, W-Sturm − 0,6 m bis − 1,30 m. Ungeschützt bei Winden von SW über W und N bis E.
i	Bademöglichkeit. Fähre nach Lyø und Fåborg.

HH OIB 1993

Lyø 55° 3,1' N / 10° 9,6' E   DK-III-20

Seekarten D 14, 16, 3002, DK 170

Fähre

Heckpfähle für Segler

Klosk

LYØ

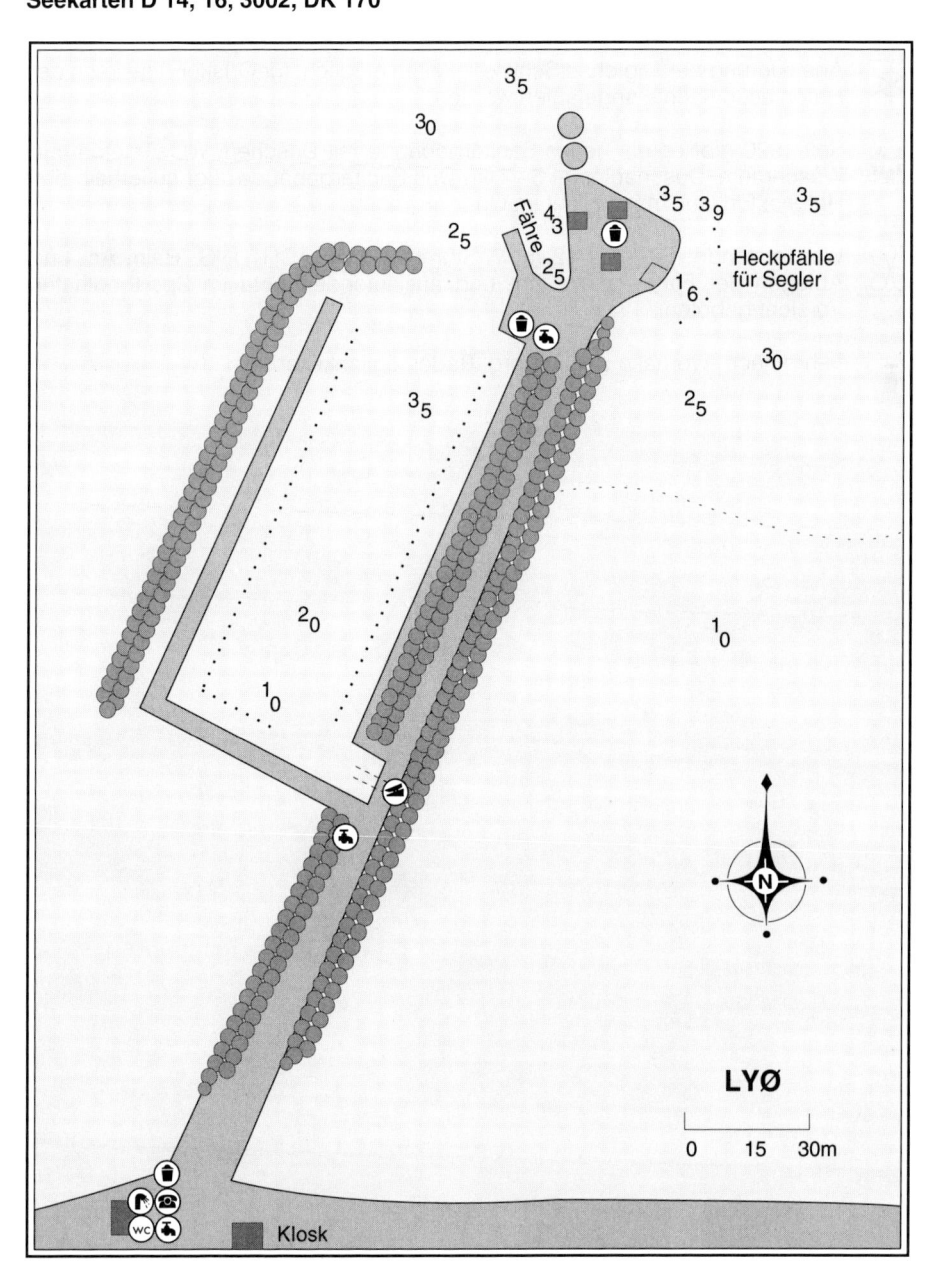

0 15 30m

HH OIB 1993

Sportboothafen und neuer Fähranleger. Der Hafen ist mit einem ca. 250 m langen Damm zur Insel verbunden.

Gastliegeplätze im Sportboothafen.

Ansteuerung bei Tag ohne Schwierigkeiten möglich, für Ortskundige kann der Hafen auch nachts angelaufen werden.

Seit 1990 gibt es ein neues Sanitärgebäude mit Duschen, WC, Telefon und Waschraum. Duschautomat 5,- Dkr. Das Sanitärgebäude liegt außerhalb des Hafens. Einkaufsmöglichkeit im Ort.

Wasserstände: E-Sturm +2 m, W-Sturm −1,5 m. ACHTUNG: Beim An- und Ablegen der Fähre ist für ein- und auslaufende Boote im Sportboothafen Vorsicht geboten.

Fähre nach Avernakø und Fåborg. Bademöglichkeiten.

Dyreborg 55° 04,3' N 10° 13,1' E   DK-III-21

Seekarten D 14, 3002, DK 170

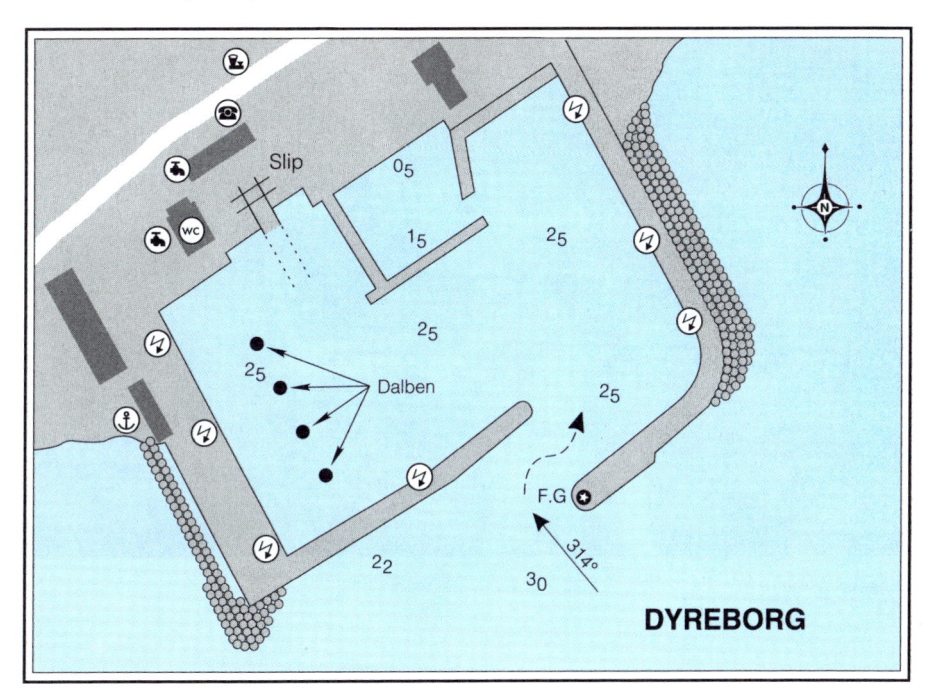

![Hafenkarte Dyreborg]

❄	Kleiner idyllischer Fischereihafen mit Liegemöglichkeiten für Sportboote. Im Sommer wegen seiner Beliebtheit oft überfüllt.
⛵	Im Hafen an den Molen oder in den Boxen an der West-Mole.
⚓	Die Ansteuerung bietet dem navigationskundigen Fahrtensegler keine besonderen Schwierigkeiten. In dem Seegebiet W-lich von Bjørnø gibt es einige Untiefen und Sände, die aber gut bezeichnet sind. Bei Nacht kann der Hafen unter Beachtung der verschiedenen Richt- und Sektorenfeuer gut erreicht werden. Molenfeuer.
🏘	Wasser, Strom, Waschgelegenheit, WC, Slip, Einkaufsmöglichkeit. Am Hafenkiosk können abends Brötchen für den nächsten Morgen bestellt werden.
✲	Wasserstände: NE-Sturm +1,5 m, NW-Sturm −1 m. Vorsicht: Die Schienen des Slips reichen weit ins Hafenbecken hinein.

Dyreborg

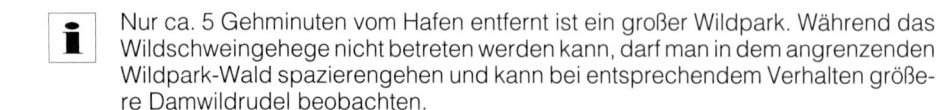

> **i** Nur ca. 5 Gehminuten vom Hafen entfernt ist ein großer Wildpark. Während das Wildschweingehege nicht betreten werden kann, darf man in dem angrenzenden Wildpark-Wald spazierengehen und kann bei entsprechendem Verhalten größere Damwildrudel beobachten.

Bjørnø Bro 55° 4,1′ N 10° 15,2′ E

DK-III-22

Seekarten D 14, 3002, Dä 170

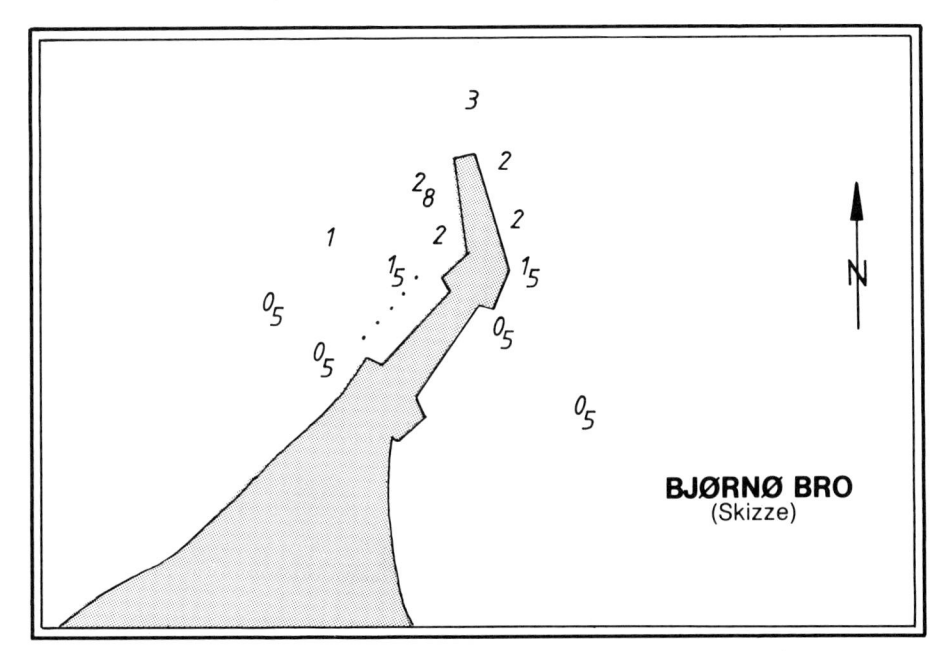

BJØRNØ BRO
(Skizze)

Ca. 120 m lange Brücke mit 9 m langem und 9 m breitem Brückenkopf. Anlegestelle für das Postboot.

Festmachemöglichkeiten an beiden Seiten des Brückenkopfes.

Der etwa in der Mitte der NE-Küste der Insel Bjørnø gelegene Brückenkopf sollte nur von Ortskundigen angelaufen werden. Es gibt keine zum Hafen führende Betonnung.

Keine Versorgungsmöglichkeiten.

Der Brückenkopf unterliegt ständiger Versandung. Ungeschützt bei Winden von NW über N bis E.

Postboot nach Fåborg.

HH OIB 1993

Fåborg

55° 05,6' N
10° 14,4' E

DK-III-23

Seekarten D 14, 3002, DK 170

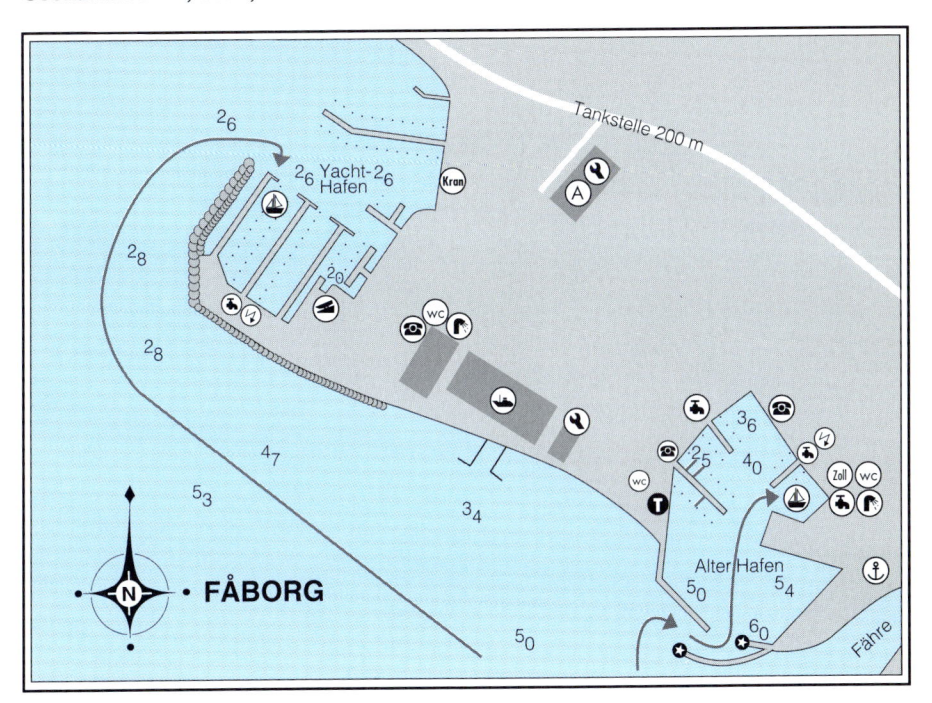

![Handels-, Fischerei-, Fähr- und Yachthafen] Handels-, Fischerei-, Fähr- und Yachthafen (ca. 430 Liegeplätze).

![Gastliegeplätze] Gastliegeplätze im Yachthafen und im Alten Hafen. Eine weitere Gästebrücke für ca. 40 Liegeplätze wurde neu eingerichtet.

![Ansteuerung] Die Ansteuerung ist bei Tag und Nacht möglich. Die Fahrwasser SW-lich und W-lich der Insel Bjørnø und das Grydeløb zwischen Hansebugt und Fåborg Fjord sind gut ausgetonnt. Bei Nacht weisen das Sektorenfeuer an der S-Huk von Bjørnø sowie die Richtfeuer bei Sisserodde, Østerhede und dem Alten Hafen den Weg nach Fåborg. Nächtliches Anlaufen setzt sichere Navigationskenntnisse voraus. Vor dem Alten Hafen wurde der östliche Molenkopf nach Westen verlängert.

![Versorgung] Im Yachthafen: Wasser und Strom an den Stegen, Duschen, WC, Telefon, Werft, Trailerbahn, Mastenkran, Schiffshändler/Bootszubehör. Im Alten Hafen: Wasser, Strom, Duschen, WC, Tankstelle (nur Diesel). Weitere Versorgungs- und Einkaufsmöglichkeiten in der nahegelegenen Stadt.

Wasserstände: NE-Sturm + 1 m, SW-Sturm - 1 m.

Touristinformation (Havnegade 2, hier auch Fahrradverleih). Sehenswürdigkeiten: Fåborg Museum, Museum „Den gamle Gård", Heiliggeistkirche, Glockenturm.

Fjællebroen 55° 3,6′ N 10° 22,9′ E DK-III-24

Seekarten D 14, 3002, Dä 170

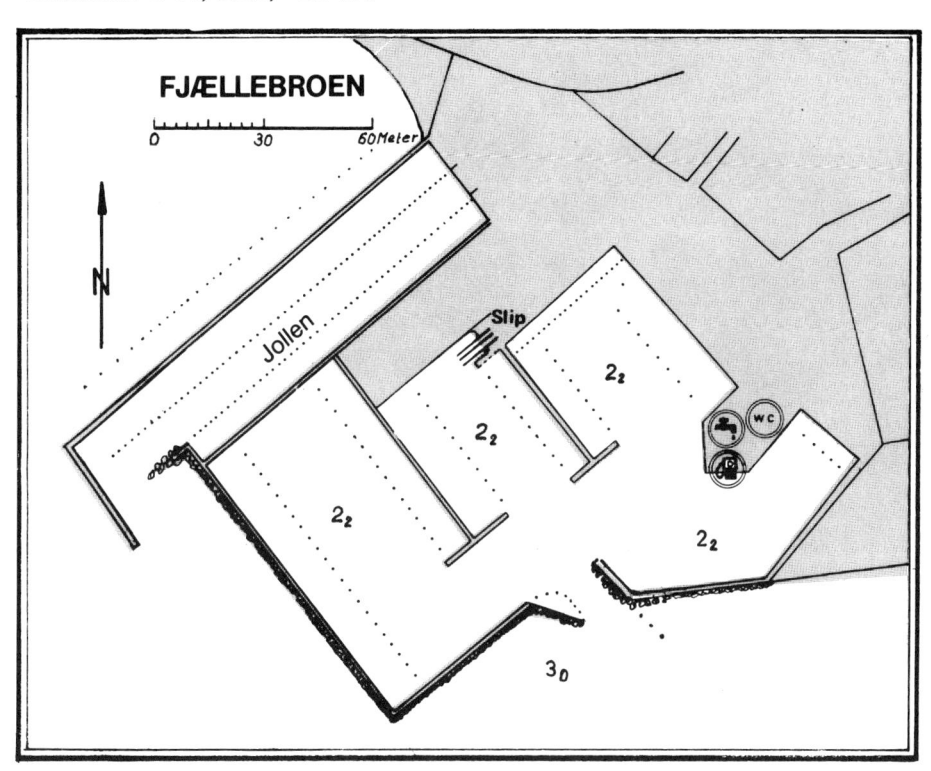

Yachthafen an der S-Küste Fünens.

Auf freien Plätzen im Hafen.

Zum Hafen führt durch den Nakkebølle Fjord ein ausgetonntes Fahrwasser. Anlaufen nur bei Tage möglich.

Wasser, Strom, Duschen, WC, Tankstelle (B + D), Slip, Kran, Werft, Motorreparatur, Segelmacher, Einkaufsmöglichkeit.

Wasserstände: N- bis E-Sturm +1 m, W-Sturm −1 m.

HH OIB 1993

Fjællebroen

Ballen Marina 55° 2,5′ N / 10° 28,6′ E   DK-III-25

Seekarten D 14, 3002, Dä 170

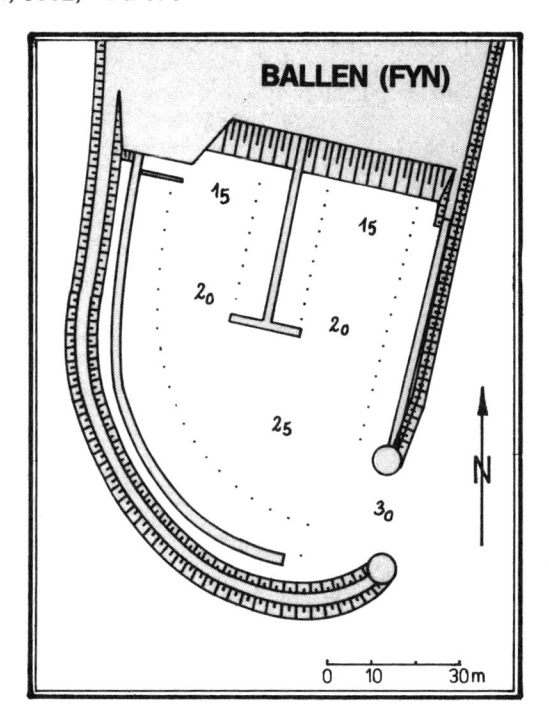

Kleiner Yachthafen an der S-Küste Fünens.

In freien Boxen im Hafen.

Die Ansteuerung des Hafens ist nicht betonnt, von nächtlichem Anlaufen wird abgeraten.

Wasser, Strom, WC, Telefon, Ablaufbahn, Einkaufsmöglichkeit auf Campingplatz (3 km).

Ballen Marina

Rantzausminde 55° 02,1' N 10° 32,6' E   DK-III-26

Seekarten D 14, 3002, Dä 4 170

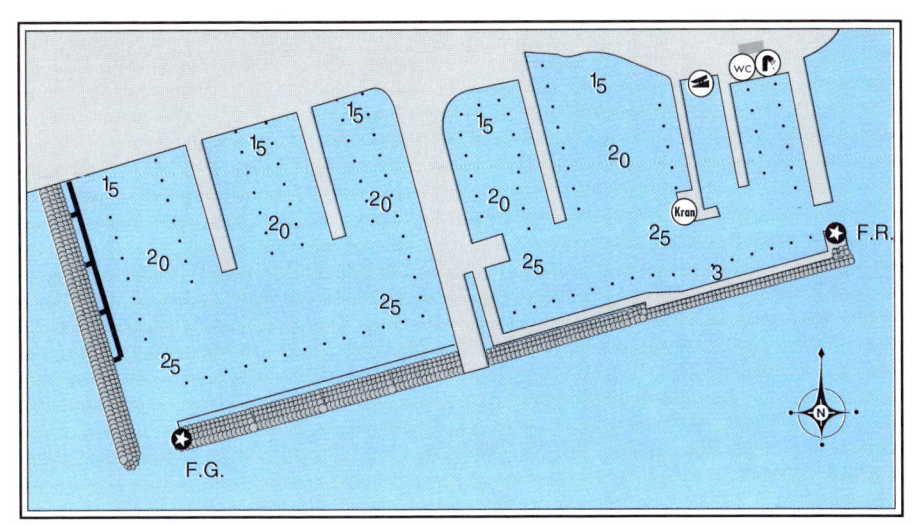

✹	Kleiner Sportboothafen ca. 3 sm W-lich von Svendborg.
⛵	In freien Boxen.
⚓	Hafen ist direkt vom Fahrwasser des Svendborg-Sunds aus zu erreichen. Molenköpfe nachts beleuchtet.
🏠	Strom und Wasser an den Stegen, Duschen, WC. Werft und Reparaturmöglichkeiten in Hafennähe. Kleiner Bootslift für Trailerboote (3t).
✿	Wasserstände siehe Svendborg.
i	Busverbindung nach Svendborg.

HH OIB 1993

Svendborg Yachthafen DK-III-27

55° 3,2′ N   10° 36,6′ E

Seekarten D 14, 15, 3002,   Dä 170, 171

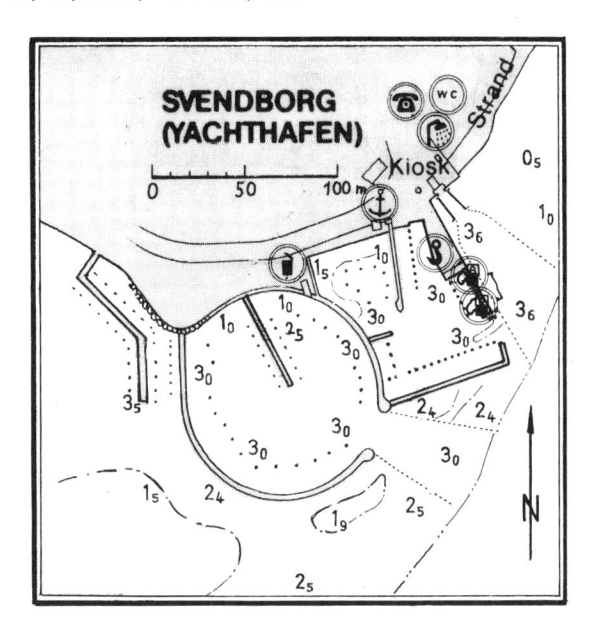

Ringförmig angelegter Yachthafen im Svendborg-Sund.

In als frei gekennzeichneten Boxen oder nach Einweisung durch den Hafenmeister (Tel. 09-21 06 57).
Hafengeld 1984: 45,– bis 100,– DKr.

Beim Einlaufen in den Hafen muß mit sehr starker Querströmung gerechnet werden.

Wasser und Strom an den Stegen, Duschen, WC, Tankstelle (B + D – an der E-Mole), Kran. Kiosk direkt am Hafen.
Alle Service- und Versorgungsmöglichkeiten in Svendborg. Fahrradverleih.

Wegen enger Pfahlabstände ist der ringförmig angelegte Yachthafen für breite Boote nicht geeignet. Unruhiges Liegen durch an dem Sund in den Hafen laufenden Schwell. Wasserstände siehe Svendborg.

Siehe Svendborg.
Badestrand.

HH OIB 1993

Svendborg Yachthafen

Svendborg

55° 03,5' N
10° 37,1' E

DK-III-28

Seekarten D 12, 14, 15, 3002, NV 1, DK 170, 171, DK 1

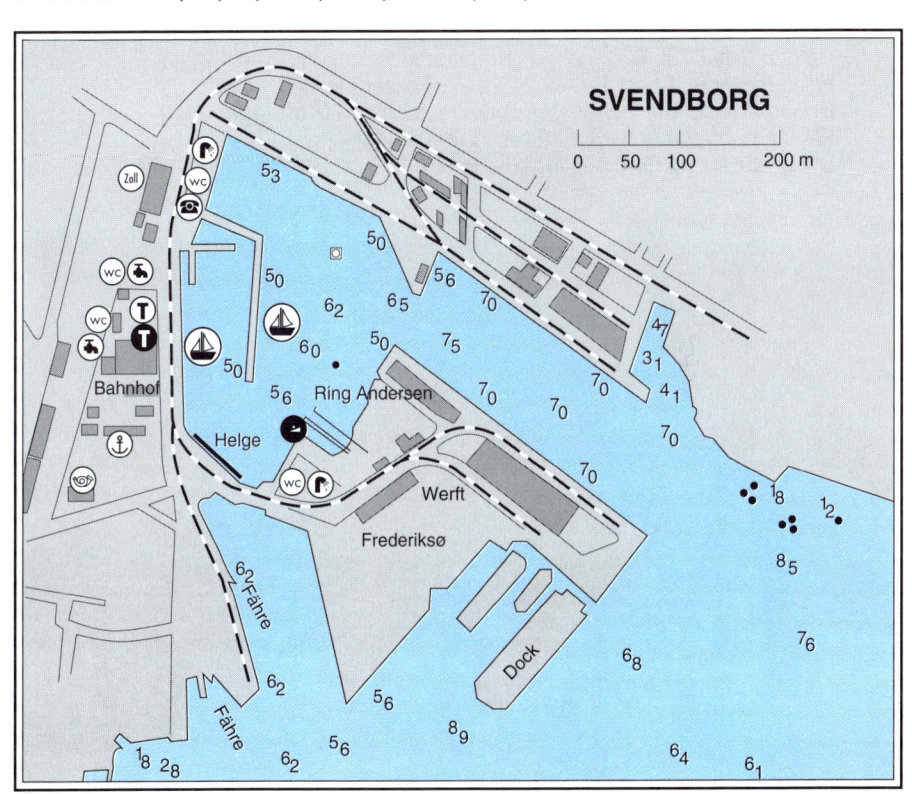

Handelshafen, Schiffswerft und Sportboothafen.

Gastplätze im Innenhafen am W-Kai und an der Schwimmbrücke. Der Anleger für den Ausflugsdampfer „Helge" darf von Sportbooten nicht benutzt werden.

Die Ansteuerung des Hafens bei Tag und Nacht ist problemlos. Im Fahrwasser des Svendborg-Sunds muß mit starker Strömung gerechnet werden.

Wasser, Strom, Duschen, WC, Straßentankstelle (B+D), Werften, Slip, Kran. Alle Service- und Einkaufsmöglichkeiten in Hafennähe. Fahrradverleih.

Auf der Insel Fredriksø liegt im NW-Teil die traditionsreiche Werft von Ring Andersen (Bau und Instandsetzung von Oldtimern), im SE-Teil eine Seeschiffs-

HH OIB 1993

werft. Durch die Brücke nach Frederiksø und durch den Innenhafen läuft zeitweilig starker Strom. Wasserstände: NE- bis E-Sturm +1,5 m, S-bis SW-Sturm –1,5 m.

i Auskünfte über die Sehenswürdigkeiten in und um Svendborg erteilt das Turistbüro (Møllergade 20, Tel: 62 21 09 80).
Weitere Rufnummern:
Hafenmeister Tel: 62 21 06 57, Krankenhaus Tel: 62 21 44 44,
Falck Rettungsdienst Tel: 62 21 22 22, Polizei Tel: 62 21 14 48.
Honorarkonsul der Bundesrepublik Deutschland (Kullinggade 29).
Fähren nach Skarø, Drejø, Ærøskøbing, und Hjortø.
Bootsfahrten mit dem Ausflugsdampfer (Museumsschiff) „Helge" nach Tåsinge.

Vindeby

55°3'N
10°36,9'E

DK-III-29

Seekarten D 14, 15, 3002, DK 170, 171

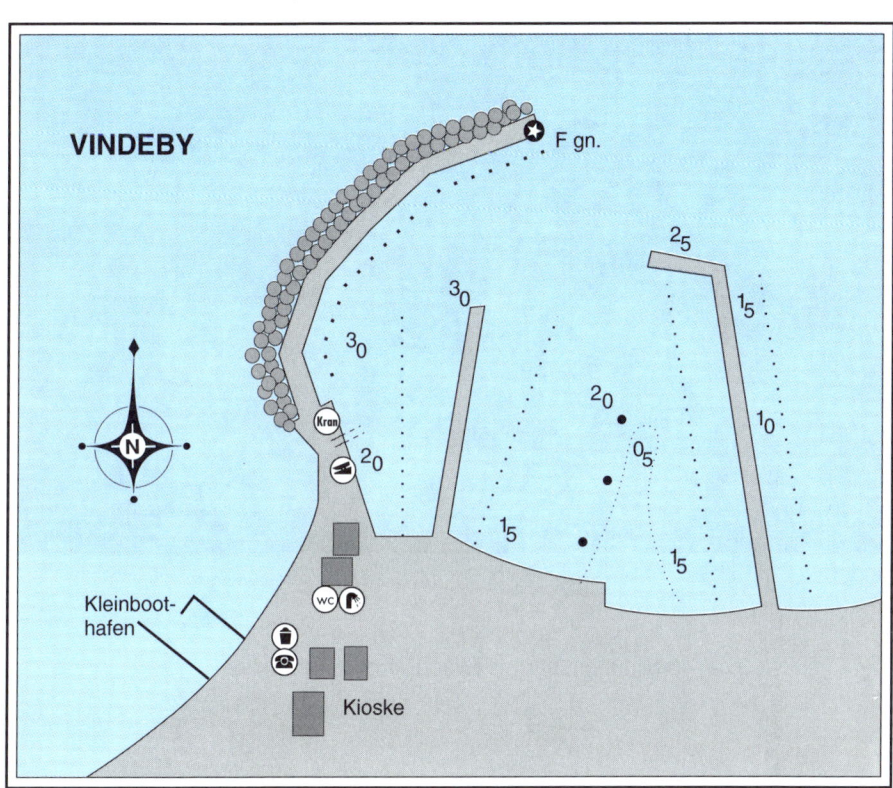

※ Zwei Sportbootstege und hinter der Steinmole eine Anlegebrücke.

⛵ An der Anlegebrücke oder an freien Stegplätzen rot/grün Beschilderung.

☸ Vindeby liegt direkt gegenüber dem Svendborg Yachthafen am Sund-Fahrwasser. Am Molenende ist ein grünes Festfeuer.

▲▲ Wasser und Strom an den Stegen, Duschen, WC. Mastenkran und Trailerbahn. Einkaufsmöglichkeiten in Hafennähe.

✿ Wasserstände siehe Svendborg.

HH OIB 1993

Vindeby

i Fußweg ca. 45 Minuten über die Svendborg-Sundbrücke.

Svendborgsund Marina

55° 3,3' N
10° 38,7' E

DK-III-30

Seekarten D 14, 15, 3002, DK 170, 171

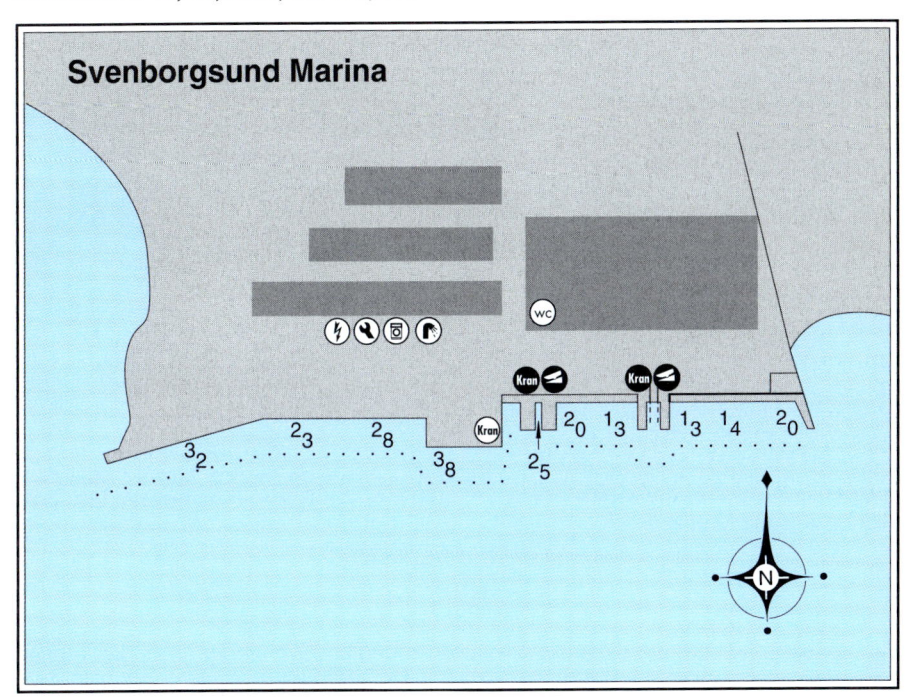

- Svendborgsund Marina mit ca. 80 Liegeplätzen.
- Liegeplätze mit rot/grün Beschilderung
- Vor dem Hafen befindet sich eine Sandbank, deren Verlauf nicht zu erkennen ist und die nicht gekennzeichnet ist. Der Hafen ist daher von ortsunkundigen Seglern nur mit großer Vorsicht anzulaufen. Bei der Ansteuerung und beim Anlegen Strömung beachten.
- Wasser, Strom, Duschen, WC, 2 Slipanlagen, Mobilkran, Mastenkran, Motorenwerkstatt. Einkaufsmöglichkeit in Svendborg (ca. 3km).
- Wasserstände siehe Svendborg. Der Hafen ist bei S-lichen Winden ungeschützt.

HHO IB – Nachtr. 1994

Svendborgsund Marina

ℹ Auskünfte über die Sehenswürdigkeiten in und um Svendborg erteilt das Touristbüro.

Troense

55° 2,1' N
10° 38,8' E

DK-III-31

Seekarten D 14, DK 170, 171

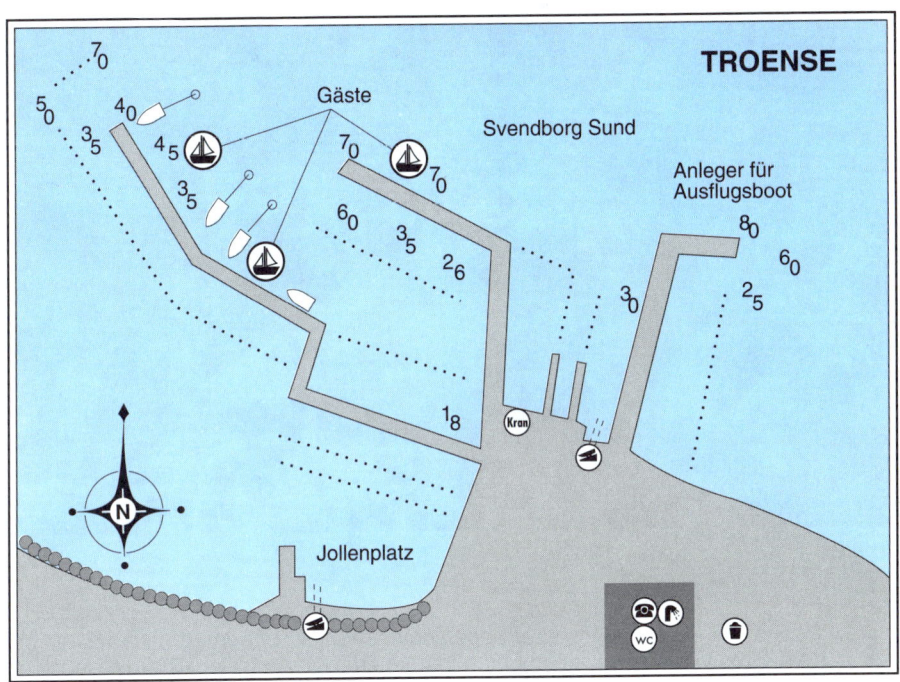

![Hafenkarte Troense mit Svendborg Sund, Gäste-Liegeplätzen, Anleger für Ausflugsboot, Kran, Jollenplatz]

❋	Sportboothafen in einer der schönsten Gegenden im Svendborgsund.
⛵	Gastliegeplätze an beiden Stegen. Gute Ankermöglichkeiten N-lich des Hafens.
⚓	Hafen kann bei Tag und Nacht direkt vom Fahrwasser aus mit S- oder W-Kurs angelaufen werden.
🏘	Wasser und Strom an den Stegen. Duschen, WC und Telefon im Clubhaus, Slip mit Hebeanlage, Mastenkran. Werft (ca. 0,1 sm E-lich des Hafens). Einkaufsmöglichkeit, Bäcker in Hafennähe (gleich hinter dem Sanitärgebäude geht eine Treppe hoch). Versorgung: Fahrräder Strandgade 53.
✽	Wasserstände: Bei W-Sturm - 1 m. Grasten Bro (55°1,9' N 10°40,1' E) und Valdemarslot Bro (55° 1,3' N 10° 39,5' E) sind Privatbrücken und für Sportboote gesperrt.

Troense

> Troense ist ein Hafen mit alter Segelschiffstradition. Sehenswert ist das gleich beim Hafen liegende kleine Schiffahrtsmuseum (Strandvejen), das Museum im Valdemarslot, Bregninge Kirche, Tasinge Schifferheim und Volkskundesammlung (Kirkebakken, Bregninge). Bootsfahrten mit dem Museumsschiff „Helge".

Gambøt (Thurø) 55° 2,5′ N 10° 40,2′ E   DK-III-32

Seekarten D 14, 15, 3002, Dä 170, 171

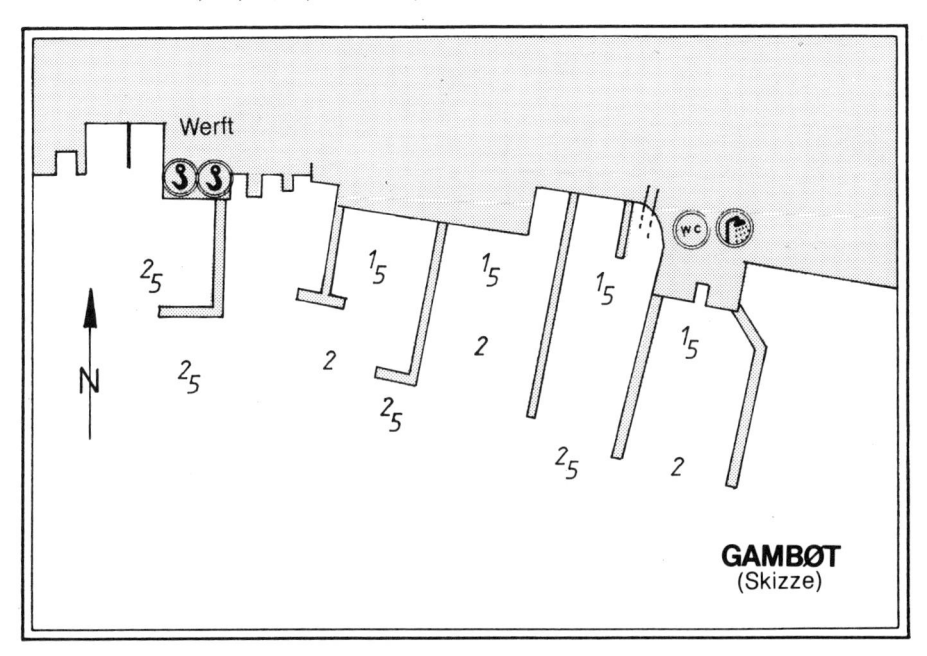

[Skizze: Hafenplan Gambøt]

Yachthafen am Thurø Bund.

In freien Boxen. Liegemöglichkeit auch an der Werft ca. 0,1 sm W-lich des Yachthafens.

Beim Anlaufen des Hafens gut freihalten von der Insel Kidholm. Die schwarzgelbe Untiefentonne ist einlaufend an Stb. zu lassen. Anlaufen bei Nacht nur für Ortskundige ratsam.

Wasser, Strom, Duschen, WC, Kran, Slip, Ablaufbahn, Werft.
Seglerheim mit schönem Ausblick.

Weiter E-lich im Thurø Bund gibt es gute Ankermöglichkeiten.

Gute Busverbindung nach Svendborg.
Sehenswürdigkeit: Thurø Kirche (mit vermutlich ältester Holzkanzel Dänemarks).

Werft W-lich von Gambøt (Thurø)

Gambøt (Thurø)

Lundeborg 55°8,4′N 10°47,2′E DK-III-33

Seekarten D 12, 13, DK 142

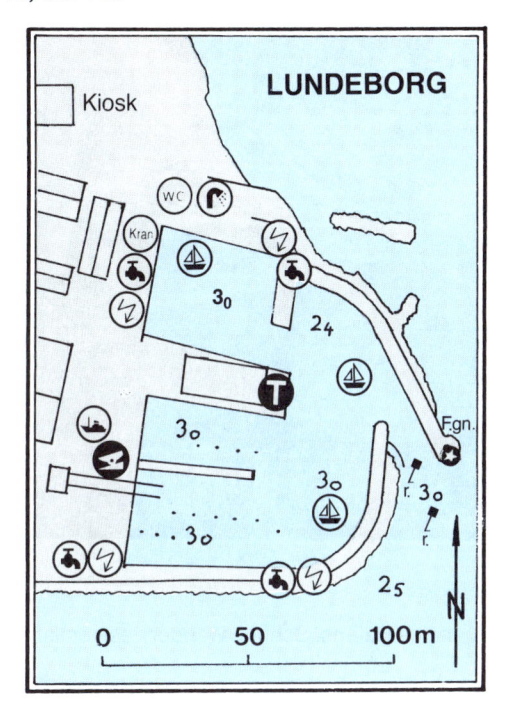

Kleiner idyllischer Fischereihafen mit Liegemöglichkeiten für Sportboote. Hafen ist in der Saison meist überfüllt.

Liegemöglichkeiten an der SE-Mole, an der N-Mole und im N-Becken.

Das Anlaufen des Hafens ist bei Tag und Nacht möglich. Der Kopf der N-Mole ist mit F. gn. befeuert. Dicht vor der Hafeneinfahrt liegen an Bb. zwei rote Plastikbojen mit Stange aus.

Wasser und Strom an den Bollwerken, Münzduschen, WC, Tankstelle (D), Werft, Slip. Kleiner Kran im N-Becken. Kaufmann (mit Apothekendienst und Poststelle) ca. 500 m vom Hafen.

Wasserstände: N- und NW-Sturm + 0,6 m, S- bis E-Sturm – 0,6 m.
Bei Überfüllung des Hafens nach Lohals (4 sm) oder Nyborg (10 sm) ausweichen.

HH OIB 1993

Lundeborg

ℹ️ Badestrand N-lich des Hafens. Schöne Wanderwege entlang des Strandes und im Wald.

Nyborg
55° 18,4´ N
10° 47,5´ E

DK-III-34

Seekarten D 11, 12, 13, DK 141, 142, 143

Fähr-, Handels- und Yachthafen. Der sehr gepflegte und mit allen wichtigen Versorgungseinrichtungen ausgestattete Yachthafen ist bestens für einen kürzeren oder längeren Zwischenaufenthalt geeignet. Die nahe am Hafen liegende Stadt bietet zahlreiche Einkaufsmöglichkeiten und Sehenswürdigkeiten. Kinderfreundlich.

Gastplätze gibt es im Yachthafen, im Fischerei- und Bootshafen wie auch im E-Hafen. Der sehr hilfsbereite und gut Deutsch sprechende Hafenmeister ist um Gäste sehr bemüht. Für Sportboote gesperrt: Avernakke Pynt Bro (Tankerpier), Lindholm Havn, Slipshavn (Militäranlage) und Knudshoved Fährhafen. Die Molenköpfe des Fährhafens sind mit einem Mindestabstand von 300 m seewärts zu passieren.

Das Anlaufen des Hafens ist bei Tag und Nacht möglich. Den Fährschiffen, die keine Rücksicht auf Sportboote nehmen, ist rechtzeitig und weiträumig auszuweichen. Zum Yachthafen führt im W-lichen Fahrwasserbereich ein sogenannter Zwangsweg für Sportboote. Dieser muß von allen ein- und auslaufenden Yachten benutzt werden.

Wasser und Strom an den Stegen, zwei Sanitärgebäude mit Duschen und WC (im S-lich vom Yachthafen gelegenen Sanitärgebäude außerdem Münzwaschsalon). Tankstelle (D im Fischereihafen, B an Straßentankstellen), Trailerbahn, Kran, Mastenkran, Motorreparatur, Segelmacher, Schiffsausrüster. Post, Telefon, Bahnhof, Fahrradverleih. Supermarkt in Hafennähe. Brot und Brötchen beim Hafenmeister.

Die im Großen Belt zwischen Nyborg/Knudshoved und Korsør/Halskov verkehrenden Fähren zeigen beim Ein- und Auslaufen bei notwendigen Wendemanövern besondere Signale. Diese bestehen bei Tage aus je einem schwarzen Ball an den Enden der Rah des Signalmastes über der Brücke. Diese Signale haben folgende Bedeutung: Legt eine Fähre rückwärts vom Fähranleger ab oder dreht sie auf See, um rückwärts an dem Anleger festzumachen und führt sie bei diesem Manöver die oben beschriebenen Signale, dann bedeutet dies, daß die Schiffsrichtung „umgedreht" ist. Das Heck ist dann der Bug und der Bug das Heck. Das Fährschiff ist dann in der Lage, seine Fahrtrichtung akustisch präziser anzuzeigen. Statt der lt. SeeStrO vorgeschriebenen 3 kurzen Töne für Rückwärtsfahrt kann es, da es aufgrund der speziellen Signalgebung nicht rückwärts, sondern vorwärts fährt, eine Kursänderung genau angeben (1 kurzer Ton = Kursänderung nach Stb., 2 kurze Töne = Kursänderung nach Bb.).

Fähren nach Korsør. Sehenswert: Nyborg Schloß (12. Jahrhundert), Nyborg Kirche und Nyborg Museum.

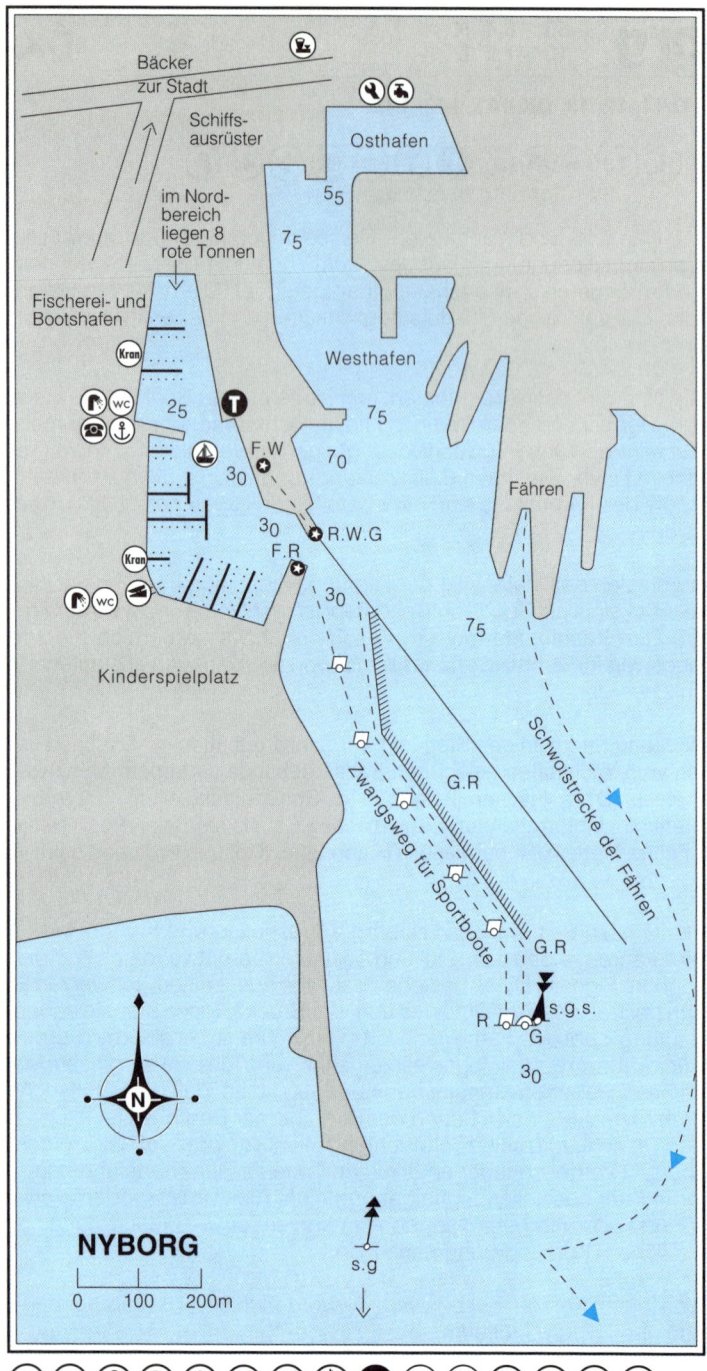

NYBORG

Bäcker zur Stadt

Schiffs-ausrüster

im Nordbereich liegen 8 rote Tonnen

Fischerei- und Bootshafen

Osthafen

Westhafen

Fähren

Kinderspielplatz

Zwangsweg für Sportboote

Schwoistrecke der Fähren

F.W
R.W.G
F.R
G.R
G.R
R G s.g.s.
s.g

0 100 200m

Kerteminde

55° 27,1′ N
10° 40,1′ E

DK-III-35

Seekarten D 11, DK 141

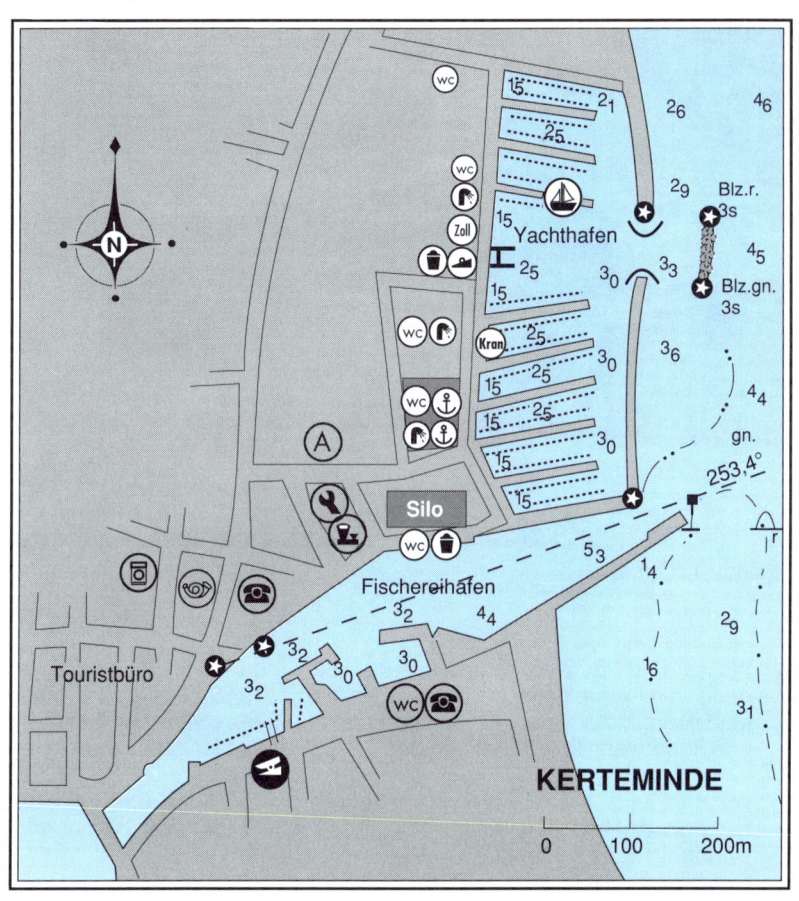

![Map of Kerteminde harbor]

KERTEMINDE

0   100   200m

※ Handels- Fischerei- und großer Yachthafen mit gutem Serviceangebot.

⛵ Gastplätze in freien Boxen oder für große Yachten am N-Kai des Handelshafens.

⎈ Der in der Kerteminde Bugt gelegene Hafen kann bei Tag und Nacht ohne Probleme angelaufen werden. Gute Orientierungsmöglichkeiten bietet bei Tage der weithin sichtbare Silo im Handelshafen. Bei Nacht Richtfeuer 253,4°. Beim Einlaufen und Festmachen im Handelshafen muß mit bis zu 5 kn starkem Strom gerechnet werden. Dieser kentert normalerweise alle 6 Stunden.

HH OIB 1993

Kerteminde Yachthafen

Wasser und Strom an den Stegen, drei Sanitärgebäude mit Duschen und WC, Altölsammler, Treibstoff per Tankwagen (Tel: 32 19 90), Trailerbahn, Mastenkran, Mobilkran. Motorreparatur, Schiffsschmiede, Elektrowerkstatt, Schiffsausrüster und Supermarkt (alle in Hafennähe). Telefon, Post, Münzwäscherei.

Wasserstände: NW- über N- bis NE-Sturm + 1 m, S-Sturm - 0,8 m. Vor der Yachthafeneinfahrt liegt eine Schutzmole. Diese ist insbesondere bei nächtlicher Ansteuerung zu beachten.

Sehenswürdigkeiten; Kerteminde Museum und Kirche, Ladbyschiff (Wikingerschiff in Ladby, 4 km), Bade- und Wandermöglichkeiten. Kinderspielplatz, Minigolf und Freiluftschach im Yachthafen.

Von Bøjden Bro bis Tunø

Die dänischen Häfen der W-Küste (Kleiner Belt) und der N-Küste Fünens, der Inseln Samsø und Tunø.

Bøjden Bro 55°6,4′N 10°5,8′E   DK-IV-1

Seekarten D 14, 16, DK 152, 170

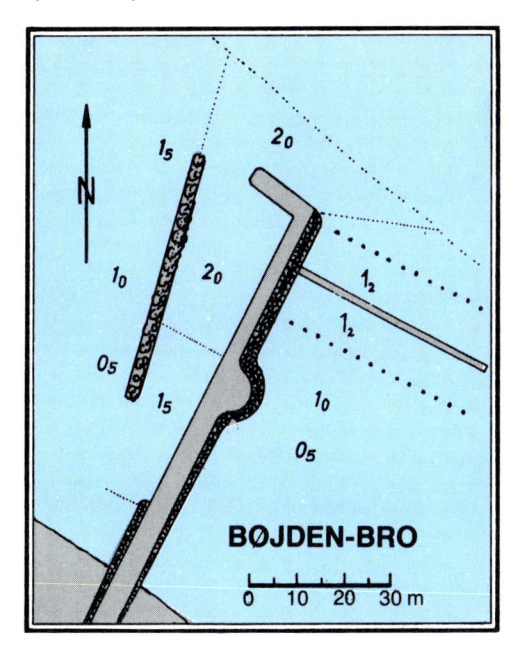

Etwa 105 m langer Damm mit 16 m breitem Brückenkopf. An der W-Seite durch Steinschüttung geschützt, an der E-Seite ca. 46 langer Holzsteg.

Liegemöglichkeiten am Brückenkopf. Am Holzsteg können nur flachgehende Boote festmachen.

Von W kommend läßt man die beiden grünen Tonnen N-lich des Kalvøre Rev an Stb. Nach Passieren der zweiten grünen Tonne steuert man mit S-lichem Kurs auf die Brücke zu. Dabei ist das Rev in „achtungsvollem Abstand" (Skippermeldung) zu lassen. Seekarte und Lot benutzen. Nächtliches Anlaufen ist nicht ratsam.

⌂ Wasser, WC, Motorreparatur, Trailerbahn, Einkaufsmöglichkeit. Die nächste Tankstelle in Horne ist 5 km entfernt.

✹ Wasserstände: ENE-Sturm + 1 m, WSW-Sturm – 1 m. Der 0,5 sm W-lich liegende Fährhafen (Fähre nach Fynshav) ist für Sportboote gesperrt.

ⓘ Sehenswürdigkeit: Horne Kirche (einzige Rundkirche auf Fünen) ca. 4 km entfernt. Bademöglichkeit. Regelmäßige Busverbindung nach Horne.

Falsled 55° 9,2' N 10° 8,7' E   DK-IV-2

Seekarten D 16, 3002, DK 152

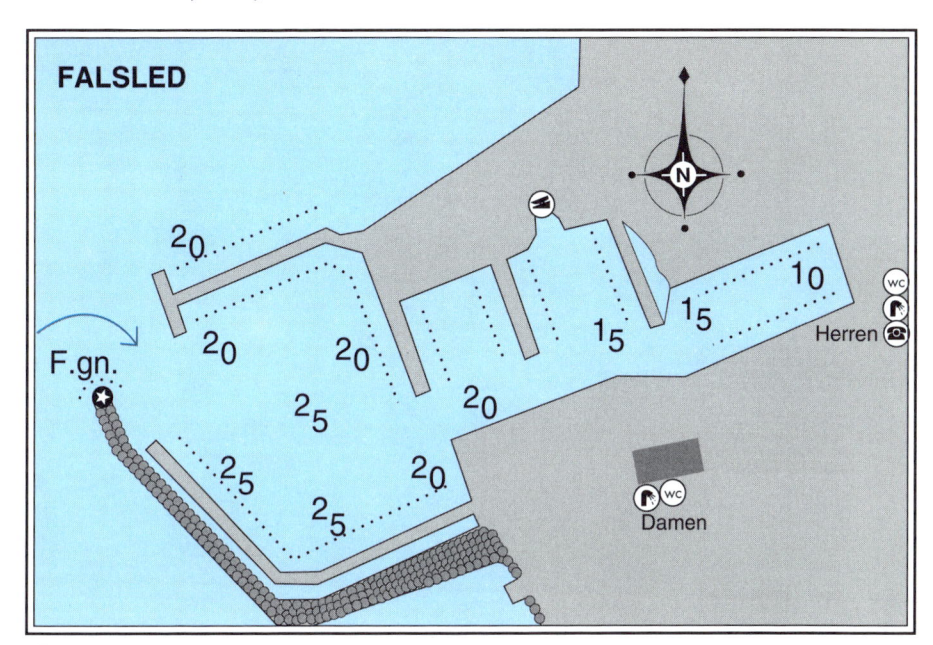

	Yachthafen.
	In freien Boxen. Die meisten Boxen sind sehr eng und viele der auf einer Tafel ausgewiesenen Breiten stimmen nicht (Seglermeldung).
	Die Ansteuerung ist nur bei Tag möglich. Zum Hafen führt S-lich der Insel Illum ein ausgetonntes Fahrwasser. N-lich der Insel Illum kann der Hafen ebenfalls angelaufen werden. Dabei sind die drei W-lich des Hafens ausgelegten Untiefentonnen zu beachten. Fahrwasser- und Untiefentonnen liegen nur zwischen dem 1.4 bis 15.11.aus.
	Wasser und Strom an den Stegen, Duschen und WC. Tankstelle (D), Trailerbahn, Einkaufsmöglichkeit.
	Wasserstände: NE-Sturm +1,1 m, SW-Sturm -1,1 m.
	Bademöglichkeit.

HH OIB 1993

Agernæs Læmole 55° 12′ N / 9° 59,2′ E   DK-IV-3

Seekarten D 16, 3002, Dä 151

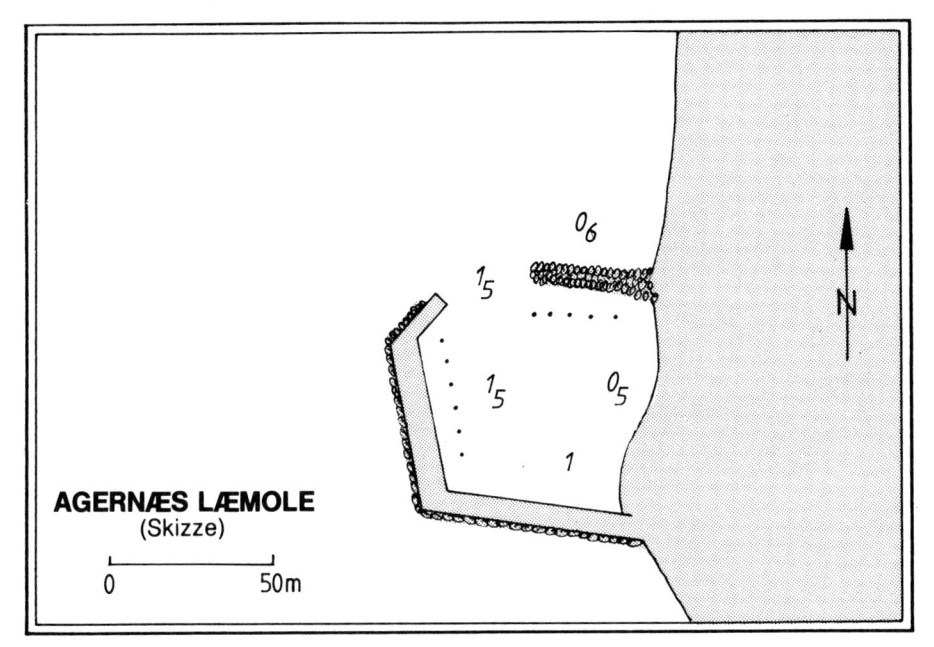

AGERNÆS LÆMOLE
(Skizze)

0   50m

Kleiner Schutzhafen für Fischereifahrzeuge.

Hafen kann nur von flachgehenden Booten angelaufen werden. Wenig Platz im Hafen.

Hafen neigt zur Versandung.

Keine Versorgungsmöglichkeiten.

Assens

55° 16,1' N
09° 53,2' E

DK-IV-4

Seekarten D 16, DK 151

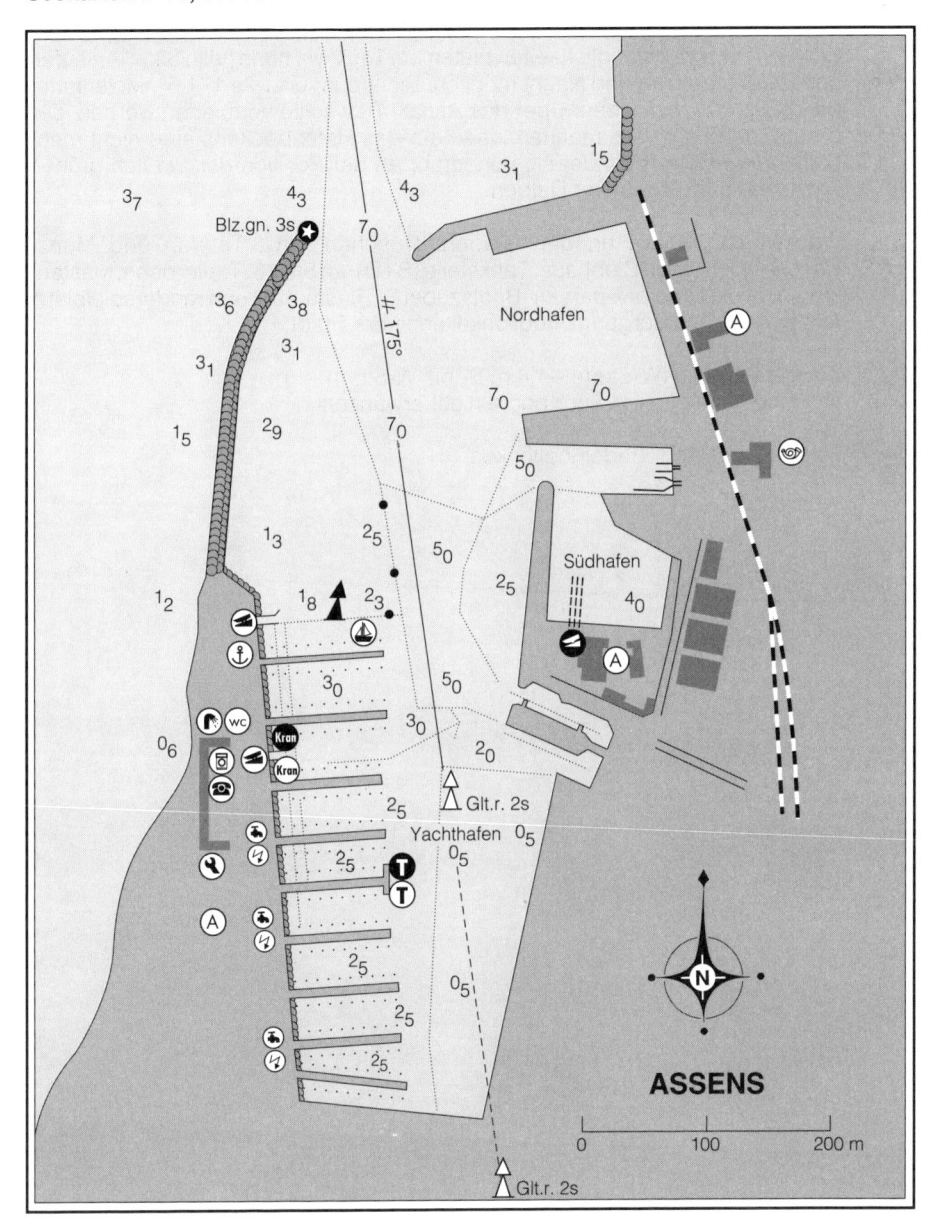

ASSENS

Handels- und Fährhafen. Großer Yachthafen mit ca. 650 Liegeplätzen.

Gastplätze am N-Steg.

Gute Orientierungsmöglichkeiten bieten bei Tag zwei hohe helle Silos. Anlaufen des Hafens bei Tag und Nacht möglich. Richtfeuer Glt.r.2s 171,5°, Molenfeuer Blz.gn.3s. Ein „Abkürzen" über das Asnæs Rev sollte vermieden werden. Die drei grünen Fahrwassertonnen innerhalb des Hafenbeckens sind nicht mehr vorhanden. Dafür befindet sich ungefähr an der Position der zweiten grünen Tonne ein unbeleuchteter Dalben.

Wasser und Strom an den Stegen, Duschen, WC, Telefon und Münzwaschmaschine im Clubhaus. Tankstelle (B+D) am Steg 5. Trailerbahn, Mastenkran, Travellift, Motorreparatur, Bootszubehör. Restaurant und Kinderspielplatz. Alle weiteren Versorgungsmöglichkeiten in der Stadt.

Wasserstände: NW-Sturm +1,4 m, S- bis W-Sturm −1 m.
Im Handelshafen sind Sportboote nicht erwünscht.

Fähre nach Bågø. Bademöglichkeit.

Bågø

55° 17,9' N
9° 48,4' E

DK-IV-5

Seekarten D 16, 3002, DK 151

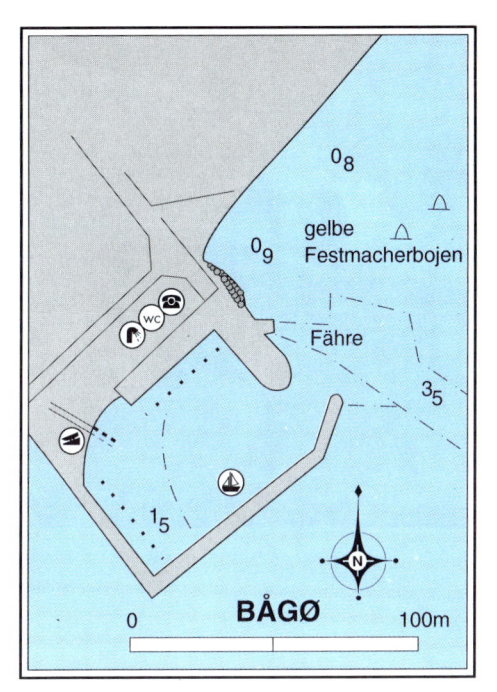

	Kleiner Sportboothafen an der S-Küste der Insel.
	An der Innenkante der Mole und in freien Plätzen.
	Ansteuerung nur bei Tag möglich.
	Duschen, WC, Wasser, Müllbehälter, Trailerbahn, Telefon, Einkaufsmöglichkeit.
	Wasserstände: N- bis E-Sturm +1,2m, W- bis N-Sturm -1,6m. Ankerplatz S-lich des Hafens.
	Fähre nach Assens. Naturschöne Insel, Badestrände gleich neben dem Hafen.

Bågø

Svinø 55° 27,6′ N 9° 47,9′ E DK-IV-6

Seekarten D 16,   Dä 151

Svinø

Ⓚ ⓌⒸ 🚰 ⛵ ⚓ ⛽

✳️ Kleiner Sportboothafen am Ende der vom Gamborg Fjord im N abzweigenden Ellebæk Vig.

⛵ An den Stegen im Hafen.

🧭 Die Ansteuerung zum Hafen ist bezeichnet. Der Hafen kann nur von flachgehenden Booten erreicht werden. Wassertiefe im Hafen 1,2 m.

🛒 Wasser, WC, Telefon, Ablaufbahn, Einkaufsmöglichkeit (3 km).

✖️ Hafen ist bei NW-Winden ungeschützt.

ℹ️ Kostenloser Fahrradverleih im Hafen.

HH OIB 1993

Middelfart Yachthafen (Russelbäk)

55° 29,5' N
09° 43,5' E

DK-IV-7

Seekarten D 16, 21, DK 151, 158

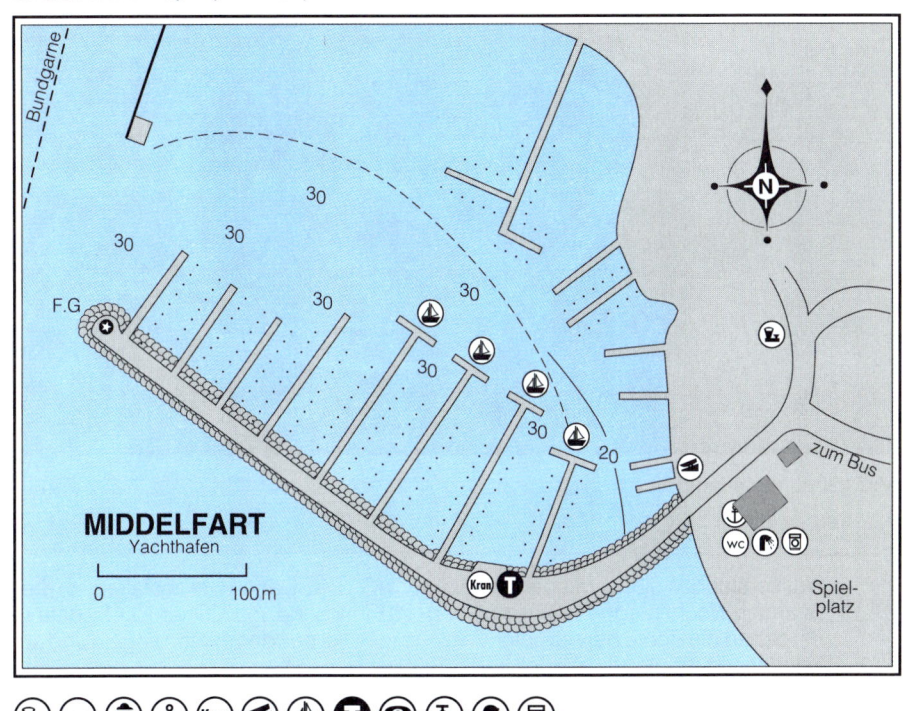

- Großer Yachthafen in der Teglgårds Bugt im Fænøsund S-lich von Middelfart.

- Gastliegeplätze an den Querstegen der Brücken 1 bis 4, in Boxen mit „grün" sowie an dem neuen, rd. 100 m langem Steg für Gastlieger gegenüber an der Ostseite des Hafens.

- Die Ansteuerung des Hafens aus dem Fænøsund ist bei Tag unproblematisch. Strom und Bundgarne beachten. Bei Nacht sollten nur Ortskundige den Hafen ansteuern, da es im Fænøsund keine Leuchtfeuer gibt und man mit zum Teil starken Strömungen rechnen muß. Nur der Molenkopf des Hafens ist mit einem F.gn. befeuert.

- Wasser und Strom an den Stegen, Duschen, WC, Münzwaschmaschine und Trockner, Mastenkran, Telefon, Kaufmann, Tankstelle (D, geöffnet von 7.30 bis 10.00 Uhr und von 19.00 bis 20.00 Uhr), Trailerbahn. Weitere Versorgungs- und Einkaufsmöglichkeiten in Middelfart.

HH OIB 1993

Middelfart Yachthafen

✂ Wasserstände: siehe Middelfart. ACHTUNG: Die Dänen veranstalten an bestimmten Wochentagen spätnachmittags im Fænøsund und Kleinen Belt Regatten, bei denen die Boote bereits unter Vollzeug in Pulks aus dem Hafen segeln und auf einlaufende Boote überhaupt keine Rücksicht nehmen und damit gefährliche Situationen verursachen.

i Bus nach Middelfart.

Fænø 55° 29′ N / 9° 42′ E DK-IV-8

Seekarten D 16, 21, Dä 151, 158

Naturschöne Insel im Privatbesitz. Beim Anlegen an den verschiedenen Bootsstegen Liegeerlaubnis erfragen.

Keine Versorgungsmöglichkeiten.

Die Brücken über den Kleinen Belt.
Die östliche Kleiner-Belt-Brücke, eine Hängebrücke, führt bei Lyngs Odde über den Belt nach Stavreby Skov und hat eine Durchfahrtshöhe von 44 m.
Die westliche Kleiner-Belt-Brücke, die von Snoghøj auf Jylland über den Belt nach Fyn führt, ist eine auf vier Pfeilern ruhende Hochbrücke für die Eisenbahn. Die Durchfahrtshöhe beträgt 33 m bei mittlerem Wasserstand. Die Pfeiler sind von Fyn gerechnet mit den Nummern I, II, III und IV bezeichnet; der Abstand zwischen Pfeiler I und II beträgt 155 m, zwischen Pfeiler II und III (Hauptdurchfahrt) 210 m und zwischen Pfeiler III und IV 155 m.
Warnung. Man beachte, daß die Strömung zuweilen sehr hart im Winkel von etwa 30° gegen die Pfeiler setzt, und zwar NW-wärts, wenn im Kleinen Belt Südstrom läuft, und SO-wärts bei Nordstrom. Bei flauer Brise kann die Strömung die Durchfahrt für Segeljachten erschweren oder sogar unmöglich machen.
Schiffahrtsvorschrift für die Passage der Eisenbahnbrücke. Die Hauptdurchfahrt zwischen Pfeiler II und III, und die Durchfahrt zwischen Pfeiler I und dem Ufer von Fyn sowie zwischen Pfeiler IV und dem Ufer von Jylland können in beiden Richtungen durchfahren werden. Die Durchfahrt zwischen den Pfeilern I und II darf nur von **ostwärts** fahrenden Schiffen und diejenige zwischen den Pfeilern III und IV nur von **westwärts** fahrenden Schiffen benutzt werden. Ein Schiff, das die Brücke passiert hat, soll einem entgegenkommenden Schiff, das durch die Brücke will, reichlich Raum geben, was auch beim Übergang in einen weißen Sektor des jeweiligen Leitfeuers zu beachten ist. In dem genannten Abstand darf auch nur im Notfall geankert werden, z. B. um einen Zusammenstoß zu vermeiden.
Das Festmachen an den Pfeilern und ihr Besteigen aus Fahrzeugen ist verboten. Die Nichtbefolgung dieser Vorschriften wird bestraft. (SHB 2004)

Kongebro Yachthafen

55° 30,8′ N
09° 42,7′ E

DK-IV-9

Seekarten D 16, 21, NV 1, DK 114, 151, 158

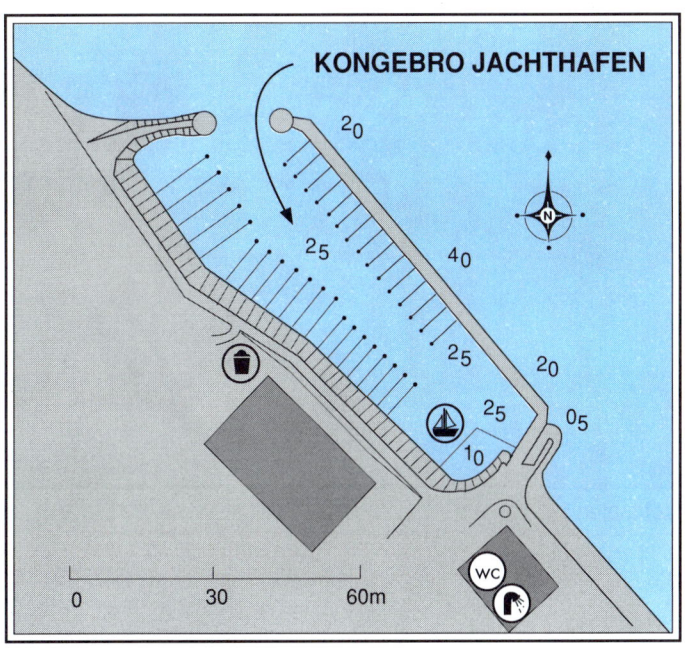

KONGEBRO JACHTHAFEN

	Yachthafen
	Gastplätze im inneren Hafenbereich.
	Der Hafen ist direkt vom Fahrwasser erreichbar.
	Wasser und Strom an den Stegen, Duschen, WC, Müllbehälter, Telefon. Einkaufsmöglichkeiten in Middelfart.
	Wasserstände: NE-Sturm + 1,2 m, SW-Sturm - 1m.
	Sehenswürdigkeit: Middelfart Museum und Kirche.

HH OIB 1993

Kongebro Yachthafen

Middelfart 55°30,4'N 9°44,1'E

DK-IV-10

Seekarten D 16, 21, DK 151, 158

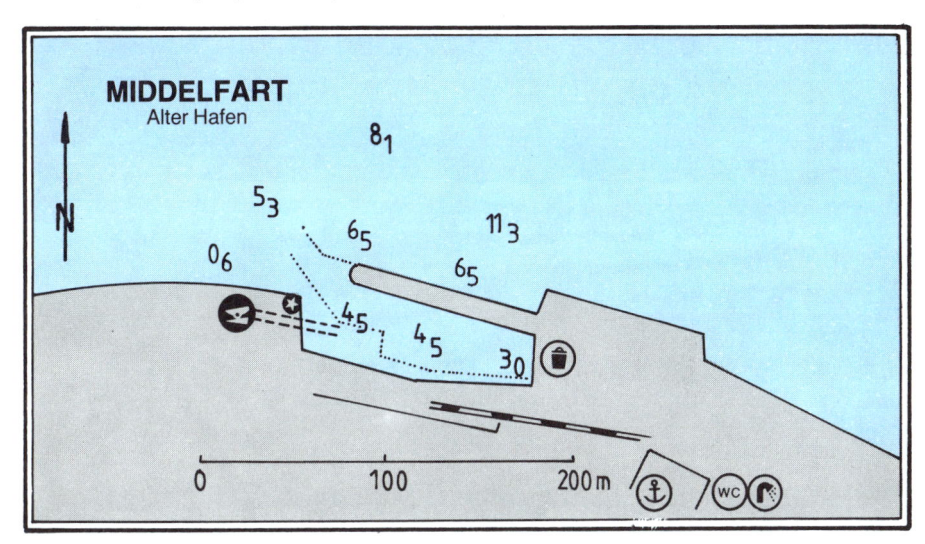

	Industrie- und Handelshafen.
	Begrenzte Liegemöglichkeiten für Sportboote im Alten Hafen.
	Hafen kann bei Tag und Nacht ohne Schwierigkeiten angelaufen werden. Beim Anlaufen des Alten Hafens muß mit Neerstrom gerechnet werden.
	Wasser, WC, Duschen, Werft, Slip, Kran. Alle weiteren Versorgungs- und Einkaufsmöglichkeiten in der Einkaufsstraße (Seekarten in der Buchhandlung am Anfang der Einkaufsstraße). Post, Telefon, Bank, Münzwäscherei (Havnegade), Fahrradverleih.
	Wasserstände: NE- bis E-Sturm + 1,5 m, SW- bis W-Sturm – 1,2 m.
i	Sehenswürdigkeiten: Middelfart Museum, Middelfart Kirche.

HH OIB 1993

Middelfart (Alter Hafen)

Strib 55° 32,4´ N 09° 45,7´ E   DK-IV-11

Seekarten D 16, 21, NV 1, DK 114, 151, 158

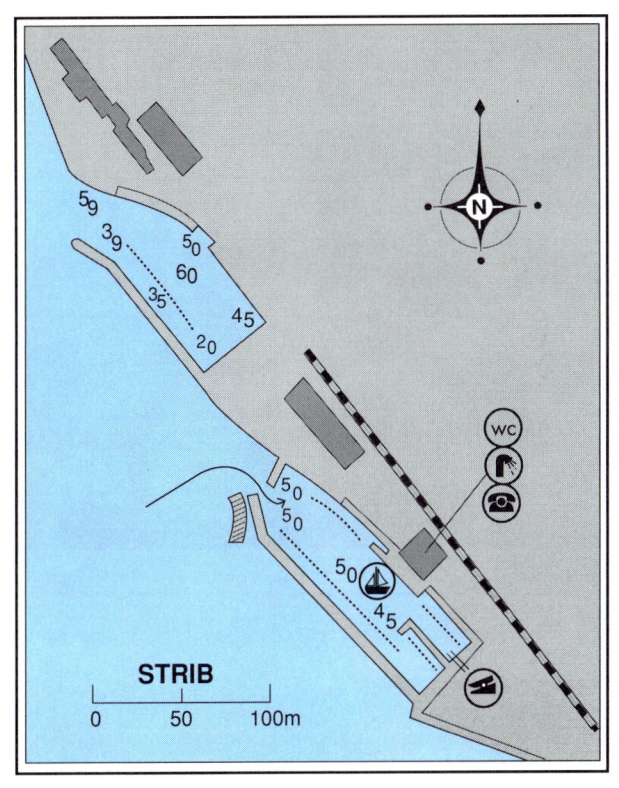

STRIB
0 50 100m

Industriehafen (N-Becken) und Sportboothafen (S-Becken).

Gastplätze vor dem Sanitärgebäude oder rot/grün Beschilderung.

Bei der Ansteuerung des Hafen muß stets mit N-setzendem Strom gerechnet werden. Die Einfahrt zum Sportboothafen ist sehr eng und kann nur jeweils von einem Boot gleichzeitig befahren werden.

Wasser und Strom an den Stegen, Duschen, WC, Telefon, Trailerbahn. Einkaufsmöglichkeit.

Wasserstände: N- bis E-Sturm + 1 m, SW- bis W-Sturm - 0,8 m.

HH OIB 1993

Strib (Blickrichtung von N)

ℹ️ Busverbindung nach Middelfart.

Bogense

55° 34,2´ N
10° 4,7´ E

DK-IV-12

Seekarten D 16, 18, DK 114, 151

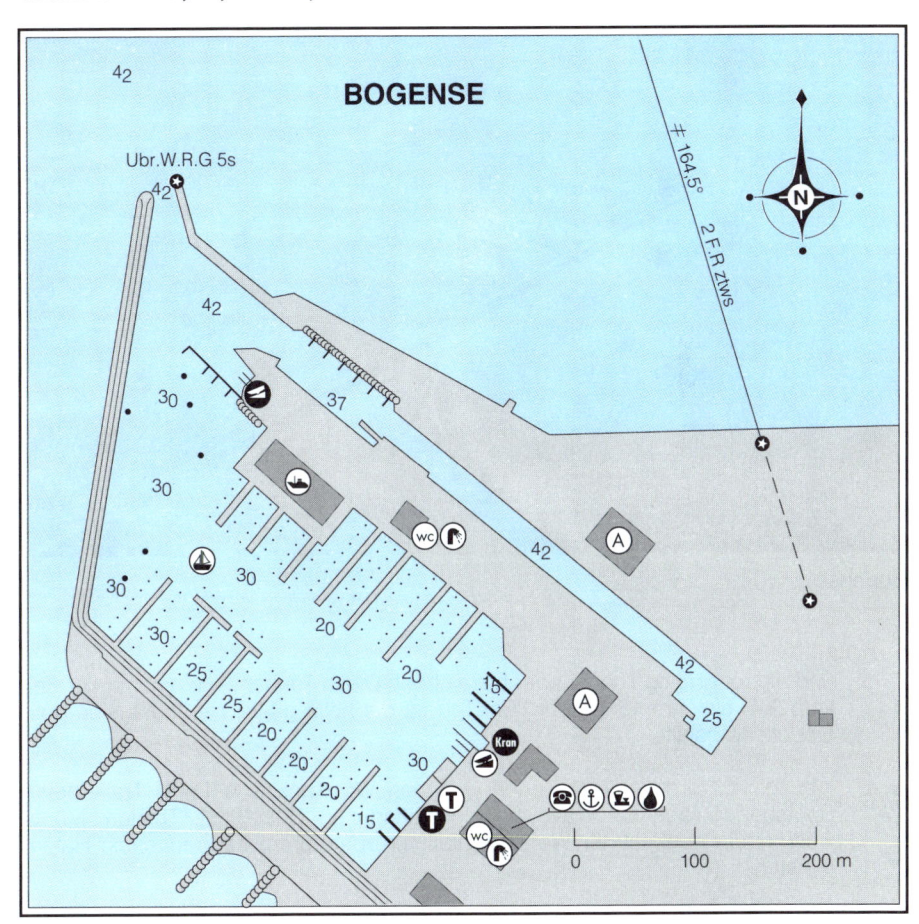

	Großer Yachthafen. Fischereihafen.
	Gastliegeplätze in den mit grün bezeichneten Boxen.
	Ansteuerung bei Tag und Nacht möglich. Die von N zum Hafen führende Baggerrinne ist ausgetonnt. Bei Nacht weisen ein Richtfeuer und das Sektorenfeuer auf der N-Mole zum Hafen. Das von W zum Hafen führende Fahrwasser kann nur bei Tag genutzt werden. Es wird durch eine rot/weiße Tonne mit Kugeltopzeichen

HH OIB 1993

Bogense

und ein rot/grünes Tonnenpaar bezeichnet. Diese Tonnen liegen nur in der Zeit vom 1.4. bis zum 15.11. aus. Bei Tag ist die helle große Werfthalle eine gute Orientierungshilfe.

Wasser und Strom an den Stegen, Duschen, WC, Tankstelle (D+B), Trailerbahn, Bootshebeanlage mit Travellift, Schiffsausrüster, Gas. Post, Telefon, Münzwäscherei, Segelmacher, Werft (für Oldtimerreparaturen). Fahrradverleih. Hafenmeister.

Wasserstände: NNE-Sturm +1,6 m, SSW-Sturm −1,6 m.

Sehenswürdigkeiten: Bogense Kirche, Nordfünen-Museum, Stadtmilieu. Bademöglichkeit in Hafennähe.

Otterup 55°31,7′N 10°28,5′E   DK-IV-13

Seekarten D 21, DK 115

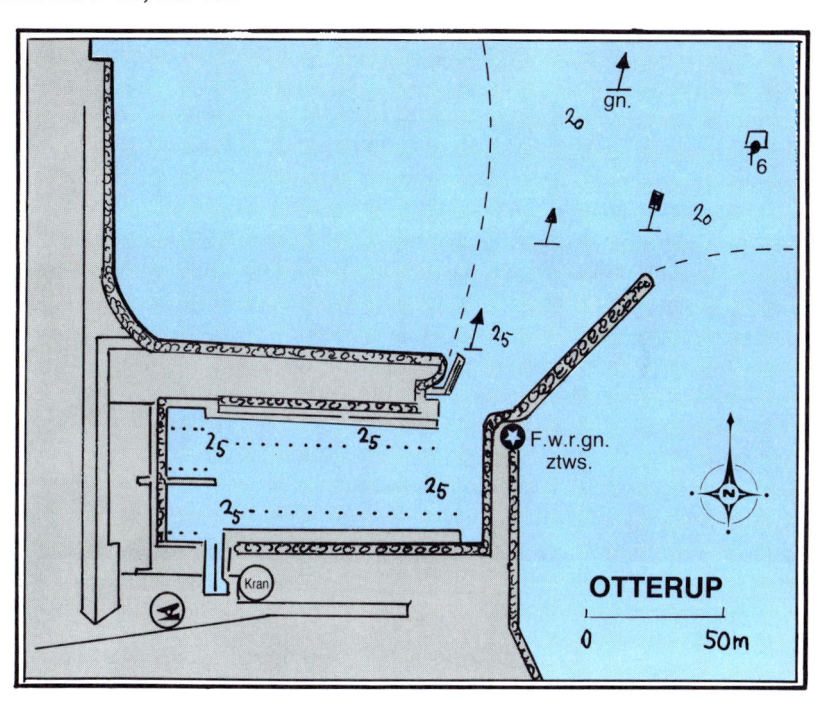

	Kleiner Sportboothafen im W-lichen Odense Fjord.
	Liegemöglichkeiten auf freien Plätzen im Hafen.
	Anlaufen bei Tag und Nacht möglich. Die Fahrrinne im Egense Dyb ist bezeichnet. Der Kopf der E-Mole ist befeuert.
	Wasser, Strom, Duschen, WC, Trailerbahn. Einkaufsmöglichkeit.
	Wasserstände: W- bis N-Sturm + 0,6 m, E- bis S-Sturm – 0,6 m.

Otterup

Klintebjerg

55° 28,7' N
10° 27,2' E

DK-IV-14

Seekarten D 21, Dä 115

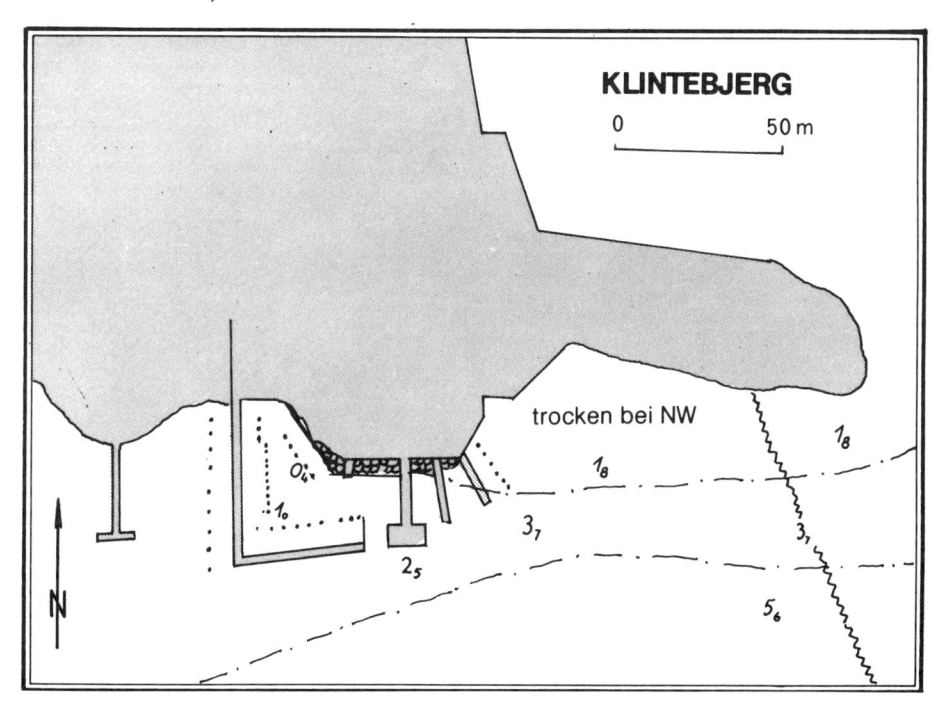

KLINTEBJERG
0   50 m

trocken bei NW

Kleiner Sportboothafen.

Kein Platz für Gastlieger.

Wasser, WC, Einkaufsmöglichkeit.

Wasserstände: N-Sturm +1,5 m, W-Sturm −1,5 m.

Klintebjerg

Stige 55° 27,6′ N 10° 26′ E   DK-IV-15

Seekarten D 21,   Dä 115

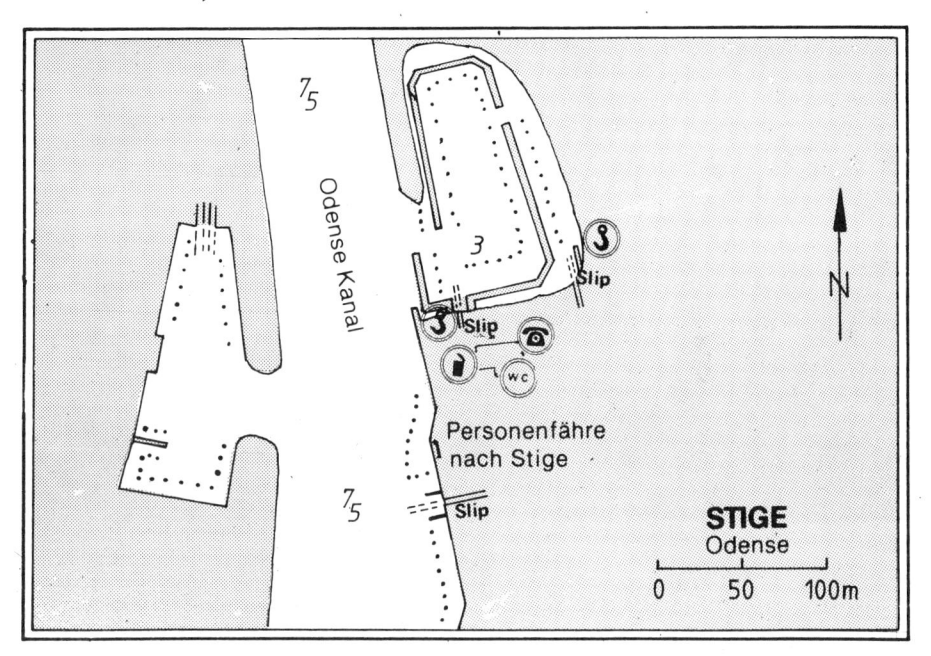

Ⓚ ⓌC Ⓢ 🚤 ⚓ 📷 🚰

- Yachthafen am Odense Kanal ca. 2,5 sm vor Odense.

- In freien Boxen. Liegeplätze für Gastboote meist nur während der dänischen Ferien.
  Kein Hafengeld.

- Ansteuerung des Hafens durch den Odense Kanal bei Tag und Nacht möglich.

- Wasser und Strom an den Stegen, WC und Telefon im Clubhaus, Slip und Mastenkran. Einkaufsmöglichkeit in Stige (Personenfähre).

- Wasserstände siehe Odense.

- Bus nach Odense (Nr. 1).

HH OIB 1993

Stige

Odense 55°24,5′N 10°23′E   DK-IV-16

Seekarten D 21, DK 115

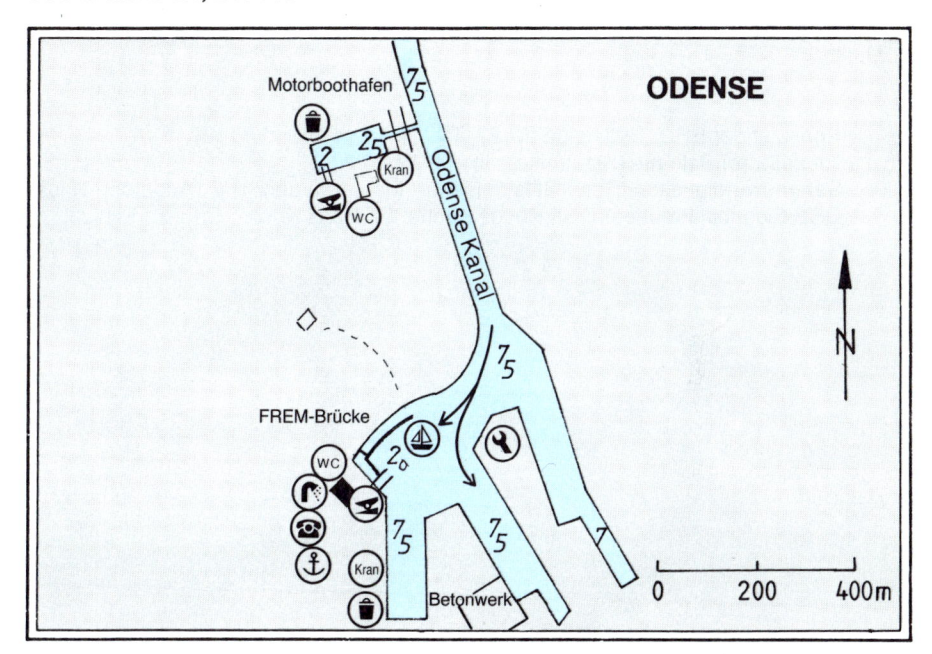

Ⓦ𝒸 ⓘ

🎆 Großer Industrie- und Handelshafen am Ende des Odense-Kanals.

⛵ Gastliegeplätze an der Yachtbrücke des Sejl- und Motorbådsklubben FREM N-lich des W-Hafenbeckens. Größere und breitere Boote können nur an der W-Seite der Fingerpier gegenüber der FREM-Brücke liegen. Dort ist es aber lt. Skippermeldung selbst nachts sehr laut wegens des nahebeiliegenden Betonwerkes. Der N-lich gelegene Motorboothafen kann nur mit einer Bootshöhe von 4 m angelaufen werden (Straßenbrücke).

☸ Die beiden Sportboothäfen erreicht man bei Tag und Nacht durch den Odense-Kanal.

🏠 FREM: Duschen, WC und Telefon im Clubhaus. Die Clubanlagen werden ab 22.00 Uhr geschlossen. Schlüssel muß rechtzeitig beim Hafenmeister mit der Entrichtung des Hafengeldes angefordert werden. Wasser und Strom am Steg. Mastenkran. Supermarkt ca. 300 m entfernt. Zur Stadtmitte ca. 30 min Fußweg.

Motorboothafen: Wasser an den Stegen, Steckdosen für Strom an den Laternenpfählen (langes Kabel), Mastenkran, Trailerbahn.
Alle weiteren Versorgungsmöglichkeiten (Tankstellen, Motorenservice, Schiffsausrüster, Münzwäschereien etc.) in Hafennähe oder im Stadtzentrum.

Wasserstände: W- über N- bis NE-Sturm + 1,8 m, E- über S- bis SW-Sturm − 1,5 m.

Konsulat der BRD: Slotsgade 20-22, Tel: 09 14 14 14.
Touristbüro: Rathaus (Stadtmitte), Tel: 09 12 75 20.
Sehenswürdigkeiten: Fyns Stifstmuseum, Møntergården, H.C. Andersen Haus, DSB Eisenbahnmuseum, St. Knuds Kirche, St. Hans Kirche, Odense Schloß.

Bregnør 55° 29,2´ N 10° 35,9´ E   DK-IV-17

Seekarten D 11, 21, DK 141

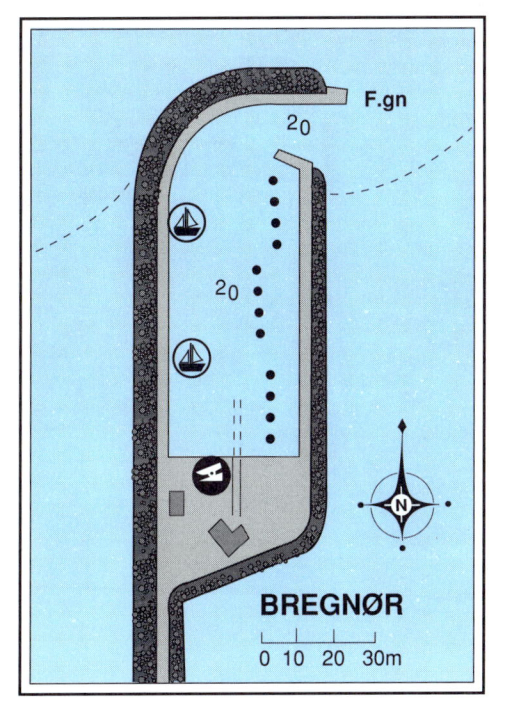

Kleiner Inselhafen mit Liegemöglichkeiten für Sportboote. Der Hafen ist mit einem ca. 200 m langen Damm zum Festland verbunden.

Gastplätze an der W-Mole.

Der Inselhafen kann bei Tag und Nacht angelaufen werden. Der Molenkopf ist mit einem 4 m hohen Feuerträger F.gn. bezeichnet, die Sichtweite beträgt 3 sm.

Dusche, WC, Wasser und Strom an den Stegen, Müllbehälter, Slip. Keine Versorgungsmöglichkeiten.

Wasserstände: N- bis NE-Sturm + 1 m, S-Sturm - 1 m. Der Hafen neigt zur Versandung und kann andere als die im Hafenplan vermerkten Tiefen aufweisen.

Bregnør

Korshavn

55° 36' N
10° 36,5' E

DK-IV-18

Seekarten D 11, DK 141

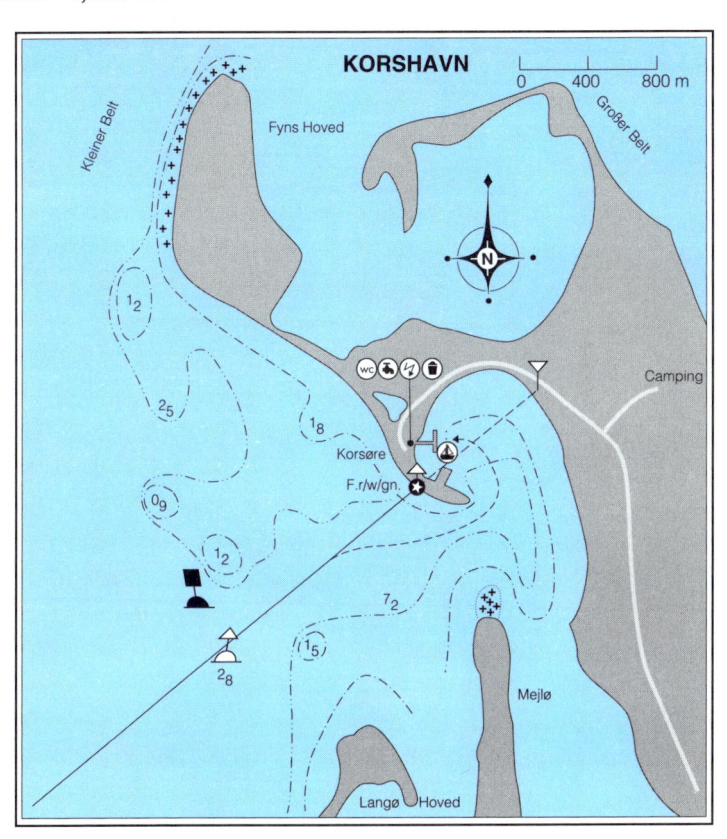

![Karte von Korshavn]

	Beliebter Naturhafen an der W-Seite der Halbinsel Hindsholm, 1,5 sm SE-lich von Fyns Hoved. T-förmiger Anleger des Odense Sejlklub mit Heckpfählen und Heckbojen. Fischerbrücke S-lich dieses Anlegers und Schwimmsteg mit Heckbojen.
	Liegemöglichkeiten an den Bootsstegen (Wassertiefe an der Stirnseite des OSK-Anlegers 2,9 m, am Schwimmsteg 4 m, nach Land hin auf 1,9 m abnehmend). Ankermöglichkeiten in der Bucht.
	Die Einfahrtsrinne nach Korshavn ist betonnt. Richtbaken (51,4°). Nachts im weißen Sektor des Korshavn-Feuers einlaufen. Über den Damm nach Bæsbanke ist das Feuer der Lillegrund N-Untiefentonne zu sehen. Dies darf nicht mit dem Korshavn-Feuer verwechselt werden.
	Einkaufsmöglichkeit beim 2 km entfernten Campingplatz. Anleger des OSK: Wasser, Waschgelegenheit, Müllbehälter. Strom am Stegfuß.

Ballen 55° 49,0´ N 10° 38,4´ E   DK-IV-19

Seekarten D 18, 19, 20, DK 103, 112, 141

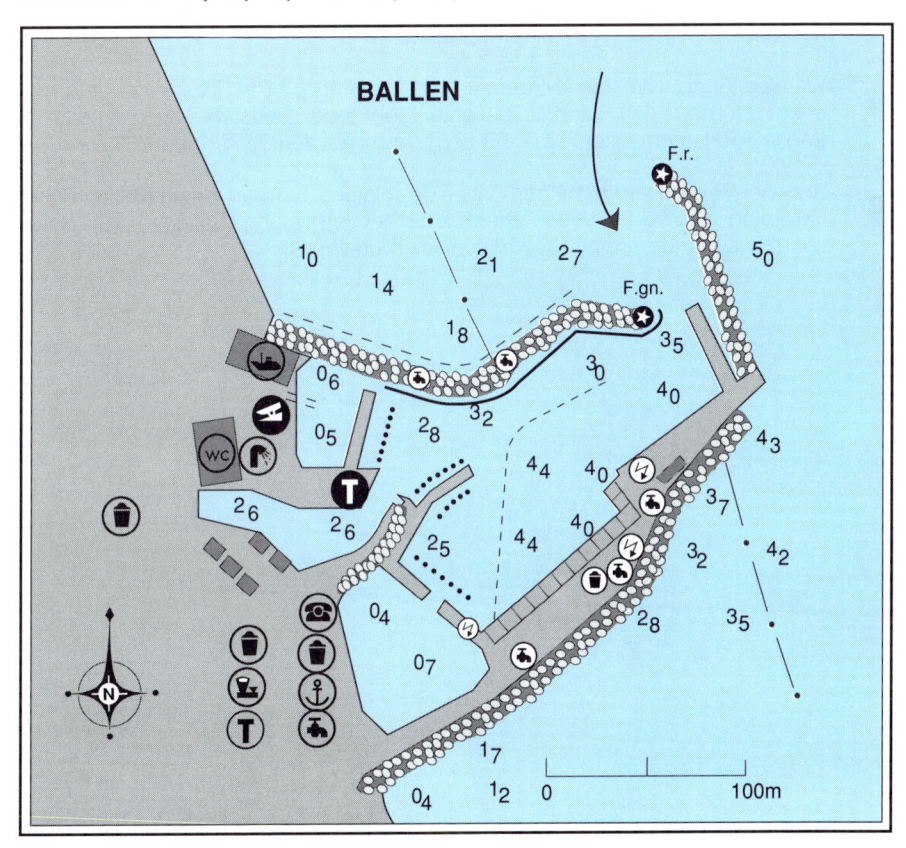

Ehemaliger Fischerei- und Handelshafen, der heute überwiegend von Sportbooten genutzt wird.

Liegemöglichkeiten im gesamten Hafenbereich außer im Innenhafen, der den einheimischen Fischern vorbehalten ist. An der S-Mole legen häufig große Oldtimer an, deshalb sollte man dort nicht festmachen. Heckanker für den Schwimmsteg an der Außenmole klarhalten.

Ansteuerung des Hafens bei Tag und Nacht möglich. Ein in Hafennähe gelegener Getreidesilo dient als gute Tagesmarke. Das rote Feuer am Kopf der Außenmole muß bei der Ansteuerung aus S oder E so lange gut frei an Bb. bleiben, bis das grüne Feuer der N-Mole in Deckung kommt. Danach in W-liche Richtung abdrehen und mit S-Kurs in den Hafen einlaufen.

HH OIB 1993

Wasser, Duschen, WC, Tankstelle (D im Fischereihafen, B beim Kaufmann am Hafen), Werft (Samsö Marine Service, Tel: 06 59 20 93), Motorenservice (Ballenmaskinfabrik, Vinkelvej, Tel: 06 59 07 30). Einkaufsmöglichkeit, Bootszubehör. Seekarten sind im Oceka Marked, Vinkelvej 16, erhältlich. Hier kann man auch Geld wechseln. Bank, Post und Apotheke im etwa 4 km entfernten Tranebjerg.

Wasserstände: NW- bis N-Sturm + 1 m, SE-Sturm - 1 m. Das Hafengeld muß unaufgefordert beim Hafenmeister entrichtet werden, sonst wird der doppelte Betrag fällig (Hafenmeister Tel: 06 59 12 03, Anruf auf den UKW-Kanälen 12 und 16).

Schöner Badestrand zu beiden Seiten des Hafens. Fahrradverleih (Ballen Cykelforretning, Tel: 06 59 15 10), Pferdekutschenvermietung (Ballenvej 26), Naturkundliche Wanderungen (Information im Touristbüro).

Langør 55° 54,7′ N 10° 38,6′ E   DK-IV-20

Seekarten D 18, 19, 20, NV 3, DK 141

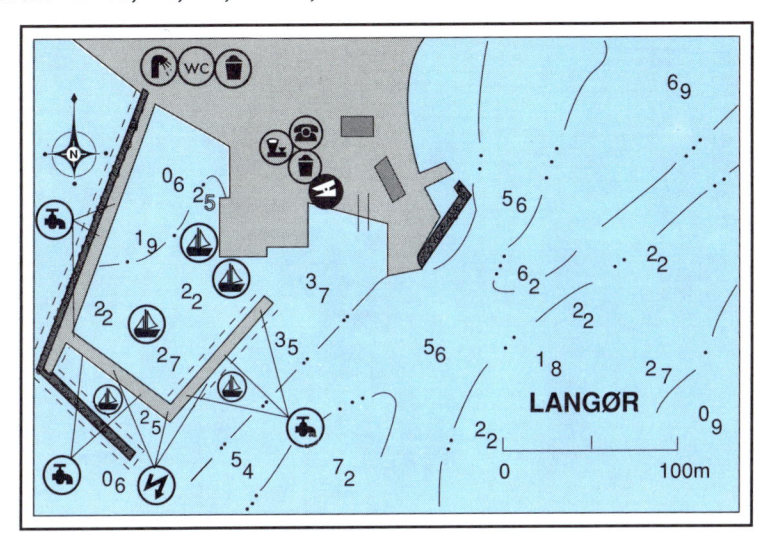

	Idyllischer Sportboot- und Fischereihafen in naturschöner Umgebung (Naturschutzgebiet).
	Liegemöglichkeiten für Sportboote in freien Boxen oder an der Außenmole. Ankerplätze NE-lich des Hafens.
	Zum Hafen führt ein betonntes Fahrwasser. Nächtliches Anlaufen des Hafens sollte mit großer Vorsicht erfolgen.
	Wasser und Strom (Eurostecker) an den Stegen, Duschen, WC, Müllcontainer, Telefon, Slip. Einkaufsmöglichkeiten (D + B beim Kaufmann). Fahrradverleih beim Kaufmann und beim Hafenkiosk.
	Wasserstände: NW- bis NE-Sturm + 1 m, SE- bis SW-Sturm - 1 m. Weitere Ankermöglichkeiten im Stavns Fjord (Wassertiefen beachten).
	Bademöglichkeiten N-lich des Hafens. Gute Ausflugsmöglichkeiten.

Langør

Kolby Kås 55°47,8'N 10°31,7'E   DK-IV-21

Seekarten D 18, 19, 20, DK 103, 112, 114

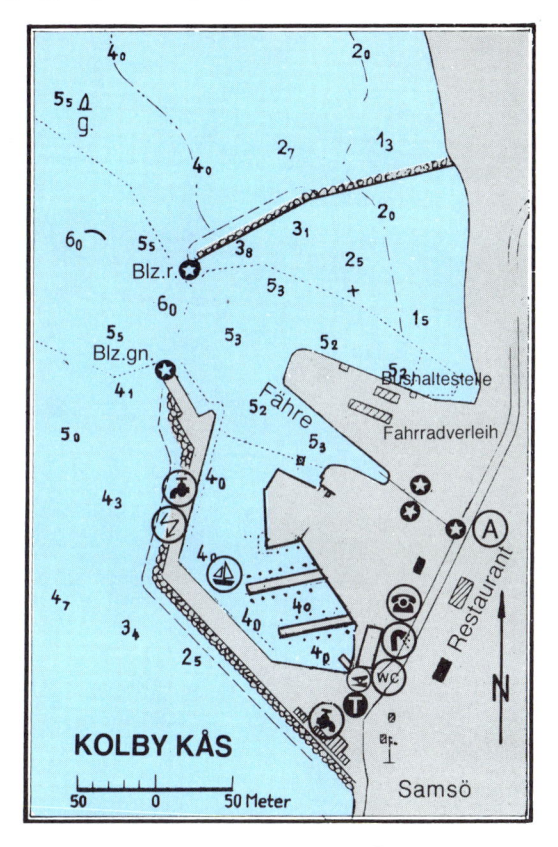

	Fähr- und Fischereihafen mit Liegemöglichkeiten für Sportboote.
	Sportboote können im S-lichen Hafenbereich (Stege und Kai der W-Mole) festmachen. ACHTUNG: Bei NW-lichen Starkwinden ist vom Anlaufen des Hafens dringend abzuraten, es läuft dann ein starker Schwell in den Hafen und man liegt im S-Hafen sehr unruhig.
	Anlaufen bei Tag und Nacht möglich. Den ein- und auslaufenden Fährschiffen ist weiträumig und rechtzeitig auszuweichen.
	Wasser, Strom (an den Laternenmasten der W-Mole), Duschen, WC, Tankstelle (B + D), Einkaufsmöglichkeit, Bootszubehör.

HH OIB 1993

✳ Wasserstände: NW- bis N-Sturm + 0,9 m, SE- bis SW-Sturm – 0,9m. Der 4,5 sm weiter N-lich gelegene Sælvig Fährhafen (Fähre nach Hov) ist für Sportboote gesperrt.

ℹ Fähre nach Kalundborg. Bus nach Tranebjerg und Ballen.

Mårup

55° 56,3' N
10° 33,1' E

DK-IV-22

Seekarten D 18, 19, 20, DK 112

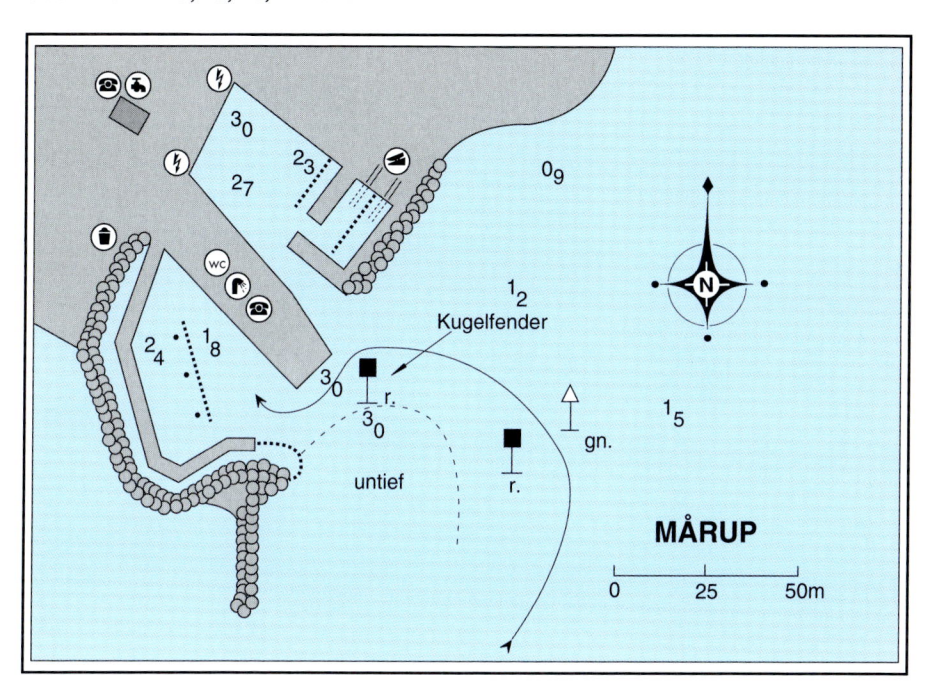

	Privater Fischerei- und Sportboothafen.
	Liegemöglichkeiten für Gastboote vorzugsweise im S-Becken. Anmeldung im Kiosk bis 20.00 Uhr, sonst doppelte Gebühr.
	Ansteuerung nur am Tag möglich. Ca. 20m vor dem Hafen ist eine rote Tonne (Kugelfender) und ca. 50m ein Tonnenpaar (jeweils grün und rot) ausgelegt. Vorsicht: eine Untiefe reicht über den roten Tonnenstrich bis in die Fahrrinne hinein.
	Wasser, Duschen, WC, Strom, Trailerbahn, Telefon. Einkaufsmöglichkeiten am Hafenkiosk oder im Supermarkt in Mårup (ca. 1km). Bank und Post in Nordby (3km). Fahrradverleih im Hafen.
	Wasserstände siehe Kolby Kås. Die Sanitäreinrichtungen und der Kiosk sind ab Oktober geschlossen.
	Bademöglichkeiten. Gute Ausflugsmöglichkeiten entlang der Steilküste oder in die Nordby Heide. Rundflugmöglichkeit ab Stav.

HHO IB – Nachtr. 1994

Tunø
55° 56,9' N
10° 27,5' E

DK-IV-23

Seekarten D 19, DK 112

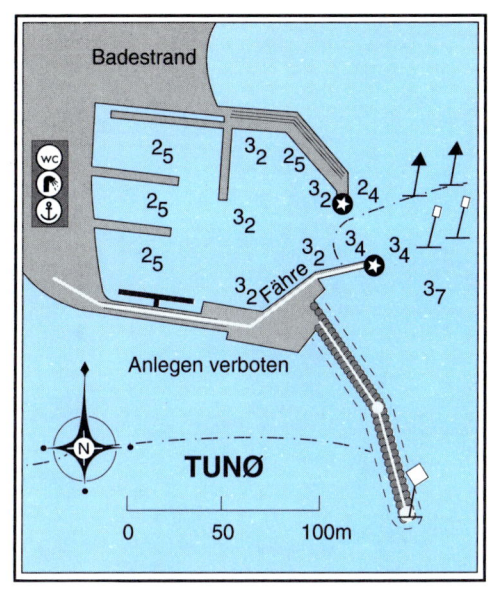

	Sportboothafen und Fähre. Im Sommer wegen seiner Beliebtheit oft überfüllt.
	An freien Plätzen im Hafen außer am Fähranleger. Heckanker klarhalten.
	Anlaufen des Hafens bei Tag und Nacht möglich. NE-lich des Hafens erstreckt sich eine Untiefe ca. 0,7 sm nach See. Die Sandbank ist mit einer grünen Blz-Tonne gekennzeichnet. Bei nächtlichem Einlaufen das rote Festfeuer auf der S-Mole in Deckung mit dem Tunø-Feuer bringen.
	Wasser, Duschen und WC. Telefon. Einkaufsmöglichkeit im Ort. Fahrradverleih.
	Wasserstände: N-Sturm +0,6 m, E-Sturm -0,9 m. Während des An- und Ablegens der Fähre sollte grundsätzlich ein Crewmitglied an Bord sein, da durch das Schraubenwasser der Fähre stets Bewegung in die im Päckchen liegenden Boote kommt. Das Hafengeld ist unaufgefordert zwischen 19.00 und 20.00 Uhr zu entrichten.
	Kinderfreundlicher Hafen. Badestrand in unmittelbarer Hafennähe. Sehenswert die Inselkirche mit dem Leuchtfeuer im Kirchturm. Wandermöglichkeit um die naturschöne Insel.

HH OIB 1993

Von Kollund bis Grenå

Die dänischen Häfen an der Flensburger Förde, die Häfen im Als Sund und rund um Als, die Häfen der Ostküste Jütlands (Kleiner Belt Westseite) und vorgelagerter Inseln.

Kollund 54° 50,3' N 9° 26,8' E DK-V-1

Seekarten D 26, 3002,   Dä 152

Ca. 50 m lange Anlegebrücke für Ausflugsschiffe. Wassertiefe am Außenende 2,5 m.

Im Sommer wird an der W-Seite eine 15 m lange Bootsbrücke ausgelegt.

Egernsund 54° 54,5' N 9° 36,1' E DK-V-2

Seekarten D 26, 3002,   Dä 154

Werft- und Handelshafen N-lich der Egernsund-Brücke.

An beiden Seiten des Sundes gibt es eine Reihe privater Bootsstege, diese sind für Gastlieger ungeeignet. Nach Gråsten abweichen.

Durchfahren der Egernsundbrücke (Auszug aus amtl. Verordnung)
1. Die Brücke liegt in der südlichen Enge des Sundes. Die Durchfahrtsöffnung ist 25 m breit. Die freie Höhe von Normal 0 bis zur Unterkante der Träger beträgt in der Mitte des Klappfaches 6 m, an den Seiten des Klappfaches 4,8 m. Unter den anderen Fächern 4,5 m.

2. Die Öffnungszeiten der Brücke: Fahrzeuge können in der Zeit von 6.00 bis 24.00 Uhr freie Durchfahrt verlangen. Der Brückenmeister kann bei starkem Verkehr auf der Brücke Sportfahrzeuge bis zu 30 Min. warten lassen oder die Passage mit der von Berufsfahrzeugen verbinden.
Außerhalb der genannten Zeiten kann die Durchfahrt stattfinden, wenn diese bis 22.00 Uhr mit dem Brückenmeister verabredet ist und eine Gebühr bezahlt wird.

3. Signale von Fahrzeugen: Bei Tage: Signalflagge N oder Nationalflagge. Schallsignal lang-kurz. Bei Nacht: ein weißes Licht im Bug und Schallsignal lang-kurz. Signale von der Brücke: Von einem auf dem westlichen Strompfeiler angebrachten Signalmast werden folgende Signale gegeben: bei Tage sowie bei Nacht: a) 1 rotes Licht bedeutet, daß jede Durchfahrt durch das Klappfach in beiden Segelrichtungen gesperrt ist. b) 2 rote blitzende Lichter bedeuten, daß die Brücke für ein Fahrzeug in Richtung N-S geöffnet wird. Durchfahrt erst, wenn das Signal unter c) gegeben wird. c) 2 rote feste Lichter bedeuten, daß ein Fahrzeug in der Richtung

N-S durchfahren kann. Durchfahrt in Richtung S-N ist verboten. d) 3 blitzende rote Lichter bedeuten, daß die Brücke für ein Fahrzeug in Richtung S-N geöffnet wird. Durchfahrt erst, wenn das Signal unter e) gegeben wird. e) 3 feste rote Lichter bedeuten, daß ein Fahrzeug in der Segelrichtung S-N durchfahren kann. Durchfahrt in Richtung N-S ist verboten. f) Wird bei Nacht außer den unter b) oder d) genannten Signalen auch ein violettes Licht von dem Strompfeiler gezeigt oder bei Tage mit einer blauen Signalflagge gewinkt, so bedeutet dieses, daß segelnde Fahrzeuge durch die Brückenöffnung geschleppt werden müssen. Ein langer Ton von der Brücke bedeutet, daß die Brücke, trotz Signal (Durchfahrt geöffnet) nicht frei ist. Dann ist ein Mindestabstand von 100 m von der Brücke zu halten. Die Brückenöffnung ist bei Nacht mit grünen festen Lichtern auf dem östlichen Pfeiler und roten festen Lichtern auf dem westlichen Pfeiler mit Lampen auf den Pfeilerkanten bezeichnet. Änderung des Signals unter Punkt b) = 2 rote blitzende Lichter – oder unter Punkt d) = 3 rote blitzende Lichter – zum Signal unter a) = 1 rotes festes Licht bedeutet, daß die Brücke trotz der gegebenen Signale nicht so geöffnet werden kann. Bis das Durchfahrtssignal gegeben ist, muß das Fahrzeug sich 100 m von der Brücke entfernt halten. Jede Durchfahrt muß mit größter Vorsicht durchgeführt werden. Die Brücke wird normalerweise bei Windstärke 8 und darüber nicht geöffnet.
Brückenwache kann auch über UKW-Kanal 16 angerufen werden!

Egernsund W-Seite

An den Stegen an der W-Seite des Sundes (S-lich und N-lich der Werft): Wasser, WC, Mastenkran, Slip, Werft.
An der E-Seite: Einkaufsmöglichkeit.

Nybøl Nor
Haffartige Erweiterung der Flensburger Förde, die sich nach NE an den Egernsund anschließt. Die mittlere Wassertiefe, die nach den Seiten hin allmählich abnimmt, beträgt etwa 10 m. An der SE-lichen Ausbuchtung des Haffs liegen mehrere Ziegeleien mit Ladebrücken. Das Fahrwasser vom Egernsund zum Nybøl Nor ist bezeichnet. Die Bucht ist ein ideales Revier für Sportfahrzeuge.
Ankerplätze finden kleinere Fahrzeuge überall in der Bucht entsprechend ihrem Tiefgang und den Wetterbedingungen.

Gråsten 54° 54,8′ N 9° 36,1′ E DK-V-3
Bootshafen des Segelclubs

Seekarten D 26, 3002, Dä 154

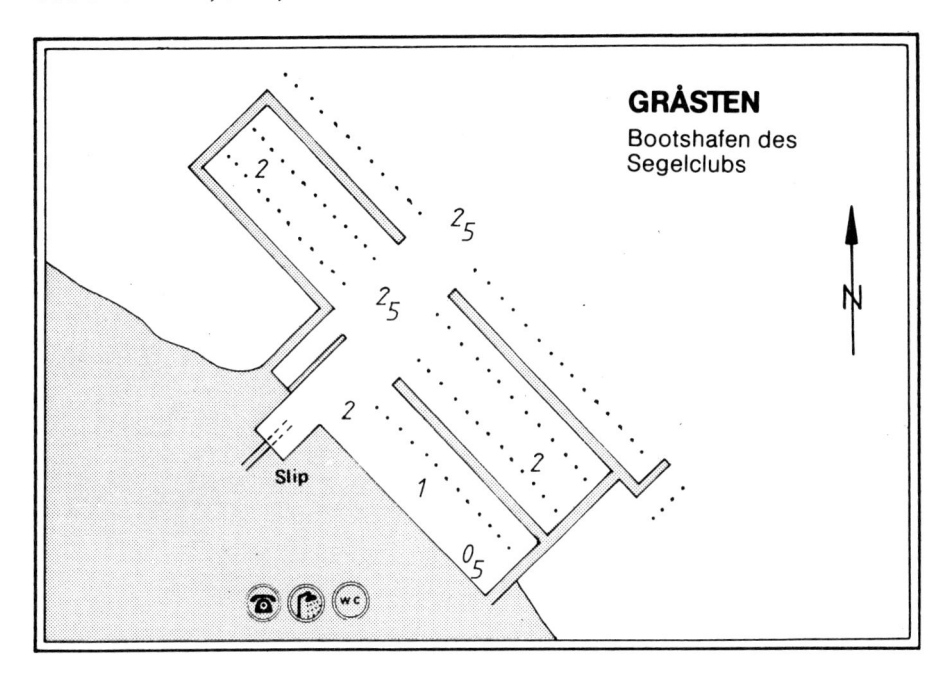

Sportboothafen des Gråsten Sejlklub.

In freien Boxen im Hafen.

Nach Durchfahren der Egernsund-Brücke bleiben die Duckdalben vor der E-Huk von Toft an Bb. Nach Passieren dieser Dalben in die Richtfeuerlinie von Gråsten eindrehen (334°) und vom markierten Fahrwasser zum Hafen laufen, wenn dieser querab an Bb. liegt.

Wasser und Strom an den Stegen, Duschen, WC und Telefon im Seglerheim, Slip, Bootshebeanlage und Travellift (25 t).

Gråsten (Bootshafen des Segelclubs)

Gråsten   54° 55,1' N   9° 36,3' E   DK-V-4

Seekarten D 26, 3002, Dä 154

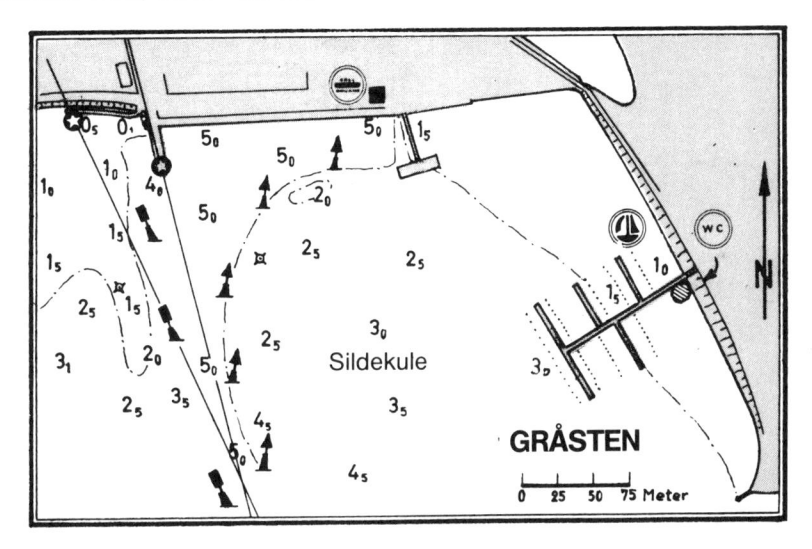

Ⓚ ⓌⒸ ⓘ 🔧 ⛵ 🚰 🚿

✴	Handelshafen und Anleger für Ausflugsschiffe.
⛵	An der Sportbootbrücke an der E-Seite der Sildekule.
⚙	Vom Gråsten-Fahrwasser direkt auf den Anleger zuhalten, wenn dieser quer an Stb.
🛒	Wasser, Duschen, WC, Einkaufsmöglichkeit, Motorreparatur.
𝒊	Sehenswürdigkeit: Gråsten Schloß (Sommerresidenz der dänischen Königin) mit Schloßkirche und Park (letzterer ist geöffnet, wenn das Schloß nicht bewohnt ist).

HH OIB 1993

Yachtcentrum Nord 54°54,5'N 09°39,5'E   DK-V-4a

Seekarten D 26, 3002, DK 154

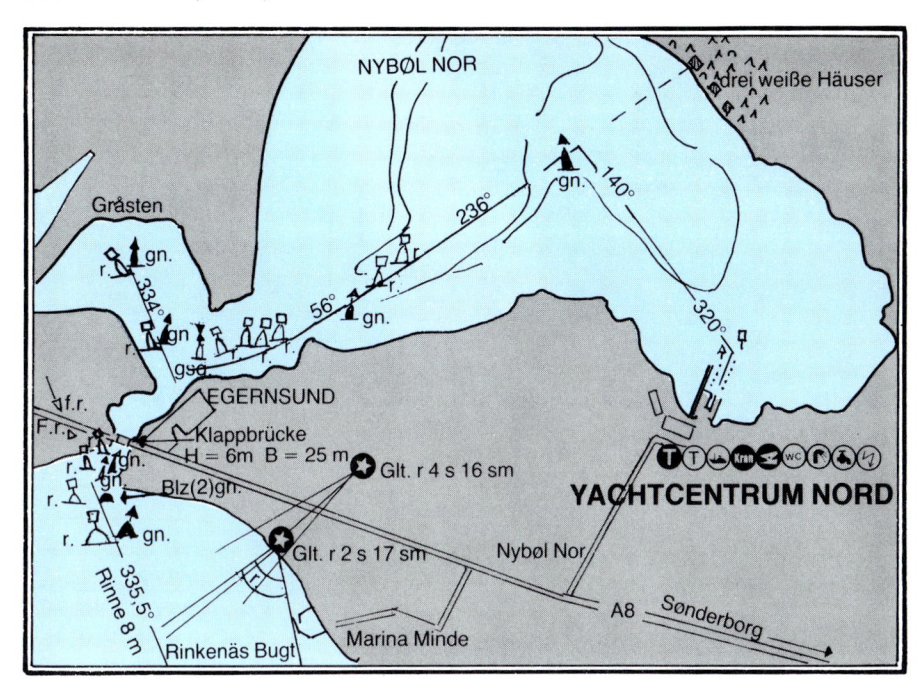

✳	Marina.
⛵	Gastplätze auf Anfrage.
☸	Einlaufkurse wie im Plan vermerkt.
🏠	Steganlagen mit Wasser- und Stromanschluß, Duschen, WC, Tankstelle, Boots- und Schiffbauerei, Taklerei, Motorenservice. Liftanlage für Boote bis 26 m Länge und 60 t. Einkaufsmöglichkeit in Broager und Nybøl (3 km). Schiffsausrüster.
✜	Die Egernsund Klappbrücke wird täglich von 07.00 bis 23.00 Uhr geöffnet. Flagge N setzen.

Marina Minde

54° 53,9' N
009° 37,1' E

DK-V-5

Seekarten D 26, DK 152, 154

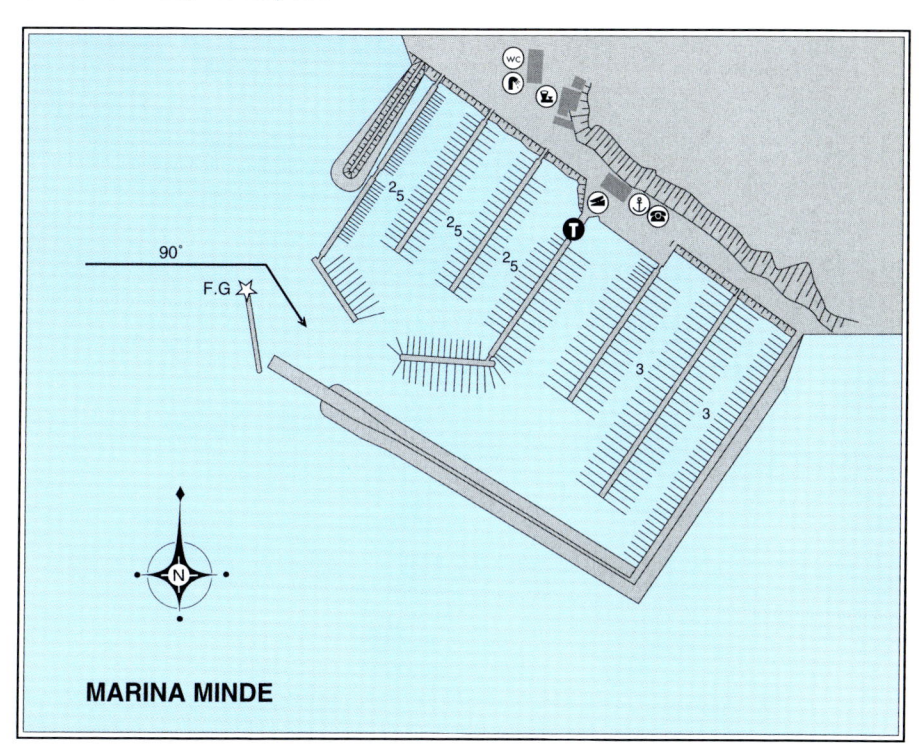

	Yachthafen etwa 1 sm SE-lich von Egernsund. Privathafen mit ca 450 Liegeplätzen.
	Gastliegeplätze an den verschiedenen Stegen.
	Anlaufen der Marina bei Tag und Nacht möglich. Einlaufkurs 90°. Der Kopf der W-Mole ist mit einem grünen Zylinder und einen F.G. bezeichnet. Bei starkem W-Wind baut sich vor der Hafeneinfahrt eine unangenehme steile See auf.
	Wasser und Strom an den Stegen, Duschen und WC (den Schlüssel gibt es beim Hafenmeister nach Entrichtung des Hafengeldes). Tankstelle (D), Entsorgungsmöglichkeiten für Altöl, Batterien und Chemie-Toiletten. Trailerablauf, Einkaufsmöglichkeit, Münzwäscherei, Hafengrill, Kinderspielplatz.

Wasserstände: NE-Sturm + 1 m, SW-Sturm - 1 m. Der Hafenmeister ist von 07.00 bis 20.00 Uhr (wenn im Büro) über UKW-Kanal 16 zu erreichen. Die Tankstelle erreicht man nur von der W-Seite.

Busverbindung nach Flensburg.

Sønderborg Yachthafen DK-V-6
54° 54′ N   9° 48′ E

Seekarten D 26, 27, 3002,   Dä 152, 154, 155

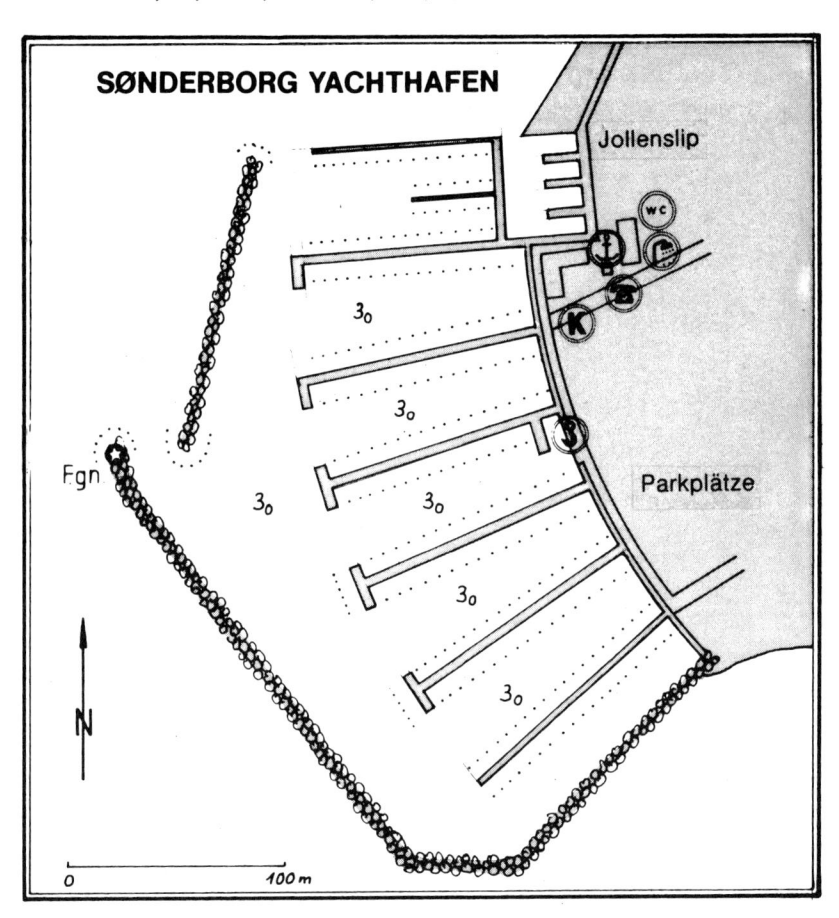

Neuer großer Yachthafen mit ca. 500 Liegeplätzen S-lich der Stadt.

In freien Boxen im Yachthafen. Liegemöglichkeiten für Sportboote außerdem in Sønderborg am E-kai N-lich und S-lich der Christian X's Brücke.

Ansteuerung des Yachthafens vom Fahrwasser nach Sønderborg aus. Größere Yachten laufen durch die W-Einfahrt in den Hafen ein, die N-Einfahrt dient kleineren Booten und Jollen.

HH OIB 1993

Sønderborg

Wasser und Strom an den Stegen, Duschen und WC, Telefon, Mastenkran, Slip (Ablaufbahn), Restaurant, Kiosk, Briefkasten, Benzin und Diesel wird zu bestimmten Zeiten per Tankwagen angeliefert. Dieselkraftstoff kann auch im Fischerreihafen S-lich der Brücke an der W-Seite des Als Sund direkt gebunkert werden. Einkaufsmöglichkeiten im nahegelegenen Stadtzentrum. Fahrradverleih. Tankstelle (D) zwischen Steg E und F. Öffnungszeiten: täglich 15.00 bis 18.00 Uhr.

Die Hafengebühren müssen unaufgefordert zwischen 17.30 und 20.00 Uhr beim Hafenmeister entrichtet werden, sonst wird eine Zusatzgebühr fällig.

Christian X's Bro, die am Südende den Als Sund kreuzt, hat in ihrem westlichen Teil eine doppelflügelige Klappbrücke mit 30 m breiter Durchfahrt. Die Durchfahrtshöhe der geschlossenen Brücke beträgt bei mittlerem Wasserstand 5 m.

Brückensignale: Schiffe und Fahrzeuge, die die Brücke durchfahren wollen, müssen im Abstand von mindestens $1/2$ Seemeile von der Brücke, oder aber sobald die Brücke innerhalb ihrer Sichtweite ist, folgende Signale abgeben:

Am Tag: Die internationale Signalflagge N (oder in Ermangelung davon, die Nationalflagge) auf halben Vortopp gehißt sowie einen langen und einen kurzen Ton (− ·) von einer Pfeife oder einem Nebelhorn.

In der Nacht: Ein weißes Licht vor dem Bug und einen langen und einen kurzen Ton (− ·) von einer Pfeife oder einem Nebelhorn.

Bis zum Empfang des Durchfahrtsignals sollte sich das Schiff im Abstand von wenigstens 100 m von der Brücke halten.

Der Brückendurchlaß sollte nur von einem Schiff auf einmal benutzt werden.

DK-V-6a

Innerhalb eines Abstandes von 250 m auf beiden Seiten der Brücke, sollten Schiffe mit Maschinenantrieb nur mit einer für die Aufrechterhaltung der Steuerfähigkeit des Fahrzeugs notwendigen Geschwindigkeit fahren.
Festmachen an der Brücke oder an den westlich der Schiffsöffnung gelegenen Duckdalben ist verboten.

a. **1 rotes Ruhelicht:** Durchfahrt verboten.
b. **2 rote Blinklichter:** Die Brücke wird für ein von Norden kommendes Schiff geöffnet. Keine Durchfahrt, bevor das unter Punkt c genannte Zeichen gegeben wird.
c. **2 Ruhelichter:** Ein von Norden kommendes Schiff kann die Brücke passieren.
d. **3 rote Blinklichter:** Die Brücke wird für ein von Süden kommendes Schiff geöffnet. Keine Durchfahrt, bevor das unter e genannte Zeichen gegeben wird.
e. **3 rote Ruhelichter:** Ein von Süden kommendes Schiff kann die Brücke passieren.
f. **5 rote Blinklichter:** Die Brücke wird für Yachten von Norden und Süden geöffnet. Keine Durchfahrt, bevor das unter Punkt g genannte Zeichen gegeben wird. Die Durchfahrt erfolgt auf eigene Verantwortung.
g. **5 rote Ruhelichter:** Yachten von Norden und Süden können die Brücke gleichzeitig passieren. Die Durchfahrt erfolgt auf eigene Verantwortung.

Die Brückenwache ist über UKW-Kanal 16 zu erreichen.

Eine Hochbrücke führt etwa 1 sm nördlich der Christian X's Bro über den Sund (33m Durchfahrtshöhe).

Die Strömung wird im Als Sund und im ganzen Hafengebiet von Sønderborg durch Richtung, Dauer und Stärke des Windes, durch sein Umspringen und dem damit zusammenhängenden Ausgleich des Wasserstandes verursacht. Gewöhnlich setzt die Strömung mit 1 bis 1,5 kn Geschwindigkeit nach Norden. Zeitweise kann sie aber 3 kn Geschwindigkeit erreichen, namentlich wenn durch frische oder stürmische Winde zwischen NE und Süd Wasserstau in der Sønderborg Bugt eintritt. Bei der Fahrt durch die Brücke ist dann besondere Vorsicht nötig.

Sehenswürdigkeiten: Sønderborg Schloß mit Museum, Sønderborg Kirche, Düppeler Schanzen. Passagierverbindungen nach Kappeln und Langballigau. Bademöglichkeit.

Høruphav

54°54,4′N
9°53,4′E

DK-V-7

Seekarten D 26, 3003, DK 152, 154

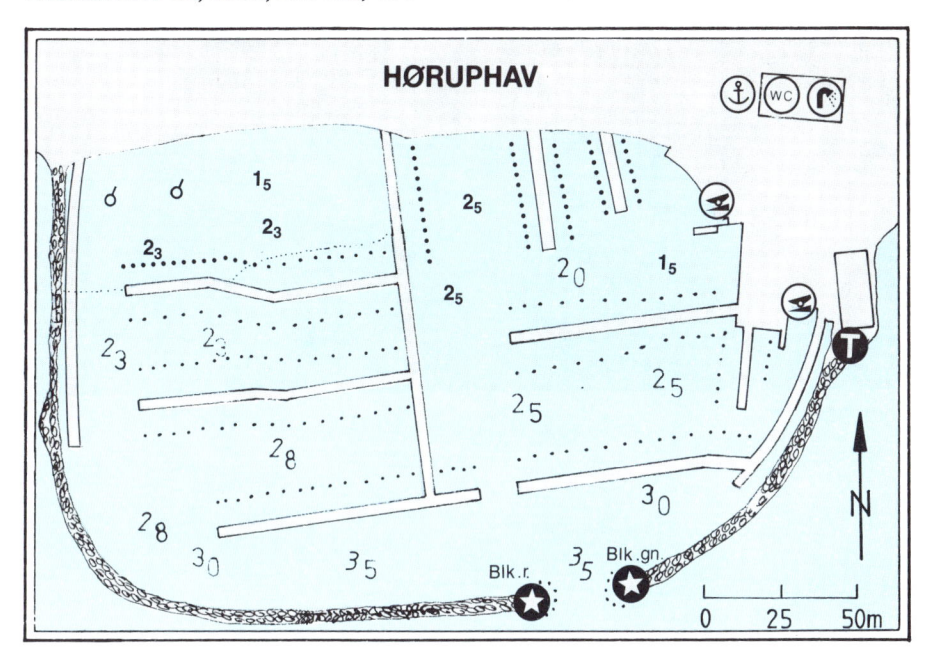

![Hafenplan Høruphav]

✴	Yachthafen im N-lichen Bereich des Hørup Hav.
⛵	Liegemöglichkeiten für Gastboote in freien Boxen im Hafen (rot/grün).
⚓	Der Hafen kann Tag und Nacht angelaufen werden. Bei Tag dient ein weithin sichtbares großes graues Schuppendach als Ansteuerungsmarke. Die Molenköpfe sind mit Blk.r./gn. befeuert. Vorsicht: W-lich der Hafeneinfahrt sind Bundgarne ausgelegt.
🏠	Wasser und Strom an den Stegen, Duschen und WC, zwei Trailerbahnen, Tankstelle (D). Einkaufsmöglichkeit. Tankstelle mit B an der Hauptstraße.
✣	Ankermöglichkeiten weiter E-lich im Hørup Hav.

Høruphav

Mommark   54° 56' N   10° 2,8' E   DK-V-8

Seekarten D 14, 26, 3002, Dä 152, 154

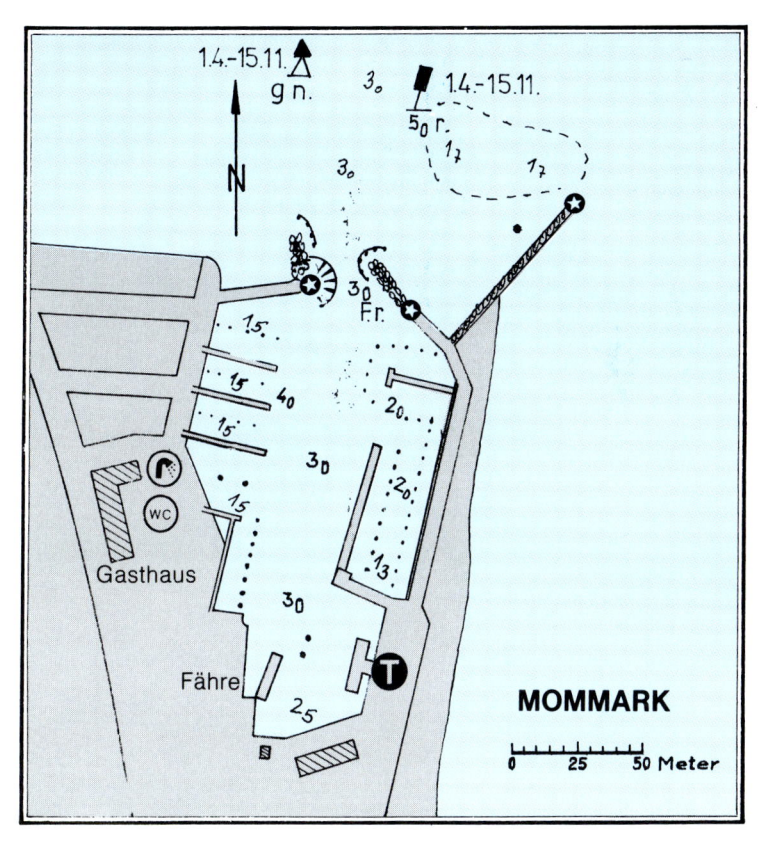

※   Fischerei- und Fährhafen mit Liegemöglichkeiten für Sportboote.

⛵   An den Stegen zu beiden Seiten im Hafen.

⚓   Ansteuerung bei Tag und Nacht möglich. Am Kopf der verkürzten Außenmole steht ein Feuer (Blz.R. 3s. 2 sm). In der Mitte der E-lichen Einfahrtsmole steht ein rotes Festfeuer. Der Kopf der W-Mole ist nachts beleuchtet.

🏠   Wasser, Duschen, WC, Tankstelle (nur Diesel), Einkaufsmöglichkeit, Telefon. Strom (nur nachts bei eingeschalteten Laternen). Entleerung von Chemie-WCs möglich. Münzwäscherei im Ferienzentrum.

HHO IB – Nachtr. 1994

Mommark

i Fähre nach Søby (nur im Sommer). Badestrand direkt am Hafen.

Fynshav 54° 59,8' N 009° 59,3' E DK-V-9

Seekarten D 14, 16, 26, 3002, DK 152, 154

- Fährhafen. Yachthafen S-lich des Fährhafens.

- Liegemöglichkeiten für Gastboote in freien Boxen.

- Das Fahrwasser zum Hafen ist nicht betonnt. Anlaufen des Hafens bei Tag und Nacht möglich. Die Wassertiefen im Bereich der Hafeneinfahrt können durch Sanddrift von den Solltiefen abweichen. Das Anlaufen des Fährhafens ist verboten.

- Wasser, Strom, Münzduschen, WC, Tankstelle (D), Telefon, Trailerbahn. Einkaufsmöglichkeit. Münzwäscherei auf dem Campingplatz.

- Bei Winden aus N-licher Richtung läuft Schwell in den Hafen. Bei Starkwind aus NE bis SE stehen Grundseen vor der Hafeneinfahrt. Das Einlaufen ist dann schwierig.

- Fähre nach Bøjden. Badestrand direkt am Hafen.

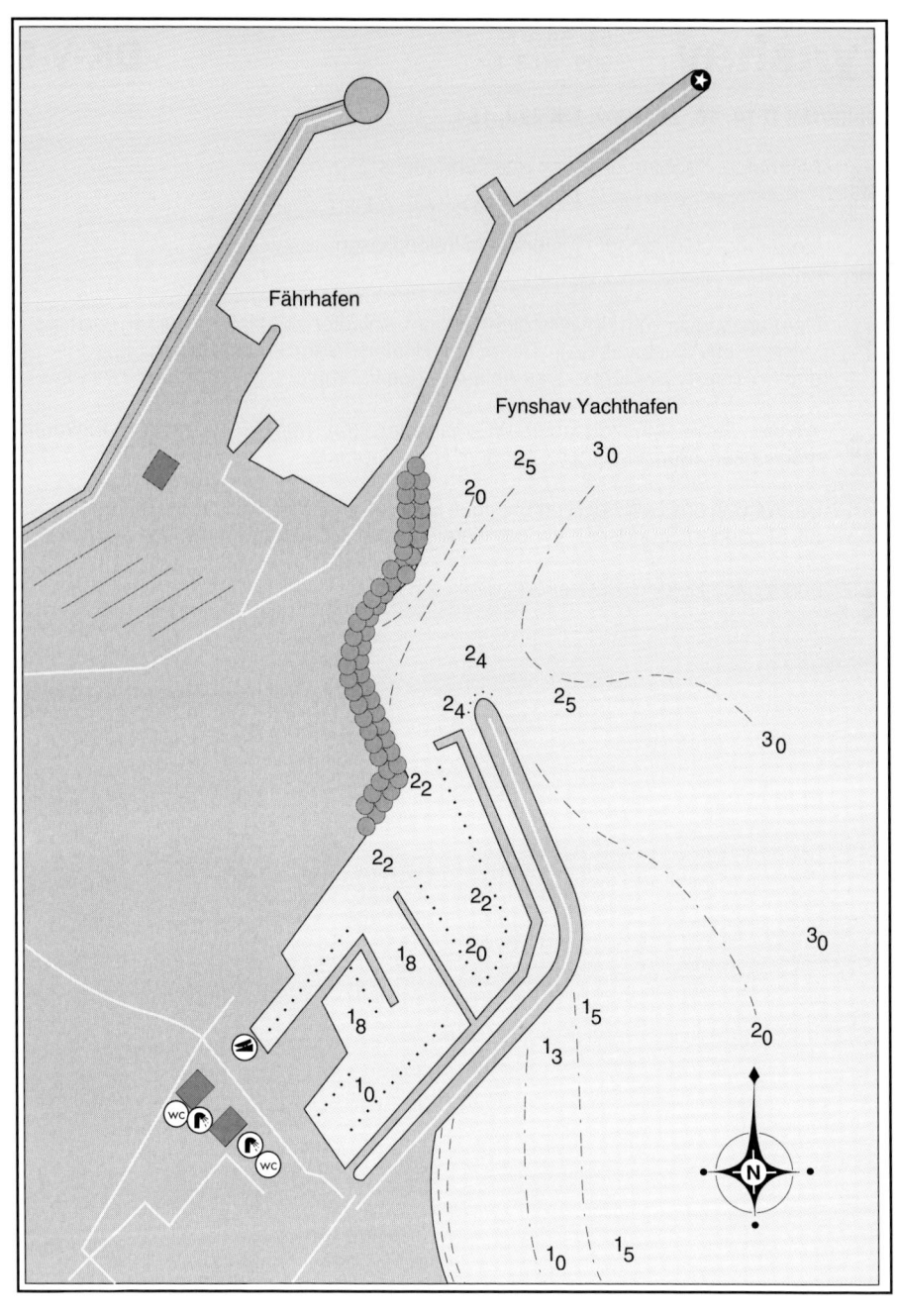

Fährhafen

Fynshav Yachthafen

Sottrupskov Bro 54° 58,2′ N   DK-V-10
9° 44,9′ E

Seekarten D 27, 3002, Dä 152, 154

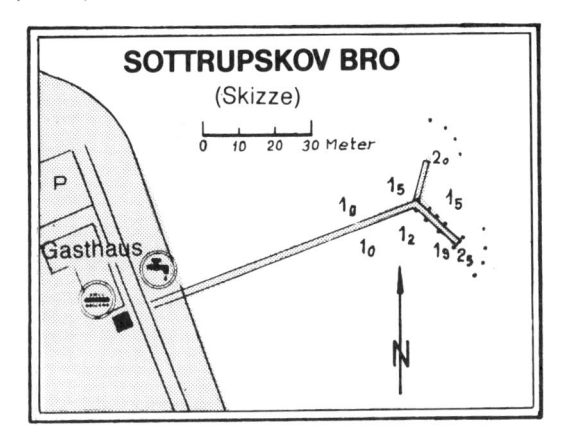

Anlegebrücke am W-Ufer des Als Sund.

Liegemöglichkeiten für Gastboote am Stegkopf.

Ansteuerung der Brücke vom Fahrwasser des Als Sund in W-licher Richtung.

Wasser, Strom, Duschen und WC in der Gastwirtschaft. Einkaufsmöglichkeit.

Die Anlegebrücke liegt in dem landschaftlich schönsten Bereich des Als Sund.

Sottrupskov Bro von N.

Augustenborg

54° 56,6' N
09° 52,4' E

DK-V-11

Seekarten D 26, 27, 3002, DK 152, 154, 155

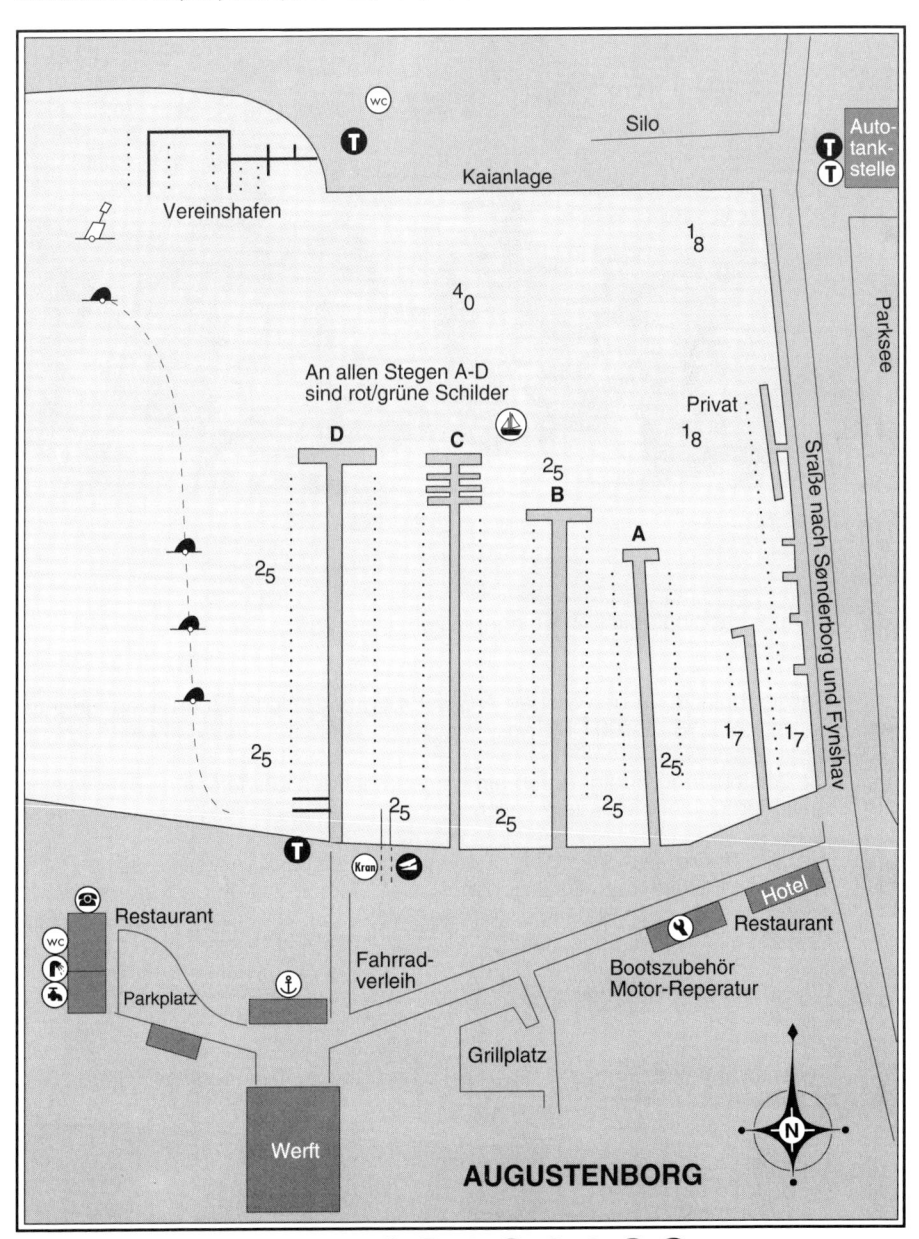

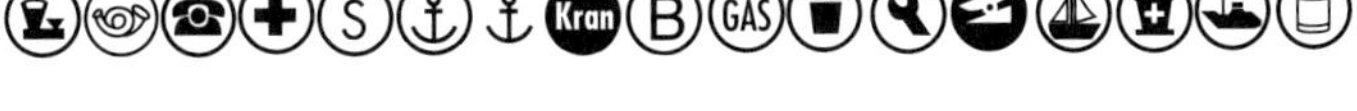

HH OIB 1993

Augustenborg

- Privater Yachthafen mit 216 Liegeplätzen

- Gastliegeplätze an den Stegen A-D mit rot/grün Beschilderung. Liegegeld für Gäste 1993: 18 - 22,00 DM/Tag.

- Die Ansteuerung erfolgt durch ein ca. 2 sm langes ausgetonntes Fahrwasser. Ansteuerung nur bei Tage möglich.

- Wasser, Strom, Duschen, WC, Tankstelle (D, weitere Tankstelle siehe Plan). Travellift, Mastenkran, Bootszubehör, Gas, Motorreparatur, moderne Werft, Fahrradverleih beim Hafenmeisterbüro, Restaurant mit Fischspezialitäten, Einkaufsmöglichkeit im nahen Ort.

- Wasserstände: NE-Sturm ø1,5 m, W- bis NW-Sturm ø1,5 m.

- Sehenswürdigkeit: Augustenborg Schloß mit Kirche. Wikingerschiff „Sebbe Als" (2 km).

Dyvig
55° 02' N
09°42,3 E

DK-V-12

Seekarten D 16, 27, 3002, DK 152, 154

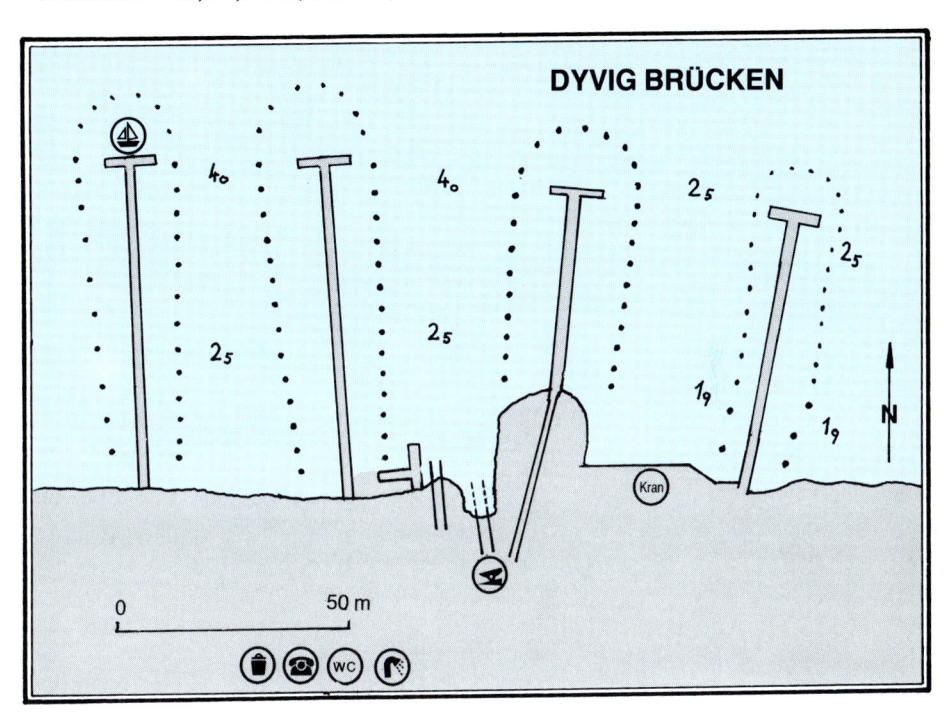

	Im E-Bereich der Dyvig liegt im N beim Dyvig Kro ein Bollwerk mit Liegemöglichkeiten für Sportboote. Im S unterhält die Dyvig Bådelaug einen Sportboothafen mit vier Bootsstegen.
	Gastliegeplätze an beiden Anlagen.
	Die Ansteuerung der Dyvig ist nur bei Tage möglich. Nach Einlaufen in die Stexvig hält man auf die Häuser am Ende der Bucht zu (90°). Diesen Kurs beibehalten, auch wenn es zunächst so scheint, als wenn es nicht mehr weitergeht. Es kommen dann die ersten „Fahrwasserzeichen" in Sicht, die die etwa 3,5 m tiefe Rinne nach Dyvig bezeichnen.
	Dyvig Kro: Wasser, WC. Einkaufsmöglichkeit, Restaurant. Dyvig Brücken: Wasser, Strom, Duschen,(Neues Sanitärgebäude, 1992 5 Min.Duschen dkr. 5,00) WC, Fahrradverleih, Grillplatz, Trailerbahn, Mastenkran. Gute Einkaufsmöglichkeiten. Benzin und Diesel wird auf Bestellung beim dortigen Kaufmann zum Hafen geliefert.

HHO IB – Nachtr. 1994

Dyvig (im Bild unten die Brücken des Segelclubs, oben im Bild die Dyvig Kro Brücke)

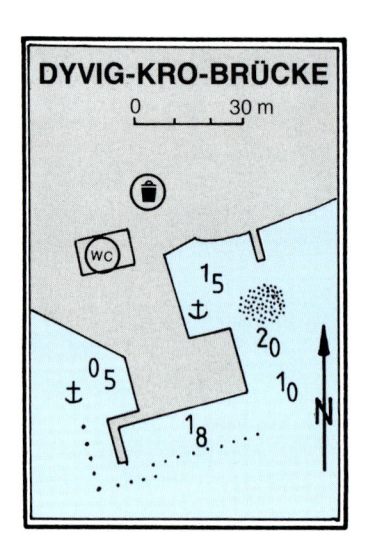

Mjels Vig   55° 1,8′ N   9° 43′ E   DK-V-13

Seekarten D 16, 3002,   Dä 152, 154

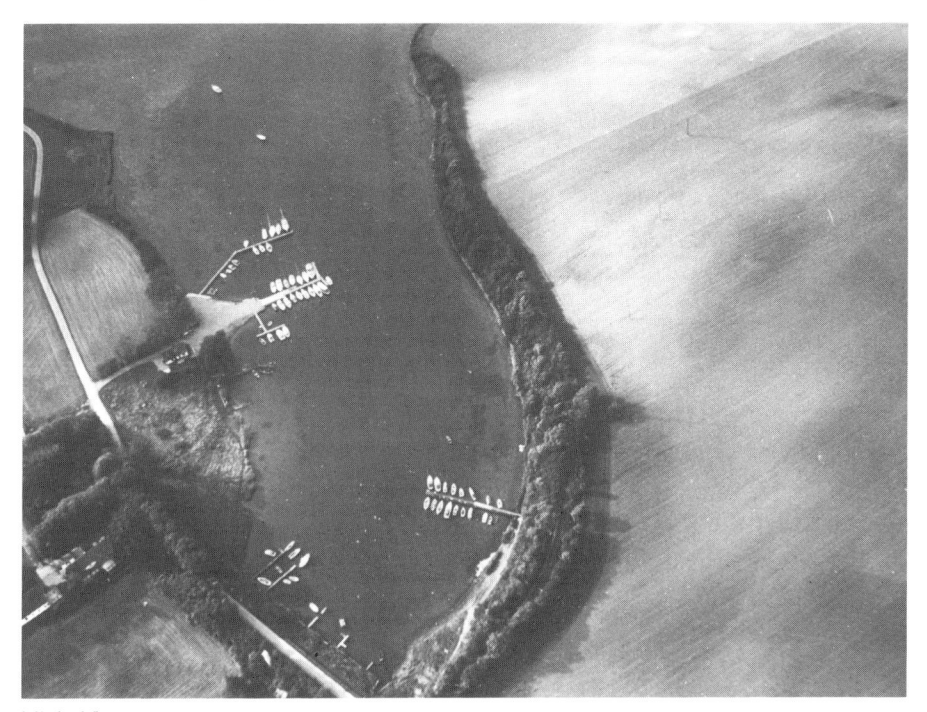

Mjels Vig

Diese kleine und gut geschützte Bucht zweigt von der Dyvig in SE-licher Richtung ab. An ihrem Ende gibt es mehrere Bootsstege.

Liegemöglichkeiten für Gastboote am N-Steg. Wassertiefe am Stegkopf 2,3 m, nach Land hin abnehmend.

Ansteuerung (nur bei Tag) erfolgt über eine betonnte ca. 2,5 m tiefe Rinne am N-Ufer der Mjels Vig entlang.

Wasser, Strom, Duschen, WC, Ablaufbahn, Einkaufsmöglichkeit.

Gute Ankermöglichkeiten in der Bucht.

Varnæs Vig 55° 2′ N 9° 34,1′ E DK-V-14

Seekarten D 16, 3002, Dä 152

160 m langer Anleger für Sportboote mit einer 60 m langen Querpier.

Die äußeren 40 m der W-Seite des Anlegers sind Gastbooten vorbehalten. Wassertiefen von 2,5 m nach Land hin abnehmend auf 0,5 m.

Ansteuerung bei Tage ohne Schwierigkeiten möglich. Man halte sich allerdings gut frei von Varnæs Hage. Lt. Skippermeldung wird auch bei Ankerliegern Liegegeld erhoben.

Wasser.

Bademöglichkeit.

Åbenrå 55° 2,5´ N   09° 25,7´ E   DK-V-15

Seekarten D 18, 3002, DK 152

🅩 ⓌⒸ 🗑 🅠 Ⓢ ⚓ 🄺🅁🄰🄽 🄺🅁🄰🄽 ⛴ ⛵ 👁 ☎ 🚻 ✚ 🚰 ⚡ 🧽 📻

- Handelshafen im Nordteil und Yachthafen im Südteil.

- Liegeplätze für Gastboote im Yachthafen mit rot/grün Beschilderung. Nördlich des Geländes des „Aabenraa Sejl Club" liegt die neue Anlage des „Aabenraa Båd Club" (ABC). Vorsicht! Niedrige Schwimmstege. Liegegebühren (1992 für 9,30 m Länge: dkr. 50,00) müssen beim ABC bezahlt werden.

- Der Hafen kann bei Tag und Nacht problemlos angelaufen werden.

- Wasser, Strom, Duschen, WC, Tankstelle (D), Hafenmeister, Trailerbahn, Kran, Mastenkran, Telefon. Post in der Stadt, ebenso Apotheke und Krankenhaus. Münzwaschmachine (Nørreport 15).

- Wasserstände: NE-Sturm +1,5m, SW-Sturm –1,4m.

- Sehenswürdigkeit: Åbenrå Museum. Fahrradverleih bei der Touristinformation in der H.P. Hanssengade 10.

ABENRÅ

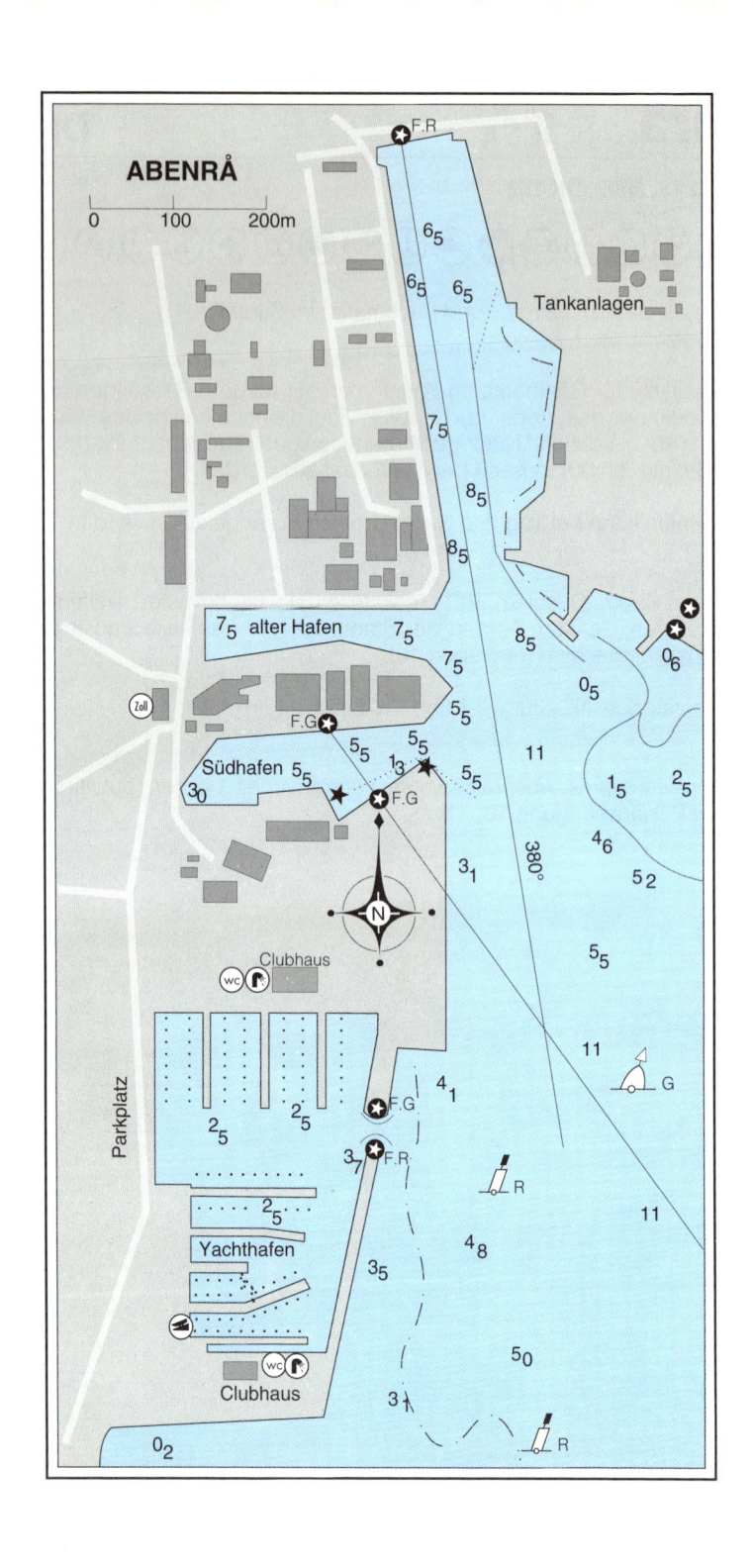

0 100 200m

F.R

6_5
6_5 6_5

Tankanlagen

7_5

8_5

8_5

7_5 alter Hafen 7_5

7_5

8_5

0_6

5_5

0_5

Zoll

F.G

5_5 5_5

1_5 2_5

Südhafen 5_5 1_3 5_5

3_0

4_6

11

F.G

5_2

3_1

380°

N

5_5

Clubhaus

WC

11

G

4_1

F.G

2_5 2_5

Parkplatz

3_7 F.R

R

2_5

3_5

4_8

Yachthafen

5_0

WC

Clubhaus

3_1

0_2

R

Barsø 55° 7′ N 9° 33′ E DK-V-16

Seekarten D 16, 3002, Dä 152

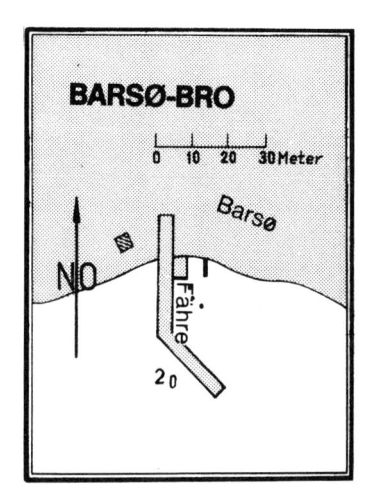

Kleine Fährbrücke an der W-Seite der Insel.

Wasser, WC.

Das Anlaufen des Anlegers ist für Sportboote verboten.

Fähre zum Festland (Barsø Landing).

Barsø Bro

Kalvø 55°7,3'N 9°28'E   DK-V-17

Seekarten D 16, 3002, DK 152

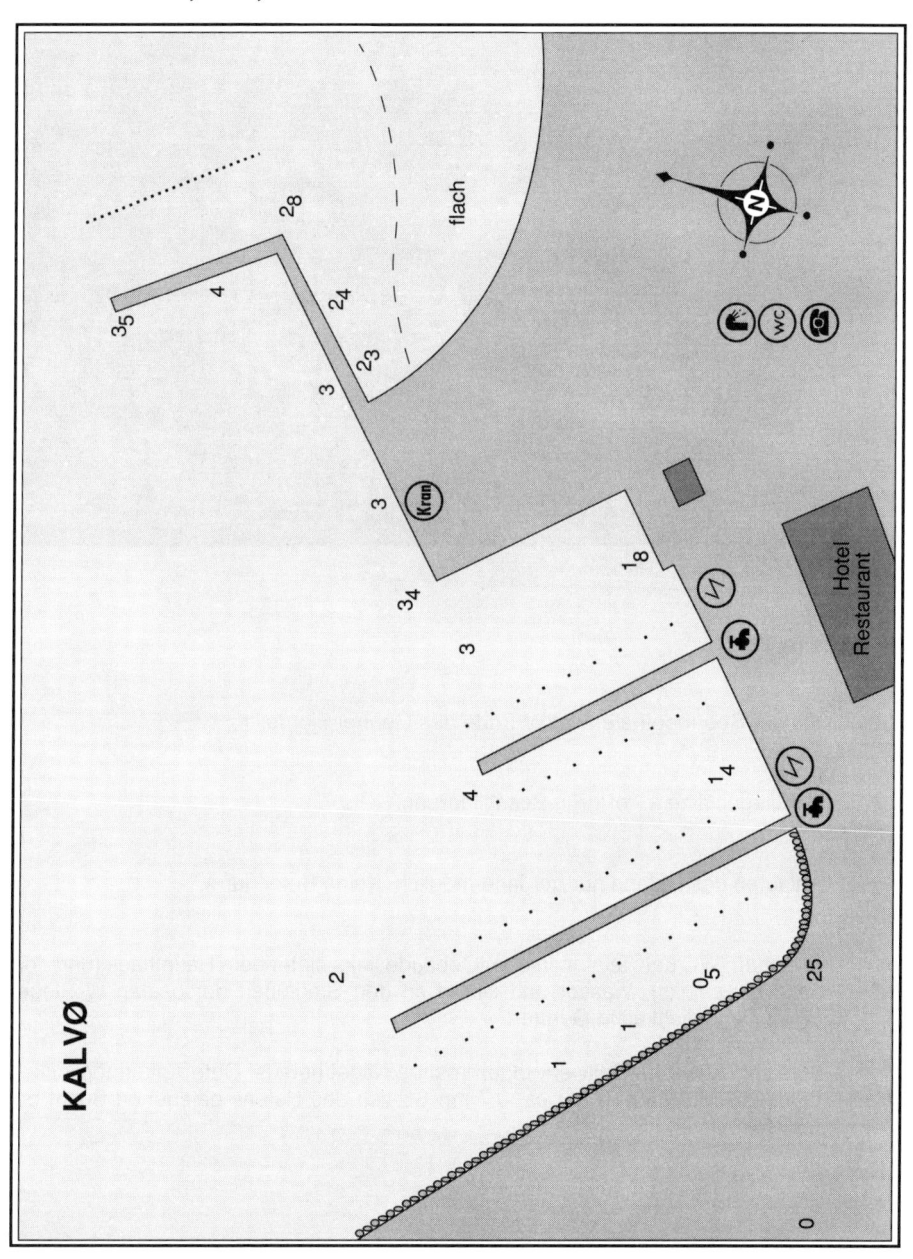

HH OIB 1993

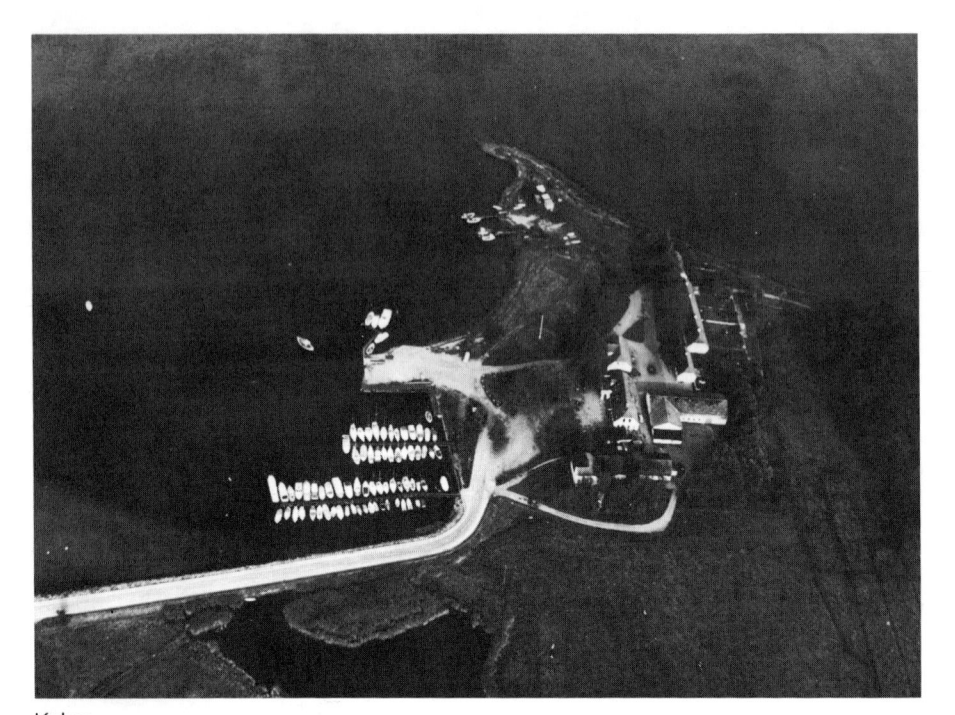

Kalvø

| ⓦ🅒 🅘 🅕 |

| ✳ | Kleiner Sportboothafen am W-Ende des Genner Fjords. |

| ⛵ | Gastliegeplätze lt. rot/grün Beschilderung. |

| ☸ | Anlaufen des Hafens nur bei Tage möglich. Keine Betonnung. |

| 🏠 | Duschen, WC und Telefon in dem Gebäude links hinter dem Haupthaus (und dort auch ganz links). Wasser und Strom an den Stegfüßen der beiden W-Stege. Einkaufsmöglichkeit in Genner. |

| ✺ | Vorsicht: Aus dem Bollwerk ragen rostige Nägel heraus. Gute Ankermöglichkeit (außer bei N-Wind) in der ca. 0,7 sm SE-lich des Hafens gelegenen Bucht bei Nørreskov. |

Marina Sønder-balle Strand

55° 07,8' N
9° 29' E

DK-V-17a

Seekarten Dä 151, 154   D 16

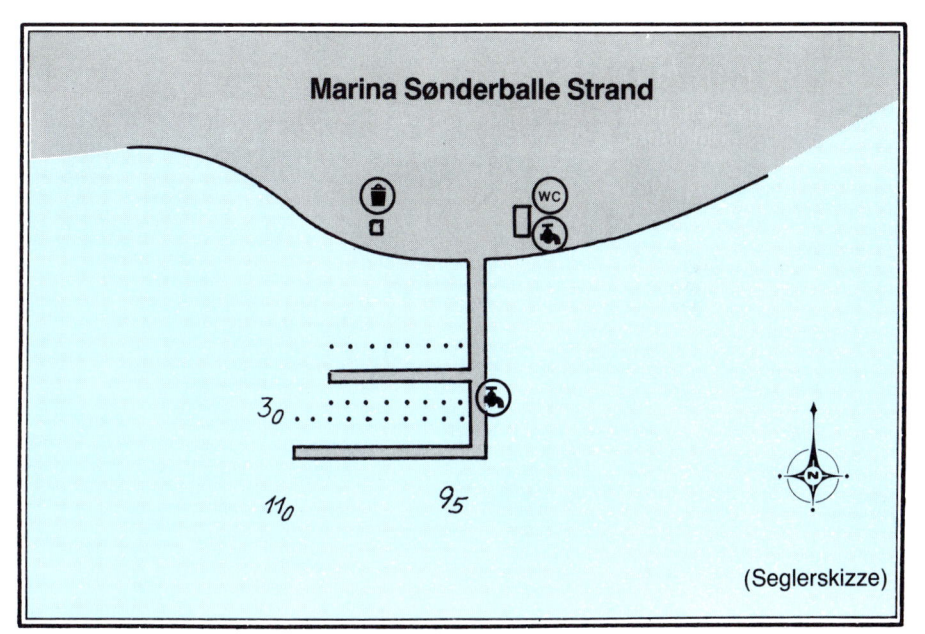

(Seglerskizze)

	Kleine Steganlage am Nordufer des Genner-Fjords in landschaftlich schöner Lage.
	In freien Boxen.
	Direkt vom Genner-Fjord aus anlaufen.
	Wasser und Strom am Steg, Müllcontainer, WC und Waschmöglichkeit. Einkaufsmöglichkeit in Sønderballe.

Årøsund

55° 15,8' N
09° 42,8' E

DK-V-18

Seekarten D 16, 3002, DK 151

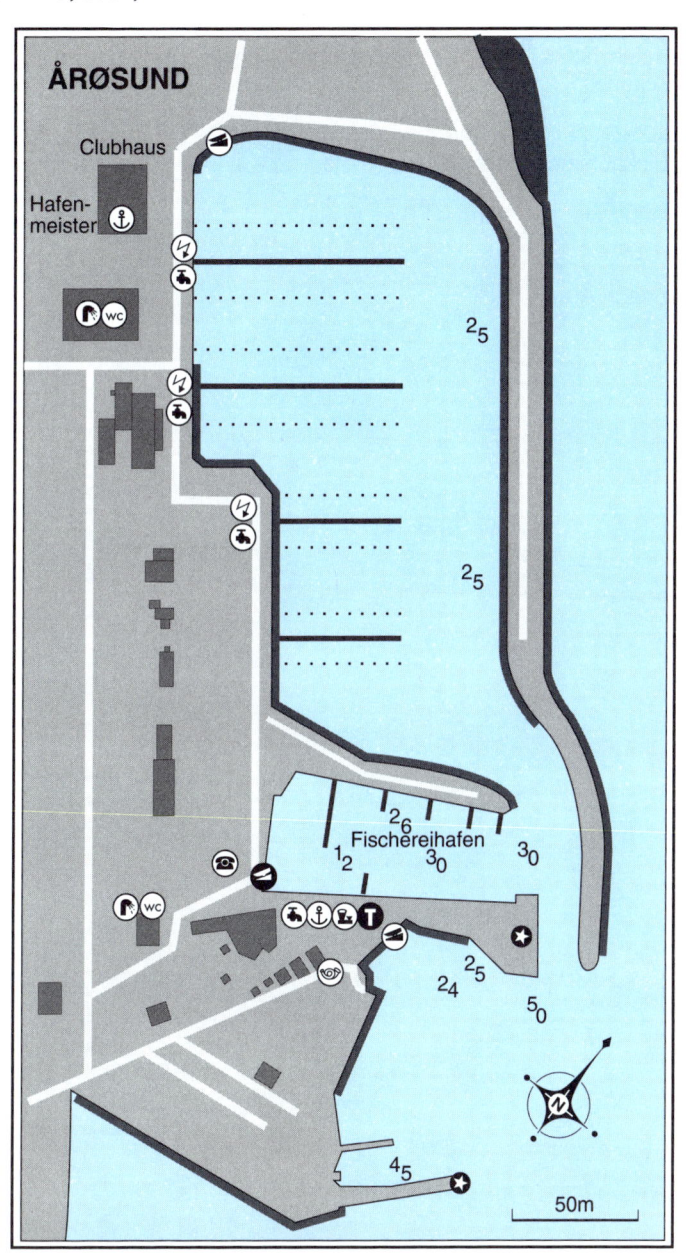

ÅRØSUND

Clubhaus

Hafenmeister

Fischereihafen

50m

HH OIB 1993

- Fischerei- und Sportboothafen.

- Liegemöglichkeiten für Sportboote im neuen Yachthafen.˘

- Der Hafen ist bei Tag und Nacht ohne Schwierigkeiten vom Årøsund her anzulaufen.

- Wasser und Strom an den Stegen, Duschen, WC, Tankstelle (D), Trailerbahn, Slip, Einkaufsmöglichkeit, Post, Telefon.

- Wasserstände: NE-Sturm +1,6 m, W-Sturm −1,7 m.

- Fähre nach Årø.

Årø

55° 15,7' N
009° 43,9' E

DK-V-19

Seekarten D 16, 3002, DK 151.

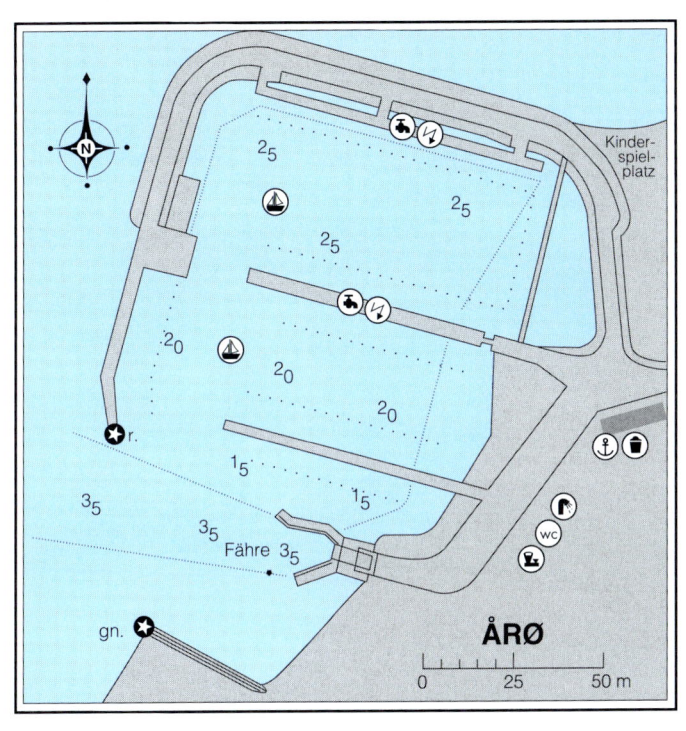

![Hafenplan Årø]

※ Idyllischer Fischereihafen mit Liegemöglichkeiten für Sportboote an der W-Seite der gleichnamigen Insel.

⛵ Liegemöglichkeiten für Gastboote an der neuen Schwimmbrücke in der Hafenmitte sowie an den N-lich und S-lich gelegenen Stegen. Die Liegeplätze an der W-Mole sind den Fischereifahrzeugen vorbehalten.

⚓ Der Hafen ist bei Tag und Nacht vom Årøsund zu erreichen.

🏘 Strom und Wasser am N- und Mittelsteg. Neue Duschen und Toiletten, Müllbehälter, Einkaufsmöglichkeit (auch per Fähre nach Årøsund). Hafenmeister. Fahrräder am Hafen.

❀ Wasserstände: NE-Sturm +1,5m, NW-Sturm −1,5m.

i Bademöglichkeit, kinderfreundlicher Hafen. Die Insel eignet sich für ausgedehnte Spaziergänge. Fähre nach Årøsund.

Haderslev 55°15′N 9°30,1′E   DK-V-20

Seekarten D 15, 16, 3002, DK 151, 153

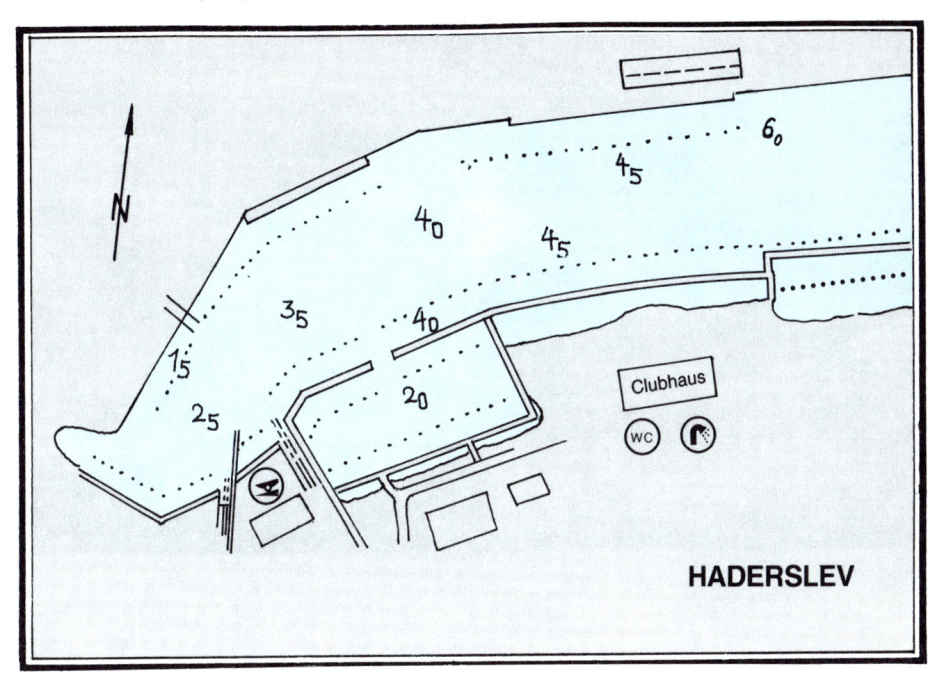

	Handels- und Sportboothafen am Ende des Haderslev Fjord.
	Gastliegeplätze am N-Kai und an den Stegen des Haderslev Sejl-Club (rot/grün Kennzeichnung).
	Nach Haderslev führt ein ausgetonntes, zum Teil enges Fahrwasser. Fahrwassertiefe 6 m. Wasser, Strom, Duschen und WC im Clubhaus, Tankstelle (D), Tankstelle (B ca. 200 m), Werft, Slip, Kran, Motorreparatur, Telefon, Post, Einkaufsmöglichkeiten, Fahrradverleih.
	Wasserstände: E-Sturm + 1,3 m, W-Sturm − 1,3 m.
	Sehenswürdigkeiten: Haderslev Domkirche, Haderslev Museum.

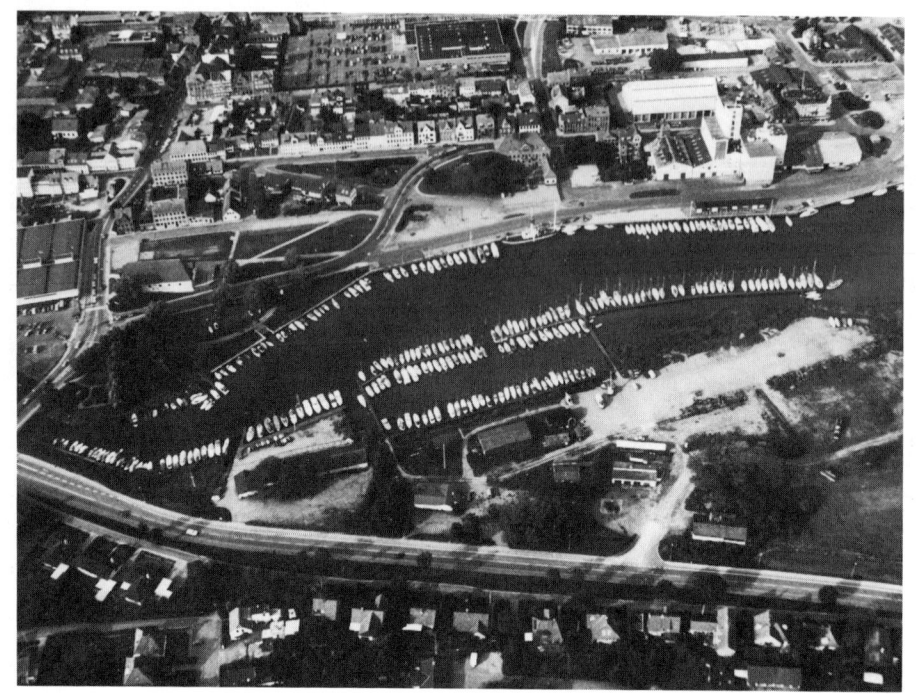

Haderslev

Hejlsminde 55°21,7'N 9°36,4'E   DK-V-21

Seekarten D 16, DK 151

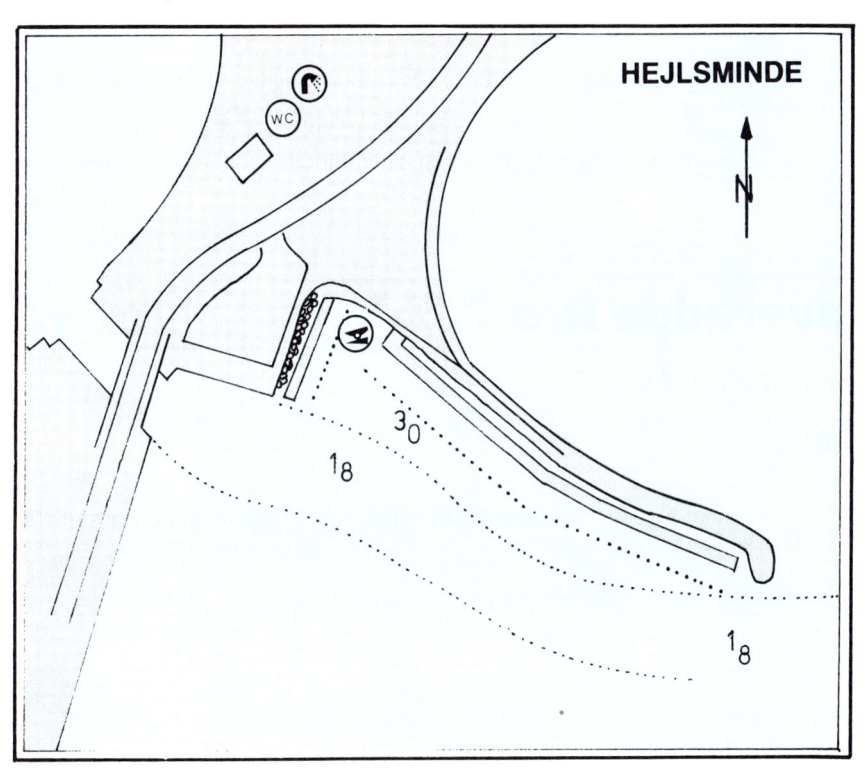

HEJLSMINDE

N

Sportboothafen mit ca. 65 Liegeplätzen.

Gastplätze nach Einweisung durch den Hafenmeister.

Hafen kann nur bei Tag angelaufen werden, die 1,8 m tiefe Rinne ist unzureichend bezeichnet. Wassertiefe im Hafen bis zu 3 m.

Wasser und Strom an den Stegen. WC-Anlage mit zwei Münzduschen an der Straße. Der Hafenmeister empfiehlt die Benutzung der Sanitäranlage auf dem 700 m entfernten Campingplatz (WC, Dusche, Waschautomat).

Badestrand direkt N-lich der Mole.

Brandsø Bro 55° 21,1′ N 9° 43′ E　　DK-V-22

Seekarten D 16,　Dä 151

- 125 m langer Damm an der SE-Seite der Insel. Wassertiefe am Brückenkopf 1,4 m. Versandungsgefahr.
- An dem in Privatbesitz befindlichen Anleger dürfen Gastboote nicht festmachen.

Løverodde Bro 55° 29,9′ N 9° 37,4′ E　　DK-V-23

Seekarten D 16,　Dä 151

(WC) (📞)

- 93 m langer Anleger mit einem 12 m langen und 6 m breiten Kopf. Wassertiefe am Brückenkopf 2,5 bis 4 m.
- WC und Duschen auf dem nahen Campingplatz.

Kolding　55° 30' N　09° 30' E　DK-V-24

Seekarten D 16, DK 151, 156.

Zwei große Yachthäfen N-lich und S-lich der Hafeneinfahrt.

Gastboote sollten nach Möglichkeit im N-Hafen festmachen und können notfalls in den Handelshafen ausweichen.

Ansteuerung des Hafens bei Tag und Nacht möglich. Zum Hafen führt ein 7 m tiefes ausgetonntes Fahrwasser. Den N-lichen Yachthafen erreicht man durch die Einfahrt zum Handelshafen, zum S-Hafen zweigt ein Nebenfahrwasser zwischen der letzten und vorletzten Bb-Tonne ab.

N-Hafen: Wasser, Strom, Duschen, WC, Tankstelle (D+B), Telefon, Motorenwerkstatt, Werft, Schiffsausrüster, Slip, Trailerbahn, Mobilkran. Weitere Versorgungsmöglichkeiten in der Stadt. S-Hafen: Wasser, Strom, Duschen, WC, Einkaufsmöglichkeit.

KOLDING

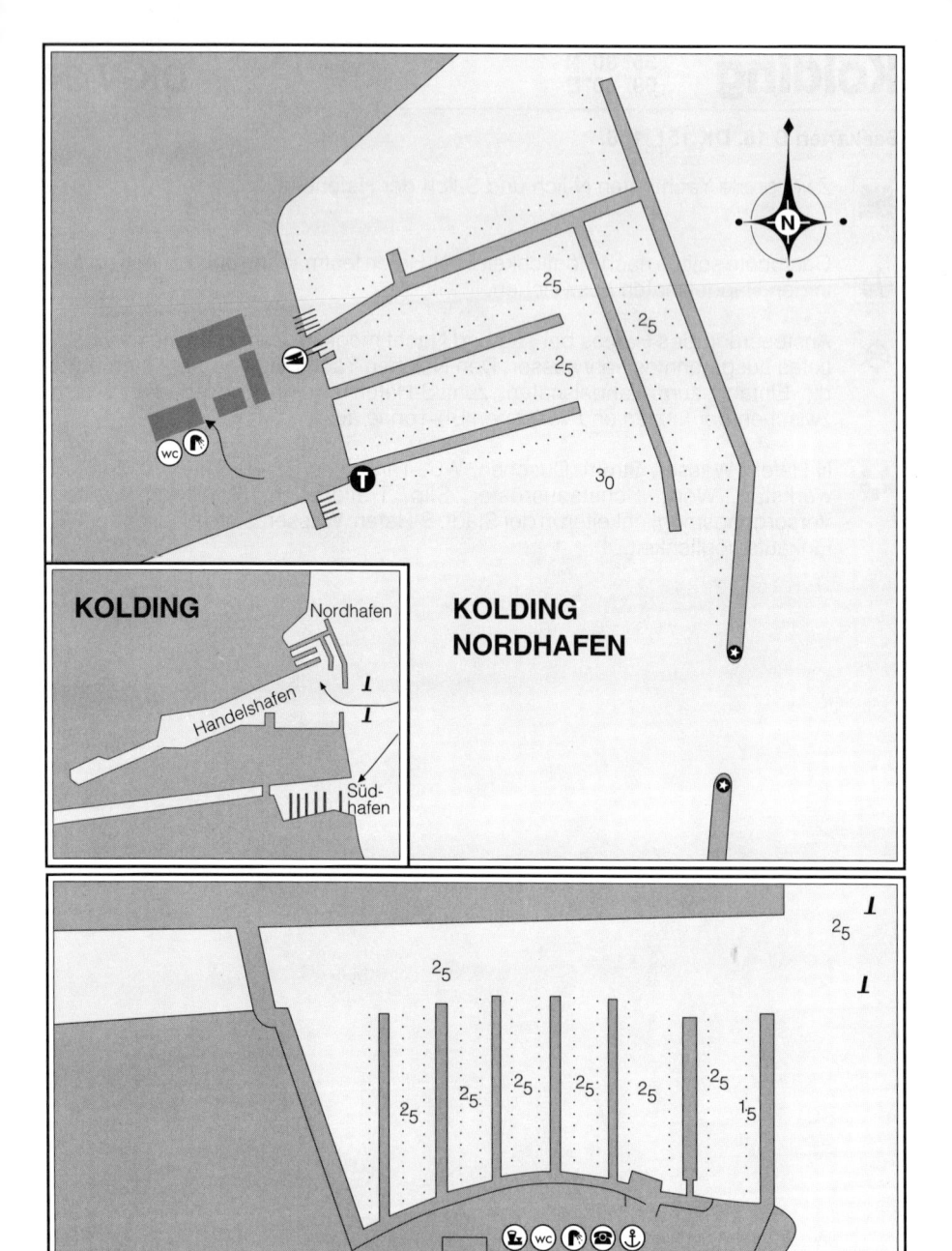

KOLDING NORDHAFEN

Nordhafen

Handelshafen

Süd-
hafen

DK-V-24a

- Wasserstände: N- bis E-Sturm +1 m, S- bis W-Sturm –1 m.
- Sehenwürdigkeiten: Kolding Hus und St. Nikolaj Kirche.

Skærbæk   55° 30,8′ N   09° 37,8′ E   DK-V-25

Seekarten D 16, 17, 20, DK 114, 151, 154, 158

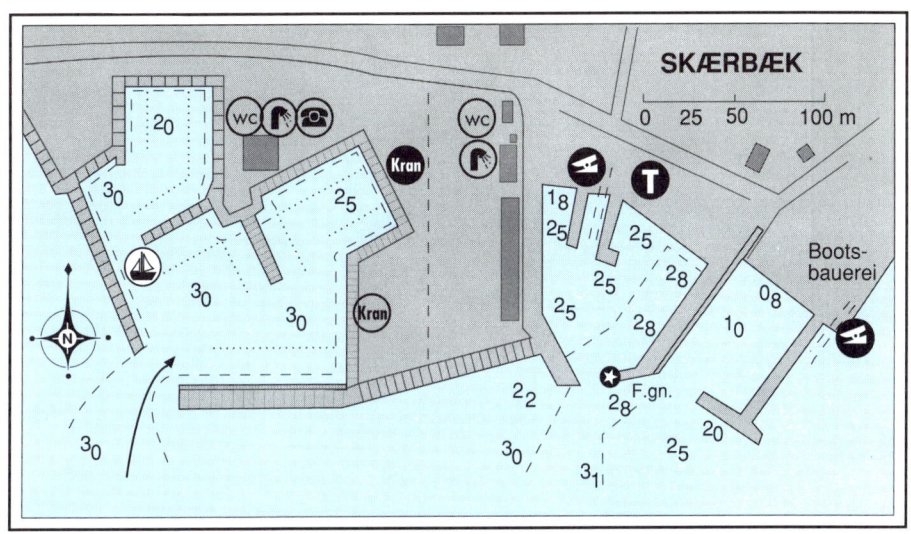

Fischereihafen (E-Seite) und Sportboothafen (W-Seite).

Gastliegeplätze im Sportboothafen.

Die Ansteuerung des Hafens ist bei Tag und Nacht möglich.

Wasser und Strom an den Stegen, Duschen und WC im Clubhaus und in der NE-Ecke des Sportboothafens, Tankstelle (D im Fischereihafen), Werft, Slip, Trailerbahn, Mastenkran, Kran (6,3 t), Telefon. Post, Bank, Einkaufsmöglichkeiten.

Wasserstände: E-Sturm + 1 m, W-Sturm - 0,8 m. Die Industriehäfen Skærbæksverkets Havn und Lyngs Odde Ammoniakhavn sind für Sportboote gesperrt.

Fredericia
Yachthafen (Erritsø)

55° 33,1' N
9° 43,8' E

DK-V-26

Seekarten D 16, 21, Dä 114, 158

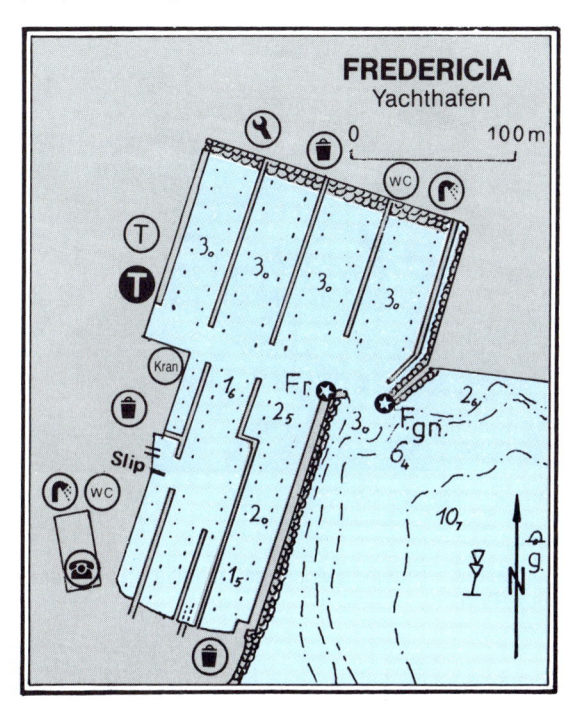

Moderner Yachthafen SW-lich vom Handels- und Industriehafen.

Es gibt in diesem Hafen wenig Platz für Gastboote, Liegemöglichkeit in freien Boxen oder nach Anweisung durch den Hafenmeister. Im Alten Hafen von Fredericia gibt es ca. 5 Gastliegeplätze, vom Aufsuchen dieser mitten im Industriegebiet gelegenen Plätze wird jedoch abgeraten.

Anlaufen des Yachthafens bei Tag und Nacht ohne Schwierigkeiten möglich. Die Molenköpfe des Hafens sind befeuert.

Wasser, Strom, Duschen, WC, Tankstelle (B + D), Slip, Einkaufsmöglichkeiten, Schiffsausrüster.

Wasserstände: N- bis E-Sturm + 1,4 m, S- bis SW-Sturm − 1,5 m.

Fredericia Yachthafen (Erritsø) von SE

ℹ️ Sehenswürdigkeiten: Fredericia Museum, Trinitatis-, St. Knuds- und St. Michaelis-Kirche, Prinses Port.

Brejning Yachthafen 55° 40,3' N 9° 41,5' E   DK-V-27

Seekarten D 18   Dä 114

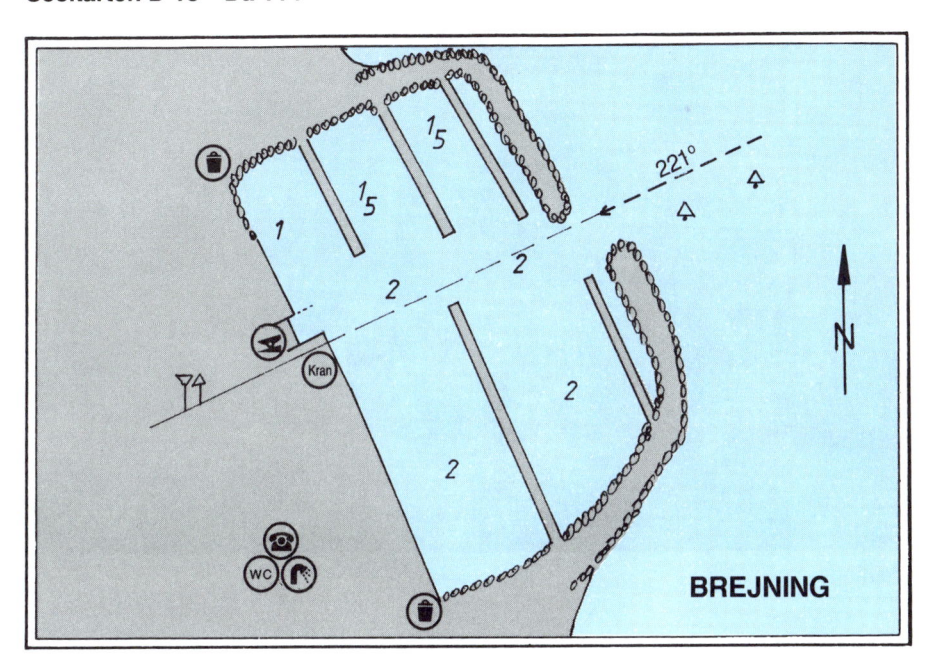

✳	Idyllischer kleiner neuer Yachthafen in landschaftlich schöner Umgebung.
⛵	Wenig Platz für Gastlieger. Hafengeld bis 21.00 Uhr im Clubhaus (Briefkasten) abgeben.
⚓	Die Zufahrt zum Hafen ist durch zwei rote Richtbaken (befeuert) bezeichnet (221°).
🏠	Wasser, Strom, Duschen, WC, Ablaufbahn. Kaufmann, Telefon, Mastenkran.
✺	Wasserstände siehe Vejle.
i	Bademöglichkeit und Wanderungen.

HH OIB 1993

Brejning

Vejle

55° 42,3' N
09° 33,4' E

DK-V-28

Seekarten D 18, DK 114.

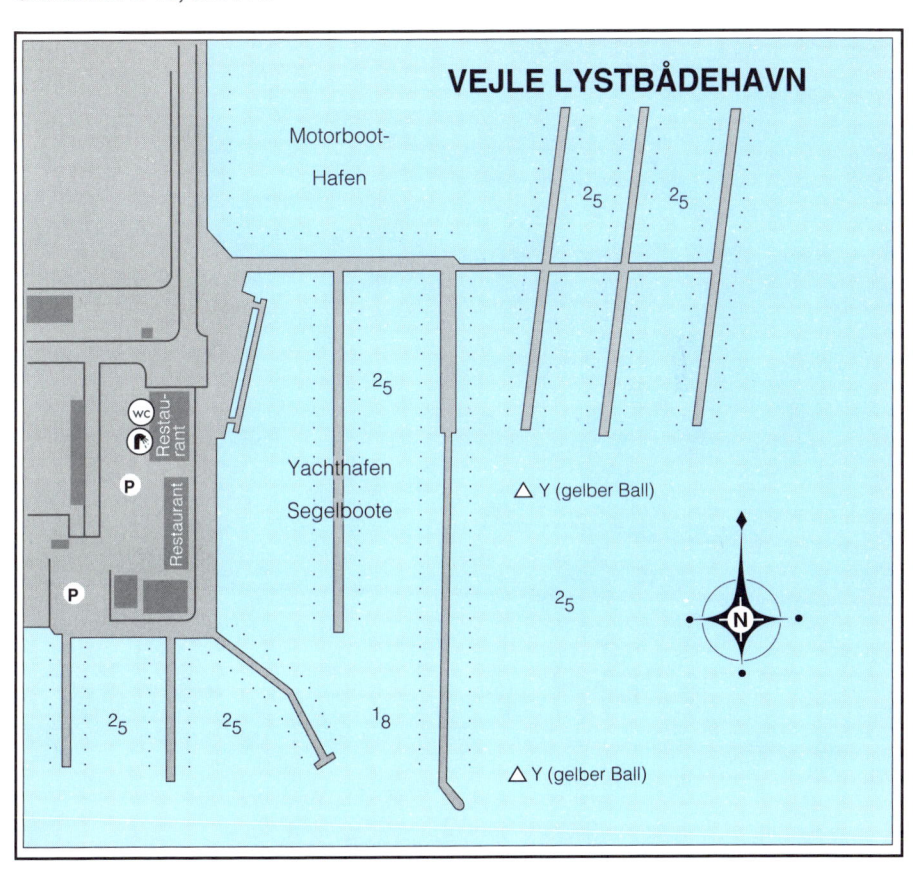

Handelshafen, Motorboot- und Yachthafen.

Gastliegeplätze in freien Boxen oder nach Anweisung durch den Hafenmeister.

Zum Hafen führt eine 7 m tiefe bezeichnete Baggerrinne. Etwa 0,6 sm vor dem Hafen überspannt eine Autobahnbrücke den Vejle Fjord.

Einkaufsmöglichkeit, WC, Wasser, Strom, Duschen, Müllbehälter, Motorenwerkstatt, Mastenkran, Kran, Slip, Trailerbahn, Tankstelle (D+B), Post, Telefon, Apotheke, Krankenhaus, Münzwaschmaschine.

⌘ Wasserstände: NW- bis NE-Sturm +1,6 m, S- bis SW-Sturm -1,4 m.

ⓘ Sehenwürdigkeiten: Vejle Kirche und Vejle Museum.

Brønsodde Havn 55° 42,4' N 9° 36,2' E   DK-V-29

Seekarten D 18, Dä 114

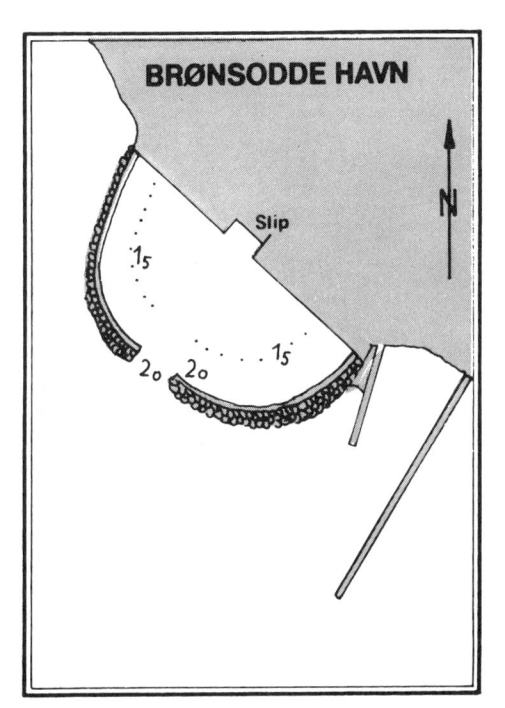

Kleiner privater Hafen der Børresens-Bootswerft.

Gastlieger unerwünscht.

Der am N-Ufer des Vejle Fjord gelegene Hafen ist bei Tage ohne Schwierigkeiten anzulaufen.

Werft, Slip. Segelmacher ca. 200 m SW-lich des Handelshafens.
Keine Versorgungsmöglichkeiten.

Wasserstände siehe Vejle.

HH OIB 1993

Brøndsodde Havn

Rosenvold

55° 40,5′ N
09° 48,9′ E

DK-V-30

Seekarten D 18, DK 114, 157

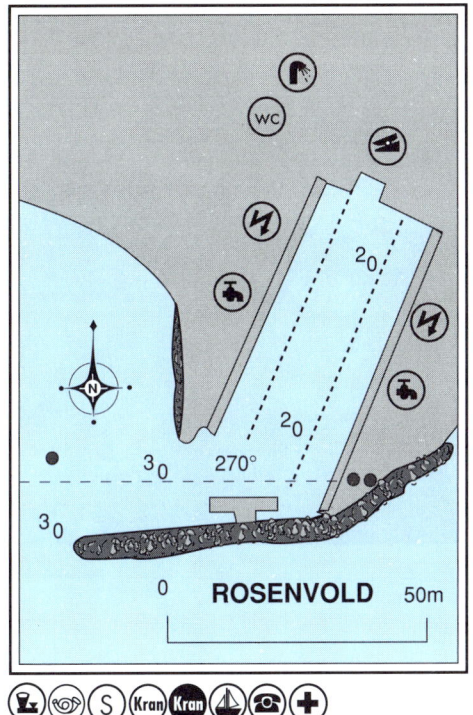

ROSENVOLD

Kleiner Sportboothafen in landschaftlich schöner Umgebung. Der Hafen ist im Privatbesitz des Gutes Rosenvold.

Wenig Platz für Gastboote.

Die Ansteuerung dieses am Rosenvold Pynt gelegenen Hafens ist nur bei Tag möglich. Beim Einlaufen in den Hafen gut freibleiben von den Molenköpfen. Ein Pfahl W-lich des Hafens sollte an Bb. gelassen werden. Zwei Richtbaken mit orangefarbenen Dreiecken (nachts nicht beleuchtet) ca. 270° in Linie.

Wasser und Strom an den Stegen, Duschen, WC, Trailerbahn. Einkaufsmöglichkeit beim nahegelegenen Campingplatz.

Stürme aus W bis SW senken den Wasserstand.

Beim Hafen gibt es gute Bademöglichkeiten. Die schöne Umgebung lädt zu ausgedehnten Spaziergängen ein. In Hafennähe liegt das über 400 Jahre alte Schloß Rosenvold.

Rosenvold

Juelsminde

55° 42,9' N
10° 01,0' E

DK-V-31

Seekarten D 18, DK 114

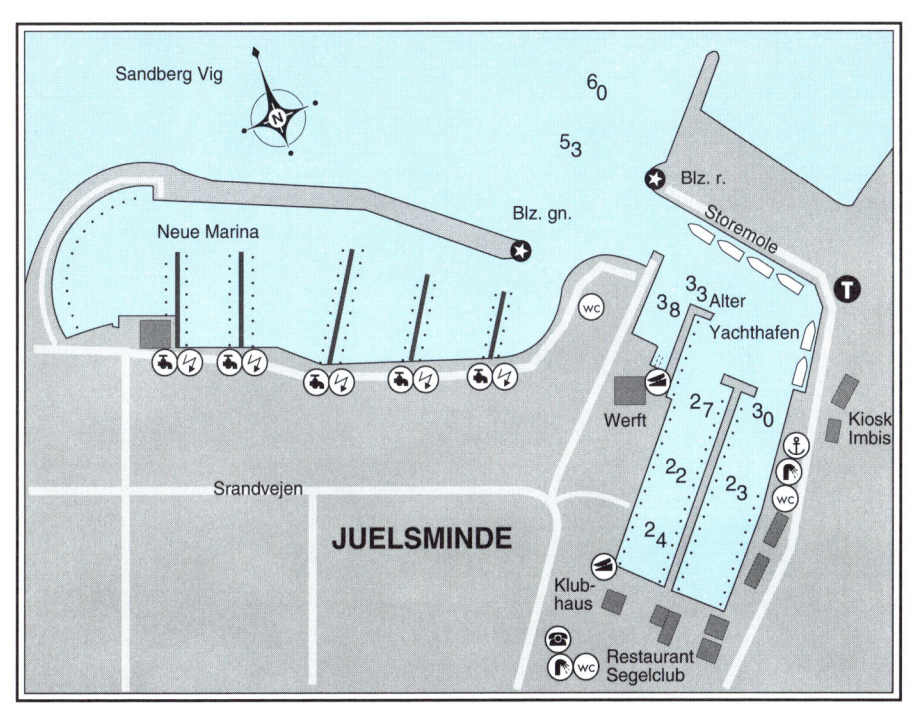

Alter Hafen und neue Marina.

Gastliegeplätze gibt es im alten Hafen und in der neuen Marina mit rot-grün-Beschilderung (Zur Zeit nur 3 Stege. Wasser und Strom an den Stegen; Eurostecker).

Die Ansteuerung des Hafens erfolgt aus E-licher Richtung. Dabei muß die Untiefentonne mit N-Toppzeichen des Bjørnsknude Flaks gut an Bb. freigehalten werden. Von dort mit etwa 250° den Hafen anlaufen. Der Kopf der N-Mole ist mit Blz.r. und die S-Mole ist mit Blz.gn. gekennzeichnet.

Wasser, Strom, Duschen und WC nur beim Hafenmeister mit Code-Karte. Tankstelle (D). Werft, Slip, Kran, Mastenkran, Motorenwerkstatt. Münzwaschmaschine, Fahrradverleih. Restaurant im Segelclub. Supermarkt.

Der Hafen neigt zur Versandung. Wasserstände:NW- bis NE-Sturm +1,5m, SE- bis SW-Sturm −1m. Der ca. 0,3 sm NW-lich gelegene Fährhafen ist für Sportboote gesperrt. Hafengeld im Hafenkontor entrichten. Schlüssel für Sanitärgebäude beim Hafenmeister erhältlich. Wenn das Sanitärgebäude verschlossen ist, kann die Einrichtung des Segelclubs benutzt werden.

i Fähre von und nach Kalundborg.

Endelave 55°45,8′N 10°16,4′E DK-V-32

Seekarten D 18, 19, DK 112, 114

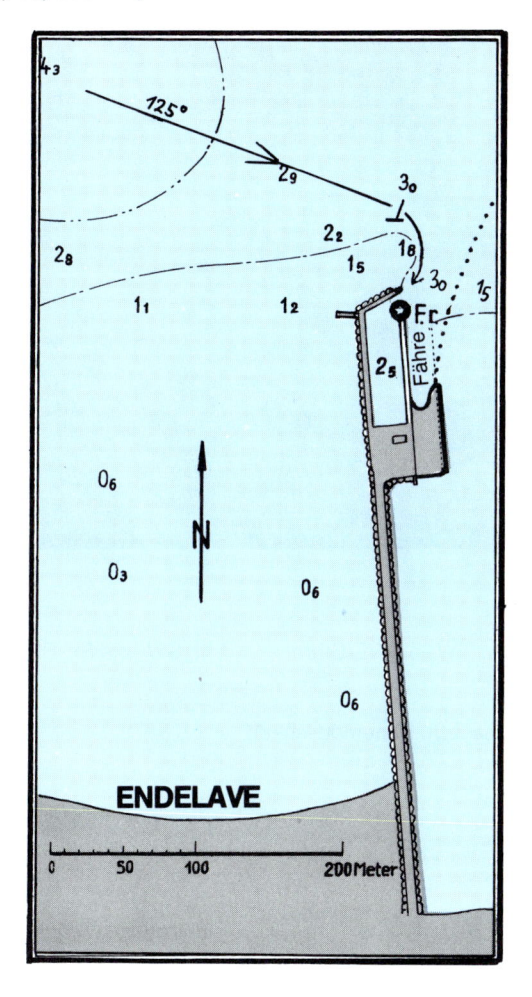

✲	Inselhafen mit Fähranleger und Liegemöglichkeiten für Sportboote. Der Hafen ist mit dem Land durch einen 300 m langen Damm verbunden.
⚓	Zum Hafen führt ein bezeichnetes Fahrwasser. Der Hafen kann bei Tag und Nacht angelaufen werden.
🏠	Wasser, Wasch- und WC-Gebäude, Einkaufsmöglichkeit. Tankstelle (B) am Molenende.

HH OIB 1993

Endelave von N

✣ Wasserstände: NW- bis NE-Sturm + 1,3 m, SW- bis SE-Sturm − 1 m.

ⓘ Fähre nach Snaptun. Bademöglichkeit.

Snaptun

55° 49,3' N
10° 03,2' E

DK-V-33

Seekarten D 17, 18, DK 114

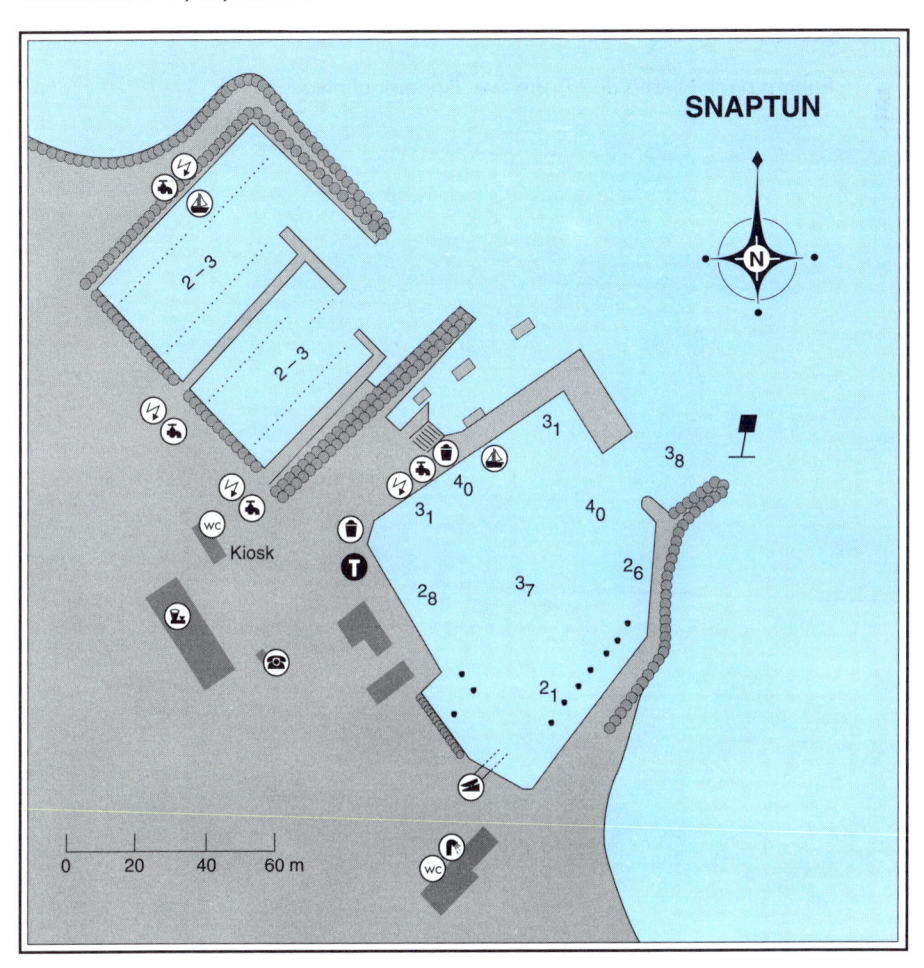

![Fischereihafen] Fischereihafen mit Liegemöglichkeiten für Sportboote.

![Segelboot] Liegemöglichkeiten für Gastboote an der N-Mole.

![Ansteuerung] Ansteuerung von SE durch den Hjarnö Sund. Die Hafeneinfahrt ist durch eine rote Tonne gekennzeichnet. S-lich der Tonne befindet sich eine Untiefe.

HH OIB 1993

Wasser, WC, Duschen, Tankstelle (B+D), Slip, Einkaufsmöglichkeit.

Wasserstände: NW- bis N-Sturm + 1,2 m, S-Sturm - 1,2 m. Bei E-Wind unruhiges Liegen im Hafen. Beim Anlaufen des Hafens muß mit starkem Querstrom gerechnet werden.

Fähren nach Hjarnö und Endelave. Bademöglichkeit.

Hjarnø 55° 49,4′ N 10° 3,9′ E   DK-V-34

Seekarten D 17, 18, Dä 114

Hjarnø

(K) (WC) (🚰)

Kleiner Inselhafen mit einem sehr engen Hafenbecken. Der Hafen ist mit der Insel durch einen ca. 150 m langen Damm verbunden.

Liegemöglichkeiten für Gastboote nur an der Außenseite der Mole. Wassertiefe ca. 2 m.

Der Hafen ist mit NE-lichem Kurs direkt aus dem Hjarnø Sund erreichbar.

Wasser, WC (sehr schlecht), Einkaufsmöglichkeit.

Beim Anlaufen des Hafens muß mit starkem Querstrom gerechnet werden.

Bademöglichkeit.
Fähre nach Snaptun.

HH OIB 1993

Horsens

55° 51,4' N
00 9° 52,1' E

DK - V - 35

Seekarten D 17, 18 Dä 114

Horsens Yachthafen

- Handelshafen mit vorgelagertem großen Yachthafen.

- In freien Boxen im Hafen.

- Nach Horsens führt eine ausgetonnte Fahrrinne. Der Einlaufkurs (auch Richtfeuerlinie) beträgt 281°.

- Wasser, Duschen, WC, Tankstelle (B + D), Werft, Slip, Kran, Telefon, Post, alle Versorgungsmöglichkeiten in der Stadt. Fahrradverleih. Telefon Hafenmeister: 75 62 10 14

- Wasserstände: NW- bis N- Sturm +1,5 m, S- bis SW-Sturm –1,0m.

- Nicht weit vom Yachthafen liegen in kurzen Abständen drei interessante Museen. Badestrand.

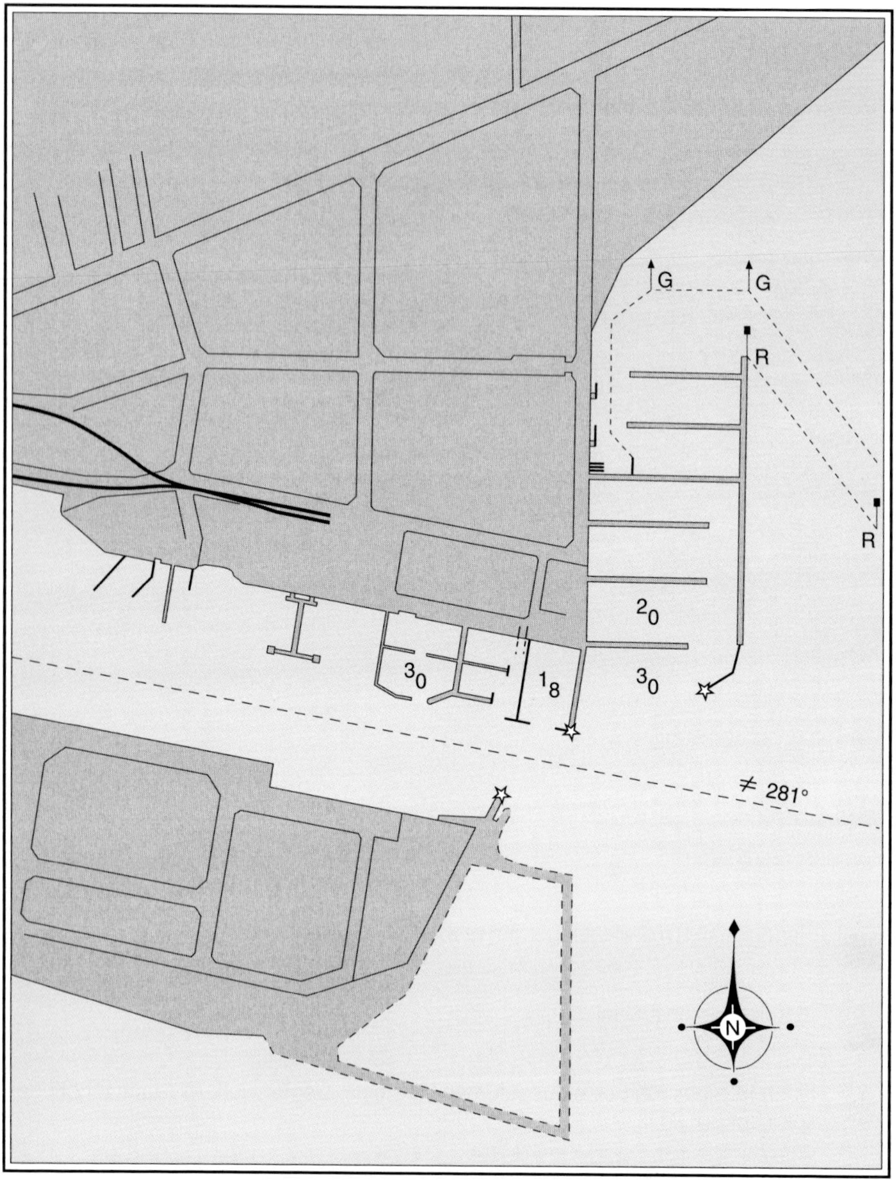
G
G
R
R
20
30
18
30
≠ 281°
N

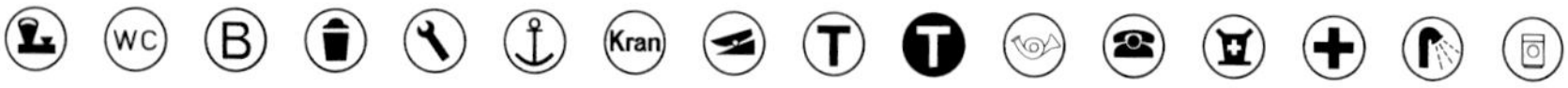
WC
B
Kran
T
T

Hov

55° 54,7' N
10° 15,4' E

DK-V-36

Seekarten D 19, Dä 112

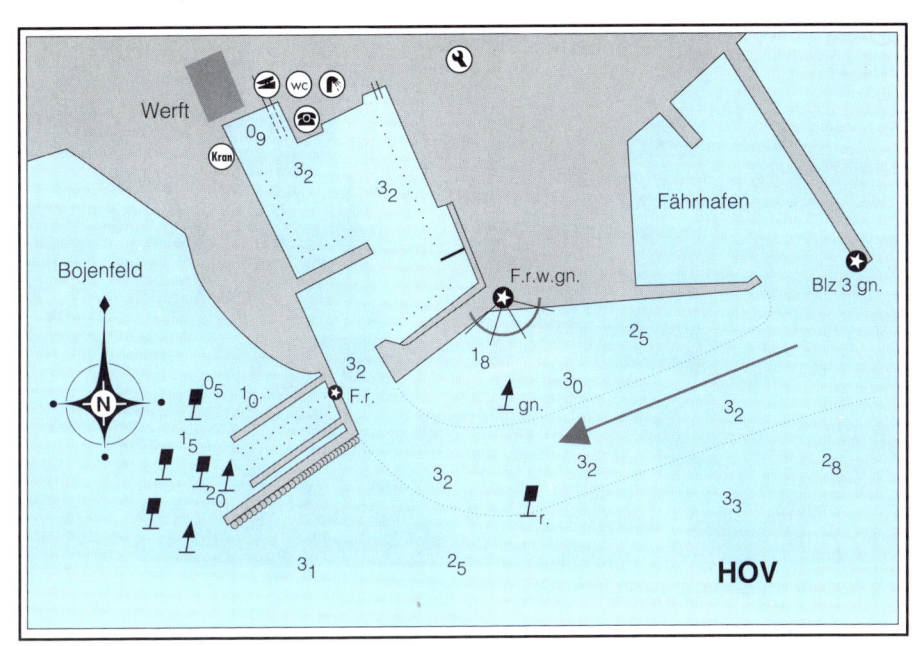

Fährhafen, Fischerei- und Sportboothafen.

Liegemöglichkeiten für Gastboote am N-Kai oder in freien Boxen nach Einweisung durch den Hafenmeister.

Das Anlaufen des Hafens ist bei Tag möglich von N oder S durch das Hov Løb. Nächtliches Anlaufen im weißen Sektor des Hov-Feuers aus SE.

Wasser und Strom an den Stegen, Duschen, WC, Tankstelle (0,5 km), Werft mit Laden für Bootszubehör, Slip, Motorenwerkstatt, Telefon, Post, Einkaufsmöglichkeit (Supermarkt im Ort), Bank, Kiosk/Imbiß am Hafen, Gasdepot.

Wasserstände: N-Sturm + 1m, S-Sturm - 1m. Bei starken E- und W- Winden setzt der Strom quer zur Hafeneinfahrt. Der ca. 150 m weiter NE-lich gelegene Fährhafen ist für Sportboote gesperrt.

Fähren nach Tunø und Samsø. Bademöglichkeit.

Hov (rechts im Bild der neue Fährhafen)

Norsminde 56° 1,4' N 10° 15,8' E   DK-V-37

Seekarten D 19, Dä 112

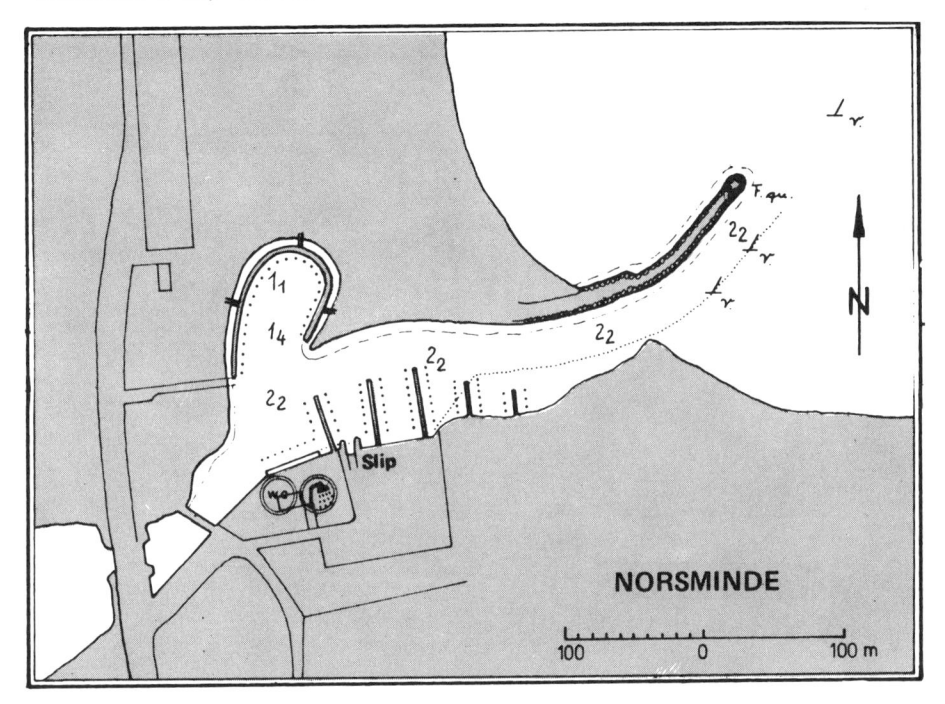

Kleiner idyllischer Sportboothafen ca. 9 sm S-lich von Århus.

Wenig Platz für Gastboote.
Die ersten beiden Stege einlaufend an Bb. sind privat.

Die Zufahrt zum Hafen ist ausgetonnt. Sie unterliegt ständiger Versandung. Das der Küste vorgelagerte Norsminde Flak ist zu beachten. Hafen nach Passieren des Flachs in SW-licher Richtung ansteuern. Nächtliches Anlaufen ist nur bei Ortskenntnis ratsam. Im Hafen setzt starker Strom, der das Manövrieren schwierig macht.

Wasser und Strom an den Stegen, Duschen, WC, Tankstelle (D), Slip, Einkaufsmöglichkeit.

Bei E-lichen Winden und durch Versandung können in der Einfahrt geringere Tiefen angetroffen werden. Guter Ankerplatz N-lich der Steinmole.

Bademöglichkeit in Hafennähe.

Norsminde

Århus 56° 09,7' N
10° 13,9' E

DK-V-38

Seekarten D 19, DK 103 112

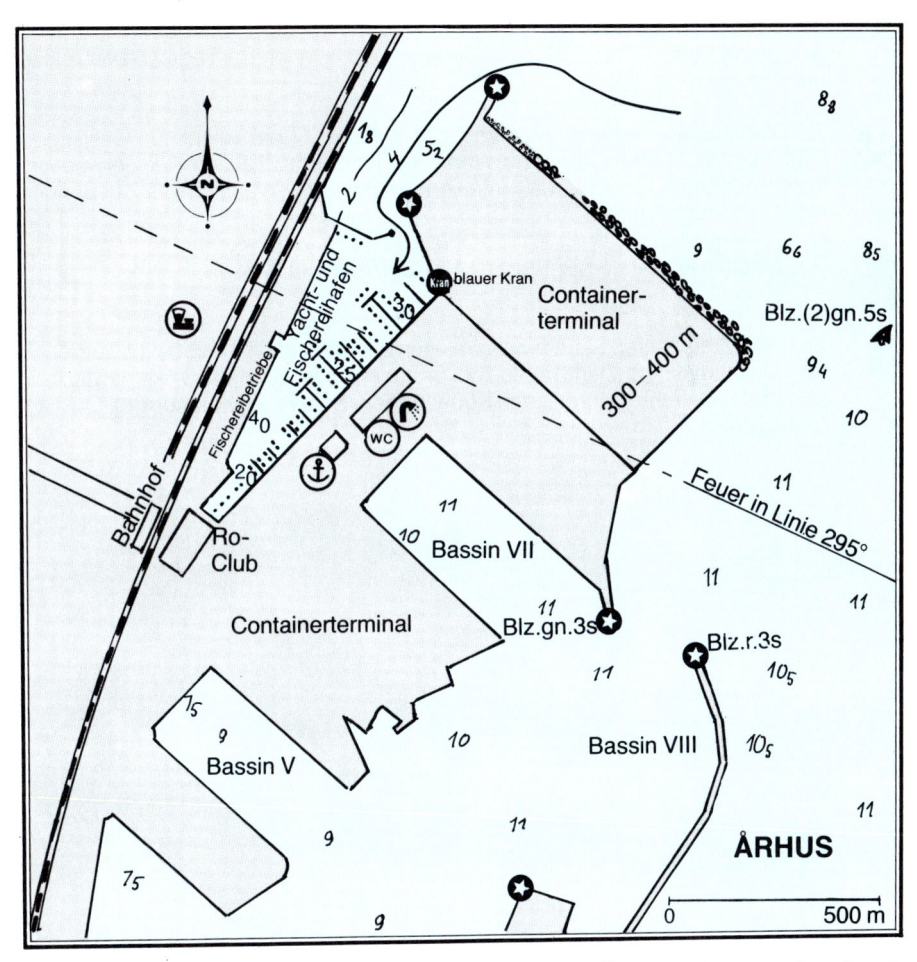

Großer Handelshafen, Fährhafen. Fischerei- und Yachthafen (Plan).

Gastplätze sind grün ausgeschildert oder werden vom Hafenmeister angewiesen (Zufahrt für Rollstuhlfahrer). Der Hafenmeister ist morgens gegen 7.00 Uhr und nachmittags von 18-19.00 Uhr anwesend.

Die Ansteuerung des Hafens ist bei Tag und Nacht ohne Schwierigkeiten möglich. Die NW-liche Abgrenzung des Containerterminals durch eine Steinmole ist (lt. Skippermeldung 7/88) noch nicht befeuert und ist auch bei Tage schwer auszumachen.

Am Yachthafen mehrere Seglerheime. Wasser, Strom (nicht für Gastlieger), Duschen, WC, Tankstelle (B+D), Werft, Slip, Kran, Post, Telefon. Alle Service- und Versorgungsmöglichkeiten im Hafen oder in der Stadt. Wahlkonsulat der Bundesrepublik Deutschland.

Wasserstände: W- bis NW-Sturm +1 m, SE-Sturm −0,8 m.

Zu den bekanntesten Sehenswürdigkeiten der Stadt zählt die liebevoll hergerichtete Museumsstadt „Den Gamle By". Sehenswert ist auch das Wikingermuseum und die Domkirche. Fähren nach Kopenhagen, Kolby Kås, Kalundborg, Oslo und Skødshoved.

Marselisborg Havn 56°8,3' N   10°13,2' E   DK-V-38a

Seekarten D 19, NV 3, DK 103, 112

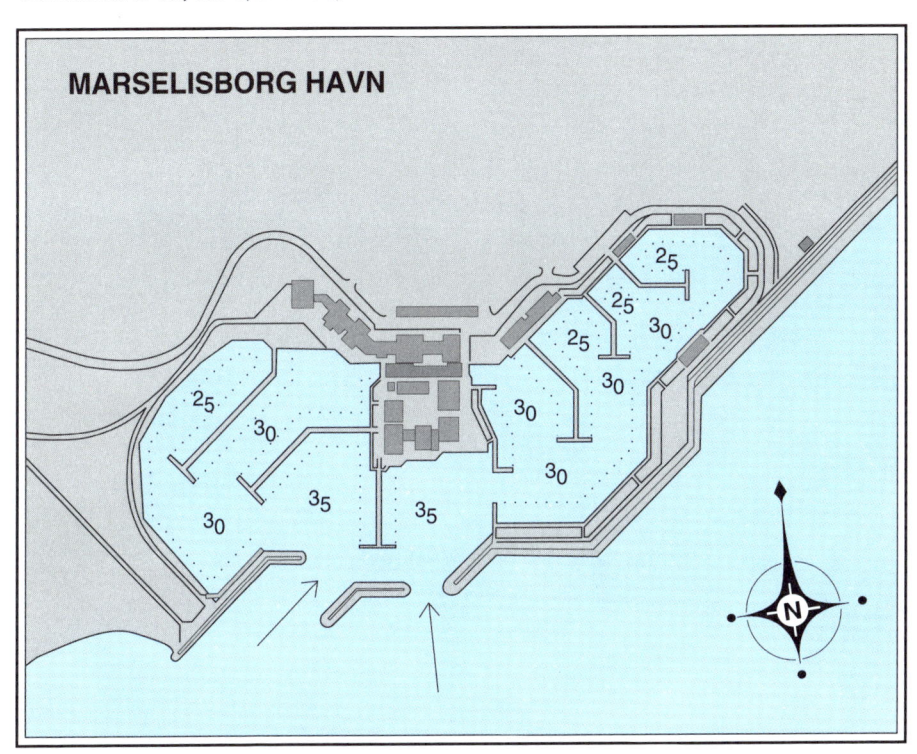

	Yachthafen S-lich des Handelshafens von Århus.
	Gastliegeplätze mit rot/grün Beschilderung.
	Ansteuerung erfolgt aus S-licher Richtung.
	Wasser und Strom an den Stegen, Duschen, WC, Münzwaschmaschine und Trockner, Supermarkt, Restaurant, Schiffsausrüster.
	Marselisborg hat zwei neue Ein- und Ausfahrten.
	Sehenswürdigkeiten siehe Århus.

HH OIB 1993

Egå Marina

56°12,4′N
10°17,2′E

DK-V-39

Seekarten D 19, Dk 103, 112

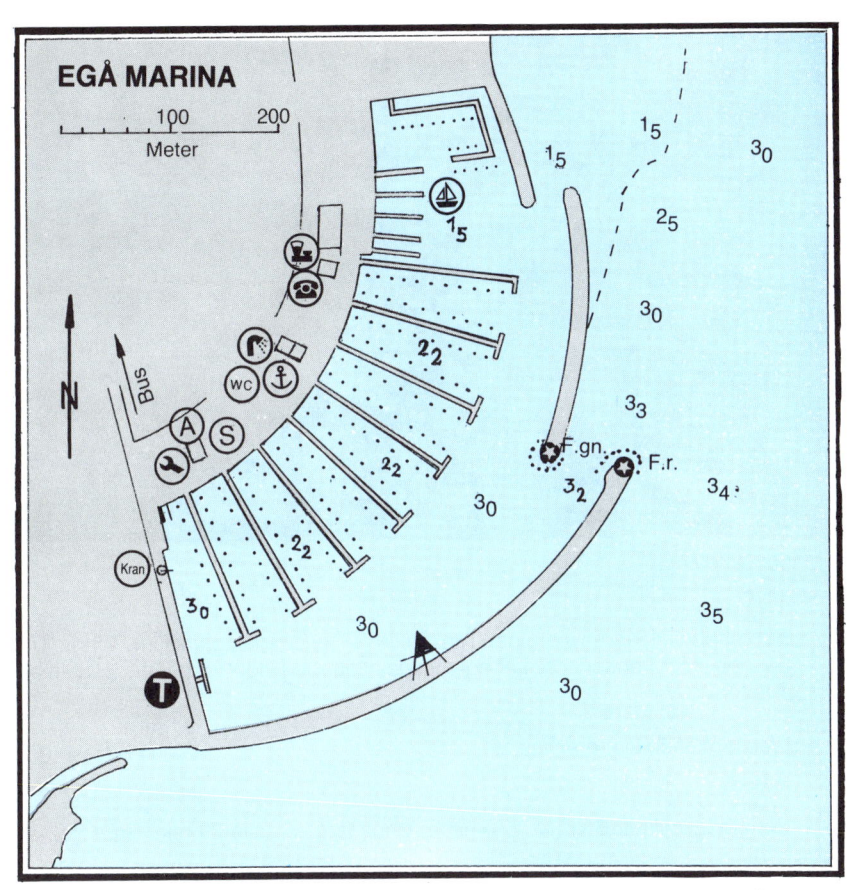

❄	Großer Yachthafen N-lich von Århus.
⛵	Liegemöglichkeiten für Gastboote in freien Boxen an den verschiedenen Stegen.
☸	Ansteuerung des Hafens bei Tag und Nacht möglich. Dabei muß das durch gelbe Tonnen bezeichnete E-lich des Hafens gelegene Sperrgebiet beachtet werden.
🏠	Wasser und Strom an den Stegen, Sanitärgebäude mit Duschen und WC. Servicepier mit zwei Mastenkränen, einem stationären Kran (3 t), einem Travellift (15 t) mit

HH OIB 1993

Egå Marina

Bootshebeanlage sowie einer Tankstelle (D + Zweitaktgemisch). Werft, Trailerbahnen, Motorenservice, Lebensmitteleinkauf und Bootszubehör, Segelmacher. Telefon.

Wasserstände siehe Århus.

Bademöglichkeit. Bus (Nr. 56) nach Århus (Mo.-Fr. alle 20 min, Sa.+So. alle 30 min).

Kaløvig Yachthafen 56° 14,8′ N 10° 20,8′ E   DK-V-40

Seekarten D 19, Dä 112

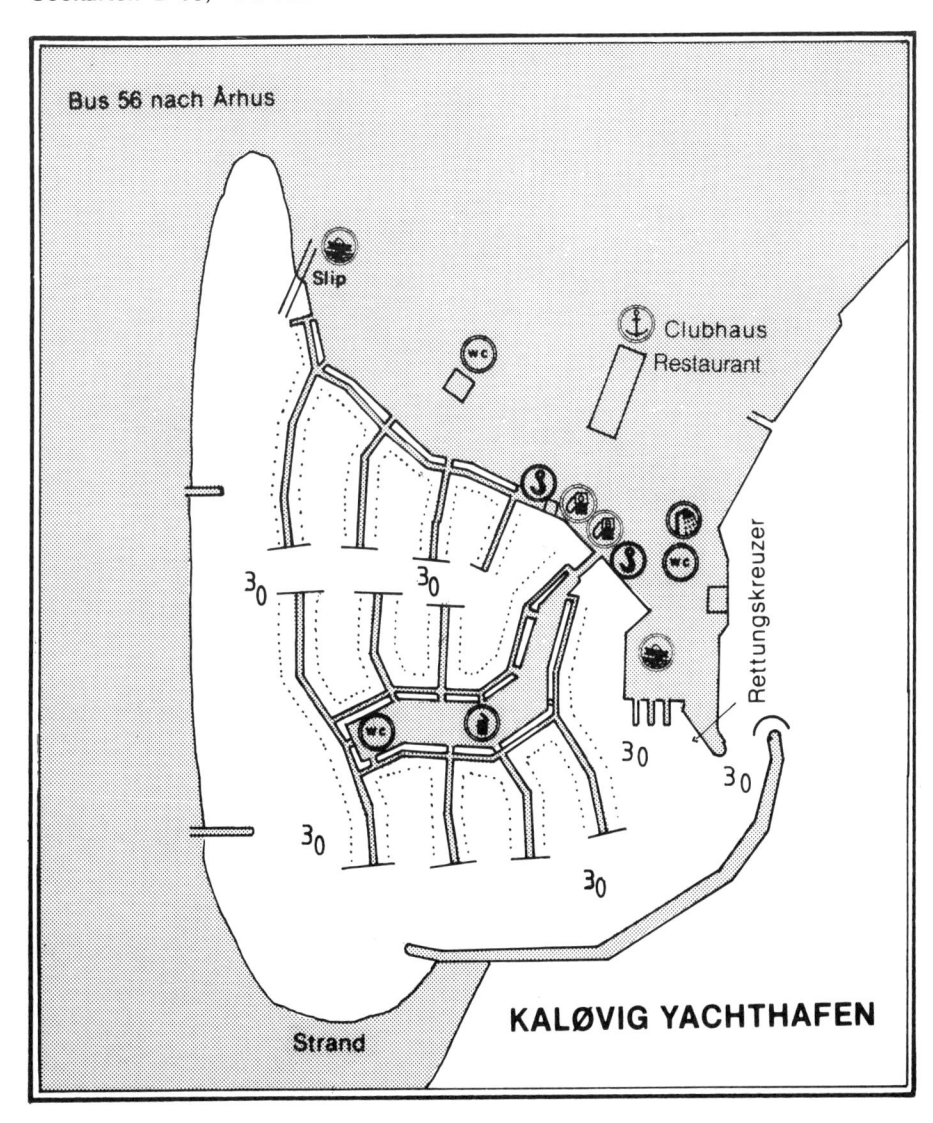

Neuer und architektonisch reizvoll angelegter großer Yachthafen mit 470 Liegeplätzen unmittelbar S-lich des Studstrup Kraftwerks.

Kaløvig Yachthafen

⛵ Liegemöglichkeiten in freien Boxen oder nach Anweisung durch den Hafenmeister (Tel.: 06/99 19 67).

⚓ Die Zufahrt zum Kraftwerk, dessen Schornsteine weit zu sehen sind, ist bezeichnet. Von der ersten grünen Tonne zum Kraftwerk kann man direkt auf den weißen Aussichtsturm im Hafen und damit auf die Einfahrt des Yachthafens zuhalten.

🛠 Wasser und Strom an den Stegen, Duschen, WC, Tankstelle (B + D), Kran (4 t), Mobilkran, Bootszubehör und Lebensmittel.
Kaufmann (Skæring Strand ca. 1 km oder Skødstrup ca. 3 km), Post und Bank in Skødstrup/Løgten, Bootszubehör (O. Hansen, Ønsbækvej 16, Studstrup, Tel.: 06/99 15 10).

ℹ️ Bademöglichkeit S-lich vom Hafen. Bus Nr. 56 nach Århus (Haltestelle Åstrup Strandvej).

Nappedam Yachthafen DK-V-41
56° 16,7' N   10' 29,7' E

Seekarten D 19,   Dä 112

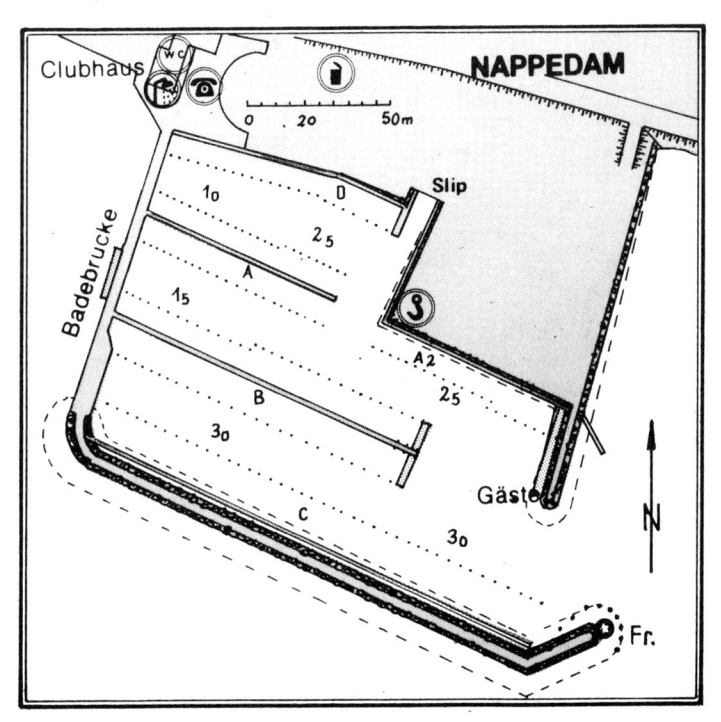

[WC] [i] [$] [boat] [anchor] [camera] [shower] [fuel] Altöl

[sailboat icon]   Gastliegeplätze einlaufend an Stb. an der E-Mole oder auf durch grüne Schilder gekennzeichnete Plätze.
Hafengeld 1984: 25,– bis 45,– DKr.

[wheel icon]   Anlaufen des Hafens auf der Kalø Vig kommend durch die befeuerte und betonnte Rinne SE-lich von Rønsten. Von der zweiten roten Tonne kann man direkt auf den befeuerten Molenkopf zuhalten.

[supply icon]   Wasser und Strom an den Stegen, Duschen, WC, Slip, Mastenkran. Telefon und Fahrradverleih im Clubhaus. Einkaufsmöglichkeit, Bank, Post und Apotheke in Rønde (ca. 3 km).

[i icon]   Gute Bade- und Ausflugsmöglichkeit (Kalø Burgruine).

HH OIB 1993

Nappedam Yachthafen

Knebel Vig Bro
56° 12,3' N
10° 28,4' E

DK-V-42

Seekarten D 19, Dä 112

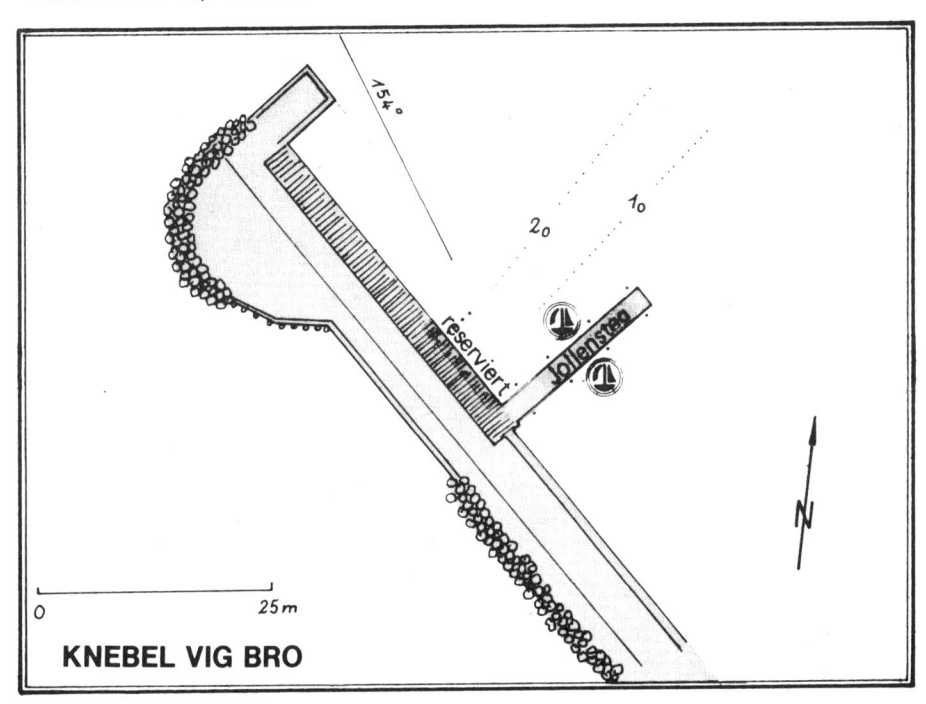

KNEBEL VIG BRO

Ⓚ (WC) 📞 🚿

- Kleine Anlegebrücke mit Platz für ca. 5 Yachten im SE der Knebel Vig.

- Von der grünen Tonne mit Stb.-Topzeichen in der Enge zur Knebel Vig läuft man mit 122° auf die in einer Baumgruppe stehende Kirche (weißer Turm mit grünem Dach) zu, bis das größte Gebäude (Post) 154° peilt. Mit diesem Kurs weiter zum Anleger laufen.

- WC, Post, Telefon, Cafeteria. Tankstelle ca. 500 m. Einkaufsmöglichkeit in Knebel (1,5 km).

- Hafen ist bei NE-lichen Winden ungeschützt.

HH OIB 1993

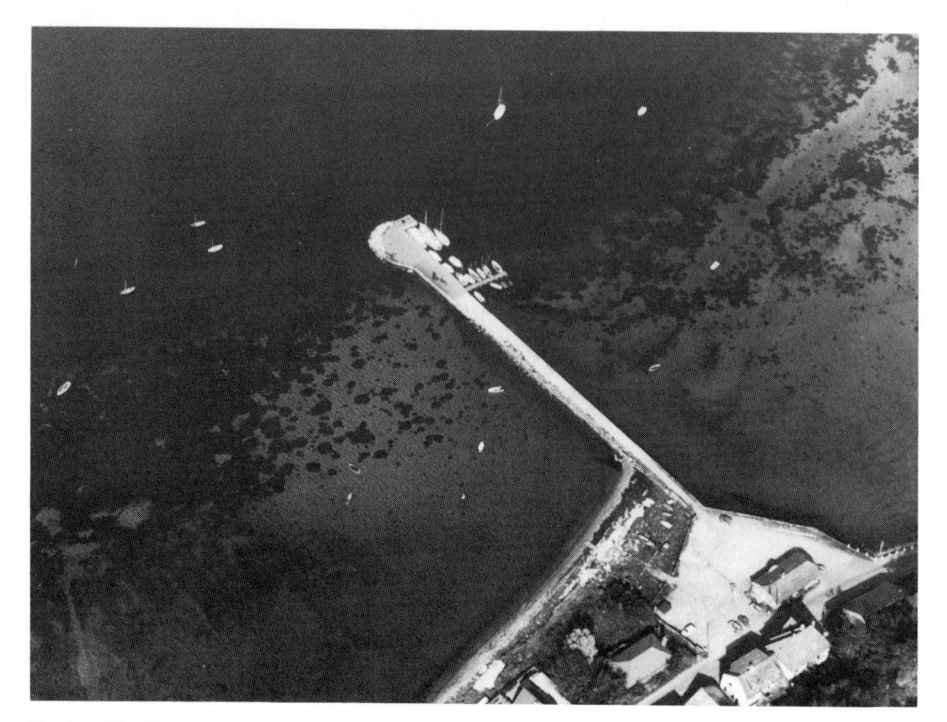

Knebel Vig Bro

Skødshoved 56° 10,9′ N 10° 22,5′ E   DK-V-43

Seekarten D 19, Dä 112

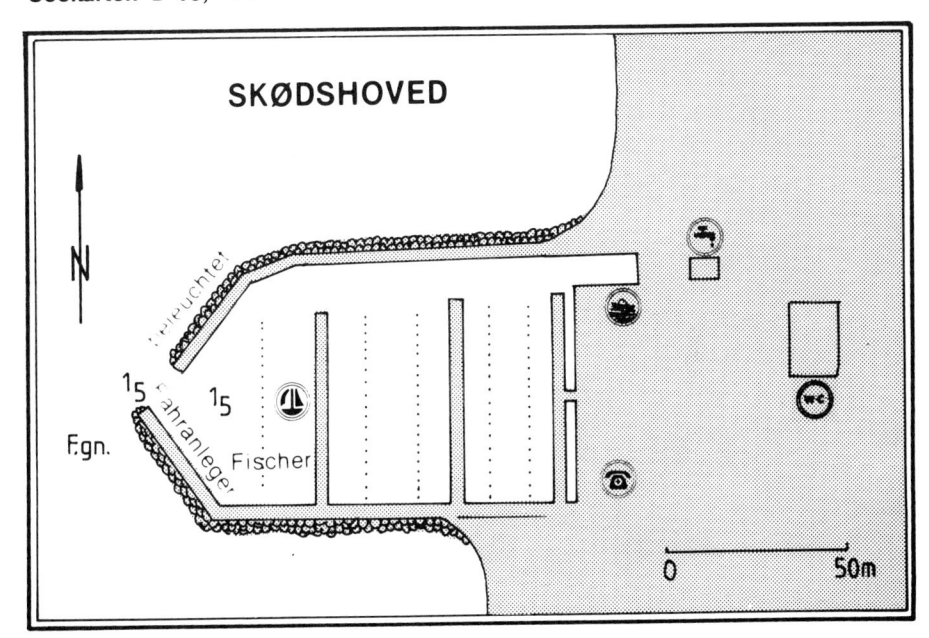

![map of Skødshoved harbour]

- Kleiner Sportboothafen in einem landschaftlich reizvollen Ferienhausgebiet im W-Teil der Halbinsel Mols.
- Zwei Gastplätze an dem 1. Steg bzw. nach Anweisung durch den Hafenmeister (H. Sørensen, Tel.: 06/35 15 82).
  Hafengeld wird bereits nach 1 Stunde fällig.
- Der Hafen ist nur für Boote mit max. 1,3 m Tiefgang erreichbar. Achtung, es liegt eine Barre vor der Hafeneinfahrt.
- Wasser, WC, Ablaufbahn. Strom an den Stegfüßen. Kiosk, Restaurant, Einkaufsmöglichkeit ca. 150 m (nur im Sommer).
- Bademöglichkeit in Hafennähe. Tved Kirke (5 km). Gute Ausflugsmöglichkeiten entlang der Küste. Bootsfähre nach Århus, Bus nach Ebeltoft und Århus.

Skødshoved

Ebeltoft

56° 11,7' N
10° 40,2' E

DK-V-44

Seekarten D 19, 20, DK 103, 112

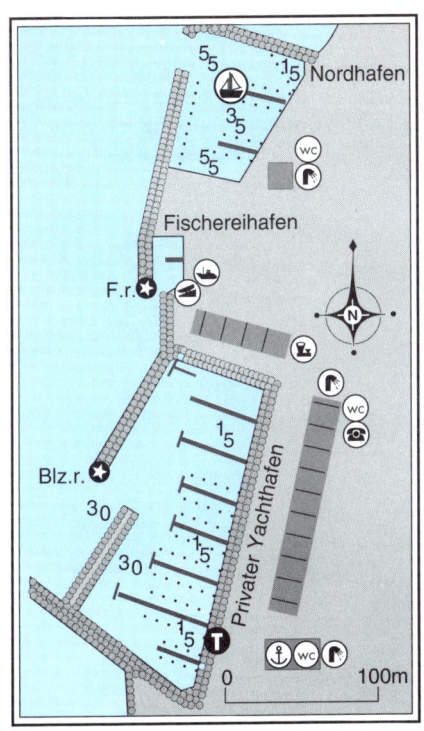

	Großer Yachthafen. N-lich des Yachthafens befindet sich ein kleiner Fischereihafen und der N-Hafen.
	Liegemöglichkeiten für Sportboote an den Stegen im Yachthafen und an zwei Schwimmbrücken im N-Hafen (lt. Seglermeldung nur für Boote bis 3 m Breite).
	Die Ansteuerung des Hafens erfolgt mit N-Kurs in die Ebeltoft Vig bis zur grünen Tonne NW-lich von Sandhagen. Von dort mit 97° zur grünen Tonne N-lich von Sandhagen und mit 114° weiter zum Yachthafen. Als gute Orientierungshilfe bei Tag dienen die vielen roten Spitzgiebelhäuser direkt am Hafen. Bei Nacht in einem der beiden weißen Sektoren des Ebeltoft Vig Feuers nach N bis in die Richtfeuerlinie (103,7°) von Ebeltoft und in dieser bis zur unbeleuchteten grünen Tonne N-lich von Sandhagen und mit 114° weiter zum Yachthafen (N-Molenkopf Blz.r.) laufen. Zum N-Hafen läuft man von der grünen Tonne mit 75°, bis das N-Hafen Richtfeuer (143° 2 F.gn.) in Linie kommt. Danach läuft man mit diesem Kurs in den Hafen ein.

Wasser und Strom an den Stegen, Duschen, WC, Tankstelle (B+D), Werft, Slip, Trailerbahn, Mastenkran, Motorreparatur, Schiffsausrüster, Einkaufsmöglichkeit, Telefon, Gas.

Wasserstände: NW-Sturm +1,5 m, E-Sturm −1 m. Der Fährhafen ca. 2,5 sm S-lich von Ebeltoft ist für Sportboote gesperrt.

Die Stadt bietet zahlreiche Sehenswürdigkeiten, besonders erwähnenswert ist die Fregatte „Jylland" ca. 150 m N-lich des N-Hafens, das Museum und das alte Rathaus. Hier ziehen im Sommer allabendlich zwei historische Stadtwachen mit ihrem Gesang das Touristeninteresse auf sich.

Øer

56° 09,3' N
10° 40' E

DK-V-44a

Seekarten D 19, 20, NV 3, DK 102, 103, 112

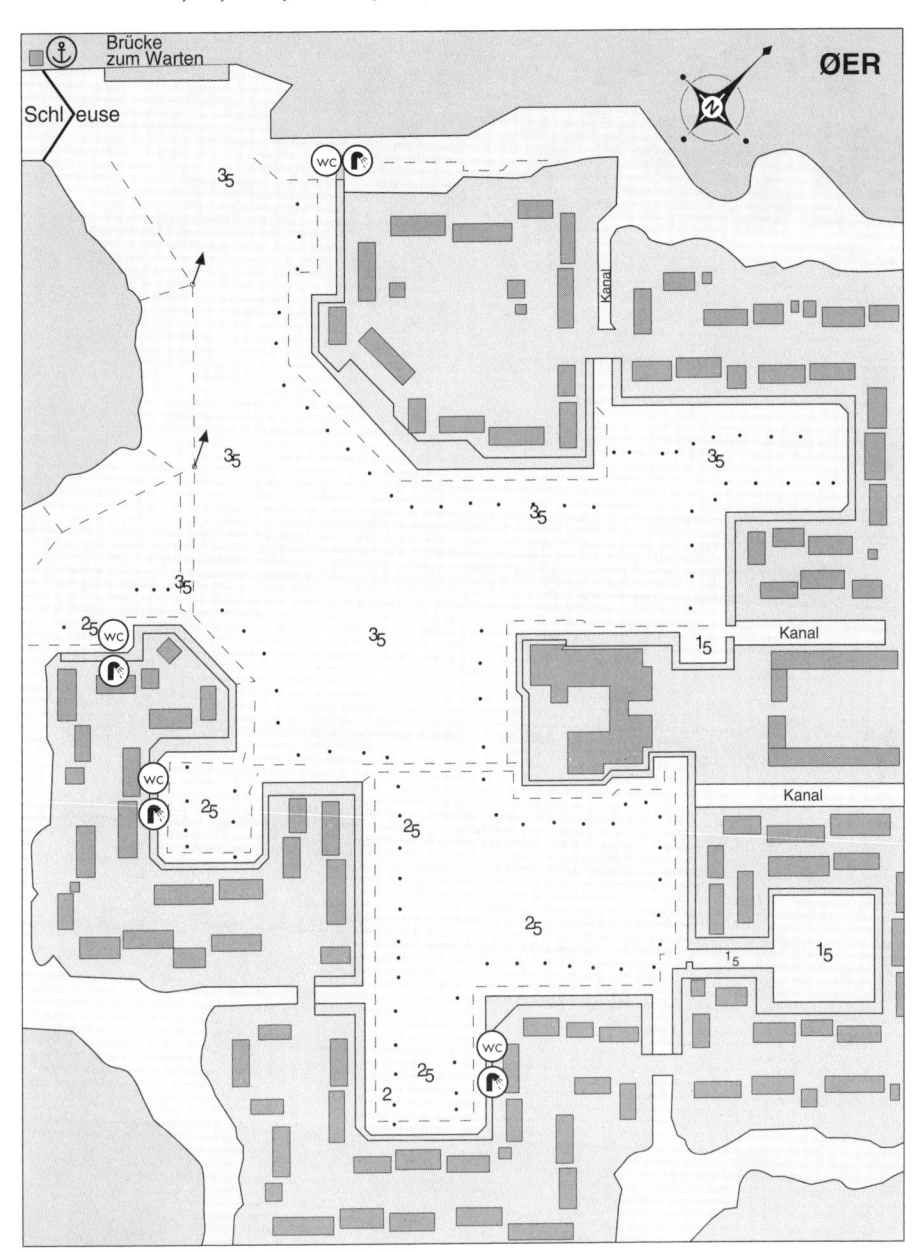

Øer

※ Yachthafen mit Ferienwohnungen.

⚓ Gastplätze.

☸ Von Süden kommend liegt der Hafen vor dem Ebeltoft-Fährhafen. Von der rot/weißen Ansteuerungstonne mit Balltopzeichen (56° 08,84' N 10° 39,9' E) führt eine durch Tonnenpaare bezeichnete 3,5 m tiefe Rinne, die dann weiter in einen Kanal bis zur Schleuse führt. Die Schleuseneinfahrt ist schwer auszumachen. Die freie Breite der Schleuse beträgt 7,5 m, die Länge 30 m. Das Hafenkontor liegt unmittelbar neben der Schleuse. An beiden Seiten der Schleuse gibt es Wartebrücken.

🏠 Wasser und Strom an den Stegen, Duschen (dkr. 5,-), WC, Telefon. Umfangreiches Freizeitangebot.

✿ Die Hafengebühren betragen inklusive Schleusen und eine Übernachtung für Yachten bis 10 m dkr. 125,- und für Yachten über 10 m dkr. 175,-. Weitere Übernachtungen kosten dkr. 85,-.

ℹ Weitere Informationen können bei der Reception eingeholt werden. Diese liegt an der Mittelmole an der SE-Seite des Hafens.

Grenå 56° 24,7' N 10° 55,7' E DK-V- 45

Seekarten D 24, 102

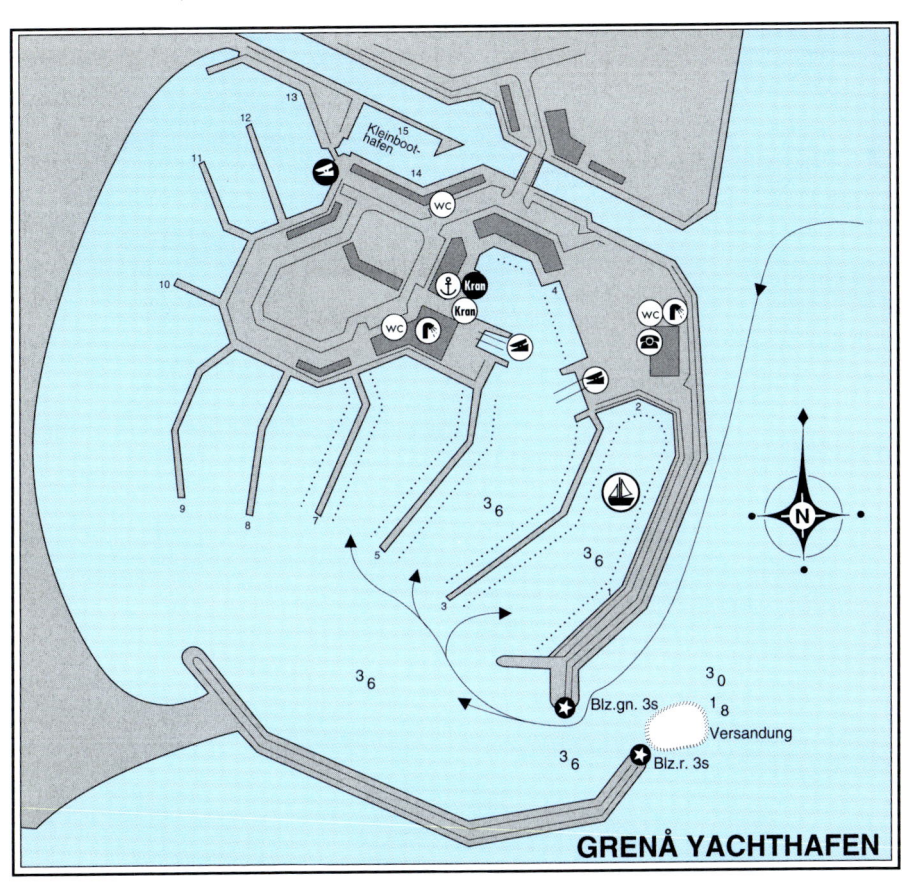

GRENÅ YACHTHAFEN

✴	Fähr-, Fischerei- und Handelshafen. Yachthafen S-lich des Fährhafens.
⛵	Gastplätze im neuen Yachthafen. Größere Yachten können nur an der E-Mole festmachen.
⚓	Von der rot/weißen Ansteuerungstonne hält man mit W-lichem Kurs direkt auf den Yachthafen zu. Vorsicht, die Hafeneinfahrt neigt stark zur Versandung.

HHO IB – Nachtr. 1994

Yachthafen: Wasser und Strom an den Stegen, Duschen, WC, Trailerbahn, Kran, Mastenkran, Tankstelle (D-Automat). Telefon, Post, Zoll am Fährterminal. Werft, Slip, Kran im N-Hafen. Einkaufsmöglichkeit im Ort. Telefon Hafenmeister: 86 32 72 55.

Wasserstände: NW- bis N-Sturm +1,1 m, E- bis S-Sturm -1,2 m. Der Hafen ist beliebtes „Sprungbrett" auf dem Weg nach Anholt. Die im Plan angegebenen Brücken im W-Teil des Hafens existieren noch nicht.

Fähren nach Helsingborg, Varberg, Hundested und Anholt. Kinderfreundlicher Badestrand S-lich des Hafens.

Anholt   56°42,9'N   11°30,7'E   DK-VII-1

Seekarten D 24, DK 100, 102

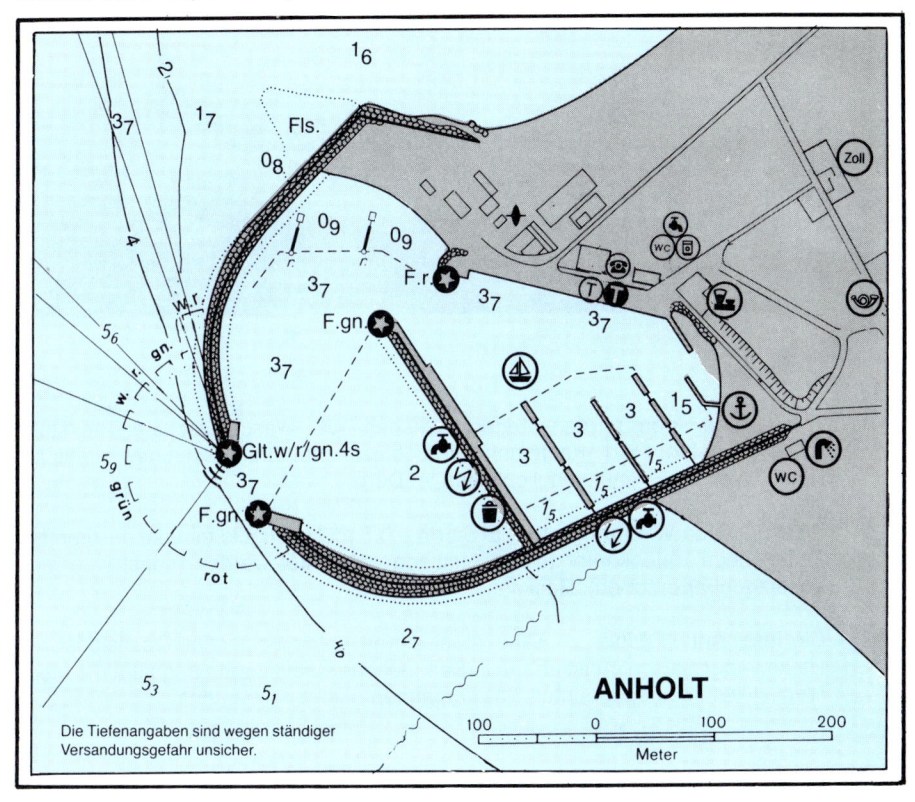

Die Tiefenangaben sind wegen ständiger Versandungsgefahr unsicher.

![] Fischerei-, Fähr- und Sportboothafen.

![] Liegemöglichkeiten an allen Schwimmbrücken und an der Mittelmole.

![] Der Hafen kann bei Tag und Nacht angesteuert werden. Eine gute Ansteuerungsmarke bei Tag ist der in Hafennähe stehende und weithin sichtbare Radarturm, der in der Seekarte nicht verzeichnet ist.

Anholt

🏠 Wasser und Strom an den Stegen, Duschen, WC, Waschmaschine, Tankstelle (B+D), Telefon, Post. Kaufmann mit Bootszubehör und Restaurant direkt am Hafen. Weitere Einkaufsmöglichkeiten im Dorf.

✽ Wasserstände: W-Sturm + 1 m, E-Sturm – 0,8 m. Hafengeld muß zu bestimmten Zeiten beim Hafenkontor (siehe Aushang) entrichtet werden (sonst wird eine Zusatzgebühr erhoben). Heckanker klarhalten.

ℹ Die Insel Anholt mitten im Kattegat ist ein beliebtes Seglerziel. Deshalb ist der Hafen in der Saison meist überfüllt. Sehr schöne Badestrände rings um die Insel. Möglichkeit zu ausgedehnten Spaziergängen. Fähre nach Grenå.

Bornholm DK-VIII

Die dänische Insel Bornholm vor der schwedischen S-Küste ist 16 sm lang und 12 sm breit. Fast an der gesamten Küste steigt das Land steil an. Nur die Gegend um Dueodde, der S-Spitze der Insel, ist niedrig und sandig. Die höchste Erhebung von Bornholm ist Rytterknägten, 162 m hoch mit einem Aussichtsturm. Außer im S-Teil reichen fast überall große Wassertiefen bis unter die Küste. Bei unsichtigem Wetter ist deshalb besonders vorsichtig zu navigieren.

Durch sein günstiges Inselklima und das wärmere Wasser als an der Festlandküste ist Bornholm ein Touristenzentrum in der S-lichen Ostsee.

Der Wind weht im Sommer im allgemeinen an der Leeseite der Insel stärker als auf der Luvseite.

Die Strömung richtet sich nach dem Wind. In der Nähe von Hammeren sind bei NW-Wind starke S-liche Stromversetzungen beobachtet worden, die zu Strandungen S-lich und SO-lich von Hammeren geführt haben.

Landmarken sind der Funkturm, etwa 2 sm NW-lich des Aussichtsturms von Rytterknägten, die Leuchttürme und die Kirchen. Die Rundkirchen (Festungen) sind für die Insel typisch.

Das Gebiet um Bornholm ist magnetisch gestört. **Gebiete unsicherer Mißweisung s. Krt.**

Versenkte Munition, darunter Gasmunition und Behälter mit Kampfstoffen, liegt im Seegebiet W-lich und O-lich von Bornholm und Christiansö, Gebiete s. Krt.

Verkehrssignale für die Häfen s. Lfv. IA Anhang.

Sperrsignal: Am Tage ein schwarzer Ball, nachts 3 rote Lichter senkrecht.

Allgemeine Angaben und Vorschriften von Dänemark s. Hafenhandbuch Ostsee, Band I. Die Hafengebühren für Boote unter 10 m Länge betragen in allen Häfen 50 DKr (1986). Mehrrumpfboote zahlen 50% Aufschlag.

Westküste von Bornholm

Hammeren, das N-Ende von Bornholm hat einen mehr als 80 m hohen Bergrücken, der nach SW steil abfällt. Hammerodde ist die N-lichste Huk von Hammeren. Hammerodde-Leuchtturm auf dieser Huk; Funkfeuer. Hammeren-Leuchtturm steht 1 sm SSW-lich von Hammerodde. Die Küste weiter S-lich bis Hasle ist steil und stellenweise 70 m hoch; der davor liegende Strand ist meist sehr schmal, an manchen Strecken reichen steile Felsen unmittelbar bis an das Wasser. Von Hasle bis Rönne ist die Küste niedriger, die Huk Hvideodde ist flach und sandig. O-lich von Rönne steigt das Gelände an. Die SW-Huk, Galgelökke Odde, hat 12–16 m hohes Steilufer. Bei Nebel an der W-Küste besser zur O-Küste laufen.

Landmarken sind die Hammerhus-Ruinen S-lich von Hammeren, die Rut-Mühle und die sehr auffällige Rut-Kirche, Hasle- und St.-Klement-Kirche, der Schornstein 1,5 sm S-lich von Hasle, Schornstein und Mühle von Ypperne, Rönne-Kastell und -Kirche und die St.-Knud-Kirche O-lich von Rönne.

Bei unsichtigem Wetter ist es möglich, daß der Schein einer oder mehrerer Bogenlampen zu sehen ist, ohne daß das Leuchtfeuer von Hammeren in Sicht kommt. Vor Verwechslungen wird gewarnt!

Hammerhavn 55° 17' N 14° 46' E DK-VIII-1

Seekarten D 159 Dä 189

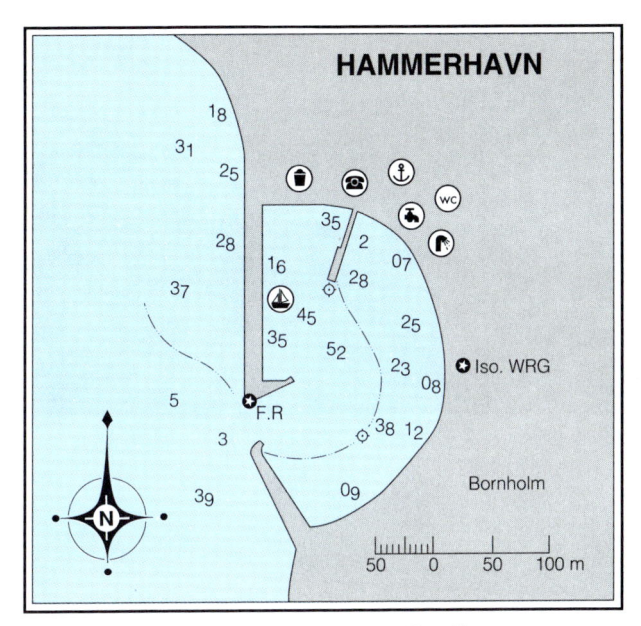

- Kleiner Fischer- und Sportboothafen in der Säne-Bucht an der NS-Spitze von Bornholm.

- Liegeplätze längsseits oder mit Heckanker an der Nord-Südmole. Ab Westwind Stärke 6 sehr unruhiges Liegen.

- Die Einsteuerung erfolgt von Westen nach der Seekarte. Auslaufen unter Segel bei starken W-lichen Winden gefährlich. Lage der Molen und des Wellenbrechers verhindern ausreichende Fahrtaufnahme, um dem starken Querstrom und der anlaufenden, schnell brandenden Dünung zu entgehen.

- Proviant, Restaurant, Fahrradverleih, Münzwasch im ca. 400 m entfernten Ferienzentrum.

- W-liche Winde können den Wasserstand um 0,5 m senken. Hafensperrsignale s. Lfv. Anhang. Die maximale Geschwindigkeit im Hafen darf nicht mehr als 3 kn betragen. Das Hafenpersonal hat das Recht, von Sportbooten das Freimachen der Liegeplätze zu verlangen, wenn diese für Fischereifahrzeuge oder wegen der Wetterverhältnisse für die Fähre nach Schweden benötigt werden. Bei E-Wind muß man an der W-Seite der Insel mit starken E-lichen Fallwinden rechnen.

- Besuch der Ruine Hammerhuis. Badestrand.

Hammerhavnen

Vang

55° 14,9' N
14° 44,5' E

DK-VIII-2

Seekarten D 159, DK 189.

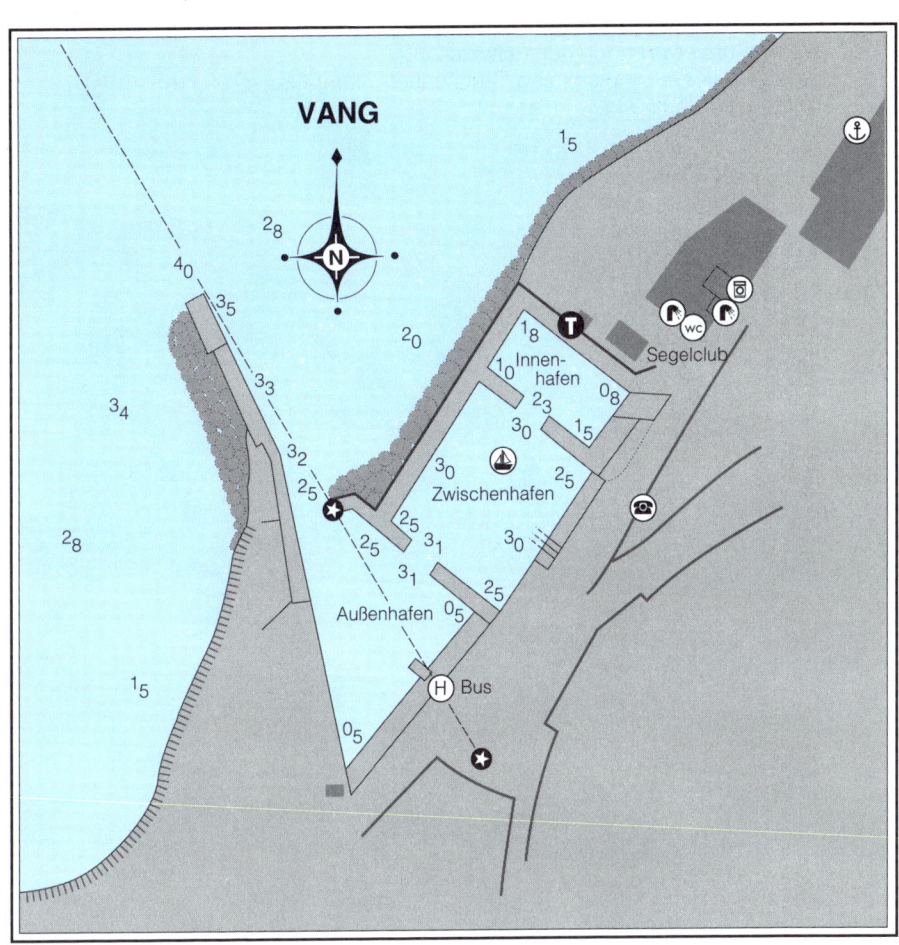

Fischerei- und Sportboothafen. Der Hafen besteht aus dem Außenhafen, dem Zwischen- und dem Innenhafen.

Liegeplätze mit 2 bis 3 m Wassertiefe an den Kaianlagen.

Die Ansteuerung erfolgt von N durch die schmale Einfahrt. Der Hafen kann mit einem maximalen Tiefgang von 3 m angelaufen werden.

HH OIB 1993

Wasser und Strom an den Stegen, Duschen und WC im Sanitärgebäude, Münzwaschmaschine, Müllbehälter, Tankstelle (D), Mastenkran, Post, Telefon, Bank.

W-liche Stürme können den Wasserstand um -0,5 m senken. Die maximale Geschwindigkeit darf in der Einfahrt und im Hafen nicht mehr als 4 kn betragen. Die Richtfeuer brennen nur zeitweise.
Hafenmeister: Herr Flemming Christensen, Vang 62a, 3790 HASLE
Telefon: 569 692 93.

Teglkås 55° 21′ N 13° 14′ E DK-VIII-3

Seekarten D 159 DK 189

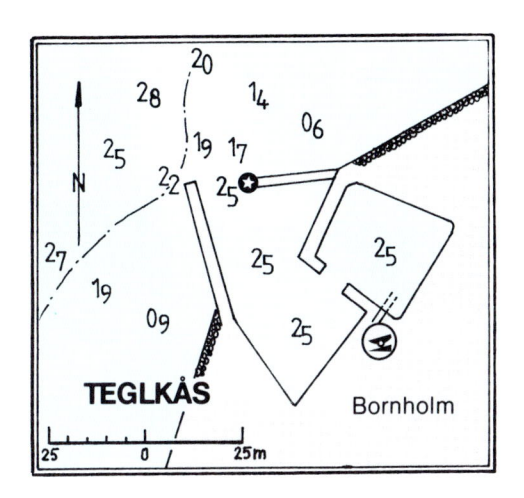

- Kleiner Bootshafen N-lich von Hasle.
- An freien Kaiplätzen mit 2,5 m Wassertiefe.
- Der Hafen kann von Booten mit einem maximalen Tiefgang von 1,5 m angelaufen werden. Bei starkem auflandigem Wind ist das Einlaufen nicht möglich. Die Einsteuerung erfolgt von NW. Man beachte, daß O-lich der Einfahrt erheblich weniger Wassertiefe vorhanden ist. Die Hafenfeuer brennen nur zeitweise.
- Keine Versorgungsmöglichkeiten außer Trinkwasser.
- Die Fischer liegen vor Grundketten, da schon bei mäßigen NW-lichen Winden erheblicher Schwell im Hafen steht.

Hasle   55° 11' N   14° 42' E   DK-VIII-4

Seekarten D 159, DK 189

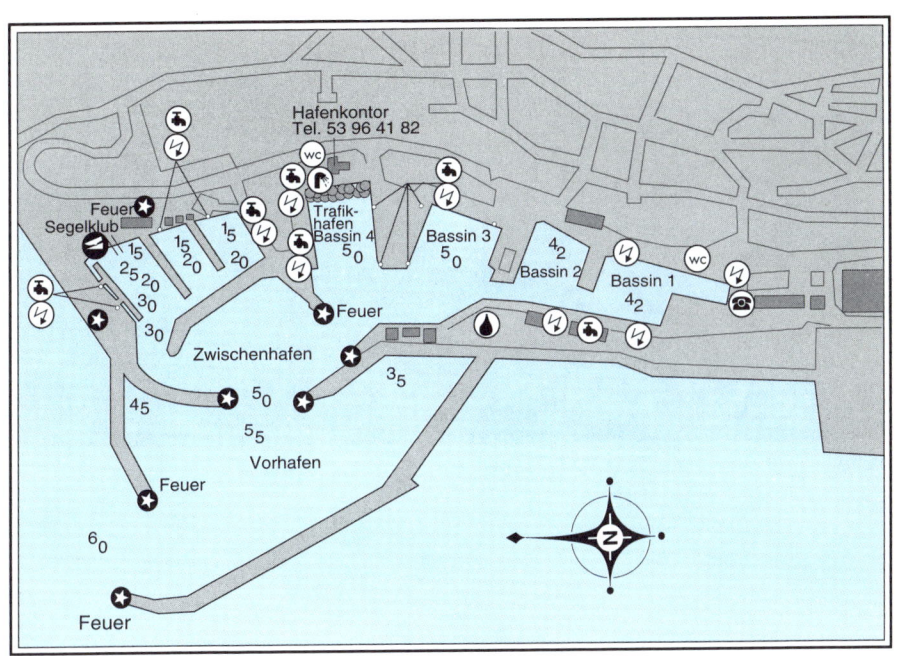

![Hafenplan Hasle]

	Fischereihafen und Sportboothafen. Vier Hafenbecken, Sportboothafen sowie der Zwischen und Vorhafen.
	Liegeplätze im Sportboothafen. Wassertiefe 2,5m. In den anderen Becken Wassertiefen zwischen 4,2 bis 5m.
	Die Ansteuerung erfolgt von NW. Die Untiefen vor dem Hafen sind bezeichnet. Mit Hilfe des Leitfeuers auf der N-Mole ist der Hafen auch nachts anzulaufen. Eine gute Landmarke ist die Ruts-Kirche auf dem 130 m hohen Hügel 2,5 km NNE-lich vom Hafen.
	Wasser und Strom an den Stegen Duschen und WC beim Hafenkontor, Müllbehälter, Hafenmeister Borge Jensen (Tel: 53 96 41 82), Mastenkran, Trailerbahn, Tankstelle (D+B), Bank, Post, Telefon, Krankenhaus.
	W-liche Stürme können den Wasserstand bis zu 0,8 m senken. Bei starken S-lichen oder N-lichen Stürmen steht Querstrom in der Einfahrt.
	Schöner Badestrand, Trimm-Dich-Pfad, Ruts-Kirche mit einem berühmten geschnitzten Flügelaltar. Räuchereien sind zu empfehlen.

Hasle

Nørre-Kås

55° 06,3´ N
14° 41,7´ E

DK-VIII-5

Seekarten D 159, DK 189

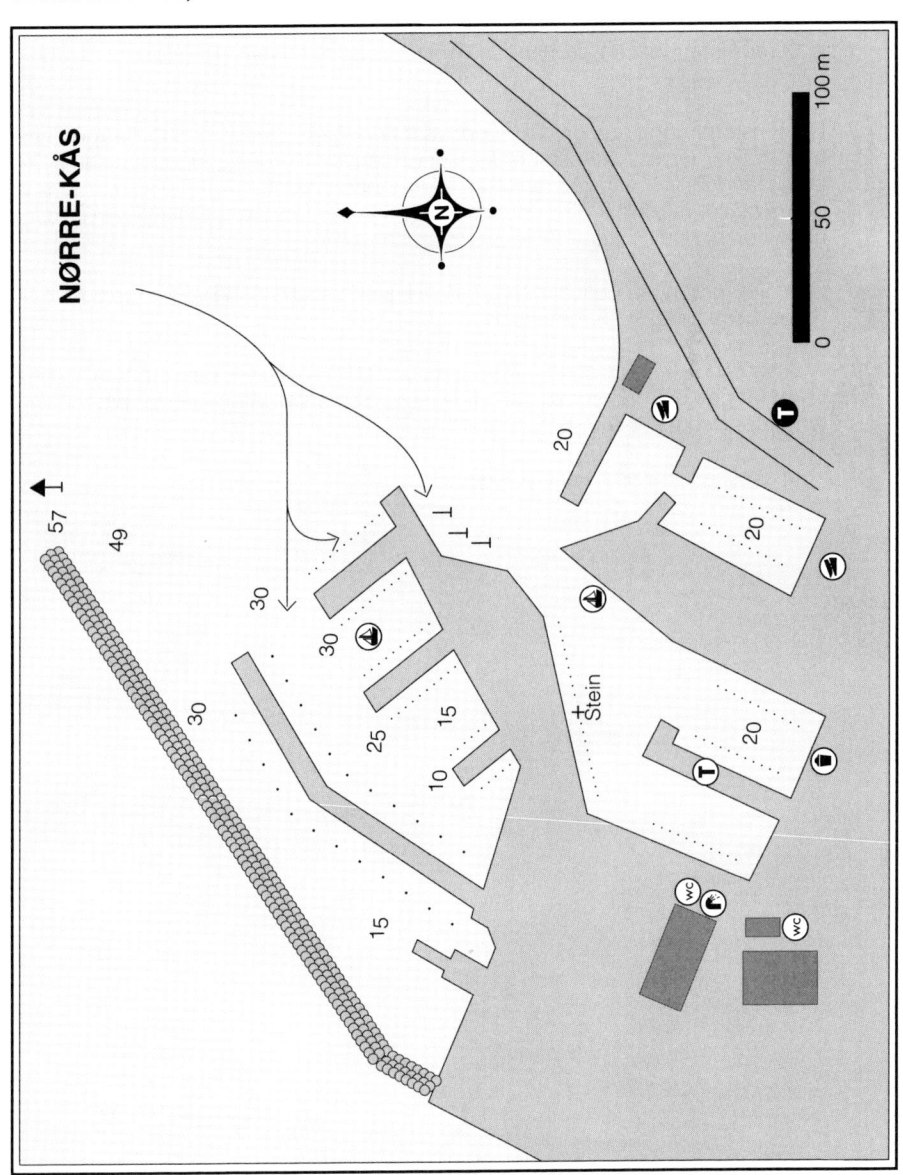

Großer Yachthafen von Rönne N-lich der Stadt.

Liegeplätze im alten Hafenbecken an der O-Mole und an der Innenkante der NW-lichen Außenmole. Die Wassertiefe an den Anlegern beträgt etwa 2 m. Eine Anzahl von Liegeplätzen mit 2 bis 3 m Wassertiefe ist an den Stegen, im neuen äußeren Hafenbecken, vorhanden. Trotzdem ist der Hafen in der Saison oft überfüllt.

Die Einsteuerung kann bei Tag und Nacht erfolgen. Eine 2 m tiefe Baggerrinne führt in den Hafen. Als Ansteuerungstonne liegt eine grüne Leuchttonne aus. Die Durchfahrtsbreite vom Außenhafen zum Innenhafen beträgt nur 6 m. Ein aus dem Wasser ragender Stein im Hafen ist zu beachten. Beim Einlaufen in den Innenhafen sind die roten Pfähle an Bb. zu lassen.

Gute Versorgungsmöglichkeiten sind im Hafen und in Rönne vorhanden. An den Stegen Wasser- und Stromanschluß.

W-liche Winde können den Wasserstand um 0,9 m senken. Es ist verboten, Hunde im Hafengebiet frei herumlaufen zu lassen. Geplante Hafenerweiterung mit verlängerter Schutzmole (1990).

Touristische Hinweise siehe Rönne.

Rönne

55° 06' N
14° 42' E

DK - VIII - 6

Alte Handelsstadt und Hauptstadt der Insel, Touristenzentrum. Rönne hat nach Neksö den geschütztesten Hafen der Insel. Zollplatz.

Im S- und N-Hafen an freien Plätzen. Reservierte Kaiabschnitte sind größtenteils markiert. Für größere Yachten empfehlenswert, besonders in der Saison, wenn die anderen Yachthäfen Bornholms überfüllt sind. Der kleine Bootshafen bei der Kirche hat Gastplätze, aber nur 1,8 m Wassertiefe. Er kann nur von Booten bis 9 m Länge angelaufen werden.

Die Einsteuerung von Westen bietet keine Schwierigkeiten. Man läuft in der Richtfeuerlinie durch das betonnte Fahrwasser ein. Fährverkehr! N-lich und S-lich des Hafens liegen innerhalb der 10-m-Linie viele Untiefen und Steine. Am Tage hält man die Rönne-Kirche in 61° zwischen die Molenköpfe. Hohe Schornsteine und Silos im Hafen sind gute Landmarken.

Alle Versorgungsmöglichkeiten, alle wichtigen Behörden und Einrichtungen sowie ein deutsches Konsulat sind am Ort. Auto- und Fahrradvermietung.

Der große Yacht- und Gasthafen von Rönne heißt Nørre Kås (s. DK 1.5) und liegt N-lich von Rönne. Anhaltende W-liche Winde können den Wasserstand im Hafen von Rönne um 1 m senken.

Rönne wurde im 2. Weltkrieg teilweise durch russische Flieger zerstört und modern aufgebaut. S-lich der Kirche ist aber noch der alte Stadtteil erhalten. Fährverbindung mit Ystad und Kopenhagen und im Sommer auch mit Travemünde. Ein Flugplatz ist vorhanden. Interessantes Museum mit Schiffsmodellen. Rundfahrten mit dem Bus über die Insel sind empfehlenswert.

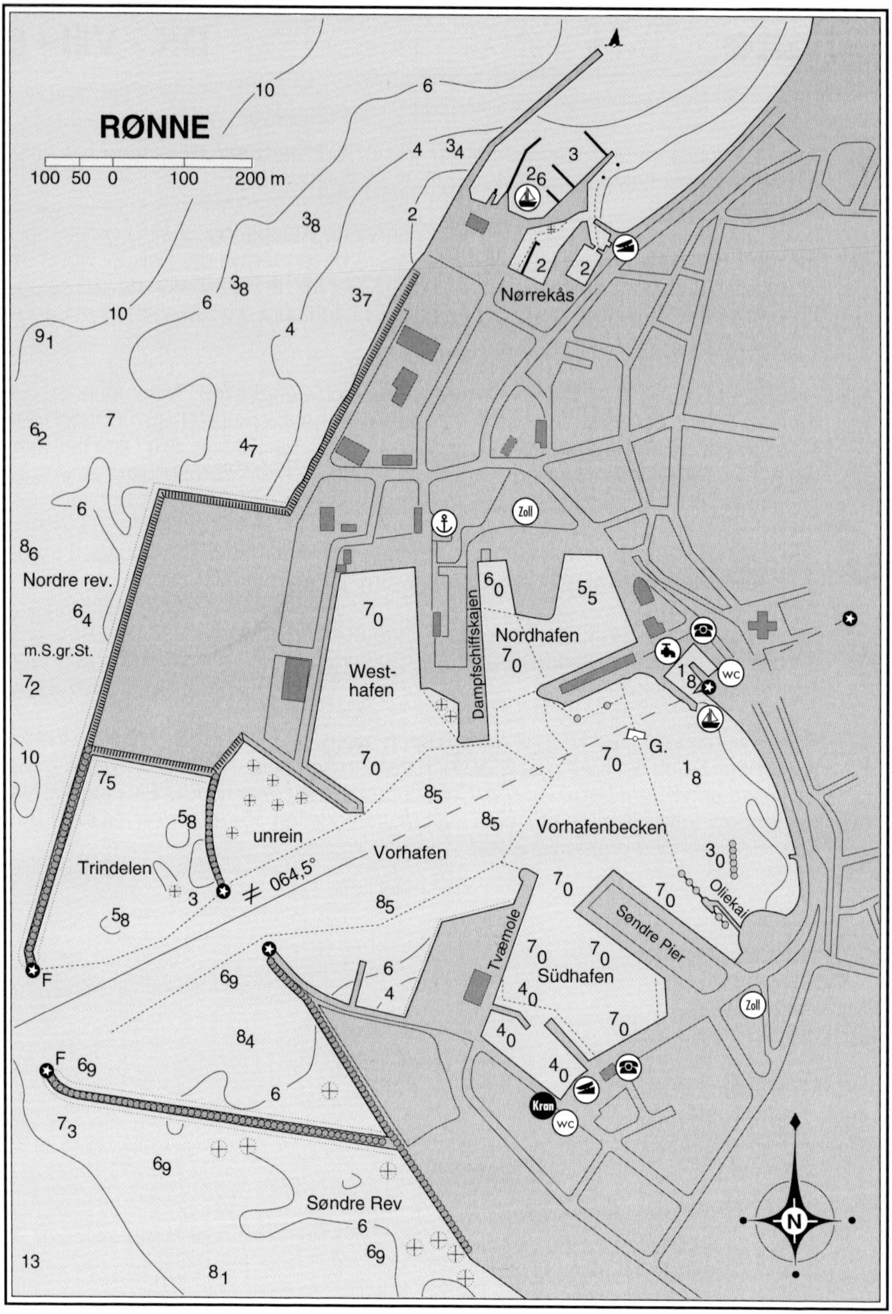
RØNNE
100 50 0 100 200 m
Nørrekås
Nordre rev.
m.S.gr.St.
Trindelen
unrein
West-
hafen
Dampfschiffskajen
Nordhafen
Zoll
G.
Vorhafenbecken
Vorhafen
064,5°
Tvæmole
Søndre Pier
Oliekai
Südhafen
Kran
WC
Søndre Rev
F
N

WC
B
Zoll

Snogebäk
55° 01,5´ N
15° 07,6´ E

DK-VIII-7

Seekarten D 159 DK 189

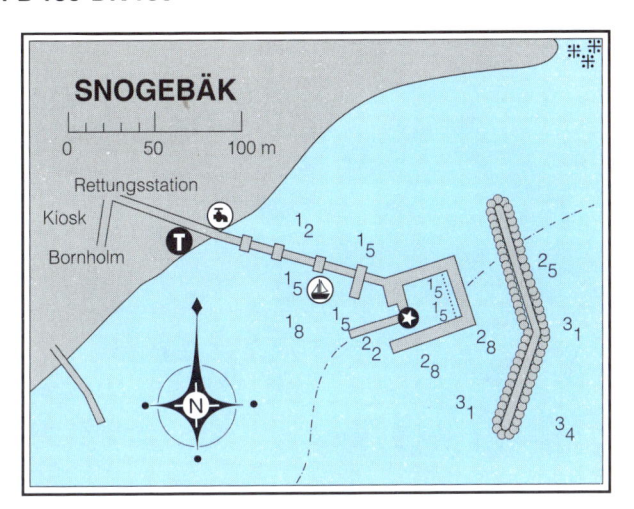

	Kleiner künstlicher Hafen am Ende einer 100 m langen Brücke. Für längeren Aufenthalt ist der enge Hafen nicht geeignet.
	Wenige Liegeplätze mit 1,5 m Wassertiefe sind vorhanden. Im O-lichen Hafen haben Fischkutter feste Plätze. Bei O-lichen Winden liegt man im Hafen unruhig.
	Die Einsteuerung erfolgt von Süden nach der Karte. Der freiliegende Wellenbrecher ist zu beachten. Die Wassertiefen sind unsicher.
	Versorgungsmöglichkeiten einschließlich einer Tankstelle sind vorhanden. Ein Fahrradverleih ist vorhanden. Strom an den Straßenlaternen.
	Der Hafen neigt zur Versandung. SW-liche Winde können den Wasserstand um 0,3 m senken.
i	In S-licher Richtung bis Dueodde findet man Bornholms schönste Sandstrände.

Südwestküste von Bornholm

Weite Strecken dieser Küste weisen 10–18 m hohe Steilabhänge auf. Einige Huken sind schwach vorgeschoben. Die Küste ist hafenarm. Man erkennt von See die Stadt Rönne mit ihren Landmarken, die weiße Ny-Lars-Kirche, die graue Åkirkeby-Kirche, die Povl-Kirche mit danebenstehendem Glockenturm, St.-Peder-Kirche und -Mühle sowie den N-lichen Dueodde-Leuchtturm.

Schießgebiet erstreckt sich vor der ganzen SW-Küste von Bornholm, siehe Seekarte. Warnfeuer auf einem viereckigen Beobachtungsturm bei Raghammer Odde zeigt, daß der Aufenthalt in diesem Gebiet verboten ist.

Vor der Küste liegen mehrere steinige Bänke und Riffe, die auch von Yachten beachtet werden müssen. Großmaßstäbige Karte ist beim Segeln unter der Küste erforderlich. Betonnung der Bänke siehe Seekarte.

Arnager 55° 03′ N 14° 47′ E DK-VIII-8

Seekarten D 159   Dä 189

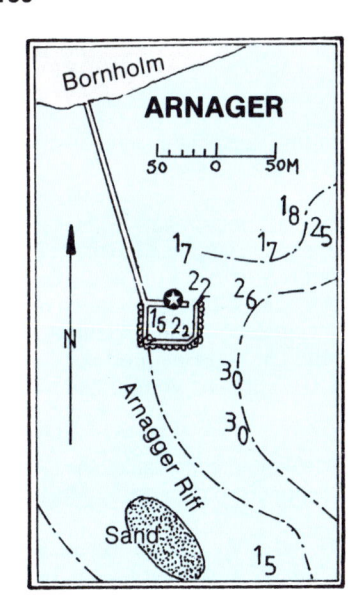

Kleiner Bootshafen am Ende einer 200 m langen Brücke. Einziger Hafen an der SW-Küste von Bornholm. Der sehr enge Hafen liegt innerhalb des trockenfallenden Teils des Arnagerriffs. Zollstelle.

Arnager

Liegeplätze mit 1,5 bis 2 m Wassertiefe sind vorhanden.

Die Arnager-Bucht, innerhalb des Arnager-Riffs, kann von Fahrzeugen mit einem Tiefgang bis zu 4 m aufgesucht werden. Man bleibt O-lich der Tonne am SO-Ende des Riffs und steuert mit NW-lichem Kurs in die Bucht ein. Den Steingrund Blak muß man sorgsam meiden. Man kann auch durch die 3 kbl breite Rinne Storegab über das Riff in die Bucht einsteuern. Ein Luftfahrtfeuer brennt zeitweise O-lich von Arnager. Die Einsteuerung in den Hafen erfolgt von Norden durch die schmale Einfahrt mit Kurs etwa 315°. Er kann von Booten mit bis zu 2 m Tiefgang erreicht werden.

Gute Versorgungsmöglichkeiten ohne Tankstelle sind vorhanden. WC beim Parkplatz. Kein Wasser im Hafen. Strom an der W-Mole.

Bei Wind zwischen SO und SW tritt in der Bucht Seegang auf. SW-licher Sturm kann den Wasserstand um 0,6 m senken.

NW-lich des Hafens liegt der Arnager Flugplatz. Eine Kreidedüne W-lich des Hafens ist wegen der vielen dort vorhandenen Versteinerungen bekannt. Es besteht Busverbindung mit Rönne.

Neksö

55° 04´ N
15° 09´ E

DK-VIII-9

Seekarten D 159   Dä 189

Größter Hafen und bekannter Ort an der O-Küste von Bornholm. Großer, lebhafter Fischerei- und Handelshafen. Zollstelle.

Liegeplätze in Gamle Bassin mit 3 m Wassertiefe. Die Liegeplätze im Handels- und im Fischereihafen dürfen ohne besondere Genehmigung nicht benutzt werden.

Bei der Einsteuerung hält man die linke Kante der Neksö-Kirche mit der rechten Kante des O-lichen Molenkopfs in Linie. Nachts führen Richtfeuer in den Hafen.

Sehr gute Versorgungs- und Reparaturmöglichkeiten sind vorhanden. Dusche in „North Fiskfilett". Bei der Firma Kosan Gas im Hafen können 5-kg-Gasflaschen getauscht werden

Bei auflandigem Wind setzt in der Hafeneinfahrt auslaufender Strom, bei Sturm mit bis zu 1,5 kn. Niedriger Wasserstand kann bei anhaltenden O-lichen Winden eintreten. Die maximale Geschwindigkeit darf im Hafengebiet 4 kn nicht übersteigen.

Busverbindung mit den übrigen Orten der Insel. Der in der Nähe von Neksö liegenden Park Brändesgardshaven hat einen See mit Bootsverleih und Seilbahn und ist einen Besuch wert.

NEKSÖ

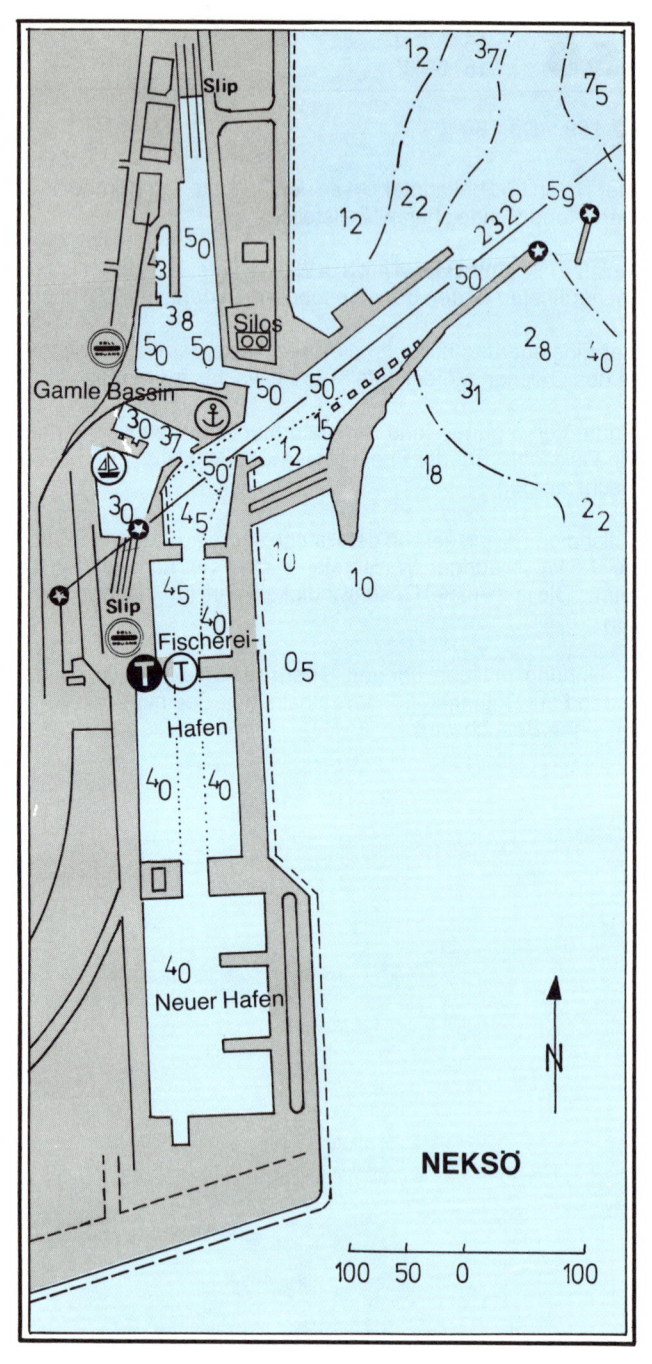

Årsdale

55° 06,5′ N
15° 08,9′ E

DK-VIII-10

Seekarten D 159   Dä 189

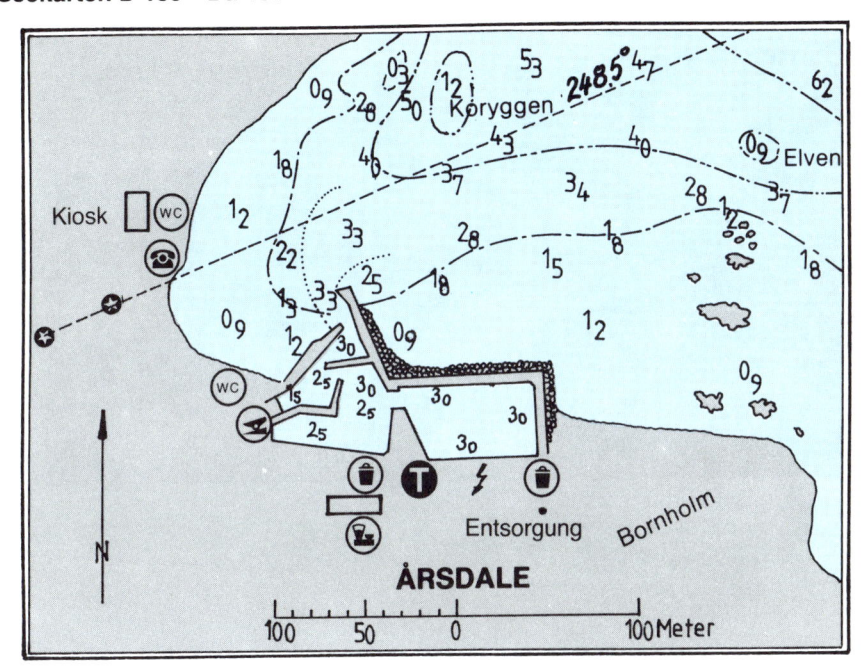

	Gut geschützter Fischerhafen an einer kleinen Bucht. Der Hafen kann nur von Fahrzeugen bis 12 m Länge, 4,4 m Breite und 2,5 m Tiefgang angelaufen werden.
	Liegeplätze mit 1,5 bis 3 m Wassertiefe sind auf freien Plätzen vorhanden.
	Die Einsteuerung erfolgt von NO. Querab der Einfahrt dreht man auf SO-lichen Einlaufkurs. Richtfeuer brennen nur für die Fischer. N-lich und S-lich der Einsteuerung liegen Untiefen mit etwa 1 m Wassertiefe.
	Gute Versorgungsmöglichkeiten sind vorhanden. Schlechte Sanitäranlagen (1985).
	W-liche Winde können den Wasserstand um 0,3 m senken.
	Die bekannte Museums-Windmühle ist einen Besuch wert.

Årsdale

Svaneke
55° 08' N
15° 09' E

DK-VIII-11

Seekarten D 159, Dä 189

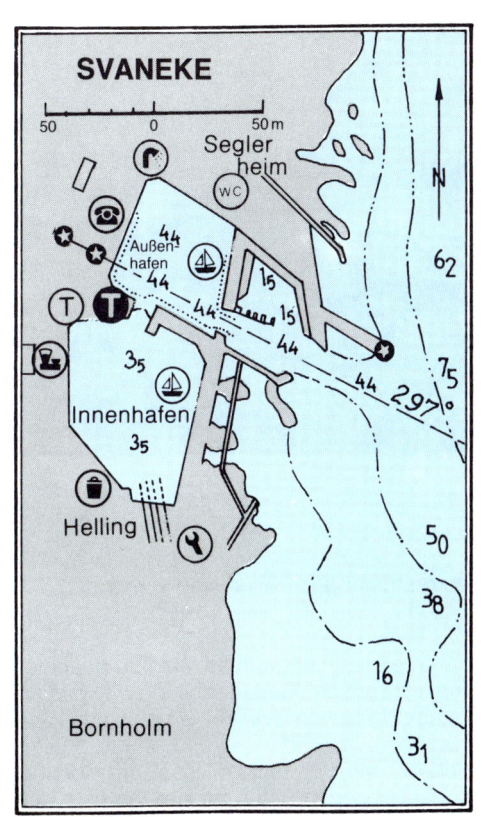

Kleiner Hafen der Kleinstadt an der Bucht NW-lich von Sandkas Odde. Bei starkem auflandigen Sturm kann der Hafen nicht angelaufen werden. Die Tore zum inneren Becken werden dann geschlossen.

Liegeplätze mit 1,5 bis 4,4 m Wassertiefe in den verschiedenen Hafenbecken. Im Sommer meist überfüllt.

Fahrzeuge aus N laufen im weißen Sektor von Svaneke-Feuer bis in die Richtfeuerlinie 297°, die in den Hafen führt. (Svaneke-Feuer steht SE-lich vom Hafen auf Sandkîs Odde). Vorsicht! Bei Anlaufen von E wird man mit Kurs 297° über die Untiefen vor der Küste geführt. Erst wenn die Untiefen passiert sind kann man in der Richtlinie der Hafenfeuer in den Hafen einlaufen.

Svaneke

- Sehr gute Versorgungsmöglichkeiten sind vorhanden.

- Verkehrssignale an einem Flaggenmast sind zu beachten, s. Lfv. Einlaufen bei starkem Seewind nicht ratsam. Bei Überfüllung wird das Anlaufen des Hafens von Listed, etwa 1,5 sm W-lich von Svaneke empfohlen.

- Gute Busverbindung mit der ganzen Insel. Im Sommer Fährverbindung mit Kopenhagen, Hasle und den Orten an der O-Küste der Insel. Postboot nach Christianso. Fahrradverleih.

Nordostküste von Bornholm

Die Huken Sandkas Odde und Mollenakke sind verhaltnisma_ig niedrig. Die Halbinsel der Huk Sorte Odde ist 80 m hoch. An einigen Stellen der NOKuste fallen die Felswande steil zum Wasser ab, besonders bei Randklive, SOlich von Sorte Odde, und bei Rostadt, NWlich von Sorte Odde. Der Vorstrand ist dort sehr schmal.

Landmarken sind SvanekeLeuchtturm, Kirche und Wasserturm (siehe oben), Kure Mnhle, St.lbs und Oster-Marie-Kirche, die hochgelegene àster-Lars-Kirche, Gudhjem und Rö-Kirche, die sehr auffällige Ols-Kirche, Mühle und Kirche von Allinge und Hammerodde-Leuchtturm. Einige der Kirchen sieht man nur in bestimmten Peilungen. 10 sm NO-lich dieses Küstenabschnitts liegt die Inselgruppe Christiansø.

Listed   55° 09' N   15° 07' E   DK-VIII-12

Seekarten D 159 Dä 189

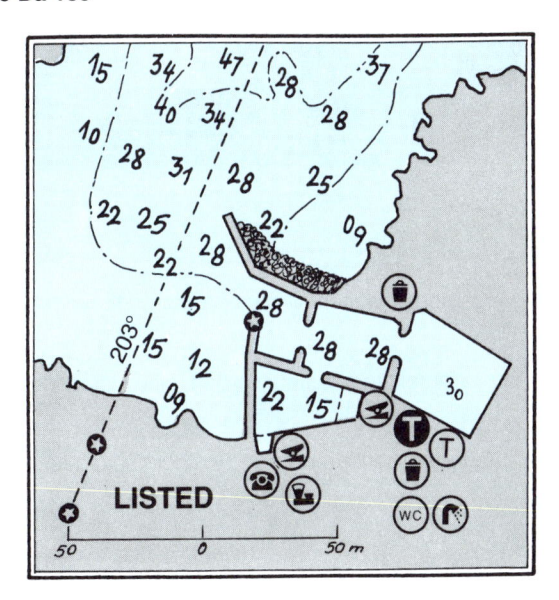

Kleiner Fischer und Sportboothafen, mit vier gut geschützten Hafenbecken. Der Hafen kann von Fahrzeugen bis 15 m Länge, 5 m Breite und 2,5 m Tiefgang angelaufen werden.

Gute Liegeplätze mit etwa 1,5 m bis 3 m Wassertiefe sind in den Hafenbecken vorhanden.

Wegen zahlreicher Untiefen und Unterwasserklippen sollte der Hafen nur am Tage angelaufen werden. Der Anlaufkurs in der Richtlinie der befeuerten Baken beträgt 203° und ist genau einzuhalten.

Listed

Gute Versorgungsmöglichkeiten sind vorhanden. Steckdosen für Strom an den Straßenlaternen.

Der Hafen kann jederzeit angelaufen werden, eine Hafensperrung gibt es nicht.

Hübsche Umgebung mit schönem, auch für Kinder sehr geeignetem Badestrand.

Melsted

55° 12,2´ N
14° 59,1´ E

DK-VIII-13

Seekarten D 159   Dä 189

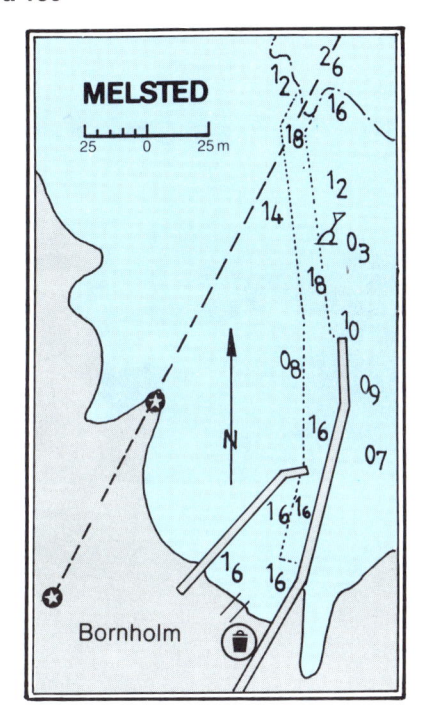

	Kleiner Bootshafen etwa 0,5 sm SO-lich von Gudhjem.
	Wenige Liegeplätze mit 1,6 m Wassertiefe sind vorhanden. Heckanker.
	Der Hafen kann nur am Tage angelaufen werden. Eine schmale Baggerrinne mit beiderseits flachem Wasser führt in den Hafen. Die Richtlinie der befeuerten Richtbaken führt von See bis zum Anfang der Einfahrtsrinne und nicht weiter. Von Osten kommend, ist die rote Spierentonne gut W-lich zu runden.
	Versorgungsmöglichkeiten sind in Gudhjem vorhanden. Stromanschluß an den Laternen beim Slip.
i	Busverbindung mit Gudhjem. Schöner, langer Sandstrand. Wanderweg entlang der Küste nach Gudhjem.

Melsted

Gudhjem   55° 13′ N 14° 58′ E   DK-VIII-14

Seekarten D 159 Dä 189

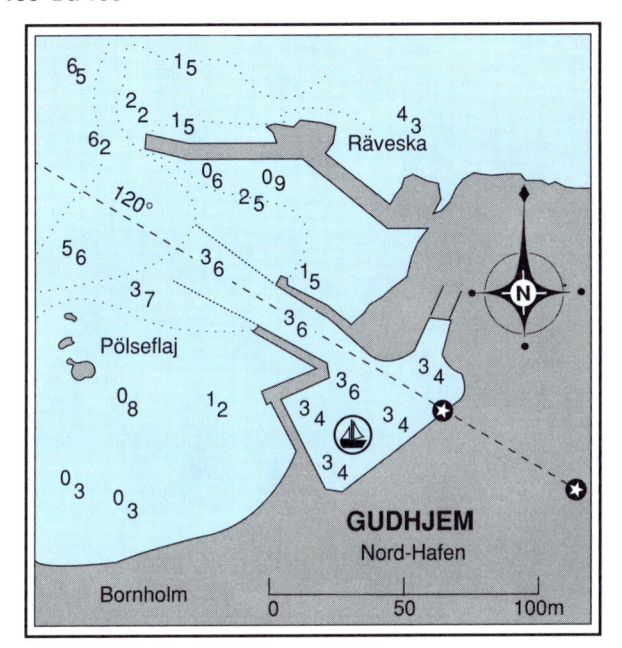

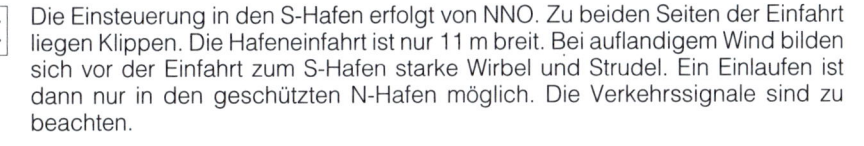

GUDHJEM
Nord-Hafen
Bornholm

	Fischerdorf an der NO-Küste Bornholms mit zwei Häfen. Alte Kaufmannsstadt, die schon zur Zeit der Hanse einen lebhaften Handel trieb. Der Südhafen liegt dicht O-lich von Sorte Odde. Der gut geschützte Nord-Hafen N-lich des Ortes.
	Liegeplätze mit 2 bis 3 m Wassertiefe sind in beiden Häfen vorhanden. Der Anlegeplatz der Christiansö-Fähre muß frei bleiben. Vorsicht mit Heckanker, Trosse liegt am Grund.
	Die Einsteuerung in den S-Hafen erfolgt von NNO. Zu beiden Seiten der Einfahrt liegen Klippen. Die Hafeneinfahrt ist nur 11 m breit. Bei auflandigem Wind bilden sich vor der Einfahrt zum S-Hafen starke Wirbel und Strudel. Ein Einlaufen ist dann nur in den geschützten N-Hafen möglich. Die Verkehrssignale sind zu beachten.
	Gute Versorgungsmöglichkeiten aller Art sind vorhanden. Fahrradverleih. WC und Dusche ca. 200 m in Richtung Südhafen.
	Richtfeuer brennen nur, wenn ein Schiff erwartet wird. Bei auflandigem Wind wird im S-Hafen das Tor zwischen Außen- und Mittelhafen geschlossen.

Gudhjem, S-Hafen

i Fähre nach Christiansö. Gudhjem ist Touristenzentrum mit bekannten Räuchereien. Über der Stadt eine der größten Windmühlen Dänemarks. Nachts angestrahlt.

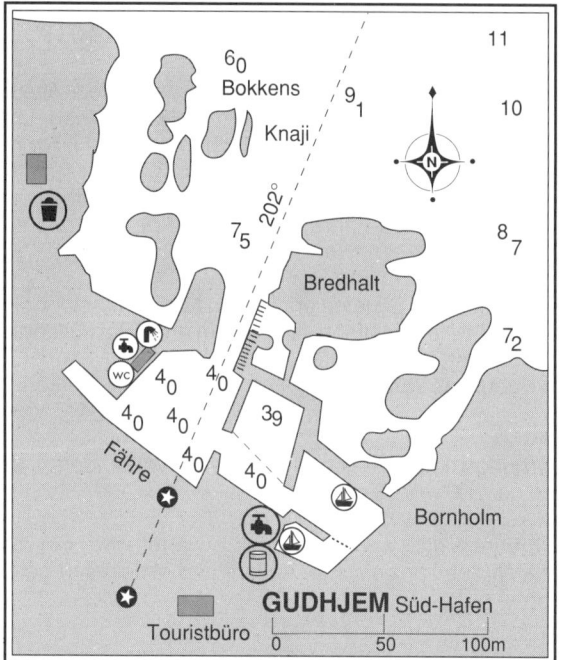

GUDHJEM Süd-Hafen

DK-VIII-14a

Gudhjem, (N-Hafen)

Tejn

55° 15′ N
14° 50′ E

DK-VIII-15

Seekarten D 159   Dä 189

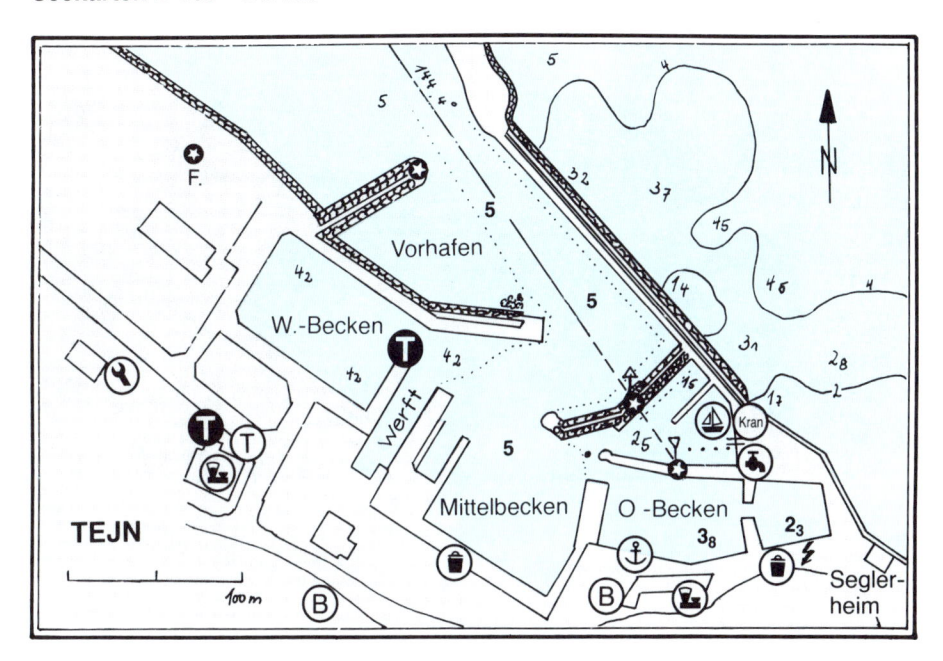

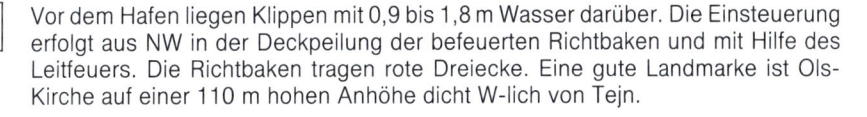

![Map of Tejn harbor]

※ Fischerort zwischen Sorte Odde und Hammerodde mit großem, ausgebautem Fischer- und Yachthafen. Der Hafen ist gut geschützt.

⛵ Eine große Anzahl von Liegeplätzen ist im äußeren Hafen entstanden. Weitere Liegeplätze können in den übrigen Hafenbecken angewiesen werden.

⚓ Vor dem Hafen liegen Klippen mit 0,9 bis 1,8 m Wasser darüber. Die Einsteuerung erfolgt aus NW in der Deckpeilung der befeuerten Richtbaken und mit Hilfe des Leitfeuers. Die Richtbaken tragen rote Dreiecke. Eine gute Landmarke ist Ols-Kirche auf einer 110 m hohen Anhöhe dicht W-lich von Tejn.

🏘 Gute Versorgungsmöglichkeiten und eine kleine Werft sind vorhanden. Sehr gute Sanitäranlagen neben dem Hafenamt. Gute Reparaturmöglichkeiten.

Tejn

Allinge
55° 16,7´ N
14° 48,5´ E

DK-VIII-16

Seekarten D 159, Dä 189

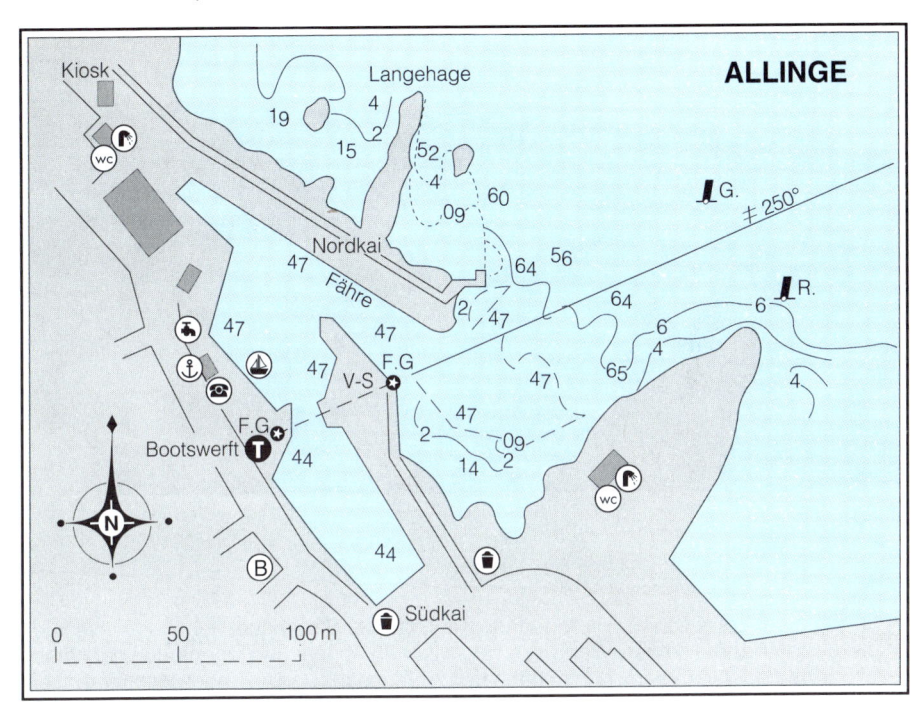

- Sehenswerte Stadt auf N-Bornholm. Typisches dänisches Kleinstadtmilieu mit Anfängen aus dem 11. Jahrhundert Die Stadt ist über die Jahre mit der Nachbargemeinde Sandvik zusammengewachsen.

- Liegeplätze mit 2 bis 2,5 m Wassertiefe sind vorhanden. Im Notfall kann man auch bei Fischkuttern längsseits gehen. Der Innenhafen ist für Sportboote gesperrt.

- Die Einsteuerung erfolgt aus NO. Die Richtfeuer brennen nur für die örtlichen Fischer. Sie werden gelöscht, wenn das Einlaufen bei auflandigem Wind nicht ratsam ist. Dann wird das Tor zwischen Außen- und Innenhafen geschlossen. Man kann den Hafen nur bei ruhigem Wetter anlaufen. Schon bei Wind aus NO mit Stärke 4 liegt man im Hafen unruhig. Ein Felsen vor der Hafeneinfahrt ist or. angemalt und wird nachts angestrahlt.

- Gute Versorgungsmöglichkeiten sind vorhanden.

Allinge

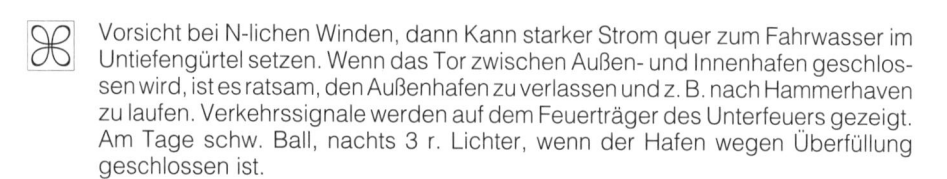

⌘ Vorsicht bei N-lichen Winden, dann Kann starker Strom quer zum Fahrwasser im Untiefengürtel setzen. Wenn das Tor zwischen Außen- und Innenhafen geschlossen wird, ist es ratsam, den Außenhafen zu verlassen und z. B. nach Hammerhaven zu laufen. Verkehrssignale werden auf dem Feuerträger des Unterfeuers gezeigt. Am Tage schw. Ball, nachts 3 r. Lichter, wenn der Hafen wegen Überfüllung geschlossen ist.

i Eisenbahn- und Busverbindung mit der ganzen Insel. Fährverbindung mit Kopenhagen, Simrishamn in Schweden und anderen Orten der Insel während der Saison. Schöner Badestrand.

Sandvig

55° 17′ N
14° 47′ E

DK-VIII-17

Seekarten D 159   Dä 189

SANDVIG

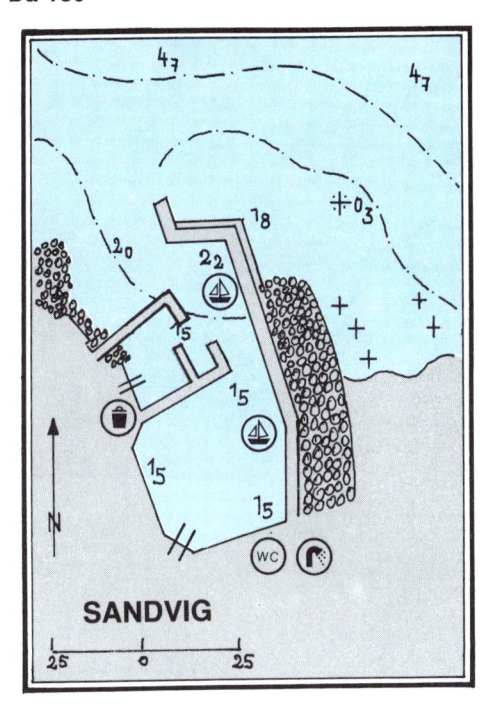

✳	Kleiner Ort mit Bootshafen. Er gehört verwaltungsmäßig zu Allinge. Touristenzentrum.
⛵	Liegeplätze mit 1,5 m Wassertiefe sind im Innenhafen vorhanden. Die Liegeplätze im Außenhafen vor Heckanker haben 2,20 m Wassertiefe.
⛵	Die Einsteuerung von NW kann nur bei Tage und bei ruhigem Wetter geschehen. Die dem Hafen vorgelagerten Sandbänke sind zu beachten.
🏘	Gute Versorgungsmöglichkeiten sind in Sandvig oder in Allinge vorhanden. Tankstelle: BP Service, Strandvejen, Tel. 98 06 00.
✺	Bei anhaltenden W-lichen Winden kann der Wasserstand um 0,8 m fallen. Das neue Hafenbecken ist nur für kleine Boote geeignet.
i	Schöner Strand und große Schwimmhalle in der Nähe des Hafens. Busverbindung mit der ganzen Insel.

Sandvig

Christiansö

Die Inselgruppe Ertholmene, 10 sm NO-lich von Bornholm, besteht aus den Inseln Christiansö, Frederiksö, Gräsholm und Tat sowie mehreren Klippen. Der geschützte Hafen liegt zwischen den bewohnten Inseln Christiansö und Frederiksö. Die Felseninseln Gräsholm und Tat sind unbewohnt.

Ein breiter, runder Festungsturm mit flachem Dach, der „Große Turm", steht auf Christiansö, auf dem SO-Teil dieses Turmes steht das weiße Leuchthaus. Auf dem N-Ende von Frederiksö steht ein runder Festungsturm mit kegelförmigem Dach. Auf den Inseln stehen einige Stangenbaken, auf Tat ein kleiner, weißer Feuerturm.

Christiansö ist ein einzigartiges Idyll. Die Inseln stehen unter Naturschutz.

Christiansö Hafen 55° 19,2′ N 15° 11,5′ E DK-VIII-18

Seekarten D 159   Dä 189

Kleiner Hafen zwischen Christiansö und Frederiksö. Guter Schutzhafen für Fahrzeuge bis 3,5 m Tiefgang. Man liegt dort gegen alle Winde, außer starken S-Winden, gut geschützt. Eine Brücke, die mehrmals täglich geöffnet wird, teilt den Hafen in N- und S-Hafen. An der S-Einfahrt sind Molen vorgebaut. Zollstelle.

Im S-Hafen sind Liegeplätze mit 3 m Wassertiefe vorhanden. Bei Gebrauch des Heckankers ist Vorsicht geboten, da eine Kette im S-Teil des Hafens liegt. Die Hafengebühr beträgt 9 DKr pro m Bootslänge, für Tagesbesuch werden 5 DKr pro Person verlangt (1988). Im N-Hafen kann man vor Anker gehen. Auch dort ist auf ausliegende Ketten zu achten. Auskunft über freie Liegeplätze gibt der Hafenmeister, Tel. 03/96 20 01.

Vor der Insel liegen viele Untiefen. Richtbaken auf Christiansö und den anderen Inseln warnen vor gefährlichen Untiefen. Mit Hilfe der Richtbaken kann man sich gut davon freihalten. An der W-Seite, etwa 60 m vor der Einfahrt in den S-Hafen, liegt die Klippe Snarken 0,9 m unter Wasser. Sie ist mit einer roten Tonne bezeichnet. An der O-Seite der S-Einfahrt liegen große Steine dicht neben der Fahrrinne.

Die Versorgungsmöglichkeiten sind beschränkt. Trinkwasser ist nur für den täglichen Bedarf zu erhalten. Vorher abkochen. Warme Dusche über Treppe oberhalb des Kaufmanns. Schlüssel beim Hafenmeister.
Die Zollstelle ist täglich von 10.00 bis 12.00 Uhr geöffnet.

Durch den Hafen kann starker Strom N-wärts oder S-wärts laufen. Die Brücke zwischen N- und S-Hafen wird auf Anforderung geöffnet.

Die Insel ist Vogelschutzgebiet. Es werden Führungen durchgeführt. Fährverbindung mit Rönne, Gudhjem, Allinge und Svaneke.

Turm

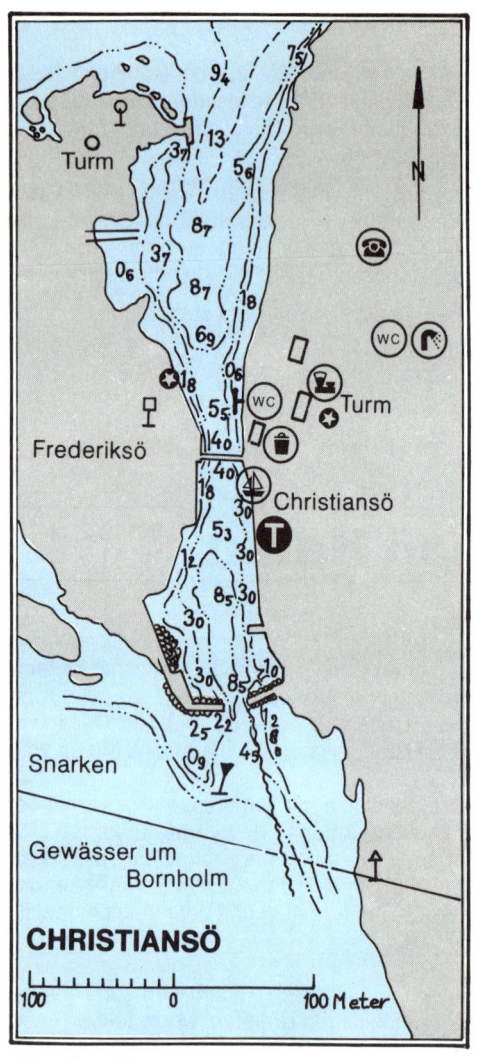

Frederiksö

Christiansö

Snarken

Gewässer um Bornholm

CHRISTIANSÖ

100   0   100 Meter

Schweden   S-A

Das Königreich Schweden ist das größte Land Skandinaviens mit einer Nord-Süd-Ausdehnung von 1600 km und einer Ost-West-Ausdehnung von durchschnittlich 400 km. Die Hauptstadt ist Stockholm. Die Gesamtfläche des Staatsgebietes beträgt 449964 km^2, die Bevölkerungszahl etwa 8,2 Mil.

Das Land hat besonders im Norden große Waldgebiete mit dünner Besiedelung und etwa 100000 kleinere und größere Seen. Der Ostküste sind die beiden großen Inseln Öland und Gotland vorgelagert.

Schweden verfügt über außergewöhnlich gute Voraussetzungen für Bootsport jeder Art. Die nahezu 13000 km lange Küste beginnt im Westen mit kargen, blankgeschliffenen Granitfelsen, geht über zu den langen Sandstränden im Süden und zieht sich schließlich über die unzähligen Schären der Ostsee hin zu der eigenartigen Steilküste in Nordostschweden.

Einreisepapiere

Staatsbürger aus den nordischen Ländern benötigen für den Aufenthalt in Schweden keinen Paß. Andere ausländische Staatsangehörige müssen sich durch einen gültigen Paß ausweisen können.

An Bord müssen u. a. Dokumente über die Eigentumsverhältnisse, Nationalitätsnachweis und Heimatnachweis des Bootes vorhanden sein.

Zoll und Quarantänebestimmungen:

Alle Fahrzeuge, die sich im Zollgebiet befinden, unterliegen der Zollaufsicht. Zollgrenze und Hoheitsgebiet fallen zusammen. Sportboote müssen grundsätzlich als ersten Hafen in Schweden einen Zollplatz anlaufen und dort einklarieren. Außerhalb der Dienstzeiten kann die Meldung telefonisch oder über Funk bei einer Zollfunkzentrale (sambandscentral) geschehen.

Die zollamtliche Meldung ist nicht erforderlich, wenn das Boot als solches nicht zum Klarieren angemeldet werden muß und wenn sich nur solche Waren an Bord befinden, die von der Besatzung frei eingeführt werden dürfen. In diesem Fall dürfen auch andere Orte als die Zollhäfen angelaufen werden. Hinsichtlich der Paßkontrolle siehe unten „Sonderbestimmungen für Ausländer". Unter frei einzuführenden Waren sind solche Güter zu verstehen, die nach den „Zollvorschriften für Reisende" abgabenfrei eingeführt werden dürfen und die keinen Einfuhrbeschränkungen unterliegen. Nähere Bestimmungen siehe auch Faltblatt „Zollvorschriften für Privatyachten", das beim Generalkonsulat in Hamburg erhältlich ist. Das Faltblatt enthält auch eine Liste der Zollhäfen und Zollfunkzentrale.

Zoll

Sie brauchen einen gültigen Reisepaß oder Personalausweis. Kinder unter 16 J.: Kinderausweis.

Personen unter 20 J. dürfen keinen Alkohol mitbringen. Personen unter 15 J. keine Tabakwaren.

Pro Person ist zollfrei:
1 Liter Wein; 1 Liter Spirituosen (2 Liter Wein, wenn keine Spirituosen mitgebracht werden) und 2 Liter Bier.

Verzollungsmenge und Preise für Spirituosen:
Es können 5 Liter Wein und/oder Schnaps (freie Zusammenstellung) und 5 Liter Bier zusätzl. zur erlaubten Menge (s. o.) verzollt werden:

Schnaps:	160 SEK pro Liter
Champagner:	55 SEK pro Liter
Schaumwein/Sekt:	40 SEK pro Liter
Wein über 15 %:	50 SEK pro Liter
Wein unter 15 %:	25 SEK pro Liter
Bier:	10 SEK pro Liter

Erlaubte Tabakwaren pro Person:
200 Zigaretten
oder 100 Zigarillos
oder 50 Zigarren
oder 250 g Tabak mit 200 Blatt Zigarettenpapier

Verpflegung:
Personen über 12 J. dürfen 15 kg Lebensmittel mitnehmen. Obst, Kaffee, Gewürze, Tee, Gemüse nach Bedarf (Gesamtwert 1000 SEK)

Einfuhrverbot:
Kartoffeln, Wurzelgemüse, Bohnen, Erbsen, Milch, Sahne, Quark, Frischkäse, Eier, Frischfleisch (ausgen.: Konserven)

Auskunft:
Schwedisches Hauptzollamt Generaltullstyrelsen, Box 2267, S-10316 Stockholm, Tel. 08-789 73 00.
Bundesstelle für Außenhandelsinformationen, Blaubach 13, 5000 Köln

Bei der Anmeldung am Zollamt sind auch Angaben über an Bord befindliche Proviantmengen und sonstige Waren zu machen. Sonstige Waren und Proviant, die nicht frei eingeführt werden dürfen, sind in der Regel zu verzollen, in ein Zollager einzulagern oder wieder auszuführen. Über die Mengen hinaus, die die an Bord Mitreisenden laut Vorschrift frei einführen können, dürfen mithin während des Aufenthalts der Yacht im schwedischen Zollgebiet keine Waren, die nicht mit Abgaben belegt worden sind, an Bord verbraucht werden. Der Versuch des Schmuggelns wird in Schweden empfindlich bestraft.

Schweden hat die Internationalen Gesundheitsvorschriften anerkannt. Tiere dürfen nicht mit nach Schweden gebracht werden. Für sie ist eine viermonatige Quarantäne vorgeschrieben.

Sonderbestimmungen für Ausländer:

Ausländer müssen als ersten Hafen in Schweden einen „Paßkontrollort" oder, bei Einreise von Dänemark, Finnland, Island oder Norwegen, eine „Grenzübergangsstelle" anlaufen.

Zollhäfen an der schwedischen Westküste und Zollfunkzentralen

Falkenberg[1]	Landskrona	Trelleborg
Göteborg	Lysekil	Uddevalla
Halmstad	Malmö (mit Limhamn)	Varberg[1]
Helsingborg (mit Råå)	Skärhamn[1,2]	Ystad
Höganäs[1]	Stenungsund[3]	
Kungshamn (mit Smögen)[1]	Strömstad	

Zollfunkzentralen

Südschweden:

Malmö	040-731 30, 731 38, -1273 30
Karlskrona	0455-110 63

Westküste:

Göteborg	031-80 13 60, 80 13 65
Gravarne	0523-307 55

---

[1] Grenzübergangsstelle
[2] Die vorschriftsmäßige Meldung erfolgt bei der nächsten Zollfunkstelle
[3] Nur Zollhafen

S-B

Sperr- und Kontrollgebiete

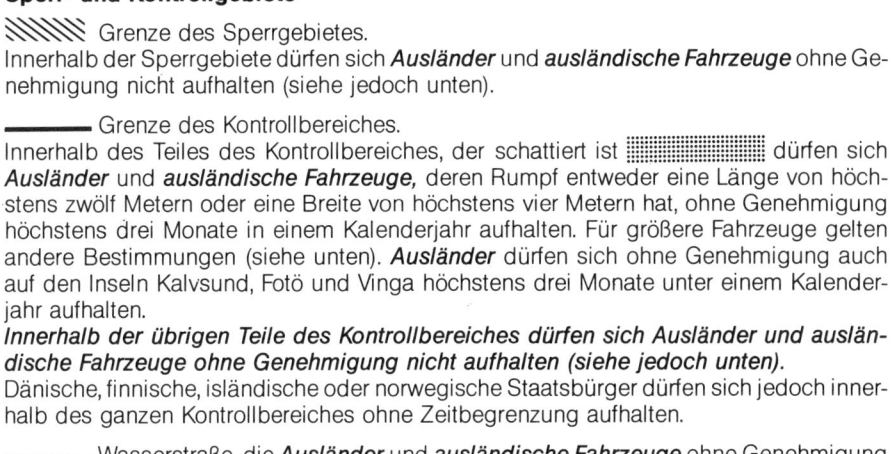

░░░░ Grenze des Sperrgebietes.
Innerhalb der Sperrgebiete dürfen sich *Ausländer* und *ausländische Fahrzeuge* ohne Genehmigung nicht aufhalten (siehe jedoch unten).

──── Grenze des Kontrollbereiches.
Innerhalb des Teiles des Kontrollbereiches, der schattiert ist ▓▓▓▓▓▓ dürfen sich *Ausländer* und *ausländische Fahrzeuge,* deren Rumpf entweder eine Länge von höchstens zwölf Metern oder eine Breite von höchstens vier Metern hat, ohne Genehmigung höchstens drei Monate in einem Kalenderjahr aufhalten. Für größere Fahrzeuge gelten andere Bestimmungen (siehe unten). *Ausländer* dürfen sich ohne Genehmigung auch auf den Inseln Kalvsund, Fotö und Vinga höchstens drei Monate unter einem Kalenderjahr aufhalten.
Innerhalb der übrigen Teile des Kontrollbereiches dürfen sich Ausländer und ausländische Fahrzeuge ohne Genehmigung nicht aufhalten (siehe jedoch unten).
Dänische, finnische, isländische oder norwegische Staatsbürger dürfen sich jedoch innerhalb des ganzen Kontrollbereiches ohne Zeitbegrenzung aufhalten.

─ ─ ─ ─ Wasserstraße, die *Ausländer* und *ausländische Fahrzeuge* ohne Genehmigung zu direkter Fahrt ohne unnötigen Aufenthalt benutzen dürfen. *Ausländer* dürfen außerdem innerhalb des Kontrollbereiches Björkö-Styrsö die Fähre benutzen, die den Wasserweg zwischen Lilla Varholmen und Öckerö befährt. *Ausländer* und *ausländische Fahrzeuge* dürfen außerdem innerhalb des Kontrollbereiches Björkö-Styrsö zu direkter Fahrt ohne unnötigen Aufenthalt den kürzesten Wasserweg von der Landungsbrücke Hjuvik nach Grötö, Hönö oder Öckerö benutzen.

☐ Aufenthaltsplatz, ⊕ Anker- und Vertäuungsplatz oder ⌊↥⌋ Ankerplatz (keine Vertäuung ans Land), wo sich *Ausländer* und *ausländische Fahrzeuge* ohne Genehmigung höchstens 72 aufeinanderfolgende Stunden aufhalten dürfen, wobei die Zeit für die Fahrt durch die Sperrgebiete und/oder den Kontrollbereich zum und vom Platze eingerechnet wird.
Innerhalb der Sperrgebiete und des Kontrollbereiches gelten Begrenzungen des Rechtes, Messungen vorzunehmen, zu photographieren usw. Sprengstoff darf nicht mitgeführt werden.
Nähere Auskünfte werden von den Polizeibehörden oder vom Befehlshaber des Verteidigungsgebietes erteilt.

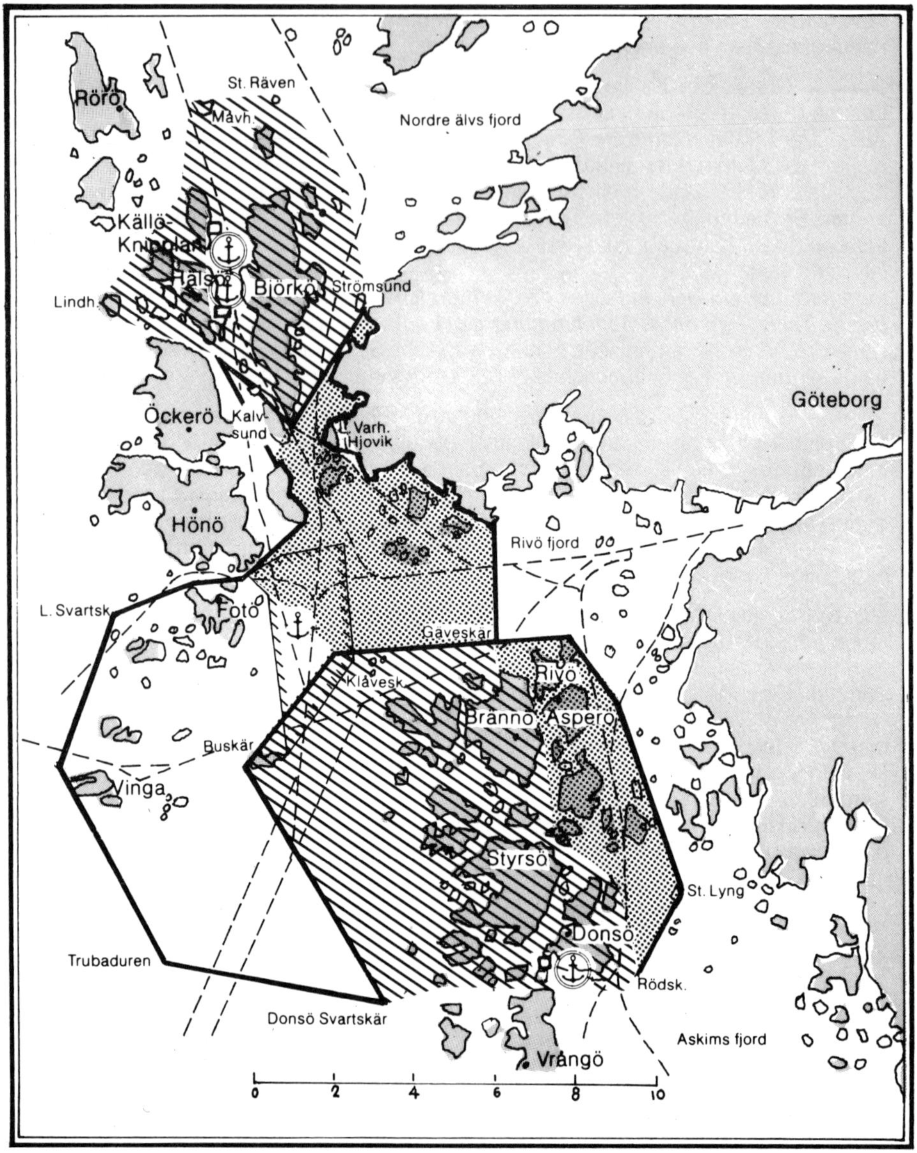

Rörö
St. Räven
Måvh.
Nordre älvs fjord
Källö-
Knippla
Hälsö
Björkö
Strömsund
Lindh.
Göteborg
Öckerö
Kalv-
sund
L. Varh.
Hjovik
Hönö
Rivö fjord
L. Svartsk.
Fotö
Gäveskär
Klåvesk.
Rivö
Brännö
Asperö
Buskär
Vinga
Styrsö
St. Lyng
Donsö
Rödsk.
Trubaduren
Donsö Svartskär
Askims fjord
Vrångö
0
2
4
6
8
10

Fischereibestimmungen S-C

Skandinavische Staatsbürger dürfen an den Küsten des Landes mit Angel, Pilke oder ähnlichen Handgeräten fischen. Das Angeln ist in privaten Gewässern nicht erlaubt. In gewissen Fällen kann man doch die Erlaubnis durch den Erwerb eines Angelscheines erhalten. Die schwedischen Regeln über private Gewässer sind sehr kompliziert. Ferner gelten Sonderregeln in bezug auf Mindestmaß, Schonzeiten, zulässige Angelgeräte u. a. Erkundigen Sie sich deshalb immer genau nach den geltenden Fischereibestimmungen.

Auskünfte erhalten Sie vom Reichsverband Schwedischer Freizeitangler (= Sveriges Fritidsfiskares Riksförbund), Box 14114, S-10441 Stockholm, Tel. 08/67 70 40. Die örtlichen Fremdenverkehrsbüros erteilen ebenfalls Auskünfte. Nichtskandinavische Staatsangehörige müssen von der Bezirksregierung (= Länsstyrelsen) oder von der Polizei des Landesbezirkes eine Sondergenehmigung einholen. Diese Genehmigung muß man bei einer evtl. Kontrolle vorweisen.

Natur und Umwelt

Aufgrund des allgemeinen Nutzungsrechtes (= allemansrätten) hat der Boottourist einzigartige Möglichkeiten, die abwechslungsreiche Natur Schwedens kennenzulernen. Das allgemeine Nutzungsrecht ist jedoch auch mit Verantwortung verbunden. Rücksichtnahme gegenüber Tieren, Natur und Menschen muß eine Selbstverständlichkeit sein.

Ausgenommen an Bootsstegen oder Privatgrundstücken – dürfen Sie Ihr Boot für kürzere Zeit vertäuen und überall an Land gehen. Sie dürfen über fremden Grundbesitz gehen, vorausgesetzt, daß Sie dadurch weder bebaute Felder noch Forste oder ähnliches beschädigen. Private Wohngrundstücke dürfen jedoch weder betreten noch durchquert werden. Als Wohngrundstück, das nicht immer umzäunt sein muß, gilt der Grund um das Wohnhaus herum. Eingezäunte Gelände dürfen Sie nur durchqueren, wenn Sie den Zaun nicht beschädigen oder überklettern. Gatter müssen sorgfältig geschlossen werden, damit weidende Tiere nicht herauskommen können. Zelten für eine Nacht ist erlaubt, wenn es nicht auf landwirtschaftlich genutzten Flächen und nicht in der Nähe von Wohnhäusern geschieht. Wollen Sie längere Zeit oder in der Nähe eines Wohnhauses zelten, müssen Sie immer erst den Grundstücksbesitzer um Erlaubnis bitten.

Es ist verboten, in Wald und Flur Feuer zu machen, wenn die Gefahr eines Brandes besteht oder die Natur geschädigt werden könnte. Sie dürfen z. B. nicht direkt auf Felsen Feuer anzünden, da diese durch die Hitze leicht bersten können. Im Sommer gibt es oft ein generelles Verbot gegen offenes Feuer im Freien.

Sie dürfen Beeren, Blumen und Pilze pflücken und herabgefallene Zweige sowie trockenes Reisig vom Boden aufsammeln. Beachten Sie aber, daß gewisse Pflanzen unter Naturschutz stehen. Äste, Zweige und Rinde von Bäumen und Sträuchern abzureißen, ist verboten. Wald und Fluren, Fauna und Flora dürfen auch sonst in keiner Weise beschädigt werden. Darüber hinaus ist es nicht erlaubt, Vogelnester und Vogeleier zu berühren oder zu entfernen. Alle Arten von Verschmutzung sind verboten und strafbar. Als Verschmutzung gilt z. B. auch, wenn man Abfälle über Bord wirft. An vielen Stellen in den Schären – und in anderen vielbesuchten Wassergebieten – gibt es Müllsammelstationen, kleine Hütten mit Toiletten und Abfallbehältern, die allen Besuchern zur Verfügung stehen. Es ist selbstverständlich, daß Boottoiletten nicht in den Häfen, Badeplätzen oder Erholungsgebieten oder deren Nähe entleert werden dürfen. Stellen Sie ihre Abfallsäcke nie neben einen vollen Müllbehälter. Wilde Tiere reißen solche Tüten auf und verstreuen die Abfälle.

Gewisse Gebiete stehen als Vogel- und Robbenschutzgebiete unter Naturschutz. Dort ist es verboten, an Land zu gehen oder zu nahe vorbeizufahren. Verstöße gegen die Bestimmungen für Vogel- und Robbenschutzgebiete werden gesetzlich bestraft.

Tauchen und Surfen

Beim Sporttauchen muß zur Warnung des Seeverkehrs die internationale Signalflagge A gehißt sein. Schiffswracks dürfen im allgemeinen nicht geborgen werden. Wracks, die älter als 100 Jahre sind, stehen unter Denkmalschutz. Es ist nicht erlaubt, mit Harpune oder Schußwaffe zu fischen.

Beim Windsurfen ist zu beachten, daß es für große Boote schwierig ist, einen Windsurfer zu sehen, besonders, wenn er ins Wasser gefallen ist. Halten Sie sich deshalb nicht in den Schiffahrtswegen, sondern in Landnähe auf.

Derjenige, der nicht schwimmen kann, muß bei der Benutzung von Gummibooten, Luftmatratzen u. a. immer eine Schwimmweste tragen.

Beim Wasserskifahren müssen sich immer zwei Personen an Bord eines Bootes befinden.

Naturschutzgebiete zum Schutz von Pflanzen und Tieren sind in einer großen Zahl an der schwedischen Küste und auf den Schären eingerichtet. Während bestimmter Zeiten ist das Befahren der Gebiete und das Betreten der Schären verboten. Die Gebiete sind mit den Verbotszeiten in den Seekarten und Sportbootkarten eingetragen.

Rettungswesen

Der schwedische Rettungsdienst wird von der schwedischen Rettungsgesellschaft in Zusammenarbeit mit staatlichen Stellen wahrgenommen. Längs der schwedischen Küste sind eine große Zahl von Rettungsstellen eingerichtet. Alle Stellen sind mit Rettungsgerät und teilweise mit Rettungskreuzern ausgerüstet. Die Rettungsstellen sind in den deutschen Seekarten eingezeichnet. In Seenotfällen kann jede schwedische Rettungsstelle mit dem Anruf „Sjöräddning" über eine Küstenfunkstelle angerufen werden. Mit der gebührenfreien Telefonnummer 90 000 kann von jedem Telefon in Schweden eine Rettungsstelle erreicht werden. Im Schärengebiet sind auf zahlreichen leicht erreichbaren Schären sogenannte Hilfsradiostationen eingerichtet worden. Mit Hilfe dieser Vorrichtungen kann mittels Kabel oder drahtlos die nächste zuständige Rettungsstelle erreicht werden. Oft ist dort ein Landeplatz für den Rettungshubschrauber eingerichtet. Die Stellen sind in den See- und Sportbootkarten eingezeichnet.

STF-Gasthäfen

Der Schwedische Touristenverein STF organisiert eine große Anzahl von Gasthäfen an den schwedischen Küsten, an Binnenseen und an Kanälen.

Auf der Bootsportkarte ist die Lage des Gasthafens mit einem Draggen innerhalb eines Kreises gekennzeichnet. Eine blaue Holztafel mit der Aufschrift „Gästhamn" zeigt Gastliegeplätze im Hafen.

In allen STF-Gasthäfen gibt es Trinkwasser, Toiletten und Abfallkübel. Darüber hinaus haben viele Gasthäfen Duschräume und Waschautomaten für Haushaltswäsche.

Liegeplätze allgemein

Es wird in Schweden (wie auch in Norwegen) vielerorts nicht gern gesehen, wenn man einfach in leerstehenden Boxen anbindet. Man steht dort auf dem Standpunkt, daß man viel Geld für die Liegeplatzmiete bezahlt hat und deshalb den Platz auch jederzeit verfügbar haben will. Es muß nämlich leider immer wieder beobachtet werden, daß (deutsche) Gäste selbst bei Rückkehr des Liegeplatzeigners nur unwirsch und zögerlich einen bereits belegten Platz verlassen. Im Zweifel sollte man sich immer an den Hafenmeister wenden bzw. grundsätzlich die als Gaststege ausgewiesenen Brücken aufsuchen.

Von Skanör bis Mölle
Die schwedischen Sundhäfen.

Skanör 55° 25' N 12° 49,8' E   S-I-1

Seekarten D 329, S 921, 929

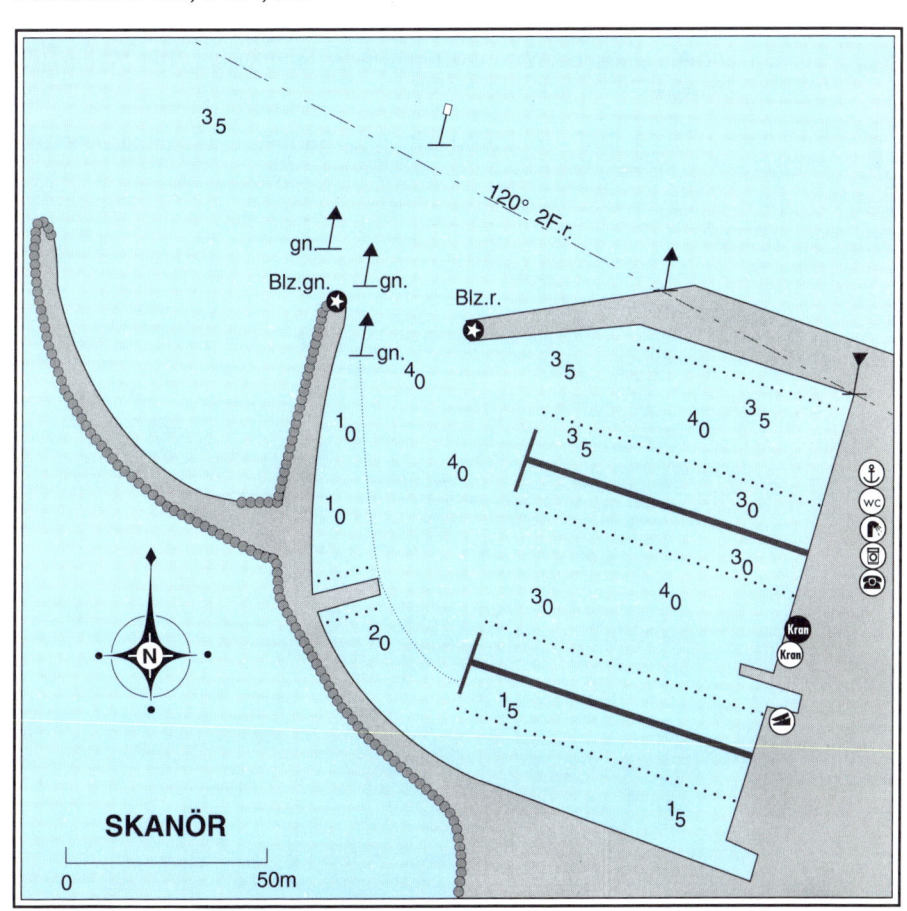

![Sportboothafen Skanör Karte]

SKANÖR 0 — 50m

Sportboothafen an der W-Seite der Falsterbo-Halbinsel. STF-Gasthafen.

Gastplätze sind nicht markiert, es gibt nur eine begrenzte Anzahl von Liegeplätzen, die von der gut deutsch sprechenden Hafenmeisterin angewiesen werden.

⚓ Hafen ist bei Tag und Nacht erreichbar. Nachts in der Richtfeuerlinie (2 F.r. 120°) einlaufen. Bei Tag bietet der in Hafennähe stehende Wasserturm eine gute Orientierungshilfe. Danach in Peilung der beiden roten Baken einlaufen. Die Molenköpfe sind befeuert.

🏠 WC, Duschen, Waschmaschine, Telefon und Hafenmeisterbüro direkt am Hafen. Wasser und Strom an den Stegen, Müllbehälter, Kran (4 t), Mastenkran, Trailerbahn. Restaurant. Einkaufsmöglichkeiten in Skanör (auch Bootszubehör).

❀ Das Ein- und Auslaufen bei W-lichen Starkwinden ist schwierig. Bei W- und NW-Starkwinden steht Schwell in den Hafen.

ℹ Bus nach Malmö und Trelleborg. Schöne Badestrände. Gute Wandermöglichkeiten entlang der Küste.

Falsterbo Kanal 55° 24,6' N 12° 56,1' E   S-I-2

Seekarten D 329, S 921

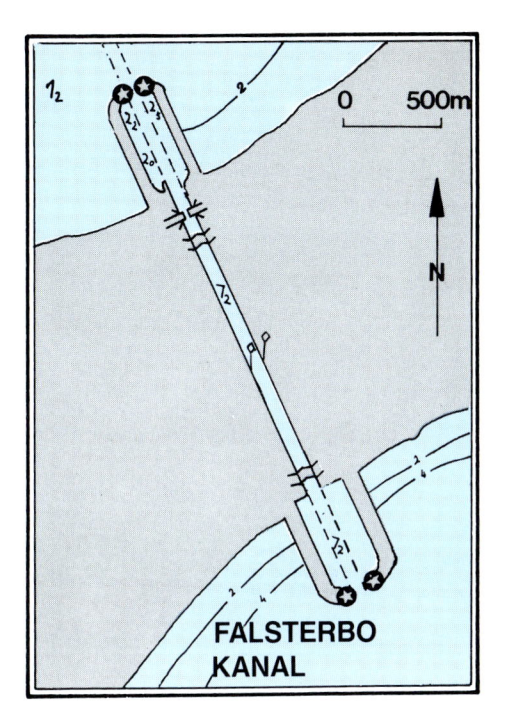

Kanal durch die Falsterbo-Halbinsel.

Gastliegeplätze in Höllviken.

Über den Kanal führt eine Klappbrücke (Durchfahrtshöhe geschlossen 3,5 m). Bei einem Wasserstandsunterschied von mehr als einem Meter zwischen Höllviken und Kämpingabukten wird der Kanal gesperrt. Ein Durchsegeln des Kanals ist verboten. Öffnungszeiten können über Kanal 16 erfragt werden.

Höllviken 55°24,7′N 12°56′E S-I-3

Seekarten D 329, S 921

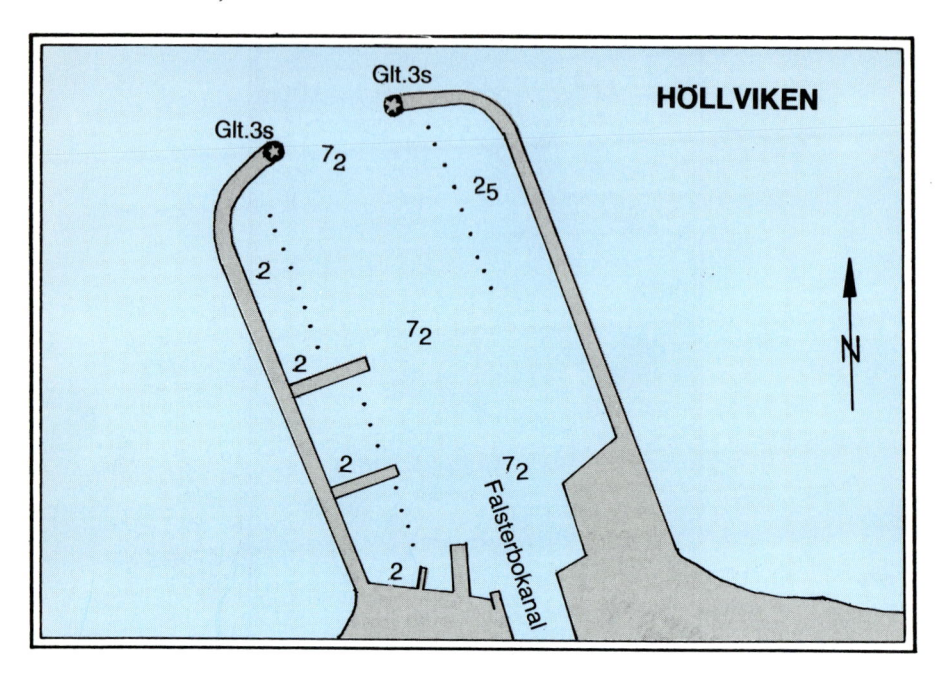

(Kartenskizze des Hafens Höllviken am Falsterbokanal mit Tiefenangaben 7₂, 2₅, 2 und Befeuerungen Glt.3s)

	Hafen am N-Ausgang des Falsterbo Kanals mit Liegemöglichkeiten für Sportboote. STF-Gasthafen.
	Liegemöglichkeiten an den mit dem STF-Gasthafenschild bezeichneten Plätzen.
	Hafen kann bei Tag und Nacht angelaufen werden. Vom Höllviken Feuer führt eine 7,2 m tiefe betonnte Rinne (155°) zum Hafen. Die beiden Molenköpfe sind befeuert (Ubr. 3 s).
	Duschen und WC im Clubhaus des Falsterbo-Kanal-Bootclubs. Wasser, Trailerbahn, Slip, Mastenkran, Kran (4 t), Telefon, Kiosk. Tankstelle und weitere Versorgungsmöglichkeiten in Höllviken.
	Unruhiges Liegen im Hafen beim Passieren von Fahrzeugen vom und zum Kanal und bei W-lichen Winden. Dann steht Schwell in den Hafen.
	Bus nach Malmö und Trelleborg.

Klagshamn

55° 31,4' N
12° 53,8' E

S-I-4

Seekarten D 329, S 921

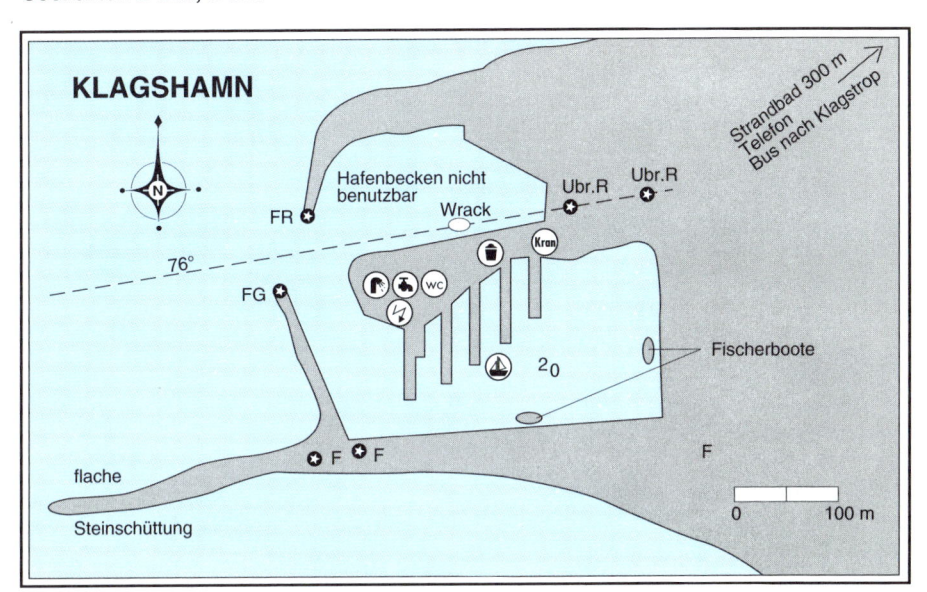

- Yachthafen mit ca. 200 Liegeplätzen. STF-Gasthafen.
- Freie Liegeplätze sind mit grünen Schildern gekennzeichnet.
- Wassertiefe im Hafen. Hafen kann bei Tag und Nacht angelaufen werden. Richtfeuer 2 Ubr.r. 76°. Bei NW-Wind läuft Schwell in den Hafen.
- Wasser, WC, Duschen, Strom, Müllbehälter, Mastenkran. Telefon beim Strandbad (300m).
- Bus nach Klagstrop. Strandbad (300m)

Limhamn 55° 35,0′ N 12° 54,8′ E S-I-5

Seekarten   D 329, 330,   NV 2,   S 921, 9211

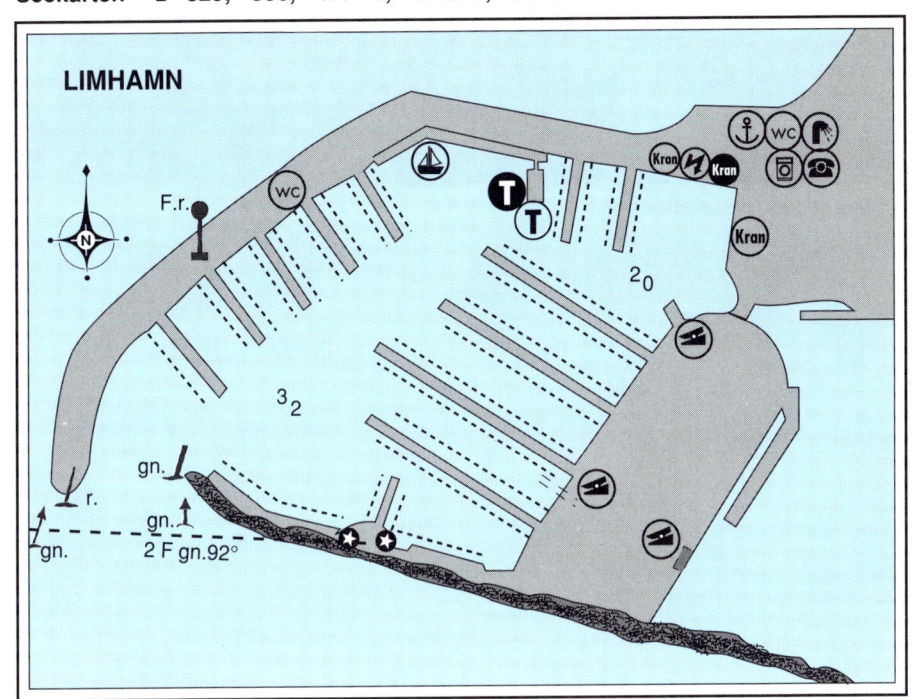

- Yachthafen mit über 1.000 Liegeplätzen. Der Hafen steht unter städtischer Verwaltung. STF-Gasthafen

- Gastliegeplätze an der Brücke F (am "Knick" der N-Mole). Ansonsten rot/grün Beschilderung.

- Hafen ist bei Tag und Nacht erreichbar. Richtfeuer 2 F.gn. 92°.

- Clubhaus mit Duschen und WC, mehrere Trailerbahnen, Kran (6 t), Mastenkran, Tankstelle (B+D), Werft und Slip (300 m), Segelmacher, Telefon. Alle weiteren Einkaufs- und Versorgungsmöglichkeiten in Limhamn.

- Der S- und Centralhafen ist für Sportboote gesperrt. Hafenkontor Tel: 040/15 20 24. Malmö Segelsällskap Tel: 040/15 44 48. Limhamns Segelsällskap Tel: 040/16 21 66.

- Busverbindung nach Malmö. Fähre nach Dragør.

Linhamm (von N gesehen)

Lagunen

55° 35,9′ N
12° 56,4′ E

S-I-5a

Seekarten   D 329, 330,   NV 2,   S 921, 9211

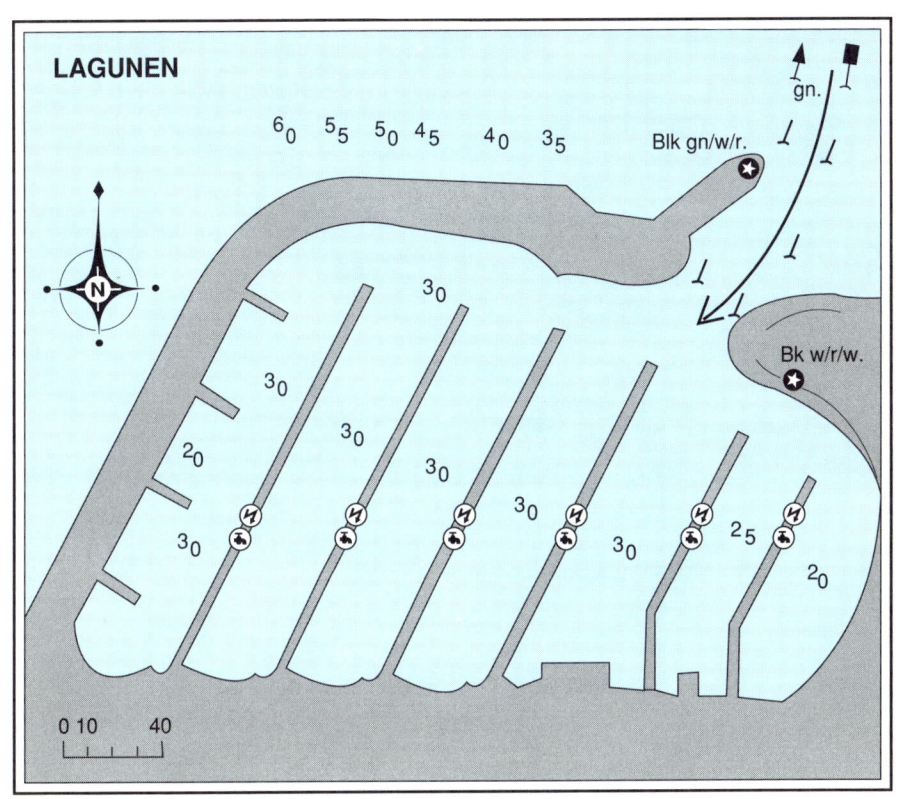

- Privater Yachthafen mit ca. 540 Liegeplätze.

- Gastliegeplätze durch rot/grün Beschilderung gekennzeichnet.

- Zum Hafen führt eine bezeichnete Rinne. Höchstgeschwindigkeit im Hafen 3 kn.

- Duschen, WC, Sauna, Waschmaschine und Trockner. Tankstelle (B+D), Trailerbahn, Mastenkran, Kran (15t). Wasser und Strom an den Stegen. Motor-, Werft- und Segelservice.

- Hafenmeister: Göte Rossing Tel: 040/16 04 30.

ℹ Golfplatz, Badestrand. Bus nach Malmö.

Lomma   55°40,6'N   13°4'E   S-I-6

Seekarten D 329, S 921, 929

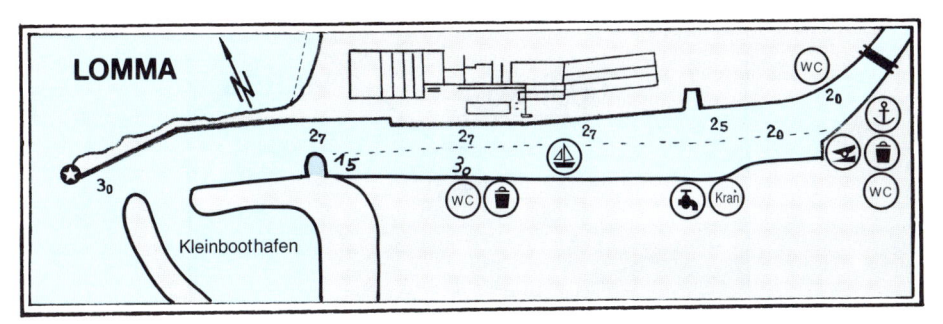

![Hafenplan Lomma mit Kleinboothafen]

| ☸ | Handelshafen. Sportboothafen. STF-Gasthafen. |

| ⛵ | Liegemöglichkeiten für Gastboote an der S-Seite. Grün/rot Beschilderung. |

| ⚓ | Hafen ist bei Tag und Nacht erreichbar. Nachts im weißen Sektor des Hafenfeuers einlaufen. |

| 🏠 | Wasser und Strom an den Stegen, WC, Müllbehälter, Trailerbahn, Mastenkran. Tankstelle (B + D) weiter flußaufwärts hinter der Brücke. Einkaufsmöglichkeiten in Hafennähe. Post, Apotheke, Telefon im Ort. Duschen gibt es lt. Svensk kusthandbok (Teil 1) in der Schwimmhalle ca. 1 km vom Hafen entfernt. |

HH OIB 1993

Vikhög 55°43,7′N 12°57,6′E   S-I-7

Seekarten D 328, 329, S 921, 929

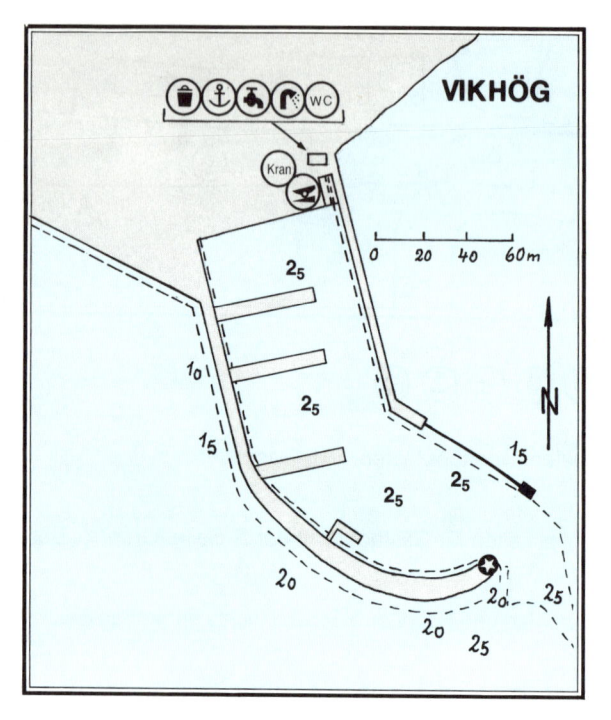

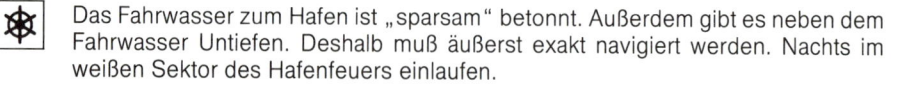

Sportboothafen.

Gastplätze in den mit grünen Tafeln bezeichneten Boxen.

Das Fahrwasser zum Hafen ist „sparsam" betonnt. Außerdem gibt es neben dem Fahrwasser Untiefen. Deshalb muß äußerst exakt navigiert werden. Nachts im weißen Sektor des Hafenfeuers einlaufen.

Duschen, WC, Wasser, Müllbehälter, Mastenkran, Trailerbahn. Telefon und Briefkasten etwa 500 m (vom Hafen kommend rechts). Einkaufsmöglichkeit, Post und Apotheke ca. 5 km entfernt in Löddeköpinge.

Barsebäckshamn 55°45,4'N 12°54,3'E S-I-8

Seekarten D 328, S 921, 922, 929

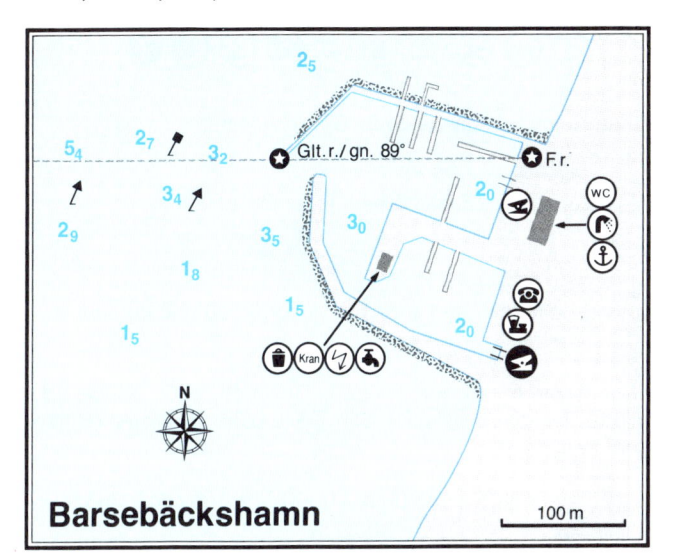

	Fischerei- und Sportboothafen. STF-Gasthafen.
	Gastplätze in mit grünen Tafeln bezeichneten Boxen.
	Zum Hafen führt eine auf 2,7 m ausgebaggerte Rinne. Es muß aber mit geringeren Tiefen wegen Sanddrift gerechnet werden. Richtfeuer 88°. Nachts das rot/grüne Sektorenfeuer am Kopf der N-Mole mit dem roten Festfeuer am Fuß der N-Mole in Deckung bringen.
	Wasser und Strom an den Stegen, Duschen, WC, Slip, Trailerbahn, Mastenkran, Müllcontainer, Einkaufsmöglichkeit.

HH OIB 1993

Lundåkrahamnen 55°51,6′N 12°51,3′E   S-I-9

Seekarten D 328, S 922, 929

(WC) (🚿) (⚓) (📻) (⚡) (Kran) (🚢) (⚓) (🗑) (⚓) (📞) (⛵) (⚠) (T) (**T**)

Yachthafen S-lich von Landskrona. STF-Gasthafen.

20 feste Gastplätze. Zusätzliche Liegemöglichkeiten an mit grün markierten Boxen.

Das Fahrwasser nach Landskrona ist gut befeuert und betonnt.

Wasser und Strom an den Stegen, Duschen, WC, Sauna, Waschmaschine, Mastenkran, Tankstelle (B + D), Slip, Trailerbahn. Kiosk mit begrenztem Lebensmittelsortiment.

Hafenkontor geöffnet von 08.00 bis 16.00 Uhr, Tel: 0418-263 50, 205 30.

Landskrona 55° 52′ N 12° 50′ E S-I-10

Seekarten D 328, S 922

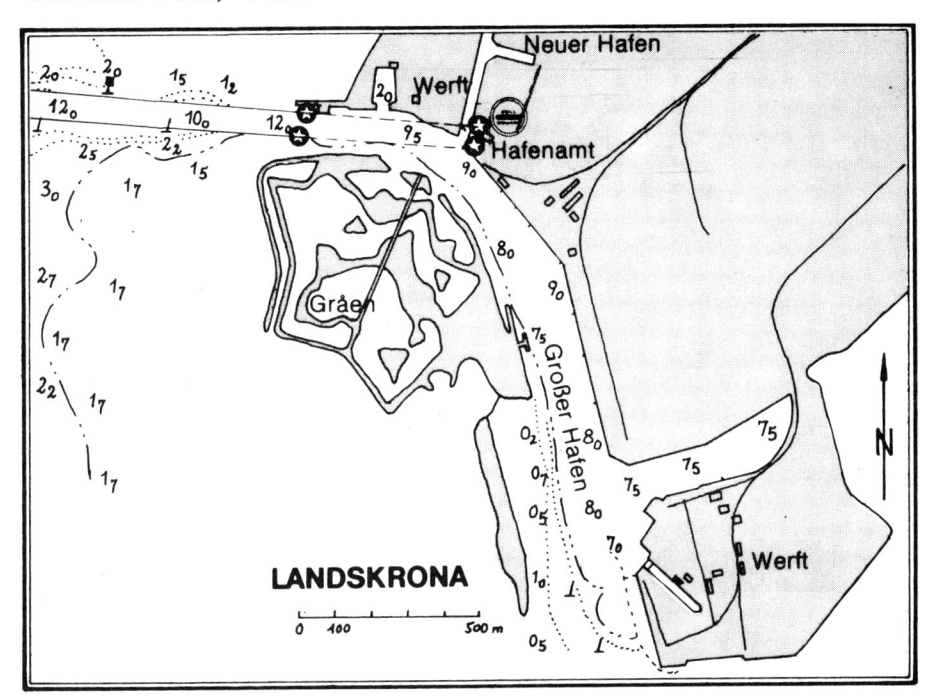

Großer Industrie- und Handelshafen. Sportboothafen (dicht innerhalb der Hafeneinfahrt an der N-Seite des Fahrwassers).

Liegeplätze für Sportboote im oben genannten Hafen. Gastliegeplätze im STF-Gasthafen Lundåkra (siehe S-I-9).

Zum Hafen führt eine von N kommende und nach E abbiegende gut ausgetonnte Fahrrinne. Bei Nacht zunächst im weißen Sektor des Gräsrännan-Feuers und dann weiter zwischen den beiden Richtfeuerlinien (095°) in den Hafen einlaufen. Der 180 m hohe trichterförmige Wasserturm W-lich des Sportboothafen ist eine gute Ansteuerungsmarke. Der Strom in der Fahrrinne und im Hafen kann bis zu 4 kn erreichen.

Wasser, WC, Post, Telefon. Alle Versorgungsmöglichkeiten in der Stadt.

Fähren nach Kopenhagen und Ven.

Borstahusen 55° 53,7′ N 12° 48,2′ E   S-I-11

Seekarten D 328, S 922

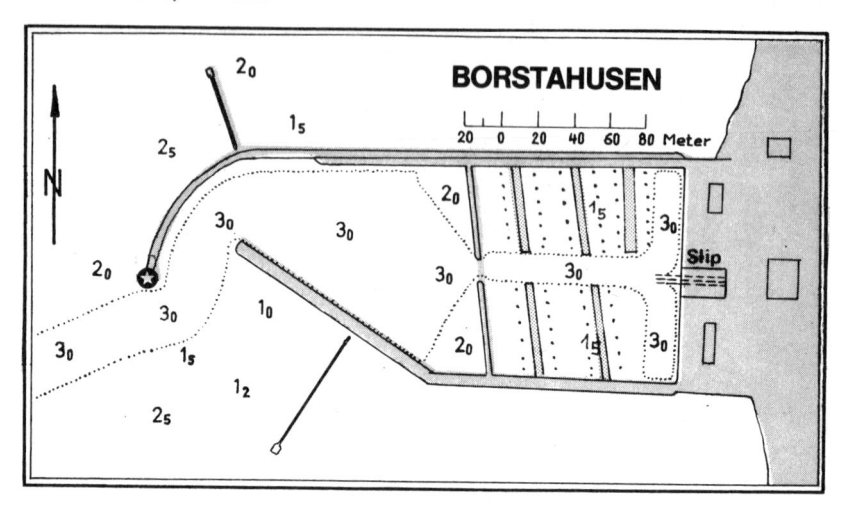

Fischerei- und Sportboothafen.

Durch Versandung können geringere Wassertiefen in der Zufahrt und im Hafen auftreten.

Wasser, Slip, Werft, WC, Mastenkran. Telefon, Duschen und Einkaufsmöglichkeit (1 km).

Kyrkbacken   55°54,5'N 12°40,6'E   S-I-12

Seekarten D 328, S 922, 929

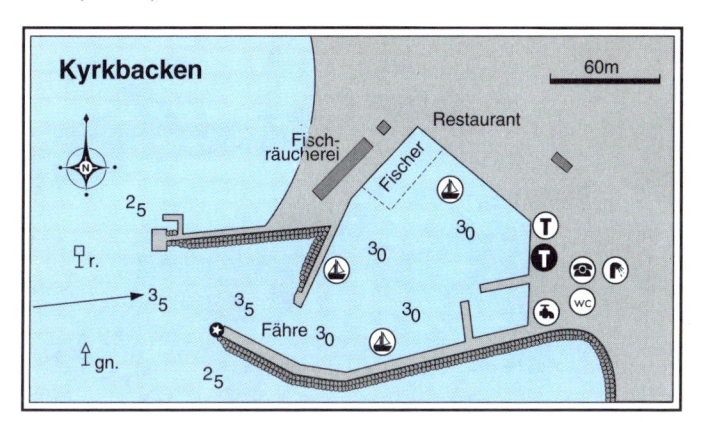

Fischerei- und Sportboothafen an der W-Seite der Insel Ven.

Liegemöglichkeiten an den Kais. Heckanker klarhalten.

Der Hafen kann bei Tag und Nacht angelaufen werden. Zum Hafen führt eine ca. 120 m lange, auf 3 m gebaggerte Rinne. Vor dem Hafen liegt ein rot/grünes Tonnenpaar aus. Die Tiefen können sich durch Sanddrift verändern. Sektorenfeuer weiß/rot/grün auf dem Kopf der S-Mole. Gut freihalten von den beiden Untiefentonnen an der N-Huk der Insel.

Wasser, Duschen, WC, Telefon, Einkaufsmöglichkeit, Fahrradverleih, Tankstelle (B + D). Restaurant, Fischräucherei, Kiosk, Bushaltestelle.

Der Hafen ist an Wochenenden stets überfüllt. Schwell der im Sund passierenden Großschiffe läuft in den Hafen. Bei starkem NW Liegemöglichkeit nur am NW-Kai. Versandungsgefahr vor der Hafeneinfahrt.

Sehenswürdigkeiten: Reste des Schlosses Uranienborg, Sternwarte, Museum und Monument des berühmten Astrologen Tycho Brahe. St. Ibbs-Kirche.

Kyrkbacken/Ven von E

Norreborg 55°55,2'N 12°42,1'E S-I-13

Seekarten D 328, S 922, 929

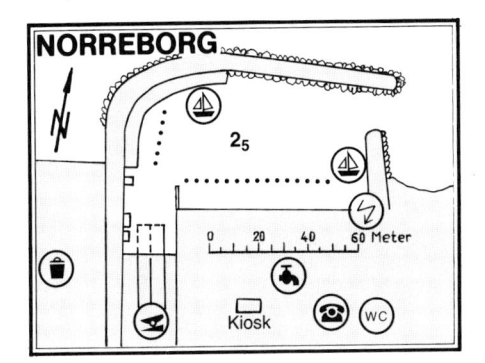

![Hafenplan Norreborg]

| ![] Kleiner Sportboothafen an der N-Seite der Insel Ven. STF-Gasthafen.

| ![] Liegemöglichkeiten wie im Plan angegeben. Schiffe mit mehr als 2 m Tiefgang sollten den Hafen nicht anlaufen. Heckanker klarhalten.

| ![] Hafen kann nur bei Tage angelaufen werden.

| ![] Wasser, WC, Strom, Telefon. Einkaufsmöglichkeit mit begrenztem Sortiment am Kiosk. Fahrradverleih.

| ![] Bei Sturm aus E-licher Richtung läuft Schwell in den Hafen. Bei Sturm aus S-licher Richtung kann der Wasserstand um 0,5 m unter Mittelwasser fallen. Die Einfahrtsrinne neigt zur Versandung. Vor der Einfahrt muß mit starker Strömung gerechnet werden.

| **i** Sehenswürdigkeiten: siehe Kyrkbacken.

Bäckviken

55° 54,2' N
12° 43,5' E

S-I-14

Seekarten D 328, S 922, 929

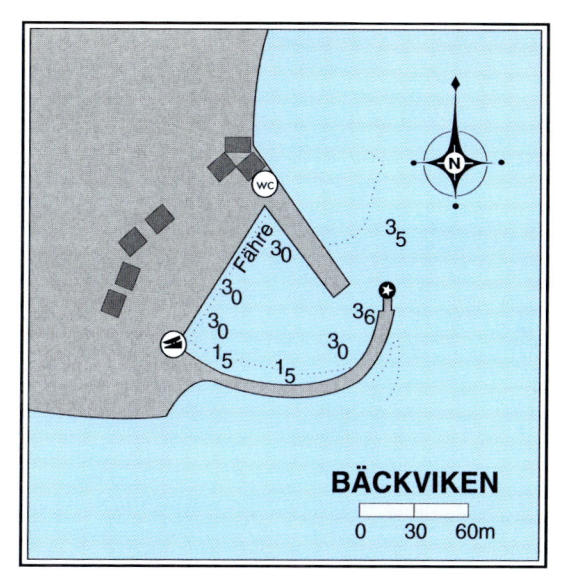

Kleiner Fischereihafen mit Fähranleger an der E-Seite der Insel Ven. Liegemöglichkeiten für Sportboote. STF-Gasthafen.

Gastplätze am Landkai und im inneren Bereich der Rundmole. Im vorderen Drittel der Rundmole darf innen nicht festgemacht werden, weil sonst die Fähre nicht frei schwojen kann. Nach Seglermeldung hat die Fähre jetzt einen eigenen Anleger nördlich des Hafens.

Hafen kann bei Tag und Nacht angelaufen werden.

Wasser, WC, Telefon, Einkaufsmöglichkeit, Müllcontainer, Tankstelle (D), Trailerbahn.

Hafen ist am Wochenende stets überfüllt. An der Tankstelle darf nur angelegt werden, wenn die Fähren unterwegs sind.

Fähre nach Landskrona. Sehenswürdigkeiten siehe Kyrbacken.

Ålabodarna 55° 56,4' N 12° 46,5' E

S-I-15

Seekarten D 328   S 922

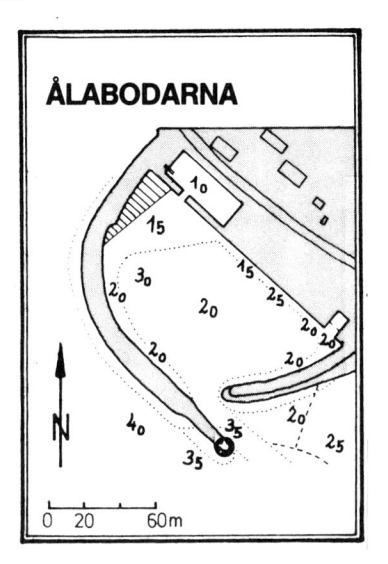

ÅLABODARNA

Kleiner Fischerhafen mit Liegemöglichkeiten für Gastboote.

Hafen kann bei Tag und Nacht angelaufen werden. Sektorenfeuer am Kopf der W-Mole.

Wasser, Slip, Telefon.

Råå

55°59,4'N
12°44,8'E

S-I-16

Seekarten D 328, S 922, 9221

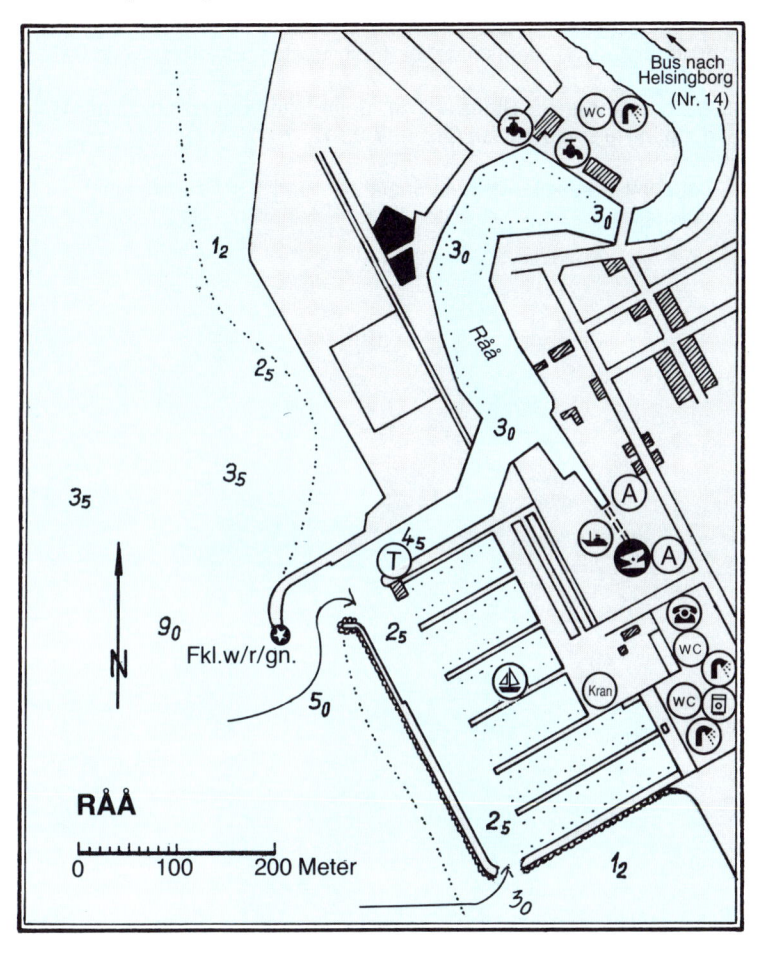

Großer Yachthafen S-lich von Helsingborg. STF-Gasthafen.

Liegeplätze entsprechend rot/grün Beschilderung. Liegeplätze auch im Alten Hafen in der Råå.

Hafen kann bei Tag und Nacht angelaufen werden. Nachts im weißen Sektor des Feuers auf dem Kopf der N-Mole einlaufen. Hafen kann auch durch die S-Einfahrt (Molenköpfe befeuert) angelaufen werden.

Duschen (Duschmarken), WC, Waschmaschine und Trockner. Wasser und Strom an den Stegen, Tankstelle (B + D), Werft, Slip, Trailerbahn, Travellift, Mastenkran, Motorenservice, Bootszubehör, Post, Telefon, Einkaufsmöglichkeit.

Wasserstände: SE-Sturm – 1 m. Beim Mitführen zollpflichtiger Ware Zollanmeldung in Helsingborg Tel: 042 – 17 08 12.

Sehenswürdigkeit: Kleines Seefahrts- und Fischereimuseum. Bus Nr. 1 nach Helsingborg.

Domsten 56° 07,1' N 12° 36,5' E   S-I-17a

Seekarten D 24, 328   S 922

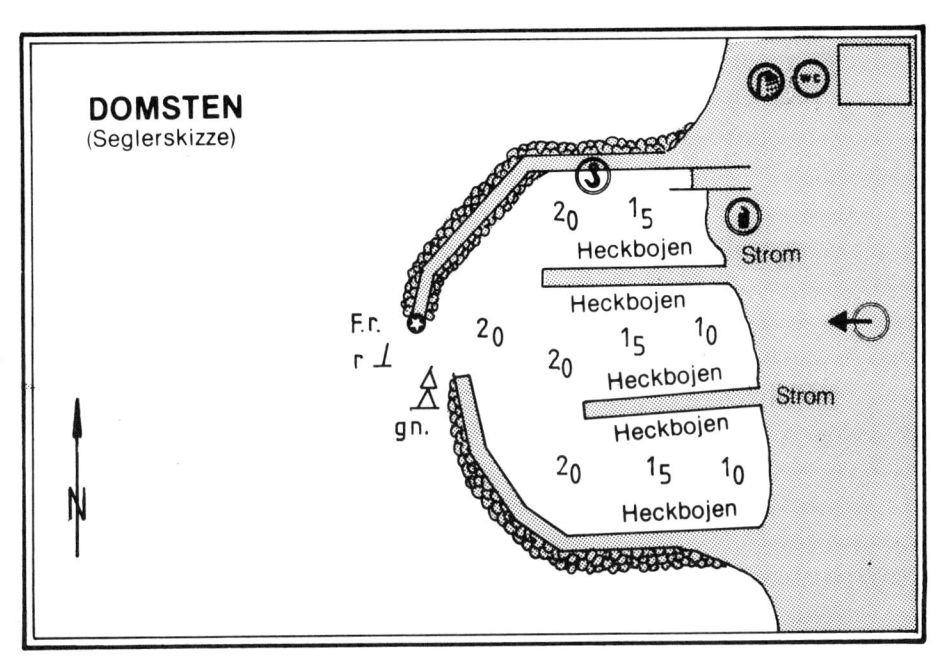

DOMSTEN
(Seglerskizze)

2_0 1_5
Heckbojen   Strom
Heckbojen
F.r. 2_0 1_5 1_0
r ⊥ 2_0 Heckbojen
gn.   Heckbojen   Strom
2_0 1_5 1_0
Heckbojen

Kleiner Sportboothafen N-lich von Helsingborg.

An der S-Mole.

Hafen kann nur von Ortskundigen angelaufen werden.
Dem Hafen sind mehrere Untiefen vorgelagert.

Strom an den Stegfüßen, Wasser auf den Stegen, Mastenkran, Slip, Dusche, WC, Clubhaus.

Domsten

Viken 56° 8,5′ N
12° 34,8′ E

S-I-18

Seekarten D 24, 328, S 922

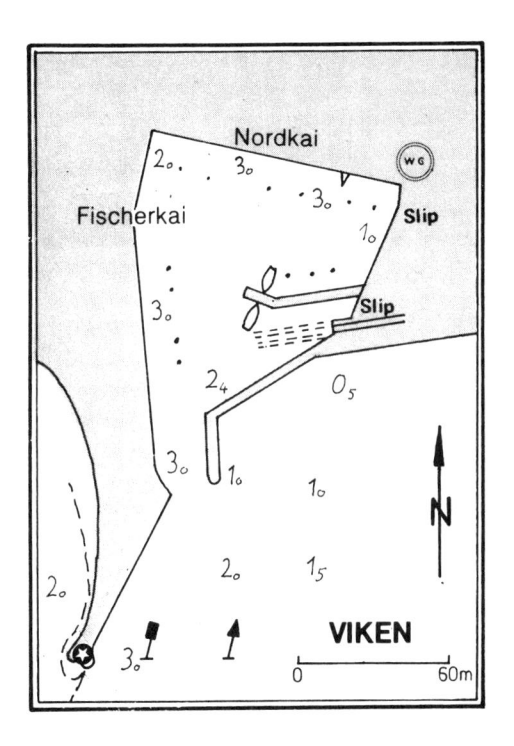

Fischerei- und Sportboothafen.
STF-Gasthafen.

10 Gastliegeplätze.

Hafen ist bei Tag und Nacht erreichbar. Nachts im weißen Sektor des Feuers am Kopf der W-Mole anlaufen.

Wasser, Strom, Duschen, WC, (Straßen-) Tankstelle (Treibstoff wird bei Bestellung bei der Tankstelle im Ort mit dem Tankwagen zum Hafen gebracht), Slip, Bootswerft mit Zubehörladen, Kran, Mastenkran, Einkaufsmöglichkeit (ca. 200 m).

Zufahrtsrinne und Hafen neigen zur Versandung.

Bademöglichkeit.
Bus nach Höganäs und Helsingborg.

Viken. Blick von der W-Mole in den Hafen. Links im Hintergrund die von See gut auszumachende Windmühle.

Höganäs 56°11,9′N 12°33′E S-I-19

Seekarten D 24, 328, S 922

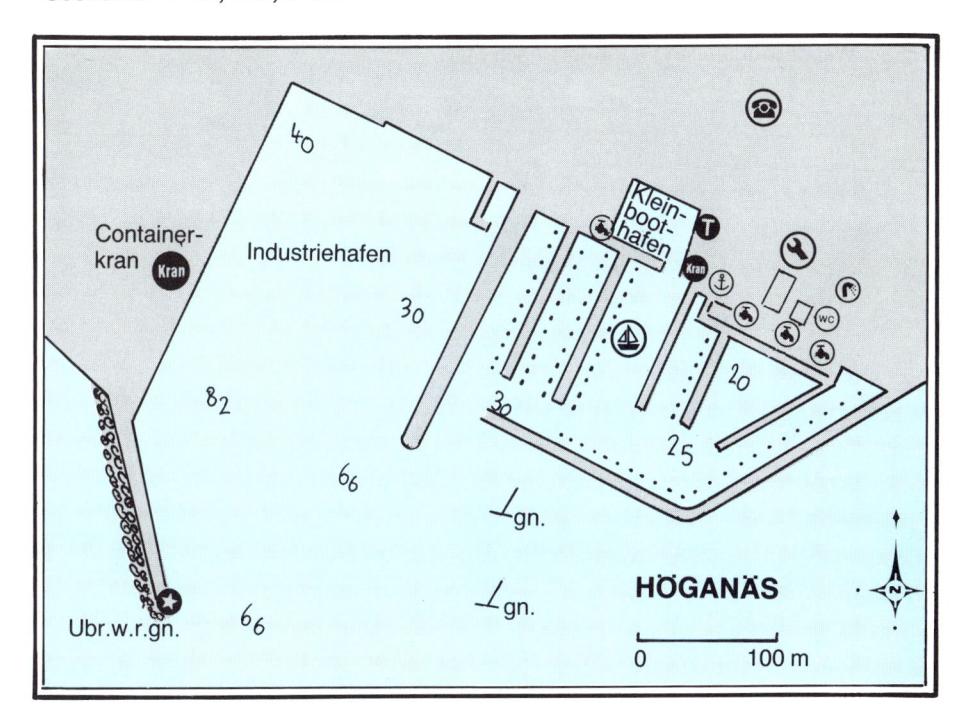

※ Handelshafen und Yachthafen. STF-Gasthafen.

⛵ Liegeplätze entsprechend der rot/grün Beschilderung.

⚓ Einlaufen bei Tag und Nacht möglich. Das Fahrwasser zum Hafen ist betonnt. Die Ansteuerungstonne ist befeuert. Sektorenfeuer am Kopf der W-Mole (Industriehafen). Richtfeuer 93°. Eine gute Orientierungshilfe bei Tag ist der gut sichtbare Containerkran im Industriehafen.

🏠 Wasser, Strom, Duschen, WC, Kran (10 t), Mastenkran, Tankstelle (D), Kiosk, Motorreparatur, Einkaufsmöglichkeit (300 m). Weitere Versorgungsmöglichkeiten in der nahegelegenen Stadt. Zoll (Hinweis siehe Hafenkontor).

Der auf 56°10,6′N 12°33,2′E gelegene Hafen Leberget unterliegt ständiger Versandung. Vom Einlaufen wird abgeraten. Bei Starkwind aus NW bis N wird die Hafeneinfahrt durch ein Netz gesperrt. Sperrsignal am Tage 1 roter Ball, bei Nacht ein rotes Feuer.

Badeanstalt an der E-Seite des Hafens. Bus nach Mölle und Helsingborg. Rad- und Wanderweg entlang der Küste nach Mölle.

Nyhamnsläge 56° 14,7' N / 12° 32' E   S-I-19a

Seekarten D 24, 328,   S 922

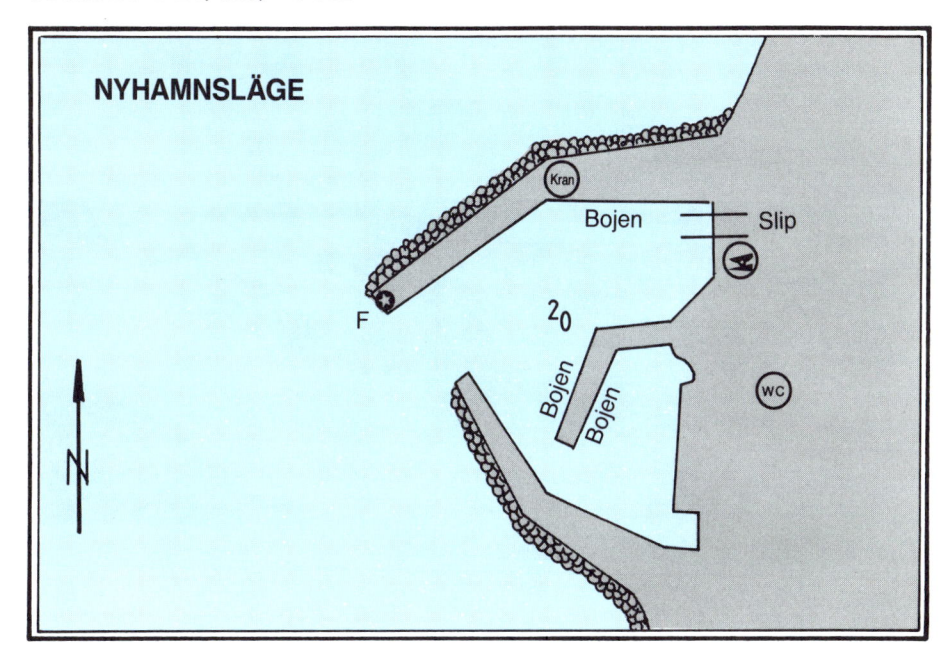

Kleiner Sportboothafen N-lich von Höganäs.

Wenig Platz für Gastboote.

Bei der Ansteuerung des Hafens ist auf die zahlreichen Untiefen zu achten. Von der gsg-Untiefentonne mit W-Topzeichen kann der Hafen mit NE-lichem Kurs direkt angelaufen werden. Sektorenfeuer auf dem Kopf der N-Mole. Von nächtlichem Anlaufen wird Ortsunkundigen abgeraten.

WC, Ablaufbahn. Sonst keine Versorgungsmöglichkeiten.

Bei W-lichen Winden läuft Schwell in den Hafen.
Hafen für größere und tiefgehende Yachten nicht geeignet.

Rad- und Wanderweg nach Mölle.

HH OIB 1993

Nyhamnsläge. Blick vom Fuß der N-Mole.

Lerhamn 56° 15,6′ N 12° 31′ E   S-I-19 b

Seekarten D 24, 328, S 922

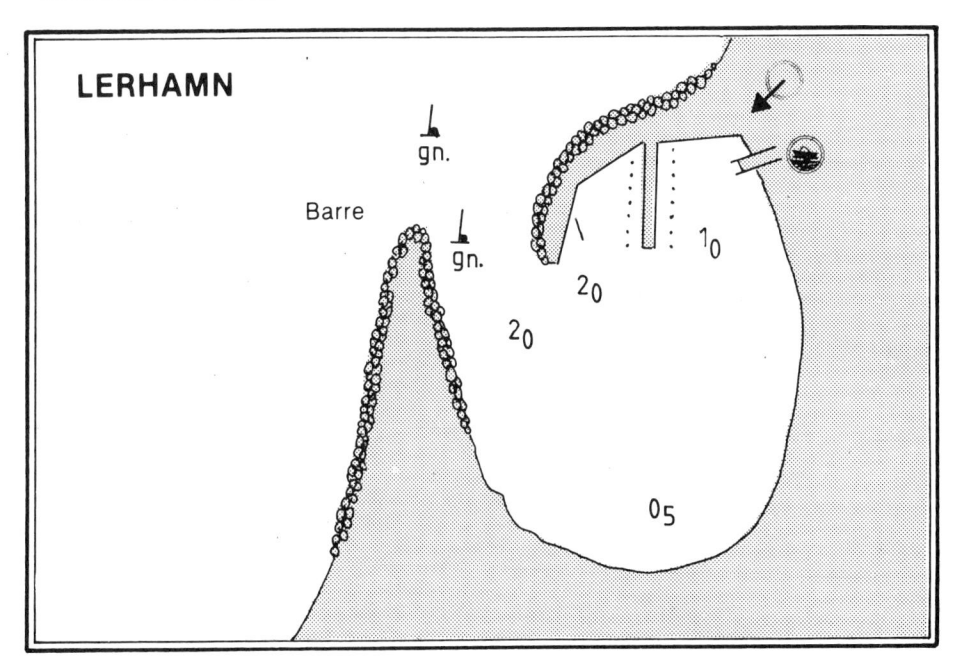

Kleiner Bootshafen. Der Hafen wird durch eine Landzunge im W und eine Mole im N begrenzt.
Landschaftlich reizvoll, aber für größere und tiefgehende Boote ungeeignet.

Kein Platz für Gastboote.

Vom Anlaufen dieses Hafens wird ohne Ortskenntnis dringend abgeraten, vor dem Hafen liegt eine Barre, die nicht ausreichend gekennzeichnet ist. Nächtliches Anlaufen nicht möglich.

Slip. Sonst keine Versorgungsmöglichkeiten in Hafennähe.

Rad- und Wanderweg nach Mölle.

Lerhamn

Mölle
56°17'N
12°29,6'E

S-I-20

Seekarten D 24, 328, S 922, 923, 929

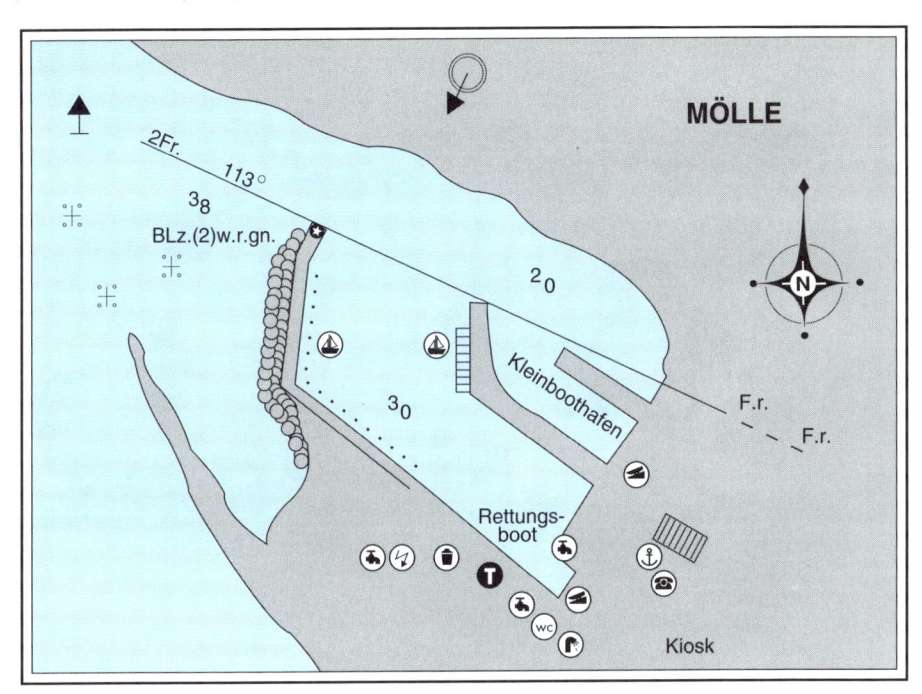

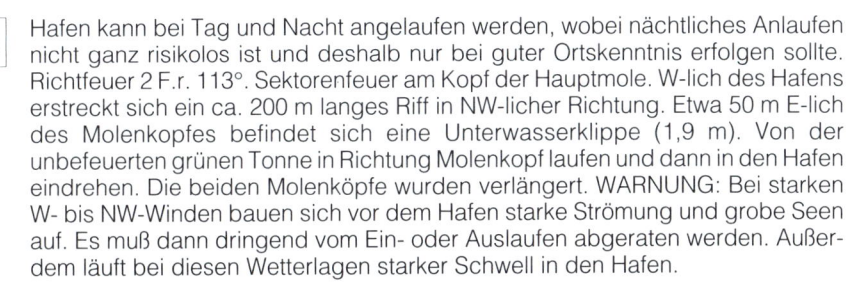

Kleiner idyllischer Fischereihafen mit Liegemöglichkeiten für Sportboote. STF-Gasthafen.

Liegemöglichkeiten an der Innenseite der Hauptmole und am Kopf der Mittelmole. 40 Gastplätze oder an grün beschilderten Boxen festmachen.

Hafen kann bei Tag und Nacht angelaufen werden, wobei nächtliches Anlaufen nicht ganz risikolos ist und deshalb nur bei guter Ortskenntnis erfolgen sollte. Richtfeuer 2 F.r. 113°. Sektorenfeuer am Kopf der Hauptmole. W-lich des Hafens erstreckt sich ein ca. 200 m langes Riff in NW-licher Richtung. Etwa 50 m E-lich des Molenkopfes befindet sich eine Unterwasserklippe (1,9 m). Von der unbefeuerten grünen Tonne in Richtung Molenkopf laufen und dann in den Hafen eindrehen. Die beiden Molenköpfe wurden verlängert. WARNUNG: Bei starken W- bis NW-Winden bauen sich vor dem Hafen starke Strömung und grobe Seen auf. Es muß dann dringend vom Ein- oder Auslaufen abgeraten werden. Außerdem läuft bei diesen Wetterlagen starker Schwell in den Hafen.

Wasser, Strom, WC, Duschen, Tankstelle (D), Müllcontainer, Slip, Trailerbahn, Telefon. Einkaufsmöglichkeiten in Hafennähe. Post.

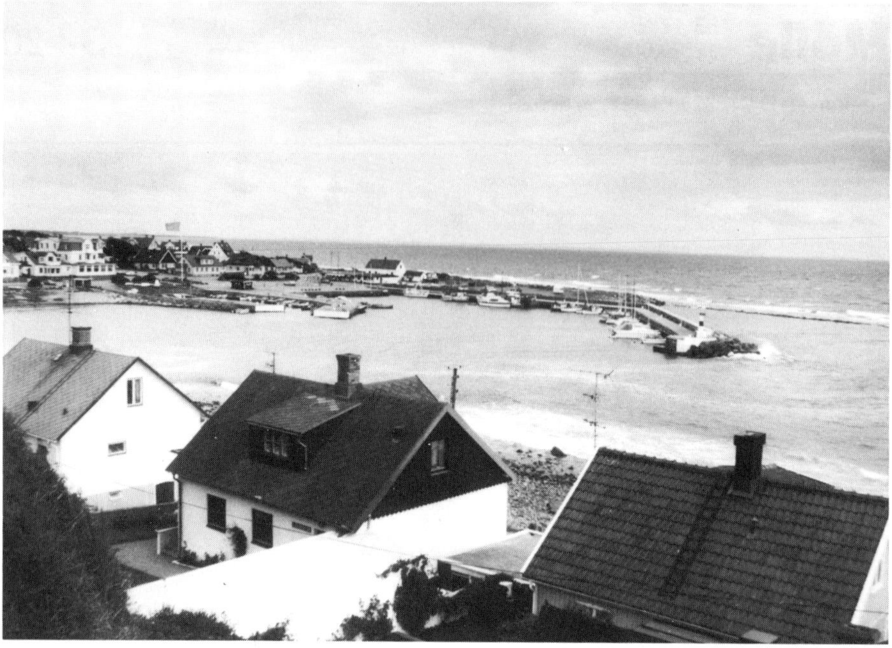

Falsterborev bis Simrishamn S-V

Die schwedische Küste von Falsterborev bis Sandhammaren ist durchweg niedrig und gering bewaldet. Die höchste Erhebung ist Romeleåsen mit einem Aussichtsturm auf dem 186 m hohen Romeleklint. Die vorstehende Huk Sandhammaren mit ihrem Leuchtturm ist gut sichtbar. Das breite Bornholmsgatt zwischen Sandhammaren und Bornholm ist ein viel befahrener Seeweg.

Auf der **Halbinsel Skanör**, an der O-Seite der Einfahrt in den Sund, sieht man den Falsterbo-Leuchtturm, die Kirche und das Appartmenthotel Falsterbohus.

Von Trelleborg erkennt man zuerst die Kirche, den Wasserturm und das hohe Silogebäude. Ein 130 m hoher Gittermast steht bei Kyrkoköping 1,5 sm NO-lich von Trelleborg. Smygehuk ist kenntlich an dem ehemaligen Leuchtturm, den hohen Speichern von Östra Torp und der Östra-Torp-Kirche. Etwa 2,5 sm vor Smygehuk steht der weit sichtbare Leuchtturm Kullagrund auf der gleichnamigen Untiefe.

In Ystad sind die hohe Kirche, der Wasserturm und die Silos auffällig. NO-lich der Stadt steht der hohe Köpinge-Schornstein.

Die Huk Kåsehuvud ist kahl, in der Nähe steht ein hoher Turm.

Sandhammaren, ein wichtiger Ansteuerungspunkt, ist eine hohe Huk mit auffälligem Leuchtturm. Bei starkem W-Wind setzt erheblicher Strom um Sandhammaren herum nach NO.

Ein Verkehrstrennungsgebiet ist bei Falsterborev-Leuchtturm eingerichtet. Sportfahrzeuge dürfen die sichere Durchfahrt eines den Einbahnwegen folgenden Maschinenfahrzeugs nicht behindern.

Der normale Hochwasserstand liegt in den Häfen dieses Küstenabschnittes etwa 0,5 bis 1 m über und der normale Niedrigwasserstand etwa um den gleichen Betrag unter Mittelwasser. **Die Häfen neigen zur Versandung.** Yachten mit größerem Tiefgang sollten den Wasserstand beachten.

Wasserstandsmeldung durch automatischen Telefonbeantworter in Ystad Tel. 0411-1 94 06.

Falsterbokanal, s. Hafenhandbuch Ostsee, Band I.

Skåre 55° 23′ N 13° 03′ E   S-V-1

Seekarten D 40 Schw 839

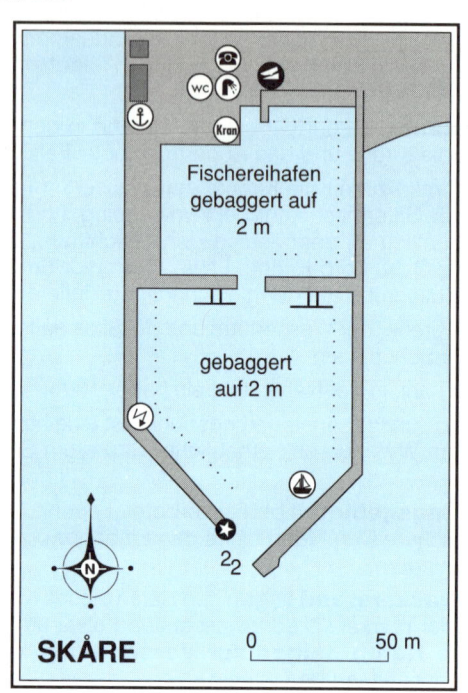

Kleiner Fischer- und Sportboothafen etwa 3,5 sm W-lich von Trelleborg. Gasthafen.

5 bis 10 Gastliegeplätze mit bis zu 2 m Wassertiefe sind vorhanden. Freie private Plätze sind durch grüne Schilder gekennzeichnet.

In den Hafen führt eine 50 m breite Baggerrinne für Boote bis 1,7 m Tiefgang. Bei der Ansteuerung hält man, nach Seglermeldung, mit Kurs etwa 350° auf die Einfahrt zu, dabei ist ein weißer Giebel zwischen den Molenköpfen gut sichtbar. Richtfeuer W-lich der Baggerrinne führen frei von dem dort liegenden Riff. Ortsunkundige sollten nachts nicht einlaufen. Zahlreiche große Steine liegen dicht außerhalb der Baggerrinne. Die Baggerrinne ist durch Spieren bezeichnet.

Lebensmittel mittwochs und sonnabends von 8.00 bis 9.00 Uhr am Hafen. Dieseltreibstoff kann man über die Fischer erhalten.

Busverbindung mit Trelleborg (5 km). Badestrand.
Hafenmeister: Lars-Göran Canerholm, Tel. 0410-3 46 22.

Trelleborg 55° 22´ N 13° 09´ E S-V-2

Seekarten D 40 Schw 839

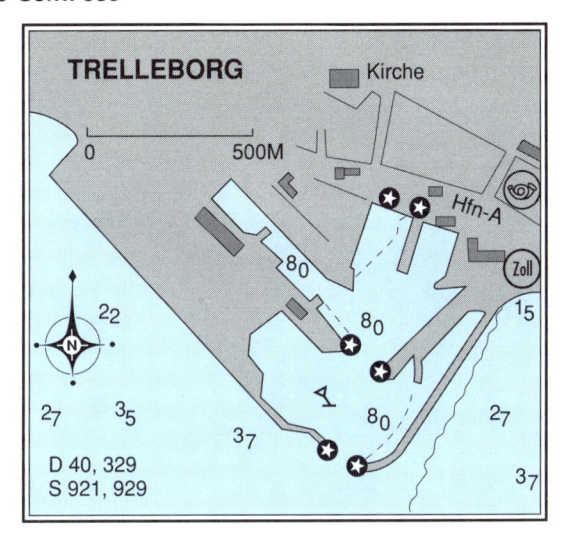

| | Handels- und Fährhafen mit regelmäßiger Fährverbindung nach Travemünde und Saßnitz.
Zollplatz und Paßkontrolle. |
|---|---|
| | Liegeplätze findet man im neuen Hafen, einlaufend an Bb., an der Fischerpier oder am Westende. |
| | Das Trelleborg-Leuchtfeuer und am Tage die hohen Silos und der Wasserturm sind gute Ansteuerungsmarken. Nachts ist das Hafenfeuer am Beginn der Baggerrinne kaum von den Hafenlichtern zu unterscheiden und schwer auszumachen. In den Hafen führt eine 100 m breite betonnte und befeuerte Baggerrinne. Ein kleiner Wellenbrecher dicht NO-lich der Leuchttonne 5 ist zu beachten. |
| | Alle wichtigen Behörden, Einrichtungen und Versorgungsmöglichkeiten sind vorhanden. Deutsches Honorarkonsulat. |
| | Trelleborg ist kein Gasthafen. Der Hafen sollte nur zur Zollabfertigung oder Paßkontrolle angelaufen werden. Die nächsten Gasthäfen sind Gislövsläge und Skåre. Bei Sturm aus W-licher Richtung kann der Wasserstand bis 1,5 m unter Mittelwasser fallen. Bei SW-Sturm steht Dünung im Hafen. Beim Ein- und Auslaufen der großen Fähren ist eine Wasserstandsänderung um +_0,30 m möglich. |
| i | Gute Verkehrsverbindungen mit Malmö und den umliegenden Orten. |

Trelleborg

Gislövsläge   55° 21′ N   13° 14′ E   S-V-3

Seekarten D 40   Schw 839

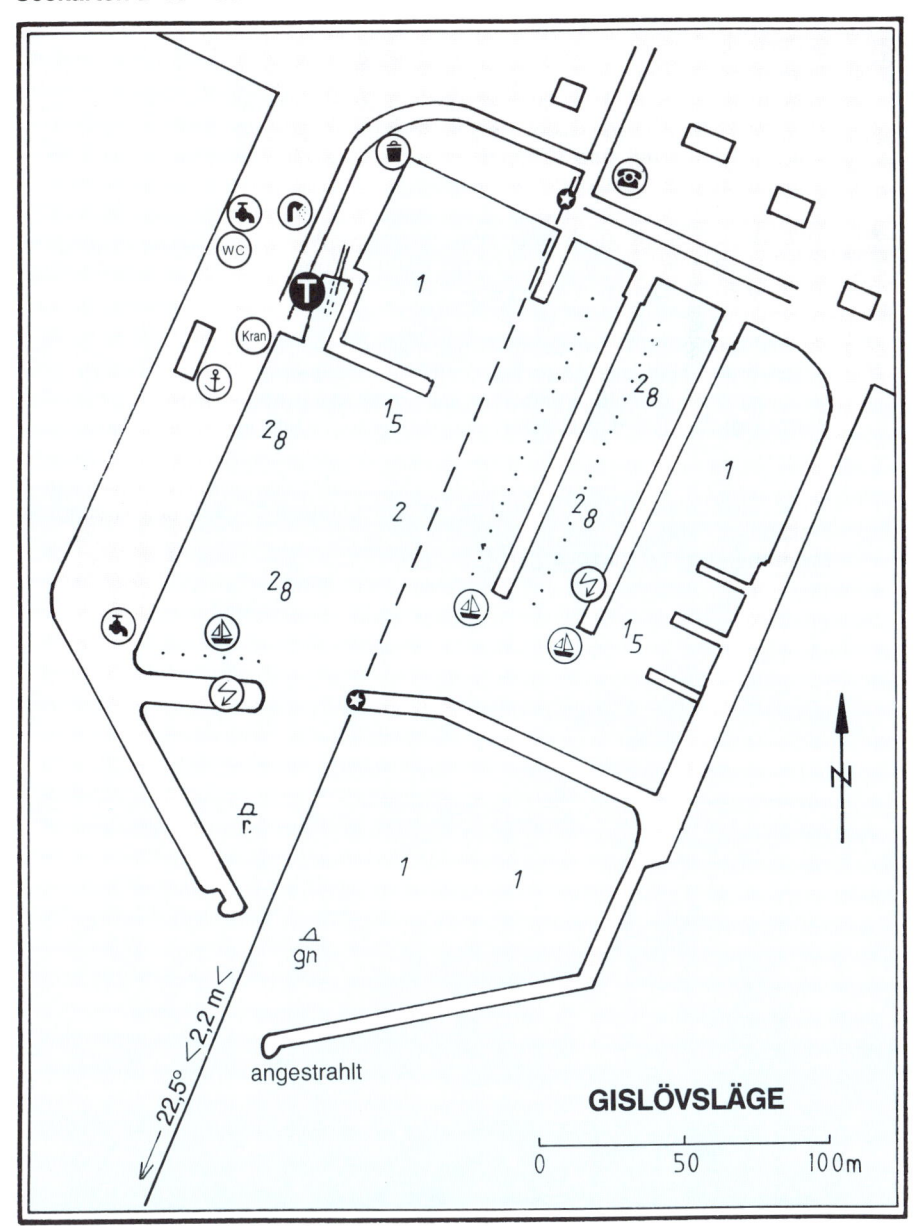

GISLÖVSLÄGE

0   50   100 m

angestrahlt

22,5° <2,2 m

HH OIB 1993

Kleiner Ort mit großem Yachthafen des Seglervereins von Trelleborg. Der Hafen ist gegen Wind aus allen Richtungen gut geschützt. Gasthafen.

Gastliegeplätze am Ende von 2 Schwimmstegen und, soweit frei, an der W-lichen Innenmole mit 1,70 m.

Die Einsteuerung bereitet keine Schwierigkeiten. Man hält sich in der Richtlinie der Tagmarken. Nachts führen Richtfeuer in den Hafen. Die Baggerrinne ist durch Spieren bezeichnet. Von SW kommend dient das Warnfeuer auf dem hohen Funkmast NNE-lich von Gislöv als gute Ansteuerungsmarke. Von Öresund Södra Lotsboj hält man mit Kurs 30° auf den Funkmast zu, bis man in die Richtlinie 22,5° durch die Baggerrinne eindrehen kann.

Gute Versorgungsmöglichkeiten sind vorhanden. Wasser und Strom an den Stegen. Die Tankstelle ist nur von 8.00 bis 12.00 Uhr geöffnet. Alle wichtigen Behörden und Einrichtungen in Trelleborg.

Der Hafen neigt zur Versandung. Wegen ausliegender Aalangeln sollte man bei der Ansteuerung mindestens 1 sm von der Küste abbleiben. Das Einlaufen bei starkem auflandigen Wind sollte nur am Tage mit großer Vorsicht geschehen.
Warnung: SW-lich des O-lichen Steges soll ein Stein mit etwa 1,2 m Wasser darüber liegen.

In der Nähe befinden sich Badeplätze. Es besteht regelmäßige Busverbindung mit Trelleborg (7 km).
Hafenmeister: Tel. 0410-41015

Smygehamn 55° 20´ N 13° 22´ E   S-V-4

Seekarten D 40 S 839

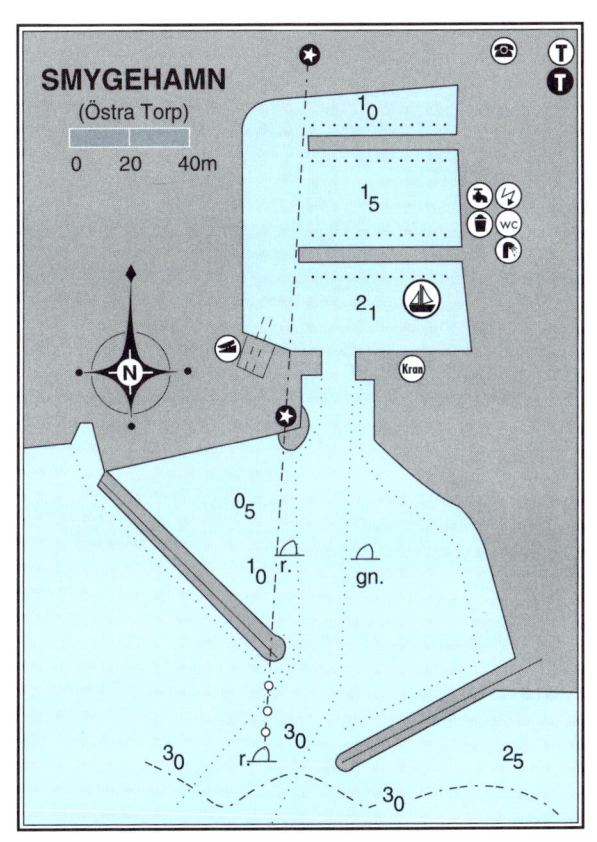

Kleiner Fischer- und Sportboothafen O-lich des ehemaligen Smygehuk-Leuchtturms. Schwedens S-lichster Hafen. Gasthafen.

Liegeplätze mit 1 bis 2 m Wassertiefe sind an der Brücke im inneren Hafen vorhanden.

Die Einsteuerung wird durch Richtbaken und Feuer erleichtert. Im Außenhafen liegen kleine Tonnen beiderseits der 2 m tiefen Baggerrinne aus. Die Feuer brennen nur in der Zeit vom 1.8 bis 1.6.

Versorgungsmöglichkeiten sind vorhanden. Café und Kiosk direkt am Hafen. Räucherei, Post, Bank in 500 m Entfernung.

Smygehamn

Nach Seglermeldung riecht es im Hafen stark nach Faulgasen. Vor dem W-Molenkopf liegt eine Pfahlreihe mit Netzen S-wärts aus, damit Tang nicht mehr in die Hafeneinfahrt gelangen kann.

Busverbindung mit Trelleborg (15 km). Der ehemalige Leuchtturm kann besichtigt werden.
Hafenmeister: Tel. 0410-2 45 83.

Abbekås 55° 24' N 13° 36' E   S-V-5

Seekarten D 40 Schw 839

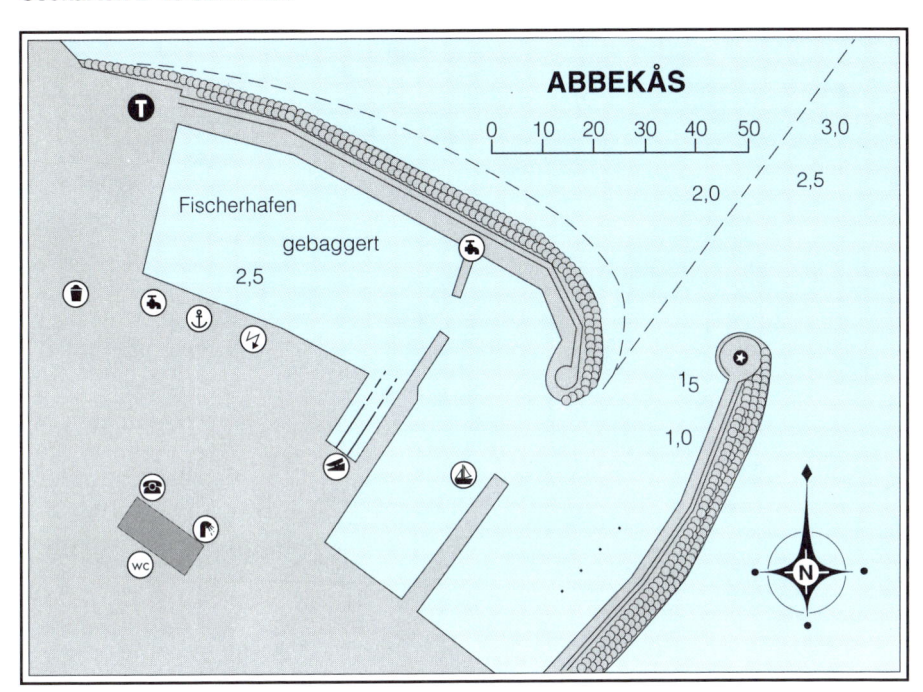

Kleiner Fischer und Sportboothafen. Gasthafen.

Gastliegeplätze mit 1,8 m Wassertiefe sind im äußeren Hafen vorhanden.

Bei der Einsteuerung hält man sich gut in der Mitte zwischen den Molenköpfen. Die Wassertiefe in der Baggerrinne beträgt 2 m. Der Hafen neigt zur Versandung und sollte nur von Booten mit bis zu 1,6 m Tiefgang angelaufen werden. Richtfeuer, rote dreieckige Tagmarken in 297° in Linie führen in den Hafen. Vorsicht: Außerhalb der Baggerrinne liegen große, unbezeichnete Steine!

Kiosk am Hafen. Lebensmittel sind im etwa 800 m entfernten Geschäft zu erhalten. Bis zur nächsten Tankstelle 3 km. Strom und Münzwasch im Hafen.

Bushaltestelle in 800 m Entfernung. Es besteht Busverbindung mit dem 20 km entfernten Ystad. Hafenmeister: Hans Ewe Södergren, Tel. 041133190.

Ystad

55° 26′ N
13° 50′ E

S-V-6

Seekarten D 40 Schw 839

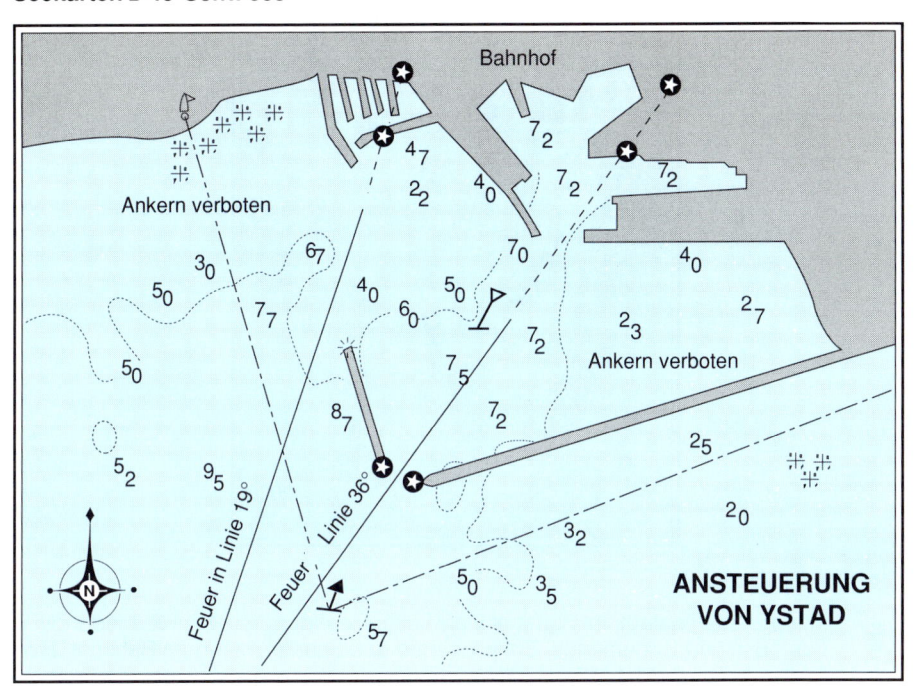

Stadt mit größerem Industrie-, Fähr-, Fischerei- und Sportboothafen. Gasthafen. Zollplatz.

Gastplätze mit 1,5 bis 3 m Wassertiefe befinden sich an der W-lichsten Brücke des Sportboothafens. In der Saison ist der Hafen oft überfüllt. Auch an privaten Plätzen mit grünen Schildern darf festgemacht werden.

Bei der Einsteuerung sind ein runder Gasometer, hohe Silos und der Wasserturm gute Landmarken. Der Yachthafen liegt unmittelbar W-lich der Einfahrt zum Handelshafen. Die Ansteuerung erfolgt in der Richtlinie der Richtbaken.

Alle wichtigen Einrichtungen und Versorgungsmöglichkeiten sind vorhanden. Der Inhaber der Tankstelle im Hafen führt auch Motorreparaturen durch. Die Zollstelle befindet sich im Fährhafen.

Das Anlegen im Handelshafen ist Sportbooten nicht gestattet. SO-lich des Yachthafens ist ein etwa 300 m langer Wellenbrecher geschüttet. Bei stürmischen Winden aus SO-licher bis SW-licher Richtung steht an der W-lichsten Anlegebrücke (Gastbrücke) viel Schwell. Mann sollte dann versuchen, einen Platz an den anderen Brücken zu bekommen.

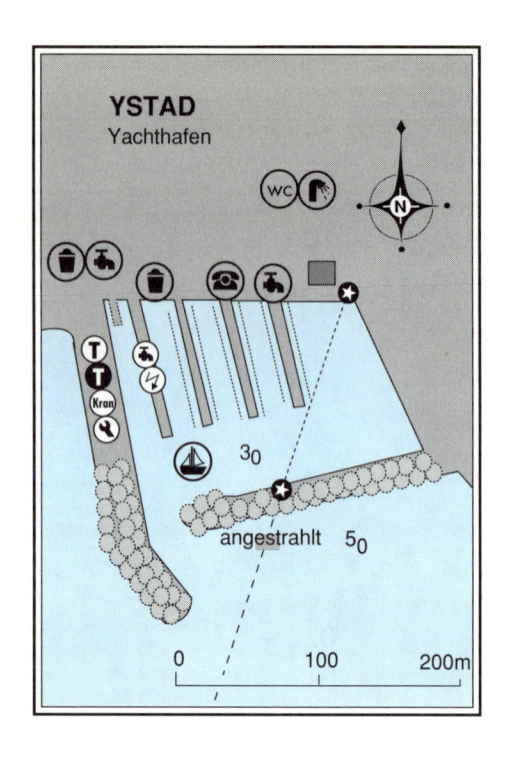

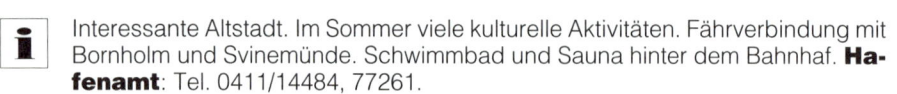

i Interessante Altstadt. Im Sommer viele kulturelle Aktivitäten. Fährverbindung mit Bornholm und Svinemünde. Schwimmbad und Sauna hinter dem Bahnhaf. **Hafenamt**: Tel. 0411/14484, 77261.

Ystad – Gastanleger

Kåseberga

55° 23´ N
14° 04´ E

S-V-7

Seekarten D 40, 159 Schw 839

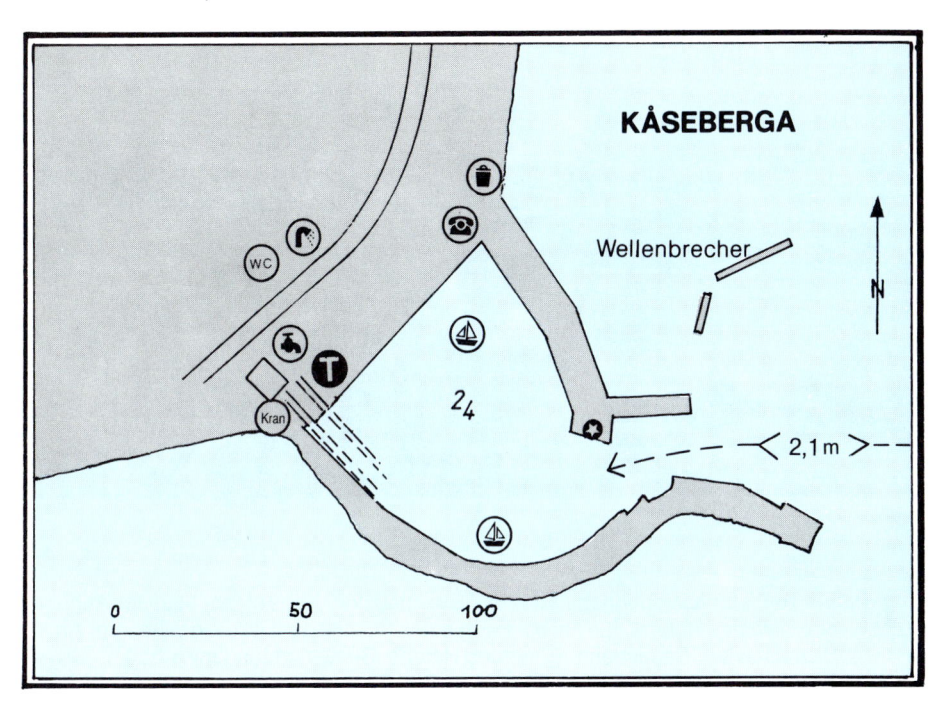

![Hafenkarte Kåseberga]

- Fischer- und Sportboothafen O-lich der Huk Kåsehuvud. Gasthafen. Rettungsstelle.

- Liegeplätze mit etwa 2–3 m Wassertiefe findet man an der S-Mole und am Kai NO-lich der Rettungsstelle.

- Die Einsteuerung erfolgt von Osten. Gute Landmarken sind ein militärischer Wachturm S-lich und das große, weit sichtbare Silo dicht N-lich des Hafens. Von der rot-weißen Ansteuerungstonne aus läuft man mit N-lichem Kurs auf den Hafen zu und hält sich gut in der Mitte zwischen den Molenköpfen. Ein Sektorenfeuer auf dem Kopf der N-Mole ermöglicht die Einsteuerung bei Nacht.

- Versorgungsmöglichkeiten vorhanden. Am Hafen befinden sich Räuchereien, die frisch geräucherten Fisch verkaufen.

- Der Hafen neigt zur Versandung. Bei starken O-lichen und SO-lichen Winden kann die Wassertiefe auf 1 m abnehmen.

Kåseberga

Ein Touristenanziehungspunkt ist die Steinsetzung „Ales stenar" auf der Anhöhe oberhalb des Hafens. Sie hat die Form eines Schiffes und ist die größte ihrer Art in Skandinavien. Badestrand N-lich des Hafens. Busverbindung mit Ystad.
Hafenmeister: Inga Nilsson, Tel. 0411-2 70 07.

Skillinge 55° 28´ N 14° 17´ E   S-V-8

Seekarten D 138 S 839

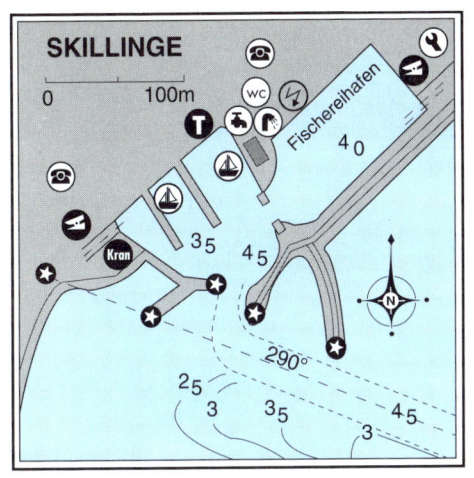

Hübscher Fischer- und Sportboothafen S-lich von Simrishamn. Gasthafen geöffnet vom 1.6. bis 31.8..

Liegeplätze mit 2 bis 4 m Wassertiefe findet man an Stegen mit Boxen im SW-Teil des Hafens oder am Betonkai mit etwa 1,8 m Kaihöhe. Reifenfender vorhanden.

Die Einsteuerung erfolgt von Osten durch die bezeichnete Rinne. Die Richtfeuer mit roten Dreiecktoppzeichen sind in 290° in Linie. Man halte sich gut in der Rinne, da außerhalb große Steine liegen.

Gute Versorgungsmöglichkeiten im Ort. Tankstelle im Ort. Am Hafen nur Diesel.

Ein kleines Restaurant befindet sich direkt am Hafen. Busverbindungen mit dem 10 km entfernten Simrishamn. Fahrradverleih.
Hafenmeister: Bengt Höglund, Tel. 04 14-3 04 29.

Skillinge – Einsteuerung

Brantevik

55° 31´ N
14° 21´ E

S-V-9

Seekarten D 138   Schw 839

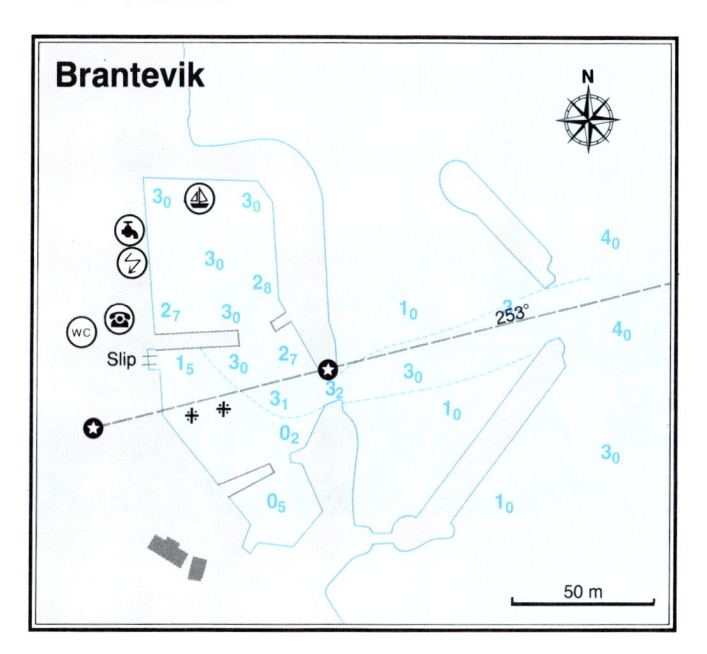

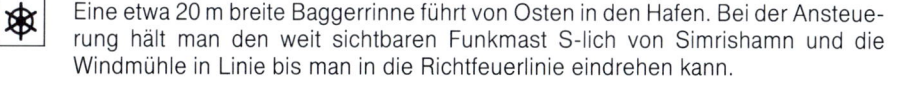

| ❄ | Fischer- und Sportboothafen dicht S-lich von Simrishamn. |

| ⛵ | Liegeplätze mit etwa 3 m Wassertiefe im engen N-lichen Hafenbecken oder nach Absprache längsseits der Fischer. |

| ☸ | Eine etwa 20 m breite Baggerrinne führt von Osten in den Hafen. Bei der Ansteuerung hält man den weit sichtbaren Funkmast S-lich von Simrishamn und die Windmühle in Linie bis man in die Richtfeuerlinie eindrehen kann. |

| 🏘 | Versorgungsmöglichkeiten sind vorhanden. Der Kran hat ein Hebevermögen von 1,5 t. |

| ✽ | Der Strom kann mit 2 bis 3 kn quer zur Einfahrt setzen. Bei Sturm und auflandigem Starkwind kann der Hafen nicht angelaufen werden. |

| i | Mit Simrishamn besteht Busverbindung.
Hafenmeister: Tel. 0414-2 21 97. |

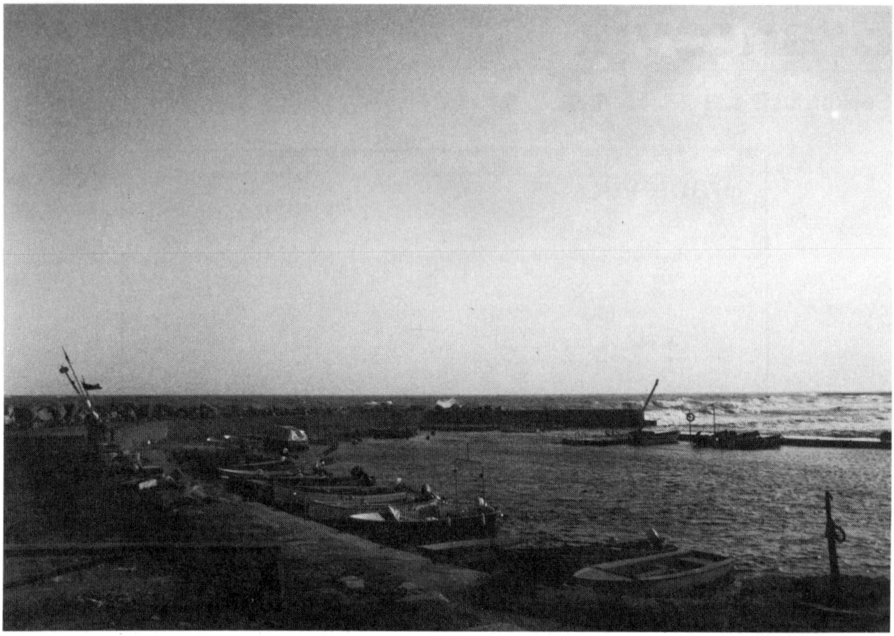

Simrishamn 55° 33′ N 14° 21′ E   S-V-10

Seekarten D 138 S 839

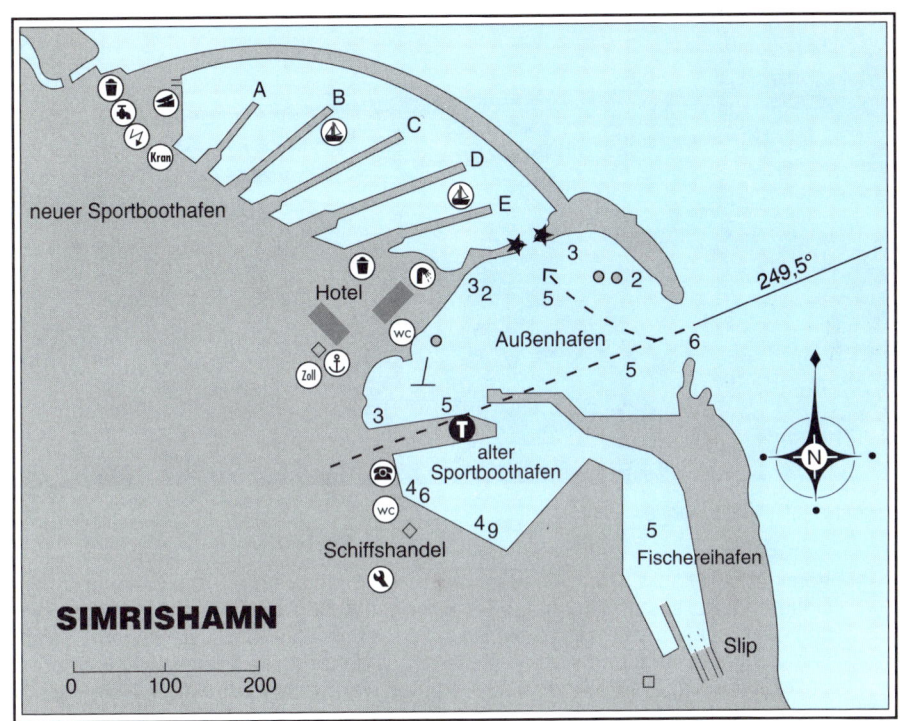

	Bedeutender Fischereihafen und zentraler Ort der Landschaft Österlen. Großer Gasthafen in der Nähe des Stadtzentrums. Zollplatz.
	Eine große Anzahl Gastplätze im neuen Yachthafen mit Boxen von 2,25 bis 4,0 m Breite am Anleger D. Die Wassertiefen betragen 1,6 bis 2,5 m. Sie werden auf Tafeln an den Anlegern angezeigt. Heckanker klarhalten.
	Die Einsteuerung erfolgt von NO in der Richtfeuerlinie. Hat man die Einfahrt passiert so dreht man nach Stb., um in den neuen Yachthafen einzulaufen.
	Alle Versorgungsmöglichkeiten und Einrichtungen sind vorhanden. Schiffsausrüster direkt am Hafen. Wasser und Stromanschluß an den Stegen. Sanitärgebäude.

HH OIB 1993

Simrishamn – Gastbrücke

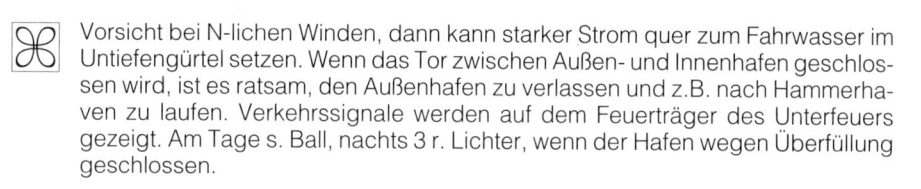

⌘ Vorsicht bei N-lichen Winden, dann kann starker Strom quer zum Fahrwasser im Untiefengürtel setzen. Wenn das Tor zwischen Außen- und Innenhafen geschlossen wird, ist es ratsam, den Außenhafen zu verlassen und z.B. nach Hammerhaven zu laufen. Verkehrssignale werden auf dem Feuerträger des Unterfeuers gezeigt. Am Tage s. Ball, nachts 3 r. Lichter, wenn der Hafen wegen Überfüllung geschlossen.

i Eisenbahn- und Busverbindung mit der ganzen Insel. Fährverbindung mit Kopenhagen, Simrishamn in Schweden und anderen Orten der Insel während der Saison. Schöner Badestrand.

Bäckviken

55° 54,2' N
12° 43,5' E

S-I-14

Seekarten D 328, S 922, 929

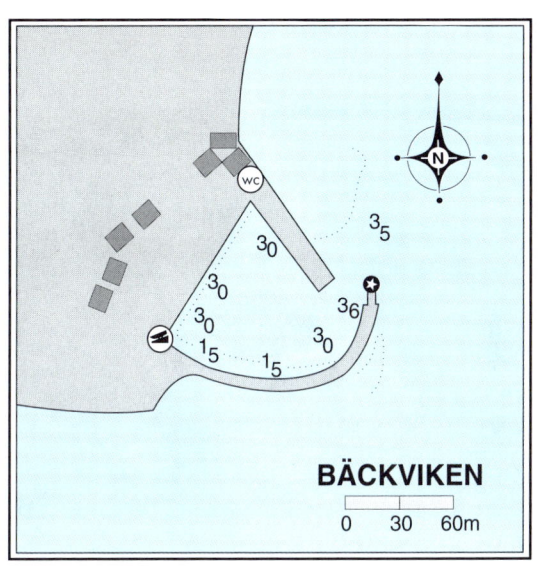

![symbol]	Kleiner Fischereihafen mit Fähranleger an der E-Seite der Insel Ven. Liegemöglichkeiten für Sportboote. STF-Gasthafen.
![symbol]	Gastplätze am Landkai und im inneren Bereich der Rundmole. Im vorderen Drittel der Rundmole darf innen nicht festgemacht werden, weil sonst die Fähre nicht frei schwojen kann. Nach Seglermeldung hat die Fähre jetzt einen eigenen Anleger nördlich des Hafens.
![symbol]	Hafen kann bei Tag und Nacht angelaufen werden.
![symbol]	Wasser, WC, Telefon, Einkaufsmöglichkeit, Müllcontainer, Tankstelle (D), Trailerbahn.
![symbol]	Hafen ist am Wochenende stets überfüllt. An der Tankstelle darf nur angelegt werden, wenn die Fähren.
![symbol]	Fähre nach Landskrona. Sehenswürdigkeiten siehe Kyrbacken.

HH OIB 1993

Bäckviken/Ven von W

Handschriftliche Änderungen

D-1-14 Burgtiefe   Telefon Hafenmeister: 04371/500560

DK-I-26 Køge   Kaufmann und Schiffsausrüster im Hafen.

DK-II-6 Nakskov   Im Hafen nur Dieseltankstelle.

DK-II-11 Femø   Dieseltankstelle im Hafen.

DK-III-34 Nyborg   Brot und Brötchen beim Hafenmeister

S-V-5 Abbekås   Strom und Münzwasch im Hafen.